COLEÇÃO TRABALHO, CONSTITUIÇÃO E CIDADANIA

DIREITO FUNDAMENTAL AO TRABALHO DIGNO NO SÉCULO XXI

PRINCIPIOLOGIA, DIMENSÕES E INTERFACES NO ESTADO DEMOCRÁTICO DE DIREITO

GABRIELA NEVES DELGADO
COORDENADORA

COLEÇÃO TRABALHO, CONSTITUIÇÃO E CIDADANIA

DIREITO FUNDAMENTAL AO TRABALHO DIGNO NO SÉCULO XXI

PRINCIPIOLOGIA, DIMENSÕES E INTERFACES NO ESTADO DEMOCRÁTICO DE DIREITO

VOLUME I

TRABALHO, CONSTITUIÇÃO E CIDADANIA GRUPO DE PESQUISA
10 ANOS

DIREITO.UnB

LTr®

LTr®

LTr Editora Ltda.

Rua Jaguaribe, 571
CEP 01224-003
São Paulo, SP – Brasil
Fone (11) 2167-1101
www.ltr.com.br
Outubro, 2020

Produção Gráfica e Editoração Eletrônica: LINOTEC
Projeto de Capa: DANILO REBELLO
Impressão: META BRASIL

Versão impressa: LTr 6288.2 — ISBN: 978-85-301-0175-6
Versão digital: LTr 9756.0 — ISBN: 978-65-5883-005-4

Dados Internacionais de Catalogação na Publicação (CIP)
(Câmara Brasileira do Livro, SP, Brasil)

Direito fundamental ao trabalho digno no século XXI : principiologia, dimensões e interfaces no Estado democrático de direito / Gabriela Neves Delgado, coordenadora. -- São Paulo : LTr, 2020.
(Coleção trabalho, constituição e cidadania ; v. 1)

Vários autores.
Bibliografia.
ISBN 978-85-301-0175-6

1. Ambiente de trabalho 2. Direito do trabalho 3. Direito do trabalho - Brasil 4. Direitos fundamentais 5. Direitos humanos I. Delgado, Gabriela Neves. II. Série.

20-33434 CDU-34:331.101.21

Índices para catálogo sistemático:
1. Direito fundamental ao trabalho digno : Direito trabalhista 34:331.101.21

Cibele Maria Dias - Bibliotecária - CRB-8/9427

This book celebrating the 10th anniversary of the Research Group "Labor, Constitution and Citizenship" of the University of Brasilia (UnB) College of Law, talks about various dimensions and challenges of Fundamental Right to Decent Work in the 21st Century.

Decent Work[1] is not merely an issue of law enforcement and management, but also creates a culture driven by values of safety, dignity, fearlessness, transparency and mutual trust practiced across the organization. Decent Work leads to professional and personal gratification. Just as important, it is to create more jobs for a robust economy; it is pertinent to ensure happier work places that are free from physical, psychological, social and economic violence. This is the cornerstone for building the culture of peace within the organization and forming an egalitarian and sustainable society.

Happy reading!

Kailash Satyarthi

Prêmio Nobel da Paz 2014

---

(1) **Explicação para a tradução livre do termo "Decent Work":** O conceito de trabalho decente ("decent work") apresentado na mensagem original do Prêmio Nobel da Paz 2014, Kailash Satyarthi, foi oficializado pela Organização Internacional do Trabalho (OIT), em 1999. Na tradução livre dessa mensagem para o texto da epígrafe e da quarta-capa da obra coletiva, optou-se pela referência ao "trabalho decente ou digno", conforme autorização prévia dada pelo próprio Kailash Satyarthi. O termo "trabalho digno" foi inserido na tradução livre para o português tendo em vista a centralidade da dignidade na Constituição Federal de 1988.

Sumário Geral

Apresentação

Vivemos uma era de grandes e rápidas transformações. Nos últimos 250 anos, a humanidade passou por mudanças profundas, que alteraram de forma definitiva a organização das cidades, do trabalho e da vida em sociedade. No século XXI, todas essas modificações se tornaram ainda mais intensas, impulsionadas pela tecnologia e pela robotização, especialmente no mundo do trabalho – um fenômeno que traz novos desafios, em diversas instâncias.

Nesse contexto, o Direito surge como ferramenta para auxiliar na proteção de garantias básicas aos cidadãos. No Ocidente, leis e demais normas foram criadas para trazer segurança às relações trabalhistas, especialmente porque o poder econômico pode, por vezes, subjugar o elo mais frágil dessa cadeia. Em outras palavras, em Estados Democráticos, todo e qualquer trabalhador precisa ter acesso a um patamar mínimo de direitos e garantias que lhe assegure um sentido de dignidade.

Trata-se de algo complexo, ainda mais se considerarmos o caso específico do Brasil. Nossa diversidade e tamanho trazem uma imensa gama de possibilidades para as relações laborais, aumentando os desafios nessa seara. Como o direito ao trabalho digno pode ser concretizado nas atividades do campo? E na indústria? E no setor de serviços? Mais que isso: de que forma garantir trabalho digno para trabalhadores que vivem em uma sociedade desigual como a nossa?

Sabemos, infelizmente, que o Brasil ainda patina quando o assunto é dar oportunidades equânimes para todos. O Relatório de Desenvolvimento Humano (RDH) de 2019, do Programa das Nações Unidas para o Desenvolvimento (Pnud), colocou o Brasil como o 7º país mais desigual do mundo. Levantamentos regulares feitos pelo Instituto de Pesquisa Econômica Aplicada (Ipea) corroboram isso, ao indicar que o desemprego e a pobreza afetam mais duramente jovens, negros e mulheres.

Somam-se à desigualdade inerente ao país os inúmeros desafios advindos do desenvolvimento das tecnologias de informação e comunicação – tanto ao considerarmos a necessidade de ampliar o acesso a esses recursos quanto ao levar em conta a forma como eles também têm impactado o mundo do trabalho. As relações laborais digitais são cada vez mais aceleradas, subvertem a tradicional ordem do tempo e da presença para impor sua própria lógica.

Esta coleção, coordenada pela Professora Doutora Gabriela Neves Delgado, da Faculdade de Direito da Universidade de Brasília – UnB, lança luz sobre essas e outras questões relacionadas ao mundo do trabalho, urgentes e necessárias nos dias de hoje. A Doutora Gabriela é uma docente brilhante, especialista em Direito do Trabalho e que compartilha de uma visão humanista de sua área de expertise, compreendendo a necessidade de que leis e instituições pautem sua atuação com base na preservação da ética e da racionalidade, e na busca da justiça social.

Nesta obra coletiva, há também o registro da importante contribuição de uma década do Grupo de Pesquisa *Trabalho, Constituição e Cidadania*, cadastrado no Diretório de Grupos de Pesquisa do Conselho Nacional de Desenvolvimento Científico e Tecnológico (CNPq), além de artigos escritos por autoras e autores convidados. Os três volumes reúnem, assim, reflexões de cientistas e profissionais de diversas instituições país afora, alguns deles egressos da e/ou atuantes na Faculdade de Direito da UnB. Os artigos trazem em si a essência da diversidade acadêmica, marcada pela qualidade da atuação de pesquisadoras e pesquisadores, mas também mesclada pela riqueza de suas atividades profissionais.

Cabe mencionar que o Grupo de Pesquisa *Trabalho, Constituição e Cidadania* também vem se destacando por suas atividades de extensão, concretizando, assim, o princípio constitucional que guia as universidades públicas em nosso país: a indissociabilidade entre ensino, pesquisa e extensão. O Grupo está integrado ao Núcleo de Pesquisa e Assistência Judicial Trabalhista (NUPAJ), projeto que proporciona a atuação prática na jurisdição trabalhista de primeiro grau. Merece honrosa menção, ainda, o projeto piloto levado a cabo pelo Grupo para atuação junto aos Tribunais Superiores. Em 2016, tal iniciativa, pioneira no país, levou os pesquisadores a atuarem como *amicus curiae* (em latim, "amigo da corte") no Tribunal Superior do Trabalho. Dois anos mais tarde, também foram admitidos como *amicus curiae* no Supremo Tribunal Federal, trazendo contribuições de relevância para o debate naquela Corte.

A atuação multifacetada do Grupo – dando origem, entre outros resultados, a práticas pedagógicas e de pesquisa inovadoras, marcadas pela excelência característica da Faculdade de Direito – traz orgulho para a Universidade de Brasília, para seus docentes, técnicos e estudantes. Ao longo de seus 10 anos, o Grupo vem honrando as premissas fundamentais que guiaram a fundação da Universidade, uma instituição de ensino superior corajosa, inovadora e inclusiva, à frente de seu tempo, empenhada na busca de soluções democráticas para questões nacionais e internacionais.

Nas próximas páginas, está o registro desse trabalho conjunto e de grande destaque na área do Direito do Trabalho no país. As reflexões apresentadas certamente contribuirão para que juristas, advogados, gestores, estudantes e demais interessados tenham entendimento cada vez mais amplo sobre o assunto. Também devem estimular debates e reforçar o comprometimento daqueles que pensam o direito fundamental ao trabalho digno, em suas dimensões e desafios, para todas as pessoas – que são, afinal, o grande patrimônio de qualquer nação que se pretende desenvolvida.

Boa leitura!

Márcia Abrahão Moura
Professora Titular do Instituto de Geociências da UnB.
Reitora da UnB no período 2016-2020 e reeleita para o período 2020-2024.

Prefácio

A obra coletiva que o leitor encontra à frente é a expressão de uma feliz linhagem crítica do direito do trabalho, que se desenvolveu nas últimas décadas e que vem sobrevivendo e participando dos empreendimentos críticos e práticos em relação ao período de trevas que estamos mergulhados no presente.

Um exemplo, dentre tantos outros, é o Grupo de Pesquisa *Trabalho, Constituição e Cidadania*, vinculado à Faculdade de Direito da Universidade de Brasília (UnB), impulsionado pela Profa. Gabriela Neves Delgado e cujo eixo central de atividade é oferecer elementos críticos para a reflexão e ação concreta em torno da defesa dos direitos do trabalho, especialmente nesta fase de enorme agressividade ultraneoliberal em que nos encontramos.

Em amplo diálogo com as ciências sociais, o Grupo procura melhor compreender os intensos processos de *desumanização da humanidade*, que encontra na *degradação do trabalho* um dos pilares de seu sistema de metabolismo social.

Essa temática, entretanto, como se sabe, é eivada de complexidade e de controvérsia. Não foi por acaso que, durante longevo período da história ocidental, a atividade laborativa fora concebida ora como *fardo e sofrimento*, ora como seu antípoda, isto é, como *criação e libertação*. Oscilando como um *pêndulo do trabalho*, como denominei em outra parte, a *atividade laborativa* oscilava entre o *tripaliun* e o *mito prometêico*. Dos gregos à Hegel, passando pelo pensamento cristão, o *pêndulo do trabalho* se manteve oscilante.

Foi somente no início da década de 1840 que floresceu uma magistral *síntese*, que rompeu definitivamente com o pensamento unilateralizante. Se Hegel deu um grande passo para a compreensão da *dialética entre o senhor e o escravo*, foi Marx, seu herdeiro mais rebelde, mais insubmisso e mais crítico que descortinou magistralmente a *contradição quase indissolúvel presente no trabalho*. Isto porque, tratando-se de uma *atividade humana vital*, segundo a proposição marxiana, ela carregava em sua concretude, tanto a criação, quanto a sujeição e também a destruição. Era o *modo de vida* e o *modo de produção das coisas* que desenhava, segundo as múltiplas peculiaridades da história, os contornos mais gerais da prevalência, seja da sujeição (como na escravidão), seja da criação (como deu-se de modo embrionário na era do Renascimento).

Se o trabalho se forjou desde os primórdios como expressão de uma *atividade vital*, necessária para o *fazer-se e o tornar-se humano*, ele adquiriu, ao longo da história e em particular, com o nascimento e expansão do capitalismo e da forma-mercadoria, "segunda natureza" que acabou por tolher o seu sentido original.

O *valor* do trabalho conformou-se, então, como um *(des)valor*, para que pudesse, sem peias e limites, dar fruição ao objetivo precípuo do sistema do capital, que é o de criar *mais-valor*. Não foi por outro motivo que Marx, desde muito jovem, em seus *Manuscritos Econômico-Filosóficos* de 1844, asseverou que sob o *sistema de salários, nem a classe trabalhadora e nem o trabalho conquistariam a sua dignidade e determinação humana*.

Não são poucas as indagações que se arrastam pelo nosso tempo: se este *valor* se converteu em uma *mercadoria* (ainda que *especial*, pois é a única que cria *riqueza*), como lutar pela *dignidade do trabalho*? Como dotá-lo de direitos, se a cada invento informacional-digital, na era da chamada Indústria 4.0 (da "internet das coisas", da inteligência artificial e do *big* data), sempre sob o comando das grandes corporações, o *direito do trabalho* (e também o *direito ao trabalho*) vem sendo cada vez mais dilapido e degradado? Não é exatamente esta processualidade que estamos presenciando nas grandes *plataformas digitais*, cuja alquimia vem sabendo combinar tão bem *trabalho informacional* com *escravidão digital*?

Essa breve digressão vem a propósito do tema central desta coleção.

Dotado de um enorme esforço intelectual, este importante projeto acadêmico contempla três volumes com seus respectivos eixos temáticos, totalizando 72 (setenta e dois capítulos). Seguramente esta é uma obra que se tornará referência obrigatória para todos e todas que, seja no universo jurídico, seja no âmbito das humanidades em geral, se interessam e se dedicam a entender o *porquê* dos tantos vilipêndios, das tantas demolições e devastações que atingem o trabalho e os seus direitos, nesta *era das trevas* que estamos vivenciando.

A obra coletiva, como não poderia deixar de ser, contempla polêmicas, enfoques e perspectivas diferenciadas; traz autores e autoras consagrados conjuntamente com jovens pesquisadores e pesquisadoras que vem dando sequência e ampliando as polêmicas e os tantos desafios. E realiza, como já indicamos anteriormente, um diálogo profícuo entre a ciência do direito e as ciências humanas.

Não poderia, então, ser mais apropriado e feliz o presente que o Grupo de Pesquisa *Trabalho, Constituição e Cidadania,* ao comemorar seu primeiro decênio de vida, impulsionado pela dedicação incomum de Gabriela Neves Delgado, nos brinda com uma obra dessa envergadura.

Ricardo Antunes
Professor Titular de Sociologia do Trabalho do Instituto de Filosofia e Ciências Humanas (IFCH) da Universidade Estadual de Campinas (UNICAMP).

Introdução

O Grupo de Pesquisa *Trabalho, Constituição e Cidadania*, da Faculdade de Direito da Universidade de Brasília (UnB), completa 10 anos de existência em 2020, considerada a sua institucionalização em meados de 2010.

Integrado por uma comunidade ampla de pesquisadoras e pesquisadores, alguns egressos da Faculdade de Direito da UnB, outros de diferentes regiões e universidades do país, o Grupo de Pesquisa *Trabalho, Constituição e Cidadania* se constitui na diversidade, reunindo estudiosos do mundo do trabalho e do Direito do Trabalho em suas experiências singulares de pesquisas para guiá-los ao coletivo. Também é retratado por uma composição fluida, fruto da mobilidade constante de seus pares, característica positiva e natural ao espaço universitário.

Em suas reuniões rotineiras, a experiência pedagógica se faz presente na dinâmica do ouvir e do falar, de perguntas e respostas, espaços em potencial onde o "eu" e o "outro", espelhado e refletido, se transformam permanentemente. A tentativa de aproximação das pontas assegura fluxo às relações de pesquisa, além de engajamento para vivência de um saber comprometido e de qualidade, por onde brotam os sentidos de inclusão, reconhecimento, pertencimento e representatividade.

Planos de aula preparados, leituras dirigidas, pesquisadoras e pesquisadores valorizados e muito aprendizado são, pois, um convite à presença e ao convívio entre gerações.

É nesse espaço em permanente construção que o Grupo de Pesquisa *Trabalho, Constituição e Cidadania* também vivencia tomadas de decisões coletivas, abrindo novas frentes de atuação em busca da tutela do trabalho digno, centralizado e protegido.

Nessa perspectiva, a partir de 2015, o Grupo aprimorou sua atuação extensionista, partindo do campo teórico para então se projetar em instâncias políticas e judiciais, em ações imbuídas de sentido e impacto social. Desde então, participa de audiências públicas e se dedica à atuação prática no Poder Judiciário, especialmente na Justiça do Trabalho.

Com um projeto piloto de atuação prática nos Tribunais Superiores, o Grupo de Pesquisa *Trabalho, Constituição e Cidadania* foi admitido, em 2016, como *amicus curiae* em Incidente de Recurso Repetitivo(1), no Tribunal Superior do Trabalho e, em 2018, como *amicus curiae* em Ação Direta de Inconstitucionalidade(2), no Supremo Tribunal Federal, registrando atuação pioneira entre os Grupos de Pesquisa da UnB e os Grupos de Pesquisa em Direito do Trabalho do Brasil.

Ainda no plano extensionista, voltado à atuação prática em primeiro grau de jurisdição, integra o NUPAJ (Núcleo de Pesquisa e Assistência Judicial Trabalhista), projeto interinstitucional formalizado entre a Universidade de Brasília (UnB), a Escola Judicial do Tribunal Regional do Trabalho da 10ª Região (EJUD-10) e a Defensoria Pública da União (DPU), com objetivo de desenvolver "cooperação acadêmica e prestação de atendimento de demandas trabalhistas e práticas de atos processuais pertinentes no Fórum do TRT da 10ª Região, em Brasília".

Por acreditar-se em pesquisa universitária com história e significado, é que se deliberou pela elaboração de uma obra coletiva que pudesse representar os 10 anos do Grupo de Pesquisa *Trabalho, Constituição e Cidadania* em suas interfaces de memória e projeções para o futuro. A ideia ganhou formato e foi prontamente acolhida pela comunidade acadêmica, que concebeu, no livro coletivo, um caminho de recordação e registro de seu patrimônio de pesquisa.

Contando com a participação expressiva de seus membros pesquisadores, os artigos científicos colacionados abrigam, em certa medida, a memória institucional das pesquisas em Direito do Trabalho desenvolvidas na Faculdade de Direito da UnB, num contexto de integração ao Grupo de Pesquisa *Trabalho, Constituição e Cidadania*. Nesse espaço, estão reunidos professores, estudantes da pós-graduação e graduação em Direito,

---

(1) RR 243000-58.2013.5.13.0023.

(2) ADI n. 5.826.

num exercício de reflexão crítica sobre a categoria trabalho, especialmente a partir da perspectiva do Direito do Trabalho constitucionalizado.

Com uma agenda interdisciplinar, o Grupo de Pesquisa *Trabalho, Constituição e Cidadania* também procurou reverenciar algumas pesquisadoras e pesquisadores do mundo do trabalho e do Direito do Trabalho com quem dialoga frequentemente por meio de suas reflexões e doutrinas consolidadas, os quais foram convidados a se integrarem ao projeto com plena liberdade de expressão.

O convite para participação na coleção foi ainda estendido a alguns profissionais da Magistratura Trabalhista com os quais o Grupo de Pesquisa dialoga a partir do padrão de regulação judicial formulado em sentenças e acórdãos. É que, nos últimos anos, grande parte das pesquisas em Direito do Trabalho do Programa de Pós-Graduação em Direito da UnB, cujas pesquisadoras e pesquisadores se vinculam ao Grupo de Pesquisa *Trabalho, Constituição e Cidadania*, procuraram identificar a existência e a amplitude do padrão regulatório da Justiça do Trabalho.

Além disso, a obra coletiva incorpora a produção científica de pesquisadoras e pesquisadores do Grupo em coautoria com estudantes da graduação em Direito da UnB – e, portanto, ainda em processo de formação –, em parcerias firmadas com estrita observância e aderência às suas linhas de pesquisa. Essa proposta de produção científica intergeracional é condizente com os objetivos pedagógicos do Grupo de Pesquisa *Trabalho, Constituição e Cidadania*, que se notabiliza pelo investimento na formação de jovens pesquisadores.

Compreende-se que essa participação dialógica e interdisciplinar, prática pedagógica de todos os debates realizados nos bancos acadêmicos do Grupo, permite o entrecruzamento das pesquisas produzidas, além de ampliar os referenciais teóricos e metodológicos em busca de uma melhor compreensão das vertentes críticas da categoria trabalho.

Para assegurar *aderência temática* à obra coletiva, a categoria-chave do *direito fundamental ao trabalho digno no século XXI* foi indicada como referência guia da coletânea, fio condutor e de encadeamento de todo o repertório teórico ali apresentado, preservados, é claro, os espaços de autonomia intelectual. A escolha se justifica porque o Grupo de Pesquisa *Trabalho, Constituição e Cidadania* reflete, desde a sua fundação, prioritariamente sobre os parâmetros de proteção ao trabalho humano na perspectiva constitucional, sendo os temas da dignidade humana e da dignidade no trabalho centrais à matriz formadora do Direito Constitucional do Trabalho brasileiro, respeitadas as chaves de leituras interdisciplinares.

A coleção está estruturada em três volumes, todos eles organicamente interrelacionados.

O **Primeiro Volume** (*Direito Fundamental ao Trabalho Digno no Século XXI: Principiologia, Dimensões e Interfaces no Estado Democrático de Direito*) está dividido em quatro partes, todas elas focadas nas perspectivas multifacetadas do direito fundamental ao trabalho digno. Procurou-se, nesse volume, demonstrar que a tutela ao direito fundamental ao trabalho digno apenas se concretiza quando há efetiva proteção às suas dimensões imanentes: o valor social do trabalho, a pessoa humana do trabalhador e o meio ambiente do trabalho.

A **Parte I** (*Dimensões do Valor Social do Trabalho*) trata da categoria jurídica "trabalho" enquanto direito edificado pelos princípios da centralidade, da dignidade da pessoa humana e do valor social do trabalho. A proposta de reflexão buscou reforçar a concepção de direito fundamental ao trabalho digno em suas relações com o conceito mais amplo de Estado Democrático de Direito, na perspectiva do Direito do Trabalho constitucionalizado e do Direito Internacional do Trabalho, com ênfase na atuação de vanguarda da OIT.

A **Parte II** (*Dimensões do Sujeito Trabalhador*) apresenta uma seleção detalhada de temas trabalhistas atuais sobre as dimensões constitucionalizadas do sujeito trabalhador e suas interseccionalidades. Nesta segunda parte também procurou-se refletir sobre a pessoa humana, individual e coletivamente considerada, enquanto ser de história, memória, cultura e narrativas. Afinal, a história do trabalho e a história do Direito do Trabalho são encarnadas por gentes e pelos múltiplos significados e particularidades levados às interações sociais.

A **Parte III** (*Dimensões do Meio Ambiente do Trabalho*) revela a dimensão socioambiental do direito fundamental ao trabalho digno, estruturada pela proteção integrada do direito à saúde no meio ambiente laboral e pelo direito ao meio ambiente de trabalho ecologicamente equilibrado. Como contraponto, ainda foram analisadas as dinâmicas de violências e vulnerabilidades arquitetadas no trabalho e os possíveis mecanismos de tutela jurídico-constitucionais para combatê-las.

A **Parte IV** (*Interfaces de Acesso à Justiça e de Regulação Judicial*) analisa a dimensão do acesso à justiça sob as perspectivas substancial e processual, além da regulação judicial promovida pelo STF quanto à interpretação e à aplicação do princípio da dignidade da pessoa humana no âmbito do Direito do Trabalho e, em especial, quanto aos direitos fundamentais trabalhistas proclamados na Constituição de 1988.

O **Segundo Volume** (*Direito Fundamental ao Trabalho Digno no Século XXI: Desafios e Reinterpretações para as Relações de Trabalho Rurais, Urbanas e de Serviços*) está dividido em duas partes.

A **Parte I** (*A Regulação Pública do Trabalho como Condição para Promoção do Direito Fundamental ao Trabalho Digno*) introduz o tema da regulação pública do trabalho, a partir de interfaces entre a Economia do Trabalho e o Direito do Trabalho.

A **Parte II** (*Direito Fundamental ao Trabalho Digno no Universo Socioeconômico Brasileiro*) apresenta um variado cenário de relações de trabalho, perpassando os segmentos rural, industrial e de serviços, com o desafio de se pensar como a referência constitucionalizada do direito fundamental ao trabalho digno é (ou não) articulada nessas relações e em que medida. Nessa parte, procurou-se dar concretude ao conceito de direito fundamental ao trabalho digno.

O **Terceiro Volume** (*Direito Fundamental ao Trabalho Digno no Século XXI: Desafios e Ressignificações para as Relações de Trabalho da Era Digital*) conta com duas subdivisões.

A **Parte I** (*Direito Fundamental ao Trabalho Digno na 4ª Revolução Tecnológica*) é voltada à análise descritiva do mundo do trabalho da era digital, com uma tentativa de intelecção sobre os possíveis caminhos de proteção ao trabalho para o terceiro milênio.

A **Parte II** (*Direito Fundamental ao Trabalho Digno no Universo dos Algoritmos e das Plataformas Digitais*) apresenta reflexões sobre o possível enquadramento jurídico dos trabalhadores inseridos em relações de trabalho da indústria 4.0, na linha de análise do direito fundamental ao trabalho digno. Houve grande preocupação em se pensar qual deve ser o sentido de proteção justrabalhista diante das novas morfologias do trabalho. Com respeito às categorias próprias do Direito e das Ciências Humanas, os artigos questionam as ações e as responsabilidades na era digital; problematizam o sistema jurídico de proteção ao trabalho e procuram, na medida do possível, sinalizar caminhos e parâmetros civilizatórios.

Enfim, o conjunto da obra, em seus três grandes volumes, comprova que a dignidade no trabalho apresenta múltiplas e complexas projeções, sendo, por essência, uma temática interdisciplinar. Não há, portanto, qualquer pretensão de se esgotar as reflexões a respeito. O que se pretendeu, em síntese, foi reforçar a sua centralidade na matriz do sistema jurídico brasileiro, sobretudo considerada a perspectiva do Direito do Trabalho constitucionalizado, além dos importantíssimos contributos teóricos provenientes das humanidades em geral.

Para evitar discursos retóricos sobre o direito à dignidade no trabalho, todas as autoras e autores que analisaram relações de trabalho específicas, inclusive no panorama da indústria 4.0, foram desafiados a pensar e a articular a categoria da dignidade no trabalho *prospectivamente*, propondo alternativas concretas para a estruturação de um sistema justrabalhista orientado por marcos civilizatórios de proteção ao trabalho para o século XXI. Esse desafio tornou-se particularmente relevante, porque muitas das relações de trabalho atuais são desenvolvidas em espaços de informalidade ampliada e de precarização desmedida.

Assim, a coleção cumpre o objetivo para o qual foi estruturada. No conjunto, preserva e abriga a memória científica do Grupo de Pesquisa *Trabalho, Constituição e Cidadania* em sua primeira década de existência (2010-2020), além de delinear propostas de proteção em busca de uma realidade filtrada pelos pressupostos da dignidade humana e do direito fundamental ao trabalho digno.

Para além do conteúdo armazenado nos textos escritos, a obra coletiva ainda permitiu, nas entrelinhas, uma experiência de comunhão da diversidade. Ao todo são 72 artigos e quase uma centena de autoras e autores que, em artigos individuais ou coletivos, respeitadas as particularidades e preferências teóricas, vivenciaram dinâmicas intelectuais de pesquisa e reflexão, mobilizados pela comemoração dos 10 anos do Grupo de Pesquisa *Trabalho, Constituição e Cidadania* da Faculdade de Direito da Universidade de Brasília – UnB.

Fica aqui registrado meu profundo reconhecimento a todas e todos os coautores por se integrarem ao projeto coletivo, oferecendo contribuições valiosas em direção a uma abordagem crítica do mundo do trabalho e do Direito do Trabalho, a partir do referencial teórico proposto – o *direito fundamental ao trabalho digno no século XXI*. Agradeço-lhes pelo ofício da escrita que pauta, critica, interroga e, portanto, amplia a visão de mundo.

Agradeço, ainda, à UnB, por ser espaço que fertiliza.

À Professora Dra. Márcia Abrahão Moura, Reitora da Universidade de Brasília (UnB) na gestão 2016-2020, e reeleita pela comunidade acadêmica para o período 2020-2024, pela deferência de apresentar esta obra coletiva. Primeira mulher a exercer o cargo de reitora na instituição, tem se destacado na defesa da universidade pública brasileira como um espaço educacional privilegiadamente pluralista, inclusivo e democrático.

Ao Professor Dr. Ricardo Antunes, Professor Titular de Sociologia do Trabalho no Instituto de Filosofia e Ciências Humanas da Universidade Estadual de Campinas (IFCH/UNICAMP), por nos conceder a honra de prefaciar esta coleção. Suas investigações no campo da Sociologia do Trabalho são referência decisiva para o Grupo de Pesquisa *Trabalho, Constituição e Cidadania*. Nessa direção, também estendo meus cumprimentos às pesquisadoras e aos pesquisadores do Grupo de Pesquisa *Mundo do Trabalho e suas Metamorfoses*, coordenado pelo Professor Ricardo Antunes, que também participaram deste projeto coletivo, desafiados a pensar categorias típicas do Direito do Trabalho integrando-as às suas pesquisas sociológicas.

Ao Prêmio Nobel da Paz em 2014, Kailash Satyarthi, pela generosidade de nos conceder o texto da epígrafe e da quarta capa desta obra coletiva com uma mensagem humanista e universal de proteção ao trabalho. Sua participação foi para nós uma honra incomensurável.

Ao Ministro Lelio Bentes Corrêa e à Ministra Delaíde Miranda Arantes, ambos do TST, pelo apoio imprescindível na interlocução com o Prêmio Nobel da Paz. Nesse sentido, agradeço também à Julia Loures Nunes, servidora do TST, pela articulação cordata e eficiente junto à assessoria de Kailash Satyarthi.

Ao Professor Dr. Ricardo José Macedo de Britto Pereira, pela amizade e pela parceria profissional inestimável junto à coordenação do Grupo de Pesquisa *Trabalho, Constituição e Cidadania*.

Agradeço, com afeto e profundo respeito, aos amigos Cristiano Paixão, Menelick de Carvalho Netto, Marthius Sávio Lobato, Noemia Porto, Paulo Henrique Blair, Ricardo José Macedo de Britto Pereira e Ricardo Lourenço Filho, membros fundadores do Grupo de Pesquisa *Trabalho, Constituição e Cidadania*, que comigo idealizaram sua constituição na Faculdade de Direito da UnB.

À pesquisadora Valéria de Oliveira Dias, pelo apoio decisivo no processo de compilação da obra coletiva, bem como às pesquisadoras Ana Luísa Gonçalves Rocha e Lília Finelli, pela contribuição valiosa no processo de revisão dos elementos pré-textuais.

À LTr Editora e à sua Editora-Chefe, Beatriz Casimiro Costa, pela abertura e incentivo à publicação desta obra coletiva em respeito à proposta metodológica e ao conteúdo apresentados. Estendo meus cumprimentos à Luana Brandão, chefe do editorial da LTr.

Finalmente, expresso meu afeto e sinceros agradecimentos às pesquisadoras e aos pesquisadores que dão voz ao Grupo de Pesquisa *Trabalho, Constituição e Cidadania*, por fazerem do ensino, da pesquisa e da extensão em Direito do Trabalho uma das expressões mais significativas e pulsantes da vida universitária da Faculdade de Direito da UnB.

Brasília, outubro de 2020.

Gabriela Neves Delgado

Professora Associada de Direito do Trabalho da Faculdade de Direito da Universidade de Brasília -UnB.

Pesquisadora Coordenadora do Grupo de Pesquisa Trabalho, Constituição e Cidadania - UnB/CNPq.

Pós-Doutorado em "Desigualdades Globais e Justiça Social" pela Faculdade Latino-Americana de Ciências Sociais – FLACSO /Brasil.

Pós-Doutorado em Sociologia do Trabalho pela Universidade Estadual de Campinas - UNICAMP.

Doutora em Filosofia do Direito pela Universidade Federal de Minas Gerais – UFMG.

Mestre em Direito do Trabalho pela Pontifícia Universidade Católica de Minas Gerais – PUC Minas.

Advogada.

Memórias do Grupo de Pesquisa *Trabalho, Constituição e Cidadania*

Primeira Década de Existência (2010-2020): Instituição e Consolidação

O Grupo de Pesquisa *Trabalho, Constituição e Cidadania* é uma entidade de pesquisa da Faculdade de Direito da Universidade de Brasília (UnB), coletivamente organizado, que se direciona à articulação dinâmica e democrática de reflexões críticas e de ações concretas para a promoção e defesa dos direitos humanos nas relações de trabalho, com suporte jurídico prioritário no Direito Constitucional do Trabalho.

Sua concepção partiu de uma comunidade vocacionada de intelectuais da Faculdade de Direito da UnB que se afinava quanto à necessidade de formalização de um grupo de pesquisa direcionado à concretização de práticas educacionais aprofundadas e interdisciplinares de defesa e promoção do trabalho humano.

Em 2010, o Grupo de Pesquisa foi reconhecido institucionalmente pela UnB, por meio do Decanato de Pesquisa e Pós-Graduação e de sua Faculdade de Direito, sendo registrado no Diretório dos Grupos de Pesquisa do Brasil, na Plataforma Lattes, do Centro Nacional de Desenvolvimento Científico e Tecnológico (CNPq).

Em sua trajetória, o Grupo de Pesquisa conecta atividades acadêmicas de ensino, pesquisa e extensão, ultrapassando os muros da UnB para também dialogar e se posicionar na sociedade civil e politicamente organizada, ampliando, assim, seus interlocutores e a abrangência de suas ações.

Sua atuação institucional está articulada em torno de duas linhas de pesquisa. A primeira, "Trabalho e Direitos Fundamentais", propõe a revisão epistemológica do Direito do Trabalho, embasada na teoria contemporânea dos direitos fundamentais, a partir da compreensão da Constituição Federal de 1988 como base de unidade e expressão da diversidade das relações de trabalho no Brasil. A segunda, "A configuração do Estado Democrático de Direito e o Mundo do Trabalho", analisa a relação entre trabalho e Estado Democrático de Direito propondo a utilização de instrumentos jurídico-institucionais que viabilizem a afirmação do trabalho digno como elemento indispensável à emancipação do trabalhador e à realização da democracia na sociedade contemporânea.

As atividades de ensino e pesquisa são desenvolvidas em reuniões periódicas, com participação expressiva de alunos do Programa de Pós-Graduação em Direito da UnB (PPGD), da graduação e de demais profissionais interessados em aperfeiçoar a formação em Direito do Trabalho. Essa composição abrangente se justifica porque os encontros do grupo são abertos para toda a comunidade acadêmica, o que reforça seu caráter inclusivo e diversificado.

Os debates ali travados são estruturados a partir de leituras dirigidas e interdisciplinares, acrescidos da análise crítica da produção legislativa e jurisprudencial do país. Em respeito às linhas de pesquisa adotadas, as reflexões partem da perspectiva do Direito do Trabalho constitucionalizado para, em seguida, se projetarem na dimensão de outros campos do conhecimento.

O Grupo de Pesquisa conta com produção científica expressiva, tendo publicado, no ano de 2014, pela Editora LTr, sua primeira obra coletiva, intitulada "Trabalho, Constituição e Cidadania: a dimensão coletiva dos direitos sociais trabalhistas", para além de farta produção individual de seus membros-pesquisadores – tudo isso em estrita aderência à Linha de Pesquisa "Internacionalização, Trabalho e Sustentabilidade", do Programa de Pós-Graduação em Direito da UnB.

Já as atividades de extensão priorizam a intervenção nos fóruns de debates, institucionalizados ou não, em que se discutem políticas públicas concernentes ao mundo do trabalho e ao Direito do Trabalho.

No âmbito das ações concretas que fortalecem a interlocução entre academia e sociedade, o Grupo de Pesquisa *Trabalho, Constituição e Cidadania* promoveu um conjunto de iniciativas articuladas de enfrentamento à terceirização, integrando ainda a coordenação do "Fórum Permanente em Defesa dos Direitos dos Trabalhadores Ameaçados pela Terceirização".

Resultaram desse projeto, por exemplo, o Seminário "A terceirização no Brasil: impactos, resistências e lutas", coorganizado pelo Grupo de Pesquisa, em agosto de 2014; a intervenção política em audiência pública realizada no Senado Federal com o tema "Lei Áurea, Terceirização e Combate ao Trabalho Escravo"; a apresentação de Carta Aberta dirigida à Presidência do Senado Federal sobre os riscos e impactos sociais e jurídicos oriundos da terceirização, incorporada aos autos do Projeto de Lei da Câmara n. 30/2015; bem como a realização de "aula pública" na Rodoviária do Plano Piloto, em Brasília – ação prática e pedagógica inovadora, em que se instigou e esclareceu a população brasiliense sobre seus direitos trabalhistas.

A relevância desse conjunto de ações levou o Grupo de Pesquisa *Trabalho, Constituição e Cidadania* a figurar, em 2016, entre os finalistas do Prêmio ANAMATRA de Direitos Humanos, na Categoria Cidadã, sob o título "Combate à Terceirização: da Educação Universitária à Mobilização Coletiva".

Em 2017, o Grupo de Pesquisa inaugurou nova frente de atuação perante a Justiça do Trabalho, pela via da assistência jurídica gratuita realizada pelo *Núcleo de Pesquisa e Assistência Jurídica (NUPAJ)*, fruto de termo de cooperação técnica firmado entre a Universidade de Brasília (UnB), a Escola Judicial do Tribunal Regional do Trabalho da 10ª Região (EJUD-10) e a Defensoria Pública da União (DPU).

Em outra frente, exercendo papel de vanguarda na história dos Grupos de Pesquisa da UnB e dos Grupos de Pesquisa em Direito do Trabalho do Brasil, o Grupo de Pesquisa *Trabalho, Constituição e Cidadania* foi admitido, em 2016, para atuar como *amicus curiae* em Incidente de Recurso Repetitivo, no âmbito do Tribunal Superior do Trabalho, sobre o tema da exigência de certidão de antecedentes criminais de candidato a emprego, tendo entregue memoriais e realizado sustentação oral em sessão de julgamento. Em 2018, também foi admitido como *amicus curiae* na Ação Direta de Inconstitucionalidade n. 5826, de relatoria do Ministro Edson Fachin, no Supremo Tribunal Federal, espaço em que sustenta a inconstitucionalidade do trabalho intermitente, autorizado pela Lei n. 13.467/2017.

No plano cultural, o Grupo de Pesquisa *Trabalho, Constituição e Cidadania* instituiu, em 2014, o Projeto "Quintas Culturais", espaço aberto na Faculdade de Direito da UnB para manifestações artísticas e culturais de seus membros pesquisadores e demais interessados.

Antenado às necessidades de comunicação em rede, o Grupo também mantém atualizada sua plataforma digital, contando, além do Facebook e do Instagram, com um blog que hoje conta com milhares de acessos.

Em 2020, o Grupo de Pesquisa *Trabalho, Constituição e Cidadania* completa **10 anos** de existência! Ao se projetar para o futuro, pretende seguir engajado como interlocutor institucionalmente reconhecido na constituição da educação universitária e na defesa de relações de trabalho dignas, protegidas por parâmetros civilizatórios e humanistas.

A Experiência Extensionista do NUPAJ (Núcleo de Pesquisa e Assistência Judicial Trabalhista)

A experiência do **NUPAJ – Núcleo de Pesquisa e Assistência Judicial Trabalhista** foi idealizada em um encontro acadêmico do Grupo de Pesquisa *Trabalho, Constituição e Cidadania*, em 2016. A proposta era a de se estruturar um projeto de extensão que pudesse assegurar aos estudantes universitários da Faculdade de Direito da UnB a vivência da prática trabalhista na Justiça do Trabalho.

As tratativas culminaram, em 2017, na estruturação de um projeto interinstitucional formalizado entre a Universidade de Brasília (UnB), por meio da Faculdade de Direito e do Grupo de Pesquisa *Trabalho, Constituição e Cidadania*, a Escola Judicial do Tribunal Regional do Trabalho da 10ª Região (EJUD-10) e a Defensoria Pública da União (DPU), com objetivo de desenvolver "cooperação acadêmica e prestação de atendimento de demandas trabalhistas e práticas de atos processuais pertinentes no Fórum do TRT da 10ª Região, em Brasília".

O projeto piloto do NUPAJ foi originalmente estruturado para o atendimento jurídico de uma categoria profissional que, apesar dos avanços constitucionais e legais, ainda se insere em espaços de informalidade, exploração e exclusão: o trabalhador doméstico. Em 2018, deliberou-se pelo atendimento de todas as categorias de trabalhadores hipossuficientes, conforme parâmetros de vulnerabilidade traçados no órgão normativo da DPU, o que contribuiu para alargar o campo da experiência prática discente na área trabalhista.

Acrescente-se que o NUPAJ ganhou maior repercussão, no âmbito da Faculdade de Direito da UnB, ao se integrar às atividades de ensino da graduação. Esse percurso foi consolidado com a absorção natural do projeto à disciplina Estágio IV (Prática Trabalhista), obrigatória na grade curricular do Curso de Direito da UnB.

Assim, num período de dois anos (2017-2019), o NUPAJ difundiu-se pela Faculdade de Direito da UnB, estimando-se, que desde a sua fundação, mais de 150 alunos tenham prestado atendimento supervisionado ao público assistido pela DPU, no Fórum do TRT da 10ª Região.

A estruturação de atendimentos coletivamente supervisionados ampliou o eixo de formação prática dos alunos da graduação, que tiveram a oportunidade de participar de tentativas de acordo extrajudicial, acompanhar audiências e redigir minutas de ações judiciais. Na outra ponta, essa dinâmica também permitiu aos assistidos da DPU vivenciarem um acolhimento jurídico diferenciado e qualificado, porque realizado em rede.

Nesses dois anos, 146 assistidos foram atendidos pelos alunos da Faculdade de Direito da UnB. Na oportunidade do atendimento, o assistido é ouvido em relação à sua demanda trabalhista. Na maioria dos casos, há violação de direitos e ajuizamento de ação judicial. A assistência jurídica também é prestada no sentido de esclarecimento de direitos, análise dos valores pagos a título de rescisão contratual, tentativa de composição extrajudicial do conflito, entre outras formas de acolhimento.

Ao término desse primeiro período (2017-2019), o projeto interinstitucional do NUPAJ já foi renovado no campo extensionista universitário. Nova cooperação técnica entre as instituições parceiras está em fase de formalização junto à UnB. A perspectiva é que o NUPAJ se perpetue, na UnB, como uma prática de referência da Faculdade de Direito e do Grupo de Pesquisa *Trabalho, Constituição e Cidadania*.

Ao olhar em retrospecto para o projeto interinstitucional do NUPAJ, agradecemos a todas e todos que se empenharam para torná-lo realidade.

Agradecemos, ainda, àqueles que partilham esforços no sentido de viabilizar sua perpetuação no tempo, convictos de que a educação demanda experimentação, prática e diversidade.

Brasília, outubro de 2020.

Ana Paula Villas Boas[(1)]

Brasilino Santos Ramos[(2)]

Gabriela Neves Delgado[(3)]

(1) Defensora Pública Federal e Coordenadora do NUPAJ pela DPU.

(2) Desembargador Presidente do Tribunal Regional do Trabalho da 10ª Região. Foi Diretor da Escola Judicial do Tribunal Regional do Trabalho da 10ª Região (EJUD-10) à época da formalização do Termo de Cooperação Técnica do NUPAJ.

(3) Professora Associada de Direito do Trabalho da UnB e Coordenadora do NUPAJ pela FD/UnB.

Estrutura Geral da Coleção

VOLUME I

Direito Fundamental ao Trabalho Digno no Século XXI:
Principiologia, Dimensões e Interfaces no Estado Democrático de Direito

PARTE I – Dimensões do Valor Social do Trabalho

PARTE II – Dimensões do Sujeito Trabalhador

PARTE III – Dimensões do Meio Ambiente do Trabalho

PARTE IV – Interfaces de Acesso à Justiça e de Regulação Judicial

VOLUME II

Direito Fundamental ao Trabalho Digno no Século XXI:
Desafios e Reinterpretações para as Relações de Trabalho Rurais, Urbanas e de Serviços

PARTE I – A Regulação Pública do Trabalho como Condição para Promoção do Direito Fundamental ao Trabalho Digno

PARTE II – Direito Fundamental ao Trabalho Digno no Universo Socioeconômico Brasileiro

VOLUME III

Direito Fundamental ao Trabalho Digno no Século XXI:
Desafios e Ressignificações para as Relações de Trabalho da Era Digital

PARTE I – Direito Fundamental ao Trabalho Digno na 4ª Revolução Tecnológica

PARTE II – Direito Fundamental ao Trabalho Digno no Universo dos Algoritmos e das Plataformas Digitais

Sumário

VOLUME I

Direito Fundamental ao Trabalho Digno no Século XXI: Principiologia, Dimensões e Interfaces no Estado Democrático de Direito

PARTE I

Dimensões do Valor Social do Trabalho

PARTE II
Dimensões do Sujeito Trabalhador

PARTE III
Dimensões do Meio Ambiente do Trabalho

PARTE IV
Interfaces de Acesso à Justiça e de Regulação Judicial

VOLUME I

Direito Fundamental ao Trabalho Digno no Século XXI: Principiologia, Dimensões e Interfaces no Estado Democrático de Direito

PARTE I

Dimensões do Valor Social do Trabalho

Capítulo 1

O Estado Democrático de Direito e a Centralidade e Dignidade da Pessoa Humana: Reflexões a partir da Multidimensionalidade do Direito Fundamental ao Trabalho Digno

Mauricio Godinho Delgado[(1)]

Gabriela Neves Delgado[(2)]

Resumo: Este artigo objetiva estudar os laços existentes entre o conceito de Estado Democrático de Direito, inerente ao Constitucionalismo Humanista e Social, e os princípios constitucionais da centralidade e da dignidade do ser humano. O estudo perpassa o direito constitucional fundamental ao trabalho digno, em sua multidimensionalidade, procurando identificar suas relações com o conceito mais amplo de Estado Democrático de Direito.

Palavras-chave: Estado Democrático de Direito. Centralidade do ser humano. Dignidade do ser humano. Trabalho digno.

Abstract: This article aims to analyse the links between the constitutional concept of Democratic State of Law, proper to Humanistic and Social Constitutionalism, and human being centrality and dignity. The analysis takes on account the fundamental right of decent work, in its multidimensionality, searching for the relations between this right and the broader concept of Democratic State of Law.

Keywords: Democratic State of Law. Human being centrality. Human being dignity. Decent work rights.

1. INTRODUÇÃO

Este artigo objetiva analisar os princípios da centralidade e da dignidade da pessoa humana e sua presença no conceito constitucional do Estado Democrático de Direito, perpassando tais reflexões pelo caráter multidimensional do direito fundamental ao trabalho digno[(3)].

(1) Ministro do Tribunal Superior do Trabalho (TST) desde novembro de 2007 e Magistrado do Trabalho desde 1989, inicialmente na Primeira Instância em Minas Gerais e, em seguida, como Desembargador do TRT-MG. Doutor em Filosofia do Direito pela UFMG. Mestre em Ciência Política pela UFMG. Professor Titular do Centro Universitário do Distrito Federal (UDF) e de seu Mestrado em Direito das Relações Sociais e Trabalhistas. Ex-Professor da Faculdade de Direito da PUC Minas. Ex-Professor da Faculdade de Direito da UFMG. Advogado inscrito na OAB-MG até novembro de 1989. Autor de diversos livros e artigos em sua área de especialização.

(2) Professora Associada de Direito do Trabalho dos Programas de Graduação e Pós-Graduação da Faculdade de Direito da Universidade de Brasília (UnB). Pesquisadora Coordenadora do Grupo de Pesquisa Trabalho, Constituição e Cidadania (UnB/CNPq). Pós-Doutorado em "Desigualdades Globais e Justiça Social" pela Faculdade Latino-Americana de Ciências Sociais (FLACSO/Brasil). Pós-Doutorado em Sociologia do Trabalho pela Universidade Estadual de Campinas (UNICAMP). Doutora em Filosofia do Direito pela Universidade Federal de Minas Gerais (UFMG). Mestre em Direito do Trabalho pela Pontifícia Universidade Católica de Minas Gerais (PUC Minas). Advogada. Autora de diversos livros e artigos em sua área de especialização.

(3) Importante análise sobre a dignidade da pessoa humana no âmbito das sociedades política e civil, como dimensão relevante do Estado Democrático de Direito, marco contemporâneo do constitucionalismo, encontra-se em DELGADO, Mauricio Godinho. Constituição da Re-

A proposta de reflexão procura reforçar a concepção contemporânea de dignidade da pessoa humana e sua articulação com o Direito do Trabalho como referência maior do sistema jurídico brasileiro.

Inicia-se pelo exame do conceito de Estado Democrático de Direito inerente ao Constitucionalismo Humanista e Social estruturado logo em seguida ao término da Segunda Grande Guerra, na Europa Ocidental, a contar da segunda metade dos anos 1940.

Em seguida, registra a relevância dos princípios constitucionais humanistas e sociais que ostentam substancial relação com o trabalho humano, conectando tais princípios igualmente ao conceito de Estado Democrático de Direito. Nessa análise, são também enfatizados os princípios da centralidade da pessoa humana na ordem jurídica e na vida socioeconômica do país.

O artigo passa então ao estudo do princípio da dignidade como núcleo estrutural da Constituição da República, dotado de densidade jurídica máxima no sistema constitucional brasileiro[(4)].

Em um terceiro momento, o texto avalia o sentido multidimensional do princípio da dignidade, com a circunstância de se projetar sobre múltiplas esferas de atuação e de realização da pessoa humana.

Já no último tópico, estuda-se a projeção desse princípio constitucional na estrutura e na dinâmica do Direito do Trabalho pátrio.

No desenvolvimento do artigo busca-se também enfatizar a multidimensionalidade do direito fundamental ao trabalho digno – em si, uma projeção dos princípios da centralidade da pessoa humana como de sua dignidade, a par do próprio conceito constitucional estruturante de Estado Democrático de Direito. Essa multidimensionalidade se manifesta pelo sujeito – o ser humano –, o objeto, consistente no valor social do trabalho, a par da ambientação em que se realiza esse trabalho, caracterizada por importante conceito também de faceta jurídica, o meio ambiente do trabalho.

2. O CONCEITO DE ESTADO DEMOCRÁTICO DE DIREITO E A CENTRALIDADE E DIGNIDADE DA PESSOA HUMANA EM SEU INTERIOR

Um dos conceitos que melhor demarcam o Constitucionalismo Humanista e Social deflagrado na Europa Ocidental logo depois da Segunda Grande Guerra, a partir da década de 1940, é o de *Estado Democrático de Direito*.

Esse novo paradigma do constitucionalismo, conforme se sabe, despontou, nos países ocidentais europeus, após a experiência traumática e avassaladora do conflito mundial de 1939 a 1945, com o nazifascismo que lhe era subjacente. Tal novo paradigma teve o papel de aprofundar, amplificar, aperfeiçoar e modificar o Constitucionalismo Social iniciado na segunda década do século XX (anos de 1917, com a Constituição do México, e de 1919, com a Constituição da Alemanha – Weimar). Por intermédio dos documentos constitucionais da França (1946), Itália (1947) e Alemanha (1949), seguidos pelas Constituições de Portugal (1976) e da Espanha (1978), o Constitucionalismo Humanista e Social europeu trouxe mudanças importantes no sistema constitucional, nas estruturas conceituais do Direito e nas próprias concepções de Estado e de Sociedade.

Esse recente padrão de constitucionalismo, inaugurado na Europa Ocidental há cerca de 70/75 anos, ingressou em terras brasileiras por intermédio da Constituição da República Federativa do Brasil, promulgada em cinco de outubro de 1988.

Nessa linha, o novo constitucionalismo superou a concepção antes inexpugnável de *Power State*, em favor da concepção de um Estado Democrático, Humanista e Social; arquitetou uma conceituação principiológica do fenômeno jurídico, conferindo aos princípios a natureza de normas jurídicas; inseriu diversos novos e relevantes princípios cardeais nesse novo constitucionalismo; alçou a pessoa humana ao ápice e ao centro dos documentos constitucionais, a ela vinculando distintos princípios humanistas e sociais, inclusive o princípio da centralidade da pessoa humana na ordem jurídica e o princípio da dignidade do ser humano; es-

pública, Estado Democrático de Direito e Direito do Trabalho. In: DELGADO, Mauricio Godinho; DELGADO, Gabriela Neves (Orgs.). *Direito do Trabalho e Direito da Seguridade Social:* fundamentos constitucionais e teoria geral do direito do trabalho. São Paulo: Editora Revista dos Tribunais, 2012 (Coleção Doutrinas Essenciais; v. 1). p. 412-440.

(4) Paulo Bonavides reforça a densidade normativa do princípio da dignidade no sistema constitucional ao afirmar: "Sua densidade jurídica no sistema constitucional há de ser, portanto, máxima, e se houver reconhecidamente um princípio supremo no trono da hierarquia das normas, esse princípio não deve ser outro senão aquele em que todos os ângulos éticos da personalidade se acham consubstanciados". A respeito, consultar: BONAVIDES, Paulo. *Teoria Constitucional da Democracia Participativa.* São Paulo: Malheiros, 2001. p. 233 *Apud* PIOVESAN, Flávia. Direitos Humanos, o Princípio da Dignidade Humana e a Constituição Brasileira de 1988. In: DELGADO, Mauricio Godinho; DELGADO, Gabriela Neves (Orgs.). *Direito do Trabalho e Direito da Seguridade Social:* fundamentos constitucionais e teoria geral do direito do trabalho. São Paulo: Editora Revista dos Tribunais, 2012 (Coleção Doutrinas Essenciais; v. 1). p. 524.

tendeu as suas concepções não apenas ao segmento da sociedade política (o Estado e suas instituições), como também à realidade da sociedade civil (e suas inúmeras e bem diversificadas instituições); elaborou, por fim, a sofisticada e complexa noção de Estado Democrático de Direito.

Esclareça-se que os princípios humanistas e sociais do novo constitucionalismo – de clara matriz europeia, conforme se percebe – não se resumem ao princípio da dignidade da pessoa humana e da centralidade do ser humano na ordem jurídica e na vida socioeconômica, embora estes sejam de exponencial relevância em sua arquitetura. Eles se expressam em diversas outras diretrizes normativas também de importância notável.

Citem-se, ilustrativamente, os seguintes princípios constitucionais humanistas e sociais que ostentam relação com o mundo do trabalho, embora não se circunscrevendo apenas a ele, é claro: o princípio da dignidade da pessoa humana; o princípio da centralidade da pessoa humana na ordem jurídica e na vida socioeconômica; o princípio da inviolabilidade do direito à vida, que abrange a inviolabilidade física e a inviolabilidade moral, a par da inviolabilidade da vida privada e da intimidade do ser humano; o princípio do bem-estar individual e social; princípio da justiça social; o princípio da submissão da propriedade à sua função socioambiental; o princípio da não discriminação; o princípio da igualdade em sentido material (sem prejuízo da dimensão meramente formal da igualdade – que também é importante, é óbvio); o princípio da segurança, em sua multidimensionalidade, ao invés da concepção restrita que lhe caracterizava no constitucionalismo anterior; o princípio da proporcionalidade e da razoabilidade; o princípio da vedação do retrocesso social. Em seu conjunto, formam o que Mauricio Godinho Delgado denomina de *princípios constitucionais do trabalho*.[5]

Não se nega que existem princípios constitucionais, mesmo nessa fase mais avançada do constitucionalismo, que parecem apontar em direção contrária, em favor do império milenar do poder econômico. Trata-se, por exemplo, de princípios como: da propriedade privada; da livre-iniciativa; da livre concorrência; da livre contratação. Todas essas diretrizes jurídicas indicam, sem dúvida, que o Constitucionalismo Humanista e Social também reconhece a existência e a validade do sistema econômico capitalista no interior de sua economia e de suas instituições.

Entretanto, a circunstância de o novo constitucionalismo reconhecer a existência e a validade do sistema econômico capitalista não transporta o Estado, a sociedade e o Direito para períodos primitivos de hegemonia política, cultural e jurídica absoluta e excludente dos comandos constitucionais humanistas e sociais. Ao inverso, o Constitucionalismo Humanista e Social determina ao capitalismo que seja inclusivo, democrático, social, ambiental (ou ecológico) e, antes de tudo, humanizado. Ou seja, essa convivência, no mesmo constitucionalismo, de largo número de princípios humanistas e sociais ao lado de princípios mercadológicos apenas demonstra que existe, enfaticamente, um conjunto lógico e coerente de determinações constitucionais que firmam clara distância perante o capitalismo sem peias, ultraliberalista, seja antigo, seja recente, que campeia em território de desrespeito e negligenciamento ao Constitucionalismo Humanista e Social.

Essa adequada e equilibrada prevalência da dimensão humanista e social do capitalismo sobre a dimensão neoliberalista e antissocial do sistema econômico está bem expressa no novo conceito constitucional de Estado Democrático de Direito (ou Estado de Direito Democrático, como prefere a Constituição de Portugal), que caracteriza o Constitucionalismo Humanista e Social contemporâneo.

Conforme expõe Mauricio Godinho Delgado, o conceito de Estado Democrático de Direito se edifica em um tripé conceitual inquebrantável: a pessoa humana, com a sua dignidade; a sociedade política, concebida como democrática e inclusiva; a sociedade civil, também concebida como democrática e inclusiva.[6]

À diferença do velho paradigma liberalista do constitucionalismo – hoje, até mesmo tosco, embora ainda bastante influente –, também a sociedade civil deve se submeter a esse conceito de Estado Democrático de Direito e, portanto, à perspectiva humanista e social do novo constitucionalismo. Não se pode interpretar a Constituição como resgate da secular hegemonia do capitalismo liberalista e antissocial, porém como instrumento de integração dos princípios econômicos a ele filiados com a plêiade de princípios humanistas e sociais que caracterizam o novo constitucionalismo ocidental. Compreende-se, portanto, que a lógica e o sentido estruturais e direcionais do Constitucionalismo Humanista e Social não sufragam interpretações neo-

---

(5) DELGADO, Mauricio Godinho. *Princípios Constitucionais do Trabalho e Princípios de Direito Individual e Direito Coletivo do Trabalho*. 5. ed. São Paulo: LTr, 2017, especialmente em seu Capítulo II ("Princípios Constitucionais do Trabalho"). p. 36-100.

(6) DELGADO, Mauricio Godinho. Constituição da República, Estado Democrático de Direito e Direito do Trabalho. In: DELGADO, Mauricio Godinho; DELGADO, Gabriela Neves. *Constituição da República e Direitos Fundamentais* – dignidade da pessoa humana, justiça social e Direito do Trabalho. 4. ed. São Paulo: LTr, 2017. p. 33-58.

liberalistas excludentes, que negligenciam o conjunto constitucional civilizado.

Pelas características do paradigma do Estado Democrático de Direito, pode-se perceber que ele é melhor atendido, "do ponto de vista histórico, concreto, prático – *nos marcos do sistema capitalista* –, pelo experimento que se tem denominado de *Estado de Bem-Estar Social, Estado Providência* ou *Welfare State*."[(7)] Trata-se de experimento que vicejou principalmente na Europa Ocidental, desde o término da Segunda Grande Guerra, coincidindo, historicamente, com o surgimento do Constitucionalismo Humanista e Social. Tal experimento se preserva válido, dinâmico e eficiente até os dias atuais, embora tenha intensidade e generalização distintas nos países europeus, sendo mais sólido nos países nórdicos e do centro da Europa Ocidental em contraponto ao estruturado nos países mediterrâneos e ibéricos.[(8)]

Há, portanto, plena compatibilidade do capitalismo com o Estado Democrático de Direito, desde que se trate, como visto, de um capitalismo inclusivo, com firme direcionamento social, cada vez mais igualitário, substantivamente democrático, respeitosamente ecológico, em síntese, cuidadosamente humanizado. Essa compatibilidade se esvai desde que se passe a ingressar no território desprotegido do capitalismo ultraliberalista, sem direitos sociais ou com um acervo precário desses direitos, longe da centralidade da pessoa humana na ordem jurídica e na vida socioeconômica.

Esse quadro civilizatório do novo constitucionalismo bem se explicita, no campo social do Direito e da realidade socioeconômica, por meio do *trabalho digno*, elemento que sintetiza não somente a afirmação da centralidade e dignidade da pessoa humana na ordem jurídica e na vida social e econômica, como também supõe a tessitura de uma rede institucionalizada de afirmação e proteção dos seres humanos que ingressam no mundo do trabalho – o que se faz, em boa medida, pelo campo jurídico exercitado pelo Direito do Trabalho.[(9)]

Nessa linha, a multifuncionalidade do *direito fundamental ao trabalho digno*, abrangendo a pessoa humana, como sujeito, o valor social do trabalho, como objeto, e o *locus* de realização dessa atividade criativa e de produção, como meio ambiente do trabalho, são aspectos importantes no estudo do conceito real e amplo do Estado Democrático de Direito e da força dos princípios constitucionais do trabalho que o concretizam e conferem solidez no contexto da vida real.

3. O PRINCÍPIO DA DIGNIDADE DA PESSOA HUMANA COMO NÚCLEO ESTRUTURAL DA CONSTITUIÇÃO DA REPÚBLICA[(10)]

A formulação de conceito que seja atual sobre a dignidade da pessoa humana é uma das tarefas mais tortuosas apresentadas pelas doutrinas filosófica e constitucional contemporâneas[(11)].

Conforme explica Ingo Wolfgang Sarlet, não há consenso e acima de tudo definição universal sobre a temática, a não ser o entendimento de que *a dignidade revela a própria condição humana, apresentando-se no gênero humano sem fronteiras*[(12)]. Apesar disso, o autor propõe formulação jurídica do conceito de dignida-

(7) DELGADO, Mauricio Godinho. Constituição da República, Estado Democrático de Direito e Direito do Trabalho. In: DELGADO, Mauricio Godinho; DELGADO, Gabriela Neves. *Constituição da República e Direitos Fundamentais* – dignidade da pessoa humana, justiça social e Direito do Trabalho. 4. ed. São Paulo: LTr, 2017. p. 47-48.

(8) Para análise do Estado de Bem-Estar Social, consultar, ilustrativamente: DELGADO, Mauricio Godinho. Constituição da República, Estado Democrático de Direito e Direito do Trabalho. In: DELGADO, Mauricio Godinho; DELGADO, Gabriela Neves. *Constituição da República e Direitos Fundamentais* – dignidade da pessoa humana, justiça social e Direito do Trabalho. 4. ed. São Paulo: LTr, 2017. p. 47-48. Consultar, ainda, DELGADO, Mauricio Godinho; PORTO, Lorena Vasconcelos (Org.). *O Estado de Bem-Estar Social no Século XXI*. 2. ed. São Paulo: LTr, 2018; e, por fim, DELGADO, Mauricio Godinho; PORTO, Lorena Vasconcelos (Org.). *Welfare State* – os grandes desafios do Estado de Bem-Estar Social. São Paulo: LTr, 2019.

(9) A respeito do conceito de trabalho digno no Estado Democrático de Direito, consultar DELGADO, Gabriela Neves. *Direitos Fundamental ao Trabalho Digno*. 2. ed. São Paulo: LTr, 2015. A primeira edição do livro é de 2006.

(10) O tópico II deste artigo foi originalmente publicado por Gabriela Neves Delgado, na obra DELGADO, Gabriela Neves. *Direitos Fundamental ao Trabalho Digno*. São Paulo: LTr, 2006. Tal reflexão também consta no Capítulo III, "Estado Democrático de Direito e Direito Fundamental ao Trabalho Digno", da Obra "Constituição da República e Direitos Fundamentais: dignidade da pessoa humana, justiça social e direito do trabalho". Consultar a respeito: DELGADO, Gabriela Neves. Estado Democrático de Direito e Direito Fundamental ao Trabalho Digno. In: DELGADO, Mauricio Godinho; DELGADO, Gabriela Neves. *Constituição da República e Direitos Fundamentais:* dignidade da pessoa humana, justiça social e direito do trabalho. São Paulo: LTr, 2012. p. 61-64.

(11) Não é proposta deste artigo, respeitada a relevância da temática, traçar a evolução secularizada do conceito filosófico da dignidade da pessoa humana. Parte-se de seu significado tal qual é compreendido na atualidade, sobretudo quanto à sua condição jurídico-normativa.

(12) SARLET, Ingo Wolfgang. *Dignidade da pessoa humana e direitos fundamentais na Constituição Federal de 1988*. 3. ed. Porto Alegre: Livraria do Advogado, 2004. p. 143. Sobre o tema, consultar ainda: BARCELLOS, Ana Paula de. *A eficácia jurídica dos princípios constitucionais:* o princípio da dignidade da pessoa humana. 3. ed. rev. e atual. Rio de Janeiro: Renovar, 2001.

de do ser humano, destacando, todavia, que por ser o tema vago e impreciso, seu conceito encontra-se em permanente processo de construção e desenvolvimento. Nesse sentido, disserta:

> Assim sendo, temos por dignidade da pessoa humana a qualidade intrínseca e distintiva reconhecida em cada ser humano que o faz merecedor do mesmo respeito e consideração por parte do Estado e da comunidade, implicando, neste sentido, um complexo de direito e deveres fundamentais que assegurem a pessoa tanto contra todo e qualquer ato de cunho degradante e desumano, como venham a lhe garantir as condições existenciais mínimas para uma vida saudável, além de propiciar e promover sua participação ativa e corresponsável nos destinos da própria existência e da vida em comunhão com os demais seres humanos.[13]

O conceito apresentado procura destacar a dignidade enquanto *qualidade intrínseca do ser humano*, o que por si só indica os atributos de irrenunciabilidade e de inalienabilidade que lhes são inerentes. É o que explica Ingo Wolfgang Sarlet: por ser a dignidade uma qualidade de todo e qualquer ser humano, não há como existir pretensão de se conceder dignidade. Parte-se do pressuposto de que ela é subjacente ao homem, à sua condição humana[14].

Aqui se reconhece que o Estado e os atores coletivos, pela via normativa, desempenham função singular com vistas à proteção e à manutenção da condição de dignidade do ser humano. Com efeito, a defesa de uma construção normativa objetiva que possa, ao mesmo tempo, promover e proteger a dignidade da pessoa apresenta-se como diretriz introjetada no paradigma do Estado Democrático de Direito, à luz da Constituição de 1988.

Nessa direção, Ingo Wolfgang Sarlet reforça "*[...] que é o Estado que existe em função da pessoa humana, e não o contrário, já que o ser humano constitui a finalidade precípua, e não meio da atividade estatal*"[15]. O autor ainda sinaliza que a proteção e a promoção da dignidade se apresentam em relação ao sujeito concreto, individual ou coletivamente considerado. Por isso mesmo é que a dignidade também é reconhecida em sua *dimensão intersubjetiva*[16].

Esse entendimento pautado no ser humano enquanto centro convergente de direitos, porque fim em si mesmo, deve orientar inclusive as relações de trabalho e seu correspondente: o Direito do Trabalho.

O Direito do Trabalho corresponde, pois, no mínimo ao direito a um trabalho digno, o que significa dizer o *direito a um trabalho minimamente protegido*. Entende-se, na linha argumentativa já exposta por Gabriela Neves Delgado, que o trabalho não violará o homem enquanto fim em si mesmo, desde que prestado em condições dignas. Ou seja, *o valor da dignidade deve ser o sustentáculo de qualquer trabalho humano*. Onde o direito ao trabalho não for minimamente assegurado (por exemplo, com o respeito à integridade física e moral do trabalhador, o direito à contraprestação pecuniária mínima), não haverá dignidade humana que sobreviva. Se existe um direito fundamental, deve também existir um *dever fundamental de proteção*[17].

Quando o Direito se utiliza da regulamentação jurídica significa que ele servirá como suporte de valor para proteger o ser humano em sua vivência de direitos. No dizer de Paulo Emílio Ribeiro de Vilhena, a proteção jurídico-social do homem também deve ser a diretriz do Direito do Trabalho, tornando-se imprescindível a reformulação de suas bases constitutivas. Ou seja, deve-se privilegiar a valorização e a tutela da pessoa do trabalhador ao invés de focalizar a proteção jurídica apenas no trabalho como um bem da vida economicamente tutelado[18].

Assim, como aponta Gabriela Neves Delgado, se o trabalho é um direito fundamental, deve pautar-se na dignidade da pessoa humana. Por isso, quando a Constituição Federal de 1988 refere-se ao direito ao trabalho, implicitamente já está compreendido que o trabalho valorizado pelo Texto Constitucional é o *trabalho digno*. Primeiramente, em razão do nexo lógico existente

---

(13) SARLET, Ingo Wolfgang. *Dignidade da pessoa humana e direitos fundamentais na Constituição Federal de 1988*. 3. ed. Porto Alegre: Livraria do Advogado, 2004. p. 59-60 (grifos do autor).

(14) *Ibidem*, p. 41-42.

(15) *Ibidem*, p. 52.

(16) *Ibidem*, p. 52.

(17) DELGADO, Gabriela Neves. *Direito fundamental ao trabalho digno*. 2. ed. São Paulo: LTr, 2015.

(18) VILHENA, Paulo Emílio Ribeiro de. Valor: realidade, ficção ou projeção da realidade. *Revista da Faculdade de Direito da Universidade Federal de Minas Gerais*, Belo Horizonte, n. 37, 2000. p. 252-253.

entre direitos fundamentais e o sustentáculo do Estado Democrático de Direito, que é a dignidade do ser humano. Em segundo lugar, porque apenas o trabalho exercido em condições dignas é instrumento capaz de viabilizar a emancipação do trabalho, além da afirmação de sua identidade social e coletiva[19].

4. O SENTIDO MULTIDIMENSIONAL DO PRINCÍPIO DA DIGNIDADE DA PESSOA HUMANA[20]

O princípio da dignidade humana traduz a ideia de que o valor central das sociedades, do Direito e do Estado contemporâneos é a pessoa humana, em sua singeleza, independente de seu *status* econômico, social ou intelectual. O princípio defende a centralidade da ordem juspolítica e social em torno do ser humano, subordinante dos demais princípios, regras, medidas e condutas. Trata-se, pois, do princípio maior do Direito Constitucional contemporâneo, espraiando-se, com grande intensidade, no que tange à valorização do trabalho[21].

O princípio que estrutura e define a centralidade da ordem jurídica, política e social na figura do ser humano corresponde a uma conquista cultural recentíssima, que é atada ao desenvolvimento da Democracia na história dos últimos duzentos anos, manifestando-se, de maneira efetiva, apenas a partir de meados do século XX. A noção de que o valor central das sociedades é a pessoa humana, *em sua singeleza e independentemente de sua riqueza ou status social*, é um dos avanços jurídicos mais notáveis na história juspolítica da humanidade.

É disso que cuida o princípio da dignidade da pessoa humana, alçado, hoje, ao núcleo dos sistemas constitucionais mais democráticos. Nesta posição, tornou-se, de fato, "o epicentro de todo o ordenamento jurídico"[22].

Uma das pioneiras – e certamente a mais importante, por seu impacto cultural – referências ao princípio consta da Declaração Universal dos Direitos do Homem, de 10.12.1948, aprovada pela Assembleia Geral da ONU, em Paris. Ali se fala da dignidade da pessoa humana "como base da liberdade, da justiça e da paz"[23].

De fato, o "Preâmbulo" da Declaração inicia-se com menção à dignidade: "Considerando que o reconhecimento da *dignidade inerente a todos os membros da família humana* e de seus direitos iguais e inalienáveis é o fundamento da liberdade, da justiça e da paz do mundo ...". E o primeiro artigo da Declaração também se constrói com suporte nesse fundamento: "Todos os homens nascem *livres e iguais em dignidade* e direitos, são dotados de razão e consciência e devem agir em relação uns aos outros com espírito de fraternidade". Mais à frente (art. XXIII, 3), a Declaração ainda vincula a dignidade humana ao trabalho: "Todo homem que trabalha tem direito a uma remuneração justa e satisfatória, que lhe assegure, assim como à sua família, uma *existência compatível com a dignidade humana*, e a que se acrescentarão, se necessário, outros meios de proteção social"[24].

A partir dessa época, em seguida à Segunda Guerra Mundial, o princípio passaria a compor o núcleo basilar de grande parte das constituições democráticas constituídas.

A Constituição da Alemanha, de 1949, em seu art. 1º, estabelece: "A dignidade do homem é inviolável. Considerá-la e protegê-la é obrigação de todo po-

(19) DELGADO, Gabriela Neves. *Direito fundamental ao trabalho digno*. 2. ed. São Paulo: LTr, 2015.

(20) O tópico III deste artigo foi originalmente publicado por Mauricio Godinho Delgado na Obra "Princípios de Direito Individual e Coletivo do Trabalho". Consultar a respeito: DELGADO, Mauricio Godinho. *Princípios de direito individual e coletivo do trabalho*. 3. ed. São Paulo: LTr, 2010. p. 37-40. Sobre os princípios constitucionais do trabalho, inclusive o princípio da dignidade da pessoa humana, consultar ainda: DELGADO, Mauricio Godinho. Princípios Constitucionais do Trabalho. In: DELGADO, Mauricio Godinho; DELGADO, Gabriela Neves (Orgs.). *Direito do trabalho e direito da seguridade social:* fundamentos constitucionais e teoria geral do direito do trabalho. São Paulo: Editora Revista dos Tribunais, 2012 (Coleção Doutrinas Essenciais; v. 1). p. 529-570.

(21) Flávia Piovesan apresenta importante reflexão sobre os direitos humanos e o princípio da dignidade humana com ênfase "em seu impacto no constitucionalismo, em especial o inaugurado com a Carta de 1988". Analisar a respeito: PIOVESAN, Flávia. Direitos Humanos, o Princípio da Dignidade Humana e a Constituição Brasileira de 1988. In: DELGADO, Mauricio Godinho; DELGADO, Gabriela Neves (Orgs.). *Direito do Trabalho e Direito da Seguridade Social:* fundamentos constitucionais e teoria geral do direito do trabalho. São Paulo: Editora Revista dos Tribunais, 2012 (Coleção Doutrinas Essenciais; v. 1). p. 511-528.

(22) Diz Flórez-Valdéz que "a dignidade da pessoa implica situar o ser humano no epicentro de todo ordenamento jurídico". In: FLÓREZ-VALDÉZ, Joaquim Arce y. *Los principios generales del derecho y su formulación constitucional.* Madrid: Civitas, 1990. p. 149.

(23) SILVA, José Afonso da. *Curso de direito constitucional positivo.* 18. ed. São Paulo: Malheiros, 2000. p. 167.

(24) Texto retirado da coletânea de documentos internacionais organizada por Georgenor de Sousa Franco Filho. *Tratados internacionais.* São Paulo: LTr, 1999. p. 406-412. (Grifos acrescidos ao original).

der estatal"[25]. A Constituição Lusitana, de 1976, em seu art. 1º, também dispõe que "Portugal é uma República soberana, baseada na dignidade da pessoa humana ...". E a Constituição Espanhola, de 1978, por sua vez, estabelece que "A dignidade da pessoa, os direitos invioláveis que lhe são inerentes, (...) são fundamento da ordem política e da paz social (art. 10)[26].

No Brasil, a primeira Constituição a mencionar o tema foi a de 1946. Contudo, o Texto Constitucional da época não se referiu à dignidade como fundamento norteador da vida social e política, relacionando-a apenas ao trabalho: "A todos é assegurado trabalho que possibilite existência digna ...", dispunha o art. 145, parágrafo único, no título que tratava da Ordem Econômica e Social. Além da circunscrição limitada da referência, a Constituição de 1946 não conferia *status* de fundamento ou princípio à dignidade humana na ordem juspolítica e social do país.

As Constituições autocráticas de 1967 e 1969 (esta, produto de nova redação, dada pela Emenda Constitucional n. 1) mantiveram a menção à dignidade da pessoa humana, circunscrita à área do trabalho ("A ordem econômica e social tem por fim realizar o desenvolvimento nacional e a justiça social, com base nos seguintes princípios: (...) II – valorização do trabalho como condição da dignidade humana" – art. 160, CF/1969).

A Constituição democrática de 1988 é absolutamente inovadora, na tradição brasileira, nesse aspecto. De fato, alçou o princípio da dignidade da pessoa humana, na qualidade de princípio próprio, ao *núcleo* do sistema constitucional do país e ao *núcleo* de seu sistema jurídico, político e social. Passa a dignidade a ser, portanto, princípio (logo, comando jurídico regente e instigador). Mas não só: é *o princípio fundamental de todo sistema jurídico*.

Em seu art. 1º, no Título I, tratando dos "princípios fundamentais", a Lei Máxima estabelece que a "República Federativa do Brasil, formada pela união indissolúvel dos Estados e Municípios e o Distrito Federal, constitui-se em Estado Democrático de Direito e tem como *fundamento*: (...) III – a dignidade da pessoa humana" (grifos acrescidos). No mesmo título, art. 3º, está insculpido que "constituem objetivos fundamentais da República Federativa do Brasil: (...) I – construir uma sociedade *livre, justa e solidária*" – três requisitos essenciais de garantia da dignidade humana.

No título VII, que trata da "Ordem Econômica e Financeira", ao fixar os "Princípios Gerais da Atividade Econômica", o art. 170 também se reporta à dignidade do ser humano ("A ordem econômica, fundada na valorização do trabalho humano e da livre-iniciativa, *tem por fim assegurar a todos existência digna,* conforme os ditames da justiça social ...").

A dignidade humana passa a ser, portanto, pela Constituição, *fundamento da vida no país, princípio jurídico inspirador e normativo*, e ainda, *objetivo de toda a ordem econômica.*

Finalmente, ao tratar da "Ordem Social", o Texto Máximo de 1988 firma uma das dimensões essenciais da dignidade da pessoa humana, sua *dimensão social*: "Art. 193 – A ordem social tem como base o primado do trabalho, e como objetivo o bem-estar e a justiça sociais".

A Constituição brasileira, como visto, incorporou o princípio da dignidade humana em seu núcleo, e fez de maneira absolutamente atual. Conferiu-lhe *status* multifuncional, mas combinando unitariamente todas as suas funções: *fundamento, princípio* e *objetivo*. Assegurou-lhe abrangência a toda a ordem jurídica e a todas as relações sociais. Garantiu-lhe amplitude de conceito, de modo a ultrapassar sua visão estritamente individualista em favor de uma *dimensão social e comunitária de afirmação da dignidade humana.*

Insista-se que, para a Constituição Democrática brasileira, a dignidade é lesada caso o ser humano se encontre privado de instrumentos de mínima afirmação social. Enquanto ser social, a pessoa humana tem assegurada por este princípio iluminador e normativo não apenas a intangibilidade de valores individuais básicos, como também um mínimo de possibilidade de afirmação no plano comunitário circundante. Além de suas diversas outras relevantes dimensões, o princípio da dignidade do ser humano repele, conforme bem exposto por *Flórez-Valdéz*, "a negação dos meios fundamentais para seu desenvolvimento como pessoa ou a imposição de condições infra-humanas de vida"[27].

Tudo isso significa que a ideia de dignidade não se reduz, hoje, a uma dimensão estritamente particular, atada a valores imanentes à personalidade e que não se projetam socialmente. Ao contrário, o que se concebe

---

(25) Conforme LEDUR, José Felipe. *A realização do direito do trabalho.* Porto Alegre: Sérgio Antônio Fabris, 1998. p. 84. O autor sustenta que a Constituição alemã foi a que "pela vez primeira cuidou de atribuir à dignidade da pessoa humana o *status* de princípio e direito fundamental" (*loc. cit.*).

(26) As referências a essas constituições democráticas foram retiradas de LEDUR, José Felipe. *A realização do direito do trabalho.* Porto Alegre: Sérgio Antônio Fabris, 1998. p. 84.

(27) FLÓREZ-VALDÉZ, Joaquim Arce y. *Los principios generales del derecho y su formulación constitucional.* Madrid: Civitas, 1990. p. 149.

inerente à dignidade da pessoa humana é também, ao lado dessa dimensão estritamente privada de valores, *a afirmação social do ser humano*. Conforme já dito, a dignidade da pessoa fica, pois, lesada caso ela se encontre em uma situação de completa privação de instrumentos de mínima afirmação social. Isso porque, na qualidade de ser necessariamente integrante de uma comunidade, o sujeito tem assegurado por este princípio não apenas a intangibilidade de valores individuais básicos, como também um mínimo de possibilidade de afirmação no plano social circundante[28].

5. A PROJEÇÃO DO PRINCÍPIO DA DIGNIDADE DA PESSOA HUMANA NO NÚCLEO DO SISTEMA CAPITALISTA: O PAPEL DO DIREITO DO TRABALHO[29]

O *Direito do Trabalho* se revela a partir da reflexão da importância do trabalho prestado em condições de dignidade e pela necessidade de se concretizar, na prática das relações de trabalho, o exercício dessa fundamentação teórica[30].

Em outras palavras, *o Direito do Trabalho permite a existência formalizada da condição de dignidade no trabalho*, verdadeira essência do homem, ao tutelar a prestação de serviços de uma pessoa a outra, nos termos específicos da legislação celetista.

Não se desconhece o fato de que a expressão *direito ao trabalho*, caso tomada literalmente, possa conduzir à ideia de que se trata de possível elogio às estratégias político-sociais de mero fomento de postos de trabalho, mesmo que precários. Este é o risco de que bem nos adverte o jurista Jorge Luiz Souto Maior, a propósito[31].

Semelhante apropriação negativa da citada expressão poderia ser ainda mais incrementada, a ponto de significar que o direito ao trabalho abrangeria modalidades até mesmo servis ou similares de prestação de serviços por pessoas naturais – o que não teria a mínima conexão com a garantia de dignidade à pessoa humana.

Entretanto, não se sustenta contemporaneamente tal apropriação negativa da mencionada expressão conceitual. É que na ordem jurídica do Estado Democrático de Direito não se concebe o trabalho como *sujeição*, porém como *direito*, isto é, *vantagem protegida juridicamente*. Nesses termos, declarou Amauri Mascaro Nascimento:

> Nos tempos atuais, o trabalho é um direito: o direito ao trabalho. Esta afirmação não é recente. É encontrada em Montesquieu e em Rousseau. Há, portanto, uma preocupação com o direito ao trabalho, cujo fundamento maior é o próprio direito à vida. O ser humano, para viver, precisa prover a sua subsistência. Para fazê-lo, depende do trabalho. Logo, o trabalho é um direito. É o direito que todo ser humano tem de converter a própria atividade em ganho de subsistência pessoal e familiar. O direito ao trabalho está relacionado com o direito à vida e à subsistência.[32]

A partir dessa linha de raciocínio, pondera Gabriela Neves Delgado que o enquadramento do trabalho como *direito* necessariamente exclui a viabilidade *jurídica* (embora não fática, evidentemente) de prestação de trabalho servil ou em condições análogas a de escravo – situações que, se existentes, tornam-se auto-

---

(28) A respeito do presente princípio, consultar: DELGADO, Gabriela Neves. *Direito fundamental ao trabalho digno*. São Paulo: LTr, 2006.

(29) O tópico IV deste artigo foi originalmente publicado por Gabriela Neves Delgado, na obra DELGADO, Gabriela Neves. *Direitos fundamental ao trabalho digno*. São Paulo: LTr, 2006. Tal reflexão também consta no Capítulo III, "Estado Democrático de Direito e Direito Fundamental ao Trabalho Digno", da Obra "Constituição da República e Direitos Fundamentais: dignidade da pessoa humana, justiça social e direito do trabalho". Consultar a respeito: DELGADO, Gabriela Neves. Estado Democrático de Direito e Direito Fundamental ao Trabalho Digno. In: DELGADO, Mauricio Godinho; DELGADO, Gabriela Neves. *Constituição da República e direitos fundamentais:* dignidade da pessoa humana, justiça social e direito do trabalho. São Paulo: LTr, 2012. p. 64-65.

(30) Sobre a reflexão do Direito Constitucional e o exercício de suas práticas, consultar: CARVALHO NETTO, Menelick de; SCOTTI, Guilherme. *Os Direitos fundamentais e a (in)certeza do direito:* a produtividade das tensões principiológicas e a superação do sistema de regras. Belo Horizonte: Fórum, 2011.

(31) É importante registrar que Jorge Luiz Souto Maior adverte o leitor sobre o risco do uso da expressão "direito ao trabalho", por acreditar pertencer o direito ao trabalho ao âmbito do dever-ser, sendo considerado instrumento jurídico de mera manutenção da ocupação do homem em postos de trabalho precários. Ressalta, portanto, que, no arriscado uso corrente, o direito ao trabalho seria não mais que o direito de trabalhar, nos moldes do Direito Civil. Nesse sentido, consultar: MAIOR, Jorge Luiz Souto. *O Direito do trabalho como instrumento de Justiça Social*. São Paulo: LTr, 2001. p. 191-261-269. Por outro lado, o presente artigo, enfatize-se, propõe que a leitura da expressão "direito ao trabalho", no contexto da estrutura, da lógica e do sentido normativos da Constituição de 1988, deve ser lida sempre como "*direito ao trabalho digno*", isto é, o trabalho juridicamente regulado, com garantias e vantagens jurídicas consistentes em benefício do trabalhador.

(32) NASCIMENTO, Amauri Mascaro. *Direito do trabalho na Constituição de 1988*. São Paulo: Saraiva, 1989. p. 25. Nesse sentido, consultar ainda: ALMEIDA, Fernando Barcellos de. *Teoria geral dos direitos humanos*. Porto Alegre: Antônio Sérgio Fabris, 1996. p. 78-89; SILVA, José Afonso da. *Curso de direito constitucional positivo*. 18. ed. São Paulo: Malheiros, 2000. p. 260.

maticamente inscritas na órbita da marginalidade do Direito, na esteira da ilegalidade. Não é a tais modalidades ilegais de exploração do ser humano que a ordem jurídica se refere, quando estipula o direito fundamental ao trabalho; não é a essas mesmas modalidades indignas de exploração da pessoa humana que este texto se reporta, obviamente[33].

Ora, no contexto do Estado Democrático de Direito, a estipulação do direito fundamental ao trabalho digno corresponde a uma *conquista* do homem, em contraponto às experiências históricas de espoliação das energias humanas com intuitos econômicos.

Em síntese, quando o Estado Democrático de Direito, em consonância com a Constituição Federal de 1988, enuncia o direito ao trabalho está se referindo, necessariamente, embora de modo implícito, ao *direito fundamental ao trabalho digno*[34].

É claro que a interpretação ora articulada exige do intérprete uma tomada de consciência ao provocar o debate sobre o fundamento de proteção ao trabalho previsto pela Constituição Federal de 1988 (e instrumentalizado, em certa medida, pelo Direito do Trabalho).

É necessário, pois, reforçar o argumento de que estar protegido pelo trabalho significa também concretizar, no plano constitucional, os direitos fundamentais trabalhistas que assegurem um patamar mínimo de vida digna.

A partir de sua posição de centralidade no ordenamento jurídico brasileiro, a Constituição Federal de 1988 direciona o intérprete a compreendê-la como a base de unidade e de diversidade das relações de trabalho no Brasil, ao mesmo tempo em que exige dos intérpretes que decidam os casos concretos e fundamentem suas decisões a partir da sólida relação entre o Direito Constitucional e o Direito do Trabalho. Somente assim o Direito do Trabalho, refletido eticamente, poderá se afirmar como um dos mais sólidos e democráticos instrumentos para a concretização e vivência da dignidade do ser humano.

6. CONCLUSÃO

A Constituição da República de 1988 privilegiou, no plano teórico, a construção de uma sociedade livre, justa e solidária, fundada na dignidade do ser humano e no primado do trabalho e do emprego, subordinando a livre-iniciativa à sua função social. Ou seja, a Constituição de 1988 claramente demarcou, por meio de sua normativa jurídica, a necessidade de se concretizar uma modalidade sofisticada e bem sucedida de organização socioeconômica.

Daí que se infere que o conceito constitucional de Estado Democrático de Direito, presente na Constituição de 1988 e característico do Constitucionalismo Humanista e Social deflagrado na Europa Ocidental logo depois da Segunda Grande Guerra, supõe a democratização não apenas do Estado, mas também, e significativamente, da sociedade civil e de suas instituições, inclusive as empresas e o mercado econômico.

Também fica claro no Texto Constitucional que essa modalidade sofisticada e bem sucedida de organização socioeconômica se dá pela afirmação do *trabalho protegido*, cujo suporte de valor é a dignidade do ser humano e sua centralidade no mundo do Direito e da vida prática real. Ou seja, a Constituição Federal de 1988 contribui para realçar o princípio da dignidade no trabalho, assegurando-lhe uma perspectiva ética – critério essencial da vida humana, em diversas de suas dimensões[35].

Considerado o prisma da dignidade enquanto suporte de valor do trabalho regulado é que o homem promove sua liberdade e consciência de si, além de exercer, em plenitude, suas potencialidades, capacidades de mobilização e de emancipação coletiva, além de efetiva inserção na lógica das relações sociais[36].

Portanto, a vinculação do trabalho e do emprego ao princípio da dignidade deve se constituir como pilar teórico e prático para a concretização de qualquer modelo de Estado social e democrático, inserido no contexto do sistema capitalista de produção. É claro que a implantação e maturação desse modelo passa pela própria efetividade do Direito do Trabalho, instrumento jurídico de pacificação, distribuição de renda e inclusão social dos mais relevantes do Ocidente desenvolvido[37].

Enfim, a vinculação do trabalho e do emprego aos princípios da dignidade humana e da centralidade do ser humano no Direito e na vida socioeconômica tudo depende necessariamente da efetividade do processo de declaração, reconhecimento e concretização dos di-

(33) DELGADO, Gabriela Neves. *Direito fundamental ao trabalho digno*. São Paulo: LTr, 2006. p. 216.

(34) *Idem*.

(35) *Idem*.

(36) *Idem*.

(37) DELGADO, Gabriela Neves. Opção pelo direito do trabalho. *Jornal Estado de Minas*. 29 de setembro de 2006. p. 15.

reitos fundamentais nas relações de trabalho. Este é o pressuposto necessário para que a dignidade se revele, na prática, como suporte de valor do direito fundamental ao trabalho.

REFERÊNCIAS

ALMEIDA, Fernando Barcellos de. *Teoria geral dos direitos humanos*. Porto Alegre: Antônio Sérgio Fabris, 1996.

BARCELLOS, Ana Paula de. *A eficácia jurídica dos princípios constitucionais:* o princípio da dignidade da pessoa humana. 3. ed. rev. e atual. Rio de Janeiro: Renovar, 2001.

BONAVIDES, Paulo. *Teoria constitucional da democracia participativa*. São Paulo: Malheiros, 2001.

CARVALHO NETTO, Menelick de; SCOTTI, Guilherme. *Os direitos fundamentais e a (in)certeza do direito:* a produtividade das tensões principiológicas e a superação do sistema de regras. Belo Horizonte: Fórum, 2011.

DELGADO, Gabriela Neves. *Direito fundamental ao trabalho digno*. São Paulo: LTr, 2006. (*Idem, idem*, 2. ed., 2015).

______. Opção pelo direito do trabalho. *Jornal Estado de Minas*. 29 de setembro de 2006.

DELGADO, Mauricio Godinho; DELGADO, Gabriela Neves. *Constituição da República e direitos fundamentais:* dignidade da pessoa humana, justiça social e direito do trabalho. São Paulo: LTr, 2012.

DELGADO, Mauricio Godinho. Constituição da República, Estado Democrático de Direito e Direito do Trabalho. In: DELGADO, Mauricio Godinho; DELGADO, Gabriela Neves (Orgs.). *Direito do trabalho e direito da seguridade social:* fundamentos constitucionais e teoria geral do direito do trabalho. São Paulo: Editora Revista dos Tribunais, 2012 (Coleção Doutrinas Essenciais; v. 1).

______. Princípios Constitucionais do Trabalho. In: DELGADO, Mauricio Godinho; DELGADO, Gabriela Neves (Orgs.). *Direito do trabalho e direito da seguridade social:* fundamentos constitucionais e teoria geral do direito do trabalho. São Paulo: Editora Revista dos Tribunais, 2012 (Coleção Doutrinas Essenciais; v.1).

______. *Princípios de direito individual e coletivo do trabalho*. 3.ed. São Paulo: LTr, 2010.

______. *Princípios constitucionais do trabalho e princípios de direito individual e coletivo do trabalho*. 5. ed. São Paulo: LTr, 2017.

FLÓREZ-VALDÉZ, Joaquim Arce y. *Los principios generales del derecho y su formulación constitucional*. Madrid: Civitas, 1990.

FRANCO FILHO, Georgenor de Sousa. *Tratados internacionais*. São Paulo: LTr, 1999.

LEDUR, José Felipe. *A realização do direito do trabalho*. Porto Alegre: Sérgio Antônio Fabris, 1998.

MAIOR, Jorge Luiz Souto. *O direito do trabalho como instrumento de Justiça Social*. São Paulo: LTr, 2001.

NASCIMENTO, Amauri Mascaro. *Direito do trabalho na Constituição de 1988*. São Paulo: Saraiva, 1989.

PIOVESAN, Flávia. Direitos Humanos, o Princípio da Dignidade Humana e a Constituição Brasileira de 1988. In: DELGADO, Mauricio Godinho; DELGADO, Gabriela Neves (Orgs.). *Direito do trabalho e direito da seguridade social:* fundamentos constitucionais e teoria geral do direito do trabalho. São Paulo: Editora Revista dos Tribunais, 2012 (Coleção Doutrinas Essenciais; v. 1).

SARLET, Ingo Wolfgang. *Dignidade da pessoa humana e direitos fundamentais na Constituição Federal de 1988*. 3.ed. Porto Alegre: Livraria do Advogado, 2004.

SILVA, José Afonso da. *Curso de direito constitucional positivo*. 18. ed. São Paulo: Malheiros, 2000.

VILHENA, Paulo Emílio Ribeiro de. Valor: realidade, ficção ou projeção da realidade. *Revista da Faculdade de Direito da Universidade Federal de Minas Gerais*, Belo Horizonte, n. 37, 2000. p. 235-259.

CAPÍTULO 2

O Trabalho Digno ou Decente como Direito Humano e Fundamental

RÚBIA ZANOTELLI DE ALVARENGA[(1)]

Resumo: O presente artigo visa analisar o trabalho digno ou decente na perspectiva dos direitos humanos fundamentais, como forma de assegurar a concretização da valorização do trabalho humano e o direito de todo trabalhador a uma vida digna e ao bem-estar individual e social. Para tanto, os direitos individuais e sociais, enquanto direitos humanos fundamentais constituem o alicerce de proteção ao trabalho digno ou decente. Sem o exercício pleno dos direitos trabalhistas, o empregado não adquire dignidade; e, sem dignidade, o trabalhador não adquire existência plena. Somente pela realização do direito humano e fundamental ao trabalho digno ou decente, sob a ótica da OIT e previsto no artigo 6º da Constituição Federal de 1988 e em vários outros dispositivos constitucionais, será preenchido o conteúdo reclamado no art. 1º, III, e *caput* do art. 170 da Carta Magna.

Palavras-chave: Direitos humanos fundamentais. Direitos sociais trabalhistas. Organização internacional do trabalho. Trabalho digno ou decente.

Abstract: This article aims to analyze decent or decent work from the perspective of fundamental human rights, as a way to ensure the realization of the valorization of human work and the right of every worker to a decent life and to individual and social well-being. To this end, individual and social rights as fundamental human rights form the foundation for the protection of decent or decent work. Without the full exercise of labor rights, the employee does not acquire dignity; and without dignity the worker does not acquire full existence. Only by the realization of the human and fundamental right to decent or decent work, from the perspective of the ILO and provided for in article 6 of the Federal Constitution of 1988 and in various other constitutional provisions, will the content claimed in art. 1, III, and caput of art. 170 of the Magna Carta.

Keywords: Fundamental human rights. Labor social rights. International organization of work. Decent or decent work.

1. INTRODUÇÃO

Os direitos humanos fundamentais constituem o conjunto institucionalizado de direitos e garantias do ser humano, que tem como finalidades precípuas o respeito à sua dignidade – por meio de sua proteção contra o arbítrio do poder estatal – e o estabelecimento de condições mínimas de vida e de desenvolvimento da personalidade humana.

Vê-se, pois, que os direitos fundamentais repousam sobre o valor basilar do reconhecimento da dignidade da pessoa humana. Sem este, inviabiliza-se a própria noção de direitos fundamentais. Portanto, o valor verdadeiramente primário e básico da existência do homem em sociedade é o reconhecimento da dignidade da pessoa humana. Neste sentido, os direitos humanos são dotados de uma ordem de princípios universais, válidos em todos os lugares e em todos os tempos, para todos os povos, independentemente de mera positivação. Assim sendo, os direitos fundamentais se relacionam com os direitos humanos reconhecidos e positivados na esfera do direito constitucional positivo de determinado Estado. Isto é: os direitos fundamentais são os direitos humanos incorporados, positivados, em regra, na ordem constitucional de um Estado. Então, os direitos fundamentais têm como antecedente o reconhecimento dos direitos humanos.

(1) Doutora e Mestre em Direito do Trabalho pela Pontifícia Universidade Católica de Minas Gerais (PUC-Minas). Professora Titular do Centro Universitário do Distrito Federal (UDF). Advogada. Pesquisadora integrante do Grupo de Pesquisa Trabalho, Constituição e Cidadania (UnB/CNPq).

Destarte, observa-se que o respeito pelos Direitos Humanos representa um princípio comum a todos os povos civilizados. Esses direitos visam ao direito de todos a uma vida digna e ao bem-estar social.

Defende-se, portanto, no presente artigo, o trabalho digno ou decente, como um direito humano e fundamental. A prestação laboral a ser exercida pelo trabalhador deve ser executada, desde que em conformidade com os princípios constitucionais do trabalho que visam a assegurar a valorização do trabalho humano e a dignidade da pessoa do trabalhador. É por meio da proteção dada ao trabalhador no Direito do Trabalho que o princípio da dignidade da pessoa do trabalhador, previsto no art. 1º, III, da Constituição de 1988, assegura a realização do ser humano e o atendimento aos reclamos sociais. Sem o exercício pleno dos direitos, o empregado não adquire dignidade; e, sem dignidade, o trabalhador não adquire existência plena. O conteúdo básico do Direito do Trabalho se insere na busca pela proteção e pela preservação da dignidade do ser humano em todos os seus níveis, seja econômico, social, cultural, familiar, político ou pessoal e, ainda, os direitos de natureza imaterial, que visam a tutelar a *integridade física, psíquica ou mental, moral, intelectual e social (acesso ao direito à integração social)* do trabalhador.

2. DIREITOS HUMANOS FUNDAMENTAIS

Segundo Fernando Gonzaga Jayme[(2)], direitos humanos são uma via, um método a ser desenvolvido por toda a humanidade em direção à realização da dignidade humana, fim de todos os governos e povos. Por meio dos direitos humanos, assegura-se o respeito à pessoa humana, e, por conseguinte, sua existência digna, capaz de propiciar-lhe o desenvolvimento de sua personalidade e de seus potenciais, para que possa alcançar o sentido da sua própria existência. Isso significa conferir liberdade na arregimentação da própria personalidade.

De acordo com Enoque Ribeiro Santos[(3)], a expressão *"direitos humanos"* pode ser atribuída aos valores ou aos direitos inatos e imanentes à pessoa humana, pelo simples fato de ter ela nascido com esta qualificação jurídica. São direitos que pertencem à essência ou à natureza intrínseca da pessoa humana, que não são acidentais e suscetíveis de aparecerem e de desapareceram em determinadas circunstâncias. Eles são, pois, direitos eternos, inalienáveis e imprescritíveis, que se agregam à natureza da pessoa humana pelo fato de ela existir no mundo do direito.

Na visão de Alexandre de Moraes, os direitos humanos fundamentais "colocam-se como uma das previsões absolutamente necessárias a todas as Constituições, no sentido de consagrar o respeito à dignidade humana, garantir a limitação de poder e visar ao pleno desenvolvimento da personalidade humana."[(4)]

Assim sendo:

> A previsão dos direitos humanos fundamentais direciona-se basicamente para a proteção à dignidade humana em seu sentido mais amplo, de valor espiritual e moral inerente à pessoa, que se manifesta singularmente na autodeterminação consciente e responsável da própria vida e que traz consigo a pretensão ao respeito por parte das demais pessoas, constituindo-se um mínimo invulnerável que todo estatuto jurídico deve assegurar, de modo que, somente excepcionalmente, possam ser feitas limitações ao exercício dos direitos fundamentais, mas sempre sem menosprezar a necessária estima que merecem todas as pessoas enquanto seres humanos.[(5)]

Nesta ótica, os direitos humanos fundamentais constituem "o conjunto institucionalizado de direitos e garantias do ser humano que tem por finalidade básica o respeito a sua dignidade, por meio de sua proteção contra o arbítrio do poder estatal, e o estabelecimento de condições mínimas de vida e desenvolvimento da personalidade humana".[(6)]

Consoante ensinamentos de Arion Sayão Romita:

> Pode-se (*sic*) definir direitos fundamentais como os que, em dado momento histórico, fundados no reconhecimento da dignidade da pessoa humana, asseguram a cada homem as garantias de liberdade, igualdade, solidariedade, cidadania e justiça. Este é o núcleo essencial da noção de direitos fundamentais, aquilo que identifica a fundamentalidade dos direitos.[(7)]

---

(2) JAYME, Fernando Gonzaga. *Direitos humanos e sua efetivação pela corte interamericana de direitos humanos*. Belo Horizonte: Del Rey, 2005. p. 9.

(3) SANTOS, Enoque Ribeiro. *Direitos humanos e negociação coletiva*. São Paulo: LTr, 2004. p. 38.

(4) MORAES, Alexandre de. *Direitos humanos fundamentais*. 9. ed. São Paulo: Atlas, 2011. p. 2.

(5) *Id.*, Direitos humanos fundamentais e as constituições brasileiras. In: SILVA, Jane Granzoto Torres da (Coord.). *Constitucionalismo social*: estudos em homenagem ao Ministro Marco Aurélio Mendes de Farias Mello. São Paulo: LTr, 2003. p. 229.

(6) MORAES, Alexandre de. *Direitos humanos fundamentais*. 9. ed. São Paulo: Atlas, 2011. p. 20.

(7) ROMITA, Arion Sayão. *Direitos fundamentais nas relações de trabalho*. 5. ed. São Paulo: LTr, 2014. p. 53.

Vê-se, assim, que "os direitos fundamentais repousam sobre o valor básico do reconhecimento da dignidade da pessoa humana. Sem este reconhecimento, inviabiliza-se a própria noção de direitos fundamentais".[8]

Ainda conforme observa Arion Sayão Romita:

> É a necessidade de respeito à dignidade da pessoa que está na raiz do paradigma ético básico a ser observado por todo e qualquer ordenamento jurídico. Este paradigma reduz o terreno das discrepâncias entre as diferentes concepções de justiça do nosso tempo. A consagração, a garantia, a promoção e o respeito efetivos dos (*sic*) direitos fundamentais constituem o mínimo ético que deve ser acatado por toda sociedade e todo direito que desejem (*sic*) apresentar-se como uma sociedade e um direito justos.[9]

Dessa maneira, o autor ensina que o reconhecimento do valor absoluto da pessoa humana ocupa o vértice dos valores consagrados por qualquer ordenamento jurídico justo, aspiração, hoje, cada vez mais difundida, alcançando significação universal.

A esse respeito, assinala Silvio Beltramelli[10] que qualquer definição do que sejam direitos humanos não pode deixar de partir da noção da dignidade da pessoa humana, seja sob o prisma teleológico - por possuir um objetivo a ser atingido; seja sob o prisma hermenêutico - por pressupor a utilização de um critério ensejador de interpretação e de aplicação conforme as normas incidentes; seja ainda sob o prisma axiológico - por consistir no domínio dos valores que direcionam as normas enunciadas e a sua aplicação. Observa-se, de tal modo, que a dignidade da pessoa humana é o norte da positivação dos direitos humanos - tanto em tratados internacionais, quanto em constituições nacionais - consistindo, portanto, no fim maior do Direito.

Então, no tocante à função da dignidade da pessoa humana no ordenamento jurídico brasileiro, pontifica Benizete Ramos de Medeiros[11] que o princípio da dignidade é a bússola, a luz de todo o processo de hierarquização axiológica inerente ao processo hermenêutico-sistemático e que, em razão disso, não é nenhuma heresia dizer que uma interpretação distanciada de tais princípios viola, fundamentalmente, o Estado Democrático de Direito.

Logo, o alicerçamento dos direitos humanos fundamentais, seja *no* âmbito *do ordenamento jurídico brasileiro* ou *no do direito internacional dos direitos humanos*, reside na dignidade da pessoa humana. Neste enleio, defende Arion Sayão Romita:

> Os direitos fundamentais constituem manifestações da dignidade da pessoa. Quando algum dos direitos fundamentais, qualquer que seja a família a que pertença, for violado, é a dignidade da pessoa que sofre a ofensa. Os direitos fundamentais asseguram as condições da dignidade e, não obstante a violação da norma, apesar da agressão, a dignidade estará perservada, porque ela é um valor intangível. A dignidade não se esgota nos direitos fundamentais, entretanto, só terá sua dignidade respeitada o indivíduo cujos direitos fundamentais forem observados e realizados.[12]

Segundo lição de Carlos Henrique Bezerra Leite:

> As condições de vida, dignidade, liberdade e igualdade de todas as pessoas, independentemente de raça, cor, sexo, origem, nacionalidade, estado civil, religião, crença ou quaisquer outras situações ou condições (...) ultrapassam a esfera positiva do Ordenamento Jurídico por emanarem da própria natureza ética do homem, independentemente de reconhecimento perante o Estado.[13]

Após se traçar o conceito de Direitos Humanos Fundamentais, faz-se necessário estabelecer a distinção entre os "direitos humanos" e os "direitos fundamentais" por serem expressões comumente consideradas *sinônimas*.

Concorde Samuel Sales Fontelles, os direitos humanos são aqueles previstos em tratados internacionais e considerados "indispensáveis para uma existência humana digna, como, por exemplo, a saúde, a liberdade, a igualdade, a moradia, a educação, a intimidade."[14] E, ainda para este autor[15], no momento em que os direi-

---

(8) ROMITA, Arion Sayão. *Direitos fundamentais nas relações de trabalho*. 5 ed. São Paulo: LTr, 2014. p. 53.

(9) *Ibidem*, p. 180.

(10) BELTRAMELLI NETO, Silvio. *Direitos humanos*. Salvador: JusPodivm, 2014. p. 30.

(11) MEDEIROS, Benizete Ramos de. *Trabalho com dignidade*. São Paulo: LTr, 2008. p. 30.

(12) ROMITA, Arion Sayão. *Direitos fundamentais nas relações de trabalho*. 5. ed. São Paulo: LTr, 2014. p. 183.

(13) LEITE, Carlos Henrique Bezerra. *Direito humanos*. 2. ed. Rio de Janeiro: Lumen Juris, 2011. p. 36.

(14) FONTELLES, Samuel Sales. *Direitos fundamentais para concursos*. Salvador: JusPodivm, 2014. p. 14.

(15) *Ibid.*, p. 14.

tos humanos são incorporados na Constituição de um País, ganham o *status* de direitos fundamentais, haja vista que o constituinte originário é livre para eleger, em um elenco de direitos humanos, aqueles que serão constitucionalizados por um Estado Nacional. Somente a partir daí serão tidos como direitos fundamentais.

Nesta esteira, Samuel Sales Fontelles ainda conceitua os direitos fundamentais como sendo os "direitos relativos a uma existência humana digna, reconhecidos por uma Constituição, que impõem deveres ao Estado, salvaguardando o indivíduo ou a coletividade."[16]

Ingo Wolfgang Sarlet, sobre o tema, esclarece:

> Em que pese sejam ambos os termos ("direitos humanos" e "direitos fundamentais") comumente utilizados como sinônimos, a explicação corriqueira e, diga-se de passagem, procedente para a distinção é de que o termo "direitos fundamentais" se aplica para aqueles direitos do ser humano reconhecidos e positivados na esfera do direito constitucional positivo de determinado Estado; ao passo que a expressão "direitos humanos" guardaria relação com os documentos de direito internacional, por referir-se àquelas posições jurídicas que se reconhecem ao ser humano como tal, independentemente de sua vinculação com determinada ordem constitucional, e que, portanto, aspiram à validade universal para todos os povos e tempos, de tal sorte que revelam um inequívoco caráter supranacional (internacional).[17]

Os direitos fundamentais, assim, são os direitos humanos incorporados, positivados, em regra, na ordem constitucional de um Estado. Logo, os direitos fundamentais têm como antecedente o reconhecimento dos direitos humanos.

No Brasil, os direitos fundamentais, destacadamente constitucionalizados e capitaneados pela dignidade da pessoa humana, como se vê na Constituição Federal de 1988, passam ao *status* de normas centrais do ordenamento jurídico, revelando a tábua de valores da sociedade a ser protegida e promovida, incondicionalmente, por todos aqueles submetidos à ordem constitucional, inclusive no momento da aplicação das demais normas desse sistema.[18]

Marcelo Freire Sampaio Costa[19] assinala que a distinção mais relevante entre as opções de nomenclatura de direitos humanos e direitos fundamentais cinge-se à questão da "concreção positiva". Os direitos fundamentais possuem sentido preciso, restrito, despido da ideia de atemporalidade e vigência para todos os povos, pois estão juridicamente institucionalizados na esfera do direito positivo de determinado Estado; portanto, também limitados ao lapso temporal de vigência da carta de direitos deste ente. Os direitos humanos, por sua vez, assumem contorno bem mais amplo, porque estão voltados à previsão em declarações e em convenções internacionais com a pretensão de perenidade. O autor destaca existirem constituições que não reconhecem em seus textos a totalidade de direitos humanos consagrados em textos internacionais e a Carta Magna de 1988 ter positivado como direitos fundamentais alguns ainda nem constantes em cartas internacionais.

A Constituição Federal de 1988, em seu Título II, positivou praticamente todos os direitos humanos, especialmente pela redação dos §§ 2º e 3º do art. 5º.

Razão pela qual, Carlos Henrique Bezerra Leite[20] ressalta não haver motivo para estabelecer a distinção, do ponto de vista do direito interno, entre direitos fundamentais e direitos humanos. Ademais, estatui o autor que o art. 4º, II, da CF/88, estabelece que, nas relações internacionais, o Brasil adotará o princípio da prevalência dos direitos humanos. Desse modo, não seria razoável admitir que, na ordem internacional, o Brasil adotasse o princípio da prevalência dos direitos humanos e, no plano interno, deixasse de observá-lo.

Por conseguinte, Samuel Sales Fonteles argumenta não haver qualquer diferença ontológica entre direitos humanos e direitos fundamentais, possuindo, ambos, na essência, o mesmo conteúdo. Conforme observa o autor em tela:

> Não há o que diferenciar, a não ser quanto ao âmbito de previsão de cada qual: enquanto os direitos humanos estão previstos em tratados internacionais; os direitos fundamentais estão positivados em uma Constituição.[21]

(16) FONTELLES, Samuel Sales. *Direitos fundamentais para concursos*. Salvador: JusPodivm, 2014. p. 15.

(17) SARLET, Ingo Wolfgang. *A eficácia dos direitos fundamentais*. 6. ed. Porto Alegre: Livraria do Advogado, 2006. p. 36.

(18) BELTRAMELLI NETO, Silvio. *Direitos humanos*. Salvador: JusPodivm, 2014. p. 42.

(19) COSTA, Marcelo Freire Sampaio. *Eficácia dos direitos fundamentais entre particulares:* juízo de ponderação no processo do trabalho. São Paulo: LTr, 2010. p. 32.

(20) LEITE, Carlos Henrique Bezerra. *Direitos humanos*. 2. ed. Rio de Janeiro: Lumen Juris, 2011. p. 34.

(21) FONTELLES, Samuel Sales. *Direitos fundamentais*. Salvador: JusPodivm, 2014. p. 15.

Vê-se, então, que a diferença entre direitos humanos e direitos fundamentais não está no conceito, pois ambos possuem as mesmas essência e finalidade, ou seja, assegurar um conjunto de direitos inerentes à dignidade da pessoa humana e a sua própria proteção. A diferença substancial entre direitos humanos e direitos fundamentais, portanto, reside na localização da norma que dispôs sobre tais direitos.

Segundo Cláudio Brandão[(22)], há conexão entre os direitos humanos e os direitos fundamentais, pois eles têm a mesma substância. A diferença entre ambos é de forma e não de conteúdo, haja vista que os direitos humanos são institutos jurídicos do direito internacional, ao passo que os direitos fundamentais são institutos jurídicos do direito interno, integrantes do sistema constitucional de norma fundante do ordenamento jurídico interno.

Há que se destacar, então, concorde Norberto Bobbio, que "os direitos humanos são coisas desejáveis, isto é, fins que merecem ser perseguidos, e que, apesar de sua desejabilidade, não foram ainda todos eles (por toda a parte e em igual medida) reconhecidos."[(23)] E, no caso brasileiro, "a concretização da Constituição Federal de 1988 subordina-se, inescapavelmente, à efetividade dos direitos fundamentais."[(24)]

Nesta ótica, os Direitos Humanos, segundo José Luiz Quadros de Magalhães[(25)] significam uma proposta de se repensar o Direito e a Ciência em razão do ser humano, tendo em vista que a única lógica científica se encontra na sua preservação e na sua dignidade.

Como afirma Fábio Konder Comparato:

> A vigência dos direitos humanos independe de sua declaração em constituições, leis e tratados internacionais, exatamente porque se está diante de exigências de respeito à dignidade humana, exercidas contra todos os poderes estabelecidos, oficiais ou não.[(26)]

3. OS DIREITOS FUNDAMENTAIS SOCIAIS TRABALHISTAS

A Constituição Federal de 1988 aborda os direitos e garantias fundamentais em seu Título II, classificando-os em 5 (cinco) espécies, cada qual alocada em um capítulo próprio, a saber: a) Dos direitos e deveres individuais e coletivos, no Capítulo I, art. 5º; b) Dos direitos sociais, no Capítulo II, arts. 6º ao 11; c) Da nacionalidade, no Capítulo III, arts. 12 e 13; d) Dos direitos políticos, no Capítulo IV, arts. 14 a 16; e) Dos partidos políticos, no Capítulo V, art. 17.

Insta ressaltar que os direitos fundamentais contidos nos Capítulos I, II, III, IV e V da Constituição Federal de 1988 não representam rol taxativo ou *numerus clausus*, mas, sim, exemplificativo ou *numerus apertus*, em decorrência da disposição contida no art. 5º, § 2º, da CF/88, que assim estatui, *in verbis*: *"Os direitos e garantias expressos nesta Constituição não excluem outros decorrentes do regime e dos princípios por ela adotados, ou dos tratados internacionais em que a República Federativa do Brasil seja parte."*

Quanto à previsão constitucional dos direitos sociais trabalhistas, constata-se que a Constituição Federal de 1988 elenca os direitos individuais trabalhistas no Capítulo II, consagrados no art. 7º, e os direitos coletivos trabalhistas, nos arts. 8º a 11. Assim, os direitos sociais dos trabalhadores podem ser classificados em direitos trabalhistas individuais (art. 7º) e em direitos trabalhistas coletivos (arts. 8º a 11).

Sob ótica tão assertiva, somente após a Carta Magna de 1988, os direitos sociais trabalhistas ganharam a dimensão de direitos humanos fundamentais. Logo, a Constituição Federal de 1988 constitui-se um marco na história jurídico-social e política dos direitos fundamentais trabalhistas por ter erigido a dignidade da pessoa humana como o eixo central do Estado Democrático de Direito e dos direitos humanos fundamentais, *in verbis*:

> Art. 1º. A República Federativa do Brasil, formada pela união indissolúvel dos Estados e Municípios e do Distrito Federal, constitui-se em Estado Democrático de Direito e tem como fundamentos:
>
> [...]
>
> III – a dignidade da pessoa humana. (Grifo nosso)

Neste sentido, ora pode-se afirmar que o conjunto de regras, princípios e institutos jurídicos do Direito Constitucional do Trabalho encontram-se expressos na Carta Magna de 1988, por meio da cláusula geral de proteção aos direitos fundamentais, inserida, conforme supra demonstrado, no art. 1º, III.

---

(22) BRANDÃO, Cláudio. Introdução ao estudo dos direitos humanos. In: BRANDÃO, Cláudio (Coord.). *Direitos humanos e fundamentais em perspectiva*. São Paulo: Atlas, 2014. p. 5.

(23) BOBBIO, Norberto. *A era dos direitos*. 9. ed. São Paulo: Campos, 2014. p. 16.

(24) BELTRAMELLI NETO, Silvio. *Direitos humanos*. Salvador: JusPodivm. p. 99.

(25) MAGALHÃES, José Luiz Quadros de. *Direito constitucional*. Tomo I. Belo Horizonte: Mandamentos, 2002. p. 86.

(26) COMPARATO, Fábio Konder. *A afirmação da história dos direitos humanos*. São Paulo: Saraiva, 2003. p. 224.

Ademais, leciona Arion Sayão Romita que os direitos fundamentais constituem o elemento básico do Estado Democrático de Direito. E, como a dignidade da pessoa humana constitui um dos fundamentos do Estado brasileiro, "ela deve ser tida, à luz do ordenamento positivo brasileiro, por fundamento dos direitos humanos reconhecidos, proclamados e garantidos pelo Estado brasileiro".[(27)]

Em relação aos direitos fundamentais sociais *gerais*, previstos no art. 6º da CF/88, Silvio Beltramelli Neto os enumera como "uma Declaração Brasileira de Direitos Sociais, contemplando, em um só dispositivo, todos os bens tutelados sob esta rubrica"[(28)], *in verbis*:

> Art. 6º. São direitos sociais: a educação, a saúde, a alimentação, o trabalho, a moradia, o lazer, a segurança, a previdência social, a proteção à maternidade e à infância, a assistência aos desamparados, na forma desta Constituição.

Ainda no tocante aos direitos sociais estabelecidos no art. 6º da Carta Magna de 1988, Arion Sayão Romita[(29)] destaca tratar-se de direitos que não assistem ao indivíduo como tal, considerado abstratamente, mas, sim, à pessoa em sua vida de relação no grupo em que convive, ao indivíduo considerado em concreto, ao indivíduo situado. São os direitos pertinentes à teia de relações sociais formada pela pessoa no meio em que atua, como trabalhador, como membro de comunidades, como participante de coletividades sem as quais não poderia desenvolver suas potencialidades nem usufruir os bens econômicos, sociais e culturais a que aspira.

Tais direitos permitem que o trabalhador tenha acesso ao direito à integração social, que, segundo Paulo Eduardo V. Oliveira[(30)], consiste em uma das espécies ou categorias (*ao lado da proteção física, mental, moral e intelectual*) de direitos da personalidade no Direito do Trabalho. De acordo com o autor[(31)], o direito da personalidade à integração social visa a assegurar ao trabalhador o direito de ser essencialmente político e essencialmente social, tendo em vista que a pessoa humana tem direito ao convívio familiar, ao convívio com grupos intermediários existentes entre o indivíduo e o Estado, com grupos a que se associa pelas mais diversas razões (recreação, defesa de interesses corporativos, convicção religiosa, opção político-partidária etc.), direito do exercício da cidadania (esta tomada no sentido estrito – *status* ligado ao regime político – e no sentido lato – direito de usufruir todos os bens de que a sociedade dispõe ou de que deve dispor para todos e não só para eupátridas, tais como: educação escolar nos diversos níveis, seguridade social [saúde pública, da previdência ou da assistência social]).

No tocante ao art. 7º, a Constituição Federal de 1988 traz, em seu *caput*, um rol exemplificativo de direitos trabalhistas individuais, ao estabelecer: "*são direitos dos trabalhadores urbanos e rurais, além de outros que visem à melhoria de sua condição social.*"

Nesse contexto, Mauro de Azevedo Menezes citado por Leonardo Vieira Wandelli[(32)] demonstra que o *caput* do art. 7º da Constituição Federal de 1988 estabelece o princípio da progressividade na melhoria das condições sociais dos trabalhadores, a par da regra de solução de antinomias de prevalência da norma mais favorável aos trabalhadores.

Em relação ao art. 8º, a Constituição Federal de 1988 estabelece diretrizes sociais ao direito coletivo do trabalho, por ter-se dedicado ao estudo da liberdade e da autonomia sindical; à estrutura sindical brasileira – *unicidade e critério de enquadramento das entidades sindicais*; à substituição processual pelos sindicatos; à fixação pela assembleia geral de contribuição sindical que, em se tratando de categoria profissional, será descontada em folha, para custeio do sistema confederativo da representação sindical respectiva, independentemente da contribuição prevista em lei; à liberdade de filiação e de desfiliação sindical; à representação obrigatória pelos sindicatos nas negociações coletivas de trabalho; ao direito do aposentado de votar e de ser votado nas organizações sindicais; à garantia de emprego do empregado que exerce direção ou representação sindical.

Já o art. 9º da CF/88 assegura proteções ao direito de greve dos trabalhadores, garantindo-lhes decidir sobre a oportunidade de exercê-lo e sobre os interesses que devam por meio dele defender.

E, por fim, o art. 11 aduz a que, nas empresas de mais de duzentos empregados, é assegurada a eleição de um representante destes com a finalidade exclusiva

(27) ROMITA, Arion Sayão. *Direitos fundamentais nas relações de trabalho*. 5. ed. São Paulo: LTr, 2014. p. 186.

(28) BELTRAMELLI NETO, Silvio. *Direitos humanos*. Salvador: JusPodivm, 2014. p. 126.

(29) ROMITA, *op. cit.*, p. 132, nota 24.

(30) OLIVEIRA, Paulo Eduardo V. *O dano pessoal no direito do trabalho*. 2. ed. São Paulo: LTr, 2010. p. 30.

(31) *Ibidem*, p. 30.

(32) WANDELLI, Leonardo Vieira. *O direito humano e fundamental ao trabalho*. São Paulo: LTr, 2012. p. 228.

de promover-lhes o entendimento direto com os empregadores.

Há ainda que se destacarem como direitos fundamentais trabalhistas na CF/88: a) os inscritos no Título VIII, que tratam da Ordem Social, nos arts. 193 a 231; b) os previstos nos arts. 200, VIII, e 225, que visam a proteger o meio ambiente geral, constituindo o meio ambiente do trabalho parte integrante deste; c) os estabelecidos no *caput* e incisos II, III, IV, V, VI, VIII, IX, X, XII, XIII, XIV, XVI, XVII, XVIII, XIX, XX, XXI, XXXV, XXXVI, XLVII, XLI, do art. 5º.

É preciso considerar, ademais, como diretrizes sociais trabalhistas, os arts. 1º, 2º, 3º, 5º, 7º, 8º e 170 da Carta Constitucional de 1988, que visam a informar o estudo e a compreensão do Direito Constitucional do Trabalho, conduzindo o intérprete e aplicador do Direito do Trabalho a invocá-los como importantes mecanismos de interpretação e de eficácia para os direitos fundamentais trabalhistas, a saber: a cidadania (art. 1º, II); o valor social do trabalho e a livre-iniciativa (art. 1º, IV); a liberdade, a justiça social e a solidariedade (art. 3º, I); o desenvolvimento nacional (art. 3º, II); a erradicação da pobreza e da marginalização e a redução das desigualdades sociais e regionais (art. 2º, III); o bem-estar coletivo e o não tratamento discriminatório por motivo de origem, raça, sexo, cor, idade ou quaisquer outras formas de preconceito e de discriminação (art. 2º, IV); a igualdade, (art. 5º, *caput*); o direito à intimidade (art. 5º, X); o direito à imagem (art. 5º, V); a proibição do retrocesso social ou da prevalência da condição mais benéfica ao trabalhador (art. 7º, *caput*); a não-discriminação (art. 7º, XXX, XXXI e XXXII); a liberdade sindical (art. 8º, *caput*); a autonomia sindical ou a não interferência estatal nos sindicatos (art. 8º, I); a necessária intervenção sindical nas negociações coletivas (art. 8º, VI); a justiça social (art. 170, *caput*); a valorização do trabalho humano (art. 170, *caput*); a função social da empresa (art. 170, III); a busca do pleno emprego (art. 170, IV).

Segue-se, aqui, assim, o entendimento de que os direitos fundamentais trabalhistas se apresentam como princípios fundamentais do Direito Constitucional do Trabalho em face de a sua proteção ter sido conferida pela Constituição Federal de 1988. Destarte, os direitos fundamentais trabalhistas – *como princípios fundamentais do Direito Constitucional do Trabalho*, destacam-se como normas peculiares do Direito Constitucional do Trabalho.

Observa Vólia Bomfim Cassar[33] que a Constituição da República de 1988 elevou os princípios à categoria de norma. Por este novo paradigma, embora não se devam abandonar as regras, ou seja, o positivismo, pois elas ordenam a sociedade e conferem paz social, o direito caminha no sentido de não encarar os princípios constitucionais como fontes secundárias, preponderando, assim, as cláusulas abertas, que são mais plásticas e menos concretas e que permitem ao direito solucionar maior número de questões e acompanhar as novas necessidades sociais – fruto da evolução da história do país.

4. O TRABALHO DIGNO OU DECENTE SOB A ÓTICA DA OIT

A Organização Internacional do Trabalho (OIT) é a agência das Nações Unidas que tem por missão promover oportunidades para que homens e mulheres possam ter acesso a um trabalho digno ou decente e produtivo em condições de liberdade, equidade, segurança e dignidade.

De acordo com Luiz Eduardo Gunther:

> A OIT promove padrões sociais compatíveis com a dignidade da pessoa humana valendo-se de sua competência normativa. Produz, também, esse organismo internacional, diplomas que levam em conta a promoção integral do ser humano e os progressos sociais, econômicos e tecnológicos.[34]

Sob esse prisma, destaca o autor em comento que "sobressai a ideia do trabalho decente como um novo paradigma da humanidade para o século XXI."[35]

O trabalho digno ou decente, conceito formalizado pela OIT em 1999, ante os desafios impostos pela globalização econômica, sintetiza a sua missão histórica de promover oportunidades para que homens e mulheres possam ter um trabalho produtivo e de qualidade, sendo considerado condição fundamental para a superação da pobreza, a redução das desigualdades sociais, a garantia da governabilidade democrática e o desenvolvimento sustentável.

O trabalho digno ou decente é o ponto de convergência dos quatro objetivos estratégicos da OIT, quais sejam: a) o respeito aos direitos no trabalho (em es-

(33) CASSAR, Vólia Bomfim. *Direito do trabalho*. 9. ed. Rio de Janeiro: Forense, 2014. p. 154.

(34) GUNTHER, Luiz Eduardo. O trabalho decente como paradigma da humanidade no século XXI. In: GARCIA, Gustavo Filipe Barbosa; ALVARENGA, Rúbia Zanotelli (Org.). *Direito do trabalho e direito empresarial sob o enfoque dos direitos fundamentais*. São Paulo: LTr, no prelo, passim.

(35) *Ibidem, passim.*

pecial aqueles definidos pela Declaração relativa aos direitos e princípios fundamentais no trabalho e seu seguimento adotada em 1998; b) a promoção do emprego produtivo e de qualidade; c) a extensão da proteção social; d) o fortalecimento do diálogo social. Além disso, busca-se a efetiva aplicação das Normas Internacionais do Trabalho visando à melhoria das condições de trabalho e à proteção social.

Em se tratando de respeito aos direitos no trabalho, a Conferência Geral da Organização internacional do Trabalho adotou, durante a 86ª Reunião, realizada em Genebra, em junho de 1998, a Declaração da OIT relativa aos princípios e aos direitos fundamentais no trabalho. Os princípios relativos aos direitos fundamentais no trabalho, que são objeto das principais Convenções da OIT, reconhecidos como fundamentais, são os seguintes:

a) Convenção n. 87, de 1948: versa sobre liberdade sindical e proteção do direito de sindicalização;

b) Convenção n. 98, de 1949: dispõe sobre o direito de sindicalização e do reconhecimento efetivo do direito de negociação coletiva;

c) Convenção n. 29, de 1930: dispõe sobre o trabalho escravo;

d) Convenção n. 105, de 1957: versa sobre a abolição do trabalho forçado;

e) Convenção n. 138, de 1973: trata da idade mínima para admissão no emprego;

f) Convenção n. 182, de 1999: dispõe sobre a proibição das piores formas de trabalho infantil e a ação imediata para a sua eliminação;

g) Convenção n. 100, de 1951: trata da igualdade de remuneração;

h) Convenção n. 111, de 1958: trata da discriminação no emprego e ocupação.

Dessa maneira, a Declaração da OIT de 1988 designou 8 (oito) convenções internacionais do trabalho para tornarem efetivos os princípios e os direitos mínimos reconhecidos como fundamentais para o trabalhador. A comunidade internacional, nesta Declaração, a OIT reconhece e assume a obrigação de respeitar e de aplicar as 08 (oito) convenções, cuja ratificação merece prioridade.

Assim, pela Declaração internacional de 1988, todos os estados membros são submetidos ao respeito, à promoção e à realização dos princípios relativos aos direitos fundamentais dos trabalhadores. Ademais, confirma a necessidade de a OIT promover políticas sociais sólidas, estimular a formação profissional e promover políticas eficazes destinadas à criação de emprego e à participação justa do empregado nas riquezas para o pleno desenvolvimento das suas potencialidades humanas.

Vale destacar, conforme o escólio de Cassio de Mesquita Barros Junior citado por Luiz Eduardo Gunther, que "a Constituição Brasileira de 1988 mostra-se coincidente, em várias passagens, com os direitos fundamentais reafirmados no art. 2º da Declaração de Princípios e Direitos Fundamentais no Trabalho da OIT"[36]. Em especial, vejam-se: a) a liberdade de associação, art. 5º, XVII; b) o reconhecimento das convenções e dos acordos coletivos de trabalho, art. 7º, XXVI; c) a eliminação de todas as formas de trabalho forçado ou obrigatório, art. 5º, XLVIII, c, quando proíbe a pena de trabalhos forçados; d) a efetiva abolição do trabalho infantil, art. 6º, ao proteger a infância; e) eliminação de qualquer forma de discriminação em matéria de emprego e ocupação, art. 7º, XXXII.

Acerca da temática, Arion Sayão Romita[37] ressalta que o conceito de trabalho decente foi formulado pela OIT para assinalar as prioridades da Organização e atualizar seu enfoque para o século XXI, tendo como base o reconhecimento de que o trabalho é fonte de dignidade pessoal, de estabilidade familiar, de paz na comunidade, de democracias que produzem para as pessoas e de crescimento econômico que aumenta as possibilidades de trabalho produtivo e o desenvolvimento das empresas. Na visão da OIT, portanto, o emprego produtivo e o trabalho decente representam elementos-chave para se alcançar a redução da pobreza. Ainda consoante o autor: "O trabalho decente reflete as prioridades da agenda social, econômica e política do sistema internacional, a saber: globalização justa, atenuação da pobreza, segurança, inclusão social, dignidade, diversidade."[38]

3. O TRABALHO DIGNO OU DECENTE COMO DIREITO HUMANO E FUNDAMENTAL

A Constituição Federal de 1988, em seu Título II – Dos Direitos e Garantias Fundamentais – foi a primeira

(36) GUNTHER, Luiz Eduardo. O trabalho decente como paradigma da humanidade no século XXI. In: GARCIA, Gustavo Filipe Barbosa; ALVARENGA, Rúbia Zanotelli (Org.). *Direito do trabalho e direito empresarial sob o enfoque dos direitos fundamentais*. São Paulo: LTr, no prelo, passim.

(37) ROMITA, Arion Sayão. *Direitos fundamentais nas relações de trabalho*. 5. ed. São Paulo: LTr, 2015. p. 270.

(38) *Idem*.

a elencar o trabalho digno ou decente como um direito fundamental social, ao inseri-lo entre os demais direitos sociais previstos no rol de seu art. 6º, *in verbis*:

> Art. 6º. São direitos sociais a educação, a saúde, a alimentação, o trabalho, a moradia, o lazer, a segurança, a previdência social, a proteção à maternidade e à infância, a assistência aos desamparados, na forma desta Constituição. (Grifo nosso)

Faz-se mister destacar, ainda, que o direito ao trabalho digno ou decente não está restrito apenas ao art. 6º. O *caput* e o inciso VIII do art. 170 também reafirmam a importância do direito social ao trabalho digno ou decente, *in verbis*:

> Art. 170. A ordem econômica, fundada na valorização do trabalho humano e na livre-iniciativa, tem por finalidade assegurar a todos existência digna, conforme os ditames da justiça social, observados os seguintes princípios:
>
> [...]
>
> VIII – busca do pleno emprego.

Ademais, o art. 193 da Constituição Federal de 1988 também estabelece que "a ordem econômica tem como base o primado do trabalho e como objetivos o bem-estar e a justiça sociais".

Logo, a Carta Magna de 1988 alçou o trabalho humano à categoria de princípio ao afirmar que a República Federativa do Brasil tem como um dos fundamentos a dignidade da pessoa humana e o valor social do trabalho, segundo dispõe o inciso IV, do art. 1º, da CF/88; e, como objetivos, a construção de uma sociedade livre, justa e solidária, a redução das desigualdades sociais, a erradicação da pobreza e da marginalização social, bem como a promoção do bem de todos (art. 3º, I, III e IV, CF/88). Também a ordem econômica encontra-se fundada na valorização do trabalho, observada a busca do pleno emprego, nos termos do *caput* e inciso VIII, do art. 170, da CF/88. Já a ordem social tem, como base, o primado do trabalho e, como objetivos, o bem-estar e a justiça social (art. 193).

Tereza Aparecida Asta Gemignani não permite olvidar:

> Num país marcado por profundas diferenças culturais, econômicas e sociais, a constitucionalização dos direitos trabalhistas representa inequívoco avanço institucional, ao erigir o trabalho como valor estruturante da república brasileira.[39]

José Claudio Monteiro de Brito Filho[40], em estudo sobre o trabalho decente, apresenta, no plano individual, coletivo e no da seguridade social, os direitos mínimos do homem-trabalhador que, conjugados, trazem o conceito de trabalho decente. Vejam-se:

> 1 – No plano individual: a) direito ao trabalho; b) liberdade de escolha do trabalho; c) Igualdade de oportunidades para e no exercício do trabalho; d) Direito de exercer o trabalho em condições que preservem a saúde do trabalhador; e) Direito a uma justa remuneração; f) Direito a justas condições de trabalho, principalmente limitação da jornada de trabalho e existência de períodos de repouso; g) Proibição do trabalho infantil;
>
> 2 – No plano coletivo: a) Liberdade sindical;
>
> 3 – No plano da seguridade: a) Proteção contra o desemprego e outros riscos sociais.

Desse modo, para o autor em tela, trabalho decente é um conjunto mínimo de direitos do trabalhador que corresponde ao direito ao trabalho, à liberdade de trabalho, à igualdade no trabalho, ao trabalho com condições justas (incluindo a remuneração e preservando sua saúde e sua segurança), à proibição do trabalho infantil, à liberdade sindical e à proteção contra os riscos sociais.

> Não há trabalho decente sem condições adequadas à preservação da vida e da saúde do trabalhador. Não há trabalho decente sem justas condições para o trabalho, principalmente no que toca às horas de trabalho e aos períodos de repouso. Não há trabalho decente sem justa remuneração pelo esforço despendido. Não há trabalho decente, se o Estado não toma todas as medidas necessárias para a criação e para a manutenção dos postos de trabalho. Não há, por fim, trabalho decente, se o trabalhador não está protegido dos riscos sociais, parte deles originada do próprio trabalho humano.[41]

Constata-se, de tal forma, que o trabalho deve ser fator de dignidade e de valorização do ser humano em todos os aspectos de sua vida, seja profissional ou pessoal. Razão pela qual, denota-se o trabalho digno ou decente como um direito humano e fundamental do trabalhador, por assegurar-lhe ou garantir-lhe o acesso a bens materiais, ao bem-estar, à satisfação profissional e

(39) GEMIGNANI, Tereza Aparecida Asta. De algodão entre os cristais a protagonista na formação da nacionalidade brasileira. In: GEMIGNANI, Tereza Aparecida Asta; GEMIGNANI, Daniel (Coord.). *Direito constitucional do trabalho.* São Paulo: LTr, 2014. p. 45.

(40) BRITO FILHO, José Claudio Monteiro. *Trabalho decente.* 3. ed. São Paulo: LTr, 2013. p. 55.

(41) *Idem.*

ao completo desenvolvimento de suas potencialidades e de sua realização pessoal, bem como o direito à sua integração social. Somente pela realização do direito ao trabalho digno ou decente, previsto no art. 6º da CF/88, será preenchido o conteúdo reclamado no art. 1º, III, e no *caput* do art. 170 da Carta Magna de 1988.

Segundo Rafael da Silva Marques, complementando tal ideia, o trabalho "é elemento de existência humana."[(42)]

Neste sentido, argumenta Leonardo Vieira Wandelli[(43)] que o direito fundamental ao trabalho representa o direito primeiro que, a par de ter uma normatividade própria, também constitui, juntamente com outros direitos, o fundamento dos demais direitos de conteúdos fundamentais, haja vista que, conforme estatui, os diversos direitos referidos nos arts. 7º a 11 da Constituição Federal de 1988 são desdobramentos parciais do direito fundamental ao trabalho previsto no art. 6º da Carta Magna.

Consoante ensina Gabriela Neves Delgado:

> O trabalho não violará o homem enquanto fim em si mesmo, desde que prestado em condições dignas. O valor da dignidade deve ser o sustentáculo de qualquer trabalho humano. Por esta razão é que se defende a tese de que, pelo menos, os direitos trabalhistas alçados à qualidade de indisponibilidade absoluta sejam assegurados a todo e qualquer trabalhador.[(44)]

Portanto, o trabalho digno ou decente constitui instrumento de realização pessoal e fundamento sobre o qual o homem realiza os seus desejos pessoais, revela a sua criatividade, desenvolve a sua personalidade e torna possível a execução de uma tarefa voltada para o bem de toda a humanidade. O trabalho passa a ser uma atividade desenvolvida pelo homem com o fim último de atender às exigências básicas do ser humano, no plano da realidade material e espiritual, dando à pessoa humana garantia de vida e de subsistência, para que ao homem seja oferecido um todo imprescindível a uma vida digna e saudável, encontrando-se ligado não apenas aos direitos da personalidade do ser humano como também à sua afirmação econômica, social, cultural e pessoal.

Denota-se, por derradeiro, também o trabalho digno ou decente, como um direito da personalidade do trabalhador por assegurar-lhe a proteção à sua integridade física, psíquica, moral, intelectual e social (*acesso ao direito à integração social*).

Neste magistério, estatuem Ronald Silka de Almeida e Marco Antônio César Villatore[(45)] que não apenas a proteção à integridade física ou moral está diretamente ligada à personalidade, à vida e à dignidade da pessoa humana; inclui-se, também sob este prisma, tudo o que diz respeito às condições mínimas de sobrevivência do trabalhador, como o direito ao trabalho remunerado, à habitação, à saúde, à alimentação, à educação e ao lazer, consoante dispõe o art. 6º da Constituição Federal de 1988.

Assim, somente pela realização do direito ao trabalho, previsto no artigo 6º da CR/88, será preenchido o conteúdo reclamado no art. 1º, III, e do *caput* do art. 170 da Carta Magna.

Geraldo Feliz citado por Rafael da Silva Marques, corroborando tal entendimento, assinala que "o homem moderno não sabe e não pode viver sem o trabalho. Este é um fator de dignidade e de aceitação social."[(46)]

Complementando a referida visão, David Sánchez Rubio citado por Leonardo Vieira Wandelli aduz que "o trabalho é o primeiro elemento que conforma a capacidade do ser humano para autorrealizar-se individual e comunitariamente."[(47)]

A prestação laboral a ser exercida pelo trabalhador deve ser executada, desde que em conformidade com os princípios constitucionais do trabalho que visam a assegurar a valorização do trabalho humano e a dignidade da pessoa do trabalhador. É por meio da proteção dada ao trabalhador no Direito do Trabalho que o princípio da dignidade da pessoa do trabalhador, previsto no art. 1º, III, da Constituição de 1988, assegura a realização do ser humano e o atendimento aos reclamos sociais. Sem o exercício pleno dos direitos, o empregado não adquire dignidade; e, sem dignidade, o trabalhador não adquire existência plena. O conteúdo básico do Direito do Trabalho se insere na busca pela proteção

(42) MARQUES, Rafael da Silva. *Valor social do trabalho na ordem econômica e na Constituição Brasileira de 1988*. São Paulo: LTr, 2007. p. 149.

(43) WANDELLI, Leonardo Vieira. *O direito humano e fundamental ao trabalho*. São Paulo: LTr, 2012. p. 224.

(44) DELGADO, Gabriela Neves. *Direito fundamental ao trabalho digno*. 2. ed. São Paulo: LTr, 2015. p. 142.

(45) ALMEIDA, Ronald Silka de; VILLATORE, Marco Antônio César. Conjecturas sobre o direito de personalidade e o dano moral no ambiente de trabalho. In: ALMEIDA, Ronald Silka de; VILLATORE, Marco Antônio César (Coord.). *As aplicações do direito de personalidade ao direito do trabalho*. Curitiba: Juruá, 2013. p. 116.

(46) MARQUES, Rafael da Silva. Valor social do trabalho na ordem econômica e na Constituição Brasileira de 1988. São Paulo: LTr, 2007. p. 112.

(47) WANDELLI, Leonardo Vieira. *O direito humano e fundamental ao trabalho:* fundamentação e exigibilidade. São Paulo: LTr, 2012. p. 60.

e pela preservação da dignidade do ser humano em todos os seus níveis, seja econômico, social, cultural, familiar, político, pessoal ou individual e, ainda, os direitos de natureza imaterial, que visam a tutelar a *integridade física, psíquica ou mental, moral, intelectual e social (acesso ao direito à integração social)* do trabalhador. Sem tal embate, o Direito do Trabalho perde a função de proteger o ser humano em toda a sua magnitude. Desse modo, a análise a ser empreendida depende da conscientização dos valores sociais e da formação de uma ordem ético-constitucional voltada para o desenvolvimento do bem-estar do trabalhador e do direito humano e fundamental ao trabalho digno ou decente.

Oportuna observação de José Felipe Ledur:

> A existência digna está intimamente relacionada ao princípio da valorização do trabalho humano. Assim, a dignidade da pessoa humana é inalcançável, quando o trabalho humano não merecer a valorização adequada.[48]

Claramente, nota-se que, sem trabalho, não há vida digna e saudável; e que, sem vida, não há como falar na dignidade da pessoa humana como condição necessária para o exercício de sua cidadania. Sendo assim, "dar trabalho, e em condições decentes, então, é forma de proporcionar ao homem os direitos que decorrem desse atributo que lhe é próprio: a dignidade."[49]

Neste enleio, argumenta Leonardo Vieira Wandelli[50] que o direito fundamental ao trabalho consiste no modo de realização da vida digna do homem, enquanto ser criativo e digno e como via de construção da identidade e de conquista da saúde e da autonomia do trabalhador. Em tal viés, o referido autor assevera que a atividade de trabalho, além de consistir no cumprimento de uma obrigação, como também consistir em plataforma de acesso a bens socialmente distribuídos, constitui-se, ainda, no exercício de um direito indispensável ao desenvolvimento das capacidades e da personalidade na conquista da identidade e da autonomia e no aprendizado moral e político do trabalhador.

Segundo ele, para tanto, são necessárias condições afetas à organização do trabalho que cabem ser institucionalizadas como verdadeiros deveres jurídicos decorrentes do reconhecimento do direito fundamental ao trabalho.[51]

Consoante observa o autor em comento:

> A prestação entregue pelo trabalhador ao disponibilizar sua força de trabalho leva consigo, inseparável, a pessoa do trabalhador, o trabalho vivo. A separação entre tempo de trabalho e tempo de vida é, portanto, mera negação da vida no trabalho. E a ausência de possibilidade de trabalho é ausência de possibilidade de vida digna. Por isso, a proteção jurídica do trabalho é essencial para a proteção e para o respeito à dignidade humana. Portanto, uma constituição e um direito constitucional que não estejam intensamente vinculados ao mundo do trabalho estão alheios à vida concreta da maioria das pessoas.[52]

Assim sendo, somente pela realização do direito fundamental ao trabalho digno ou decente, previsto no art. 6º da CF/88 e em vários outros dispositivos constitucionais, conforme aqui demonstrado, será preenchido o conteúdo reclamado no art. 1º, III, e *caput* do art. 170 da Carta Magna, haja vista que, concorde Leonardo Vieira Wandelli, "não há como se conceber a dignidade da pessoa humana como fundamento nuclear de todo o ordenamento jurídico, de modo tal que não contemple a intensa vinculação com o trabalho enquanto dimensão essencial dessa dignidade."[53]

Constata-se, pois, que a noção de trabalho digno ou decente funda-se numa noção mais ampla – a dignidade humana. Por meio dela, o trabalho prestado pelo trabalhador garante-lhe a satisfação de todas as necessidades vitais, a fim de que possa preencher todos os aspectos essenciais para desfrutar uma vida com dignidade, quais sejam: *econômico, social, cultural, familiar, político ou pessoal*; e, mais, os direitos de natureza imaterial, que visam a tutelar a *integridade física, psíquica ou mental, moral, intelectual* e social (*integração social do trabalhador)*, quanto ao exercício do trabalho digno ou decente.

Seguindo, portanto, a assaz visão de Leonardo Vieira Wandelli[54], quem tem um trabalho se exaure cada vez mais ante o medo do risco de desestabilização que pode produzir a sua perda, que, provavelmente, virá

(48) LEDUR, José Felipe. *A realização do direito ao trabalho*. Porto Alegre: Sergio Antonio Fabris, 1998. p. 95.

(49) BRITO FILHO, José Claudio Monteiro. *Trabalho decente*. 3. ed. São Paulo: LTr, 2013. p. 42.

(50) WANDELLI, Leonardo Vieira. *O direito humano e fundamental ao trabalho*. São Paulo: LTr, 2012. p. 195.

(51) *Ibidem*, p. 218.

(52) *Ibidem*, p. 222.

(53) *Ibidem*, p. 222.

(54) *Ibidem*, p. 195. p. 29.

numa precariedade que mui raro viabiliza a construção de um projeto de vida digna. Por meio deste pensamento, percebe-se que "o pleno emprego implica não só a possibilidade de obter o sustento pelo trabalho, mas de realizar-se no trabalho com dignidade."[55]

4. CONCLUSÃO

Em vias de finalização do presente estudo, insta ressaltar que os direitos fundamentais contidos nos Capítulos I, II, III, IV e V da Constituição Federal de 1988 não representam rol taxativo ou *numerus clausus*, mas, sim, exemplificativo ou *numerus apertus*, em decorrência da disposição contida no art. 5º, § 2º, da CF/88, que assim estatui, *in verbis*: *"Os direitos e garantias expressos nesta Constituição não excluem outros decorrentes do regime e dos princípios por ela adotados, ou dos tratados internacionais em que a República Federativa do Brasil seja parte."*

Quanto à previsão constitucional dos direitos sociais trabalhistas, constata-se que a Constituição Federal de 1988 elenca os direitos individuais trabalhistas no Capítulo II, consagrados no art. 7º, e os direitos coletivos trabalhistas, nos arts. 8º a 11. Assim, os direitos sociais dos trabalhadores podem ser classificados em direitos trabalhistas individuais (art. 7º) e em direitos trabalhistas coletivos (arts. 8º a 11).

Neste sentido, ora pode-se afirmar que o conjunto de regras, princípios e institutos jurídicos do Direito Constitucional do Trabalho encontram-se expressos na Carta Magna de 1988, por meio da cláusula geral de proteção aos direitos fundamentais, inserida, conforme supra demonstrado, no art. 1º, III.

Inclusive, diga-se que a Organização Internacional do Trabalho (OIT) visa a adotar uma política social de cooperação e de desenvolvimento social entre todos os sistemas jurídicos nacionais para a melhoria das condições de trabalho, mediante a implementação de normas protetivas sociais universais para os trabalhadores, mediante o reconhecimento internacional dos Direitos Humanos dos Trabalhadores.

Segue-se, aqui, portanto, o entendimento de que os direitos fundamentais trabalhistas se apresentam como princípios fundamentais do Direito Constitucional do Trabalho em face de a sua proteção ter sido conferida pela Constituição Federal de 1988. Destarte, os direitos fundamentais trabalhistas – *como princípios fundamentais do Direito Constitucional do Trabalho*, destacam-se como normas peculiares do Direito Constitucional do Trabalho.

Assim sendo, somente pela realização do direito fundamental ao trabalho digno ou decente, previsto no art. 6º da CF/88 e em vários outros dispositivos constitucionais, conforme aqui demonstrado, será preenchido o conteúdo reclamado no art. 1º, III, e *caput* do art. 170 da Carta Magna.

REFERÊNCIAS

ALMEIDA, Ronald Silka de; VILLATORE, Marco Antônio César. Conjecturas sobre o direito de personalidade e o dano moral no ambiente de trabalho. In: ALMEIDA, Ronald Silka de; VILLATORE, Marco Antônio César. *As aplicações do direito de personalidade ao direito do trabalho*. (Coord.). Curitiba: Juruá, 2013.

BELTRAMELLI NETO, Silvio. *Direitos humanos*. Salvador: JusPodivm, 2014.

BOBBIO, Norberto. *A era dos direitos*. 9. ed. São Paulo: Campos, 2014.

BRANDÃO, Cláudio. Introdução ao estudo dos direitos humanos. In: BRANDÃO, Cláudio. (Coord.). *Direitos humanos e fundamentais em perspectiva*. São Paulo: Atlas, 2014.

BRITO FILHO, José Claudio Monteiro. *Trabalho decente*. 3. ed. São Paulo: LTr, 2013.

CASSAR, Vólia Bomfim. *Direito do trabalho*. 9. ed. Rio de Janeiro: Forense, 2014.

COMPARATO, Fábio Konder. *A afirmação da história dos direitos humanos*. São Paulo: Saraiva, 2003.

COSTA, Marcelo Freire Sampaio. *Eficácia dos direitos fundamentais entre particulares*: juízo de ponderação no processo do trabalho. São Paulo: LTr, 2010.

DELGADO, Gabriela Neves. *Direito fundamental ao trabalho digno*. 2 ed. São Paulo: LTr, 2015.

FONTELLES, Samuel Sales. *Direitos fundamentais*. Salvador: JusPodivm, 2014.

GEMIGNANI, Tereza Aparecida Asta. De algodão entre os cristais a protagonista na formação da nacionalidade brasileira. In: GEMIGNANI, Tereza Aparecida Asta; GEMIGNANI, Daniel (Coord.). *Direito constitucional do trabalho*. São Paulo: LTr, 2014.

JAYME, Fernando Gonzaga. *Direitos humanos e sua efetivação pela corte interamericana de direitos humanos*. Belo Horizonte: Del Rey, 2005.

LEDUR, José Felipe. *A realização do direito ao trabalho*. Porto Alegre: Sergio Antonio Fabris, 1998.

LEITE, Carlos Henrique Bezerra. *Direitos humanos*. 2. ed. Rio de Janeiro: Lumen Juris, 2011.

MAGALHÃES, José Luiz Quadros de. *Direito constitucional*. Tomo I. Belo Horizonte: Mandamentos, 2002.

(55) WANDELLI, Leonardo Vieira. *O direito humano e fundamental ao trabalho*. São Paulo: LTr, 2012. p. 261.

MARQUES, Rafael da Silva. *Valor social do trabalho na ordem econômica e na Constituição Brasileira de 1988*. São Paulo: LTr, 2007.

MEDEIROS, Benizete Ramos de. *Trabalho com dignidade*. São Paulo: LTr, 2008.

MORAES, Alexandre de. *Direitos humanos fundamentais*. 9. ed. São Paulo: Atlas, 2011.

______. Direitos humanos fundamentais e as constituições brasileiras. In: SILVA, Jane Granzoto Torres da (Coord.). *Constitucionalismo social*: estudos em homenagem ao Ministro Marco Aurélio Mendes de Farias Mello. São Paulo: LTr, 2003.

OLIVEIRA, Paulo Eduardo V. *O dano pessoal no direito do trabalho*. 2. ed. São Paulo: LTr, 2010.

ROMITA, Arion Sayão. *Direitos fundamentais nas relações de trabalho*. 5. ed. São Paulo: LTr, 2015.

SANTOS, Enoque Ribeiro. *Direitos humanos e negociação coletiva*. São Paulo: LTr, 2004.

SARLET, Ingo Wolfgang. *A eficácia dos direitos fundamentais*. 6. ed. Porto Alegre: Livraria do advogado, 2006.

WANDELLI, Leonardo Vieira. *O direito humano e fundamental do trabalho*: fundamentação e exigibilidade. São Paulo: LTr, 2012.

Capítulo 3

O Direito Fundamental ao Conteúdo do Próprio Trabalho: Uma Reconstrução Normativa do Direito ao Trabalho como Mediação da Dignidade Humana

Leonardo Vieira Wandelli[1]

Resumo: As transformações impostas ao mundo do trabalho pela deriva neoliberal têm degradado não só as condições de compra e venda da força de trabalho, mas especialmente as condições existenciais, ou seja, a vida por meio do trabalho, especialmente ao corromperem o sentido e o conteúdo do trabalho. Do ponto de vista jurídico, trata-se de um aprofundamento do histórico descumprimento do direito ao trabalho. Frente a isso, pretende-se enfrentar a inefetividade do direito humano e fundamental ao trabalho a partir de um esforço de reconstrução normativa da sua fundamentação, apoiada em um duplo pilar teórico, nas teorias das necessidades e nas teorias do reconhecimento. Com isso, busca-se não somente recuperar a importância do vínculo entre trabalho e dignidade humana, como especialmente explicitar aspectos essenciais da centralidade do trabalho para os sujeitos, propiciando-se uma compreensão constitucionalmente adequada do seu conteúdo normativo. O direito ao trabalho se desvela, então, não apenas como necessidade radical, tendente à transformação da institucionalidade vigente, mas também como direito positivado em um amplo leque de normas internacionais e nacionais, que contempla diversas dimensões normativas atualmente exigíveis. Propõe-se que, no centro desse direito, está um direito fundamental ao conteúdo do próprio trabalho, que determina juridicamente as condições da atividade e da organização do trabalho. Recente estudo adotado pelo Alto Comissariado em Direitos Humanos da Organização das Nações Unidas (ONU) sobre o direito ao trabalho reforça essa compreensão.

Palavras-chave: Direitos humanos. Direitos fundamentais. Direito ao trabalho. Dignidade humana. Psicodinâmica do trabalho.

Abstract: The transformations imposed on the world of work by neoliberal drift have degraded not only the conditions of purchase and sale of the labor force, but especially the existential conditions, that is, life through work, especially when corrupting the sense and the work content. From a legal point of view, it is a deepening of the historical non-compliance with the right to work. In view of this, the aim of this article is to face the ineffectiveness of the human and fundamental right to work from an effort of normative reconstruction of its foundation, supported by a double theoretical pillar, in the theories of needs and theories of recognition. With this, it seeks not only to recover the importance of the link between work and human dignity, but especially to explain essential aspects of the centrality of work for the subjects, providing a constitutionally adequate understanding of its normative content. The right to work is revealed, then, not only as a radical necessity, tending to the transformation of the current institutionality, but also as a positivized right in a wide range of international and national standards, which includes several normative dimensions currently enforceable. It is proposed that, at the center of this right, there is a fundamental right to the content of the own work, which legally determines the conditions of the activity and the organization of the work. A recent study adopted by the United Nations High Commissioner for Human Rights on the right to work reinforces this understanding.

Keywords: Human rights. Fundamental rights. Right to work. Human dignity. Needs. Psychodynamics of work.

1. INTRODUÇÃO

Ousa-se sustentar que o direito ao trabalho é o mais importante, embora talvez o menos efetivo dos direitos fundamentais. Mesmo considerando-se as dificuldades históricas de sua implementação, a recente deriva neoliberal tem em muito agravado tanto as condições de compra e venda da força de trabalho quanto as condi-

(1) Doutor e Mestre em Direito pela Universidade Federal do Paraná. DEA em Derechos Humanos y Desarrollo pela Universidade Pablo de Olavide de Sevilla. Líder do Grupo de Pesquisa Trabalho e Regulação no Estado Constitucional. Consultant Contractor do OHCHR Office of the High Commissioner for Human Rights – UM. Professor de cursos de Pós-Graduação e de formação de magistrados. Gestor Nacional do Programa Trabalho Seguro do TST/CSJT. Juiz do Trabalho no Paraná.

ções existenciais, de vida individual e coletiva, por meio do trabalho, degradando o conteúdo e o sentido do trabalho[2]. A compreensão da centralidade do trabalho convoca a cultura jurídica a enfrentar a crescente violação do direito ao trabalho decorrente dessa dupla precarização. Por isso, vai-se privilegiar, neste espaço, uma abordagem voltada às perspectivas de sua implementação atual na ordem constitucional brasileira vigente. Ficam supostos, aqui, os aspectos relativos ao seu devir histórico e ao aporte crítico que o direito ao trabalho, como expressão de necessidades que demandam uma profunda transformação da institucionalidade vigente, traz frente a essa mesma ordem que o consagra.[3]

O foco na implementação não significa, porém, que não seja necessário revolver os elementos de fundamentação desse direito. Ao contrário da clássica afirmação de Bobbio, para quem atualmente "o importante não é fundamentar os direitos do homem, mas protegê-los"[4], postula-se, na esteira do que foi sustentado por Joaquín Herrera Flores, que já é mais que tempo de parar para refletir como, para proteger os direitos humanos, é indispensável repensar-se a sua fundamentação.[5] Pretende-se enfrentar a inefetividade do direito humano e fundamental ao trabalho a partir de um esforço de reconstrução normativa da sua fundamentação, feito em outro trabalho, apoiado em um duplo pilar teórico, nas teorias das necessidades e nas teorias do reconhecimento.[6]

Com esse esforço de reconstrução busca-se não somente recuperar a importância do vínculo entre trabalho e dignidade humana – a sua fundamentalidade –, como especialmente explicitar aspectos essenciais da centralidade do trabalho para os sujeitos, iluminando seu conteúdo normativo de forma constitucionalmente adequada. O direito ao trabalho se desvela, então, não apenas como necessidade radical, a demandar a transformação integral da institucionalidade vigente, estabelecendo uma disjuntiva do tipo nova institucionalidade ou nada. Sem perda dessa radicalidade, abrem-se veredas para sua implementação também como direito positivado em um amplo leque de normas internacionais e nacionais, *hic et nunc*, que contempla diversas dimensões normativas atualmente exigíveis. Propõe-se que, no centro desse direito, está um direito fundamental ao conteúdo do próprio trabalho, que determina juridicamente as condições da atividade e da organização do trabalho.

A seguir, no tópico 2, procura-se identificar o contexto normativo do direito ao trabalho, cuja importância é desmerecida por um escasso desenvolvimento dogmático, colocando-se a questão das condições para superar-se essa paralisia. No tópico 3, sintetizam-se alguns elementos da reconstrução da fundamentação do direito ao trabalho que subsidiarão uma releitura concretizadora cujos contornos gerais se esboçam nos tópicos 4 e 5. No tópico 4, procura-se desenhar a figura complexa de um direito multidimensional, um verdadeiro megadireito, pela abrangência do leque que integra o seu âmbito normativo. A dimensão central desse âmbito, segundo se propõe, é a do direito fundamental ao conteúdo do próprio trabalho, explicitada, no tópico 5.

2. O PROBLEMA: A CENTRALIDADE DO DIREITO FUNDAMENTAL AO TRABALHO E OS DESAFIOS PARA SEU DESVELAMENTO DOGMÁTICO

Reiteradamente proclamado nos textos constitucionais e de normas internacionais relativas a direitos humanos, o direito ao trabalho é considerado pela doutrina internacional mais abalizada como "el arquetipo de los derechos sociales"[7] ou "o direito social por antonomásia"[8] ou ainda "il primo dei diritti sociali"[9]. Sua centralidade para o discurso jurídico é afirmada na literatura, não só por razões de ordem normativa, mas também por razões de ordem histórica – como primeira bandeira que levou ao constitucionalismo so-

(2) Para uma magistral e recente abordagem, nesse sentido: SUPIOT, Alain. *Le travail n'est pas une marchandise: Contenu et sens du travail au XXIe siècle*. Paris: Éditions du Collège de France, 2019.

(3) A respeito do duplo caráter, normativo-positivo e crítico-transformador do direito ao trabalho, ver WANDELLI, Leonardo Vieira. *O direito humano e fundamental ao trabalho:* fundamentação e exigibilidade. São Paulo, LTr, 2012.

(4) BOBBIO, Norberto. *A era dos direitos* (trad. Carlos Nelson Coutinho). 10. ed. Rio de Janeiro: Campus, 1992. p. 37.

(5) HERRERA FLORES, Joaquín. *Los derechos humanos como productos culturales:* crítica del humanismo abstracto. Madrid, Catarata, 2005. p. 36-38.

(6) WANDELLI, ob. cit.

(7) SASTRE IBARRECHE, Rafael. *El derecho al trabajo*. Madrid, Trotta, 1996. p. 19.

(8) "Que el derecho al trabajo ha sido considerado tradicionalmente como el derecho social paradigmático entre todos los derechos sociales, o el derecho social por antonomasia, no necesita ahora ya particulares justificaciones, pues es un dato adquirido la numerosísima literatura al respecto." MONEREO PÉREZ, José Luiz e MOLINA NAVARRETE, Cristóbal. El derecho al trabajo, la libertad de elección de prefesión u oficio: principios institucionales del mercado de trabajo, In: MONEREO PÉREZ, MOLINA NAVARRETE e MORENO VIDA (Dir.), *Comentario a la Constitución socio-económica de España*. Granada: Comares, 2002. p. 288.

(9) GIUBBONI, Stefano. *Il primo dei diritti sociali. Riflessioni sul diritto al lavoro tra Costituzione italiana e ordinamento europeo*. Disponível em: <http://aei.pitt.edu/13686/1/giubboni_n46-2006int.pdf>.

cial – e de ordem cultural – pela necessária hierarquia valorativa que assume na "sociedade do trabalho".[10] No dizer de Celso de Albuquerque Mello seria "o direito ao trabalho o mais importante, ou o direito básico dos direitos sociais"[11]. Sobretudo, tal direito é reconhecido como a condição indispensável para outros direitos humanos, como articulado de modo taxativo na Resolução n. 34/46, de 1979, da Assembleia Geral da ONU: "a fim de garantir cabalmente os direitos humanos e a plena dignidade pessoal, é necessário garantir o direito ao trabalho".[12] Mais recentemente, o Conselho de Direitos Humanos da ONU, em sua 28ª Sessão, reafirmou a importância e urgência da realização do direito ao trabalho diante da crise mundial e colocou-se em permanente cuidado do tema.[13] Na 31ª Sessão acolheu um relatório do Alto Comissariado que faz uma síntese doutrinária do seu conteúdo normativo[14] e uma nova resolução que encaminha os próximos passos do CDH na matéria, produzindo-se desde então, anualmente, uma nova resolução sobre o tema.

Com efeito, no plano internacional há um grande acervo de normas de direitos humanos que se referem explicitamente ao reconhecimento e a formas de implementação do direito ao trabalho. A principiar, o art. 23 da Declaração Universal dos Direitos Humanos, de 1948.[15] É relevante que o item I desse dispositivo distingue o direito ao trabalho, como expressão mais geral, de suas expressões parcelares, como o direito à livre escolha de emprego, o direito a condições justas de trabalho e o direito à proteção contra o desemprego. Bem assim, os itens II a IV, consignam o direito à igualdade salarial para igual trabalho, o direito de organização e filiação sindical e, em especial, o direito a uma remuneração que assegure ao trabalhador e sua família uma existência digna. Não se olvide, ainda, o vínculo indivisível firmado, no art. 22 da DUDH, entre os DESCs e a dignidade e o desenvolvimento da personalidade. Em termos dogmáticos, esse desenho de um direito geral, que se desdobra em aspectos parcelares, expressa a pluralidade de dimensões normativas característica do direito ao trabalho, como se verá adiante.

Já o Pacto Internacional de Direitos Econômicos, Sociais e Culturais – PIDESC, de 1966 e que deu prosseguimento à positivação dos direitos enunciados na DUDH, assegura o direito ao trabalho e suas especificações nos arts. 6º, 7º e 8º, elencando, de forma não exaustiva, a liberdade de trabalhar e o direito ao pleno emprego, bem como condições justas e favoráveis de trabalho e de liberdade de organização sindical, gravitando em torno do direito a uma "ocupação plena e produtiva, em condições que garantam as liberdades políticas e econômicas fundamentais da pessoa humana".[16]

Diversas outras normas e declarações internacionais consagram, com central normatividade, o direito ao trabalho. Exemplificativamente: o art. 6º do Protocolo de São Salvador; o art. 45, *b*, da Carta da Organização dos Estados Americanos.[17] No âmbito da OIT, embora não seja utilizada a locução "direito ao trabalho", já em sua criação, em 1919, ficou consagrado o princípio fundamental de que "o trabalho não é uma mercadoria", como consta do Tratado de Versailles, o que veio a ser reafirmado na Declaração de Filadélfia, de 1944, incorporada à Constituição da OIT e na *Declaration on Social Justice for a Fair Globalization*, de 2008.[18] Este é o princípio que funda a compreensão de que o Trabalho é essencial à dignidade e que deve ser protegido como

---

(10) MONEREO PÉREZ e MOLINA NAVARRETE, ob. cit., *loc. cit.*

(11) MELLO, Celso de A. A proteção dos direitos humanos sociais nas Nações Unidas. In: SARLET, Ingo W. (org.). *Direitos fundamentais sociais*: estudos de direito constitucional, internacional e comparado. Rio, Renovar, 2003. p. 228.

(12) Relevante o art. 13 da Proclamação de Teerã, de 1968, também da AG da ONU, dispondo que "a realização plena dos direitos civis e políticos sem o gozo dos direitos econômicos, sociais e culturais, é impossível"

(13) ONU-CDH. Resolução n. 28/2015 sobre o Direito ao Trabalho.

(14) ONU A/HRC/31/32 <https://documents-dds-ny.un.org/doc/UNDOC/GEN/G15/288/28/PDF/G1528828.pdf?OpenElement>.

(15) Art. 23. I) Todo o homem tem direito ao trabalho, à livre escolha de emprego, a condições justas e favoráveis de trabalho e à proteção contra o desemprego. II) Todo o homem, sem qualquer distinção, tem direito a igual remuneração por igual trabalho. III) Todo o homem que trabalha tem direito a uma remuneração justa e satisfatória, que lhe assegure, assim como a sua família, uma existência compatível com a dignidade humana, e a que se acrescentarão, se necessário, outros meios de proteção social. IV) Todo o homem tem direito a organizar sindicatos e a neles ingressar para proteção de seus interesses.

(16) Um amplo leque de implementação desse dispositivo é desenvolvido pelo CDESC da ONU, encarregado do controle da implementação do PIDESC, na Observação Geral n. 18, de 24.11.2005, que será referida adiante.

(17) Ainda no âmbito da ONU reportam-se ao direito ao trabalho: o art. 8(3)(a) do PIDCP; o art. 5(e)(i), da Convenção Internacional sobre a Eliminação de todas as Formas de Discriminação Racial; o art. 11(1)(a), da Convenção sobre a Eliminação de todas as Formas de Discriminação Contra a Mulher; o art. 32 da Convenção sobre os Direitos da Criança; os arts. 11, 25, 26, 40, 52 e 54 da Convenção Internacional sobre Proteção dos Direitos de Todos os Trabalhadores Migrantes e Familiares e, especialmente, o art. 27 da Convenção dos Direitos das Pessoas com Deficiência, de 2006.

(18) Ver, por todos, SUPIOT, Alain. *L'Esprit de Philadelphie. La justice sociale face au Marché total.* Paris: Seuil, 2010.

direito fundamental. Dentre as normas da OIT[19] destaca-se o disposto no art. 1º da Convenção n. 122 da OIT, que dispõe sobre a política de emprego não só quantitativo, mas qualitativo, e que deverá procurar garantir:

> a) que haja trabalho para todas as pessoas disponíveis e em busca de trabalho; b) que este trabalho seja o mais produtivo possível; c) que haja livre escolha de emprego e que cada trabalhador tenha todas as possibilidades de adquirir e de utilizar, neste emprego, suas qualificações, assim como seus dons, qualquer que seja sua raça, cor, sexo, religião, opinião política, ascendência nacional ou origem social.

Juntamente com o art. 6º do PIDESC, antes mencionado, o qual ressalta que as condições de trabalho são determinantes para o exercício das liberdades políticas e econômicas fundamentais da pessoa, esse dispositivo forma a base normativa que explicita a projeção do direito ao trabalho sobre o princípio do pleno emprego qualitativo, ressaltando que este deverá possibilitar ao trabalhador adquirir e utilizar as suas qualificações e dons. Da mesma forma, a Declaração da OIT de 2008 ressalta um trabalho no qual "indivíduos possam desenvolver e atualizar as capacidades e habilidades que os habilitem a empregá-las produvidamente para a sua autorrealização e para o bem comum". Consagra-se aí, em especial, o vínculo do direito ao trabalho com o que denominamos de direito ao conteúdo do próprio trabalho, que, como se explicita adiante, constitui o cerne do sentido desse direito.[20]

Na jurisprudência das Cortes internacionais, merece destaque a recente decisão da Corte IDH, no Caso Lagos del Campo *X* Peru (2017), em que, modificando a jurisprudência anterior, aceitou-se conhecer diretamente de violação do direito ao trabalho, com base no art. 26 da Convenção Americana dos Direitos Humanos combinado com os arts. 45.b, *c*, 46 e 34.g da Carta da OEA, em situação envolvendo o ato de despedimento de trabalhador como hipótese de malferimento do Direito ao Trabalho, deduzindo diretamente deste último, um direito à justificação da despedida.[21]

A Constituição brasileira de 1988 é especialmente enfática em assegurar a mais proeminente hierarquia normativa ao direito ao trabalho, como expressão da íntima relação que estabelece entre a dignidade humana, o valor do trabalho e os direitos e instituições que afetam a vida daqueles que vivem do trabalho. Designa o trabalho como direito social fundamental (art. 6º) ao qual acresce um amplo rol de direitos e garantias dos trabalhadores (art. 7º), cada qual instituído como um direito fundamental autônomo, e disposições relativas à liberdade sindical (art. 8º), direito de greve (art. 9º) e participação dos trabalhadores nos colegiados públicos de seu interesse (art. 10) e na gestão das empresas (art. 11), além de vários dispositivos esparsos que, em diferentes medidas, contemplam aspectos do direito ao trabalho e da proteção do trabalho em geral, especificando-o ou fortalecendo o seu âmbito geral. Na ordem constitucional, o valor do trabalho é fundamento da República (art. 1º, IV) e da ordem econômica (art. 170), ao lado e intimamente ligado à dignidade da pessoa humana (art. 1º, III) e princípio da ordem social (art. 193).

Ante o conjunto dos enunciados constitucionais não há como se conceber a dignidade da pessoa humana, como fundamento nuclear de todo o ordenamento jurídico, de modo tal que não contemple a intensa vinculação com o trabalho enquanto dimensão essencial dessa dignidade.

> (...) isso tem o sentido de reconhecer o *direito social ao trabalho*, como condição da efetividade da existência digna (fim da ordem econômica) e, pois, da dignidade da pessoa humana, fundamento, também, da República Federativa do Brasil (art. 1º, III).[22]

---

(19) É digno de nota que, na Declaração de 1998 sobre Princípios e Direitos Fundamentais do Trabalho, a OIT não incluiu nenhuma das Convenções que guardam pertinência mais próxima com o núcleo do direito ao trabalho, como as Convenções ns. 122, 142, 158 e 168.

(20) É essencial, ainda, a adoção, pela OIT, da agenda macropolítica de promoção do Trabalho Decente, compreendido como "um trabalho produtivo e adequadamente remunerado, exercido em condições de liberdade, equidade e segurança, sem quaisquer formas de discriminação e capaz de garantir uma vida digna a todas as pessoas que vivem de seu trabalho." ORGANIZAÇÃO INTERNACIONAL DO TRABALHO. *Trabalho decente nas américas*: uma agenda hemisférica 2006-2015. Informe do Diretor Geral. Brasília: OIT, 2006. PIOVESAN, Flávia. Direito ao trabalho decente e a proteção internacional dos direitos sociais. *Cadernos da AMATRA IV*, Porto Alegre, ano VI, n. 16 (nov. 2011). p. 20-51. Para uma análise crítica do conceito de trabalho decente da OIT, à luz do direito ao trabalho, ver WANDELLI, *O direito humano e fundamental ao trabalho*, ob. cit., p. 234-235.

(21) No acórdão, a Corte IDH derivou, diretamente do direito ao trabalho, o dever estatal e o Direito subjetivo de garantia do emprego contra a despedida injustificada, o qual *"no consiste en una permanencia irrestricta en el puesto de trabajo, sino de respetar este derecho, entre otras medidas, otorgando debidas garantías de protección al trabajador, a fin de que, en caso de despido se realice éste bajo causas justificadas, lo cual implica que el empleador acredite las razones suficientes para imponer dicha sanción con las debidas garantías, y frente a ello el trabajador pueda recurrir tal decisión ante las autoridades internas, quienes verifiquen que las causales imputadas no sean arbitrarias o contrarias a derecho."*

(22) SILVA, José Afonso da. *Curso de direito constitucional positivo*. 20. ed. São Paulo: Malheiros, 2002. p. 288-289.

Explícito, pois, o vínculo direto entre dignidade e direito ao trabalho. No discurso constitucional, o trabalho excede em muito a dimensão do ter, por meio de benefícios decorrentes da compra e venda da força de trabalho, mas diz respeito diretamente à dimensão do ser, dos aspectos mais essenciais da existência digna, a serviço da qual se coloca a ordem normativa e que se expressam no trabalho. Nessa perspectiva, o trabalho, mais que um âmbito especial da consideração constitucional, é elemento constitutivo da própria compreensão constitucional de pessoa.[23]

Pois bem, tal conjunto de dispositivos constitucionais e normativas internacionais, associados à identificação doutrinária da primazia do direito ao trabalho no quadro dos direitos, levaria a se supor um correspondente acervo dogmático e jurisprudencial de concretização de sua força normativa.[24] Contudo, o cenário empírico jurídico atual prontamente desmente essa suposição. Sequer uma dimensão negativa do direito ao trabalho, como limite às ações do Estado potencialmente violadoras desse direito, vê-se suficientemente desenvolvida no espaço brasileiro, sendo escassa a produção teórica a respeito e rara a sua aparição nas decisões dos tribunais.[25] O recente art. 477-A da CLT, introduzido pela Lei n. 13.467/2017, esvaziando a proteção em face da despedida, ou a introdução do chamado "contrato de trabalho verde e amarelo", criado pela MP n. 905/2019, permitindo a disponibilidade sobre a própria proteção jurídica do trabalho, são só exemplos dentre os vários malferimentos legislativos promovidos pelas últimas alterações, retrocedendo na implementação do direito ao trabalho, sob o olhar frequentemente passivo da jurisprudência. Uma inércia jurisprudencial que inclusive contrasta com os desenvolvimentos ainda um tanto fragmentários, mas relativamente expressivos, que um renovado direito constitucional, absorvido pelos demais campos do direito, vem propiciando no âmbito de outros direitos sociais, especialmente nos direitos à saúde e à educação. A percepção de que não há um abismo entre a estrutura normativa de direitos sociais e de direitos civis e políticos vem possibilitando diversos avanços na exigibilidade desses outros direitos que, contudo, não vêm alcançando o direito ao trabalho.[26]

Tem-se aí algo que nos faz refletir sobre o caráter de um constitucionalismo que não se dedique àquilo que Karl Polanyi denominou "as formas de vida do povo comum": o trabalho.[27] Já para o psiquiatra francês e principal referência da psicodinâmica do trabalho, Christophe Dejours, as pesquisas realizadas ao redor do mundo têm demonstrado a centralidade do trabalho para a subjetividade. E essa afirmação é válida para o bem e para o mal: pessoas empregadas e desempregadas têm no trabalho uma mediação crucial que pode tanto ser responsável por produzir o melhor em termos de autorrealização e construção da saúde, quanto o pior, em termos de degradação e adoecimento psíquico.[28]

> Tendo-se em conta essa "centralidade do trabalho" que confere ao trabalho uma dimensão antropológica (o que é dizer que o trabalho é indissociável da condição humana), então o direito do trabalho não pode mais ser considerado como um direito especializado. O direito do trabalho toca um direito fundamental.[29]

No entanto, também entre os juslaboralistas pátrios repete-se o quadro de omissão doutrinária quanto ao conteúdo do direito ao trabalho, havendo escassas referências ao seu exercício no interior das relações de trabalho[30] e poucas monografias dedicadas ao te-

(23) Sobre a relação entre dignidade e trabalho na Constituição, WANDELLI, Leonardo Vieira. Dignidade e valor social do trabalho na Constituição de 1988. In: VIANA, Márcio Tulio e ROCHA, Cláudio Jannotti da. *Como aplicar a CLT à luz da Constituição:* alternativas para os que militam no foro trabalhista. São Paulo: LTr, 2016. p. 94-106.

(24) Normas jurídicas são resultados de processos estruturados de concretização dos textos produzidos pelo estado democrático de direito, capazes de justificar a tomada de decisão por autoridades. MÜLLER, Friedrich. *Discours de la méthode juridique*. Paris: PUF, 1996. p. 186 e ss.

(25) A respeito, LEDUR, José Felipe. *A realização do direito ao trabalho*. Porto Alegre: Sérgio Antonio Fabris Editor, 1999.

(26) Excelente estudo dos avanços em cortes nacionais e internacionais, encontra-se em ABRAMOVICH, Victor e COURTIS, Christian. *Los derechos sociales como derechos exigibles*. 2. ed. Madrid: Trotta, 2004.

(27) POLANYI, Karl. *A grande transformação: as origens de nossa época*. 2. ed. Rio de Janeiro: Elsevier, 2012. p. 81. Dentre as exceções nos constitucionalistas pátrios, o ótimo *Curso de direito constitucional*, de SARLET, MARINONI e MITIDIERO. São Paulo: RT, 2012. p. 600-604 e o didático *Direito Constitucional*, de FERRARI, Regina. São Paulo: RT, 2011. p. 761-774, que, com razão, identifica no direito ao trabalho o paradigma de leitura dos direitos sociais.

(28) DEJOURS, Christophe. *Travail vivant 1:* sexualité et travail; 2: travail et émantipation. Paris: Payot, 2009.

(29) DEJOURS, Christophe. Apresentação. In: WANDELLI. *O direito humano e fundamental ao trabalho*, ob. cit., p. 15.

(30) Sintomaticamente, um dos juslaboralistas nacionais mais argutos dedica excelente obra à análise dos direitos fundamentais nas relações de trabalho, sem, no entanto, qualquer análise específica do direito ao trabalho. ROMITA, Arion Sayão. *Direitos fundamentais nas relações de trabalho*. 3. ed. São Paulo: LTr, 2009.

ma.[31] A presente obra coletiva vem a situar-se nesse grande espaço pouco explorado. É isso a que se chama de centralidade inefetiva do direito ao trabalho. Sua centralidade normativa, teórica e antropológica é inquestionável, mas sua inaplicação prática tem sido igualmente evidente. Não obstante, como nos adverte Hugo Barretto, o desenvolvimento dogmático dos meios de exigibilidade do direito ao trabalho dependem apenas da cultura jurídica e da conduta dos operadores do direito. O desenvolvimento insuficiente das garantias de seu cumprimento, ainda que uma tarefa por realizar, em nada esvazia a validade normativa desse direito.[32]

3. RECONSTRUIR A FUNDAMENTAÇÃO DO DIREITO AO TRABALHO

O déficit de desenvolvimento da força normativa do direito ao trabalho pode ser atribuído a dois principais prejuízos, que constituem verdadeiros obstáculos epistemológicos a serem superados para o seu desvelamento. Ambos os argumentos apoiam-se em afirmações parcialmente verdadeiras. No entanto, a paralisia que deles decorre é que não se justifica. O primeiro, a afirmação de que, numa economia de mercado, o Estado não pode garantir um posto de trabalho a todos,[33] porque não seria factível nem obrigar as empresas a isso, nem o próprio Estado empregar diretamente todas as pessoas. O segundo obstáculo é o próprio esvaziamento da percepção da importância do trabalho na sociedade capitalista. Se o trabalho na modernidade é pura degradação, exploração e negação do sujeito trabalhador – e não faltam fundamentos para sustentar essa afirmação –, que "direito masoquista"[34] é esse de ser espoliado? O trabalho somente interessaria como via instrumental de obtenção de outros bens, sendo desprovido de um valor próprio. Assim, uma garantia de renda que dispensasse da penitência do trabalho realizaria melhor os anseios humanos que a insistência no direito a algo que não teria em si nenhum ganho antropológico a oferecer.

Esses dois obstáculos desafiam o sentido da reivindicação do direito ao trabalho e paralisam o seu desenvolvimento jurídico. Superá-los depende de reconstruírem-se os fundamentos do direito ao trabalho, a fim de resgatar a sua importância, vale dizer, em termos constitucionais, sua fundamentalidade material, de um lado e, de outro, a fim de explicitar e mesmo desvelar o conteúdo desse direito que está obscurecido. Embora reconstituir esse esforço de fundamentação ultrapassaria em muito o espaço deste trabalho, cabe incorporar, aqui, os resultados da pesquisa desenvolvida em outro lugar, onde se procurou desenvolver um duplo pilar teórico, que se reporta às teorias das necessidades e às teorias da luta por reconhecimento na reconstrução dos fundamentos do direito ao trabalho.[35] A partir desses elementos, emerge a formulação de um desenho de nosso direito fundamental apto a resgatar a tensão entre trabalho vivo e força de trabalho subsumida ao capital, mesmo no interior das relações de trabalho existentes e no contexto normativo vigente.

Para pensarmos o que significa o caráter materialmente fundamental de um direito, uma precisão conceitual é indispensável: direitos não são fins em si mesmos. Direitos são mediações para bens[36] materiais e imateriais (objetos, atividades e relações). São os bens que nós obtemos por meio dos direitos e não os direitos em si, que satisfazem e transformam as nossas necessidades humanas. Isso se dá porque nós somos sujeitos corporais e necessitados. O direito, como uma produção humana, só tem sentido enquanto é uma mediação para a realização das necessidades da pes-

(31) Dentre as exceções, que confirmam a regra, além do nosso WANDELLI, Leonardo Vieira. *O direito humano e fundamental ao trabalho*, ob. cit., destacam-se os trabalhos de LEDUR, José Felipe. *A realização do direito ao trabalho*, ob. cit., GOMES, Fábio Rodrigues. *O direito fundamental ao trabalho: perspectivas histórica, filosófica e dogmático-analítica*. Rio de Janeiro: Lúmen Júris, 2008. DELGADO, Gabriela Neves. *Direito fundamental ao trabalho digno*. São Paulo: LTr, 2006. FONSECA, Maria Hemília. *O direito ao trabalho*: um direito fundamental no ordenamento jurídico brasileiro. São Paulo: LTr, 2009. ALEMÃO, Ivan. *Desemprego e direito ao trabalho*. São Paulo: Esplanada/ADCOAS, 2002. MORAES FILHO, Evaristo de. O direito ao trabalho. In: *Conferência Nacional da Ordem dos Advogados do Brasil*, 11-16 ago. 1974, Rio de Janeiro. Rio de Janeiro: Asgráfica, 1974. p. 674.

(32) BARRETTO GHIONE, Hugo. Derecho al trabajo y poder directivo del empleador: un replanteamiento. In: *XXII Jornadas Uruguayas de Derecho del Trabajo y de la Seguridad Social*. FCU. Noviembre 2011.

(33) "(...) por la simple razón de que la oferta de trabajo reside mayoritariamente en sujetos privados, cuya decisión de creación de empleo es finalmente libre y no viene determinada, sí impulsada o fomentada en su caso, por la acción de lo poderes públicos." PALOMEQUE LOPEZ, Manoel-Carlos. Prólogo. In: SASTRE IBARRECHE, ob. cit., p. 15.

(34) A expressão é de KURZ, Robert. O desfecho do masoquismo histórico – o capitalismo começa a libertar o homem do trabalho. *Folha de São Paulo*, São Paulo, 20.07.1997, Caderno Mais.

(35) WANDELLI, Leonardo Vieira. *O direito humano e fundamental ao trabalho*, ob. cit., capítulos 1 a 3.

(36) Nesse sentido, HERRERA FLORES. *Los derechos humanos como productos culturales*, ob. cit., p. 92 e ss.

soa humana.[37] Por isso nós dizemos que a dignidade da pessoa humana está acima e é o critério de hierarquização de todos os demais valores e instituições.

As necessidades determinam o marco normativo de variabilidade das opções políticas válidas e conectam à realidade da vida concreta dos sujeitos o conteúdo de grande parte dos direitos fundamentais. Explicita-se: não se pretende que a teoria das necessidades resolva todos os problemas de fundamentação dos direitos humanos e fundamentais e, ainda, todos os problemas de exigibilidade jurídica daí decorrentes.[38] A satisfação das necessidades não é o fundamento último, nem único, nem suficiente dos direitos e há mesmo direitos legítimos que não têm contrapartida imediata em necessidades. Mas o marco de realização das necessidades é, sim, um fundamento material, necessário ainda não suficiente, de qualquer sistema normativo globalmente considerado. Tal fundamento se apoia em uma concepção objetiva e histórica de necessidades e com pretensão de universalidade, como condições sem as quais há um dano grave e permanente à participação autônoma e crítica em uma forma coletiva de vida.

O trabalho estabelece, com as necessidades, quatro formas de relações: **a) o trabalho** é, **ele mesmo, uma necessidade**: o humano não se realiza sem o trabalhar, no sentido de fazer atuar, sempre de modo intersubjetivo, sua atividade humana específica, de exteriorizar-se e transformar o mundo humanizando a natureza e a si mesmo; **b)** o trabalho também **produz bens que satisfazem necessidades** dos sujeitos viventes ou servem como instrumentos de trabalho; **c)** mediante o trabalho, no âmbito da divisão social do trabalho, **os seres humanos atualizam e criam novas necessidades**, mudando sua importância relativa; a transformação das necessidades é a transformação do próprio homem; **d)** por fim, se o trabalhar é uma necessidade (a), ao mesmo tempo **o trabalho, como conjunto de atividades e relações, também consiste em um bem, um valor de uso, que** é **diretamente satisfator de necessidades** de autorrealização e desenvolvimento da corporalidade, de afirmação identitária, de conquista da saúde, de aprendizado ético e político do viver juntos, de construção de vínculos de solidariedade e pertencimento; isto implica que tenha condições de duração, intensidade, segurança acidentária e sanitária e, especialmente, de conteúdo concreto e organização coletiva capazes de favorecer a autonomia dos trabalhadores individual e coletivamente considerados, pela possibilidade de autorrealização e desenvolvimento da personalidade, de manter vínculos de cooperação, de poder participar da atividade deôntica de construção de regras técnicas e éticas, formais e informais, de trabalho, pelo fortalecimento e desenvolvimento da identidade e autoestima, mediante a oportunidade de reconhecimento da contribuição singular aportada pelo trabalho realizado e pelo aprendizado privilegiado do viver junto e de participação em uma obra comum, "honrando a vida" pelo trabalho.[39]

Vivemos em um modelo de sociedade em que o acesso a uma relação de trabalho representa, para uma grande parcela da população, a única ou a principal via de se alcançarem bens essenciais sem os quais não se pode falar de vida com dignidade. Mas, como se salientou, o trabalho não é só uma mediação instrumental para a obtenção de outros bens. Sobretudo, o próprio trabalho humano é um bem com valor de uso. O conteúdo da atividade de trabalho e da organização coletiva de trabalho, como um conjunto de atividades e relações, é um bem que realiza necessidades essenciais do humano acima referidas. Estes dois aspectos – plataforma de acesso a bens e como diretamente satisfator de necessidades humanas – é que dão ao direito do trabalho a sua fundamentalidade material.

É neste último ponto que entra em cheio a temática da luta por reconhecimento na perspectiva iluminada não só pela teoria social,[40] mas sobretudo a partir das ciências clínicas do trabalho, em especial a Psicodinâmica do Trabalho. Para esta, o principal fator que mobiliza as pessoas a dedicarem-se ao trabalho, enfrentando os obstáculos e assumindo os riscos daí decorrentes, é a possibilidade de, ao fazer um trabalho bem feito, participando da realização de uma obra comum, reconhecer-se e ser reconhecido como alguém útil, que pertence a uma comunidade de trabalho e que

---

(37) HINKELAMMERT, Franz e MORA JIMÉNEZ, H. *Hacia uma economía para la vida*. San José, Costa Rica: DEI, 2005.

(38) No mesmo sentido, LUCAS, Javier de; AÑON ROIG, Maria José. Necesidades, razones, derechos. In: *Doxa, Cuadernos de Filosofía del Derecho*. Alicante, n. 7, 1990. p. 76-77.

(39) Aqui, a contribuição seminal da obra de Christophe DEJOURS. *Travail vivant 1:* sexualité et travail. Travail vivant 2: travail et émantipation. Paris: Payot, 2009. Trabalho, necessidades e reconhecimento estão indissoluvelmente ligados, tanto no plano mais geral da sociedade, quanto no plano localizado da empresa.

(40) HONNETH, Axel. Trabalho e reconhecimento: tentativa de uma redefinição. In: *Civitas: Revista de Ciências Sociais*, v. 8, n. 1, jan.-abr. 2008. p. 46-67. *Idem, Luta por reconhecimento:* a gramática moral dos conflitos sociais. São Paulo: Editora 34, 2003. RENAULT, Emmanuel. Reconnaissance et travail. In: *Travailler 2/2007* (n. 18). Paris: Martin Média. p. 119-135.

deixa nela a marca da sua contribuição singular. Isso depende do olhar do outro, na forma de julgamentos de reconhecimento material e simbólico da contribuição aportada por meio do fazer. Para que a dinâmica contribuição-reconhecimento se realize, são necessárias condições relativas à atividade e à organização do trabalho, pois o reconhecimento somente é possível se há um coletivo de trabalho em que seja possível a dinâmica contribuição-reconhecimento.(41) Essas **condições** dizem respeito à possibilidade de **cooperação** entre os trabalhadores, transparência, confiança, solidariedade, liberdade e tempo disponível, para que se desenvolva uma **prática deliberativa** participativa informal-formal de construção de acordos, arranjos normativos, regras de trabalho e de convivência e arbitramento de conflitos no trabalho, de modo a viabilizar a cooperação e a retribuição simbólica da contribuição aportada ao coletivo, na forma de reconhecimento do fazer.

Caso obliterada a dinâmica contribuição-reconhecimento, em qualquer das pontas, seja pelo impedimento a uma efetiva contribuição, seja por inviabilizadas as condições para as práticas de reconhecimento, resta abalada a construção da identidade no campo social. O sofrimento, que é inerente a toda experiência de trabalho, não ganha sentido para o sujeito e torna-se patogênico. Suicídios e as patologias do assédio no trabalho(42) são apenas os sintomas mais eloquentes de uma era em que o apagamento da solidariedade, o cinismo, a falta de confiança e a exacerbação da concorrência no mundo do trabalho estão na base da degradação da vivência e das possibilidades de ação política.

Não obstante, as pesquisas das ciências clínicas do trabalho nos mostram que o trabalho, em sentido concreto, jamais é neutro em relação à saúde psíquica e tem um papel fundamental para a sociabilidade e o aprendizado político. A precariedade material e existencial da maior parte das experiências de trabalho atuais não nos autoriza a descartá-lo. De fato, o pior é o resultado a se esperar de grande parte das experiências existentes de trabalho. Mas ele também é um mediador privilegiado e dificilmente substituível para o melhor, em termos de desenvolvimento da personalidade, construção da identidade e conquista da saúde, da autonomia, da formação de vínculos de pertencimento e solidariedade e de aprendizado ético e político, sendo central para a realização do ego, para além da esfera erótica, no campo social.(43) A sua degradação não prova a sua desnecessidade, mas, ao contrário, releva a urgência do resgate das condições para que se viabilize o seu papel antropológico crucial.

Para tanto, é necessário compreender-se não só o quão importante é aquilo que aí se joga (fundamentalidade material), mas, ainda, o "como" se estabelecem concretamente essas mediações do trabalho com a subjetividade e as condições necessárias para que isso ocorra. O que, afinal de contas, é juridicamente devido em face da consagração do direito fundamental ao trabalho? A ciência jurídica não pode alcançar essa percepção, senão em diálogo sério com as demais ciências.(44) A partir desse diálogo é que se pode afirmar o "como" o trabalho pode e deve corresponder à realização de necessidades humanas indispensáveis à vida digna.

Parece claro que o direito ao trabalho expressa necessidades que não podem ser inteiramente realizadas nos limites da institucionalidade vigente. Isso lhe dá o caráter daquilo que Agnes Heller denominara de necessidades radicais, ou seja, necessidades cuja realização implica transcender a sociedade atual.(45) Contudo, daí não decorre que não haja espaços parciais de sua realização ainda nos limites das relações de trabalho assalariada e nas outras formas secundárias de trabalho que se subsumem sob o capital. São esses espaços de irredutibilidade do trabalho vivo que possibilitam a afirmação das possibilidades normativas de um direito ao trabalho vigente.

Primordialmente, essa centralidade do trabalho na vida das pessoas, que se pode dizer uma centralidade antropológica do trabalho, deve corresponder uma

(41) DEJOURS. Addendum. In: LANCMAN e SNELWAR, (Orgs). *Christophe Dejours:* da psicopatologia à psicodinâmica do trabalho. 3. ed., revista e ampliada. Rio de Janeiro: FIOCRUZ/Paralelo 15, 2011. p. 85-93. *Idem*, A saúde mental entre impulsos individuais e requisitos coletivos. In: LANCMAN e SNELWAR, ob. cit., p. 426.

(42) Veja-se um bom estudo a respeito em POHLMANN, Juan Carlos Zurita. *Assédio moral organizacional:* identificação e tutela preventiva. São Paulo: LTr, 2014.

(43) DEJOURS. *Travail vivant*, ob. cit., *passim*.

(44) Pode-se sustentar que uma dogmática jurídica pós-metafísica, por lidar com os problemas sociais vitais em nível concreto, onde a realidade se apresenta em sua inteira complexidade, tem a obrigação de alimentar os sentidos jurídicos com as questões desenvolvidas nas demais ciências, levando-as a sério, a fim de ultrapassar a mera aparência cotidiana das representações intuitivas dos fenômenos. Nada justifica o reducionismo de um saber jurídico autorreferente, que se contenta com a mera evocação mítica de conceitos fundamentais sobre a vida concreta, que constitui o seu campo de aplicação.

(45) HELLER, Agnes. *Teoria de las necesidades em Marx*. Barcelona: Península, 1978. p. 87-113.

centralidade jurídica no quadro conceitual e prático do direito, como condição e expressão da dignidade. O direito humano e fundamental ao trabalho é, então, a primeira mediação jurídica que funda o discurso do direito sobre o campo vital do trabalho, sobre os modos sociais pelos quais as pessoas aplicam e desenvolvem a suas capacidades em uma atividade produtiva com valor de uso. Em nossa compreensão, esse direito tem um caráter multidimensional, mas cujo centro, que estava oculto, se expressa na ideia de um direito ao conteúdo do próprio trabalho, como se explicita na sequência.

4. UM DIREITO FUNDAMENTAL MULTIDIMENSIONAL

Tanto direitos a bens sociais, como trabalho ou saúde, quanto direitos a bens de liberdade, como livre locomoção, dependem de condições de realização que implicam medidas de prestação fática e jurídica (prestações diretas e indiretas, proteção e organização) e medidas de abstenção (não obstaculizar a atuação, não violar a situação ou não afetar ou posições jurídicas existentes), que nem sempre são suscetíveis de definição precisa, quase sempre têm custos e se sujeitam a implementação progressiva.[(46)] Desta forma, como observa Vieira de Andrade, em um mesmo direito fundamental podem-se encontrar combinados direitos a abstenções, direitos a prestações positivas, jurídicas ou materiais, direitos potestativos de interferir na esfera de outrem, os quais são dirigidos, na condição de sujeitos passivos, tanto ao legislador, à administração, ao judiciário ou a entidades privadas.[(47)] Portanto, como ressaltam Abramovich e Courtis, uma conceitualização rigorosa com base no caráter das obrigações dele decorrentes, positivas, ou negativas, apresentará um gradiente contínuo, em que ora estará presente um maior grau de obrigações negativas, ora um maior grau de obrigações positivas.[(48)]

Na verdade, como ressalta Peter Häberle, a compreensão de "um direito ao trabalho de múltiplas dimensões, com garantias conexas" e projeções sobre diversos outros direitos fundamentais e sobre vários ramos do direito ordinário, *v.g.* além do direito do trabalho, o previdenciário, tributário, administrativo, etc., formam uma estrutura complexa que "relativiza a dicotomia (supostamente clássica) entre os direitos de liberdade e os direitos fundamentais sociais, na mesma medida em que o 'trabalho' e a 'proteção do trabalho' penetram nas dimensões dos direitos fundamentais".[(49)]

A circunstância de que, muitas vezes, as normas relativas aos direitos sociais se expressam em termos que podem tornar difícil a tarefa de definir o que, aqui e agora, é devido como conteúdo do direito à saúde, à educação ou ao trabalho, também é comum a qualquer outro texto normativo que, para sê-lo, precisa sempre, antes, ser interpretado, não sendo essa uma característica especial no caso dos assim chamados direitos sociais. O que essa objeção, aplicável a todos os direitos, ressalta, com razão, é que a densificação dogmática do conteúdo dos direitos constitui um dos aspectos essenciais para o desenvolvimento da sua força normativa.

Trata-se, então, de compreender que, em torno de "um" direito ao trabalho, enfeixa-se um complexo de posições jurídicas subjetivas tanto de caráter prestacional (prestações fáticas e normativas[(50)]), quanto de caráter defensivo, bem como direitos de proteção que veiculam os diversos aspectos de conteúdo do âmbito de proteção do direito. Valorizando-se a linguagem dos órgãos de controle da aplicação de normas internacionais, emanam, desse mesmo direito, obrigações ao Estado e aos particulares, de respeitar, proteger, e implementar[(51)], que configuram a sua dimensão objetiva.

O direito ao trabalho é um direito multidimensional que envolve diversos aspectos de conteúdo e diferentes capacidades eficaciais. Em 2005 o CDESC, da ONU, responsável pelo controle da aplicação do PIDESC, elaborou a Observação Geral n. 18 que descreve o esboço de diversas das dimensões do direito ao trabalho. Recentemente a 31ª Sessão do Conselho de Direitos Humanos da ONU prestou reconhecimento ao relató-

(46) SARLET, Ingo W. e FIGUEIREDO, Mariana. Reserva do possível, mínimo existencial e direito à saúde: algumas aproximações. In: SARLET e TIMM (Org). *Direitos fundamentais*: orçamento e "reserva do possível". Porto Alegre: Livraria do Advogado, 2008. p. 14.

(47) VIEIRA DE ANDRADE, José Carlos. *Os direitos fundamentais na Constituição Portuguesa de 1976*. Coimbra: Almedina, 1987. p. 188. A respeito, também, SARLET, Ingo. *A eficácia dos direitos fundamentais*. p. 166-241. ABRAMOVICH, Victor e COURTIS, Christian. *Los derechos sociales como derechos exigibiles*. Ob. cit., p. 19-64.

(48) ABRAMOVICH e COURTIS, ob. cit., p. 27.

(49) HÄBERLE, Peter. *El estado constitucional* (trad. Hector Fix-Fierro). México: D.F./Lima: UNAM/PUC-Peru, 2003. p. 255-256 (trad. livre).

(50) ALEXY, Robert. *Teoria de los derechos fundamentales*. Madrid: Centro de Estudios Constitucionales, 1993. p. 428. VIEIRA DE ANDRADE, ob. cit., p. 192.

(51) Cf. as Observações Gerais ns. 3 e 18 do Comitê de Direitos Econômicos Sociais e Culturais da ONU. Também ABRAMOVICH e COURTIS, ob. cit., p. 31.

rio apresentado pelo Alto Comissariado sobre o direito ao trabalho, apontando igualmente para múltiplas dimensões normativas que complementam aquele desenho.[52] Esse plexo configura aquilo que Robert Alexy denomina de um "direito fundamental como um todo", que reflete o conjunto de posições jurídicas definitivas e *prima facie* adscriptas a um dispositivo de direito fundamental e relacionadas entre si.[53]

Essa noção de um feixe integrado de conteúdos e de posições jurídicas parcelares constitui um elemento essencial para a efetividade do direito ao trabalho, permitindo aprofundar a concretização de cada dimensão em seu desenvolvimento normativo e dogmático em direitos específicos. Mas a falta de uma dogmática globalmente compreensiva do direito ao trabalho como um todo, referido no art. 6º, faz degradar-se a sua capacidade normativa própria. Daí que, a par do desenvolvimento segmentado do direito ao trabalho, é indispensável uma perspectiva de conjunto, para resgatar o seu sentido de integridade que ilumina setores não desenvolvidos normativamente, mediante incidência direta, bem como contribui para melhor compreender aqueles aspectos parcelares. Ademais, torna possível atentar-se para as relações de integração com diversos outros direitos fundamentais, como o direito à saúde, direito ao lazer, direito à locomoção, direito à alimentação ou o direito ao livre desenvolvimento da personalidade.[54] Como ressalta Galtung, a segmentação dos direitos, sem uma perspectiva de integração, invalida a realização das necessidades humanas a que eles se referem, pois estas não são fracionáveis.[55]

Para melhor compreender, então, esse verdadeiro "megadireito", sem perder-se de vista tanto o aspecto de integração quanto o aspecto de especificação, três diferentes perspectivas analíticas, poderiam ser encetadas. Do ponto de vista estrutural, caberia diferenciar as dimensões objetiva e subjetiva do direito ao trabalho, o que envolve o tema dos sujeitos passivos vinculados.[56] Do ponto de vista dos seus titulares, pode-se distinguir titularidades individuais e coletivas do direito ao trabalho.[57] Já do ponto de vista do âmbito de conteúdo do direito ao trabalho, cumpre diferenciá-lo, desde logo, de outras figuras jurídicas afins, como o dever de trabalhar, a liberdade de profissão e o direito a trabalhar, que, embora muitas vezes amalgamadas nos textos legislativos, mantendo pontos de contato com o direito ao trabalho, constituem conceitos jurídicos distintos ou parcelares, ou mesmo manifestações rudimentares ao longo do seu desenvolvimento histórico, não se reduzindo, o direito ao trabalho, a qualquer delas. Essencialmente, o "direito de trabalhar" consiste em uma degradação do direito ao trabalho, correspondendo ao direito de competir no mercado de trabalho.[58]

Diversos aspectos de âmbito normativo estão vinculados ao direito ao trabalho, como os seguintes, que podem ser referidos sem pretensão de exaurimento: a) o pleno emprego qualitativo e seus requisitos; b) os serviços de acessibilidade ao emprego e de formação e capacitação profissional; c) a acessibilidade igualitária às oportunidades de trabalho; d) a liberdade de trabalho e exercício profissional; e) a proteção da infância e adolescência frente ao trabalho; f) proteção contra o desemprego e acesso à seguridade social; g) a promoção e proteção ao padrão jurídico de trabalho decente; h) o direito à autorrealização e ao conteúdo do próprio trabalho; i) proteção em face da despedida ou privação injusta de trabalho; j) o reconhecimento e proteção jurídica das formas não assalariadas de trabalho; l) condições de saúde e segurança no trabalho, incluído o ambiente organizacional; m) salário decente e participação dos resultados da riqueza produzida; n) tutela da profissionalidade e desenvolvimento profissional.

Contudo, nos limites deste espaço, esses diversos aspectos não poderão ser desenvolvidos. Opta-se por salientar o aspecto que se considera o núcleo de sentido do direito ao trabalho, que é o que denominamos de **direito fundamental ao conteúdo do próprio trabalho.**

Antes, porém, seria importante visualizarmos o alcance da figura formada pelo conjunto das diferentes

(52) ONU A/HRC/31/32 <https://documents-dds-ny.un.org/doc/UNDOC/GEN/G15/288/31/PDF/G1528831.pdf?OpenElement>. Acesso em: 23 mar. 2016.

(53) ALEXY. *Teoría de los derechos fundamentales*, ob, cit. p. 240-245.

(54) Nesse sentido, Renata Dutra propugna que os direitos sociais relacionados ao trabalho transcendam direitos de retribuição e de manutenção da integridade física, envolvendo direitos de afirmação da identidade e de proteção da subjetividade no trabalho. DUTRA, Renata Queiroz. Direitos fundamentais sociais à afirmação da identidade e à proteção da subjetividade no trabalho. *Revista do Tribunal Superior do Trabalho*, São Paulo: Lex-Magister, v. 78, n. 4. p. 256-287, out./dez. 2012.

(55) GALTUNG, Johan. *Direitos humanos:* uma nova perspectiva. Lisboa: Instituto Piaget, 1998. p. 154-155.

(56) Ver, a respeito, WANDELLI. *O direito humano e fundamental ao trabalho*, ob. cit., p. 239-247.

(57) Sobre os conteúdos coletivos do direito do trabalho, ver WANDELLI, ob. cit., p. 258-288.

(58) *Idem, ibidem*, p. 247-258.

posições jurídicas que podem ser adscriptas ao nosso direito fundamental. A imagem desse desenho poderia ser visualizada na forma de um cone semi-submerso, com três estágios, cada qual com um grau maior de amplitude e menor visibilidade:

A) O DIREITO AO TRABALHO NAS RELAÇÕES ASSALARIADAS. Neste setor, que corresponderia à parte mais estreita e visível do direito ao trabalho, além do direito ao conteúdo do próprio trabalho, adiante explicitado, podem ser identificados os diversos aspectos do âmbito de proteção construídos doutrinária e jurisprudencialmente para o trabalho assalariado.[(59)]

B) O DIREITO AO TRABALHO NAS FORMAS NÃO ASSALARIADAS DE TRABALHO. Nos termos do art. 6º da Constituição brasileira, ou dos tratados internacionais de direitos humanos, qualquer pessoa com capacidade é titular do direito ao trabalho.[(60)] Isso implica que não se justifica relegar à mera contratualidade civil, alijando de todo o plexo normativo de proteção ao trabalho, parcela que hoje representa em torno de 20% da população ocupada,[(61)] sob formas não assalariadas de trabalhar. Isso inclui diversos dos direitos que o art. 7º da Constituição, assegura a todos os trabalhadores e que não sejam exclusivamente pertinentes à relação de emprego, tais como o direito a não ser discriminado na relação de trabalho, inclusive em matéria de remuneração, na contratação ou na terminação do contrato; o direito a uma contraprestação correspondente à satisfação de um conjunto básico de necessidades que demandem custo financeiro, quando se tratar de trabalhador autônomo economicamente dependente, o que pode ser traduzido na forma de um valor mínimo por hora trabalhada[(62)]; o direito à irredutibilidade da contraprestação pelo trabalho[(63)]; direitos previdenciários e de proteção à saúde no trabalho; direito ao meio ambiente do trabalho saudável; proteção em face da automação; direitos de organização sindical e negociação coletiva; entre outros. Em especial, isso implica o direito a que haja uma justificativa especial para a outorga de tratamento normativo diferenciado entre as diversas formas de trabalho, notadamente para a exclusão de direitos assegurados ao trabalho assalariado.

Um aspecto deveras delicado está no risco de que a extensão de direitos a formas não empregatícias de trabalho venha a produzir o esvaziamento da proteção do trabalho assalariado. Por isso, como ressalta o documento do Alto Comissariado em Direitos Humanos da ONU:

> "El reconocimiento de otros tipos de trabajo depende de dos condiciones: a) que isto não minimize a la definición o a la protección del empleo asalariado; y b) que, con independencia de los diferentes planes de protección aplicables a los trabajadores no asalariados, estos trabajadores gocen de condiciones equitativas y satisfactorias de trabajo equivalentes a las de los trabajadores asalariados."[(64)]

C) O DIREITO AO TRABALHO COMO PRIMEIRO DIREITO HUMANO E FUNDAMENTAL. Nessa dimensão, o direito ao trabalho assume criticamente a reivindicação de um direito anterior e para além de todas as formas tipicamente capitalistas de trabalhar e que surge a partir da experiência de negatividade experimentada com a expropriação e degradação do trabalho vivo. Nos dois primeiros níveis antes mencionados, cuida-se de um direito ao trabalho que pressupõe a presença ou a possibilidade de formas de trabalho inerentes ao modo de produção atual. Já neste terceiro nível, cuida-se de um direito à possibilidade de vida plena pelo trabalho não reduzido ao trabalho abstrato, o que, diante da forma social capitalista, implica uma interpelação, desde a dimensão radical do trabalho como necessidade humana, de toda a ordem societária vigente, impulsionando não só no sentido do contínuo aprimoramento de suas instituições, mas também de sua profunda transformação.

Em todas essas dimensões, o centro de sentido do direito ao trabalho está na compreensão de que aquele que trabalha tem, no trabalho, uma mediação essencial para realização das necessidades e uma vida digna. Por isso, o **trabalhar**, mesmo nas relações assalariadas, assim como nas formas não assalariadas de trabalho, não é só o desincumbir-se, pelo trabalhador, da obrigação assumida pelo contrato com aquele que contratou seu

(59) Para uma ampliação do exame das dimensões parcelares do direito ao trabalho no âmbito das relações assalariadas, ver WANDELLI. *O direito humano e fundamental ao trabalho*, ob. cit., p. 258-332.

(60) SARLET. *A eficácia dos direitos fundamentais*, ob. cit., p. 187 e 232. GOMES, ob. cit., p. 146-149.

(61) Dados da PNAD-IBGE. <http://www.sidra.ibge.gov.br/bda/tabela/protabl.asp?c=2268&z=pnad&o=3&i=P>.

(62) Nesse sentido, DELGADO, Gabriela. *Direito fundamental ao trabalho digno*, ob. cit., p. 229.

(63) *Idem, ibidem*, loc. cit.

(64) ONU A/HRC/31/32 <https://documents-dds-ny.un.org/doc/UNDOC/GEN/G15/288/28/PDF/G1528828.pdf?OpenElement>.

trabalho. Mas é, ao mesmo tempo, nesse mesmo ato, o exercício de um direito fundamental cuja realização depende de condições que concernem ao conteúdo da atividade e da organização do trabalho, contrarrestando, juridicamente, o direito do empregador sobre essa mesma atividade e organização. Daí que o ponto central da reconstrução do direito humano e fundamental ao trabalho está na compreensão do direito ao conteúdo do próprio trabalho.

5. O DIREITO FUNDAMENTAL AO CONTEÚDO DO PRÓPRIO TRABALHO

Normalmente, o direito ao trabalho é visto mais como um direito à relação contratual de compra e venda da força de trabalho, na qual o trabalho ocorre – de onde derivam condições releventíssimas ao trabalhador – que, propriamente, um direito ao trabalho. O trabalho em si, na sua tríade relacional subjetividade – relação consigo – objetividade – relação com os instrumentos e o mundo – e intersubjetividade – relação com o outro –, que é a estrutura essencial do trabalhar, parece ter sido excluído do objeto desse direito fundamental que leva o seu nome. Ora, fato de que o papel central do trabalho para a subjetividade não pode ser substituído por benefícios de seguridade social[65] aponta que o próprio trabalho é um mediador privilegiado da autorrealização humana.

O que se pode chamar de um direito ao trabalho digno não pode se reduzir a um posto de trabalho em que se assegurem mínimos de subsistência e se evitem as formas mais graves de degradação. Mesmo a associação de direitos prestacionais que aprimorem as condições de compra e venda da força de trabalho é incapaz, sozinha, de afastar a lógica de mercantilização do trabalho vivo. Muito além disso, aquele que trabalha tem um direito ao conteúdo do próprio trabalho em sentido concreto, o que **implica condições positivas e negativas especialmente da atividade e da organização do trabalho necessárias a que este possa gerar o melhor, em vez de gerar o pior**.

Nós nos acostumamos a pensar que aquele que trabalha tem interesse apenas nas condições e benefícios econômicos que o trabalho propicia como contraprestação. Quando muito, nós reconhecemos que o trabalho não deve ferir a pessoa física ou moralmente. Mas nós naturalizamos a ideia de que quem trabalha não tem interesse no próprio trabalho. Recebendo a contraprestação, na forma de salário e os demais benefícios e não sendo danificado pelo trabalho, o ato em si de trabalhar e a organização do trabalho interessam apenas ao empregador. É isso que consagra a noção de alteridade, ou de alienidade do proveito abrigada pelo direito do trabalho: quem trabalha, trabalharia para o outro, não para si mesmo. Diz Pontes de Miranda: "a alienidade do proveito ou do que se espera seja proveito, põe fora do campo conceitual o que A faz para si mesmo".[66]

Com isso, nós apagamos o fato de que aquele que trabalha não só está se desincumbindo de uma obrigação de prestação que interessa ao empregador, mas, nesse mesmo ato de trabalho, no desempenhar a sua atividade que se insere na organização do trabalho de cujas condições depende, o trabalhador também está exercendo um direito fundamental. Tudo aquilo de essencial para a pessoa humana, individual e coletivamente considerada, que é relativo ao mundo do trabalho, depende das condições que se verifiquem na atividade e no ambiente, notadamente no ambiente organizacional de trabalho. A precarização do trabalho assalariado, aprofundada sob o influxo neoliberal, não atinge apenas as condições de compra e venda da força de trabalho, mas as próprias condições existenciais: é a precarização do próprio ser genérico humano.[67] Daí que o direito ao conteúdo do próprio trabalho, juridicamente falando, ainda que não anule, contra-arresta, relativiza, o direito do empregador sobre a atividade e a organização do trabalho.

Não se trata de suprimir o direito do empregador de organizar a produção, mas de resgatar a tensão que aí se estabelece entre os direitos de propriedade e de livre-iniciativa com o direito ao trabalho e os demais direitos a ele conexos. Quem trabalha não só trabalha para outrem, mas também trabalha para si mesmo, consigo mesmo e com outrem. O direito ao trabalho inclui, como sua dimensão central, que afeta a compreensão de todas as demais, o direito ao conteúdo do próprio trabalho: à **atividade** e às condições da **organização do trabalho**.

Essa percepção é uma verdadeira revolução copernicana do Direito do Trabalho, porque obriga juridica-

(65) COLLINS, Hugh. Is There a Human Right to Work? In: MANTOUVALOU, Virginia (Ed.). *The Righ to Work:* legal and philosophical perspectives. Oxford: Hart, 2015. p. 37.

(66) *Apud* CHAVES JUNIOR, José E. R. Justiça do trabalho, tutela penal e garantismo. In: DELGADO, Gabriela *et al.* (Orgs.). *Dignidade humana e inclusão social.* São Paulo: LTr, 2010. p. 130.

(67) ALVES, Giovanni. *Dimensões da precarização do trabalho.* Bauru: Praxis, 2013. p. 86.

mente a abrir-se a casamata do espaço da empresa, da organização do trabalho, dos métodos de gestão e da atividade individual e coletiva de trabalho, até então reservados ao arbítrio e à soberania absoluta do empregador. Se a atividade de trabalho e a organização de trabalho, onde as pessoas que trabalham passam grande parte do seu tempo de vigília e de onde levam conflitos, tensões, memórias, sucessos e frustrações, realizam, a par do interesse do empregador, também necessidades fundamentais, estas precisam ser protegidas pelo direito fundamental ao trabalho nesta parcela de seu âmbito de proteção que engloba a atividade e a organização. Perceber isto implica recuperar-se o espaço da organização do trabalho como espaço de cidadania.

A complexidade do trabalhar e as condições necessárias para tanto devem comparecer no conceito de direito ao trabalho, nesta sua dimensão central. Aliás, não é no caráter negativo do trabalho sobre a corporalidade do trabalhador, no cerceamento decorrente da disponibilidade para o empregador, que se deveria fundar o conceito de duração do trabalho – o tempo de trabalho nunca deixa de ser tempo de vida do trabalhador –, mas a partir da integração da corporalidade no processo de produção material e imaterial, em seus diversos aspectos. A compreensão do tempo de trabalho como tempo à disposição do empregador ratifica a separação entre tempo de trabalho e tempo de vida, favorecendo a suspensão, durante o tempo de trabalho, do exercício do direito fundamental ao conteúdo do próprio trabalho. O tempo em que o empregado cumpre a sua obrigação de disponibilidade à organização produtiva deve também comportar a realização do direito fundamental ao trabalho. O tempo de vida em que se dá a atividade laborativa interessa tanto ao empregador quanto ao trabalhador.

O direito ao conteúdo do próprio trabalho, assim concebido, é muito mais amplo e profundo, *v.g.*, que o direito à ocupação efetiva, consagrado no art. 4.2, *a*, do Estatuto dos Trabalhadores da Espanha, no sentido de dar trabalho e permitir sua execução normal.[68] Trata-se de uma ocupação qualificada, de modo que o trabalho seja capaz de permitir o desenvolver das capacidades e dons humanos, (art. 1º da Convenção n. 122 da OIT) ou melhor ainda, que permita aos indivíduos "desenvolver e atualizar as capacidades e habilidades que os habilitem a empregá-las produvidamente para a sua autorrealização e para o bem comum", na precisa dicção da ILO Declaration on Social Justice for a Fair Globalization/2008, ratificando o que já constava do artigo III(b) da Declaração de Filadélfia.[69] Isto depende não só do conteúdo da atividade, individual e coletivamente considerada, mas sobretudo das condições da organização do trabalho necessárias a reconhecer-se e ser reconhecido pela contribuição dada pelo trabalho bem feito, envolvendo ainda condições de diálogo e participação na atividade deôntica de produção de regras formais e informais de trabalho.[70] São estas "condições que garantam as liberdades políticas e econômicas fundamentais da pessoa humana" (art. 6º do PIDESC).

Em boa hora, o estudo do Alto Comissariado em Direitos Humanos da ONU apresentado à 31ª sessão do CDH[71] veio a reconhecer que o direito ao trabalho envolve condições justas e favoráveis de trabalho, envolvendo a atividade e a organização, entre elas as que dizem respeito à possibilidade de autorrealização e de conteúdo do trabalho, capazes de fortalecer a autoestima, a saúde e o pleno desenvolvimento da personalidade humana.

> O direito ao trabalho inclui exigências básicas de conteúdo qualitativo da atividade, que não pode ser desprovida de sentido, excessivamente repetitiva ou exaustiva. Condições do ambiente de trabalho que favoreçam a autorrealização incluem respeito às liberdades políticas e econômicas dos indivíduos; a possibilidade de cooperação e diálogo entre trabalhadores e com a hierarquia da organização; reconhecimento da contribuição dos trabalhadores; perspectivas de carreira e desenvolvimento profissional; a promoção da saúde física e mental do trabalhador; respeito à individu-

(68) GUANCHE MARRERO, Alberto. *El derecho del trabajador a la ocupación efectiva*. Madrid: Civitas, 1993. SASTRE IBARRECHE. *El derecho al trabajo*, ob. cit., p. 183-192. MONEREO PEREZ e MOLINA NAVARRETE, ob. cit., p. 328-329. Reconhecendo, na literatura nacional, a obrigação patronal de "dar trabalho ao empregado e a de possibilitar a execução normal de sua prestação, proporcionando-lhe os meios adequados para isso" ver SÜSSEKIND, Arnaldo *et alii*. *Instituições de direito do trabalho*. 16. ed. São Paulo: LTr, 1996. p. 256.

(69) É relevante que estas referências se encaixem precisamente nas três formas de sublimação que o trabalho oferece à emancipação da subjetividade: novos registros de sensibilidade, reconhecimento e "honrar a vida" pelo trabalho. DEJOURS, Christophe. Sublimação entre sofrimento e prazer no trabalho. *Revista Portuguesa de Psicanálise*, n. 33 (2), 2013. p. 9-28.

(70) Nesse sentido, a excelente fundamentação de Collins (2015), que propõe centrar o fundamento do direito ao trabalho na possibilidade de autorrealização humana, padece de uma compreensão um tanto empobrecida da organização do trabalho e dos recursos dela dependentes para o reconhecimento e a autorrealização, especialmente no que se refere às condições de confiança, diálogo, participação deliberativa, reconhecimento simbólico e conteúdo moral, tão estudadas pela Psicodinâmica do Trabalho.

(71) ONU A/HRC/31/32 <https://documents-dds-ny.un.org/doc/UNDOC/GEN/G15/288/28/PDF/G1528828.pdf?OpenElement>.

alidade e moralidade; a ausência de discriminação e de assédio moral e sexual; e o respeito. É dever do Estado implementar e proteger este direito e impor aos empregadores o dever de respeitá-lo.[(72)]

Contudo, nas últimas décadas, a aparente melhora nas condições de higiene e segurança se fez acompanhar pela degradação justamente das condições organizacionais. Conforme demonstram os estudos das ciências clínicas do trabalho, há diversos métodos gerenciais altamente em voga que degradam o trabalho como exercício de um direito fundamental.[(73)] Mecanismos como avaliação individualizada de desempenho, ferramentas de padrões objetivos de qualidade total e fragmentação dos coletivos de trabalho, aí incluída a terceirização, são métodos gerenciais muitas vezes vistos como inocentes ou mesmo "modernos". No entanto, cortam o vínculo com o trabalho bem feito, ao centrarem a avaliação do trabalho apenas na performance em termos de resultados objetivos mensuráveis. Eliminam as condições para o reconhecimento pelos pares do trabalho realizado e desmontam os mecanismos coletivos de construção de regras técnicas e éticas do ofício, ao promoverem a competição entre colegas, setores, filiais, inviabilizando a confiança e o livre diálogo. Degradam o tecido social e a solidariedade no interior da organização ao inviabilizarem a construção de um sentido de pertencimento, ao criarem estamentos subalternos de trabalhadores, cortando a perspectiva de fazer parte da obra comum. Reside, nesses aspectos, boa parte de tudo aquilo que pode ser considerado fundamental para a pessoa humana no trabalho – a centralidade antropológica do trabalho – e que deve corresponder ao reconhecimento de seu caráter fundamental para a dignidade humana – a sua centralidade jurídica. Isso implica rever-se a própria compreensão do direito do trabalho como um todo, para que alcance, além da regulação das condições de compra e venda da força de trabalho, as condições existenciais no trabalho. O próprio trabalho – atividade e organização – deve vir compor o centro do direito do trabalho.

A partir daí, cabe desenvolver limites negativos e conteúdos obrigatórios, extraídos dos elementos de fundamentação coligidos e das normas a eles referidos. É importante compreender que esses critérios relativos ao direito, conteúdo do próprio trabalho, não esgotam as exigências advindas de outros direitos e deveres juridicamente reconhecidos. Há inúmeros outros aspectos que correspondem ao âmbito de proteção dos direitos à saúde, ao meio ambiente do trabalho, aos direitos de personalidade, ao direito de não discriminação, aos demais direitos fundamentais do trabalho e direitos previstos na legislação ordinária, e também aos outros setores do direito ao trabalho que não se inserem nessa expressão específica do direito ao conteúdo do próprio trabalho. Eles estão fortemente interconectados, mas não se exaurem aí. Neste, inserem-se deveres positivos e negativos da atividade e da organização do trabalho que poderiam ser assim distribuídos:

A) Limites negativos ao conteúdo do trabalho

1) Vedação de um conteúdo do trabalho com esvaziamento significativo, seja por ausência de tarefas, de utilidade das tarefas ou de total falta de controle sobre a própria atividade. 2) Limites quanto à invariabilidade excessiva, ou excesso de fragmentação, sobrecarga, intensidade ou extensão excessiva da jornada; incluem-se os métodos de remuneração que induzam à autointensificação. 3) Limites aos métodos de gestão e organização do trabalho que bloqueiem a cooperação entre os trabalhadores (vertical e horizontal) e com usuários e clientes (transversal) assim como métodos que inviabilizem a dinâmica contribuição-reconhecimento, inclusive por promoverem a disputa competitiva no lugar da cooperação e por suprimirem as condições de confiança e de diálogo. 4) Desenho organizacional que permita a adequação dos limites à singularidade de cada trabalhador e ao contexto de trabalho.

B) Conteúdos obrigatórios da atividade e organização

1) Mecanismos, espaços e tempos, assim como condições de transparência, confiança e liberdade de diálogo, para que haja a cooperação e a participação deliberativa na atividade deôntica formal e informal de regulação do trabalho. 2) Conteúdo da atividade individual e coletiva que permita o desenvolvimento das

(72) Trad. livre: "The right to work includes basic requirements of qualitative content of the activity, which should not be meaningless or excessively repetitive or exhausting. Workplace conditions82 that enhance self-realization include respect for the fundamental political and economic freedoms of the individual; the possibility of cooperation and dialogue between workers and with the organization's management; recognition of the worker's contribution; career prospects and professional development;83 the promotion of the physical and mental health of the worker; respect for individuality and morality; the absence of discrimination and sexual and moral harassment; and respect. It is the duty of the State to implement and protect this right and to enforce the duty of employers to respect it." Considera-se que a versão oficial espanhola perdeu alguns aspectos relevantes.

(73) DEJOURS, Christophe; BÈGUE, Florence. *Suicide et travail: que faire?* Paris: PUF, 2009. SENNETT, Richard. *A cultura do novo capitalismo.* Rio de Janeiro: Record, 2006. p. 16 e ss. Para uma ampla interpretação dos impactos dos processos de transformação ideológica no mundo do trabalho sobre o Direito do Trabalho brasileiro, RAMOS FILHO, Wilson. *Direito capitalista do trabalho:* história, mitos e perspectivas no Brasil. São Paulo: LTr, 2012.

capacidades humanas e a contribuição para o bem comum. 3) Mecanismos adequados de reconhecimento material e simbólico da contribuição singular efetiva do trabalho. 4) Um grau razoável de autonomia e flexibilidade dos procedimentos laborativos. 5) Conteúdo significativo e moral da atividade a realizar e das práticas organizacionais. 6) Conhecimento do conteúdo do próprio trabalho individual e coletivo. 7) Perspectivas de carreira e desenvolvimento profissional. 8) Condições de continuidade e integração social e psicoafetiva em termos igualitários com o coletivo de trabalho.

Esses elementos somente aparecem como mediações essenciais para as necessidades das pessoas a partir da compreensão da própria função psíquica, moral e política do trabalho e dos mecanismos que são necessários para essa função, a partir do intenso diálogo do direito com outras ciências. É certo que cada aspecto acima mencionado demandaria inúmeros esclarecimentos que aqui não se terá condições de desenvolver, tratando-se mais de descortinar uma primeira percepção desse aspecto central. Abre-se aí todo um campo para novas pesquisas e trabalho jurídico em cooperação. Mas a sua simples visualização já permite projetar um amplo espectro de efetividade possível do direito ao trabalho que se encontrava obscurecido, embora para esse ponto já apontassem diversos dispositivos normativos relativos ao direito ao trabalho, mas que precisavam ser compreendidos a partir de um esforço de fundamentação mais amplo.

6. CONCLUSÃO

Em que pesem todas as limitações do campo jurídico, os três níveis do direito ao trabalho acima desenvolvidos articulam-se em uma recuperação reconstrutiva do sentido do trabalho como direito, em que as categorias jurídicas ganham em capacidade de estar a serviço da reapropriação do trabalho pelos sujeitos concretos. No lugar da figura opaca e esmaecida de um direito sempre vindicado como essencial, mas pouco definido, surgem, agora, os contornos muito mais nítidos de um verdadeiro "megadireito", multidimensional, tendo no seu centro o direito ao conteúdo do próprio trabalho. Há muito o que fazer a este respeito e aqui apenas se indicaram alguns caminhos possíveis. Mas cuida-se de dar cobro a que essa é uma tarefa da qual não estão alijados os profissionais do direito, inclusive no labor dogmático e no debate e julgamento de questões que chegam ao Judiciário. Em suma, trata-se de saber até que ponto se pode levar adiante e tomar seriamente a compreensão constitucional de que o fundamento maior do direito é a dignidade das pessoas frente às instituições, ao direito, ao mercado e não o inverso.

REFERÊNCIAS

ABRAMOVICH, Victor; COURTIS, Christian. *Los derechos sociales como derechos exigibiles*. 2. ed. Madri: Trotta, 2004.

ALEMÃO, Ivan. *Desemprego e direito ao trabalho*. São Paulo: Esplanada/ADCOAS, 2002.

ALEXY, Robert. *Teoria de los derechos fundamentales*. Madrid: Centro de Estudios Constitucionales, 1993.

ALVES, Giovanni. *Dimensões da precarização do trabalho*. Bauru: Praxis, 2013.

ANDRADE, José Carlos Vieira de. *Os direitos fundamentais na constituição portuguesa de 1976*. Coimbra: Almedina, 1987.

BARRETTO GHIONE, Hugo. Derecho al trabajo y poder directivo del empleador: un replanteamiento. In: *Jornadas Uruguayas de Derecho del Trabajo y de la Seguridad Social*, 22, 2011, Montevideo: FCU, 2011.

BOBBIO, Norberto. *A era dos direitos*. Tradução Carlos Nelson Coutinho. 10. ed. Rio de Janeiro: Campus, 1992.

CHAVES JUNIOR, José E. R. Justiça do trabalho, tutela penal e garantismo. In: DELGADO, Gabriela *et al*. (Org.). *Dignidade humana e inclusão social*: caminhos para a efetividade do direito do trabalho no Brasil. São Paulo: LTr, 2010.

COLLINS, Hugh. Is there a human right to work? In: MANTOUVALOU, Virginia (Ed.). *The righ to work*: legal and philosophical perspectives. Oxford: Hart, 2015.

DEJOURS, Christophe. Addendum. In: LANCMAN, Selma; SZNELWAR, Laerte Idal (Org.). *Christophe Dejours*: da psicopatologia à psicodinâmica do trabalho. 3. ed. rev. e ampl. Rio de Janeiro: FIOCRUZ/Paralelo 15, 2011a.

DEJOURS, Christophe. A saúde mental entre impulsos individuais e requisitos coletivos. In: LANCMAN, Selma; SNELWAR, Laerte Idal (Org.). *Christophe Dejours*: da psicopatologia à psicodinâmica do trabalho. 3. ed. rev. e ampl. Rio de Janeiro: FIOCRUZ/Paralelo 15, 2011b.

DEJOURS, Christophe; BÈGUE, Florence. *Suicide et travail*: que faire? Paris: PUF, 2009.

DEJOURS, Christophe. Prefácio. In: WANDELLI, Leonardo Vieira. *O direito humano e fundamental ao trabalho*: fundamentação e exigibilidade. São Paulo: LTr, 2012.

DEJOURS, Christophe. Sublimação entre sofrimento e prazer no trabalho. *Revista Portuguesa de Psicanálise*, v. 33, n. 2, p. 9-28, 2013.

DEJOURS, Christophe. *Travail vivant 1*: sexualité et travail. Travail vivant 2: travail et émantipation. Paris: Payot, 2009.

DELGADO, Gabriela Neves. *Direito fundamental ao trabalho digno*. São Paulo: LTr, 2006.

DUTRA, Renata Queiroz. Direitos fundamentais sociais à afirmação da identidade e à proteção da subjetividade no trabalho. *Revista do Tribunal Superior do Trabalho*, São Paulo: Lex-Magister, v. 78, n. 4, p. 256-287, out./dez. 2012.

FERRARI, Regina M. M. N. *Direito constitucional*. São Paulo: RT, 2011.

FONSECA, Maria Hemília. *O direito ao trabalho*: um direito fundamental no ordenamento jurídico brasileiro. São Paulo: LTr, 2009.

GALTUNG, Johan. *Direitos humanos*: uma nova perspectiva. Lisboa: Instituto Piaget, 1998.

GIUBBONI, Stefano. Il primo dei diritti sociali. Riflessioni sul diritto al lavoro tra Constituzione italiana e ordinamento europeo. *Informazione previdenziale*, n. 3, p. 287-301, 2006. Disponível em: <http://aei.pitt.edu/13686/1/giubboni_n46-2006int.pdf>.

GOMES, Fábio Rodrigues. O *direito fundamental ao trabalho*: perspectivas histórica, filosófica e dogmático-analítica. Rio de Janeiro: Lúmen Júris, 2008.

GUANCHE MARRERO, Alberto. *El derecho del trabajador a la ocupación efectiva*. Madrid: Civitas, 1993.

HÄBERLE, Peter. *El estado constitucional*. Tradução Hector Fix-Fierro. México: D.F./Lima, UNAM/PUC-Peru, 2003.

HELLER, Agnes. *Teoría de las necesidades em Marx*. Barcelona: Península, 1978.

HERRERA FLORES, Joaquín. *Los derechos humanos como productos culturales*: crítica del humanismo abstracto. Madrid: Catarata, 2005.

HINKELAMMERT, Franz; MORA JIMÉNEZ, Henry. *Hacia una economía para la vida*. San José, Costa Rica: DEI, 2005.

HONNETH, Axel. *Luta por reconhecimento*: a gramática moral dos conflitos sociais. Tradução Luiz Repa. São Paulo: Ed. 34, 2003.

HONNETH, Axel. Trabalho e reconhecimento: tentativa de uma redefinição. *Civitas: Revista de Ciências Sociais*, v. 8, n. 1, p. 46-67, jan./abr. 2008.

KURZ, Robert. O desfecho do masoquismo histórico – o capitalismo começa a libertar o homem do trabalho. *Folha de São Paulo*, São Paulo, 20 jul. 1997. Caderno Mais.

LANCMAN, Selma; SZNELWAR, Laerte Idal (Org.). *Christophe Dejours*: da psicopatologia à psicodinâmica do trabalho. 3. ed. rev. e ampl. Rio de Janeiro: FIOCRUZ/Paralelo 15, 2011.

LEDUR, José Felipe. *A realização do direito ao trabalho*. Porto Alegre: Sérgio Antonio Fabris Editor, 1999.

LUCAS, Javier de; AÑON ROIG, Maria José. Necesidades, razones, derechos. *Doxa, Cuadernos de Filosofía del Derecho*, Alicante, n. 7, p. 55-81, 1990.

MANTOUVALOU, Virginia (Ed.). *The righ to work*: legal and philosophical perspectives. Oxford: Hart, 2015.

MELLO, Celso de Albuquerque. A proteção dos direitos humanos sociais nas Nações Unidas. In: SARLET, Ingo Wolfgang (Org.). *Direitos fundamentais sociais*: estudos de direito constitucional, internacional e comparado. Rio de Janeiro: Renovar, 2003.

MONEREO PÉREZ, José Luiz; MOLINA NAVARRETE, Cristóbal. El derecho al trabajo, la libertad de elección de prefesión u oficio: principios institucionales del mercado de trabajo. In: MONEREO PÉREZ, José Luiz; MOLINA NAVARRETE, Cristóbal; MORENO VIDA, Maria Nieves (Org.). *Comentario a la Constitución socio-económica de España*. Granada: Comares, 2002.

MORAES FILHO, Evaristo de. O direito ao trabalho. In: *Conferência Nacional da Ordem dos Advogados do Brasil*, 1974, Rio de Janeiro. *Anais*... Rio de Janeiro: Asgráfica, 1974.

MÜLLER, Friedrich. *Discours de la méthode juridique*. Paris: PUF, 1996.

ORGANIZAÇÃO DAS NAÇÕES UNIDAS. *A/HRC/31/32*. 2016a. Disponível em: <https://documents-dds-ny.un.org/doc/UNDOC/GEN/G15/288/28/PDF/G1528828.pdf?OpenElement>. Acesso em: 24 maio 2016.

ORGANIZAÇÃO DAS NAÇÕES UNIDAS. *E/C.12/GC/23*. General Comment n. 23 (2016) on the Right to just and favourable conditions of work (article 7 of the International Covenant on Economic, Social and Cultural Rights). 2016b.

ORGANIZAÇÃO INTERNACIONAL DO TRABALHO. Trabalho decente nas américas: uma agenda hemisférica 2006-2015. Informe do Diretor Geral. Brasília: OIT, 2006.

PIOVESAN, Flávia. Direito ao trabalho decente e a proteção internacional dos direitos sociais. *Cadernos da AMATRA IV*, Porto Alegre, ano 6, n. 16, p. 20-54, nov. 2011.

POHLMANN, Juan Carlos Zurita. *Assédio moral organizacional*: identificação e tutela preventiva. São Paulo: LTr, 2014.

POLANYI, Karl. *A grande transformação*: as origens de nossa época. 2. ed. Rio de Janeiro: Elsevier/Campus, 2012.

RAMOS FILHO, Wilson. *Direito capitalista do trabalho*: história, mitos e perspectivas no Brasil. São Paulo: LTr, 2012.

RENAULT, Emmanuel. Reconnaissance et travail. *Travailler* 2, Paris: Martin Média, n. 18, p. 119-135, 2007.

ROMITA, Arion Sayão. *Direitos fundamentais nas relações de trabalho*. 3. ed. São Paulo: LTr, 2009.

SARLET, Ingo Wolfgang. *A eficácia dos direitos fundamentais*. 7. ed. Porto Alegre: Livraria do Advogado, 2007.

SARLET, Ingo Wolfgang; FIGUEIREDO, Mariana. Reserva do possível, mínimo existencial e direito à saúde: algumas aproximações. In: SARLET, Ingo Wolfgang; TIMM, Luciano Benetti (Org.). *Direitos fundamentais*: orçamento e "reserva do possível". Porto Alegre: Livraria do Advogado, 2008.

SARLET, Ingo Wolfgang; MARINONI, Luiz Guilherme; MITIDIERO Daniel. *Curso de direito constitucional*. São Paulo: RT, 2012.

SASTRE IBARRECHE, Rafael. *El derecho al trabajo*. Madrid: Trotta, 1996.

SENNETT, Richard. *A cultura do novo capitalismo*. Rio de Janeiro: Record, 2006.

SILVA, José Afonso. *Curso de direito constitucional positivo*. 20. ed. São Paulo: Malheiros, 2002.

SUPIOT, Alain. *Le travail n'est pas une marchandise*: contenu et sens du travail au XXIe siècle. Paris, Éditions du Collège de France, 2019.

SUPIOT, Alain. *L'Esprit de Philadelphie. La justice sociale face au Marché total*. Paris: Seuil, 2010.

SÜSSEKIND, Arnaldo et al. *Instituições de direito do trabalho*. 16. ed. São Paulo: LTr, 1996.

WANDELLI, Leonardo Vieira. *O direito humano e fundamental ao trabalho*: fundamentação e exigibilidade. São Paulo: LTr, 2012.

______. Dignidade e valor social do trabalho na Constituição de 1988. In: VIANA, Márcio Tulio e ROCHA, Cláudio Jannotti da. *Como aplicar a CLT à luz da Constituição: alternativas para os que militam no foro trabalhista*. São Paulo: LTr, 2016.

Capítulo 4

A Organização Internacional do Trabalho e seu Sistema de Monitoramento: Cem Anos a Serviço do Trabalho Digno e da Justiça Social

Lelio Bentes Corrêa[(1)]

Resumo: Este artigo tem por objetivo proporcionar uma breve revisão do trabalho da OIT no cumprimento de seu mandato de promover a justiça social como base para uma paz universal e duradoura. Valendo-se de um poderoso arcabouço normativo, produzido com a contribuição de seus constituintes tripartites, a OIT conta com um sofisticado sistema de monitoramento, incumbido da supervisão da implementação das normas internacionais do trabalho no nível nacional. A descrição do funcionamento desses órgãos é seguida de exemplos selecionados do seu trabalho, na prática.

Palavras-chave: OIT. Justiça social. Normas internacionais do trabalho. Implementação. Monitoramento.

Abstract: This article aims to provide a brief overview on how the ILO fulfils its mandate to promote social justice as the basis for universal lasting peace. Relying on a powerful body of standards produced with the inputs of its tripartite constituents, the ILO counts on a sophisticated monitoring system, entrusted with the task of supervising the implementation of the international labour standards at the national level. A descriptive account of the work of these bodies is followed by selected examples of their work in practice.

Keywords: ILO. Social justice. International labour standards. Implementation. Monitoring.

1. INTRODUÇÃO

Se deseja a paz, cultive a justiça[(2)]. A frase inscrita na pedra fundamental do prédio da sede da Organização Internacional do Trabalho, em Genebra, define de forma indelével o compromisso daquela organização com a promoção da justiça social. Com efeito, no preâmbulo da Constituição da OIT – parte integrante do tratado de Versalhes[(3)], que pôs fim à primeira Guerra Mundial, em 1919 – estabelece-se que *"a paz universal e duradoura somente pode ser estabelecida se baseada na justiça social"*.

Desde a sua criação, a OIT persegue esse objetivo de forma incessante. Seja mediante a fixação de normas internacionais[(4)], seja mediante um sofisticado sistema de monitoramento do cumprimento das obrigações emanadas desses instrumentos, com o que se busca assegurar uniformidade na implementação de um patamar mínimo de direitos e dignidade no mundo do trabalho, concretizando o que o Presidente norte-americano Franklin Delano Roosevelt uma vez qualificou de *"um sonho selvagem"*[(5)] da comunidade internacional.

(1) Ministro do Tribunal Superior do Trabalho (TST). Membro da Comissão de Peritos em Aplicação de Convenções e Recomendações da Organização Internacional do Trabalho (OIT). LLM, Universidade de Essex, Reino Unido.

(2) *Si vis pacem, cole justitiam*, no original.

(3) A Parte XIII do Tratado de Versalhes (arts. 387 a 427) é dedicada ao tema "Trabalho". Mediante o art. 387 fica instituída *"uma organização permanente para a promoção dos objetivos estabelecidos no Preâmbulo"* – dentre eles, o de estabelecer a paz universal, baseada na justiça social.

(4) A OIT tem, atualmente, 190 Convenções e 6 Protocolos, de observância obrigatória nos países que as ratificam.

(5) Discurso do Presidente dos Estados Unidos da América Franklin Delano Roosevelt na Conferência Internacional do Trabalho realizada em Washington, em 1941: *"Eu me lembro bem daqueles dias em que a OIT era ainda um sonho. Para muitos um sonho selvagem. Quem jamais ouvira de*

A produção normativa da OIT é vasta e abrangente. Os temas cobertos por suas Convenções se estendem desde a limitação da jornada de trabalho, salário mínimo, descanso semanal remunerado e férias remuneradas até a proteção à maternidade, saúde e segurança no trabalho, inspeção do trabalho, liberdade sindical e negociação coletiva, idade mínima para admissão no trabalho e emprego, igualdade de oportunidades e de tratamento, trabalho forçado, trabalhadores migrantes e povos indígenas e tribais, entre muitos outros temas.

2. O SISTEMA DE MONITORAMENTO DA IMPLEMENTAÇÃO DAS NORMAS INTERNACIONAIS DO TRABALHO E SEUS ÓRGÃOS

As Convenções e Protocolos são instrumentos dotados de força vinculante que, uma vez ratificados, importam em obrigações para os Estados-membros da OIT. A primeira obrigação, obviamente, é a de observar as normas previstas na Convenção ou Protocolo ratificados, adequando a sua legislação e prática administrativa aos respectivos ditames. Em alguns países, de tradição monista, as normas internacionais ratificadas incorporam-se ao ordenamento jurídico interno, revestindo-se de caráter legal, supralegal ou até constitucional, conforme disponha a norma de regência nacional. Outros países, de tradição dualista, admitem a coexistência das ordens jurídicas interna e internacional, sem interferência de uma na outra, mas ainda assim buscando harmonizá-las na aplicação administrativa e jurisdicional.

Outra consequência resultante da ratificação de uma Convenção ou Protocolo é a obrigatoriedade de submeter à OIT, a intervalos de tempo regulares, relatórios sobre o efetivo cumprimento das normas previstas no instrumento ratificado. Tal relatório deve ser obrigatoriamente comunicado às organizações nacionais representativas de trabalhadores e empregadores, a fim de que possam enviar seus comentários. A previsão inicialmente contida nos arts. 22 e 23 da Constituição da OIT[(6)], do envio de relatórios anuais ao Escritório Internacional do Trabalho (corpo administrativo da OIT), para elaboração de um informe do Diretor-Geral a ser apresentado à Conferência Internacional do Trabalho, logo se mostrou de difícil execução, dado o crescente número de instrumentos e de ratificações. Daí a sucessiva dilação desse prazo, que hoje se encontra estabelecido em: **3 anos** para as Convenções fundamentais e de governança (ou prioritárias) e **6 anos** para as Convenções de natureza técnica[(7)].

2.1. O sistema regular de supervisão: a Comissão de Peritos

A tarefa de elaborar um informe sobre os relatórios recebidos de cada País-Membro sobre as Convenções ratificadas demandava esforço hercúleo do Diretor Geral da OIT e seu corpo técnico de assessoramento. Assim, foi constituída, em 1926, uma **Comissão de Peritos em Aplicação de Convenções e Recomendações da OIT**, composta de juristas independentes, com notável saber nas áreas do Direito do Trabalho e Direito Internacional, com o objetivo de examinar os relatórios

---

Governos se unindo para elevar as normas do trabalho a um plano internacional? Ainda mais selvagem era a ideia de que as próprias pessoas diretamente afetadas – os trabalhadores e os empregadores de vários países – deveriam participar junto com os Governos na definição dessas normas do trabalho."

(6) Art. 22: *"Cada um dos Membros concorda em elaborar um relatório anual ao Escritório Internacional do Trabalho sobre as medidas que tenha tomado para dar execução às Convenções de que seja parte. Estes relatórios devem ser redigidos na forma indicada pelo Conselho de Administração e conter os dados que este solicite".*

Art. 23: *"1. O Diretor Geral apresentará na reunião seguinte da Conferência um resumo das informações e relatórios que lhe hajam comunicado os Membros em cumprimento dos arts. 19 e 22.*

2. "Todo Membro comunicará às organizações representativas reconhecidas, para os efeitos do art. 3º, cópia das informações e relatórios que haja enviado ao Diretor Geral em cumprimento dos arts. 19 e 22".

(7) Após a adoção da Declaração dos Princípios Fundamentais e Direitos no Trabalho de 1998, a OIT passou a adotar a seguinte classificação para as suas Convenções:

– Fundamentais: Convenção n. 87, de 1948, sobre liberdade sindical e direito à sindicalização; Convenção n. 98, de 1949, sobre direito à sindicalização e à negociação coletiva; Convenção n. 29, de 1930, sobre trabalho forçado e respectivo Protocolo de 2014, e Convenção n. 105, de 1957, sobre abolição do trabalho forçado; Convenção n. 138, de 1973, sobre idade mínima de admissão ao emprego e Convenção n. 182, de 1999, sobre as piores formas de trabalho infantil; Convenção n. 100, de 1951, sobre igualdade de remuneração e Convenção n. 111, de 1958, sobre discriminação no emprego e ocupação.

– De governança ou prioritárias: Convenção n. 81, de 1947, sobre inspeção do trabalho na indústria e no comércio e respectivo Protocolo; Convenção n. 122, de 1964, sobre política de emprego; Convenção n. 129, de 1969, sobre inspeção do trabalho na agricultura; e Convenção n. 144, de 1976, sobre consulta tripartite.

– Técnicas: todas as demais Convenções.

enviados pelos governos dos países ratificantes, bem como dos comentários enviados pelas organizações de trabalhadores e de empregadores. Atualmente, a Comissão de Peritos é composta por vinte membros, de nacionalidades distintas, que servem à Comissão na sua capacidade de indivíduos, isto é, sem vinculação a governos, trabalhadores ou empregadores. A Comissão de Peritos constitui exceção, portanto, à regra do tripartismo que vigora nas instâncias deliberativas da OIT – o que se justifica pela natureza puramente técnica da sua missão.

As designações dos Peritos são precedidas da aprovação do Conselho de Administração da OIT (órgão tripartite), mediante indicação do Diretor Geral da OIT. Cada mandato tem a duração de três anos, podendo ser renovado até quatro vezes (igualmente mediante deliberação do Conselho de Administração), perfazendo um total de, no máximo, quinze anos.

A Comissão de Peritos reúne-se por três semanas, uma vez ao ano, na seda da OIT, em Genebra, para exame dos relatórios enviados pelos Países-Membros e comentários das organizações de trabalhadores e de empregadores. As deliberações são tomadas em Sessão Plenária, e todos os esforços são encetados para alcançar solução consensual[(8)]. As Sessões da Comissão de Peritos são reservadas, com a participação apenas do Diretor do Departamento de Normas da OIT (que cumpre a função de Secretário) e do corpo técnico que empresta apoio aos membros da Comissão, encontrando-se todos submetidos ao compromisso de confidencialidade. Tal exigência se justifica em razão da natureza sensível das informações prestadas pelos países e dos princípios da confiança e boa-fé que presidem as relações entre a Comissão e os Países-Membros da OIT.

A Comissão de Peritos se dirige aos Países-Membros por meio de **Pedidos Diretos**, utilizados no caso de solicitação de informações necessárias à melhor compreensão do quadro nacional, ou **Observações**, por meio das quais se aponta inconsistências entre a legislação e prática nacionais e as obrigações derivadas de uma Convenção ratificada.

Um ano após ratificar uma Convenção, o País-Membro tem a obrigação constitucional de encaminhar o seu primeiro relatório à OIT. Trata-se de um relatório detalhado, dando conta da legislação e prática nacionais relativas ao objeto da Convenção, bem como ao tratamento dispensado pelo Poder Judiciário local às questões que lhe são correlatas. Tal relatório responde a formulário previamente aprovado pelo Conselho de Administração da OIT. Seu exame se dá mediante um Pedido Direto, que inaugura um processo de diálogo tendente a assegurar a correta e uniforme implementação da Convenção ratificada.

A omissão reiterada em apresentar o primeiro relatório pode ensejar a expedição de um **Apelo Urgente** pela Comissão de Peritos, indicando que, na Sessão subsequente, o caso será examinado mesmo na ausência de relatório por parte do País-Membro, ante a necessidade de dar início ao processo de supervisão do cumprimento das obrigações decorrentes da Convenção. Para tanto, a Comissão de Peritos poderá se valer das observações encaminhadas pelas organizações de trabalhadores e de empregadores, bem como de informações obtidas de fontes oficiais governamentais e de outras organizações do sistema das Nações Unidas.

Os Pedidos Diretos da Comissão de Peritos são encaminhados diretamente aos Países-Membros e não constam do volume submetido à Comissão de Aplicação de Normas, de composição tripartite, para discussão no curso da Conferência Internacional do Trabalho. As Observações, a seu turno, são publicadas em volumoso compêndio e submetidas ao debate tripartite.

Considerando a grande quantidade de relatórios examinados anualmente (os 187 Países-Membros da OIT deram ensejo, até o momento, a nada menos que 8.189 ratificações das 190 Convenções e 6 Protocolos), estabeleceu-se a prática na Comissão de Aplicação de Normas, a cargo dos Vice-Presidentes representantes de trabalhadores e de empregadores, de elaborar uma "lista longa", com os 48 casos identificados como os mais importantes dentre os examinados pela Comissão de Peritos. Posteriormente, após entendimento direto entre os representantes de trabalhadores e de empregadores, a "lista longa" dá lugar a uma "lista curta", com os 24 casos que serão examinados pela Comissão de Aplicação de Normas, em Sessão Pública, para a qual os países interessados são convocados, a fim de prestar esclarecimentos sobre as situações identificadas, de descumprimento das obrigações derivadas das Convenções ratificadas.

Ao se deparar com situações graves de descumprimento, a Comissão de Peritos tem a prerrogativa de quebrar o ciclo regular para apresentação dos relatórios pelos Países-Membros, mediante a aposição de uma "nota de pé de página", indicativa da obrigação de apresentação de novo relatório no ano subsequente. Casos gravíssimos são identificados com uma "nota dupla de pé de página", geralmente recebidas pela Comissão de

(8) O último registro de voto dissidente na Comissão de Peritos data da década de 1960.

Aplicação de Normas como indicativa da necessidade de inclusão na "lista curta" para discussão pública na Conferência Internacional do Trabalho.

Além do volume com as Observações sobre os relatórios apresentados pelos países Membros, a Comissão de Peritos ainda elabora, durante a sua reunião anual, um **Estudo Geral** sobre tema previamente definido pelo Conselho de Administração da OIT. Tal volume compila o entendimento atual e iterativo da Comissão de Peritos sobre o tema proposto, bem como a prática vigente nos Países-Membros, que respondem a um questionário aprovado pelo Conselho de Administração, constituindo valiosa fonte para a interpretação das Convenções da OIT.

2.2. Os mecanismos especiais de supervisão: reclamações e queixas

Além da **supervisão regular** do cumprimento das obrigações derivadas de Convenções ratificadas, exercida pela Comissão de Aplicação de Normas da Conferência Internacional do Trabalho, a partir do exame técnico da Comissão de Peritos, a OIT conta ainda com **mecanismos especiais de supervisão**. Dentre estes, destacam-se os procedimentos de **reclamações** e **queixas**.

As reclamações[9] podem ser apresentadas ao Conselho de Administração por qualquer organização representativa de trabalhadores ou de empregadores contra Países-Membros que, tendo ratificado uma Convenção, deixem de adotar as medidas a seu alcance para cumprir satisfatoriamente as obrigações dela derivadas. Reputando-a admissível, o Conselho de Administração comunicará a Reclamação ao País-Membro, a fim de que apresente sua declaração sobre o caso. Se, num prazo razoável, nenhuma declaração for apresentada, ou se o Conselho de Administração reputar insatisfatória a declaração apresentada, poderá tornar pública a reclamação e, se for o caso, a respectiva declaração governamental[10].

As queixas[11] podem ser apresentadas ao Conselho de Administração por qualquer País-Membro que haja ratificado determinada Convenção contra outro país que deixe de cumprir as obrigações nela estabelecidas. Também podem ser apresentadas por qualquer delegado acreditado perante a Conferência Internacional do Trabalho[12]. Reputada admissível, o Conselho de Administração poderá comunicá-la ao governo contra o qual se apresente a queixa, a fim de que apresente sua declaração sobre o caso. Não apresentada a declaração ou se o Conselho de Administração reputá-la insatisfatória, poderá nomear uma **Comissão de Inquérito**, de composição tripartite, incumbida de elaborar um estudo sobre a situação proposta, apresentando seu relatório, acompanhado de recomendações e prazos para seu cumprimento.

O Diretor Geral da OIT comunicará o relatório da Comissão de Inquérito ao Conselho de Administração e aos governos concernentes, e procederá a sua publicação[13]. Cada um dos governos interessados deverá comunicar ao Diretor Geral da OIT, num prazo de três meses, se aceitam ou não as recomendações contidas no relatório da Comissão de Inquérito e, caso não as aceite, se deseja submeter a queixa à Corte Internacional de Justiça[14]. Consoante os arts. 31 e 32 da Constituição da OIT, a Corte Internacional de Justiça poderá confirmar, modificar ou anular as conclusões e recomendações formuladas pela Comissão de Inquérito, e sua decisão será inapelável.

Na hipótese de as partes aceitarem as recomendações da Comissão de Inquérito, o caso será encaminhado à Comissão de Peritos em Aplicação de Convenções e Recomendações, para seguimento.

---

(9) Art. 24 da Constituição da OIT: "*Toda reclamação dirigida ao Escritório Internacional do Trabalho por uma organização profissional de empregadores ou de trabalhadores em que se alegue que qualquer dos Membros não tem adotado medidas para o cumprimento satisfatório, dentro de sua jurisdição, de uma Convenção em que tal Membro seja parte poderá ser comunicada pelo Conselho de Administração ao governo contra o qual se apresente a reclamação e poderá convidar-se o referido governo a formular sobre a matéria a declaração que considere conveniente.*"

(10) Art. 25 da Constituição da OIT: "*Se, num prazo prudencial não se receber nenhuma declaração do governo contra o qual se haja apresentado a reclamação, ou se a declaração recebida não for considerada satisfatória pelo Conselho de Administração, este poderá tornar pública a reclamação e, se for o caso, a resposta recebida.*"

(11) Art. 26 da Constituição da OIT: "1. *Qualquer Membro poderá apresentar ante o Escritório Internacional do Trabalho uma queixa contra outro Membro que, no seu entender, não haja adotado medidas para o cumprimento satisfatório de uma Convenção que ambos hajam ratificado em virtude dos artigos precedentes.*"

(12) Nos termos do art. 3º da Constituição da OIT, as delegações serão compostas de dois delegados governamentais, um delegado representante dos trabalhadores e um delegado representante dos empregadores, por País-Membro. Cada delegado poderá se fazer acompanhar de, no máximo, dois conselheiros técnicos para cada ponto da ordem do dia da Conferência Internacional do Trabalho.

(13) Art. 29, 1, da Constituição da OIT.

(14) Art. 29, 2, da Constituição da OIT.

2.3. O Comitê de Liberdade Sindical

Outro mecanismo especial de grande importância é o **Comitê de Liberdade Sindical**. Criado em 1951, o Comitê tem por missão examinar queixas apresentadas por organizações de trabalhadores e de empregadores, relativas à violação da liberdade sindical e negociação coletiva – princípios da maior relevância para a OIT. Com efeito, o diálogo social está na base da filosofia da OIT, voltada à construção de padrões universais de direitos e garantias no mundo do trabalho a partir da participação, em pé de igualdade, de trabalhadores, empregadores e governos. Para que tal ideal se concretize, é essencial a existência de organizações de trabalhadores e de empregadores livres e independentes.

Índice da importância atribuída pela OIT à liberdade sindical e à negociação coletiva é o fato de as queixas poderem ser apresentadas *mesmo contra países que não hajam ratificado as Convenções relativas ao tema*.

Pouco depois da adoção da Convenção n. 87, sobre a liberdade sindical, de 1948, e da Convenção n. 98, sobre o direito de sindicalização e de negociação coletiva, de 1949, a OIT chegou à conclusão de que o princípio da liberdade sindical requeria outros procedimentos de controle para garantir sua efetiva observância nos países que não haviam ratificado as Convenções pertinentes. Em consequência, a OIT criou, em 1951, o Comitê de Liberdade Sindical, com o objetivo de examinar as queixas sobre violações do princípio da liberdade sindical, a despeito da ratificação ou não das Convenções pertinentes.

Uma vez considerada admissível a queixa, ao governo interessado é dada a oportunidade de pronunciar-se (no caso de que as alegações digam respeito a uma empresa privada, a queixa será encaminhada à organização nacional representativa dos empregadores, de modo a permitir conhecer o ponto de vista da empresa concernente). Estabelecidos os fatos que circundam a controvérsia, caso conclua pela violação das normas ou princípios da liberdade sindical e do direito à negociação coletiva, o Comitê produzirá um relatório, aprovado pelo Conselho de Administração da OIT, contendo recomendações para a solução do caso. Na hipótese de o(s) país(es) haver(em) ratificado as Convenções pertinentes, e desde que as questões examinadas se refiram a temas legislativos, o seguimento do cumprimento das recomendações poderá ser incumbido à Comissão de Peritos em Aplicação de Convenções e Recomendações da OIT.

No marco de tal procedimento, o Comitê pode, ainda, propor ao governo interessado uma **missão de contatos diretos**, a fim de colher informação *in situ* e discutir a situação diretamente com representantes governamentais, de trabalhadores e de empregadores, num processo de diálogo social, buscando alcançar possíveis soluções para as questões apresentadas.

O Comitê de Liberdade Sindical é presidido por um membro independente e composto por três representantes governamentais, três representantes de trabalhadores e três representantes de empregadores e seus respectivos suplentes. O Comitê se reúne três vezes ao ano, e publica um informe com suas decisões, que são recompiladas em uma publicação atualizada periodicamente[15], de grande utilidade para a compreensão do correto alcance e interpretação adequada dos princípios fundamentais da liberdade sindical e do direito à negociação coletiva, e das obrigações deles decorrentes.

O Comitê tem por mandato "*determinar se uma situação concreta desde o ponto de vista legislativo ou da prática se ajusta aos princípios da liberdade sindical e de negociação coletiva derivados das Convenções sobre estas matérias*[16]*" (grifos acrescidos)*. Não tem por função, portanto, formular conclusões gerais a respeito da situação dos sindicatos e dos empregadores em um país determinado, com base em vagas generalidades, mas sim avaliar as alegações concretas que se referem ao respeito dos princípios da liberdade sindical e de negociação.

O procedimento do Comitê tampouco tem por finalidade criticar os governos, senão estabelecer um diálogo tripartite construtivo, com vistas a promover o respeito aos direitos das organizações de trabalhadores e de empregadores, na legislação e na prática.

O sistema de supervisão da implementação das Convenções e Recomendações da OIT é considerado por muitos o mais sofisticado no âmbito das Nações Unidas[17]. O trabalho de vários órgãos independentes,

(15) Disponível em: <https://www.ilo.org/global/standards/subjects-covered-by-international-labour-standards/freedom-of-association/WCMS_635185/lang--es/index.htm>.

(16) Procedimentos especiais para o exame de reclamações relativas a violações da liberdade sindical na OIT – Anexo 1, art. 14. Disponível em: <https://www.ilo.org/dyn/normlex/en/f?p=1000:62:0::NO::P62_LIST_ENTRIE_ID,P62_LANG_CODE:2565060,es:NO>.

(17) Veja-se, por exemplo, *Virginia Leary*: *"Lessons from the Experience of the International Labour Organization."* In: *"The United Nations and Human Rights: a Critical Appraisal"*, coordenado por Philip Alston, Clarendon Paperbacks, Oxford University Press, Incorporated, 1992 – Capítulo 15; e *Lee Swepston*: *"O Sistema de Proteção dos Direitos Humanos da OIT"*, In: *"Human Rights: International Protection, Monitoring, Enforcement"*, coordenado por *Janusz Symonides*, Ashgate Publishing, 2003 e Routledge, 2018 – Capítulo 2.

mas complementares, tem resultado em significativo avanço na correta implementação dos instrumentos ratificados.

2.4. Atuação dos órgãos de monitoramento na prática: o Comitê de Liberdade Sindical

O Comitê de Liberdade Sindical já examinou mais de 3.300 casos, levando mais de 60 países em cinco continentes a atuar com base em suas recomendações, com impacto positivo na implementação dos princípios da liberdade sindical e da negociação coletiva[18].

Caso emblemático da atuação do Comitê, relatado na sua própria página de apresentação no sítio da OIT[19], diz respeito à queixa apresentada em 1996 pela Confederação Internacional de Organizações Sindicais Livres (CIOSL) contra o governo da Indonésia por diversas violações do direito à liberdade sindical, inclusive a denegação do direito aos trabalhadores de constituir organizações de sua escolha, persistente ingerência das autoridades governamentais, dos militares e dos empregadores nas atividades sindicais e restrições às negociações coletivas e ao exercício do direito de greve. Ademais, graves alegações foram apresentadas, relativas ao assédio e prisão de dirigentes sindicais, bem como desaparecimento forçado e assassinato de trabalhadores e sindicalistas. Dentre os líderes sindicais presos encontravam-se *Muchtar Pakpahan*, presidente do Sindicato Prosperidade da Indonésia e *Dita Indah Sari*, ativista trabalhista do Partido Democrático do Povo e presidenta do Centro para a luta dos Trabalhadores Indonesios. A pressão da comunidade internacional, exercida por meio do Comitê de Liberdade Sindical, culminou por levar à libertação dos dirigentes sindicais em 1998 e 1999, respectivamente. Desde então, a Indonésia tem adotado medidas significativas para aprimorar a proteção do direito à liberdade sindical, tendo ratificado as oito Convenções Fundamentais da OIT.

O Comitê observa que "*o caso de Dita Sari não* é único. *Nas últimas décadas, várias centenas de sindicalistas de todo o mundo foram libertados do cárcere depois que este Comitê da OIT tivesse examinado seus casos e formulado recomendações aos governos interessados*".

2.5. Atuação dos órgãos de monitoramento na prática: a Comissão de Peritos

A Comissão de Peritos em Aplicação de Convenções e Recomendações da OIT, a seu turno, desde 1964 registra os casos em que constatada sua **satisfação**[20] com as medidas adotadas pelos Países-Membros em resposta às Observações apresentadas em seus relatórios anuais sobre a implementação de Convenções ratificadas. O número de casos de satisfação tem crescido a cada ano, chegando a 3.077 em 2019[21].

Um dos casos de mais longa duração e maior complexidade é o de Myanmar, cuja legislação[22] autorizava a requisição, pelas autoridades militares, de força de trabalho não voluntária para várias atividades, inclusive (mas não exclusivamente) para transporte de equipamentos militares, dando ensejo a práticas contrárias à Convenção n. 29 da OIT, sobre trabalho forçado ou obrigatório.

O caso teve sua primeira discussão na Comissão de Aplicação de Normas da Conferência Internacional do Trabalho em 1992[23], a partir das observações da Comissão de Peritos. Em 1995[24], recordando que as observações da Comissão de Peritos vinham sendo reiteradas por quase trinta anos e que o Conselho de Administração já recomendara, em 1994, a revogação das disposições legislativas contrárias à Convenção n. 29 da

---

(18) Página do Comitê de Liberdade Sindical no sítio da OIT na web. <https://www.ilo.org/global/standards/applying-and-promoting-international-labour-standards/committee-on-freedom-of-association/lang--en/index.htm>.

(19) *Idem.*

(20) Consoante o Relatório Geral da Comissão de Peritos em Aplicação de Convenções e Recomendações, 2017, § 53: "*a Comissão expressa sua satisfação nos casos em que, a partir dos comentários formulados em relação a um tema específico, os governos tenham adotado medidas, seja por meio da adoção de nova legislação ou de emenda à legislação existente, ou introduzindo mudanças significativas na política ou prática nacionais, logrando alcançar um melhor cumprimento de suas obrigações derivadas das Convenções correspondentes. Ao expressar sua satisfação, a Comissão indica aos governos e aos interlocutores sociais que considera resolvido um assunto concreto.*" Disponível em: <https://www.ilo.org/public/libdoc/ilo/P/09663/09663(2017-106-1A).pdf>.

(21) "*Control del Cumplimiento de las Normas Internacionales del Trabajo – El papel fundamental de la Comisión de Expertos en Aplicación de Convenios y Recomendaciones de la OIT*", Organización Internacional del Trabajo, 2019 – Parte II: "*Impacto de la labor de la Comisión de Expertos y análisis de los casos de progresso*", p. 39 e segs. Disponível em: <https://www.ilo.org/wcmsp5/groups/public/---ed_norm/---normes/documents/publication/wcms_730880.pdf>.

(22) *Village Act*, 1908 e *Town Act*, 1907.

(23) Disponível em: <https://www.ilo.org/dyn/normlex/en/f?p=1000:13100:0::NO:13100:P13100_COMMENT_ID:2554843>.

(24) Disponível em: <https://www.ilo.org/dyn/normlex/en/f?p=1000:13100:0::NO:13100:P13100_COMMENT_ID:2555254>.

OIT, a Comissão de Aplicação de Normas resolveu adotar um parágrafo especial sobre Myanmar, exortando o Governo a alinhar, com urgência, a sua legislação com os ditames da Convenção e a cessar a prática de trabalho forçado, impondo sanções exemplares contra os responsáveis pela imposição de trabalho em tais condições. Conclusão similar foi adotada pela Comissão de Aplicação de Normas em 1996.

Em 1999[25], lamentando que o governo não demonstrasse qualquer inclinação para cooperar com a OIT, mesmo após o estabelecimento de uma Comissão de Inquérito em 1996[26], a Comissão exortou o Conselho de Administração, a Comissão de Peritos e o Escritório da OIT a *"continuar adotando todas as medidas possíveis para assegurar a observância por Myanmar das recomendações da Comissão de Inquérito, que confirmaram e ampliaram as conclusões anteriores da Comissão de Peritos."*

Em 2000, numa atitude sem precedentes na história da OIT, a Conferência Internacional do Trabalho, invocando o art. 33 da Constituição[27], adotou uma resolução que exortava Myanmar a tomar medidas concretas para implementar as recomendações da Comissão de Investigação, que concluíra que o uso de trabalho forçado no país era *"generalizado e sistemático, com total desrespeito pela dignidade humana, segurança, saúde e necessidades básicas das pessoas"*[28]. Entre as recomendações constantes da resolução, a serem implementadas a partir de 30 de novembro de 2000, destacavam-se: (i) a inclusão da questão relativa à implementação das recomendações da Comissão de Investigação nas sessões futuras da Conferência e a realização de uma sessão especial da Comissão de Aplicação de Normas para examinar a matéria, caso Myanmar não demonstrasse o cumprimento de suas obrigações; e (ii) a recomendação aos governos, organizações de trabalhadores e de empregadores dos Países-Membros da OIT para que revissem suas relações com Myanmar e adotassem as medidas apropriadas a fim de *"assegurar que tais relações não perpetuem ou ampliem o sistema de trabalho forçado ou compulsório no país"* e que informassem ao Conselho de Administração[29].

Em 2001, a Comissão de Aplicação de Normas discutiu o caso em Sessão Especial, anotando as informações recebidas dos governos e organizações de trabalhadores e de empregadores dos Países-Membros em resposta à exortação à revisão das relações com Myanmar. A Comissão registrou que, conforme informação que lhe fora submetida, bem como ao Conselho de Administração, o trabalho forçado e compulsório continuava a ser imposto aos cidadãos daquele país. Lembrando que a Comissão de Investigação exortara o governo a fazer cessar todo uso de trabalho forçado ou compulsório, alterando a legislação para tornar a prática ilegal e punindo todos os que impusessem trabalho forçado, a Comissão anotou a insuficiência das medidas adotadas pelo governo no sentido de aprimorar a sua legislação. A Comissão de Aplicação de Normas mais uma vez reportou-se à Comissão de Peritos para ressaltar que *"as condições ditadas pela Comissão de Peritos deveriam ser aplicadas de boa-fé, e medidas mais profundas seriam necessárias para assegurar que isso, de fato, está sendo feito.*[30]*"*

A Comissão de Aplicação de Normas também observou, na ocasião, a decisão do governo de retomar a cooperação com a OIT, aceitando missão de representantes do Diretor-Geral, que resultou num entendimento para a aferição da situação do trabalho forçado em

---

(25) Disponível em: <https://www.ilo.org/dyn/normlex/en/f?p=1000:13100:0::NO:13100:P13100_COMMENT_ID:2555611>.

(26) As conclusões da Comissão de Inquérito, apresentadas em 1998, indicavam, entre outras: (i) a existência de "provas abundantes do uso generalizado do trabalho forçado no país, imposto à população civil por autoridades militares para os fins de: transporte de materiais, construção, manutenção e atendimento a campos militares, outros trabalhos de apoio aos militares, agricultura, extração de madeira e outros projetos conduzidos por autoridades públicas ou militares, por vezes para benefício de indivíduos, construção e manutenção de estradas, ferrovias e pontes, outros trabalhos de infraestrutura", entre outras atividades; (ii) o não atendimento da ordem de requisição para o trabalho era punida, na forma da lei, com multa e/ou prisão por até um mês, e extorsão em troca da dispensa temporária do trabalho e ameaças de morte ou à segurança dos trabalhadores eram comuns, bem como "punições extrajudiciais" – que variavam desde a exigência de dinheiro até abuso, espancamentos, tortura, estupro e assassinato; (iii) o trabalho forçado é largamente imposto no país a mulheres, crianças e idosos; (iv) o trabalho forçado no país quase nunca era remunerado ou compensado, mas ao contrário, frequentemente vinha acompanhado da exigência de dinheiro, comida ou outros suprimentos, inclusive da população civil. Disponível em: <https://www.ilo.org/public/english/standards/relm/gb/docs/gb273/myanmar5.htm>.

(27) Art. 33: "Se qualquer Membro não se conformar, no prazo prescrito, com as recomendações eventualmente contidas no relatório da Comissão de Inquérito, quer na decisão do Tribunal Internacional de Justiça, consoante os casos, *o Conselho de Administração poderá recomendar à Conferência uma medida que lhe pareça oportuna para assegurar a execução dessas recomendações*" (grifos acrescidos).

(28) Relatório da Comissão de Inquérito sobre Trabalho Forçado em Myanmar, § 536. Disponível em: <https://www.ilo.org/public/english/standards/relm/gb/docs/gb273/myanmar5.htm>.

(29) Disponível em: <https://www.ilo.org/global/about-the-ilo/newsroom/news/WCMS_007899/lang--en/index.htm>.

(30) Disponível em: <https://www.ilo.org/dyn/normlex/en/f?p=1000:13100:0::NO:13100:P13100_COMMENT_ID:2555824>.

Myanmar, a ser conduzida por um time de especialistas de alto nível. O resultado dessa aferição deveria ser submetido ao Conselho de Administração e o governo deveria submeter um relatório detalhado à Comissão de Peritos da OIT, indicando *"todas as medidas adotadas para assegurar observância à Convenção, na lei e na prática.*[31]*"*

Uma das recomendações do time de especialistas de alto nível foi que se assegurasse a presença da OIT no país, o que foi concretizado mediante a indicação de um Oficial de Ligação[32] – tornando a OIT a única organização internacional presente, à época, em Myanmar. A Comissão de Aplicação de Normas ressaltou esse desenvolvimento positivo na sessão especial realizada em 2002, embora tenha expressado profunda preocupação com a ausência de avanços significativos na solução do problema e na implementação das demais recomendações do time de especialistas de alto nível, especialmente aquelas relativas ao assassinato de vítimas de trabalho forçado e ao estabelecimento de uma forma de mediação dotada de independência e credibilidade, a fim de oferecer às vítimas um meio de recurso em que pudessem confiar.

O caso de Myanmar foi discutido anualmente perante a Comissão de Normas da Conferência da OIT, a partir dos relatórios elaborados pela Comissão de Peritos, até 2011. A pressão mantida pelos órgãos de supervisão da OIT manteve-se constante.

Em 2003 a Comissão de Normas tomou nota de um Plano de Ação conjunto firmado entre o governo e a OIT, que estabelecia, entre outras medidas, a designação de um facilitador que auxiliaria as vítimas de trabalho forçado a buscar reparação do governo. A Comissão expressou seu entendimento no sentido de que tal Plano de Ação, *"se aplicado em boa-fé, poderia ensejar progresso tangível na eliminação do trabalho forçado e poderia abrir o caminho para um progresso mais substancial."*[33]

O mecanismo de reclamações contra o uso de trabalho forçado foi finalmente estabelecido, permitindo às vítimas, com a assistência do Oficial de Ligação da OIT, buscar solução ou reparação para casos de trabalho forçado[34]. Não obstante, em 2004, a Comissão de Normas notou com grave preocupação não apenas a lentidão reiteradamente apontada pela Comissão de Peritos na ação para a eliminação do trabalho forçado e punição dos responsáveis, mas também o fato de que três pessoas haviam sido condenadas por alta traição, lastreando-se a condenação inclusive no fato de terem mantido contato com a OIT. Conquanto as penas de morte inicialmente decretadas tenham sido comutadas pela Suprema Corte de Myanmar, a Comissão de Normas questionou o governo sobre sua garantia de que os contatos com a OIT não seriam considerados ilegais. Notou, ainda, com preocupação, que nenhuma das alegações de violações apresentadas até aquele momento haviam dado ensejo à persecução criminal dos infratores[35].

Em 2005 e 2006 a Comissão de Aplicação de Normas registrou sua profunda preocupação com as informações contidas nos relatórios da Comissão de Peritos, que davam conta não só da ausência de qualquer avanço significativo na situação de fato, mas também de que o governo ameaçava prender e iniciar persecução criminal contra os que buscassem reparação por trabalho forçado, *"o que resultaria em dupla vitimização."*[36]

Em 2009, a Comissão de Aplicação de Normas, registrando alguns pequenos passos empreendidos pelo governo (tais como certas restrições no recrutamento de menores de idade para atividades militares e a realização de alguns eventos de conscientização contra o trabalho forçado), reputou-os totalmente inadequados e exortou o governo a adotar, em caráter de urgência, medidas tendentes a dar total implementação às recomendações da Comissão de Inquérito e às observações da Comissão de Peritos da OIT, inclusive mediante as seguintes ações, dentre outras: (i) alteração da legislação nacional relevante; (ii) emenda ao § 15 do Capítulo VIII da nova Constituição, a fim de torná-la conforme com a Convenção n. 29 da OIT; (iii) assegurar a total eliminação das práticas de trabalho forçado ainda persistentes e generalizadas; (iv) assegurar que os infratores, sejam civis ou militares, sejam processados criminalmente e punidos, sob a égide das normas do Código Penal[37].

---

(31) Disponível em: <https://www.ilo.org/dyn/normlex/en/f?p=1000:13100:0::NO:13100:P13100_COMMENT_ID:2555824>.

(32) Em maio de 2002 foi indicado interinamente para a posição o suíço Leon de Riedmatten, e, posteriormente, em setembro de 2002, foi indicada em caráter permanente a vietnamita Hông-Trang Perret-Nguyen.

(33) Disponível em: <https://www.ilo.org/dyn/normlex/en/f?p=1000:13100:0::NO:13100:P13100_COMMENT_ID:2555908>.

(34) Disponível em: <https://www.ilo.org/yangon/complaints/lang--en/index.htm>.

(35) Disponível em: <https://www.ilo.org/dyn/normlex/en/f?p=1000:13100:0::NO:13100:P13100_COMMENT_ID:2556052>.

(36) Disponível em: <https://www.ilo.org/dyn/normlex/en/f?p=1000:13100:0::NO:13100:P13100_COMMENT_ID:2556208>.

(37) Disponível em: <https://www.ilo.org/dyn/normlex/en/f?p=1000:13100:0::NO:13100:P13100_COMMENT_ID:2556364>.

Em 2012, a Comissão de Peritos tomou nota, **com satisfação**, da revogação da legislação anterior (*Village Act*, de 1908 e *Town Act*, de 1907), pela *Ward or Village Tract*, de 2012. Finalmente, sob a ótica legislativa, um avanço significativo havia sido alcançado. Ademais, com o processo de redemocratização do país, foi possível elaborar uma estratégia conjunta do governo com a OIT, contemplando medidas eficazes para a eliminação do trabalho forçado em Myanmar.

Em 2013, a Comissão de Aplicação de Normas da Conferência Internacional do Trabalho decidiu por fim às sanções impostas a Myanmar, nos termos da resolução da Conferência Internacional do Trabalho de 2000.

Não obstante, a Comissão de Peritos mantém acompanhamento permanente e cauteloso escrutínio da situação em Myanmar, com especial atenção à imposição de trabalho forçado por autoridades militares e recrutamento de pessoas com idade inferior à legal para as forças armadas. A Comissão de Peritos, conquanto note alguns avanços encorajadores, adverte para a necessidade de emenda do art. 359 da Constituição de Myanmar, cujo texto exclui do enquadramento como trabalho forçado os "*deveres atribuídos pela União de acordo com a lei e o interesse público*". Tal formulação, demasiado genérica no entendimento da Comissão de Peritos, pode dar ensejo a interpretação que autorizaria a imposição generalizada de trabalho forçado à população[(38)].

2.6. Ferramentas de apoio aos países-membros na implementação das Convenções e Recomendações: a assistência técnica

De outro lado, a atuação da OIT no encorajamento às ratificações, mediante atividades de assistência técnica, tem sido decisiva na realização do ideal de promover um patamar mínimo e universal de direitos e dignidade no mundo do trabalho. Por meio da assistência técnica prestada pela equipe técnica altamente especializada do Escritório Internacional do Trabalho, são identificadas as inconsistências entre o ordenamento jurídico e as práticas administrativas nacionais e as obrigações emanadas das Convenções, indicando-se as providências necessárias à sua compatibilização.

Exemplo recente da eficácia dessa abordagem colaborativa é o caso do Uzbequistão, onde, por décadas, prevaleceu a exploração do trabalho forçado e do trabalho infantil na colheita do algodão. O algodão constitui importante fonte de renda para o Uzbequistão, sétimo maior exportador do produto no mundo. A mobilização para a colheita do algodão chega a mobilizar 2,6 milhões de pessoas – e, até algum tempo atrás, estudantes, professores, servidores públicos, médicos e enfermeiras eram obrigados a deixar suas atividades temporariamente (até três meses por ano, conforme alegações de organizações internacionais representativas de trabalhadores e empregadores apresentadas à Comissão de Peritos) para ajudar na colheita do algodão.

Após comentários da Comissão de Peritos da OIT apontando a gravidade da situação, a Comissão de Normas da Conferência Internacional do Trabalho discutiu o caso na sua sessão de 2011. Constatou, com profunda preocupação, o consenso entre várias agências das Nações Unidas e organizações de trabalhadores e de empregadores quanto à persistência da prática de mobilização de crianças em idade escolar para o trabalho na colheita do algodão, mediante a utilização sistêmica e persistente do trabalho forçado, alcançando um número estimado de um milhão de crianças. Finalmente, ressaltando a gravidade das violações detectadas e lamentando que o progresso significativo alcançado com as reformas e crescimento econômico não tenha sido acompanhado do correspondente progresso no combate ao trabalho infantil na colheita do algodão, e lamentando ainda a falta de vontade política do governo no particular, resolveu adotar um parágrafo especial em seu relatório. Em tal parágrafo, exortou o governo a aceitar uma missão tripartite de alto nível para aferir a implementação da Convenção n. 182 nas plantações de algodão, além de encorajá-lo a servir-se da assistência técnica da OIT e comprometer-se a trabalhar com o Programa Internacional para a Eliminação do Trabalho Infantil – IPEC, além de continuar a prestar informações à Comissão de Peritos[(39)].

Um dos desdobramentos dessas recomendações foi a assinatura de um acordo entre a OIT e o governo do Uzbequistão, bem como organizações de trabalhadores e de empregadores uzbeques. Tal acordo permitiu o início das atividades de monitoramento do trabalho infantil no algodão em 2013 por especialistas independentes, sem a participação de representantes

(38) Observação da Comissão de Peritos sobre o cumprimento da Convenção n. 29 por Myanmar, apresentado no relatório de 2018, para discussão na Sessão da Comissão de Aplicação de Normas de junho de 2019. Disponível em: <https://www.ilo.org/dyn/normlex/en/f?p=1000:13100:0::NO:13100:P13100_COMMENT_ID:3957004>.

(39) Conclusões da Comissão de Aplicação de Normas sobre o caso do Uzbequistão, apresentadas durante a 100ª Conferência Internacional do Trabalho, realizada em maio e junho de 2011 – p. 114. Disponível em: <https://www.ilo.org/wcmsp5/groups/public/---ed_norm/---relconf/documents/meetingdocument/wcms_157818.pdf>.

governamentais. Paralelamente, o governo implantou um sistema de denúncias por telefone, que resultaram na punição de vários *hokyms* (prefeitos) e chefes de instituições responsáveis pela violação de direitos laborais. Um sistema de pagamento de melhores salários aos adultos que se dedicam voluntariamente ao serviço foi implementado e atividades de disseminação de informações e conscientização foram realizadas[40].

Em 2018, os responsáveis pelo monitoramento das condições de trabalho na colheita do algodão no Uzbequistão constataram que o trabalho infantil já não constituía uma preocupação e que 93% dos trabalhadores adultos que se dedicavam à atividade faziam-no voluntariamente, embora alguns casos de recrutamento forçado de empregados de instituições públicas ainda tivessem sido registrados[41].

3. CONCLUSÃO

É notável a determinação da Organização Internacional do Trabalho na busca por seus objetivos fundamentais, traçados já na Constituição de 1919 e aprofundados com a Declaração da Filadélfia, de 1944. Sua produção normativa confere à Organização o instrumental necessário à construção de um patamar mínimo universal de direitos e dignidade no mundo do trabalho. Tal realidade é construída pouco a pouco, a partir das atividades de promoção dos seus valores e instrumentos normativos, reforçadas por atividades de assistência técnica que favorecem a sua correta implementação e o constante monitoramento dos órgãos de supervisão, que atuam de forma independente e complementar.

Assim, pretende a OIT fazer jus ao mandato outorgado pela comunidade internacional, realçando a importância do multilateralismo, enriquecendo sua atuação pela experiência e sensibilidade social haurida de sua composição tripartite. Acima de tudo, mantém-se fiel à pedra fundamental de seu alicerce físico, moral e filosófico: para se alcançar a paz duradoura, é necessário cultivar a Justiça Social.

REFERÊNCIAS

LEARY, Virginia. Lessons from the Experience of the International Labour Organization. In: ALSTON, Philip; PAPERBACKS, Clarendon (Coord.). *The United Nations and Human Rights:* a Critical Appraisal. Oxford University Press, Incorporated, 1992.

SWEPSTON, Lee. O Sistema de Proteção dos Direitos Humanos da OIT. In: SYMONIDES, Janusz. *Human Rights:* International Protection, Monitoring, Enforcement. Ashgate Publishing, 2003 e Routledge, 2018. Disponível em: https://www.ilo.org/global/standards/subjects-covered-by-international-labour-standards/freedom-of-association/WCMS_635185/lang--es/index.htm>.

Procedimentos especiais para o exame de reclamações relativas a violações da liberdade sindical na OIT. Disponível em: <https://www.ilo.org/dyn/normlex/en/f?p=1000:62:0::NO::P62_LIST_ENTRIE_ID,P62_LANG_CODE:2565060,es:NO>.

Página do Comitê de Liberdade Sindical no sítio da OIT na web. Disponível em: <https://www.ilo.org/global/standards/applying-and-promoting-international-labour-standards/committee-on-freedom-of-association/lang--en/index.htm>.

Relatório Geral da Comissão de Peritos em Aplicação de Convenções e Recomendações, 2017. Disponível em: <https://www.ilo.org/public/libdoc/ilo/P/09663/09663(2017-106-1A).pdf>.

"Control del Cumplimiento de las Normas Internacionales del Trabajo – El papel fundamental de la Comisión de Expertos en Aplicación de Convenios y Recomendaciones de la OIT", Organización Internacional del Trabajo, 2019 – Parte II: *"Impacto de la labor de la Comisión de Expertos y análisis de los casos de progresso"*, Disponível em: <https://www.ilo.org/wcmsp5/groups/public/---ed_norm/---normes/documents/publication/wcms_730880.pdf>.

Disponível em: <https://www.ilo.org/dyn/normlex/en/f?p=1000:13100:0::NO:13100:P13100_COMMENT_ID:2554843>.

Disponível em: <https://www.ilo.org/dyn/normlex/en/f?p=1000:13100:0::NO:13100:P13100_COMMENT_ID:2555254>.

Disponível em: <https://www.ilo.org/dyn/normlex/en/f?p=1000:13100:0::NO:13100:P13100_COMMENT_ID:2555611>.

Disponível em: <https://www.ilo.org/public/english/standards/relm/gb/docs/gb273/myanmar5.htm>.

Relatório da Comissão de Inquérito sobre Trabalho Forçado em Myanmar. Disponível em: <https://www.ilo.org/public/english/standards/relm/gb/docs/gb273/myanmar5.htm

Disponível em: <https://www.ilo.org/global/about-the-ilo/newsroom/news/WCMS_007899/lang--en/index.htm>.

Disponível em: <https://www.ilo.org/dyn/normlex/en/f?p=1000:13100:0::NO:13100:P13100_COMMENT_ID:2555824>.

Disponível em: <https://www.ilo.org/dyn/normlex/en/f?p=1000:13100:0::NO:13100:P13100_COMMENT_ID:2555908>.

Disponível em: <https://www.ilo.org/yangon/complaints/lang--en/index.htm>.

Disponível em: <https://www.ilo.org/dyn/normlex/en/f?p=1000:13100:0::NO:13100:P13100_COMMENT_ID:2556052>.

Disponível em: <https://www.ilo.org/dyn/normlex/en/f?p=1000:13100:0::NO:13100:P13100_COMMENT_ID:2556208>.

(40) Conforme informações do Departamento de Comunicação da OIT. Disponível em: <https://www.ilo.org/global/about-the-ilo/newsroom/news/WCMS_650697/lang--en/index.htm>.

(41) *Idem*.

Disponível em: <https://www.ilo.org/dyn/normlex/en/f?p=1000:13100:0::NO:13100:P13100_COMMENT_ID:2556364>.

Observação da Comissão de Peritos sobre o cumprimento da Convenção n. 29 por Myanmar, apresentado no relatório de 2018, para discussão na Sessão da Comissão de Aplicação de Normas de junho de 2019.

Disponível em: <https://www.ilo.org/dyn/normlex/en/f?p=1000:13100:0::NO:13100:P13100_COMMENT_ID:3957004>.

Conclusões da Comissão de Aplicação de Normas sobre o caso do Uzbequistão, apresentadas durante a 100ª Conferência Internacional do Trabalho, realizada em maio e junho de 2011. Disponível em: <https://www.ilo.org/wcmsp5/groups/public/---ed_norm/---relconf/documents/meetingdocument/wcms_157818.pdf>.

Departamento de Comunicação da OIT. Disponível em: <https://www.ilo.org/global/about-the-ilo/newsroom/news/WCMS_650697/lang--en/index.htm>.

Capítulo 5

Em Busca da Efetividade do Direito Fundamental ao Trabalho Digno: Da Matriz Constitucional de 1988 ao Relatório Global "Trabalho para um Futuro Melhor" da Organização Internacional do Trabalho – OIT

Delaíde Alves Miranda Arantes(1)

Maria Cecilia de Almeida Monteiro Lemos(2)

Resumo: O sistema internacional de proteção ao trabalho consagra a centralidade da pessoa humana a partir dos seus princípios fundantes. O presente artigo apresenta um estudo sobre o Relatório Global "Trabalho para um Futuro Melhor", da Organização Internacional do Trabalho – OIT, elaborado pela Comissão Global sobre o Futuro do Trabalho por ocasião do ano do Centenário da OIT, sobre os princípios fundantes do sistema internacional de proteção ao trabalho e a relação com a matriz constitucional de 1988. Sustenta que o desafio em assegurar efetividade ao direito fundamental ao trabalho digno, reconhecido como fundamento da República a partir da Constituição Federal Cidadã de 1988, depende do compromisso brasileiro com as diretrizes do Relatório Global "Trabalho para um Futuro Melhor".

Palavras-chave: Trabalho Digno. Direitos Humanos Fundamentais. Relatório Global "Trabalho para um Futuro Melhor". Centenário da Organização Internacional do Trabalho (OIT). Sistema internacional de proteção ao trabalho.

Abstract: The international labor protection system enshrines the centrality of the human person from its founding principles. This paper presents a study on the ILO's Global Report "Working for a Better Future", prepared by the ILO's Global Commission on the Future of Labor on the Centennial Year, on the founding principles of the ILO system work protection and the relationship with the 1988 constitutional matrix. It argues that the challenge of ensuring the effectiveness of the fundamental right to decent work, recognized as the foundation of the Republic from the Federal Citizen Constitution of 1988, depends on the Brazilian commitment to the guidelines of the Global Report on "Working for a Better Future".

Keywords: Decent Work. Constitution. Fundamental human rights. Global Report "Working for a Better Future". Centenary of the International Labor Organization (ILO). The international labor protection system.

---

(1) Mestranda em Direito, Estado e Constituição, na sublinha Internacionalização, Trabalho e Sustentabilidade, do Programa de Pós-Graduação em Direito da Universidade de Brasília (UnB). Pesquisadora integrante do Grupo de Pesquisa Trabalho, Constituição e Cidadania (UnB/CNPq). Bacharel em Direito pela Uni-Anhanguera -Goiânia. Especialista em Direito e Processo do Trabalho pela Universidade Federal de Goiás (UFG). Especialista em Docência Universitária pela Pontifícia Universidade Católica de Goiás (PUC Goiás). Servidora Pública Federal. Ministra do Tribunal Superior do Trabalho.

(2) Professora Titular e Coordenadora Adjunta do Mestrado em Direito das Relações Sociais e Trabalhistas do UDF-Centro Universitário (UDF). Doutora em Direito, Estado e Constituição pela Universidade de Brasília (UnB) e Mestre em Direito das Relações Sociais pela Pontifícia Universidade Católica de São Paulo (PUC-SP). Especialista em Direito e Processo do Trabalho pela PUC-SP. Especialista em Direito Constitucional do Trabalho pela UnB. Pesquisadora integrante dos Grupos de Pesquisa Trabalho, Constituição e Cidadania (UnB/CNPq) e Direitos Humanos e Relações Sociais (UDF/CNPq). Assessora da Ministra do Tribunal Superior do Trabalho Delaíde Alves Miranda Arantes.

> (...) o trabalho digno é fundamental para o desenvolvimento sustentável e para a erradicação da pobreza, e tendo em conta que, em contexto de globalização, a não adoção de condições de trabalho humanas por qualquer país é, mais do que nunca, um obstáculo ao progresso em todos os outros países.
>
> (Documento Final do Centenário da OIT) [3]

1. INTRODUÇÃO

Este artigo discorre sobre os aspectos centrais do Relatório Global "Trabalho para um Futuro Melhor", da Organização Internacional do Trabalho – OIT, elaborado pela Comissão Global sobre o "Futuro do Trabalho"[4], aprovado na 108ª Conferência Internacional do Trabalho, em seu centenário de criação, além de estabelecer uma conexão entre o referido documento e o direito fundamental ao trabalho digno assegurado na Constituição Federal de 1988.

O contexto de realização da 108ª Conferência Internacional do Trabalho encontrou um mundo no qual a globalização econômica, social, política e cultural de quase todos os países, nações e povos tem beneficiado, em primeiro plano, o interesse privado, equivalendo, por assim dizer, a uma espécie de privatização do planeta. A globalização está formando um sistema econômico que foge ao controle dos Estados, com riscos e consequências imprevisíveis.

Ao mesmo tempo, o mundo do trabalho enfrenta um momento de grandes mudanças decorrentes do avanço do neoliberalismo, do desenvolvimento tecnológico, de crises econômicas e políticas, de agravamento da desigualdade e de interferências no crescimento econômico, questões que afetam a empregabilidade e prejudicam o progresso da proteção social ao trabalho.

Para combater esse quadro de retrocesso social, o Relatório "Trabalho para um Futuro Melhor", da OIT, reforça a necessidade de assegurar efetividade ao direito fundamental ao trabalho digno como um desafio internacional em defesa do trabalho como fonte de desenvolvimento integral do ser humano.

O trabalho digno se insere no conceito da garantia de dignidade da pessoa humana assegurada na Constituição Federal de 1988, sendo que neste estudo ganha importância a definição de trabalho digno, da Organização Internacional do Trabalho –OIT:

> O conceito de trabalho digno resume as aspirações do ser humano no domínio profissional e abrange vários elementos: oportunidades para realizar um trabalho produtivo com uma remuneração equitativa; segurança no local de trabalho e proteção social para as famílias; melhores perspectivas de desenvolvimento pessoal e integração social; liberdade para expressar as suas preocupações; organização e participação nas decisões que afetam as suas vidas; e igualdade de oportunidades e de tratamento para todas as mulheres e homens[5].

No Brasil, a Constituição de 1988, em vigor há mais de trinta anos, preconiza a proteção ao trabalho digno, centrado na valorização da pessoa humana e estabelece, em seu art. 3º, como objetivos fundamentais da República, a construção de uma sociedade livre, justa e solidária, a garantia do desenvolvimento nacional, a erradicação da pobreza, da marginalização, a redução das desigualdades sociais e a promoção do bem de todos[6].

Para o estudo dos principais elementos do Relatório "Trabalho para um Futuro Melhor", da OIT, para além da imprescindível abordagem da proteção interna por meio da constitucionalização dos direitos trabalhistas e sociais, é essencial observar a proteção das normativas internacionais, uma vez que o Brasil é membro da Organização Internacional do Trabalho, obrigando-se, nessa condição, ao cumprimento das Convenções, das Declarações de Princípios, das normas de Direitos Humanos, dos instrumentos formalmente ratificados pelo país.

Trata-se de um conjunto de normativas nacionais e internacionais entabuladas no mesmo sentido da matriz constitucional de 1988, centrado na dignidade da pessoa humana, na rejeição do trabalho como mercadoria, na centralidade da pessoa humana e no trabalho digno como direito fundamental.

---

(3) Documento Final do Centenário da OIT. Disponível em: <https://www.ilo.org › ---europe › documents › publication › wcms_706928 Acesso em: 16 dez. 2019.

(4) Relatório da Comissão Global sobre o Futuro do Trabalho 2019 – OIT. Federação de Sindicatos de Trabalhadores das Universidades Brasileiras. FASUBRA. p. 3. Disponível em: <http://fasubra.org.br/wp-content/uploads/2019/02/relatorio_oit_portugues_2019.pdf>. Acesso em: 16 dez. 2019.

(5) OIT – Lisboa. Disponível em: <http://www.ilo.org/public/portugue/region/eurpro/lisbon/html/portugal_visita_guiada_02_pt.htm>. Acesso em: 23 ago. 2017.

(6) BRASIL. CONSTITUIÇÃO FEDERAL de 1988. Disponível em: <http://www.planalto.gov.br/ccivil_03/constituicao/constituicao.htm>. Acesso em: 15 dez. 2019.

A importância do desenvolvimento normativo e institucional do Direito Internacional enquanto Direito Geral da Humanidade, Direito da Condição Humana ou Direito das Gentes, fez parte da análise de José Monserrat Filho, em importante texto apresentado em Reunião Anual da Sociedade Brasileira para o Progresso da Ciência:

> Num horizonte largo, é razoável admitir que a definição e a defesa dos interesses públicos internacionais, em escala cada vez maior, requerem intenso desenvolvimento normativo e institucional do Direito Internacional Público como o Direito Geral da Humanidade, ou como o Direito da Condição Humana, ou ainda, retomando expressão antiga, como o Direito das Gentes. Aperfeiçoar e reforçar os dispositivos de claro sentido humanista já existentes no Direito Internacional contemporâneo é um primeiro desafio que se amplia à medida que se agravam em toda a parte as condições gerais da existência humana.[(7)]

Na perspectiva do reconhecimento do Direito do Trabalho como Direito Humano, o estudo discorre sobre a existência de um "eixo internacional de proteção social" a partir da "identificação dos princípios internacionais do Direito do Trabalho".[(8)]

Por fim, em um momento em que alterações legislativas têm sido implementadas no Brasil e em vários países do mundo, promovendo mudanças na legislação protetiva do trabalho no sentido da desconstrução e da flexibilização de conquistas do campo trabalhista, social e previdenciário, o presente estudo busca lançar um desafio diante do atual cenário jurídico nacional: o cumprimento do compromisso internacional do Brasil com a implementação do trabalho digno preconizado pelo Relatório Global "Trabalho para um Futuro Melhor".

2. O DIREITO FUNDAMENTAL AO TRABALHO DIGNO NA MATRIZ CONSTITUCIONAL DE 1988

Os Direitos Humanos são protegidos por um sistema de proteção global, regional e doméstico. Assim, a partir do reconhecimento do Direito do Trabalho como Direito Humano[(9)], pode-se considerar que sua tutela está alicerçada em *três eixos de proteção*.[(10)]

O *primeiro eixo* de proteção dos direitos humanos do trabalhador é de ordem internacional e de amplitude universal – Tratados e Convenções, por exemplo –, constituindo um padrão mínimo de proteção a ser compartilhado pelos Estados.[(11)]

O *segundo eixo* consiste nos sistemas regionais de proteção aos Direitos Humanos, destacando-se a Europa, a América e a África. Há, ainda, a possibilidade de instalação de um sistema regional asiático e a existência de um sistema árabe de proteção.[(12)]

O *terceiro eixo jurídico* de proteção seria o nacional, representado essencialmente pela presença de direitos fundamentais nas constituições, destacando-se o exemplo da Constituição Federal Brasileira de 1988, verdadeiro "marco jurídico da institucionalização dos Direitos Humanos no País".[(13)]

Enfatizando a perspectiva de interdependência entre esses *três eixos de proteção aos Direitos Humanos*, destaca-se que, em âmbito nacional, os direitos fundamentais dos trabalhadores brasileiros foram admitidos na matriz constitucional de 1988, conquistada após o fim da ditadura militar, documento que consagrou a dignidade da pessoa humana, o valor social do trabalho e a livre-iniciativa como fundamentos da República Federativa do Brasil, a partir do seu Preâmbulo.[(14)]

A Constituição Federal de 1988 e os direitos fundamentais nela insculpidos, entre os quais os direitos

(7) Globalização, interesse público e direito internacional. 47ª Reunião da SBPC, em São Luiz/MA, de 9 a 14.07.1995. *Estudos Avançados*. v. 9, n. 25. São Paulo: sept./dec. 1995. Disponível em: <http://www.scielo.br/scielo.php?script=sci_arttext&pid=S0103-40141995000300006>. Acesso em: 23 nov. 2019.

(8) DELGADO, Gabriela Neves. Direitos humanos dos trabalhadores: perspectiva de análise a partir dos Princípios Internacionais do Direito do Trabalho e do Direito Previdenciário. DELGADO, Mauricio Godinho; DELGADO, Gabriela Neves. *Constituição da República e direitos fundamentais*: dignidade da pessoa humana, justiça social e Direito do Trabalho. São Paulo: LTr, 2017. p. 191.

(9) *Ibidem*.

(10) *Ibidem*, p. 188.

(11) *Idem*.

(12) *Ibidem*.

(13) *Idem*.

(14) BRASIL. CONSTITUIÇÃO FEDERAL DE 1988. Preâmbulo. "Nós, representantes do povo brasileiro, reunidos em Assembleia Nacional Constituinte para instituir um Estado democrático, destinado a assegurar o exercício dos direitos sociais e individuais, a liberdade, a segurança, o bem-estar, o desenvolvimento, a igualdade e a justiça como valores supremos de uma sociedade fraterna, pluralista e sem preconceitos, fundada na harmonia social e comprometida, na ordem interna e internacional, com a solução pacífica das controvérsias, promulgamos, sob a proteção de Deus, a seguinte Constituição da República Federativa do Brasil.". Disponível em: <https://www.senado.leg.br/atividade/const/con1988/preambulo.asp>. Acesso em: 16 dez. 2019.

sociais e trabalhistas do art. 7º, incisos e parágrafos, constituem a matriz brasileira de proteção aos Direitos Humanos. O patamar civilizatório mínimo[15] da ordem jurídica brasileira para a inserção da pessoa humana no mundo econômico e social do trabalho encontra-se estruturado em grupos de normas jurídicas, quais sejam, as normas constitucionais brasileiras, as normas internacionais e as leis federais trabalhistas vigentes no País.

Em seu art. 1º, III, a Constituição proclama que a República Federativa do Brasil tem como fundamento a dignidade da pessoa humana – qualidade inerente ao ser humano, inata e intrínseca, irrenunciável e inalienável.[16] Gabriela Neves Delgado demonstra que a dignidade da pessoa humana também pauta o Direito do Trabalho:

> Este entendimento pautado no ser humano enquanto centro convergente de direitos, porque fim em si mesmo, deve orientar inclusive as relações de trabalho e seu correspondente: o Direito do Trabalho. No desempenho das relações sociais, em que se destacam as trabalhistas, deve ser vedada a violação da dignidade, o que significa que o ser humano jamais poderá ser utilizado como objeto ou meio para realização do querer alheio.[17]

A matriz constitucional de 1988 reafirmou os parâmetros de proteção ao emprego preconizados na CLT e ampliou esta proteção, seja pela gama de direitos trabalhistas expressamente consagrados em seu art. 7º, que integra o núcleo de direitos fundamentais, seja pelos princípios e valores que permeiam todo o texto constitucional, assegurando a valorização da pessoa humana e a proteção ao trabalho digno como um direito fundamental da pessoa humana do trabalhador.

Para Mauricio Godinho Delgado e Gabriela Neves Delgado a adoção do paradigma do Estado Democrático de Direito na matriz constitucional brasileira de 1988 é perceptível pela inserção de elementos assecuratórios da dignidade da pessoa humana, da sociedade política democrática e inclusiva e da sociedade civil também democrática e inclusiva, em princípios, institutos e regras, expressos de forma implícita e explícita, em diversos títulos da Constituição, o que reflete "o espírito e a lógica da ordem constitucional do país"[18].

A primazia do valor do trabalho na democracia integra a ordem constitucional brasileira como importante ferramenta de afirmação do ser humano, garantia esta contida em inúmeros dispositivos da Constituição Federal Cidadã de 1988. O direito ao trabalho foi alçado à condição de princípio fundamental do Estado Democrático de Direito, como valor social a ser observado pelo Estado e pela Sociedade e como fundamento da República, de acordo com o art. 1º da Constituição Federal.

A Constituição vigente no Brasil estabeleceu, entre outros princípios, a prevalência dos Direitos Humanos (art. 4º, II, CF/88), sendo que os direitos sociais trabalhistas, especialmente o direito ao trabalho digno, consistem em categorias específicas dos Direitos Humanos. O arcabouço constitucional e infraconstitucional brasileiro reconhece a prevalência das regras protetivas dos documentos internacionais aos quais está submetido, como exemplo, a Declaração Universal dos Direitos Humanos, de 1948, que no seu art. XXIII estabelece expressamente:

> ...toda pessoa tem direito ao trabalho, à livre escolha de emprego, a condições justas e favoráveis de trabalho e à proteção contra o desemprego, além de direito a uma remuneração justa e satisfatória, que lhe assegure uma existência digna.[19]

Em mais uma demonstração do compromisso social assumido pela nova Constituição Democrática, passou a integrar o elenco de Direitos e Garantias Fundamentais o Capítulo II, que trata dos Direitos Sociais, sendo por essa razão considerada a primeira Carta Política do Brasil a conter um título específico sobre Direitos e Garantias Fundamentais.

Para o presente estudo adquire relevância o Título VII – Da Ordem Econômica e Financeira – art. 170 e incisos, que enfatiza a valorização do trabalho humano e a busca do pleno emprego como pressupostos indis-

(15) Expressão de Mauricio Godinho Delgado. DELGADO, Mauricio Godinho; DELGADO, Gabriela Neves. *A reforma trabalhista no Brasil*: com os comentários à Lei n. 13.467/2017. 2. ed. São Paulo: LTr, 2018. p. 32.

(16) DELGADO, Gabriela Neves. *Direito fundamental ao trabalho digno*. 2. ed. São Paulo: LTr, 2015. p. 204.

(17) *Ibidem*.

(18) DELGADO, Mauricio Godinho. Constituição da República, Estado Democrático de Direito e Direito do Trabalho. DELGADO, Mauricio Godinho. DELGADO, Gabriela Neves. *Constituição da República e direitos fundamentais*: dignidade da pessoa humana, justiça social e Direito do Trabalho. 4. ed. São Paulo: LTr, 2017. p. 45.

(19) BRASIL. NAÇÕES UNIDAS. Disponível em: <https://nacoesunidas.org/artigo-23-direito-ao-trabalho/>. Acesso em: 16 dez. 2019.

pensáveis ao exercício digno do trabalho pela pessoa humana em qualquer atividade econômica. Sobreleva ainda, o intuito protetor da Carta de 1988 aos direitos e garantias fundamentais, dentre os quais os direitos sociais, alçando-os ao patamar de cláusulas pétreas, de acordo com o disposto no art. 60, § 4º, IV.

Todo esse arcabouço protetivo constitucional se traduz na adoção do princípio da valorização do trabalho humano pela Carta Constitucional vigente, compreendida como força normativa do direito fundamental ao trabalho e a sua inteira relação com o princípio da dignidade humana, não se limitando à proteção do trabalho digno somente em tese, mas assegurando um meio ambiente de trabalho seguro por intermédio de normas de saúde e segurança no trabalho inseridas em seu texto. Assim, o art. 7º, em todos os seus dispositivos, tem como objetivo final a garantia do direito fundamental ao trabalho digno e de um patamar civilizatório mínimo de direitos a toda pessoa humana trabalhadora.

A perfeita convergência da proteção à dignidade da pessoa humana trabalhadora da Constituição Federal, com as diretrizes do Relatório Global "Trabalho para um Futuro Melhor", da OIT, documentos que subsidiam o presente estudo, é sintetizada por Gabriela Neves Delgado, para quem "... o princípio da dignidade da pessoa humana traduz, na Constituição Federal de 1988, a ideia de que o valor central da sociedade está na pessoa, centro convergente dos direitos fundamentais"(20).

Isso porque, a proposta do Relatório Global "Trabalho para um Futuro Melhor" exalta o ser humano como o centro da agenda para o futuro do trabalho, coerente com os *princípios fundantes da Organização Internacional do Trabalho* desde a sua instituição.

3. A EDIFICAÇÃO DA MATRIZ DE PROTEÇÃO AO TRABALHO DA OIT POR MEIO DE SEUS PRINCÍPIOS FUNDANTES

Enquanto postulados básicos dos sistemas jurídicos contemporâneos universais, os princípios de Direitos Humanos irradiam força normativa para todo o ordenamento jurídico ocidental. A dignidade do ser humano consiste em pressuposto essencial para a "construção normativa, valor referência do pensamento jurídico e político moderno",(21) em valor-fonte do constitucionalismo contemporâneo.

Para Gabriela Neves Delgado, "a compreensão do ser humano como centro convergente dos Direitos Humanos é fundamento indispensável para a construção do arcabouço principiológico da Ciência do Direito", especialmente quando se trata do Direito do Trabalho.(22)

O estabelecimento do Estado Democrático de Direito veio acompanhado de um elenco de normas internacionais de proteção aos Direitos Humanos, inclusive de natureza trabalhista, que estabelecem diretrizes obrigatórias para os países signatários, incluído o Brasil. Para Ana Paula Pellegrina Lockmann:

> Um dos principais fundamentos do Direito Internacional do Trabalho concerne à universalização dos princípios da justiça social e da dignificação do trabalhador, base principiológica sobre a qual orbita os direitos fundamentais do trabalhador.(23)

A Constituição da Organização Internacional do Trabalho – Declaração de Filadélfia – já apontava, expressamente, *princípios fundamentais do Direito Internacional do Trabalho*. Com efeito, o documento de constituição da OIT:

> reafirma os princípios fundamentais sobre os quais repousa a Organização, principalmente os seguintes: a) o trabalho não é uma mercadoria; b) a liberdade de expressão e de associação é uma condição indispensável a um progresso ininterrupto; c) a penúria, seja onde for, constitui um perigo para a prosperidade geral; d) a luta contra a carência, em qualquer nação, deve ser conduzida com infatigável energia, e por um esforço internacional contínuo e conjugado, no

(20) DELGADO, Gabriela Neves. *Direito fundamental ao trabalho digno*. 2. ed. São Paulo: LTr, 2015. p. 75.

(21) BARZOTTO, Luciane Cardoso. Direitos humanos e trabalhadores. Porto Alegre: Livraria do Advogado, 2007. *Apud*: DELGADO, Gabriela Neves. Direitos humanos dos trabalhadores: perspectiva de análise a partir dos Princípios Internacionais do Direito do Trabalho e do Direito Previdenciário. DELGADO, Mauricio Godinho; DELGADO, Gabriela Neves. *Constituição da República, Estado Democrático de Direito e Direito do Trabalho*. São Paulo: LTr, 2017. p. 190.

(22) DELGADO, Gabriela Neves. Direitos humanos dos trabalhadores: perspectiva de análise a partir dos Princípios Internacionais do Direito do Trabalho e do Direito Previdenciário. DELGADO, Mauricio Godinho; DELGADO, Gabriela Neves. *Constituição da República, Estado Democrático de Direito e Direito do Trabalho*. São Paulo: LTr, 2017. p. 190.

(23) LOCKMANN, Ana Paula Pellegrina. *Direitos fundamentais do trabalhador – breves considerações. Direitos fundamentais nas relações de trabalho*. FREDIANE, Yone; ALVARENGA, Rúbia Zanotelli. São Paulo: LTr, 2015. p. 22.

qual os representantes dos empregadores e dos empregados discutam, em igualdade, com os dos Governos, e tomem com eles decisões de caráter democrático, visando o bem comum.[24]

Desde a Declaração de Filadélfia, em 1944, que serviu de modelo para a Carta das Nações Unidas e para a Declaração Universal dos Direitos do Homem, a OIT vem combatendo a coisificação do ser humano.

O *primeiro princípio* da Declaração de Filadélfia decorre da afirmação de que "*o trabalho não é mercadoria*", premissa que adquire atualidade quando se trata do Relatório Global "Trabalho para um Futuro Melhor", tendo em vista a precarização do trabalho promovida pelas formas de instrumentalização e reificação do ser humano decorrentes do neoliberalismo, das novas tecnologias, dos contratos flexíveis, precários, com direitos rarefeitos.

Sobre o tema, Maria Cecilia Lemos destaca que a mercantilização do trabalho "em detrimento da proteção à dignidade do trabalhador, enfraquece o processo de densificação do direito fundamental ao trabalho digno – referencial a ser alcançado no paradigma do Estado Democrático de Direito".[25]

De forma a assegurar que trabalho seja fonte de dignidade, o Direito do Trabalho atua como "principal instrumento de desmercantilização do labor humano na economia capitalista, favorecendo este trabalho com regras superiores aos simples imperativos do mercado".[26]

A Declaração Universal dos Direitos do Homem, de 1948, reafirmou que os princípios fundamentais da ordem jurídica internacional são centrados nos Direitos Humanos e constituem a fonte de máxima da hierarquia no Direito.[27]

Quando se trata do Direito Individual do Trabalho, essa perspectiva humanista principiológica sobressai na afirmação universal da Declaração, de que "todo homem tem direito, sem distinção, a igual remuneração por igual trabalho; direito a uma remuneração justa e satisfatória; o direito a repouso e lazer, inclusive com a limitação razoável das horas de trabalho; o direito às férias remuneradas periódicas; o direito ao trabalho; à livre escolha de emprego; a condições justas e favoráveis de trabalho e à proteção contra o desemprego".[28]

No que se refere ao Direito Coletivo do Trabalho, ressalta-se o princípio universal que consagra o direito do homem se organizar em sindicatos e neles ingressar livremente para proteger seus interesses.[29]

O *segundo princípio* do Direito Internacional do Trabalho, expresso na Declaração de Filadélfia, é o que afirma "a liberdade de expressão e de associação como condições indispensáveis para um progresso ininterrupto"[30].

Tal premissa está diretamente ligada a elementos essenciais ao bom funcionamento do Estado Democrático de Direito, como a participação da sociedade civil nas instâncias deliberativas de poder e a representação classista. O pluralismo político é uma característica da democracia, assim como a liberdade de expressão e de pensamento. Tais preceitos aparecem de forma expressa no art. 8º da Constituição Federal de 1988, que assegura a liberdade de associação profissional ou sindical independente de autorização dos entes públicos.[31]

O *terceiro princípio* fundamental do Direito Internacional do Trabalho vaticina que "a penúria, seja onde for, constitui um perigo para a prosperidade geral".[32]

---

(24) BRASIL. OIT. CONSTITUIÇÃO DA OIT E DECLARAÇÃO DE FILADÉLFIA. Disponível em: <https://www.ilo.org/brasilia/centro-de-informacoes/documentos/WCMS_336957/lang--pt/index.htm>. Acesso em: 15 dez. 2019.

(25) LEMOS, Maria Cecilia de Almeida Monteiro. *O dano existencial nas relações de trabalho intermitentes*: reflexões na perspectiva do direito fundamental ao trabalho digno. Tese de Doutorado, Faculdade de Direito, Universidade de Brasília, 2018. p. 8. No prelo.

(26) DELGADO, Gabriela Neves. Direitos humanos dos trabalhadores: perspectiva de análise a partir dos Princípios Internacionais do Direito do Trabalho e do Direito Previdenciário. DELGADO, Mauricio Godinho; DELGADO, Gabriela Neves. *Constituição da República e direitos fundamentais*: dignidade da pessoa humana, justiça social e Direito do Trabalho. São Paulo: LTr, 2017. p. 192.

(27) SÜSSEKIND, Arnaldo. *Instituições de direito do trabalho*, v. II. São Paulo: LTr, 1996. p. 1.403.

(28) DELGADO, Gabriela Neves. Direitos humanos dos trabalhadores: perspectiva de análise a partir dos Princípios Internacionais do Direito do Trabalho e do Direito Previdenciário. DELGADO, Mauricio Godinho; DELGADO, Gabriela Neves. *Constituição da República e direitos fundamentais*: dignidade da pessoa humana, justiça social e Direito do Trabalho. São Paulo: LTr, 2017. p. 192.

(29) *Idem*.

(30) *Idem*.

(31) *Ibidem*. p. 193.

(32) DELGADO, Gabriela Neves. Direitos humanos dos trabalhadores: perspectiva de análise a partir dos Princípios Internacionais do Direito do Trabalho e do Direito Previdenciário. DELGADO, Mauricio Godinho; DELGADO, Gabriela Neves. *Constituição da República e direitos fundamentais*: dignidade da pessoa humana, justiça social e Direito do Trabalho. São Paulo: LTr, 2017. p. 192.

O alerta, proferido pela Organização Internacional do Trabalho em seus primórdios, já acenava com o risco de ruptura do sistema capitalista em razão do aumento das contradições sociais, da proliferação da miséria e do abismo social. Conforme afirma Gabriela Neves Delgado, "A pobreza extrema e a exclusão social violam a dignidade da pessoa humana"[(33)], sendo o trabalho digno instrumento de progresso social e desenvolvimento econômico.

Diante da desigualdade e da injustiça social, o Direito do Trabalho atua como "o mais generalizante e consistente instrumento assecuratório de efetiva cidadania, no plano econômico, e de efetiva dignidade, no plano individual".[(34)]

O *quarto e* último *princípio* fundamental do Direito Internacional do Trabalho afirma que "a luta contra a carência, em qualquer nação, deve ser conduzida com infatigável energia, e por um esforço internacional contínuo e conjugado, no qual os representantes dos empregadores e dos empregados discutam, em igualdade, com os dos Governos, e tomem com eles decisões de caráter democrático, visando o bem comum"[(35)].

Para tanto, a composição tripartite da Organização Internacional do Trabalho, refletida na participação de empregados, empregadores e governos, sinaliza a importância do diálogo social para a superação dos conflitos.

Por fim, a Declaração de Filadélfia, além de consignar os *princípios fundantes do Direito Internacional do Trabalho*, reforça a necessidade de busca de uma paz duradoura, assentada na justiça social.

Em 1998, a Organização Internacional do Trabalho publicou importante documento – a Declaração sobre os Princípios e Direitos Fundamentais no Trabalho, estabelecendo como Direitos Humanos dos trabalhadores o direito à liberdade de associação e à negociação coletiva; o direito à eliminação do trabalho forçado em todas as suas formas; o direito à eliminação do trabalho infantil e o direito à eliminação de qualquer forma de discriminação em matéria de emprego e ocupação.

A Declaração sobre Princípios e Direitos Fundamentais no Trabalho da OIT é um importante instrumento para a implementação do trabalho decente no mundo, na medida em que reforça a obrigação de cada estado-membro da Organização de respeitar e promover os Direitos Humanos dos trabalhadores, independentemente de terem ou não ratificado Convenções da Organização sobre o assunto.[(36)] Ressalta-se que o dever de oferecimento de condições para o trabalho decente pelos estados-membros resulta na possibilidade de sanções em caso de omissão ou de recusa à sua implementação.

Os princípios fundantes do Direito Internacional do Trabalho permeiam as premissas adotadas pelo Relatório Global "Trabalho para um Futuro Melhor", da Organização Internacional do Trabalho.

O Relatório Global "Trabalho para um Futuro Melhor", da Comissão Mundial sobre o Futuro do Trabalho, foi elaborado a partir de um convite da Organização Internacional do Trabalho – OIT, com o objetivo de apresentar os principais desafios sobre o futuro do trabalho e apontar caminhos para o enfrentamento deste futuro. A Comissão foi constituída por vinte e oito membros, dentre os quais os copresidentes da OIT, quatro membros de mérito, incluindo o Diretor-Geral e os componentes do Conselho de Administração.

A Comissão Global foi criada no âmbito das chamadas "Iniciativas do Centenário" sobre o Futuro do Trabalho da OIT. A sua instituição ocorreu no ano de 2013, após diálogos no âmbito de cento e dez países-membros, respeitada a composição tripartite que inclui governos, empregados e empregadores. O início dos trabalhos deu-se em 2017 com a sua composição por especialistas de diferentes áreas relacionadas ao tema analisado. O Relatório foi publicado no início de 2019 e foi aprovado na 108ª Conferência Internacional do Trabalho, em meados do mesmo ano.

A iniciativa do lançamento ocorreu no centenário da OIT, celebrado no Brasil e no mundo por meio de uma série de eventos, publicações de artigos e lançamentos de obras as mais diversas para comemoração da data. A Comissão Global composta por membros de vários países conta com a presença de uma mulher brasileira, a Professora Doutora Cláudia Costin, diretora do Centro de Excelência e Inovação em Políticas Educacionais (CEIPE), da Fundação Getúlio Vargas.[(37)]

(33) *Idem*.

(34) DELGADO, Mauricio Godinho. *Capitalismo, trabalho e emprego*: entre o paradigma da destruição e os caminhos da reconstrução. São Paulo: LTr, 2005. p. 142.

(35) DELGADO, Gabriela Neves. Direitos humanos dos trabalhadores: perspectiva de análise a partir dos Princípios Internacionais do Direito do Trabalho e do Direito Previdenciário. DELGADO, Mauricio Godinho; DELGADO, Gabriela Neves. *Constituição da República e direitos fundamentais*: dignidade da pessoa humana, justiça social e Direito do Trabalho. São Paulo: LTr, 2017. p. 193.

(36) *Ibidem*, p. 194.

(37) FGV EBAPE. Disponível em: <https://ebape.fgv.br/corpo-docente/claudia-costin-0>. Acesso em: 19 dez. 2019.

A criação da Comissão Global deu-se com o objetivo de realizar uma análise mais aprofundada do futuro do trabalho e, a partir da conclusão e do lançamento do Relatório Global, discutir, aprovar ou expedir normas internacionais sobre uma desafiante questão: como alcançar a justiça social no Século XXI. Importante conclusão, quanto ao Relatório, é a sinalização da OIT no sentido de que não pretende assistir passivamente às mudanças impostas ao mundo do trabalho pelos avanços tecnológicos, pelo neoliberalismo e pela supremacia do mercado em contraposição à centralidade da pessoa humana, mas atuar como protagonista, na resistência a este cenário de precarização, *propondo uma agenda para o futuro do trabalho centrada no ser humano.*[38]

Trata-se de uma postura criativa, considerando o novo modelo de desenvolvimento, por meio de um projeto consistente, de valorização do trabalho humano sobre as máquinas e que visa o desenvolvimento sustentável.

Em seu Sumário, o Relatório Global aponta, como tópico central "*Estabelecer o Contrato Social: uma agenda centrada no ser humano*". A partir dessa perspectiva, o documento aborda a necessidade de: a) aumentar o investimento nas capacidades das pessoas; b) investir em aprendizagem por toda a vida para todos; c) apoiar as pessoas durante as transições; d) construir uma agenda transformadora visando a igualdade entre gêneros; e) fortalecer a proteção social; f) aumentar o investimento nas instituições do trabalho; g) estabelecer uma Garantia Universal de Trabalho; h) expandir a autonomia sobre o tempo; i) revitalizar a representação coletiva; j) pedir o uso da tecnologia como apoio para o trabalho decente; k) aumentar o investimento em trabalho decente e sustentável; l) transformar as economias visando promover o trabalho decente e sustentável; m) mudar incentivos: em direção a um modelo de negócios econômico centrado no ser humano[39].

O documento em análise evidencia uma *agenda centrada no ser humano* no qual governos, empresas e trabalhadores assumirão o compromisso, como membros da OIT, para a construção de um futuro do trabalho digno e justo, em que as pessoas estejam no centro das políticas econômicas e sociais.

O reconhecimento da centralidade do ser humano com sua dignidade aproxima a perspectiva internacional de proteção ao trabalho pugnada pela OIT dos princípios constitucionais da dignidade da pessoa humana e do valor social do trabalho, expressos de forma implícita ou explícita na matriz constitucional de 1988.

Dessa forma, é possível vislumbrar a perfeita interseção da proteção ao trabalho digno e a centralidade da pessoa humana, na matriz Constitucional de 1988 e nas diretrizes do Relatório Global "Trabalho para um Futuro Melhor", da Organização Internacional do Trabalho.

4. O COMPROMISSO BRASILEIRO COM AS DIRETRIZES DO RELATÓRIO GLOBAL "TRABALHO PARA UM FUTURO MELHOR" DA OIT

O equilíbrio da relação capital-trabalho, em busca da proteção do trabalhador contra a opressão do poder econômico, por meio de convenções, recomendações e tratados internacionais contra as condições de trabalho degradante, sempre foi a preocupação central da Organização Internacional do Trabalho (OIT), constituída em 1919.

O compromisso da OIT com o trabalho decente foi ressignificado no Relatório Global "Trabalho para um Futuro Melhor", na medida em que novas preocupações com o futuro do trabalho – e com a centralidade do ser humano – foram apresentadas.

O Relatório Global "Trabalho para um Futuro Melhor" propõe que a agenda para o futuro do trabalho seja centrada no ser humano, de forma que se fortaleça o contrato social e "coloque as pessoas e o trabalho no centro da política econômica e social e da prática de negócios"[40].

Essa agenda consiste no desenvolvimento de três pilares que, de acordo com a OIT, se forem combinados, poderão impulsionar o crescimento, a igualdade e a sustentabilidade para as gerações futuras e atuais. Seriam eles o aumento de investimento nas capacidades das pessoas, o aumento de investimento nas instituições do trabalho e o aumento do investimento em trabalho decente e sustentável.[41]

---

(38) Relatório da Comissão Global sobre o Futuro do Trabalho 2019 – OIT. Federação de Sindicatos de Trabalhadores das Universidades Brasileiras. FASUBRA. p. 3. Disponível em: <http://fasubra.org.br/wp-content/uploads/2019/02/relatorio_oit_portugues_2019.pdf>. Acesso em: 16 dez. 2019.

(39) *Idem.*

(40) Relatório da Comissão Global sobre o Futuro do Trabalho 2019 – OIT. FASUBRA. Federação de Sindicatos de Trabalhadores das Universidades Brasileiras. p. 11. Disponível em: <http://fasubra.org.br/wp-content/uploads/2019/02/relatorio_oit_portugues_2019.pdf>. Acesso em: 16 dez. 201

(41) Relatório da Comissão Global sobre o Futuro do Trabalho 2019 – OIT. FASUBRA. Federação de Sindicatos de Trabalhadores das Universidades Brasileiras. p. 11. Disponível em: <http://fasubra.org.br/wp-content/uploads/2019/02/relatorio_oit_portugues_2019.pdf>. Acesso em: 16 dez. 201

A parte final do Relatório Global "Trabalho para um Futuro Melhor", da OIT, lança um desafio para os estados-membros, em forma de recomendação, para que assumam a responsabilidade com a implementação dessa agenda:

> Recomendamos que todos os países estabeleçam estratégias nacionais sobre o futuro do trabalho, contando com seu desenvolvimento nas instituições existentes para o diálogo social ou, quando necessário, estabelecendo novas estratégias. Tais estratégias devem colocar em ação as recomendações deste relatório, respondendo a circunstâncias nacionais específicas. Alcançar o diálogo inclusivo significa alcançar, por um lado, as diversas realidades das empresas, locais de trabalho e comunidades locais e, por outro, atravessar as fronteiras para captar as dimensões internacionais dos debates e as vantagens da fertilização cruzada.[42]

O Brasil, como estado-membro da Organização Internacional do Trabalho desde a sua fundação, tem o dever de assumir o compromisso de proteção ao futuro do trabalho, assegurando a implementação de uma agenda centrada no ser humano e, consequentemente, garantindo o cumprimento das promessas constitucionais de erradicação da pobreza, redução das desigualdades sociais e valorização do trabalho digno.

Não obstante, as alterações legislativas e atos executivos editados no Brasil acompanham uma onda global de precarização do trabalho desencadeada no final do século XX, aprofundando a desigualdade, causando retrocesso social e impondo condições incompatíveis com o trabalho digno previsto na matriz constitucional de 1988 e com a agenda centrada no ser humano de que trata o Relatório Global da OIT.

Nesse contexto, assumem relevo as normas internacionais de proteção aos Direitos Humanos e aos Direitos Humanos do trabalhador global, assim como o seu *status* jurídico no território brasileiro – norma supralegal – portanto, abaixo da Constituição e acima da legislação interna, de modo que toda legislação infraconstitucional conflitante com as normas supralegais é inaplicável[43].

Observa-se o estranhamento desse arcabouço jurídico internacional protetivo com o retrocesso social promovido pela precarização levada a efeito no Brasil, em relação aos direitos trabalhistas, sociais e previdenciários, por intermédio de reformas supressoras de direitos fundamentais assegurados em normativas internacionais vigentes e, inclusive, na própria Constituição Federal de 1988.

Nesse sentido, o compromisso brasileiro com o Relatório Global "Trabalho para um Futuro Melhor", da OIT, deve ser reiterado por toda a sociedade – Poder Executivo, Legislativo e Judiciário – ao lado de empresários e trabalhadores. Enfrentar esse desafio é essencial para traçar os caminhos para o futuro da nação, para a construção de uma sociedade livre, justa e solidária, assegurando trabalho digno e o respeito à Constituição Federal.

5. CONCLUSÃO

Conclui-se, ao final do presente estudo, pela convergência entre a matriz constitucional de 1988, que estabeleceu como um de seus princípios fundamentais o trabalho digno, e o arcabouço protetivo internacional da OIT, sintetizado no Relatório Global "Trabalho para um Futuro Melhor".

Num contexto em que as instituições do trabalho e as normas protetivas do trabalho humano tornaram-se alvo de desconstrução visando exclusivamente aos interesses do mercado, reafirmar o compromisso brasileiro com o trabalho digno e fundamental.

Assim, a legislação infraconstitucional brasileira deve observar a vedação do retrocesso social e buscar a progressão de direitos para a implementação do trabalho decente e a realização das promessas constitucionais, com ênfase para concretização da dignidade e a não instrumentalização do ser humano como direitos universais. Os protocolos firmados pelo Brasil e toda a proteção preconizada pela Organização Internacional do Trabalho para garantir o trabalho decente precisam ser respeitados pela legislação nacional, em atenção à matriz constitucional de 1988 e ao princípio fundante da Organização Internacional do Trabalho que consiste na afirmação de que *o trabalho não é mercadoria.*

---

(42) *Idem.*

(43) O Supremo Tribunal Federal, quando do julgamento do Recurso Extraordinário n. 349.703-1, reconheceu o *status* supralegal dos tratados internacionais sobre direitos humanos ratificados pelo Brasil em momento anterior ao advento do § 3º do art. 5º da Constituição Federal. BRASIL. SUPREMO TRIBUNAL FEDERAL. Disponível em: <http://redir.stf.jus.br/paginadorpub/paginador.jsp?docTP=AC&docID=595406>. Acesso em: 15 dez. 2019.

REFERÊNCIAS

BRASIL. CONSTITUIÇÃO FEDERAL de 1988. Disponível em: <http://www.planalto.gov.br/ccivil_03/constituicao/constituicao.htm>. Acesso em: 15 dez. 2019.

BRASIL. OIT. CONSTITUIÇÃO DA OIT E DECLARAÇÃO DE FILADÉLFIA. Disponível em: <https://www.ilo.org/brasilia/centro-de-informacoes/documentos/WCMS_336957/lang--pt/index.htm>. Acesso em: 15 dez. 2019

BRASIL. NAÇÕES UNIDAS. Disponível em: <https://nacoesunidas.org/artigo-23-direito-ao-trabalho/>. Acesso em: 16 dez. 2019.

BRASIL.SUPREMOTRIBUNALFEDERAL.Disponívelem:<http://redir.stf.jus.br/paginadorpub/paginador.jsp?docTP=AC&docID=595406>. Acesso em: 15 dez. 2019.

DELGADO, Gabriela Neves. *Direito fundamental ao trabalho digno*. 2 ed. São Paulo: LTr, 2015.

DELGADO, Mauricio Godinho; DELGADO, Gabriela Neves. *A reforma trabalhista no Brasil*: com os comentários à Lei n. 13.467/2017. 2. ed. São Paulo: LTr, 2018.

DELGADO, Mauricio Godinho. *Capitalismo, trabalho e emprego*: entre o paradigma da destruição e os caminhos da reconstrução. São Paulo: LTr, 2005.

DELGADO, Mauricio Godinho; DELGADO, Gabriela Neves. *Constituição Federal da República e Direitos Fundamentais*: dignidade da pessoa humana, justiça social e Direito do Trabalho. São Paulo: LTr, 2017.

DOCUMENTO FINAL DO CENTENÁRIO DA OIT – ILO. Disponível em: <https://www.ilo.org › ---europe › documents › publication › wcms_706928>. Acesso em: 16 dez. 2019.

FGV EBAPE. Disponível em: <https://ebape.fgv.br/corpo-docente/claudia-costin-0>. Acesso em: 19 dez. 2019.

GLOBALIZAÇÃO, INTERESSE PÚBLICO E DIREITO INTERNACIONAL. 47ª Reunião da SBPC, em São Luiz/MA, de 9 a 14.07.1995. *Estudos Avançados*. v. 9, n. 25. São Paulo: sept./dec. 1995. Disponível em: <http://www.scielo.br/scielo.php?script=sci_arttext&pid=S0103-40141995000300006> Acesso em: 23 nov. 2019.

LEMOS, Maria Cecilia de Almeida Monteiro. *O dano existencial nas relações de trabalho intermitentes*: reflexões na perspectiva do direito fundamental ao trabalho digno. Tese de Doutorado, Faculdade de Direito, Universidade de Brasília, 2018. No prelo.

LOCKMANN, Ana Paula Pellegrina. *Direitos fundamentais do trabalhador – breves considerações. Direitos fundamentais nas relações de trabalho*. FREDIANE, Yone; ALVARENGA, Rúbia Zanotelli (Org.). São Paulo: LTr, 2015.

OIT – Lisboa. Disponível em: <http://www.ilo.org/public/portugue/region/eurpro/lisbon/html/portugal_visita_guiada_02_pt.htm>. Acesso em: 23 ago. 2017.

RELATÓRIO DA COMISSÃO GLOBAL SOBRE O FUTURO DO TRABALHO 2019 – OIT. Federação de Sindicatos de Trabalhadores das Universidades Brasileiras. FASUBRA, p. 3. Disponível em: <http://fasubra.org.br/wp-content/uploads/2019/02/relatorio_oit_portugues_2019.pdf> Acesso em: 16 dez. 2019.

CAPÍTULO 6

O Valor Social do Trabalho: Análise Principiológica à Luz do Direito Fundamental ao Trabalho Digno

ANA CLÁUDIA NASCIMENTO GOMES[1]

Resumo: A Constituição de 1988 consagra, paralelamente ao princípio da dignidade da pessoa humana, o princípio do valor social do trabalho logo no seu art. 1º. A interdependência normativa desses dois princípios constitucionais permite extrair da Carta o direito fundamental ao trabalho socialmente dignificante. Por outro la do, o conceito de *decent work* tem sido desenvolvido no Direito Internacional pela OIT. A abertura do sistema dos direitos fundamentais permite a densificação daquele direito fundamental constitucional pela via da interpretação *pro homine*, em complementação da concretização infraconstitucional interna.

Palavras-chave: Valor social do trabalho. Constituição de 1988: conteúdo normativo. Trabalho digno. OIT. Direito fundamental ao trabalho digno.

Abstract: The 1988 Constitution establishes, in parallel with the principle of the dignity of the human person, the principle of the work's social value in its art. 1st. The normative interdependence of these two constitutional principles makes it possible to derive from the Magna Carta the fundamental right to socially dignified work. On the other hand, the concept of decent work has been developed in International Law by the ILO. The opening of the fundamental rights's system allows the densification of that constitutional fundamental right through the pro homine interpretation, complementing the internal infraconstitutional concretization.

Keywords: Work's social value. Brazil's Constitution: normative content. Decent work. ILO Fundamental right to decent work.

1. INTRODUÇÃO

Com grande prazer acadêmico e pessoal aceitamos o honroso convite proveniente da Professora Doutora Gabriela Neves Delgado para articular na presente obra coletiva, intitulada *Direito Fundamental ao Trabalho Digno no Século XXI*, e em merecida comemoração pelo decênio de atividades do Grupo de Pesquisa *Trabalho, Constituição e Cidadania.*

Em termos acadêmicos, a nossa alegria é enorme; afinal, os frutos jurídicos desse importante grupo de pesquisa têm sido referenciados nacionalmente, fazendo com que a Universidade de Brasília (UnB) ocupe hoje, legitimamente, posições cumeeiras também em sede de produção científica do Direito do Trabalho. Em termos pessoais, o nosso contentamento é igualmente alto. A Doutora Gabriela Neves Delgado, além de jurista respeitabilíssima pelo brio e quilate de suas obras no âmbito juslaboral, é amiga que conquistamos há muitos anos, pelo nosso apreço comum ao magistério jurídico, em nossos intervalos das aulas na Pontifícia Universidade Católica de Minas Gerais, onde brotavam os diálogos. A distância de hoje acirrou a nossa amizade e a admiração.

---

(1) Doutora em Direito Público pela Universidade de Coimbra. Mestre em Ciências Jurídico-Políticas pela Faculdade de Direito da Universidade de Coimbra. Especialista em Direito do Consumidor pela Faculdade de Direito da Universidade de Coimbra. Especialista em Direito do Trabalho e Processual do Trabalho pela Universidade Gama Filho. Graduada pela Faculdade de Direito da Universidade Federal de Minas Gerais. Membro do Ministério Público do Trabalho/MPT-MPU, no cargo de Procuradora do Trabalho. Ex-Membro Auxiliar da Procuradoria-Geral da República (PGR) em Matéria Trabalhista (2017/2019). Professora Adjunta IV da Pontifícia Universidade Católica de Minas Gerais (PUC Minas), em Belo Horizonte. Autora de livros e artigos jurídicos.

O nosso artigo abordará o tema do *valor social do trabalho,* norma fundante do Estado Democrático de Direito erigido pela Constituição da República de 1988 (CR/88, art. 1º-IV). A nossa análise será elaborada sob o mote que une e orienta todo esse livro: *o direito fundamental ao trabalho digno.*

Elegemos o seguinte trajeto retórico desse nosso ensaio: (1) *O valor social do trabalho – e valorização do trabalho humano – na Constituição de 1988.* Neste tópico, abordaremos a estrutura normativa – principiológica – dos preceitos constantes dos arts. 1º-IV e 170-*caput* da CR/88 com as suas respectivas imposições jurídicas e indicaremos outras normas constitucionais correlatas (mais relevantes) que densificam o conteúdo normativo daquele princípio. E, (2), *O valor social do trabalho e os Direitos Humanos*, na medida em que há também a ingressão normativa, por parte daquelas assentadas em tratados – e em declarações – internacionais de Direitos Humanos, de relevante e imperativa substância àquele princípio jurídico-constitucional. Os tópicos, conjuntamente, ao final, convergem para o reconhecimento de um efetivo *direito fundamental ao trabalho digno:* direito público subjetivo dos trabalhadores, individual ou coletivamente considerados, autoaplicável, a impor o cumprimento de obrigações fundamentais por parte do Estado e o respeito nas relações laborais, sejam elas de natureza jurídico-privadas ou de natureza jurídico-públicas.[2]

A despeito de nossa retórica aprioristicamente "amiga" do *valor social do trabalho,* não podemos fechar os olhos para as recentes ondas nacionais, de fonte legal e infralegal, que o desprestigiaram[3]. Argumentos *ad terrorem* de fim do trabalho (e, consequentemente, do emprego) em decorrência das Revoluções Tecnológica e/ou 4.0[4] ainda colocam aquele axioma normativo em hodierna cruzada mundial. Por isto mesmo, faz todo sentido nos debruçarmos sobre a *centralidade constitucional* do *valor social do trabalho,* de modo que os "argumentos de força"[5] sejam devidamente enquadrados como "argumentos jurídicos", sob pena de deverem ser repelidos.

Vejamos.

2. O VALOR SOCIAL DO TRABALHO – E VALORIZAÇÃO DO TRABALHO HUMANO – NA CONSTITUIÇÃO DE 1988: AFLUXOS CONSTITUCIONAIS

Não obstante seja hoje assente que os direitos fundamentais se fundam no princípio da dignidade da pessoa humana (CR/88, art. 1º-III) – o qual atribui "unidade de sentido" ao sistema da jusfundamenta-

(2) Desde já assentados que temos sido partidárias de um conceito subjetivamente abrangente do Direito do Trabalho, a albergar também parte considerável da Função Pública. Não só como decorrência do reconhecimento expresso de direitos coletivos (sindicais e de greve) aos servidores públicos, pela CR/88, corroborados pela Convenção n. 151 da Organização Internacional do Trabalho (OIT); mas também pelo fato de que, mesmo estes trabalhadores, vinculados ao Poder Público, carecem de semelhantes proteções jurídicas na sua esfera individual. Não sem razão, os seus vencimentos têm natureza alimentar; encontram-se, na maioria das situações, sob relação hierárquica ou de subordinação administrativa e carecem de guarida em relação aos seus direitos fundamentais de personalidade e patrimoniais. Assim, GOMES, Ana Cláudia Nascimento. *Emprego público de regime privado* – a laboralização da função pública. Belo Horizonte: Ed. Fórum, 2017. V. tb. ALAIN SUPIOT (e outros), *Transformações do trabalho e futuro do direito do trabalho na Europa.* Coimbra: Editora Coimbra, 2003. p. 245 e ss.

(3) Os exemplos são vários: desde a Reforma Trabalhista de 2017 (Lei n. 13.467/2017); passando pela extinção do Ministério do Trabalho (Medida Provisória n. 866/2019 e Lei n. 13.844/2019); pela recente Medida Provisória n. 905/2019; pela redução do orçamento para as atividades de fiscalização do trabalho escravo (V. "Governo planeja cortar verba de fiscalização trabalhista em 63%"; In: <https://www1.folha.uol.com.br/mercado/2019/11/verba-para-fiscalizacao-trabalhista-recua-63.shtml>. Acesso em: 20 nov. 2019); pela inclusão do Brasil na *Short List* da OIT justamente no ano do centenário dessa organização (in: "Brasil entra na "short list" da OIT", <http://blogs.correiobraziliense.com.br/servidor/brasil-entra-na-short-list-da-oit>. Acesso em: 20 nov. 2019); pelo reconhecimento da constitucionalidade da terceirização nas atividades finalísticas pelo STF, ainda que não tenham sido expressamente assegurados aos terceirizados os mesmos direitos normativos dos empregados diretos (STF, ADPF 324, Rel. Min. Roberto Barroso; RE/RG 958.252/MG, Rel. Min. Luiz Fux) e que não tenha sido levada a efeito a Reforma Sindical para a consagração do princípio da pluralidade sindical; pela alta taxa de desemprego no Brasil nos últimos anos, fazendo com o que o trabalho informal tenha batido recorde (in: <https://g1.globo.com/economia/noticia/2019/10/31/desemprego-fica-em-118percent-em-setembro-diz-ibge.ghtml>. Acesso em: 20 nov. 2019); pelas ameaças legislativas à extinção da Justiça do Trabalho e do Ministério Público do Trabalho (CARVALHO, Régis Franco e Silva de. "O futuro da Justiça do Trabalho – A necessidade da unificação para evitar, na prática, a extinção", In: <https://www.migalhas.com.br/dePeso/16,MI312939,81042-O+futuro+da+Justica+do+Trabalho+A+necessidade+da+unificacao+para>. Acesso em: 20 nov. 2019); pela positivação de uma lei de "liberdade econômica" (Lei n. 13.874/2019) mesmo antes da ratificação de vários tratados internacionais de direitos humanos laborais, tais como a Convenção n. 87 da OIT, dentre outros.

(4) V. EVANGELISTA, Ana Paula. Seremos líderes ou escravos da Indústria 4.0? – A chamada Quarta Revolução Industrial aponta para introdução de novas tecnologias que poderão substituir a mão de obra humana por inteligência artificial. Será? In: <http://www.epsjv.fiocruz.br/noticias/reportagem/seremos-lideres-ou-escravos-da-industria-40>. Acesso em: 20 nov. 2019.

(5) "Argumentos de força": tipo de argumentos que não permitem o diálogo com o interlocutor, comumente associada à persuasão. V. "Linguagem e Persuasão", In: <https://www.portugues.com.br/redacao/linguagem-persuasao.html>. Acesso em: 20 nov. 2019.

lidade[6] –, e que, por isto mesmo, tenha ele merecido as maiores atenções por parte da juspublicística pós-2ª Guerra Mundial, face às atrocidades desta; a Constituição de 1988 erigiu *também* como fundamentos da República, e em paralelo com aquele princípio e de igual relevância para o Estado Democrático de Direito, *"os valores sociais do trabalho e da livre-iniciativa"* (art. 1º-IV). Não fosse o suficiente, a "valorização do trabalho humano" e o "primado do trabalho" são expressamente reiterados como sustentáculos das Ordens Econômica (art. 170-*caput*) e Social (art. 193-*caput*).

Tal opção política do Constituinte, cravada logo naquele dispositivo inicial da Carta, impõe aos Poderes Constituídos, à partida e definitivamente, que, no exercício de suas respectivas competências, atribuam ao *trabalho humano* valorização normativa tão garantística quanto aquela que consagra à própria dignidade da pessoa humana (constante no inciso III do mesmo art. 1º), a qual, aliás, não poderá prescindir do trabalho como instrumento de sua realização. Trata-se, pois, de uma verdadeira viragem constitucional em prol de uma "tomada à sério"[7] do *valor social do trabalho;* concebendo o bem jurídico *trabalho humano* como socialmente estruturante e constitucionalmente protegido.

Segundo os comentários de Cláudio Mascarenhas Brandão:

> não se tratou de uma mera alteração de natureza topológica. Ao contrário, a mudança na disposição introdutória do texto constitucional fincou de modo definitivo a opção política de estabelecer tratamento privilegiado ao trabalho como elemento integrante do próprio conceito de dignidade humana e fundamentador do desenvolvimento da atividade econômica. Isso representa um compromisso inafastável com a valorização do ser humano e com a legitimação do Estado Democrático de Direito.[8]

Ao reverso, a despeito do trabalho dotar de fático aspecto *econômico*, relevante sob vieses mercadológicos vários (custos da mão de obra; impactos diretos e indiretos sobre a Economia *etc.*), não apresentou dignidade materialmente constitucional; é dizer, por outro lado, que a vertente *econômica* do trabalho, quando isolada ou única, desacompanhada de seu "valor social", não recebeu proteção constitucional. Isto já conduz (ou deveria conduzir, na *praxis!*), *a priori*, por exemplo, para que as opções político-legislativas em sede de Direito do Trabalho (inseridas na competência legislativa da União, art. 22-I da CR/88) não sejam elaboradas tendo aquele aspecto econômico do trabalho como um fio condutor; apenas se o for inserido adequadamente no contexto de seu "valor social" constitucionalmente determinado.[9]

Com efeito, ao determinar a CR/88 que *o valor social do trabalho* seja basilar ("fundamento") de nosso Estado Democrático de Direito, consagrá-lo como um *princípio constitucionalmente estruturante,*[10] com as implicações jurídico-constitucionais daí decorrentes no campo da hermenêutica, da aplicação e da concretização das normas constitucionais. Conforme a conceituação de Gomes Canotilho, esses tipos normativos

> designam os princípios constitutivos do "núcleo essencial da constituição", garantindo a esta uma determinada *identidade* e *estrutura*. Possuem, em geral, duas dimensões (1) uma *dimensão constitutiva*, dado que os princípios, eles mesmos, na sua "fundamentalidade principal", exprimem, indiciam, denotam ou constituem uma compreensão global da ordem constitucional; (2) uma *dimensão declarativa*, pois estes princípios assumem, muitas vezes, a natureza de "superconceitos", de "vocábulos designantes", utilizados para exprimir a soma de outros "subprincípios" e de concretizações normativas constitucionalmente plasmadas. (...)
>
> As relações de complementariedade, de condicionamento e imbricação entre os princípios estruturantes explicam o sentido da *especificidade* e *concordância prática:* a especificidade (conteúdo, extensão e alcance) própria de cada princípio não exige o sacrifício unilateral de um princípio em relação aos outros, antes aponta

(6) V. ANDRADE, José Carlos Vieira de. *Os direitos fundamentais na Constituição Portuguesa de 1976*. 2. ed. Coimbra: Livraria Almedina, 2001. p. 93. Tb. PINTO E NETTO, Luísa Cristina. *A abertura do sistema de direitos fundamentais do estado constitucional*. Curitiba: Íthala, 2016. p. 151 e ss.

(7) V. CANOTILHO, J. J. Gomes. Tomemos a sério os Direitos Económicos, Sociais e Culturais. In: *Estudos sobre direitos fundamentais*. Coimbra: Editora Coimbra, 2003. p. 35-67.

(8) Cf. BRANDÃO, Cláudio Mascarenhas. Art. 1º, IV. In: *Comentários à Constituição do Brasil*. CANOTILHO, J. J. Gomes (e outros Coord.). 2. ed. São Paulo: Livraria Almedina/Ed. Saraiva/Série IDP: 2018. p. 131.

(9) Entretanto, em nossa ótica, foi sob o exclusivo aspecto do viés econômico do trabalho que a recente Medida Provisória n. 905/2019 foi editada pelo Governo.

(10) Diversamente, GRAU, Eros Roberto. *A Ordem Econômica na Constituição de 1988*. 7. ed. São Paulo: Malheiros Editores, 2002. p. 240, apresenta o princípio do valor social do trabalho como princípio político constitucionalmente conformador.

para uma tarefa de harmonização, de forma a obter-se a máxima efectividade de todos eles.(11)

Assim, o *princípio* do valor social do trabalho – repita-se, em termos constitucionalmente positivos, tal e qual ao princípio da dignidade da pessoa humana – (*i*) erradia sua força normativa sobre toda a "unidade da constituição", especialmente no que afeta aos direitos econômicos, sociais e culturais; (*ii*) deve harmonizar-se (e conformar-se) com o princípio do "valor social da livre-iniciativa" (é sempre bom apontar que o princípio constitucionalmente assentado é o do "*valor social* da livre-iniciativa", não obstante reiteradamente mencionado apenas como "princípio da livre-iniciativa")(12); (*iii*) impõe a sua observância pelos atos jurídico-públicos infraconstitucionais (legislativos, administrativos e jurisdicionais(13)) e jurídico-privados(14), sob pena de nulidade absoluta (dogma da supremacia constitucional); (*iv*) pressupõe o princípio da proporcionalidade em caso de colisão com outra norma de mesma estrutura e carrega em si um, sempre, "mandamento de otimização".(15)

Se o valor social do trabalho é norma que se encontra na "cabeça" da Constituição, isto não significa dizer que ela dispensa articulação com os demais "membros" do *corpus constitucional;* até porque, como já se elucidou, vetores que orientam a interpretação constitucional são a sua unidade e o seu caráter sistêmico.(16) Esse processo de inter-relação normativa constitucional, ademais, diminui o grau de indeterminação do conteúdo do *valor social do trabalho*(17), racionalizando o seu potencial de autoaplicabilidade e favorecendo a sua concretização infraconstitucional.

Assim, são estreitas as conexões entre o *valor social do trabalho* e os objetivos fundamentais da República (art. 3º) de "construir uma sociedade livre, justa e solidária"; de "erradicar a pobreza e a marginalização e reduzir as desigualdades sociais e regionais e "promover o bem de todos, sem ... quaisquer formas de discriminação"; com a "prevalência dos diretos humanos" nas relações internacionais do Brasil (art. 4º); com a realização e a efetividade dos direitos fundamentais, em especial com os direitos decorrentes dos princípios da liberdade, igualdade e solidariedade e em plena atenção ao princípio da dignidade da pessoa humana; com o princípio da progressividade social dos direitos dos trabalhadores (art. 7º-*caput*) e com os direitos trabalhistas constitucionais (arts. 7º a 11); com os direitos de cidadania, enquanto envolve o direito do cidadão de participar e de contribuir ativamente numa vida de uma sociedade (democracia participativa); com os princípios de justiça social (arts. 170 e 193); com as regras que tratam da Seguridade Social (as quais têm o homem-trabalhador, em suas várias frentes, como o destinatário da tutela); entre outras normas inerentes ao princípio solidariedade (na vertente do Estado Social).

Vê-se, pois, que o *trabalho humano* está alicerçado na Constituição como verdadeiro esteio e instrumento de evolução social e de alcance para a realização dos objetivos fundamentais da República; porém, somente o é quando, ele mesmo, apresenta-se imbuído da prevalência e eficácia plena dos direitos fundamentais e da dignidade da pessoa humana; sendo, pois, ele próprio, em sua essência, um *trabalho* com potencial *socialmente dignificante* para o trabalhador; pessoa destinatária dos direitos fundamentais na seara laboral. Nessa medida, simultaneamente, o "*trabalho humano socialmente dignificante*" apresenta-se como instrumento e fim constitucionais: o trabalho humano como correalizador do princípio da dignidade da pessoa humana; e, por sua vez, a dignidade da pessoa humana como ingrediente absolutamente indispensável àquele, pelo seu "valor social"; a dignificar o trabalhador.

Conforme comentaram Gomes Canotilho e Vital Moreira, tendo em vista a "tríade mágica" da Constitui-

(11) Cf. CANOTILHO, J. J. Gomes. *Direito constitucional e teoria da Constituição.* Coimbra: Livraria Almedina, 2003. p. 1185-1187.

(12) Assim, por exemplo, na própria jurisprudência constitucional. V. STF, ADPF 449, Rel. Min. Luiz Fux; ADPF 46, Rel. p/acórdão Min. Eros Grau; ADI 1950, Rel. Min. Eros Grau; RE/RG 1.054.110, Rel. Min. Roberto Barroso etc.

(13) Não deixa de ser paradoxal um fato que apuramos ao elaborar este artigo: ao realizar uma busca pela jurisprudência constitucional sobre os princípios do valor social do trabalho e da valorização do trabalho humano, com os arts. 1º-IV e 170-*caput* (A Constituição e o Supremo. In: <http://www.stf.jus.br/portal/constituicao/artigoBd.asp#visualizar>. Acesso em: 20 nov. 2019), só se tenham localizados julgados que privilegiam o princípio da livre-iniciativa. Exemplo paradigmático é o julgado da ADPF 449, Rel. Min. Luiz Fux, lá citado, sobre os motoristas por aplicativo, cuja decisão fora fundamentada na liberdade de empreender economicamente. Nos EUA, berço do Liberalismo Econômico, há, contudo, notas de que a liberdade de empreender precisa respeitar direitos laborais básicos. V. MELO, João Ozorio de. *Emprego informal* – Nova lei da Califórnia cria vínculo empregatício para motoristas de aplicativos. In: <https://www.conjur.com.br/2019-set-13/california-cria-vinculo-empregaticio-motoristas-aplicativos>. Acesso em: 20 nov. 2019.

(14) Basta se cogitar, por exemplo, da repulsa normativa causada pelo trabalho infantil.

(15) Por todos, ALEXY, Robert. *Teoria dos direitos fundamentais.* 2. ed. São Paulo: Malheiros Editores, 2017.

(16) Cf. CANOTILHO, J. J. Gomes. *Direito constitucional e teoria da Constituição.* 7. ed. Coimbra: Livraria Almedina, 2003. p. 1.183 e seg.

(17) V. BRANDÃO, Cláudio Mascarenhas. Art. 1º, IV. In: *Comentários à Constituição do Brasil.* CANOTILHO, J. J. Gomes (e outros Coord.). 2. ed. São Paulo: Livraria Almedina/Ed. Saraiva/Série IDP, 2018. p. 131.

ção[18] (tendo especialmente em vista a Constituição da República Portuguesa de 1976; mas, *mutatis mutandis,* igualmente válido para a CR/88, pela simetria de suas normas):

> desde logo, assentam numa *base antropológica comum* – homem como pessoa, como cidadão e como trabalhador –, o que aponta não apenas para o reconhecimento da dignidade humana e autonomia individual perante o Estado (dimensão de Estado de Direito), mas também, para a inserção do homem livre num *processo democraticamente comunicativo* (princípio democrático) e para a garantia existencial do indivíduo nos planos económicos, social e cultural (princípio do Estado Social).[19]

A fusão material entre os princípios da dignidade da pessoa humana e do valor social do trabalho (a conduzir ao "*trabalho humano socialmente dignificante*" ou ao *direito fundamental ao trabalho digno*) é de tal ordem intensa que é mesmo juridicamente escorreito, inclusive, transcrever os exemplos utilizados na magistral obra de Jorge Reis Novais (*A Dignidade da Pessoa Humana,* desenvolvida como o mote de demonstrar a concretude e a aplicabilidade prática do princípio da dignidade da pessoa humana diante de suas ofensas nucleares diretas); colocando, porém, o *trabalho humano socialmente dignificante* como foco. Segundo o autor:

> 1. Dignidade como respeito da humanidade intrínseca da pessoa: (...)
>
> *b)* Assim, em primeiro lugar, haverá violação da dignidade da pessoa humana quando alguém, independentemente das suas capacidades intrínsecas, das suas opções ou dos seus actos, é desrespeitado na sua humanidade, ou seja, é tratado em termos que, de acordo com o sentido de justiça próprio do nosso tempo, evidenciam um não reconhecimento ou um desrespeito que denigrem a sua qualidade especialmente humana ou o seu valor de pessoa, ou lhe infligem uma humilhação potencialmente destrutiva do seu auto-respeito.
>
> (...) Situações típicas em que o princípio da dignidade da pessoa humana pode e deve ser convocado nesta dimensão são, também os casos frequentemente relatados de escravatura humana ...[20]

Em termos ainda análogos à trilha deixada por Jorge Reis Novais, quando ele se utiliza da chamada *"fórmula do objeto"* para demonstrar que há violação ao princípio da dignidade da pessoa humana quando se atenta contra a "proibição de coisificação" do homem; situação que é substancialmente semelhante à vedação normativa cogente de que *"o trabalho não é uma mercadoria"* (Declaração de Filadélfia, 1944, da Organização Internacional do Trabalho), a qual impede tanto a desumanização do trabalhador como a própria consideração do labor como mero objeto de troca, aniquilando o seu imprescindível valor social e a sua integridade jurídica. Vejamos, fazendo a leitura como se estivéssemos com lentes para a localização do *trabalho degradante*:

> *b) A fórmula do objecto* inscreve-se assumidamente na continuidade de uma linhagem kantiana (a ideia de que as pessoas não podem ser tratadas só como *meios*), mas procura assumir esse legado através de uma acepção adequada a natureza jurídico-constitucional do princípio. (...) A partir daí, defende-se que a dignidade será violada quando a pessoa – (...) – for degradada ao nível de mero objecto do actuar estatal. A dignidade humana não estará a ser respeitada quando, num processo de intencional ou de negligente *coisificação,* a pessoa deixe de ser considerada como sujeito autónomo e fim em si mesmo e seja degradada à condição de algo fungível, tão só instrumento ou simples meio de realização de fins alheios. (...)
>
> Ora, a *objectivização* proscrita pela *fórmula do objecto* só releva, para efeito de significar violação da dignidade, quando nela estão decisivamente presentes elementos de *coisificação, desvalorização, desprezo, humilhação* ou, em geral, de *degradação* da pessoa. (...) Uma *instrumentalização degradante* desse tipo tanto pode resultar objectivamente do contexto da situação, por exemplo, da natureza da acção *coisificadora,* como pode vir inscrita na específica intenção desrespeitadora que esteve na sua origem ou, no mínimo, numa desatenção negligente da possibilidade de coisificação desqualificadora.[21]

---

(18) Expressão utilizada por CANOTILHO, J. J. Gomes. *Direito constitucional e teoria da Constituição.* 7. ed. Coimbra: Livraria Almedina, 2003. p. 1185.

(19) Cf. CANOTILHO, J. J. Gomes; MOREIRA, Vital. *Constituição da República Portuguesa Anotada – Arts.* 1º a 107. 4. ed. Coimbra: Coimbra Editora, 2007. p. 192.

(20) Cf. NOVAIS, Jorge Reis. *A dignidade da pessoa humana – V. II.* Coimbra: Livraria Almedina, 2018. p. 110 e seg.

(21) *Ibidem,* 120 a 124.

Há, portanto, uma inseparável interdependência normativa (e pragmática) entre (os princípios constitucionais do) "valor social do trabalho" e da "dignidade da pessoa humana", constantes do art. 1º da CR/88; simbiose que aponta em direção de uma efetiva consagração material do *direito fundamental ao trabalho digno*, como, aliás, é próprio do caráter sistêmico da jusfundamentalidade constitucional. Consoante elucida Luísa Cristina Pinto e Netto:

> O sistema de direitos fundamentais afigura-se como um conjunto aberto e ordenado de normas, dotado de unidade e coerência a partir da dignidade da pessoa humana e dos demais vetores materiais que o estruturam. Afasta-se, dessa forma, uma objeção corrente à concepção sistêmica, qual seja, a de seu fechamento e autonomia; ... É um sistema que se coloca a serviço das potencialidades da dignidade humana, necessariamente flexível, apto a evoluir.[22]

A "extração" constitucional da existência material de um efetivo *direito fundamental ao trabalho digno*[23], derivado, na origem, dos princípios da dignidade da pessoa humana e do *valor social do trabalho*, não minimiza a necessidade de que receba ele, de outras frentes do Ordenamento Jurídico, maior densificação normativa. Ao reverso, a maior carga de concretude jurídica atribuída ao *direito fundamental ao trabalho digno* conduzirá, certamente, ao maior reconhecimento público (estatal e social) de sua efetividade e, por sua vez, à sublimação daquele valor enquanto princípio constitucional estruturante.

É nessa medida que, em seguida, abordar-se-á os influxos advindos do Direito Internacional, em especial, dos direitos humanos no *direito fundamental (constitucional) ao trabalho digno;* e, reflexamente, no princípio do valor social do trabalho; influxos estes proporcionados pela inerente incompletude – e abertura – do sistema da jusfundamentalidade, expressa no art. 5º-§ 2º da CR/88. Tais influxos têm sido, aliás, robustos em sede de declarações e tratados provenientes da Organização Internacional do Trabalho (OIT).

3. O VALOR SOCIAL DO TRABALHO E OS DIREITOS HUMANOS – A DENSIFICAÇÃO DO DIREITO FUNDAMENTAL CONSTITUCIONAL AO TRABALHO DIGNO PELOS INFLUXOS DO DIREITO INTERNACIONAL

Com efeito, uma relevante fenda de influxos materiais do sistema constitucional de direitos fundamentais – e que permite, portanto, dar-lhes reforço de densidade normativa – é a que decorre do art. 4º-II da CR/88 ("prevalência dos direitos humanos"), na medida em que a Carta é expressamente hospitaleira a esses direitos e garantias reconhecidos em tratados internacionais.[24] Gomes Canotilho chega mesmo a mencionar a hodierna existência, "conjuntamente, do *direito constitucional internacional* e do *direito internacional constitucional*"[25], porquanto detecta-se, cada vez mais, relevante "conteúdo jurídico-constitucional no direito organizativo das organizações, nos pactos e convenções sobre direitos humanos e no direito econômico internacional".[26]

Assim, justamente ao estudar "as janelas" do sistema de direitos fundamentais, mediante tese doutoral, esclarece ainda Luísa Cristina Pinto e Netto sobre a relevância processo interno de "assimilação constitucional" dos direitos humanos:

> "A tradição constitucional dos Estados influi na formação do Direito Internacional dos Direitos Humanos e é, por sua vez, influenciada por ele; vão se formando, nesse processo, cânones e *standards* normativos e interpretativos comuns, que levam a uma certa uniformização ou '*harmonização dos sistemas constitucionais de direitos fundamentais*'.
> Pode-se falar, desta forma, no que interessa à dissertação, (i) da recepção de normas internacionais de direitos humanos nos ordenamentos estatais, por meio de autovinculação, (ii) da imposição de normas internacionais de direitos humanos integrantes de um *jus cogens* internacional, que resultaria de heterovinculação, (iii) da interpretação do Direito interno conforme normas e *standards* internacionais; (iv) da interpretação das normas internacionais internamente

(22) Cf. PINTO E NETTO, Luísa Cristina. *A abertura do sistema de direitos fundamentais do Estado Constitucional.* Curitiba: Ed. Íthala, 2016. p. 143-144.

(23) Por todos, DELGADO, Gabriela Neves. *Direito fundamental ao trabalho digno.* São Paulo: LTr, 2006. p. 77-81.

(24) Por enquanto, não se entrará na controvérsia sobre a necessidade ou não de ratificação dos tratados internacionais (autovinculação do Estado ao Direito Internacional) ou de submissão enquanto *jus cogens* (heterovinculação do Estado ao Direito Internacional). Também não se aduzirá, por enquanto, sobre a hierarquia das normas internacionais quando ingresso âmbito interno.

(25) Cf. CANOTILHO, J. J. Gomes. *Brancosos e Interconstitucionalidade* – Itinerários dos Discursos sobre a Historicidade Constitucional. Livraria Almedina, 2006. p. 285.

(26) *Ibidem*, p. 285.

conforme normas e *standards* internacionais; (v) do impacto sobre o sistema jusfundamental de uma ordem jurídica global".[27]

No Brasil, em decorrência da posição da jurisprudência firmada pelo Supremo Tribunal Federal no RE-RG 466.343, Rel. Min. Cesar Peluzo, Tema 60,[28] reiterado em posteriores julgados (posição mais alinhada à tese da supremacia do Direito Interno e, portanto, menos permeável à imediata heterovinculação dos direitos humanos estabelecidos em tratados internacionais de organizações de que o Brasil seja parte)[29], tem sido lugar comum afirmar-se a (*mera*) supralegalidade normativa dos tratados de direitos humanos ratificados (quando não aprovados em conformidade com o art. 5º-§3º da CR/88); donde a potencialidade deles de "paralisar" a eficácia e a execução de leis internas - inferiores - divergentes (resultado do "juízo de inconvencionalidade")[30]. Não é, como se percebe, a solução "mais amiga" da "super cogência" dos direitos humanos; porém já representa um grande avanço hermenêutico considerada a posição anteriormente prevalecente na jurisprudência constitucional de mera legalidade ordinária dos tratados internacionais, a independer de seu conteúdo.

Externamente, porém, no âmbito do Direito Internacional, a OIT tem desenvolvido desde a década de 1990, mas intensificada nos últimos anos, uma decisiva *Agenda* em prol do *direito ao trabalho digno para todos* (*Decent work for all; Decent work for a fair globalization*);[31] isto paralelamente ao que se verifica em relação a outros direitos humanos de âmbito laboral e social já assentados na Declaração Universal dos Direitos do Homem (DUDH, 1948)[32], no Pacto Internacional dos Direitos Econômicos, Sociais e Culturais (PIDESC, 1966)[33]; em específicas convenções da OIT, dentre outros tratados internacionais.

---

(27) PINTO E NETTO, Luísa Cristina. *A abertura do sistema de direitos fundamentais do Estado Constitucional*. Curitiba: Ed. Íthala, 2016. p. 365

(28) Cf. RE 466.343, rel. min. Cezar Peluso, voto do min. Gilmar Mendes, *DJE* n. 104, de 05.06.2009, Tema 60: "diante do inequívoco caráter especial dos tratados internacionais que cuidam da proteção dos direitos humanos, não é difícil entender que a sua internalização no ordenamento jurídico, por meio do procedimento de ratificação previsto na CF/1988, tem o condão de paralisar a eficácia jurídica de toda e qualquer disciplina normativa infraconstitucional com ela conflitante. Nesse sentido, é possível concluir que, diante da supremacia da CF/1988 sobre os atos normativos internacionais, a previsão constitucional da prisão civil do depositário infiel (art. 5º, LXVII) não foi revogada (...), mas deixou de ter aplicabilidade diante do efeito paralisante desses tratados em relação à legislação infraconstitucional que disciplina a matéria (...). Tendo em vista o caráter supralegal desses diplomas normativos internacionais, a legislação infraconstitucional posterior que com eles seja conflitante também tem sua eficácia paralisada. (...) Enfim, desde a adesão do Brasil, no ano de 1992, ao PIDCP (art. 11) e à CADH – Pacto de São José da Costa Rica (art. 7º, 7), não há base legal para aplicação da parte final do art. 5º, LXVII, da CF/1988, ou seja, para a prisão civil do depositário infiel."

(29) V., diferentemente, PIOVESAN, Flávia. *Direitos humanos e o direito constitucional internacional*. 15. ed. São Paulo: Saraiva, 2015.

(30) Aliás, são paradigmáticos desse "juízo de inconvencionalidade" realizado pelo STF (simultaneamente ao juízo de inconstitucionalidade procedido): (1) a decisão da ADI n. 4.066, Rel. Min. Rosa Weber, em que se questionava a lei federal que permitia o uso do amianto, em detrimento da Convenção n. 162 da OIT (ratificada); (2) ADI n. 3.406, Rel. Min. Rosa Weber, com matéria análoga, porém, tendo como foco a lei estadual do Rio de Janeiro. Nesta decisão, foram atribuídos os efeitos *erga omnes* ao controle incidental realizado.

(31) Informações acessíveis no *site* da OIT: <https://www.ilo.org/global/topics/decent-work/lang--en/index.htm>, visualização em: 25.11.2019. Por todos, MOREIRA, Vital. *Trabalho digno para todos*: a "cláusula laboral" no comércio externo na União Europeia. Coimbra: Coimbra Editora, 2014.

(32) Na DUDH, art. 20 (1. Todo o homem tem direito à liberdade de reunião e associação pacíficas. 2. Ninguém pode ser obrigado a fazer parte de uma associação); art. 23 (1. Todo o homem tem direito ao trabalho, à livre escolha de emprego, a condições justas e favoráveis de trabalho e à proteção contra o desemprego; 2. Todo o homem, sem qualquer distinção, tem direito a igual remuneração por igual trabalho. 3. Todo o homem que trabalha tem direito a uma remuneração justa e satisfatória, que lhe assegure, assim como a sua família, uma existência compatível com a dignidade humana, e a que se acrescentarão, se necessário, outros meios de proteção social. 4. Todo o homem tem direito a organizar sindicatos e a neles ingressar para proteção de seus interesses); art. 24 (Todo o homem tem direito a repouso e lazer, inclusive a limitação razoável das horas de trabalho e a férias remuneradas periódicas); art. 25 (1. Todo o homem tem direito a um padrão de vida capaz de assegurar a si e a sua família saúde e bem-estar, inclusive alimentação, vestuário, habitação, cuidados médicos e os serviços sociais indispensáveis, e direito à segurança em caso de desemprego, doença, invalidez, viuvez, velhice ou outros casos de perda de meios de subsistência em circunstâncias fora de seu controle. 2. A maternidade e a infância têm direito a cuidados e assistência especiais. Todas as crianças, nascidas dentro ou fora do matrimônio, gozarão da mesma proteção social.).

(33) Em especial, no art. 7º: "Os Estados-Partes do presente Pacto reconhecem o direito de toda pessoa de gozar de condições de trabalho justas e favoráveis, que assegurem especialmente: a) Uma remuneração que proporcione, no mínimo, a todos os trabalhadores: i) Um salário equitativo e uma remuneração igual por um trabalho de igual valor, sem qualquer distinção; em particular, as mulheres deverão ter a garantia de condições de trabalho não inferiores às dos homens e perceber a mesma remuneração que eles por trabalho igual; ii) Uma existência decente para eles e suas famílias, em conformidade com as disposições do presente Pacto; b) À segurança e a higiene no trabalho; c) Igual oportunidade para todos de serem promovidos, em seu trabalho, à categoria superior que lhes corresponda, sem outras considerações que as de tempo de trabalho e capacidade; d) O descanso, o lazer, a limitação razoável das horas de trabalho e férias periódicas remuneradas, assim como a remuneração dos feriados."

Conforme já tivemos oportunidade de expor sobre essa importante empreitada da OIT,[34] motivada pela necessidade de contrapor *standards* sociais para os efeitos da Globalização Econômica,[35] a organização elaborou a *Declaração sobre os Princípios e Direitos Fundamentais no Trabalho de 1998*. A OIT precisou encontrar respostas para os seus críticos, que aduziam "não possuir força para impor o cumprimento de suas normas em um cenário no qual os Estados, em troca de garantia de condições internacionais do trabalho, buscavam se beneficiar de oportunidades econômicas em um mercado global"[36].

Assim, imbuída daquele objetivo, com a *Declaração de 1998* a OIT oficializou que certos direitos laborais seriam imperativos, mínimos e nucleares (*core labour standards*), independentemente da ratificação das respectivas convenções pelos Estados-membros, na medida em que tais direitos envolveriam o próprio reconhecimento da condição de *humanidade*, de *igualdade* e de *liberdade* no trabalho e dos trabalhadores, não se relacionamento, pois, *diretamente* a questões afetas às condições salariais e ambientais no trabalho (já albergadas quer na DUDH, quer no PIDESC). Conforme detalha Vital Moreira:

> Com efeito, a dignidade no trabalho, que está na base dos direitos laborais, não passa de uma dimensão da dignidade humana, que está na base dos direitos humanos em geral; a liberdade dos trabalhadores não é mais do que uma vertente da liberdade individual em geral; a igualdade no trabalho e no emprego é somente uma declinação do princípio geral da igualdade. Por isto, os direitos fundamentais. Por isso, os direitos fundamentais dos trabalhadores também *são humanos a título pleno.*
>
> (...)
>
> O elenco dos direitos fundamentais dos trabalhadores da OIT tem a ver essencialmente com a liberdade e a igualdade no trabalho e compreende quatro direitos, antes reconhecidos e protegidos em oito convenções da OIT (...), a saber, a liberdade de trabalho (proibição de trabalho forçado e do trabalho infantil), a liberdade de organização e ação coletiva dos trabalhadores (liberdade sindical e contratação coletiva) e a não discriminação no trabalho e no emprego.
>
> (...)
>
> Note-se que essa seleção deixa de fora todos os direitos substantivos dos trabalhadores que possam ter imediata relevância sobre os custos do trabalho, como salário mínimo, duração do trabalho, férias pagas, saúde e segurança no emprego ... torna-se evidente que a OIT teve o cuidado de circunscrever um núcleo de DFT que não pudesse ser acusado de pôr em causa a principal vantagem competitiva dos países em desenvolvimento, que são os salários baixos.[37]

A *Declaração de 1998* não é um instrumento normativo internacional *formal*, não tem natureza jurídica de tratado de Direito Internacional e independe de ratificação pelos Estados-membros da OIT. Também não criou novas obrigações para estes. Viabilizou, entretanto, uma cooperação técnica entre a organização internacional e o Estado-membro não ratificante de

(34) GOMES, Ana Cláudia Nascimento. A liberdade de associação sindical e o reconhecimento efetivo do direito de negociação coletiva: há caminho hermenêutico para a superação do *status quo?* In: *Direito Internacional do Trabalho* – aplicabilidade e eficácia dos instrumentos internacionais de proteção ao trabalhador. ROCHA, Cláudio Jannotti da (e outros Coordenadores). LTr, 2018. p. 400-415.

(35) V. GOMES, Ana Virgínia Moreira. A Declaração da OIT de 1998: história, mudanças e desafios. In: *A Declaração de 1998 da OIT sobre os princípios e direitos fundamentais no trabalho* – Análise do seu significado e efeitos. Ana Virgínia Moreira Gomes e Antônio Rodrigues de Freitas Júnior (Org.). LTr, São Paulo, 2014. p. 19-38, esp. 21.

(36) Cf. GOMES, Ana Virgínia Moreira. *A Declaração da OIT* ..., cit., p. 25. A Autora aponta as obras de Terry Collingsworth e Laurence R. Helfer. A autora ainda aponta a importância do Relatório do Diretor-Geral da OIT, de 1994, M. Michel Hansenne, para a 81ª Sessão da Conferência Internacional do Trabalho, de 1994, como semente da Declaração de 1998: "Defending Values, Promoting Change: Social Justice In: a Global Economy – An Agenda for the ILO". Genebra: *International Labour Office.* Contudo, segundo Stanley A. Gacek, "A Declaração sobre Princípio e Direitos Fundamentais no Trabalho da OIT de 1998 Dezesseis Anos Depois – Seu Significado para a Liberdade Sindical e a Negociação Coletiva no Brasil e no Mundo/Comentários Adicionais a Debate Permanente". In: *A Declaração de 1998 da OIT sobre os princípios e direitos fundamentais no trabalho* – Análise do seu significado e efeitos. Ana Virgínia Moreira Gomes e Antônio Rodrigues de Freitas Júnior (Org.). São Paulo: LTr, 2014, p. 113-132, esp. 115, o Relatório de M. Michel Hansenne tinha um propósito maior e mais complexo do que aquele efetivamente assentado na Declaração de 1998 e sobre o futuro das normas da OIT.

(37) Cf. MOREIRA, Vital. *Trabalho digno para todos*: a "cláusula laboral" no comércio externo na União Europeia. Coimbra: Editora Coimbra, 2014, p. 79 e seg. tb. PEREIRA, Ricardo José Macêdo de Britto. A eficácia da Declaração de Princípios e Direitos Fundamentais no Trabalho da Organização Internacional do Trabalho de 1998. In: *Direito internacional do trabalho – aplicabilidade e eficácia dos instrumentos internacionais de proteção ao trabalhador.* ROCHA, Cláudio Jannotti da (e outros Coordenadores). LTr, 2018, p. 336-345. São as seguintes convenções a que se referem os direitos fundamentais dos trabalhadores: Convenções ns. 29 e 105 (proibição do trabalho forçado); 138 e 182 (sobre o trabalho infantil); 100 e 111 (sobre a igualdade no trabalho); e 87 e 98 (sobre a liberdade de associação sindical).

convenção tida como fundamental, a fim de se obter o fim almejado: a ratificação de convenção fundamental e a concretização do direito correspondente no âmbito interno (Declaração, 2ª parte). Em suma, assume-se formalmente como uma simples carta internacional de *Soft Law;* mas, materialmente, como um verdadeiro tratado de "direitos humanos" no trabalho[(38)].

Dado o passo exordial e mínimo em 1998, em 2007, na Conferência da OIT sobre *"Trabalho digno para o desenvolvimento sustentável"*[(39)], instaura-se uma verdadeira "corrida oficial" de reconhecimento e de densificação, pela organização, do conteúdo do que seja o "trabalho digno" (*Decent Work*)[(40)], para além daqueles direitos fundamentais dos trabalhadores que reconhecidos cogentes. Defende a OIT que o *trabalho digno* compreende:

> o conjunto de oportunidades para mulheres e homens possam ter acesso a um trabalho produtivo em condições de liberdade, equidade, segurança e dignidade humana. O trabalho digno inclui oportunidades para realizar um trabalho produtivo com uma remuneração justa; segurança no local de trabalho e proteção social para os trabalhadores e as suas famílias; melhores perspectivas de desenvolvimento pessoal e de integração social; liberdade para que as pessoas possam exprimir suas preocupações, organizar as decisões que irão influenciar as suas vidas e participar nessas mesmas decisões; e, finalmente, igualdade de oportunidades e de tratamento para todos.[(41)]

Em 2008, foi a vez da *Declaração da OIT sobre Justiça Social para uma Globalização Equitativa.*[(42)] Por meio dela, a organização selecionou mais outras quatro convenções de prioritária ratificação por parte dos Estados-membros, relativas à forma de governação destes para a evolução das políticas laborais (Convenções ns. 81, 122, 129 e 144, apontadas como *governance conventions*)[(43)]. Nela a OIT ainda reafirmou os conteúdos de sua Constituição e da Declaração de Filadélfia (1944), em especial, o de que *"o trabalho não é uma mercadoria e que a pobreza, onde houver, constitui um perigo para a prosperidade de todos";* reforçou a imperatividade dos direitos fundamentais dos trabalhadores da Declaração de 1998; reiterou a importância, para a sua maior efetividade internacional, do seu conceito de "trabalho digno"; e, finalmente, fixou que este se sustenta em 4 (quatro) objetivos estratégicos nos seguintes pilares: *(i)* promover o emprego criando um entorno institucional e econômico sustentável; *(ii)* adotar e ampliar medidas de proteção social – seguridade social e proteção dos trabalhadores – que sejam sustentáveis e estejam adaptadas às circunstâncias nacionais; *(iii)* promover o diálogo social e o tripartismo com métodos apropriados; e *(iv)* respeitar, promover e aplicar os princípios e direitos fundamentais no trabalho.

No ano de 2010, a 2ª parte da *Declaração de 1998* foi modificada, compatibilizando-a com o procedimento análogo que havia sido estipulado na Declaração da OIT de 2008. Permaneceu a previsão de remessa de relatórios anuais pelos Estados-membros não ratificantes das convenções com os "temas fundamentais" (item II-A); e, posteriormente, de formulação pela organização de um Relatório Global anual, atribuído à responsabilidade do Diretor-Geral (item III-A). A cada ano de um quadriênio um direito fundamental é analisado (sistema de *follow-up*)[(44)]. De posse das informações, a OIT poderá então passar a concretizar à cooperação técni-

---

(38) É por essa razão segundo Ana Virgínia Moreira Gomes, *ibidem*, p. 29 que a Declaração de 1998 está repleta de termos mais "suaves": "assistência"; "desenvolvimento de competências"; "diálogo tripartite" etc.

(39) Conferência da OIT de 2007: "Trabalho Digno para o Desenvolvimento Sustentável". Ainda, OIT, Implementação da Agenda Global para o Emprego: Estratégias de emprego para apoiar o trabalho digno, documento de "visão", 2007; OIT, Kit de Ferramentas para integrar o emprego e o trabalho digno, 2007; todos acessíveis na página oficial da OIT (<https://www.ilo.org/lisbon/temas/WCMS_650867/lang--pt/index.htm>).

(40) Conforme a OIT: "Decent work sums up the aspirations of people. In: their working lives. It involves opportunities for work that is productive and delivers a fair income, security In: the workplace and social protection for families, better prospects for personal development and social integration, freedom for people to express their concerns, organize and participate In: the decisions that affect their lives and equality of opportunity and treatment for all women and men". In: <https://www.ilo.org/global/topics/decent-work/lang--en/index.htm>. Acesso em: 25 nov. 2019). Pela maior aproximação linguística, tem-se traduzido *decente work* como "trabalho decente". A perceber pelo seu próprio *site,* a OIT prefere a tradução pelo termo "trabalho digno". In <https://www.ilo.org/lisbon/temas/WCMS_650867/lang--pt/index.htm>. Acesso em: 25 nov. 2019, no que também preferimos, pela maior aproximação semântica e jurídica com o princípio da dignidade da pessoa humana.

(41) In: OIT, Kit de Ferramentas ..., cit., p. 6.

(42) V. Tadeu Henrique Lopes da Cunha, "Declaração da OIT sobre Justiça Social para uma Globalização Equitativa (2008)". In: *Direito Internacional do trabalho – aplicabilidade e eficácia dos instrumentos internacionais de proteção ao trabalhador.* Cláudio Jannotti da Rocha (e outros Coordenadores). LTr, 2018, p. 352-389.

(43) Cf. MOREIRA, Vital. *Trabalho digno para todos,* cit., p. 88.

(44) V. ANDRADE, Fernanda Rodrigues Guimarães. *Direitos humanos dos trabalhadores*: uma análise da Declaração da Organização Internacional do Trabalho sobre Princípios e Direitos Fundamentais no Trabalho. Belo Horizonte: Editora RTM, 2012. p. 83 e seg.

ca, mediante o planejamento posterior de "prioridade e aos programas de ação" (item III-B.2). Não poderá, entretanto, impor qualquer sanção ou penalidade ao Estado-membro não-ratificante, ainda que reincidente.

A *Declaração de 1998* convive, pois, com esse paradoxo: não tem força coercitiva e vinculatória (de *Hard Law)*, a despeito de se debruçar sobre a própria configuração (o conteúdo mínimo) do *Trabalho Digno.*

Em 2017, a OIT formula o seu "Trabalho Digno e Agenda 2030 para o Desenvolvimento Sustentável",[45] em harmonia com prioridades fixadas pela ONU. Ultima-se "promover o crescimento econômico sustentado, inclusivo e sustentável, o emprego pleno e produtivo e o trabalho decente para todos"[46] (objetivo 8 da Agenda 2030). Para a realização do trabalho digno, constam das metas, dentre outras:

> 8.5 Até 2030, alcançar o emprego pleno e produtivo e trabalho decente todas as mulheres e homens, inclusive para os jovens e as pessoas com deficiência, e remuneração igual para trabalho de igual valor;
>
> 8.6 Até 2020, reduzir substancialmente a proporção de jovens sem emprego, educação ou formação;
>
> 8.7 Tomar medidas imediatas e eficazes para erradicar o trabalho forçado, acabar com a escravidão moderna e o tráfico de pessoas e assegurar a proibição e eliminação das piores formas de trabalho infantil, incluindo recrutamento e utilização de crianças-soldado, e até 2025 acabar com o trabalho infantil em todas as suas formas;
>
> 8.8 Proteger os direitos trabalhistas e promover ambientes de trabalho seguros e protegidos para todos os trabalhadores, incluindo os trabalhadores migrantes, em particular as mulheres migrantes, e pessoas com emprego precário.

É nítida a evolução substancial do conceito de *trabalho digno* adotado pela OIT, a incluir, não apenas aqueles quatro direitos fundamentais dos trabalhadores, declarados enquanto tais em 1998; mas, também, direitos afetos à segurança no trabalho, à proteção social, ao diálogo social e ao tripartismo e à promoção do emprego em geral.

Não obstante sejam fatos assentes que nem todas convenções dos direitos fundamentais dos trabalhadores tenham sido ratificada pelo Brasil (no caso, falta-lhe a Convenção n. 87) e que o próprio conceito atribuído pela organização ao *trabalho digno* não esteja inserido formalmente no bojo de um tratado internacional; fatos que poderiam conduzir ao argumento da incompletude da integração desse conceito no Ordenamento Jurídico interno, não é menos escorreito que próprio "princípio do valor social do trabalho" (art. 1º-IV da CR/88), o princípio da dignidade da pessoa humana (art. 1º-III da CR/88), o catálogo de direitos constitucionais dos trabalhadores (arts. 7º a 11 da CR/88), dentre outras normas constitucionais relacionadas, podem também ser *interpretados* em conformidade com as normas e *standards* fixados pela organização internacional.

A abertura do sistema de direitos fundamentais permite – e mesmo impõe, no sentido de exigir um mandamento de otimização, máxima efetividade da jusfundamentalidade – que possa ser atribuída interpretação *internacionalmente orientada* ao *direito fundamental (constitucional) ao trabalho humano* a fim de outorgar-lhe maior carga de densidade normativa; e, assim, mesmo quando o ordenamento interno mostrar-se "soberbo" em relação à ratificação de um específico tratado internacional. Não se trata de uma positivação por via transversa do Direito Internacional; mas, sim, de uma hermenêutica das normas constitucionais e infraconstitucionais *pro homine.*

4. O SENTIDO CONSTITUCIONALMENTE ADEQUADO DO "PRINCÍPIO DO VALOR SOCIAL DO TRABALHO": O TRABALHO HUMANO SOCIALMENTE DIGNIFICANTE COMO FINALISTICAMENTE OBJETIVADO

Em jeito de síntese, podemos afirmar que há um sentido constitucionalmente preciso para a melhor extração e concretização do conteúdo normativo do princípio do valor social do trabalho. Ele orienta-se e absorve carga normativa de seu "fraterno" princípio da dignidade da pessoa humana, já que ambos alçados igualmente como fundamentos da República brasileira, logo no art. 1º da CR/88. Destes dois preceitos fundamentais, por sua vez, afere-se a material consagração do *direito fundamental ao trabalho socialmente dignificante* (para o trabalhador); ou *direito fundamental ao trabalho digno*. Tal direito fundamental, por sua vez, para além de sua densificação pelas outras normas constitucionais e infraconstitucionais (aqui se incluindo os tratados "supralegais" de direitos humanos), atrai, como inerente efeito da abertura estrutural do sistema dos direitos fundamentais, a sua leitura e compreensão pelas lentes dos *standards* normativos do *trabalho digno* internacionalmente fixados, em especial pela OIT.

(45) Disponível em: <https://www.ilo.org/global/topics/sdg-2030/resources/WCMS_544325/lang--en/index.htm>. Acesso em: 25 nov. 2019.

(46) Disponível em: <http://www.agenda2030.org.br/ods/8/>. Acesso em: 25 nov. 2019.

Afinal, a plena efetividade do direito fundamental não pode prescindir de uma máxima objetivação jurídica, no caso, em termos *pro operario, pro societate* e *pro homine*.

REFERÊNCIAS

ALEXY, Rober. *Teoria dos direitos fundamentais*. 2. ed. São Paulo: Malheiros Editores, 2017.

ANDRADE, Fernanda Rodrigues Guimarães. *Direitos humanos dos trabalhadores:* uma análise da Declaração da Organização Internacional do Trabalho sobre Princípios e Direitos Fundamentais no Trabalho. Belo Horizonte: RTM, 2012.

ANDRADE, José Carlos Vieira de. *Os direitos fundamentais na Constituição Portuguesa de 1976*. 2. ed. Coimbra: Livraria Almedina, 2001;

BRANDÃO, Cláudio Mascarenhas. "Art. 1º, IV". In: *Comentários à Constituição do Brasil*. J. J. Gomes Canotilho (e outros Coord.), 2. ed. Livraria Almedina/Ed. Saraiva/Série IDP, São Paulo, 2018.

CANOTILHO, J. J. Gomes (e Vital Moreira). *Constituição da República Portuguesa Anotada* – Arts. 1º a 107. 4. ed. Coimbra: Coimbra Editora, 2007.

______. *Brancosos e Interconstitucionalidade* – Itinerários dos Discursos sobre a Historicidade Constitucional, Livraria Almedina, 2006.

______. Direito constitucional e teoria da constituição. Coimbra: Livraria Almedina, 2003.

______. Tomemos a sério os direitos económicos, sociais e culturais. In: *Estudos sobre direitos fundamentais*. Coimbra: Coimbra Editora, 2003.

CUNHA, Tadeu Henrique Lopes da. Declaração da OIT sobre Justiça Social para uma Globalização Equitativa (2008). In: *Direito Internacional do Trabalho* – aplicabilidade e eficácia dos instrumentos internacionais de proteção ao trabalhador. Cláudio Jannotti da Rocha (e outros Coordenadores). LTr, 2018.

MELLO, João Ozorio de. *Emprego informal Nova lei da Califórnia cria vínculo empregatício para motoristas de aplicativos*. Disponível em: <https://www.conjur.com.br/2019-set-13/california-cria-vinculo-empregaticio-motoristas-aplicativos>. Acesso em: 20 nov. 2019.

DELGADO, Gabriela Neves. *Direito fundamental ao trabalho digno*. São Paulo: LTr, 2006.

EVANGELISTA, Ana Paula. *Seremos líderes ou escravos da Indústria 4.0?* A chamada Quarta Revolução Industrial aponta para introdução de novas tecnologias que poderão substituir a mão de obra humana por inteligência artificial. Será?. Disponível em: <http://www.epsjv.fiocruz.br/noticias/reportagem/seremos-lideres-ou-escravos-da-industria-40>. Acesso em: 20 nov. 2019.

GACEK, Stanley A. A Declaração sobre Princípio e Direitos Fundamentais no Trabalho da OIT de 1998 Dezesseis Anos Depois – Seu Significado para a Liberdade Sindical e a Negociação Coletiva no Brasil e no Mundo/Comentários Adicionais a Debate Permanente. In: *A Declaração de 1998 da OIT sobre os princípios e direitos fundamentais no trabalho* – análise do seu significado e efeitos. Ana Virgínia Moreira Gomes e Antônio Rodrigues de Freitas Júnior (Org.). São Paulo: LTr, 2014.

GOMES, Ana Cláudia Nascimento. A liberdade de Associação Sindical e o reconhecimento efetivo do direito de negociação coletiva: há caminho hermenêutico para a superação do status quo? In: *Direito Internacional do Trabalho* – aplicabilidade e eficácia dos instrumentos internacionais de proteção ao trabalhador. Cláudio Jannotti da Rocha (e outros Coordenadores). LTr, 2018.

GOMES, Ana Cláudia Nascimento. *Emprego público de regime privado – a laboralização da função pública*. Belo Horizonte: Fórum, 2017.

GOMES, Ana Virgínia Moreira. A Declaração da OIT de 1998: História, Mudanças e Desafios. In: *A Declaração de 1998 da OIT sobre os princípios e direitos fundamentais no trabalho – análise do seu significado e efeitos*. Ana Virgínia Moreira Gomes e Antônio Rodrigues de Freitas Júnior (Org.). São Paulo: LTr, 2014.

GRAU, Eros Roberto. *A ordem econômica na Constituição de 1988*. 7. ed. São Paulo: Malheiros Editores, 2002.

MOREIRA, Vital. *Trabalho digno para todos:* a "cláusula laboral" no comércio externo na União Europeia. Coimbra: Coimbra Editora, 2014.

NETTO, Luísa Cristina Pinto e. *A abertura do sistema de direitos fundamentais do Estado Constitucional*. Curitiba: Íthala, 2016.

NOVAIS, Jorge Reis. *A dignidade da pessoa humana*. v. II. Coimbra: Livraria Almedina, 2018.

PEREIRA, Ricardo José Macêdo de Britto. A eficácia da Declaração de Princípios e Direitos Fundamentais no Trabalho da Organização Internacional do Trabalho de 1998. In: *Direito Internacional do Trabalho – aplicabilidade e eficácia dos instrumentos internacionais de proteção ao trabalhador*. Cláudio Jannotti da Rocha (e outros Coordenadores). LTr, 2018.

PIOVESAN, Flávia, *Direitos humanos e o direito constitucional internacional*. 15. ed. São Paulo: Saraiva, 2015.

SUPIOT, Alain (e outros). *Transformações do trabalho e futuro do direito do trabalho na Europa*. Coimbra: Coimbra Editora, 2003.

***Sites* e *links* utilizados:**

<https://www1.folha.uol.com.br/mercado/2019/11/verba-para-fiscalizacao-trabalhista-recua-63.shtml>.

<http://blogs.correiobraziliense.com.br/servidor/brasil-entra-na-short-list-da-oit>.

<https://g1.globo.com/economia/noticia/2019/10/31/desemprego-fica-em-118percent-em-setembro-diz-ibge.ghtml>.

<https://www.migalhas.com.br/dePeso/16,MI312939,81042-O+futuro+da+Justica+do+Trabalho+A+necessidade+da+unificacao+para>.

<www.stf.jus.br>.

<www.ilo.org>.

Capítulo 7

Modernidade e Dignidade: A Ressignificação do Contrato de Trabalho no Estado Democrático de Direito

Menelick de Carvalho Netto(1)

Paulo Henrique Blair de Oliveira(2)

Resumo: Plasmado no paradigma do Estado Social, o conjunto de normas e princípios jurídicos especializados na regulação das relações de trabalho, emerge da visibilidade de uma assimetria material entre as partes envolvidas no contrato de trabalho. A clara tensão entre liberdade e igualdade, que marca essa relação, há de ser agora ressignificada ante o paradigma do Estado Democrático de Direito. Contudo, tal ressignificação não pode representar nem o desconhecimento de riscos da experiência acumulada, tampouco o desperdício de uma experiência civilizatória. Para tanto, acha-se na dignidade da pessoa humana a chave interpretativa que, conquanto seja ela mesmo um conceito aberto, é nutrida e enriquecida pelos desafios práticos e conceituais decorrentes das experiências concretas e recorrentemente de violação de tal dignidade.

Palavras-chave: Estado Social. Relações de trabalho. Ressignificação. Estado Democrático de Direito. Dignidade da pessoa humana.

Abstract: Emerging on the paradigm of the welfare state, the set of norms and legal principles specialized in the regulation of labor relations result from the visibility of a material asymmetry between the parties involved in the labor contract. The clear tension between freedom and equality that marks this relationship must now be re-signified before the paradigm of the democratic rule of law. However, such reframing can neither represent the ignorance of the risks of an accumulated experience nor the waste of a civilizing experience. To this end, it is found in the dignity of the human person the interpretative key that, although it is itself an open concept, is nourished and enriched by the practical and conceptual challenges arising from the concrete experiences and recurrent violation of such dignity.

Keywords: Social Status. Labor relations. Resignification. Democratic Rule of Law. Dignity of the human person.

1. INTRODUÇÃO: SITUANDO A QUESTÃO

A chamada reforma trabalhista, resultante da edição da Lei n. 13.467, de 2017, cujos efeitos e possíveis inconstitucionalidades ainda estão por serem adequadamente medidos, não obstante imensas modificações no sentido claro de reduzir o âmbito de garantias legais sociais aplicadas às relações de trabalho, não fez modificações nas definições que a Consolidação das Leis do Trabalho dá à figura do empregado e do empregador nos contratos de trabalho individuais (CLT, arts. 2º e 3º, *caput*). Tais definições remetem o contrato de trabalho às noções de subordinação, pessoalidade e onerosidade na prestação de serviços de uma pessoa física a uma jurídica ou física. Esses contornos são os que já se fazem presentes nos marcos normativos que definem

(1) Doutor em Direito Constitucional pela Universidade Federal de Minas Gerais (UFMG). Professor Associado da Universidade de Brasília (UnB). Pesquisador integrante do Grupo de Pesquisa Trabalho, Constituição e Cidadania (UnB/CNPq).

(2) Doutor em Direito, Estado e Constituição pela Universidade de Brasília (UnB). Juiz do Trabalho (TRT da 10ª Região). Professor voluntário da UnB. Pesquisador integrante dos Grupos de Pesquisa Percursos, Fragmentos, Narrativas: História do Direito e do Constitucionalismo (UnB/CNPq) e Trabalho, Constituição e Cidadania (UnB/CNPq).

o contrato de trabalho, na modalidade específica de relação de emprego, desde o que já se chamou de institucionalização de um parâmetro estatal-subordinado de gestão das relações de trabalho.[3]

Plasmado no curso do Estado de Bem-Estar Social, e percebido como parte de um "controle civilizatório do capitalismo"[4], seu desenho nasce da visibilidade de uma diferença: a desigualdade que marca as partes na relação contratual de trabalho. Toda a lógica chamada de "protetiva" nos marcos legais que passaram então a dar tratamento específico ao contrato de trabalho é justificada pela observação de que, em tais contratos, o contratante possui uma imensa vantagem econômica comparativamente ao contratado. Em síntese: a razão da existência de marcos legais específicos para as relações de trabalho é a promoção de igualdade material mínima entre as partes dessa relação.

E esse foi um dos resultados de um longo e doloroso processo de aprendizado social, sempre aberto para o futuro, acerca não somente do significado móvel assim como da relação entre forma e conteúdo dos direitos humanos e fundamentais à liberdade e à igualdade desde a sua fonte na experiência concreta das violações à dignidade humana. Assim é que, afirma Jürgen Habermas, a ideia de dignidade humana, longe de ser apenas uma expressão vazia, opera como um "portal" mediante o qual a substância igualitária e universalizante da moral se transfere para o direito a informar as nossas concepções de liberdade e de igualdade a partir das lições hauridas das vivências sofridas e das lutas sociais.[5]

2. MODERNIDADE E DIGNIDADE

Em meados do século XIX, Karl Marx, em "O Capital", denuncia, mediante a exposição de sua teoria da mais valia, que a afirmação jurídico-legal dos direitos naturais de todo e qualquer indivíduo à propriedade, à liberdade e à igualdade, característica do liberalismo e de seu paradigma de Estado, na verdade, a um só tempo, daria curso e encobriria a mais complexa e sofisticada forma de exploração do trabalho da história da humanidade. Pois, ao afirmar a igualdade formal de todos, oculta a desigualdade material entre aqueles que comparecem ao mercado enquanto proprietários dos meios de produção (os que ofertam postos de trabalho) e os que são proprietários apenas de sua própria força de trabalho (e que ali ofertam a sua propriedade, ou seja, a sua mão de obra). Como Adam Smith já havia demonstrado, a lei da oferta e da procura regula o Mercado. São poucos os postos de trabalho em face da massa que busca vender a sua força de trabalho, criando-se, assim, um imenso contingente de mão de obra de reserva. Desse modo, a liberdade do trabalhador juridicamente positivada, pelo próprio funcionamento do mercado, transforma-se na mais absoluta e cogente necessidade de sobrevivência. De sorte que a propriedade afirmada do trabalhador sobre a sua própria força de trabalho será negada pelo operar do mercado. As horas por ele efetivamente trabalhadas, em razão desse jogo perverso do mercado, não lhe serão pagas, recebendo, na verdade, bem a menor. As horas trabalhadas e não percebidas pelo trabalhador configuram o que Marx denomina mais valia.

Considerar proteção de uma igualdade em sentido tendencialmente material que no século XX passa a especificar e a diferenciar o direito e o contrato de trabalho, emancipando-os do direito civil, portanto, não é apenas uma necessidade operacional na sua interpretação, mas o resultado de um doloroso processo social de aprendizado e de luta. Assim, é antes um pré-requisito indispensável à percepção de seu papel como conquista aquisitiva na significação jurídica de um vetor inclusivo nas exigências de dignidade focadas na prestação do labor humano.

Um segundo elemento que se apresenta sempre em tensão com a igualdade constitucional, não obstante, precisa ser levado em conta: a liberdade constitucional. Tanto assim que o inciso IV, já do art. 1º da Constituição Federal de 1988 elege como um dos fundamentos da república "os valores sociais do trabalho e da livre-iniciativa", visivelmente posicionando a compensação de desigualdades intrínsecas às relações de trabalho no sistema capitalista lado a lado com a liberdade para contratar. Em uma posição que Habermas descreve como própria ao Estado Democrático de Direito, tensões como essas são reveladoras de que "*...no regulation, however sensitive to context, can adequatly*

(3) DELGADO, Mauricio Godinho. *Curso de direito do trabalho*. 14. ed. São Paulo: LTr, 2015. p. 123.

(4) DELGADO, Mauricio Godinho; PORTO, Lorena Vasconcelos. O Estado de Bem-Estar Social (Welfare State) no capitalismo contemporâneo. In: DELGADO, Mauricio Godinho; PORTO, Lorena Vasconcelos (Org.). *Welfare State, os grandes desafios do Estado Bem-Estar Social*. São Paulo: LTr, 2019. p. 38.

(5) HABERMAS, Jürgen. *The concept of human dignity and the realistic utopia of human rights*. Artigo primeiramente publicado *on line*: 20 jul. 2010/ DOI: 10.1111/j.1467-9973.2010.01648.x/© 2010 Habermas, Jürgen. Journal compilation © 2010 Metaphilosophy LLC and Blackwell Publishing Ltd/Metaphilosophy v. 41, Exemplar 4, p. 464-480, jul. 2010.

concretize the equal right to an autonomous private life, unless it simultaneously strengthens the effectivenss of equal rights to exercise political autonomy...".[(6)]

Nesse texto examinam-se, portanto, esses dois elementos, igualdade e liberdade, em sua incidência para com o contrato de trabalho, levando-se em conta o conteúdo adequado de tais princípios fundamentais ao Estado Democrático de Direito, enquanto densificações do processo de aprendizado sempre aberto para o futuro em respeito à dignidade humana, na busca de uma ressignificação de tal contrato neste paradigma constitucional.

3. IGUALDADE, INDETERMINAÇÃO E RISCO

Tratar da compreensão da igualdade e da liberdade constitucionais no paradigma do Estado Democrático de Direito, mais do que nunca requer que o enfoque considere assentada a base móvel, já que aberta ao futuro, do reconhecimento universal do conteúdo moral dos direitos fundamentais e humanos assentes na exigência dinâmica da dignidade humana. Salientado o aspecto libertário a ser potencializado na afirmação de novos direitos fundamentais emergentes, cumpre agora que passemos a enfrentar, ainda no âmbito da indeterminação estrutural da linguagem não somente em geral, mas, mais especificamente, do Direito positivo, a questão pressuposta do risco de que interpretações distintas sobre um mesmo conjunto de normas vinculativas sejam possíveis, caso a caso.

Nem mesmo o esforço Hans Kelsen (autor profundamente imerso no mesmo paradigma em que foi plasmada a distinção contratual específica entre o contrato de trabalho e o contrato de prestação de serviços em geral, o Estado Social), ao atribuir ao direito um modelo epistemológico próprio que pretensamente confirmasse seu *status* científico logrou êxito em superar essa indeterminação. Kelsen,[(7)] após propor critérios de distinção entre direito e natureza e entre direito e moral, chega ao cerne de sua estratégia metodológica: atribuir e definir um objeto à ciência jurídica. Este objeto é a norma jurídica, que, por força da "pureza" epistemológica de seu modelo somente poderia ser observada de uma perspectiva sempre externa – isto é, somente pelo olhar descritivo, e nunca crítico. Essa verdadeira assepsia da crítica é alcançada mediante a engenhosa estratégia de fazer distinção entre proposições jurídicas e normas jurídicas. As primeiras seriam juízos hipotéticos que vinculariam a ocorrência de circunstâncias específicas ao dever de se seguirem consequências preestabelecidas, e as segundas seriam os comandos imperativos presentes no ordenamento jurídico. Logo, se as normas jurídicas são o objeto da ciência jurídica, segue-se que é necessário distinguir conhecimento jurídico de operação do Direito, já que o primeiro apenas descreve externamente o Direito.[(8)] Ou, dito de outra forma: a ciência do Direito é colocada em oposição conceitual ao Direito.

A pretensão kelseniana não é modesta: a "purificação" do objeto da ciência do direito teria como resultado concreto a transformação do material dado à observação dessa ciência (a norma) "...num sistema unitário isento de contradições, isto é, numa ordem jurídica"[(9)].

Assim, a abordagem descritiva proposta por Kelsen cumpre uma dupla – e tautológica – função: ao tempo em que permite a incidência, sobre as normas, de postulados próprios da lógica formal, definem o ordenamento jurídico como um monolito no qual as contradições virtualmente inexistem.

Não que Kelsen tenha pura e simplesmente feito a imediata transposição de um modelo epistemológico das ciências da natureza para a ciência jurídica. Seu esforço, vale recordar, é sempre no sentido de garantir à ciência jurídica autonomia epistemológica. Porém, essa autonomia não chega a romper de todo com tal modelo, dada à necessidade implícita de que, ao final, fosse reconhecido o *status* científico desta disciplina. Portanto, ciente de que as relações de causalidade – próprias das ciências naturais – não poderiam ser pura e simplesmente verificadas na ciência do direito, Kelsen argumenta que, nesta última, a imputabilidade cumpre igual função, permitindo, contudo, que a variabilidade decorrente dos atos de vontade envolvidos no fenômeno jurídico não terminassem por negar validade epistemológica à ciência jurídica.[(10)] A proposta é que, em substituição à relação expressa na sentença "dado A, segue-se B" (causalidade), a ciência jurídica

(6) "Nenhuma regulação, por mais sensível que seja a contexto, pode adequadamente concretizar o direito equânime a uma vida privada autônoma, a não ser que fortaleça a efetividade de direitos iguais para o exercício de autonomia política" (trad. dos autores). HABERMAS, Jürgen. Paradigms of law. In: ROSENFELD, Michel; ARATO, Andrew. *Habermas on Law and Democracy*: critical exchages. Berkeley. Los Angeles: University of California Press, 1988. p. 24.

(7) KELSEN, H. *Teoria pura do direito*. Trad. João Baptista Machado. 6. ed. 4. tir. São Paulo: Martins Fontes, 2000. p. 79.

(8) *Ibidem*. p. 81.

(9) *Ibidem*, p. 82.

(10) *Idem, ibidem*, p. 86-87.

abriga a sentença "dado A, deve ser B" – ainda que, por hipótese, em determinado caso, ante a ocorrência de "A", não ocorra "B". A ciência do direito somente poderia, dadas as restrições contidas na pré-compreensão de Kelsen sobre o que seja ciência, limitar-se à descrição deste "dever ser", sem jamais se debruçar sobre o "ser".[11]

Tamanho esforço pela objetividade não poderia ter outro resultado, em suas conclusões, que não a redução da própria sociedade, sob o prisma da ciência jurídica, à ordem normativa – esta, como já dito, admitida como um autêntico monolito que é o amálgama necessário de toda a diversidade encontrada naquele grupo social.[12]

A imputabilidade – manejada como substituto da causalidade – é também submetida às consequências desta redução, precisamente para que não se admita a sua transmissão, em um infinito encadear de causalidades. Atribui-se a ela um ponto final[13] – cujos critérios de fixação, é claro, não podem ser criticamente examinados, mas apenas descritivamente abordados – o que expressa, em outro sentido, a confissão indireta de que Kelsen assume uma perspectiva referencial do uso da linguagem.

Este ponto final de imputabilidade opera, em outro sentido, no modelo kelseniano, a um só tempo como definidora e geradora da esfera das liberdades individuais, de tal sorte que "O homem é livre porque esta sua conduta é um ponto terminal de imputação, embora seja causalmente determinada".[14] Logo, até mesmo a possibilidade fundamental de liberdade está em Kelsen hipotecada, por assim dizer, ante o débito de observância a um ordenamento que a ciência do direito pode apenas descrever. Mas – e este é parte das preocupações centrais do presente artigo – esta possibilidade descritiva, ao pretender encerrar tudo que é dado à ciência jurídica, necessariamente incorpora a pretensão de que a descrição feita seja suficientemente unívoca, segura, ou, em uma palavra, objetiva.

A fim de atingir esta objetividade, Kelsen toma como ponto de partida um critério crítico interno ao próprio direito: a ideia de uma norma não pode ter como fundamento de validade um elemento externo ao direito, mas apenas uma outra norma.[15] Assim, em uma operação de regressão silogística, uma norma haveria de ter seu fundamento de validade inferido de outra que lhe é "hierarquicamente" superior, e assim sucessivamente. Esta operação, contudo, há de sofrer um fechamento – e, para tanto, é necessário para o autor afirmar hipoteticamente uma norma fundamental. Para proceder a tal fechamento, esta norma não pode ser ela própria positivada, mas apenas pressuposta, para que a sua validade não possa assim ser novamente reinserida em uma análise crítica. Pode-se inferir, diante dessas características, que uma tal norma fundamental expressa, do ponto de vista interno do direito, um postulado absoluto, universal e imutável. Não é por outra razão que, ao exemplificá-la no âmbito da moral, Kelsen[16] recorra a uma descrição bastante próxima dos "...princípios práticos que residem *a priori* em nossa razão..." sustentados pela fundamentação metafísica kantiana dos costumes.[17]

A relação do modelo kelseniano com as categorias apriorísticas kantianas foi necessária, como estratégia epistemológica, a fim de emprestar à ciência do direito um objeto que, em última análise, não fosse ele próprio criticável em sua validade. Tratava-se, em suma, de um esforço de "estabilizar" o que fora construto da razão, a despeito de sua variabilidade, estabilidade esta que integrava, visivelmente, o paradigma que conformava o conceito de ciência para Kelsen. Por isto é que a norma fundamental atuaria, segundo expressa admissão de Kelsen, como um pressuposto lógico-transcendental (de feição kantiana) à aferição de validade das normas no direito[18].

---

(11) "Em especial, a ciência jurídica não pode afirmar que, de conformidade com uma determinada ciência jurídica, desde que se verifique um ilícito, se verifica efetivamente uma consequência do ilícito. Com uma tal afirmação, colocar-se-ia em contradição com a realidade, na qual muito frequentemente se comete um ilícito sem que intervenha a consequência do ilícito estatuída pela ordem jurídica. Por outro lado, esta realidade não é o objeto a descrever pela ciência jurídica." (KELSEN, H. *Teoria pura do direito*. Trad. João Baptista Machado. 6. ed. 4ª tir. São Paulo: Martins Fontes, 2000. p. 88).

(12) KELSEN, H. *Teoria Pura do Direito*, trad. João Baptista Machado. 6. ed. 4ª tir. São Paulo: Martins Fontes, 2000. p. 97.

(13) *Ibidem*, p. 101.

(14) *Ibidem, ibidem*, p. 110.

(15) *Ibidem, ibidem*, p. 216.

(16) *Ibidem, ibidem*, p. 217-218.

(17) KANT, I. *Fundamentação da metafísica dos costumes*. Trad. Leopoldo Holzbach. São Paulo: Martin Claret, 2004. p. 16.

(18) "Na medida em que só através da pressuposição da norma fundamental se torna possível interpretar o sentido subjetivo do fato constituinte e dos fatos postos de acordo com a Constituição como seu sentido objetivo, quer dizer, como normas objetivamente válidas, pode a norma fundamental, na sua descrição pela ciência jurídica – e se é lícito aplicar *per analogiam* um conceito da teoria do conhecimento de Kant –, ser designada como a condição lógico-transcendental dessa interpretação. Assim como Kant pergunta: como é possível uma interpretação,

A clara e imediata consequência desta estratégia é, portanto, situar a validade em um plano estritamente formal, na esperança de ser ele acrítico.(19) A interpretação "cientificamente observável", portanto, não seria mais que uma simples operação extraída da lógica clássica aristotélica. Ela não se ocupará dos sentidos atribuídos – ou, melhor dizendo, abandona expressamente a inquirição sobre eles(20) o que, consoante veremos mais adiante, torna o modelo kelseniano frágil ante a natureza contingente da linguagem e pouco útil no enfrentamento da aparente insegurança decorrente desta contingência. Este é o momento em que a interpretação é postada por Kelsen, em seu aspecto ontológico, como um problema metajurídico, na expressão precisa de Carvalho Netto.(21) No modelo kelseniano, o que se situa no interior da moldura de sentidos possíveis de uma norma jurídica pelo órgão aplicador do Direito (isto é, a escolha dos muitos significados cabíveis desta norma) não balizável pela ciência jurídica, mas por campos outros (todos axiológicos) os quais a ciência do Direito pode apenas definir negativamente com a seguinte expressão: não resultam do Direito positivo(22).

O estabelecimento desta "moldura" limitadora das possibilidades de decidir seria, na afirmação final de Kelsen em sua Teoria Pura, capaz de demonstrar ao legislador que este ainda está distante de um rigor técnico-jurídico no uso da linguagem "...de maneira tal que a inevitável pluralidade de significações seja reduzida a um mínimo e, assim, se obtenha o maior grau possível de segurança jurídica".(23)

A pretensão kelseniana, portanto, tem como sustento um modelo de segurança científica calcada na possibilidade crescente de precisar o objeto investigado (o que, é claro, pressupõe a existência de uma relação sujeito/objeto constante, em um ambiente no qual tempo e espaço são também universalmente determináveis) e fundado ainda na certeza de que o instrumento utilizado na observação – a linguagem, no caso – possa abrigar o rigor necessário a uma investigação deste porte. Em suma, o que Abraham Moles qualifica como a vertigem da precisão, sedimentada a partir do primeiro cânone moderno (a física newtoniana de um conhecimento demonstrativo), e que não apenas está na contramão de uma abertura do conhecimento ao futuro e à dúvida, como igualmente expressa um projeto de dominação ideológico(24).

No que tange às relações de trabalho, pretender segurança jurídica nesses termos não apenas é impossível – pela impossibilidade de retirar-se da linguagem sua indeterminação – como também quer ocultar uma distribuição desigual de riscos quanto ao exercício dessa relação jurídica. Paradoxalmente, e de modo significativo, propaga-se desde o final da década de 1970 e início da década de 1980 a ideia de que essas maiores determinação e segurança seriam atingíveis nas relações de trabalho por um modelo de flexibilização. Flexibilização aqui tem o sentido da retirada de marcos normativos para a correção de desigualdades de base entre as partes contratantes (trabalhadores e empregadores) que finda por transferir parcela máxima possível do risco para a parte contratada, em um processo de inversão que Beck chamou de fim da padronização mínima das relações de emprego em favor de um sistema de subemprego flexível(25).

Foi posto em andamento um esforço de transformação do sentido da ideia de igualdade na relação de trabalho que negava os motivos do surgimento de marcos normativos distintos daqueles presentes nas relações contratuais clássicas do direito civil. Uma mudança que, se bem-sucedida, leva à inversão das inter-relações sociais que marcam o horizonte de sentidos da relação trabalhador/empregador, mudança que requer que micro e macroprocessos da prática discursiva

---

alheia a toda metafísica, dos fatos dados aos nossos sentidos, nas leis naturais formuladas pela ciência da natureza, a Teoria Pura do Direito pergunta: como é possível uma interpretação, não reconduzível a autoridades metajurídicas, como Deus ou a natureza, do sentido subjetivo de certos fatos como um sistema de normas jurídicas objetivamente válidas descritíveis em proposições jurídicas? A resposta epistemológica (teorético-gnoseológica) da Teoria Pura do Direito é: sob a condição de pressupormos a norma fundamental: devemos conduzir-nos como a Constituição prescreve, quer dizer, de harmonia com o sentido subjetivo do ato de vontade constituinte, de harmonia com as prescrições do autor da Constituição." (KELSEN, H. *Teoria pura do direito*. Trad. João Baptista Machado. 6. ed. 4ª tir. São Paulo: Martins Fontes, 2000. p. 225).

(19) *Idem*, p. 219-220.

(20) *Idem, ibidem*, p. 231.

(21) CARVALHO NETTO, M. de. A interpretação das leis: um problema metajurídico ou uma questão essencial do Direito? De Hans Kelsen a Ronald Dworkin. *Cadernos da Escola do Legislativo*, Belo Horizonte, v. 3, n. 5. p. 27-71, jan./jun. 1997. p. 1.

(22) KELSEN, H. *Teoria pura do direito*. Trad. João Baptista Machado. 6. ed. 4ª tir. São Paulo: Martins Fontes, 2000. p. 393.

(23) *Idem, ibidem*, p. 396-397.

(24) MOLES, Abraham A. *As ciências do impreciso*. Trad Glória de C. Lins. Rio de Janeiro: Civilização Brasileira, 1995. p. 23.

(25) BECK, Ulrich. *Sociedade de risco*: rumo a uma outra modernidade. Trad. Sebastião Nascimento. São Paulo: Editora 34, 2010. p. 205.

sejam alterados, como de resto se dá em toda ressignificação linguística de práticas sociais[26].

Mais do que nunca, diante dos desafios impostos pelo momento que vivemos, é preciso estarmos atentos a acolher e a dar curso à função criativa desencadeada pela dura experiência das violações à dignidade humana, pois somente assim ela pode se revelar fonte dos direitos humanos e fundamentais.

4. CONCLUSÃO: A EXPERIÊNCIA DE LIDAR COM O RISCO, O PAPEL DOS DIREITOS FUNDAMENTAIS E O RISCO DE DESPERDÍCIO DA EXPERIÊNCIA

Quando o texto constitucional explicitou direitos trabalhistas individuais mínimos, assumiu-se o risco de que esses direitos restringissem a capacidade econômica de contratações. Porém, o papel de garantias constitucionais mínimas é este: o de serem oponíveis aos demais discursos sociais, sendo invocáveis até mesmo contra interesses ou pretensões majoritárias. Mesmo a afirmação de que tais direitos não serão observados na maioria das vezes não lhes retira sua importância jurídico-constitucional. Direitos são exigíveis inclusive – e principalmente – ante o seu descumprimento.

Que dizer dos riscos assumidos ante a autonomia sindical e à elevação da greve ao patamar de direito fundamental na esfera coletiva? Claro que tais direitos apontam para a possibilidade de conflitos coletivos. Porém, tal possibilidade foi apenas desvelada, e não gerada pela nova ordem constitucional. Conflitos nascem da divergência e o direito de dissentir foi afirmado já no surgimento do conteúdo constitucional. O direito de divergir é o signo mais básico pelo qual adentramos o período chamado Modernidade. A autonomia das organizações sindicais e o direito de greve permitem que divergências coletivas sejam manifestadas e preservadas em sua liberdade de expressão e de ação. Os riscos que antes eram suprimidos passam a ser tematizados de forma pública e assim se torna possível lidar com eles institucional e constitucionalmente. Por este motivo é que a conciliação nas relações coletivas se torna viável em uma democracia. Nela, a divergência não é mais reduzida ao silêncio e o acordo não é mais sinônimo de submissão. Nas esferas individual e coletiva, a "tradição brasileira" de relações de trabalho "harmoniosas" cede ante a afirmação constitucional de que, na ordem econômica, são princípios constitucionais tanto a liberdade de iniciativa empresarial quanto a valorização social do trabalho. A presença simultânea destes princípios significa que eles existem em tensão. O papel de uma democracia constitucional não é "solver" ou "eliminar" essa tensão, até porque a democracia se alimenta da liberdade que garante o próprio direito de dissentir. Seu papel é torná-la visível. Deste modo, a própria sociedade poderá lidar com os riscos que dela decorrem, sem a mutilação do processo democrático e através de uma institucionalidade que se aperfeiçoa ante as demandas sociais. Abre-se um debate público sobre o sentido que se atribui a cada direito fundamental.

Quando considerada como parte da vivência, a experiência humana produz respostas que mantêm ou alteram os significados que se atribui a toda gama de elementos contidos nas "formas de sociabilidade", expressas em valores majoritários ou minoritários e em normas jurídicas. Neste sentido mais amplo, toda a experiência é incorporada à vivência social. Mas o desperdício referido aqui toma em conta um juízo sobre o que se fará ante a experiência de fazer constar no texto da Constituição normas mínimas para as relações individuais e coletivas de trabalho.

Um dos raciocínios que conduzem ao desperdício da experiência é a afirmação de que as normas constitucionais que versam sobre relações de trabalho resultaram, na Constituição de 1988, de uma "solução de compromisso" entre correntes político ideológicas antagônicas que dividiam os constituintes à época. Argumenta-se que tal solução levou a um texto constitucional extenso, rígido e detalhista desde seu nascedouro, um texto incompatível com a plasticidade exigida pelas mudanças econômicas e tecnológicas no processo produtivo.

Um segundo argumento que também quer levar ao abandono desta experiência é a afirmação de que as normas constitucionais não asseguraram um forte cumprimento dos direitos mínimos de proteção ao trabalhador, não resultaram em sindicatos necessariamente democráticos e tampouco levaram a maiores e constantes êxitos nas negociações coletivas de trabalho. Para os que invocam este argumento, o descumprimento das normas constitucionais leva à conclusão de que elas devem ser retiradas do texto da Constituição. Ambos argumentos padecem de erros em suas premissas. Há pouca valia em se vincular a interpretação constitucional às condições de seu surgimento do texto da Constituição. Faz pouco sentido buscar uma "vontade original" do constituinte. Mesmo o modelo considera-

(26) FAIRCLOUGH, N. *Discurso e mudança social*. Trad. Izabel Magalhães (Coord.). Brasília: Editora Universidade de Brasília, 2002. p. 115.

do por excelência mais sintético entre os textos constitucionais – a Constituição dos Estados Unidos da América – revela que a aparente permanência de um texto constitucional em uma sociedade moderna resulta de um processo interpretativo que lhe atribui novos significados de modo contínuo. Mais que isto, demonstra que tal processo não se guia por uma intencionalidade, e nem sempre transcorre de modo sereno pelas mediações institucionais. Ao contrário, ele é com frequência a resposta a embates e conflitos profundos em uma sociedade.

De modo semelhante, apontar o fato óbvio de que normas constitucionais não trazem em si as garantias de seu cumprimento não desqualifica tais normas em seu papel de garantias fundamentais. Se tais direitos são percebidos como limites à economia e à política, pode-se concluir que eles em verdade estão cumprindo o seu papel, ainda que sobrevivam práticas de desrespeito a eles. Em outras palavras, ao invés do que se dá com a política, direitos humanos e fundamentais são contramajoritários. E, ao oposto do que se dá na economia, direitos humanos e fundamentais são contrafáticos.

A tensão entre economia, política e direito é apenas sinal de complexidade das sociedades da Modernidade. Nelas, seus integrantes tomam como único fundamento para si o compromisso constitucional de se permitirem a liberdade de serem diferentes, e exigirem igual respeito em meio à liberdade.

A pergunta correta a se fazer ante tais questões não é qual o sentido se pretendeu dar aos direitos trabalhistas na elaboração da Constituição de 1988, ou qual grau de eficácia tais direitos atingiram. A pergunta relevante é: o que tais direitos significam hoje? A experiência dessas décadas responde, de forma audível, que tais direitos já foram incorporados à semântica de nosso processo civilizatório como normas fundamentais mínimas. Por esse motivo é que, mesmo ante os riscos e face aos ataques que sofrem, não há que se abrir mão deles.

O compromisso inerente àquilo que uma Constituição deve constituir é incompatível com sua redução a um texto como um fim em si mesmo. Tal compromisso gera um efeito autorreflexivo, principiológico e aberto que uma Constituição há de exercer como a base efetiva de uma comunidade jurídico-política de princípios capaz de constantemente reencontrar e reafirmar seus fundamentos.

O esvaziamento dos marcos normativos mínimos das relações de trabalho são apresentados como imperativos que tanto justificam um novo senso comum como o constrói, a noção de que expectativas constitucionais principiológicas sobre as relações de trabalho não seriam apenas limitadoras da liberdade para empregar, mas extinguiriam tal liberdade e, por isso, acarretariam ao final desigualdade e não igualdade. Essa inversão é viabilizada pela ausência de um enfoque principiológico tanto no que se refere à análise da própria Constituição quanto às expectativas excessivas a ela dirigidas. Ela resulta da crença que marcos normativos "bons e atualizados" dispensariam precisamente o que uma Constituição pode constituir: uma associação de pessoas capazes de se assumir como membros de uma comunidade de princípios. Em realidade, uma comunidade democrática de intérpretes da Constituição há de cobrar, de seus próprios integrantes, que a sua leitura do direito à igualdade e à liberdade que reciprocamente se reconhecem se traduza concretamente nas diversas práticas sociais constitutivas de sua vida cotidiana.

Todo o texto normativo, a partir da própria constituição, há de ser lido afastando-se o falso problema do que um texto seria capaz de fazer conosco. Um texto por si só nada pode fazer. Os termos adequados em que a questão há de ser posta são outros: o que a comunidade jurídico-política deve construir a partir do seu texto constitucional? Esse é o ponto nodal da ressignificação da igualdade e da liberdade nas relações de trabalho no Estado Democrático de Direito. Essa pergunta evita que o texto constitucional sirva apenas como pretexto interpretativo, permitindo uma leitura à sua melhor luz. Ao ser "detalhista" a Constituição não fracassa em sua tentativa de estabilidade, tampouco fracassa por "não implementar concretamente" os direitos afirmados nela. O papel de uma Constituição não é medido pela extensão de seu texto, mas pelo balizamento principiológico que ela permite tematizar em uma sociedade. Nenhum texto será completo o suficiente para abranger, de forma antecipada, todas as possibilidades futuras que essa tematização pode levantar. E, por outro lado, nenhum texto, por sua "clareza" ou "precisão", prescindirá de interpretações que busquem a adequação dos princípios contidos nele a cada situação concreta.

Da mesma forma, uma constituição, por si, não implementa direitos. Ela pode apenas postular o cumprimento desses direitos, a confrontar as nossas práticas e, desse modo, a colocar em pauta os nossos conflitos. Em uma democracia, o Texto Constitucional não extingue nossas divergências, ao contrário, ele é o campo em que nossos embates são travados. A Constituição reverbera continuamente as crises que se instalam em torno das garantias fundamentais de igualdade e liberdade.

Momentos de retrocesso não invalidam tais garantias fundamentais, ao contrário: são neles que a exigência constitucional por igualdade e liberdade se torna ainda mais relevante. Liberdade e igualdade são alicerces de uma sociedade plural, aberta e inclusiva, também para o enfrentamento democraticamente consistente dos momentos de maior crise e de maior risco. A tensão constitutiva ínsita a esses direitos fundamentais encontra-se em íntimo vínculo com o doloroso processo social de aprendizado acerca do que a dignidade humana requer. A dignidade humana, como vimos, não é uma exigência retórica e vazia, ao contrário, o seu conteúdo, conquanto aberto, encontra-se plenamente alimentado e enriquecido pelos desafios práticos e conceituais decorrentes das experiências concretas e recorrentemente renovadas de sua violação.

REFERÊNCIAS

BECK, Ulrich. *Sociedade de risco*: rumo a uma outra modernidade. Trad. Sebastião Nascimento. São Paulo: Editora 34, 2010.

CARVALHO NETTO, M. de. A interpretação das leis: um problema metajurídico ou uma questão essencial do Direito? De Hans Kelsen a Ronald Dworkin. *Cadernos da Escola do Legislativo*, Belo Horizonte, v. 3, n. 5, p. 27-71, jan./jun. 1997.

DELGADO, Mauricio Godinho. *Curso de direito do trabalho*. 14. ed. São Paulo: LTr, 2015.

DELGADO, Mauricio Godinho; PORTO, Lorena Vasconcelos. O Estado de Bem-Estar Social (*Welfare State)* no capitalismo contemporâneo. In: DELGADO, Mauricio Godinho; PORTO, Lorena Vasconcelos (Org.). Welfare State. *Os grandes desafios do Estado Bem-Estar Social*. São Paulo: LTr, 2019.

FAIRCLOUGH, N. *Discurso e mudança social*. Trad. Izabel Magalhães (Coord.). Brasília: Editora Universidade de Brasília, 2002.

HABERMAS, Jürgen. Paradigms of law. In: ROSENFELD, Michel; ARATO, Andrew. *Habermas on Law and Democracy*: critical exchages. Berkeley, Los Angeles: University of California Press, 1988.

__________. *The concept of human dignitu and the the realistic utopia of human rights. Metaphilosophy*. Oxford, v. 41, n. 4, p. 464-480, jul. 2010.

KANT, I. *Fundamentação da metafísica dos costumes*. Trad. Leopoldo Holzbach. São Paulo: Martin Claret, 2004.

KELSEN, H. *Teoria pura do direito*. Trad. João Baptista Machado. 6. ed. 4ª tir. São Paulo: Martins Fontes, 2000.

MOLES, Abraham A. *As ciências do impreciso*. Trad Glória de C. Lins. Rio de Janeiro: Civilização Brasileira, 1995.

Capítulo 8

A Dissociação entre Direitos Trabalhistas e Direitos do Empregado: Desafios para Repensar o Trabalho Digno

Noemia Porto[1]

Resumo: O presente artigo coteja dados indicativos do aumento da informalidade no Brasil com modificações legislativas recentes, dentre elas a Lei n. 13.467/2017 ("Reforma Trabalhista"), a Lei n. 13.874/2019 ("Liberdade Econômica) e a Medida Provisória n. 905/2019 ("Contrato Verde e Amarelo") para identificar a criação intensiva de extratos ou subclasses de trabalhadores. Os extratos representam a tentativa de se aplicar, de forma diferenciada, direitos trabalhistas. A questão central a ser investigada diz respeito à associação, constitucionalmente inadequada, entre direitos trabalhistas e direitos do empregado. Houve clara cooptação dessa lógica entre proteção trabalhista e proteção do emprego que exige seja repensado o conceitual jurídico do direito ao trabalho digno, considerando a universalidade e a progressividade que emanam do art. 7º da Constituição. Por isso, há inconstitucionalidade nas iniciativas que procuram, a pretexto dessa vinculação entre direitos trabalhistas e direitos do empregado, estabelecer classes diferentes de trabalhadores, estimulando contratações atípicas ou formulando critérios distintivos com base na idade ou no valor do salário.

Palavras-chave: Formas atípicas de contratação. Subclasses de trabalhadores. Trabalho digno.

Abstract: This article compares data indicating the increase of informality in Brazil with recent legislative changes, among them Law n. 13.467/2017 ("Labor Reform"), Law no. 13.874/2019 ("Economic Freedom") and Provisional Measure 905/2019 ("Green and Yellow Contract") to identify the intensive creation of worker's extract or subclasses. The statements represent an attempt to apply labor rights differently. The central issue to be investigated concerns the constitutionally inadequate association between labor rights and employee rights. There was a clear cooptation of this logic between labor protection and employment protection that requires a rethinking of the legal concept of the right to decent work, considering the universality and progressivity emanating from art. 7 of the Constitution. Therefore, there is unconstitutionality in the initiatives that seek, under the pretext of this link between labor rights and employee rights, to establish different classes of workers, encouraging atypical hires or formulating distinctive criteria based on age or salary value.

Keywords: Atypical forms of hiring. Worker subclasses. Decent work.

1. INTRODUÇÃO

Segundo o discurso que tem se tornado corrente de preponderância do aspecto econômico, a demanda por maior produtividade, em geral traduzida como centrada nos objetivos de maior lucratividade, com menor dispêndio de capital, tem exigido do mercado de trabalho alta flexibilidade, o que, na seara trabalhista, traduz-se na reformulação dos parâmetros tradicionais de conformação da relação de emprego. Neste cenário, um debate que pode ser ao mesmo tempo encantador, e atormentador, diz respeito ao alcance do significado jurídico do que pode ser considerado trabalho digno.

---

(1) Presidente da ANAMATRA (Biênio 2019-2021). Doutora em Direito, Estado e Constituição pela Universidade de Brasília (UnB). Juíza do Trabalho do TRT da 10ª Região. Professora universitária. Pesquisadora integrante do Grupo de Pesquisa Trabalho, Constituição e Cidadania (UnB/CNPq).

Alguns eventos concretos dos últimos tempos, na cena brasileira, são observáveis, dentre eles, o aumento recorde no número de trabalhadores na informalidade; o estímulo da legislação, desde 2017, à existência de contratações atípicas, com menos direitos para aqueles que dependem do trabalho para viver; a tentativa recente, em 2019, no processo legislativo de conversão de medida provisória em lei, de retirada do campo de incidência da legislação especializada protetiva de determinados trabalhadores pelo critério do valor da remuneração; e, ainda, a tentativa, também recente, de se estabelecer para os jovens contratação formal, mas numa modalidade em que direitos trabalhistas são diferidos ou diluídos, caracterizando-os como uma espécie de subclasse de empregados.

A previsão do art. 7º, *caput*, da Constituição, segundo o qual "são direitos dos trabalhadores urbanos e rurais, além de outros que visem à melhoria de sua condição social...",[(2)] traz a marca da abertura para o futuro, compatível com o caráter histórico dos direitos fundamentais. Da mesma forma, o art. 2º, 1, do Pacto Internacional sobre Direitos Econômicos, Sociais e Culturais, promulgado no Brasil pelo Decreto n. 591, de 6 de julho e 1992, em razão da incorporação ao plano interno realizada pelo Decreto Legislativo n. 226, de 12 de dezembro de 1991, contempla o seguinte:

> Cada Estado Parte do presente Pacto compromete-se a adotar medidas, tanto por esforço próprio como pela assistência e cooperação internacionais, principalmente nos planos econômico e técnico, até o máximo de seus recursos disponíveis, que visem a assegurar, progressivamente, por todos os meios apropriados, o pleno exercício dos direitos reconhecidos no presente Pacto, incluindo, em particular, a adoção de medidas legislativas.[(3)]

A compatibilidade de esforços normativos constitucional e internacional, como destacado acima, evidencia como a questão do trabalho, e dos modos de proteção à pessoa, tem se tornado central na era contemporânea, exigindo compromissos compartilhados nacional e internacionalmente.

De fato, o direito internacional do trabalho, considerando a globalização e o modelo de produção capitalista mundial, se mostra essencial na criação de uma base normativa internacional para proteger o direito ao trabalho, e especificamente ao trabalho digno. O direito não rege apenas situações limitadas às fronteiras territoriais do Estado onde é aplicado. Na medida em que crescem os intercâmbios internacionais, nos mais variados setores da vida humana, o direito transcende os limites territoriais da soberania estatal.

Nesse sentido, o precedente, de agosto de 2017, da Corte Interamericana de Direitos Humanos (CIDH), no chamado "Caso Lagos del Campo *vs* Peru", é muito interessante. Ele versa sobre a despedida ocorrida em 1989, em razão de declarações feitas quando o trabalhador era presidente do Comitê Eleitoral da Comunidade Industrial da empresa Ceper-Pirelli. Na hipótese, as manifestações dadas pelo trabalhador tiveram como objetivo denunciar e chamar a atenção sobre atos de ingerência indevida dos empregadores na vida das organizações representativas dos trabalhadores. Em razão da denúncia e das publicações a respeito, foi despedido.[(4)] O referido caso é considerado inédito por contemplar pela primeira vez, na CIDH, a discussão sobre o direito à estabilidade laboral e sobre o fenômeno da despedida ou rompimento contratual. A Corte sustentou o critério de que, para uma restrição da liberdade de expressão que seja compatível com a Convenção Americana, aquela deve ser necessária em uma sociedade democrática, entendendo-se por necessária a existência de uma questão social imperiosa que justifique a restrição. Afirmou, ao final, a interdependência entre os direitos fundamentais.[(5)]

Os sinais vinculam uma equação difícil. Por um lado, o constitucionalismo democrático de direito abarca compromisso com os direitos sociais, como direitos fundamentais, incorporando a cláusula de progressivi-

---

(2) Sem grifos no original.

(3) Sem grifos no original.

(4) O trabalhador peruano Lagos del Campo nasceu em 21 de fevereiro de 1939, tinha 14 filhos, e era casado com Tereza Gonzales Cornejo. À época da dispensa era um senhor de 50 anos e com 6 filhos em idade escolar. Começou a trabalhar em 12 de julho de 1976 como operário eletricista no departamento de manutenção da empresa Condutores Elétricos Peruanos Ceper-Pirelli S/A e atuou em diversos cargos como líder sindical. No âmbito interno do Estado do Peru, a sentença de primeiro grau havia considerado o desligamento ilegal e injustificado por violar a liberdade de expressão. Houve sucessivos recursos até a Corte Constitucional. A partir do segundo grau, prevaleceu a tese de que constituiu grave indisciplina e falta grave a manifestação de agravo ao empregador. No Judiciário prevaleceu o fundamento de que a Constituição Política do Estado garante a liberdade de expressão, mas não é viável que se atinja a honra e a dignidade do superior hierárquico na empresa empregadora.

(5) Reflexão crítica sobre o caso, com maior profundidade, pode ser conferida em: PAIXÃO, Cristiano & LOURENÇO FILHO, Ricardo Machado. *Direitos sociais e sistema interamericano de direitos humanos*. Disponível em: <https://www.jota.info/paywall?redirect_to=//www.jota.info/opiniao-e-analise/artigos/direitos-sociais-e-sistema-interamericano-de-direitos-humanos-06072018>. Acesso em: 18 maio 2019.

dade, compatível com a ordem internacional de direitos humanos, a qual, por sua vez, indica a prevalência do caráter interdependente daqueles voltados à proteção da pessoa humana, incluindo quando inserida em vínculos laborais. Por outro, o Brasil é palco, mais intensivamente nos últimos anos, de diversas investidas contra uma política generalizada de emprego como forma de garantia de direitos vinculados não apenas à subsistência, como, também, ao desenvolvimento de amplos aspectos da cidadania.

No cenário que se descortina, falar-se em progressividade dos direitos humanos parece algo muito distante, quase retórico, e o mesmo se diga da interdependência entre direitos civis, políticos e sociais.

O presente artigo pretende contextualizar e problematizar dados concretos que revelam o desprestígio institucional, e suas consequências, para os vínculos formais de emprego, e seus patamares jurídicos de proteção, e, ainda, lançar reflexões sobre a urgência de reconstrução de novas bases hermenêuticas para a concepção jurídica de trabalho digno que transcenda os aspectos contratuais da ideia clássica de emprego.

2. O CONTRATO DE EMPREGO E AS OUTRAS MODALIDADES SEM (OU COM POUCA) PROTEÇÃO JURÍDICA

Levantamentos recentes do Instituto Brasileiro de Geografia e Estatística (IBGE) revelam o aumento evidente da informalidade no mercado de trabalho no Brasil.[(6)] Aponta-se para uma realidade em que o número de trabalhadores no setor privado que estão ocupados, sem registro do contrato de emprego, chegou a quase 12 milhões no trimestre encerrado em setembro de 2019, o que representa um aumento de 2,9%, na comparação com o trimestre anterior, e de 3,4% em relação ao terceiro trimestre de 2018. Trata-se de trabalho informal com baixa produtividade e baixos salários.

Os chamados "trabalhadores por conta própria", que giram em torno de 24,4 milhões de pessoas, são representativos de recorde na série histórica, havendo aumento de 1,2% em relação ao trimestre anterior de 2019 e de 4,3% no mesmo período do ano de 2018. Desse total, 4,9 milhões têm CNPJ, ou seja, registro como empresa, e 19,5 milhões não têm. Trata-se de uma informalidade aguda, com deterioração do mercado de trabalho e piora qualitativa da ocupação.[(7)]

O crescimento da ocupação, mas que não adquire ritmo suficiente para retorno aos patamares que foram observados em 2014, passa ao largo de setores econômicos tradicionais, como indústria, construção e comércio. Observando o mesmo parâmetro de comparação, ou seja, o terceiro trimestre de 2019, o imediatamente anterior e o último trimestre de 2018, pode-se afirmar que, com o crescimento da informalidade, houve estagnação do rendimento médio dos trabalhadores (R$ 2.298,00, R$ 2.297,00, R$ 2.295,00, respectivamente).

Tal fenômeno (aumento da informalidade e trabalhadores "por conta própria", sem CNPJ constituído) aponta para a diminuição de contribuições para a Previdência Social daqueles que estão, de alguma forma, ocupados (62,8% no trimestre terminado em junho; 62,3% no período terminado em setembro; 63,7% no mesmo período de 2018).

Os dados sobre a crescente informalidade, os "trabalhadores por conta própria", a estagnação remuneratória, a baixa produtividade e o decréscimo nos recolhimentos previdenciários devem ser contextualizados, também, na linha temporal dos dois anos posteriores à entrada em vigor da Lei n. 13.467/2017. O advento da denominada "Reforma Trabalhista" é um dos eventos jurídicos de maior abalo à estrutura normativa dos direitos sociais trabalhistas. Podem ser mencionadas, numa abordagem inicial: a possibilidade de negociação coletiva abaixo da proteção garantida em lei; a existência de negociação direta entre trabalhador e empregador; a exclusão de normas de duração do trabalho como equivalentes às de medicina e segurança; o estímulo a contratações que não fortalecem o regime constitucional de emprego como *autônomo exclusivo*, intermitente e terceirizado; e as dificuldades impostas no acesso à Justiça do Trabalho, com limitação da gratuidade de justiça e previsão de sucumbência em desfavor do trabalhador.

As premissas que animaram essas alterações foram as de *modernização* das linhas de produção, existência de *excesso* de direitos para os trabalhadores que *engessam* as relações de trabalho, desenvolvimento econômico como um fim em si e necessidade de maior

---

(6) Disponível em: <http://a<genciabrasil.ebc.com.br/economia/noticia/2019-10/informalidade-no-mercado-de-trabalho-e-recorde-aponta--ibge>. Acesso em: 9 dez. 2019.

(7) Para mais dados divulgados sobre o problema da informalidade e a qualidade do mercado de trabalho no Brasil, tem-se a coluna de Opinião do Estadão, disponível em: <https://opiniao.estadao.com.br/noticias/notas-e-informacoes,informalidade-crescente,70003092973>. acesso em: 15 dez. 2019.

liberdade contratual.[8] A esse elenco pode ser acrescida a figura do hiperssuficiente, ou seja, aquele que recebe salário superior ao dobro do teto do benefício previdenciário e tem curso superior completo. Nessa hipótese, ou por essas razões, o acordo que firmar com o tomador será equiparado aos acordos coletivos nos assuntos relacionados no art. 611-A da CLT. Portanto, ainda nos termos da previsão legal, o pacto só poderia sofrer controle jurisdicional com intervenção mínima na vontade das partes.

A constatação de que o projeto da "Reforma Trabalhista" tramitou sem debates aprofundados, numa lógica de pressa, para que o texto, proveniente do relatório do então deputado Rogério Marinho, passasse sem modificação e sem possibilidade de revisão pela Casa adequada (o Senado Federal), fica evidente quando se observa que, durante a reunião da Comissão de Constituição, Justiça e Cidadania (CCJ), no dia 28 de junho de 2017, o então líder do Governo, Senador Romero Jucá, leu carta enviada pelo Presidente da República, Michel Temer, na qual não apenas pedia apoio dos parlamentares ao projeto que veio da Câmara, como, ainda, referiu à existência de um "acordo", pelo qual vetaria os pontos polêmicos ou os regulamentaria por medida provisória.[9] Desse modo, se evitava que o acolhimento das inúmeras emendas apresentadas redundassem no retorno do debate à Câmara dos Deputados.

Os vetos não vieram. Sobreveio, em 14 de novembro de 2017, a Medida Provisória n. 808, promovendo a alteração de diversas alterações dos dispositivos, àquela altura, recentemente alterados.

Nos termos da exposição de motivos da MP:

> Disto isto, a presente proposta de Medida Provisória tem por objetivo o aprimoramento de dispositivos pontuais, relacionados a aspectos discutidos durante a tramitação do PLC n. 38, de 2017, no Senado Federal. Se, por um lado, tais aspectos refletem o profundo processo de diálogo e análise realizado pelo Senado Federal, por outro, esta Casa Legislativa observou a desnecessidade de alteração do projeto no momento de sua tramitação, o que implicaria atrasos desnecessários à eficácia deste importante diploma legal. É neste sentido que, como consequência da atuação do Senado Federal, e sem maiores atrasos, aguardamos a entrada em eficácia da Lei n. 13.467, de 2017 em da data de 11 de novembro de 2017 (*sic*).[10]

Para além da inexatidão na assertiva de que houve profundo diálogo durante a tramitação da "Reforma Trabalhista" sobre as mudanças que estavam sendo promovidas (o qual não ocorreu efetivamente), e o foram com menos de sete meses de percurso parlamentar, evidenciou-se a tentativa de cumprimento de uma espécie de acordo com os Senadores para que nada que viesse da Câmara dos Deputados fosse alterado. Embora se tenha usado a retórica do aprimoramento, na verdade, a MP visava a promover correções profundas nos temas sensíveis ali elencados, quais sejam: jornada 12x36; bens inerentes à pessoa física que são juridicamente tutelados; dano extrapatrimonial; empregadas gestantes/lactantes e ambiente insalubre; trabalhador autônomo e cláusula de exclusividade; contrato de trabalho intermitente; verbas remuneratórias; comissão de representantes dos empregados e salvaguardas sindicais; garantia da participação dos sindicatos nas negociações coletivas; e contribuições previdenciárias.

A MP, na ocasião, recebeu um número recorde de emendas parlamentares (824),[11] evidenciando a falta de consenso sobre as mudanças que estavam sendo empreendidas pela "Reforma Trabalhista". A MP não foi convertida em lei e o Congresso Nacional não observou o disposto na parte final do § 3º do art. 62 da Constituição, ou seja, não disciplinou, por decreto legislativo, as relações jurídicas dela decorrentes.

Menos de dois anos depois desses acontecimentos, a Lei n. 13.874, de 20 de setembro de 2019, a pretexto de instituir a Declaração de Direitos de Liberdade Econômica, estabelecendo garantias de livre mercado, promoveu a alteração, em parte, da legislação trabalhista. A então Medida Provisória (MP) n. 881/2019, durante a tramitação legislativa para sua conversão em lei, sofreu alteração substancial a partir do relatório de admissibilidade emitido e aprovado pela comissão mista parlamentar instaurada para esse fim. As inovações trabalhistas eram, até então, abrangentes, podendo

(8) Uma análise da "Reforma Trabalhista" e de outras iniciativas, em contraste com a perspectiva de um processo constituinte e de um poder que não emana do povo, pode ser conferida no seguinte endereço eletrônico: <https://www.jota.info/paywall?redirect_to=//www.jota.info/opiniao-e-analise/artigos/reforma-trabalhista-e-processo-constituinte-o-poder-que-nao-emana-do-povo-22082018>. Acesso em: 9 dez. 2019.

(9) Disponível em: <https://www12.senado.leg.br/noticias/materias/2017/06/28/em-carta-aos-senadores-temer-garante-veto-a-pontos-polemicos-da-reforma>. Acesso em: 10 dez. 2019.

(10) Disponível em: <http://www.planalto.gov.br/ccivil_03/_Ato2015-2018/2017/Mpv/mpv808.htm>. Acesso em: 11 dez. 2019.

(11) Disponível em: <https://valor.globo.com/politica/noticia/2017/11/21/mp-da-reforma-trabalhista-bate-recorde-de-emendas-1.ghtml>. Acesso em: 11 dez. 2019.

ser citadas as inclusões de temas como a instituição de uma modalidade de contrato de trabalho subordinado não sujeito à legislação trabalhista, mas às regras do Direito Civil, sempre que a remuneração fosse superior a 30 (trinta) salários-mínimos; a liberação indiscriminada de trabalho em domingos e feriados; a extinção da obrigatoriedade das Comissões Internas de Prevenção de Acidentes (Cipas) para "locais de obra" ou estabelecimentos com menos de 20 trabalhadores e para as micro e pequenas empresas; dentre outros. Durante a tramitação parlamentar, e especificamente no Senado Federal, nenhuma dessas modificações permaneceu.(12)

O que se nota é que a MP, ao menos no que diz respeito aos aspectos trabalhistas, possuía na origem texto programático, que procurava realçar a livre-iniciativa; depois, recebeu relatório inovador, que passou a interferir substancial e surpreendentemente em diversos aspectos das normas de proteção laboral, como foi referido acima; as modificações, arduamente criticadas, não sobreviveram à discussão parlamentar; todavia, remanesceram algumas poucas, mas não menos preocupantes, alterações normativas.(13)

Outros recordes vão sendo colecionados no que diz respeito à investida intensiva em mudanças na legislação do trabalho. Menos de dois meses depois, considerando o malogro das alterações que se procurou embutir no relatório da MP da "Liberdade Econômica", sobreveio outra Medida Provisória (n. 905, de 11 de novembro de 2019), instituindo o "Contrato de Trabalho Verde e Amarelo", através da alteração da legislação trabalhista.

A MP n. 905 foi anunciada como medida para estimular a empregabilidade entre os jovens. Para isso, previu uma modalidade contratual com direitos reduzidos, contemplando o pagamento, de forma diferida, de direitos básicos como férias, 13º salário e FGTS, com redução, ainda, da indenização compensatória para os casos de dispensa sem justa causa. Mas, para além do que seria o objetivo dessa iniciativa, a MP revogou mais de trinta dispositivos da CLT e outros tantos de leis e decretos em matéria laboral, com temáticas das mais diversificadas, e não diretamente relacionadas à situação dos jovens. Podem ser citados alguns exemplos, tais como a possibilidade de trabalho aos domingos e feriados, tema que havia sido rejeitado durante a tramitação da MP da Liberdade Econômica. A MP procura reforçar a possibilidade de acordos individuais entre trabalhadores e empregadores, ao contrário da obrigação internacional assumida com a ratificação da Convenção n. 98 da OIT, que versa sobre a necessidade de reforço à autonomia negocial coletiva e à representatividade das entidades coletivas dos trabalhadores.(14) Também foi retirada a obrigatoriedade de registro profissional para exercício de diversas atividades, dentre elas arquivista, artista, jornalista, publicitário, radialista, corretor de seguros, dentre outros, com clara intenção de desregulamentação profissional. Também de forma surpreendente, ou seja, sem nenhuma relação com a empregabilidade dos mais jovens, a MP promoveu a alteração, para majorá-la, da jornada de trabalho dos bancários. Mudanças também foram feitas em temas remuneratórios, como vale-alimentação, prêmios e participação nos lucros, tudo a indicar que, a pretexto de maior empregabilidade, a pretensão era de mais uma "reforma trabalhista" embutida num texto de medida provisória.

---

(12) Na oportunidade da tramitação legislativa, quatro entidades trabalhistas elaboraram nota técnica conjunta procurando demonstrar as inconstitucionalidades e outros problemas jurídicos presentes nas inovações que foram feitas pela MP, sendo elas a Associação Nacional dos Magistrados da Justiça do Trabalho (ANAMATRA), a Associação Nacional dos Procuradores do Trabalho (ANPT), a ABRAT (Associação Brasileira de Advogados Trabalhistas) e o SINAIT (Sindicato Nacional dos Auditores Fiscais do Trabalho). Disponível em: <https://www.anamatra.org.br/imprensa/noticias/28515-mp-da-liberdade-economica-associacoes-emitem-nota-tecnica-sobre-a-minirreforma-trabalhista>. Acesso em: 14 nov. 2019.

(13) É relevante a constatação desse processo inovador, ou seja, de relatório que acrescenta e introduz modificações em temas que não constavam no texto originário da MP. Isso porque o Supremo Tribunal Federal (STF) tem precedente, com efeitos *ex nunc*, representado pelo julgamento da ADI n. 5.127, cuja ciência foi conferida ao Poder Legislativo, no sentido de não ser compatível com a Constituição a apresentação de emendas sem relação de pertinência temática com medida provisória submetida à apreciação. Em sede de controle de constitucionalidade concentrado, que possui efeito *erga omnes*, entendeu o STF que emenda parlamentar em projeto de conversão de MP em lei tem que, necessariamente, ter correspondência com o conteúdo temático. Ademais, a entrada em vigor da Lei n. 13.874, de 20 de setembro de 2019, que institui Declaração de Direitos de Liberdade Econômica, suscita análise crítica, sob o influxo das normas constitucionais, quanto ao seu impacto na legislação do trabalho, notadamente em quatro aspectos: a possibilidade de influência interpretativa da preponderância do valor da livre-iniciativa; a ampliação do número de estabelecimentos que foram autorizados a não controlar formalmente os horários trabalhados; a hipótese de marcação de ponto "por exceção"; e a possibilidade de alterações do Código Civil dificultarem a responsabilização dos sócios em razão de dívidas não saldadas pelas pessoas jurídicas.

(14) De fato, no campo internacional, a negociação coletiva recebe prestígio, e viola a Convenção n. 98 da Organização Internacional do Trabalho (OIT) a hipótese de prevalência da autonomia negocial quando presente redução de direitos básicos legalmente garantidos. A Convenção foi ratificada pelo Brasil (Decreto de Promulgação n. 33.196/1953) e se insere no contexto dos chamados Princípios Fundamentais da Organização Internacional do Trabalho (*status* de supralegalidade).

A Medida Provisória n. 905/2019, conhecida como "Contrato Verde e Amarelo", recebeu 1.930 emendas parlamentares, o que novamente é um recorde.[15]

Dois anos depois de uma "Reforma Trabalhista" complicada, redutora de direitos, que contemplou prática parlamentar, no mínimo, difícil para a democracia bicameral, crescem a informalidade e a pobreza, com graves riscos sociais. Antes de qualquer análise mais aprofundada sobre os motivos que levaram à "Reforma", e os resultados práticos absolutamente diversos do que foi prometido, outras iniciativas, pelo uso de Medidas Provisórias do Presidente da República, tendem a marcar outros recuos nas normas jurídicas de proteção, indicando agravamento no processo de desestruturação do mercado de trabalho brasileiro.

É um tempo entorpecente. Mas, o torpor não pode ser paralisante. É uma época em que não pode haver espera diante da urgente redefinição dos papéis jurídicos a serem desempenhados por um Direito do Trabalho autônomo, emancipado do Direito Civil.

3. TRABALHO DIGNO COMO CONCEITO JURÍDICO PARA ALÉM DAS QUESTÕES DO EMPREGO

Há um desafio em curso de repensar os patamares jurídicos de proteção. Os acontecimentos recentes do mundo do trabalho no Brasil revelam que há uma aceleração que torna essa uma urgência, urgentíssima. Embora seja afirmativo o primado da dignidade humana (art. 1º, III, da Constituição), a questão problemática, e problematizante, é sobre o que se entende por trabalho digno, como uma das dimensões da proteção ao trabalho e da noção de cidadania. O direito ao trabalho na Constituição Federal não se circunscreve ao direito de acesso a uma ocupação (ou qualquer ocupação), mas, sim, alcança o direito ao trabalho digno.

Menelick de Carvalho Netto já questionava a construção conceitual do princípio protetivo do direito do trabalho estruturado na lógica da hipossuficiência. Conforme adverte, o trabalhador não é hipossuficiente, ele está hipossuficiente e essa diferença precisa ser compreendida no Estado Democrático de Direito. A relação de emprego tende a ser cada vez mais rara, por isso, uma política pública de proteção ao trabalho exige novas posturas, num mundo de predomínio da prestação de serviços, das parcerias, das cooperações, e de outras formas de trabalho. Essa nova postura, a envolver as instituições formais, tanto as executivas e parlamentares, como as integrantes do sistema de justiça e, ainda, os sindicatos, significa a saída do reduto restrito de defesa de direitos para os empregados. À Justiça do Trabalho, que integra, como forma de garantia, o constitucionalismo social que vem sendo construído desde pelo menos a década de 1930 do século passado, deve competir verificar até onde se sustentam determinados "cercos" constituintes, como no caso da interpretação prevalente do art. 7º fundada na concepção de emprego e não de trabalho. Para o autor, "no atual paradigma constitucional do Estado Democrático de Direito, se direitos básicos continuam a ser reconhecidos ao trabalhador, o são precisamente como reconhecimento de sua imprescindibilidade para que possa afirmar e exercer sua cidadania e sua autonomia como sujeito de direitos"[16].

A despeito do polimorfismo, da fluidez e da flexibilidade que caracterizam o modo de produção capitalista atual, a redefinição do trabalho, como categoria constitucional de inclusão, para além da fórmula jurídica de afiliação contratual empregatícia salarial, pode contribuir para um tratamento constitucionalmente adequado tanto da questão dos direitos fundamentais de um direito *do* trabalho e *ao* trabalho[17], quanto na temática pertinente à marginalidade social.[18]

Aliás, quando o olhar se volta para os trabalhadores mais pobres, e cujos direitos são vilipendiados, perce-

---

(15) Disponível em: <https://www.camara.leg.br/noticias/617588-mp-do-contrato-de-trabalho-verde-e-amarelo-recebe-1-930-emendas/>. Acesso em: 11 dez. 2019.

(16) CARVALHO NETTO, Menelick de. Por que uma Justiça do Trabalho? In: *Revista D'Amatra Dez* (Associação dos Magistrados da Justiça do Trabalho da 10ª Região). Edição 1. Ano 1. setembro de 2011, p. 10-12. Disponível em: <http://amatra10.org.br/wp-content/themes/amatra10/revistas/Revista_%20DAmatra_Dez_01.pdf>. Acesso em: 15 dez. 2019. p.10.

(17) Durante o trabalho de pesquisa desenvolvido para a dissertação de mestrado, o fenômeno definido para observação foi o da terceirização de serviços, no trato judiciário que recebeu em precedentes do Tribunal Superior do Trabalho (TST) de 1974 até 2011. As análises, conjugadas com obras da sociologia jurídica, indicavam o equívoco de se interpretar os patamares de proteção jurídica trabalhista como dependentes da configuração de um tipo especial de contrato, qual seja, o contrato de emprego, que possui definição infraconstitucional. O resultado completo dessas investigações encontra-se na seguinte obra: PORTO, Noemia. *O trabalho como categoria constitucional de inclusão.* São Paulo: LTr, 2013.

(18) Com suporte nos autores pesquisados, na tese de doutorado foi possível concluir que as exclusões produzidas pelo modo atual de estruturação capitalista, fundado na concepção de desregulamentação de direitos, dão curso a um processo de *marginalização social*. Isso pode ser observado em determinados espaços, chamados, então, de *espaços de exclusão*, que tem lugar, por sua vez, exatamente nos centros urbanos do país. A respeito, consultar: PORTO, Noemia. *Geografia do trabalho e da cidade*: estudo etnográfico das dimensões da cidadania a partir das narrativas sobre a Vila DNOCS. 2015. 358 f. Tese (Doutorado em Direito) – Universidade de Brasília, Brasília, 2015. p. 196.

be-se que a lógica de proteger desde que presentes requisitos de vinculação empregatícia confirma uma possibilidade de maior exclusão do que inclusão. Essa percepção encontra-se bastante clara, e foi cooptada. É possível que decorra em parte dela (percepção de que apenas estão protegidos os empregados), as tentativas intensivas de se promover, aos poucos, ou de uma vez por todas, a exclusão de trabalhadores da conceituação do emprego. Acredita-se que se não forem, por lei, considerados empregados, então, os direitos básicos constitucionais poderão estar automaticamente autorizados a não prevalecerem. Não à toa, na "Reforma Trabalhista", houve estímulo às contratações atípicas (supostamente fora da linguagem dos direitos trabalhistas que seriam direitos empregatícios), como nos casos de autonônomo exclusivo ou de Pjs ("pejotização"). A "Reforma Trabalhista" também ensaia criar classes diferentes de trabalhadores pelo recorte do valor do salário. Assim, os hipersuficientes teriam contratos que deveriam ser analisados numa lógica de prevalência da autonomia privada (civilista), e com pouca ou nenhuma interferência judicial na interpretação das suas cláusulas. Na "MP da Liberdade Econômica" tentou-se, sem êxito, prever que trabalhadores contratados a partir de trinta salários-mínimos não receberiam proteções típicas de empregados. A MP n. 905/2019 tenta a mesma via de estratificar os trabalhadores, grafando a hipótese de subclasses ou de subcidadãos. Assim, a pretexto da empregabilidade dos jovens, cria uma modalidade contratual (por ora, empregatícia), mas com direitos clássicos que podem ser transformados em salário diferido. Então, de fato, é um problema o Direito do Trabalho permanecer como um Direito do Emprego.(19)

A concepção de trabalhador não está (e não pode estar) vinculada à figura clássica do empregado. Em situações de pobreza e de exclusão, a divisão juridicamente relevante entre formalizados e não formalizados no mercado não consegue se traduzir em referência indutora de igualdade para os cidadãos. Torna-se pertinente uma visão mais abrangente, que englobe todos aqueles que necessitam viver do seu trabalho, ainda que tenham imensas dificuldades de inserção no mercado de trabalho formalizado. O trabalho digno não deve ser assimilado como uma totalidade, de faceta abstrata, e tampouco como uma dimensão separável do contexto geral da cidadania. A urgência, antes referida, diz respeito à reflexão sobre o traço distintivo entre um sistema de tutela das pessoas e um sistema de tutela dos direitos. A performance normativa desse direito fundamental depende da observância às garantias de remuneração justa e do desenvolvimento das atividades laborais em condições de liberdade, equidade e segurança.(20)

A Constituição (art. 7º, XXX) proíbe diferença de salários, de exercício de funções e de critério de admissão por motivo de sexo, idade, cor ou estado civil, cujo elenco é meramente exemplificativo. No entanto, o parágrafo único do art. 444 da CLT confere um sobrevalor às estipulações feitas por empregado portador de diploma de nível superior e que perceba salário mensal igual ou superior a duas vezes o limite máximo dos benefícios do Regime Geral de Previdência Social, como se o montante do salário retirasse a condição primária dessa relação que é a do estado de subordinação jurídica (modificação trazida pela Lei n. 13.467/2017). A diferença também parece supor, erroneamente, que o trabalhador com curso superior desenvolveria trabalho mais intelectualizado e, de novo, a Constituição proíbe distinções que estejam baseadas nesse tipo de premissa. No caso dos jovens até 29 anos, no "Contrato Verde e Amarelo", por exemplo, a indenização sobre o saldo do Fundo de Garantia por Tempo de Serviço poderá ser paga, por acordo entre empregado e empregador, de forma antecipada, mensalmente (art. 6º, § 1º), ou seja, o benefício (diluído) perde sua condição primária que era de instituto que fosse capaz de servir de mínima proteção contra a dispensa arbitrária ou sem justa causa (art. 7º, I, da Constituição), porquanto

(19) Nas pesquisas do doutorado, a análise envolveu a descrição etnográfica da Vila DNOCS, uma comunidade pobre do Distrito Federal, contemplando o modo como é construída, reconstruída, significada e ressignificada a ideia de trabalho digno, como trabalho e moradia se relacionam e, ainda, como cidade e trabalho são dimensões não estanques da cidadania. A categoria de subcidadania recebeu atenção na discussão dos dados. Durante aquela pesquisa, a relação entre trabalho e cidade parecia ser indicativa de pistas do mundo social que se desenvolve confirmando ou contestando as lógicas jurídicas mais tradicionais. A investigação foi lançada sobre os territórios de precariedade urbana e laboral, reveladoras da ocupação desordenada e dos problemas relacionados à democracia urbana e, ainda, possibilitou observar a disjunção entre o caráter formal do direito ao trabalho digno e o direito à cidade, como direitos fundamentais, e a reconstrução concreta do seu alcance. Uma das constatações foi no sentido de que a linguagem jurídica centrada na ideia de hipossuficiência e de emprego eram insuficientes para dar conta das demandas por direitos no campo do trabalho, que recebe a intersecção de outros aspectos da cidadania, dentre elas a cidadania urbana. A discussão completa a partir dos elementos coletados pode ser encontrada em: PORTO, Noemia. *Geografia do trabalho e da cidade*: estudo etnográfico das dimensões da cidadania a partir das narrativas sobre a Vila DNOCS. 2015. 358 f. Tese (Doutorado em Direito) – Universidade de Brasília, Brasília, 2015.

(20) Esses argumentos foram desenvolvidos em maior profundidade e extensão em PORTO, Noemia. *O trabalho como categoria constitucional de inclusão*. São Paulo: LTr, 2013.

foi transformado numa espécie de acréscimo salarial. O que se nota, por tais eventos, é que foi rompida a mínima concepção de trabalho digno na agenda política brasileira.

A padronização ou o fechamento do conceito jurídico de trabalho digno vinculado ao contrato de emprego ou à hipossuficiência do trabalhador não tem se mostrado eficiente para um tratamento, formal e material, minimamente pertinente para os reclamos que surgem de um mercado de trabalho profundamente transformado. Aliás, a insistência na ideia de hipossuficiência tem conduzido a situações em que o legislador define, num ambiente de empobrecimento dos salários, que, a partir de determinado patamar, essa hipossuficiência não existe (supostamente desapareceria) e, portanto, as normas jurídicas de proteção poderiam ser minoradas. Ocorre que a hipossuficiência não é uma ontologia ou um dado variável pelo valor do salário. O trabalhador está (não é) hipossuficiente, independentemente do salário, num ambiente de alta do desemprego, de enfraquecimento sindical, de pressão por uma forma de produzir em que a contagem numérica suplanta análises qualitativas da produtividade laboral e de exacerbada competitividade.

Quando a dignidade se resume a ter ou não ter um contrato de emprego ou, ainda, se vincula a uma variável do salário ou, outrossim, recebe gradações, como extratos contratuais (até 29 anos; acima de trinta salários-mínimos; a partir de duas vezes o limite máximo dos benefícios do Regime Geral de Previdência Social), o elemento mais profundo de alteração está no próprio trabalhador, que deixa de se reconhecer como tal. Incorporando a linguagem do rompimento, não se sente mais empregado, ou de "carteira assinada", mas, sim, um empreendedor, ainda que o empreendedorismo se resuma à mera mudança de *status* (antes empregado com direitos, agora empreendedor "de si mesmo", e normalmente invisibilizado nos sistemas de proteção). Os extratos desmobilizam as reivindicações por dignidade e enfraquecem os laços de cidadania no trabalho.

Vera da Silva Telles refere que "se o trabalho não mais estrutura as promessas de progresso social, se os coletivos 'de classe' foram desfeitos sob as injunções do trabalho precário, se direitos e sindicatos não mais operam como referências para as maiorias, se tudo isso mostra que os 'tempos fordistas' já se foram, o trabalho não deixa de ser uma dimensão estruturante da vida social"[21].

As reformulações do mercado de trabalho, impulsionadas, inclusive, por novos marcos regulatórios, mudam a paisagem social e promovem a desconexão entre trabalho e empresa. A despeito disso, é inegável a centralidade do trabalho na vida das pessoas, independentemente de várias delas jamais lograrem acesso a um posto formal de serviço. Essa centralidade designa que, modificadas as relações clássicas, os tempos de vida e de trabalho se articulam sob novas formas e impactam dimensões diversas da vida das pessoas (acesso às cidades, à moradia, os construtos familiares e a articulação trabalho e não-trabalho). Por isso, Telles[22] destaca que será necessário então se "desvencilhar dessas binaridades clássicas, assim como a de formal-informal, para apreender a nervura própria do campo social, que não se deixaria ver se nos mantivéssemos presos a elas na análise do trabalho e do urbano". Ainda para Telles[23], que reflete sobre as conexões entre trabalho e experiência urbana, as referências que ordenavam a experiência social ao estilo fordista, fabril, de vinculação direta e na perspectiva do emprego clássico, mudaram substancialmente. Não se observam mais, ou se enfraqueceram, mediações como a do trabalho regulado, ou dos direitos trabalhistas clássicos e da atuação dos sindicatos, marcadores esses que ritmavam os tempos da vida e os articulavam com os tempos políticos da cidade.

Mas nem por isso o trabalho, mesmo precário e descontínuo, incerto e de futuro mais incerto ainda, deixa de ser um poderoso conector com o mundo social. Outra experiência de trabalho, outra experiência urbana. Outro diagrama de referências e relações que redefine os agenciamentos da vida e das formas de vida, e nos quais e pelos quais é possível apreender a nervura própria desse campo social redefinido[24].

A ausência ou presença precárias de estruturas de trabalho e de proteção social, como acesso igualitário a oportunidades de trabalho, cobertura previdenciária, e outros, redesenham as formas de integração do cidadão através e com a família e a comunidade.

(21) TELLES, Vera da Silva. (2006). Mutações do trabalho e experiência urbana. In: *Tempo Social*, *18*(1), 173-195. Disponível em: <https://doi.org/10.1590/S0103-20702006000100010>. p. 174.

(22) *Ibidem*. p. 175.

(23) *Ibidem*. p. 180-181.

(24) *Ibidem*. p. 181.

Ainda que a complexidade do presente aponte para a inexistência de um conceito unívoco sobre trabalho digno, e que ainda que tal concepção possa ser considerada aberta para o futuro e essencialmente dinâmica, afasta-se a possibilidade de submissão a situações consideradas de humilhação. Humilhação aqui adquire o sentido jurídico da submissão a situações de desigualdade que não são, objetiva e constitucionalmente, justificáveis.

Partindo-se da premissa de que para o constitucionalismo, enquanto processo, o enigma da igualdade precisa ser constantemente problematizado, especialmente quanto a representar ou não acesso a direitos iguais, aí inclusos os de matriz social, são inconstitucionais as estratificações que procuram criar, entre os trabalhadores, assim considerados aqueles que necessitam do trabalho para viver, classes e subclasses, para direitos mais ou menos abrangentes, uns similares ao direito civil, outros mais próximos dos contratos de trabalho.

4. CONCLUSÃO

A Constituição de 1988, que marca o paradigma do Estado Democrático de Direito, mais do que um texto formalmente rígido, é representativa de um espaço de luta e de reivindicação pelos significados normativamente vinculantes. Diversos aspectos relacionados ao mundo do trabalho, inclusive o próprio trabalho, são decisivos para uma dimensão estruturante da vida social.

A cooptação, na agenda política de ocasião, da ideia de que a proteção jurídica trabalhista está centrada excessivamente na concepção do trabalho empregado revela-se nas tentativas reiteradas de criação, por marcos regulatórios legislativos infraconstitucionais, de estímulos aos contratos atípicos, à validação de trabalhos fora da matriz do emprego e no avanço para se estabelecer uma lógica prevalente de estratificação entre os trabalhadores, definindo-se condições laborais mais protegidas, ou menos protegidas, a depender de critérios como idade e valor do salário. Contra a homogeneidade da proteção laboral pela via do emprego, investe-se na heterogeneidade de tipos para dispersar as formas de proteção, e enfraquecê-las, e, ainda, como forma de desmobilização social dos trabalhadores.

A desconexão entre a tomada pública do problema da insuficiência de renda e as questões do trabalho (que exige programas de qualificação, igualdade de oportunidades e inserções com proteção jurídica) pode interferir nas condições (ausentes) de superação intergeracional da pobreza. Fala-se em desconexão porque as iniciativas até aqui procuram vincular elementos sem nenhum elo comprovado, qual seja, menos direitos, mais postos de trabalho. As tentativas infraconstitucionais de diminuição dos patamares jurídicos de proteção têm alterado apenas a qualidade (pior) dos postos de trabalho ofertados, sem incremento de produtividade. E, para isso, todos os expedientes têm sido utilizados: tramitações legislativas rápidas, sem que as Casas do Congresso Nacional possam operar com o tempo político da revisão e do debate; medidas provisórias em série, com recordes de emendas parlamentares; introdução de modificações em medidas provisórias, durante o trâmite legislativo de conversão, que não constavam no texto original.

Os direitos trabalhistas possibilitaram e possibilitam aos cidadãos a participação na esfera pública, ainda que, por um longo período, tenha ocorrido a restrição imposta por um modelo centrado na ideia de contrato e de requisitos homogêneos. É necessário superar a regulação altamente restritiva da própria ideia de cidadania para o trabalho ou no trabalho. Essa performance dos direitos sociais, e mais especificamente dos cidadãos como detentores do direito a direitos, não consegue ser contida ou aniquilada de uma vez por todas mesmo em situações de iniquidade. Nas formas atípicas há trabalho a ser protegido; nas subclasses, inconstitucionalidades a serem sanadas; no trabalho digno, o enigma da reinvenção como uma categoria jurídica significante para os novos tempos.

A emancipação do Direito do Trabalho (e não do Direito do Emprego) em relação ao Direito Civil está na marca da construção (acidentada) do constitucionalismo democrático de direito. Por isso, as instituições formais têm um compromisso, como típicos poderes constituídos, com políticas públicas e jurídicas que sejam capazes de reconhecer e dar visibilidade aos trabalhadores, assim considerados aqueles que necessitam do trabalho para viver, orientando uma prática social de inclusão efetiva pelos direitos de cidadania, que são interdependentes. A invisibilidade do trabalho, que redunda no não-acesso a outros direitos de cidadania, diante da interdependência entre os direitos fundamentais, deve ser vista como um problema para a própria democracia. A condição de possibilidade democrática é a efetiva condição de participação na vida pública. Mas, quando os marcadores sociais e de vida se direcionam para limites abaixo do mínimo constitucionalmente previsto – e a universalidade e a progressividade grafadas no art. 7º são uma grande referência para isso – o que está sendo comprometido é o próprio processo democrático.

REFERÊNCIAS

ANAMATRA. PLV n. 17/2019. *Nota Técnica Conjunta sobre a Nova Reforma Trabalhista*. Disponível em: <https://www.anamatra.org.br/imprensa/noticias/28515-mp-da-liberdade-economica-associacoes-emitem-nota-tecnica-sobre-a-minirreforma-trabalhista>. Acesso em: 14 nov. 2019.

AGÊNCIA BRASIL (EBC). *Empregos informais chegam a 41,4% da força de trabalho ocupada no país (31 de outubro de 2019)*. Disponível em: <http://agenciabrasil.ebc.com.br/economia/noticia/2019-10/informalidade-no-mercado-de-trabalho-e-recorde-aponta-ibge>. Acesso em: 9 dez. 2019.

AGÊNCIA CÂMARA. *MP do contrato de trabalho verde e amarelo recebe 1.930 emendas (25 de novembro de 2019)*. Disponível em: <https://www.camara.leg.br/noticias/617588-mp-do-contrato-de-trabalho-verde-e-amarelo-recebe-1-930-emendas/>. Acesso em: 11 dez. 2019.

AGÊNCIA SENADO. *Em carta aos senadores, Temer garante veto a pontos polêmicos da reforma*. 28 de junho de 2017. Disponível em: <https://www12.senado.leg.br/noticias/materias/2017/06/28/em-carta-aos-senadores-temer-garante-veto-a-pontos-polemicos-da-reforma>. Acesso em: 10 dez. 2019.

CARVALHO NETTO, Menelick de. Por que uma Justiça do Trabalho? In: *Revista D'Amatra Dez* (Associação dos Magistrados da Justiça do Trabalho da 10ª Região). Edição 1. Ano 1. setembro de 2011, p. 10-12. Disponível em: <http://amatra10.org.br/wp-content/themes/amatra10/revistas/Revista_%20DAmatra_Dez_01.pdf>. Acesso em: 15 dez. 2019.

ESTADÃO. *Informalidade crescente* (18 de novembro de 2019). Disponível em: <https://opiniao.estadao.com.br/noticias/notas-e-informacoes,informalidade-crescente,70003092973>. Acesso em: 15 dez. 2019.

ORGANIZAÇÃO INTERNACIONAL DO TRABALHO (OIT). *Convenção n. 98*. Disponível em: <https://www.ilo.org/brasilia/convencoes/WCMS_235188/lang—pt/index.htm>. Acesso em: 15 dez. 2019.

PAIXÃO, Cristiano & LOURENÇO FILHO, Ricardo Machado. *Direitos sociais e sistema interamericano de direitos humanos*. Disponível em: <https://www.jota.info/paywall?redirect_to=//www.jota.info/opiniao-e-analise/artigos/direitos-sociais-e-sistema-interamericano-de-direitos-humanos-06072018>. Acesso em: 18 maio 2019.

PLANALTO. *Medida Provisória n. 808, de 14 de novembro de 2017*. Disponível em: <http://www.planalto.gov.br/ccivil_03/_Ato2015-2018/2017/Mpv/mpv808.htm>. Acesso em: 11 dez. 2019.

__________. *Medida Provisória n. 905, de 11 de novembro de 2019*. Disponível em: <http://www.planalto.gov.br/ccivil_03/_ato2019-2022/2019/Mpv/mpv905.htm>. Acesso em: 11 dez. 2019.

__________. *Constituição de 1988*. Disponível em: http://www.planalto.gov.br/ccivil_03/constituicao/constituicao.htm>. Acesso em: 2 dez. 2019.

__________. *Decreto-lei n. 5.452, de 1º de maio de 1943* (CLT). Disponível em: <http://www.planalto.gov.br/ccivil_03/decreto-lei/del5452.htm>. Acesso em: 15 dez. 2019.

__________. *Decreto n. 591, de 6 de julho de 1992* (Pacto Internacional sobre Direitos Econômicos, Sociais e Culturais). Disponível em: <http://www.planalto.gov.br/ccivil_03/decreto/1990-1994/d0591.htm>. Acesso em: 15 dez. 2019.

PORTO, Noemia. *Reforma trabalhista e processo constituinte*: o poder que não emana do povo (22.08.2018). Disponível em: <https://www.jota.info/paywall?redirect_to=//www.jota.info/opiniao-e-analise/artigos/reforma-trabalhista-e-processo-constituinte-o-poder-que-nao-emana-do-povo-22082018>. Acesso em: 9 dez. 2019.

__________. *Geografia do trabalho e da cidade*: estudo etnográfico das dimensões da cidadania a partir das narrativas sobre a Vila DNOCS. 2015. 358 f. Tese (Doutorado em Direito) – Universidade de Brasília, Brasília, 2015.

__________. *O trabalho como categoria constitucional de inclusão*. São Paulo: LTr, 2013.

SUPREMO TRIBUNAL FEDERAL (STF). Ação Direta de Inconstitucionalidade (ADI) 5.127. Disponível em: <http://portal.stf.jus.br/processos/detalhe.asp?incidente=4580410>. Acesso em: 14 nov. 2019.

TELLES, Vera da Silva. (2006). Mutações do trabalho e experiência urbana. In: *Tempo Social*, *18*(1), 173-195. Disponível em: <https://doi.org/10.1590/S0103-20702006000100010>.

VALOR ECONÔMICO. *MP da reforma trabalhista bate recorde de emendas* (21 de novembro de 2017). Disponível em: <https://valor.globo.com/politica/noticia/2017/11/21/mp-da-reforma-trabalhista-bate-recorde-de-emendas-1.ghtml>. Acesso em: 11 dez. 2019.

PARTE II

Dimensões do Sujeito Trabalhador

Capítulo 9

Da Dignidade da Pessoa do Trabalhador à Dignidade da Humanidade: A Ampliação Tuitiva a Todas as Relações de Trabalho do Século XXI

Rosemary de Oliveira Pires[(1)]

Arnaldo Afonso Barbosa[(2)]

Resumo: A expressão "trabalho digno" é vista em seu sentido metafórico, pois a dignidade é atributo indeclinável e pertencente à pessoa humana e não à atividade laboral em si mesma. Partindo dessa premissa conceitual e axiológica, o estudo busca desenvolver a análise da dignidade sob o prisma individual e sob sua dimensão coletiva, dando à Humanidade também o ***status*** de titular da proteção normativa. Nesse passo, amplia-se a visão tuitiva que se deve pretender universal, independentemente do modelo jurídico adotado e das novas formas de organização laboral e produtiva que vêm sendo criadas, a fim de atualizar a conformação dogmática do Direito do Trabalho do século XXI.

Palavras-chave: Dignidade. Trabalho Digno. Pessoa. Humanidade. Direito do Trabalho.

Abstract: The expression "decent work" is seen in its metaphorical sense, since dignity is an indeclinable attribute belonging to the human person and not to the labor activity itself. Starting from this conceptual and axiological premise, the study seeks to develop the analysis of dignity from the individual point of view and its collective dimension, giving humanity also the status of holder of normative protection. In this step, the tuitive vision that must be universal is expanded, regardless of the adopted legal model and the new forms of labor and productive organization that are being created, in order to update the dogmatic conformation of labor law of the 21st century.

Keywords: Dignity. Decent Work. Person. Humanity. Labor Law.

1. INTRODUÇÃO

Tão repetida a expressão "trabalho digno" e, não obstante, ainda nos parece persistir a necessidade de muitas e profundas reflexões que se apresentam como fundamentais para sua melhor compreensão.

Cabe questionar: Dignidade do trabalho ou dignidade da pessoa do trabalhador? Dignidade da pessoa em direito? Dignidade da pessoa humana e da pessoa coletiva da Humanidade?

A propósito dessas questões nucleares e de algumas outras periféricas e correlatas, propomos refletir e oferecer algumas respostas que nos parecem cabíveis e sugestivas juridicamente, ainda que um tanto distanciadas dos lugares comuns e equívocos que ambientam esses temas.

O tema da dignidade como direito fundamental do ser humano é muitas vezes examinado com uma tal superficialidade que mais pode confundir do que elucidar, embaçando soluções prospectivas possíveis para a

---

(1) Mestre e Doutora em Direito pela Universidade Federal de Minas Gerais (UFMG). Especialista em Direito do Trabalho e Processo do Trabalho pela Pontifícia Universidade Católica de Minas Gerais (PUC-Minas). Especialista em Direito do Trabalho pela Università La Sapienza-Roma. Professora do Curso de Especialização em Direito do Trabalho da Faculdade Milton Campos. Desembargadora do Tribunal Regional do Trabalho da Terceira Região/MG. Membro da União Iberoamericana de Juízes.

(2) Doutor em Direito pela Universidade Federal de Minas Gerais (UFMG). Professor Adjunto da UFMG. Advogado e Consultor Jurídico.

consequente efetivação da dignidade da pessoa trabalhadora, em sua dupla dimensão individual e coletiva, com vistas à construção da universalidade de proteção normativa no âmbito laboral.

2. DIGNIDADE COMO ATRIBUTO EXCLUSIVO DAS PESSOAS HUMANAS E DAS PESSOAS COLETIVAS

Partimos de uma premissa fundamental que exige, de plano, sua identificação: entendemos que tão somente as pessoas têm dignidade; em outras palavras, somente as pessoas reais e, por conseguinte, as pessoas em direito quando também dotadas dessa tal singular e unívoca condição.

É que, no mundo real e num conceito preciso e estrito, pessoas são apenas os seres humanos e os grupos de seres humanos.

Recepcionados no mundo do direito, esses seres passaram a ser designados "pessoas físicas" e "pessoas jurídicas". Afastando-nos dessa nomenclatura sabidamente enganosa, porque artificial, adotamos, para fim do estudo ora empreendido, os vocábulos "pessoas humanas" para designar as pessoas em direito dos seres humanos, e "pessoas coletivas" para designar as pessoas em direito dos grupos sociais, dentre as quais, na maior amplitude possível, se insere a pessoa coletiva da Humanidade.

Essas são as pessoas reais do mundo e, pois, também do mundo do direito – pessoas humanas e pessoas coletivas.

Há outros entes que o direito designa também de "pessoas jurídicas", mas que – frise-se – não são reais: são pessoas fictas, que de pessoas só têm esse nome por mera concessão do direito, a fim de impor-lhes consequências jurídicas, e não porque detenham efetiva realidade.

Ao dizer que somente as pessoas e, por conseguinte, as pessoas em direito têm dignidade, o que afirmamos é que, em direito, somente as pessoas humanas e as pessoas coletivas têm dignidade; não as pessoas fictas e tampouco os demais entes do mundo e do mundo do direito, como são as coisas e as atividades.

Parece-nos que não há outra saída para atribuir a dignidade da pessoa em direito, seja humana ou coletivamente considerada, a não ser assumindo um conceito de dignidade que, por sua elevação, possa ser predicado apenas às pessoas e não às coisas e atividades, e, a não ser também, distanciando-se das atuais teorias jurídicas sobre a personalidade jurídica e pessoas em direito, se concebida a personalidade como conjunto dos direitos *"elementares que fazem do ente um ser pessoal, não podendo ser objeto de perda, renúncia ou transferência, portanto, já que por consequência de tais eventos se perderia a própria pessoa em direito"*[(3)], cabendo designá-los também de "direitos personalíssimos" já que *"direitos constitutivos da própria pessoa, humana ou coletiva"*[(4)].

O que faz com que essas pessoas do mundo sejam pessoas em direito é o fato de a elas ser necessariamente atribuída a personalidade jurídica, ou seja, aquele conjunto de direitos chamados de "personalíssimos", "essenciais"[(5)], sem os quais a personalidade restaria uma susceptibilidade frustrada, *"privada de todo o valor concreto: direitos sem os quais todos os outros direitos subjetivos perderiam todo o interesse para o indivíduo – o que equivale dizer que, se eles não existissem, a pessoa não existiria como tal"*[(6)]. A essas pessoas reais do mundo, recepcionadas como tais no mundo do direito como pessoas em direito, chamamos de pessoas humanas e pessoas coletivas.

A essas pessoas se predica propriamente a dignidade, podendo-se só então dizer do "trabalho digno", no sentido de que é digno simplesmente porque executado por pessoas, por definição ontológica e jurídica, entes dotados de dignidade, restando excluída a possibilidade de se considerar "indigno" o trabalho executado por pessoas humanas e coletivas.

A proposição de que o direito atribui necessariamente a personalidade jurídica às pessoas reais do mundo pelo fato único de serem pessoas, pode ser esclarecida no contraponto ao que se diz em muitos estudos que os escravos, por exemplo, embora pessoas humanas reais, não eram considerados pessoas em direito, mas coisas, reles semoventes.

Há aí certamente um grave engano, pois o regime jurídico escravagista nunca foi capaz de eliminar a personalidade jurídica dos escravizados, pois nunca foi ca-

(3) AFONSO BARBOSA, Arnaldo. *A pessoa em direito*; uma abordagem crítico construtiva referenciada no evolucionismo de Pierre Teilhard de Chardin. Faculdade de Direito da UFMG, 2006. p. 393.

(4) *Idem.*

(5) PONTES DE MIRANDA. *Tratado de Direito Privado*. Borsoi, 1970, *passim*.

(6) DE CUPIS, A. *Os direitos da personalidade*. Morais, 1961. p. 17.

paz de negar que os escravos eram sujeitos de direitos e deveres, ou que não tinham qualquer direito e nem qualquer dever, ou nem quaisquer poderes. O regime escravagista reduzia-lhes cruelmente a capacidade jurídica, sem dúvida, mas não, por impossível, a personalidade e a personalidade jurídica.

Indo adiante, para melhor esclarecer ainda, entendemos que a personalidade jurídica jamais é reconhecida pelo direito. É sempre concedida pelo direito. Concedida por simples lógica, ou seja, por ser jurídica é algo que tem que ser sempre concedida pelo direito. Entretanto, o direito a concede ou a toma arbitrariamente ou facultativamente, sim, se convier concedê-la ou tomá-la a pessoas fictas, entes que não são pessoas reais do mundo; pessoas fictas. Mas a concede necessariamente, não por circunstancial ou prática conveniência, e sim porque não pode deixar de concedê-la a entes que são pessoas reais do mundo e, pois, do mundo direito, *in casu*, aos seres humanos e grupos sociais dotados de análogos atributos essenciais àqueles.

A realidade da existência dos seres humanos assim como a realidade da existência dos grupos sociais é indiscutível. Também indiscutível que os seres humanos sejam pessoas em direito e que há grupos sociais que sejam também pessoas em direito.

A razão primeira pela qual os seres humanos e grupos sociais, entes de existência real, são pessoas em direito, talvez seja simplesmente a razão de serem pessoas. Certamente são pessoas e pessoas em direito, mesmo que, em relação à questão sobre a personalidade e a personalidade jurídica, que é aquilo que faz com que esses entes reais sejam entes pessoais, não sejamos ainda capazes de dar uma confortável solução.

3. "TRABALHO DIGNO" COMO EXPRESSÃO METAFÓRICA

Das coisas e atividades, como dito, não cabe predicar a dignidade, pelo caráter intrínseco de realidade humana que não detêm.

Não obstante, em linguagem metafórica, emprega-se comumente a locução "trabalho digno".

É que não há, própria ou ontologicamente falando, "trabalho digno", assim como não há "trabalho indigno", pois trabalho não é pessoa e a dignidade não é algo que se atribua a coisas e atividades, mas somente às pessoas reais.

Diz-se, pois, impropriamente do trabalho que é digno ou indigno não porque em si mesmo o seja, mas porque de algum modo, por meio dele, se afirma ou se nega a dignidade da pessoa do trabalhador que o executa, instrumentalizando-o, embora seja certo que a dignidade da pessoa do trabalhador não depende dessa afirmação ou dessa negação. Em outros termos, afirmamos que a dignidade humana nunca é perdida, ainda que, por circunstâncias, o trabalho realizado ofenda a efetividade desse valor.

Essa distinção é fundamental e se mostra óbvia quando pensamos no trabalho ao longo da história. Já vivenciamos o trabalho escravo, assim como o servil, e atualmente temos o trabalho subordinado e o autônomo, em múltiplas e cada vez mais complexas formas.

Em todas essas situações, o trabalhador sempre deteve e detém dignidade, assim como também detém sua liberdade, porque tais atributos são ínsitos à sua condição humana real, ainda que se possa questionar os modelos em que a atividade laboral em exame, em tal ou qual modelo, se apresente como algo que ofende a dignidade e a liberdade da pessoa que a exerce.

A metáfora do "trabalho digno" incita à investigação de suas razões, esclarecendo antes que nos parece ter sido empregada aí a analogia metafórica ou de proporcionalidade imprópria[(7)], e não a analogia de proporcionalidade própria, em que "*o conceito em causa é, ele mesmo, análogo*"[(8)], uma vez que, reiteramos, o conceito de dignidade é uma propriedade intrínseca do conceito da pessoa em direito do trabalhador, mas não o é do conceito do trabalho executado por essa pessoa.

Essa precisão conceitual é fundamental para que possamos prosseguir com nossas análises e conclusões.

4. ALGUMAS POSSÍVEIS RAZÕES DO USO DA EXPRESSÃO "TRABALHO DIGNO"

Sobre razões, ocorre pensar na aplicação do conceito de dignidade que, segundo o juízo que se faça dela, seria tão apropriada a pessoas quanto a coisas e atividades, como é o caso do trabalho. Dir-se-ia, então, que seria apropriado o uso da locução "trabalho digno", sem daí decorrer qualquer recurso metafórico.

Mas essa é uma escolha perigosa, alertamos.

Ocorre-nos pensar que seu uso absorveria, de algum modo, a cultura da coisificação das pessoas nas sociedades de massa, movendo-se num grande merca-

---

(7) MARITAIN, Jacques. *Distinguer pour unir ou les degrés du savoir*. Desclée de Bouwe, 1946. p. 821.

(8) MATA-MACHADO, Edgar de Godoi da. *Elementos de Teoria Geral do Direito*. Ed. Vega, 1976. p. 309.

do, quais "homens-massa" de Ortega y Gasset, ou "heterodirigidos" de Riesman, ou autômatos dessubjetivados de E. Fromm,[9] em que mercadorias mais importam do que as pessoas que as produzem, comercializam e consomem, hipótese em que a dignidade se transfere das pessoas para as coisas e destas para aquelas sem provocar qualquer inquietação.

Poderíamos estender ainda mais o elenco das prováveis razões do emprego da analogia metafórica do "trabalho digno", mas vamos nos deter, *brevitatis causa*, naquela que, por estar mais ligada às teorias jurídicas em curso sobre a pessoa, nos parece sobremodo instigante e oportuna.

Não se encontrando nas teorias jurídicas mais propaladas, com a indispensável clareza e precisão, o conceito de pessoa em direito, humana e coletiva, como pessoa real, perpassa a dúvida ou a descrença sobre o apropriado cabimento de se predicar diretamente a ela algo como a dignidade, razão pela qual, na rota de fuga da personalidade jurídica, se transfere a dignidade pelo menos para algo de cuja realidade não se duvida, ou seja, a atividade do trabalho executado pelo trabalhador, *tout court*, não claramente pela pessoa em direito do trabalhador.

Essa fuga parece então compreensível, somando-se às suas razões as muitas advertências a respeito da complexidade, em amplitude e profundidade, do tema da pessoa em direito, *"um dos mais tormentosos e vertiginosos da Dogmática Jurídica"*.[10] Sobre esse conceito de pessoa em direito na teoria jurídica[11] medra a polêmica, dando origem a numerosas e díspares construções jurídicas. Tudo a seu respeito se discute, desde os princípios até aos conceitos e requisitos, chegando alguns a negar até mesmo a existência da pessoa em direito, como se ela não passasse de uma reles fantasia de juristas.[12]

Ao procurarmos o conceito de pessoa em direito nas teorias em curso, constatamos que não passa de um construído mental personificado pela comunidade jurídica. O mais recorrente na literatura nacional é o da personalidade jurídica como capacidade, tendo-se a pessoa jurídica como o ente dotado da capacidade para adquirir direitos subjetivos e deveres jurídicos, concepção que vem de fora, como se lê em Enneccerus, Planiol e Ripert, Carbonnier, Michoud, Ferrara, Gangi[13], para citar apenas alguns, recepcionada, dentre os nacionais, por Bevilaqua, Pontes de Miranda, Orlando Gomes, Hermes Lima, Rodrigues, Santos[14], dentre tantos outros.

Outros juristas constroem a personalidade jurídica como "aptidão para tornar-se sujeito de direitos e obrigações"[15], ou "aptidão para chegar a ser sujeito de direitos e de deveres jurídicos".[16] Qualquer que seja o ente que possua essa aptidão, *qualitas juris* que o potencia a ser sujeito jurídico, é pessoa em direito, deixando de sê-lo para transformar-se em sujeito jurídico, tão logo realize essa aptidão, adquirindo direitos e deveres.

Bem próximos das teorias da aptidão como elemento definidor da personalidade jurídica, há os que tomam a personalidade jurídica como susceptibilidade, aptidão e idoneidade. Pessoas em direito são *"os seres susceptíveis de se tornarem os sujeitos, ativos ou passivos, de direitos, e que têm, por conseguinte, aptidão para desempenhar um papel na vida jurídica"*[17], ou como *"idoneidade para ser sujeito de direitos"*[18].

Para outros ainda, a personalidade jurídica define-se mais claramente ainda como uma mera possibilidade de ser sujeito de direito, sendo pessoa em direito qualquer um que *"pode ter direitos e, por conseguinte,*

(9) *Apud* ORTEGATI, Cassio. *Dicionário de Política*. Ed. Universidade de Brasília, 1998. p. 1.211-1.212.

(10) GARRIGUES, J. *Problemas atuais das Sociedades Anônimas*, Sergio A. Fabril, 1982. p. 38.

(11) Apud KNAPP, V. Révue Internationale de Droit Comparé, jan./mar. 1959. p. 521.

(12) FERRARA, F. *Teoría de las personas jurídicas*. Reus, 1929. p. 3.

(13) ENNECCERUS, L.; KIPP, T.; WOLFF, M. *Tratado de Derecho Civil*. Bosch, 1934. p. 325. PLANIOL, M.; RIPERT, G. *Traité pratique de Droit Civil français*. Lib. Gén. de Droit et de Jurisp., 1952. p. 6. CARBONNIER, J. *Droit Civil*; introduction – les personnes. Université de France, 1979. p. 217. MICHOUD, L. *La théorie de la personnalité morale et son application au Droit français. Lib. Gén. de Droit et de Juisprudence*, 1932. p. 3-7. FERRARA, F. Le persone giuridiche. In: Vassalo, F. *Trattato di Dir. Civile Italiano*. Torinese, 1938. p. 29. GANGI, C., *apud* BEVILAQUA, Clovis. *Teoria geral do Direito Civil*. Ed. Rio, 1974. p. 73.

(14) BEVILAQUA, C. *Código Civil dos E. U. do Brasil*. Francisco Alves, 1956. p. 139. PONTES DE MIRANDA. *Tratado de Direito Privado*. Borsoi, 1970. p. 154. GOMES, Orlando. *Introdução ao Direito Civil*. Forense, 1957. p. 141. LIMA, Hermes. *Introdução à ciência do Direito*. Freitas Bastos, 1986. p. 195-196. RODRIGUES, Silvio. *Direito Civil*. Saraiva, 2002. p. 37. SANTOS, J. M.C. *Código Civil brasileiro interpretado*. Freitas Bastos, 1953. p. 230.

(15) MAZEAUD, H.; MAZEAUD, L.; MAZEAUD, J. *Leçons de Droit Civil*. Montchrestien, 1967. p. 462.

(16) COVIELLO, N. *Manuale di Diritto Civile italiano*; parte generale. Soc. Editrice Libraria, 1924. p. 141.

(17) JOSSERAND, L. *Cours de Droit Civil positif français*. p. 119.

(18) RUGGIERO, R. *Instituciones de Derecho Civil*. Saraiva, 1971. p. 342.

deveres, prescindindo-se de que, eventualmente, os tenha ou não na realidade"[(19)], ou quem, suficientemente, tem *"a possibilidade de ser sujeito de direito"*,[(20)] ainda que seja de apenas um direito: *"basta que A possa ser sujeito de um direito para que A seja pessoa. Personalidade... é poder ser sujeito de direito"*.[(21)]

Saltando dessas mirradas e virtuais concepções da personalidade jurídica como *qualitas juris*, e de outras menos reiteradas como personalidade jurídica-faculdade, personalidade jurídica-*status*, personalidade jurídica-condição[(22)], igualmente carregadas de imprecisas e confusas sutilezas verbais, mire-se para a radical dessubstanciação da personalidade jurídica contida nas concepções do moderno e cultuado Hans Kelsen e do célebre contemporâneo nacional Ferraz Jr.

Para Kelsen, é somente enquanto normas que *"as pessoas jurídicas existem no reino do direito"*.[(23)] São normas jurídicas, existindo no mundo do direito tão somente enquanto normas; não têm outra identidade ou outro modo de ser. Apêndice conceitual completamente desnecessário à Ciência do Direito, pois não constituem senão outros modos de simples expressão das normas jurídicas, modos alternativos de descrição do mundo jurídico, e não de algo pertencente a um campo de conhecimento diverso ou separado do normativo. Por isto que, lembrando Planiol, propõe que o conceito de pessoa em direito seja banido da Ciência do Direito *"pelo fato de ser um conceito puramente doutrinário, que não tem qualquer base na realidade."*[(24)]

A pessoa em direito, como visto, não deve ser considerada enquanto mero portador de direitos e deveres, já que um tal portador não existe realmente no mundo jurídico, sendo *"uma unidade de deveres e direitos que têm por conteúdo a conduta de um indivíduo"*.[(25)] Como tais deveres e direitos são estatuídos pelas normas jurídicas, aperfeiçoa-se o enunciado conceitual dizendo que a pessoa em direito é uma unidade de normas jurídicas, ou um conjunto de normas jurídicas tomadas em sua unidade personificada.

Ferraz Jr. opta pela aplicação ao tema da personalidade jurídica os conceitos da "moderna teoria dos sistemas (cf. LUHMANN: Rechtssoziologie, Hamburg, 1972)", segundo a qual as sociedades não são consideradas como conjuntos de indivíduos pessoais ou organismos controlados por um sistema psíquico. Não as vê como multiplicidades de pessoas em interação, mas como sistemas estruturados de ações significativamente relacionadas.[(26)]

Essa visão sistêmica é marcadamente objetivista, excludente dos seres humanos reais como conjuntos abertos de possibilidades de ação, observa o jurista, os quais não passariam senão, como pessoas físicas, de feixes "de papéis institucionalizados"[(27)], que se comunicam entre si, "formando um conjunto indefinido" de papéis sociais.[(28)] E, por seu turno, as "pessoas jurídicas" nada mais seriam do que feixes de papéis sociais institucionalizados, normativamente determinados ou definidos, papéis sociais "agrupados por um estatuto definido que delimita papéis comunicantes à exclusão de outros".[(29)]

Observamos que a pessoa em direito real não ressai em nenhuma dessas concepções.

Parece claro concluir, então, que as teorias jurídicas não lograram ainda desprender-se da assimilação do conceito de pessoa em direito com o conceito da *persona* do teatro da Grécia antiga: a comunidade jurídica revestiria alguém ou algo do mundo real, mas não no mundo do palco (mundo do direito), com uma máscara descartável (personalidade), encaixada para o fim exclusivo de se apresentar como alguém que não é, ou de representar um papel que não lhe pertence como próprio de sua natureza. Finda a representação, a comunidade jurídica tira-lhe a máscara da personalidade, voltando esse algo ou alguém desconhecido do

(19) OERTMANN. p. *Introducción al Derecho Civil*. Labor, 1933. p. 50.

(20) PONTES DE MIRANDA. *Tratado de Direito Privado*. Borsoi, 1970. p. 153.

(21) *Ibdem*, p. 154.

(22) AFONSO BARBOSA, Arnaldo. A pessoa em direito; uma abordagem crítico construtiva referenciada no evolucionismo de Pierre Teilhard de Chardin. Faculdade de Direito da UFMG, 2006. p. 95-118.

(23) KELSEN, H. *Teoria general del Derecho y del Estado*. Martins Fontes, 1998. p. 99.

(24) KELSEN, H., *Apud* GANGI, C. *Persone fisiche e persone giuridiche*. Giuffrè, 1946. p. 186.

(25) KELSEN, H. *Teoria pura do Direito*. Arménio Amado, 1979. p. 243.

(26) FERRAZ JÚNIOR. Tércio Sampaio. Da inexistência de fundo de comércio nas sociedades de profissionais de engenharia. *Revista de Direito Mercantil, Industrial, Econômico e Financeiro*, Nova Série, São Paulo, ano XXXVI, n. 111, p. 45, jul./set. 1998.

(27) *Ibidem*, p. 46.

(28) *Idem*.

(29) *Idem*.

palco (mundo do direito) à realidade de seu outro e real mundo. Pela máscara (personalidade) que não integra o ser que a utiliza apenas ocasional e acidentalmente, constitui-se o personagem, cria-se a pessoa.

Assim, ao sopro histórico dessa inspiração, o ser humano seria um ser de ordem biológica, zoológica, social, espiritual, emocional, ética etc., mas não um ser de ordem jurídica. Pelo efeito mágico do mascaramento (personificação ou concessão da personalidade jurídica pela comunidade jurídica) é que entra como personagem somente e como tal somente é reconhecido no mundo do direito; nesse mundo, hipostasiado de pessoa em direito, não é e nada tem a ver com aquelas dimensões outras de sua personalidade real, da humanidade de seu substrato, cuja verificação e estudo poderiam caber a outras ordens de conhecimento, mas não ao Direito.

Submetidas à análise crítica, evidenciou-se que todas essas concepções não só derivam de uma visão de mundo já superada, ainda mecanicista em sua ontologia, insuficientemente analiticista em sua metodologia, e utilitarista em seu tecnicismo finalista, mas também eivadas de problemas teórico-práticos talvez insuperáveis, de caráter ontológico, lógico e epistemológico, que pudesse distinguir e tornar superiores as pessoas humanas em relação às coisas e atividades, assim como de problemas prático-teóricos relacionados a instituições e categorias jurídicas diversas, em temas como o do nascituro, da família, da empresa, dos direitos difusos e coletivos, das pessoas formais, dos condomínios edilícios, do espólio, da herança, da massa falida, dos danos morais, da responsabilidade criminal, dos direitos da personalidade etc.[30]

Tais teorias em curso, geralmente não questionadas, longe de justificarem a predicação da dignidade das pessoas em direito, indignificam-nas pelo seu rebaixamento ao nível das coisas e atividades das quais não se pode predicar a dignidade. Percebeu-o argutamente o paleontólogo e teólogo Teilhard de Chardin que, mesmo não sendo jurista, afirma que as modernas teorias jurídicas acabam por reduzir a pessoa humana a algo "*mesquinho e demeritório*"[31], observação aplicável, com maior razão ainda, às pessoas coletivas.

É provável que a razão da conotação reducionista ao empregar a expressão "trabalho digno" esteja mergulhada em inquietante e profunda dúvida sobre a via da pessoa humana, da pessoa coletiva até a pessoa da Humanidade. Mais uma vez emerge a visão mecanicista do mundo propondo a substituição da ciência pela técnica e a pessoa pela máquina: transformar-se em máquina para livrar-se da indomável selvageria natural. Substituir o perigosíssimo ser humano e seus desdobramentos, pretensioso centro do Universo, natureza racional, *ego* profundamente consciente e adequadamente orientado... por um *alter-ego*, homem-máquina, incapaz de cultuar a morte e a destruição, de desprezar a vida e irromper em atrocidades e ódios. Homem-máquina decididamente favorável à Vida, projetado para necessariamente sobreviver: não a personificação como saída da evolução à Teilhard de Chardin, mas a maquinização como saída da evolução à SPIELBERG[32] ou à PERKOWITZ?[33], por androides, robôs e ciborgues.

5. A PESSOA COLETIVA DA HUMANIDADE: SUA TITULARIDADE COMO SUJEITO DE DIREITO E COMO CANAL DE AFIRMAÇÃO TUITIVA A TODAS AS RELAÇÕES DE TRABALHO

A Humanidade é a mais compreensiva dessas pessoas coletivas, pois envolvente de todos os seres humanos. Pessoa em direito situada no tempo e no espaço global, materializada nas numerosas instituições que compõem a subjetividade no espaço da sociedade internacional, nas áreas mais diversas como a do próprio Direito Internacional, entre as quais se apresenta destacadamente a OIT, faz revelar a consciência de si por meio de suas manifestações e decisões, como são as Convenções e Recomendações da OIT, assim como as suas ações de apoio, controle e fiscalização.

Desde a conhecida lição cunhada no século III DC pelo conhecido jurista hermogeniano, do *hominum causa omne jus constitutum est*[34], o ser humano constitui-se a única razão de ser do direito. Todavia, após

(30) AFONSO BARBOSA, Arnaldo. A pessoa em direito; uma abordagem crítico construtiva referenciada no evolucionismo de Pierre Teilhard de Chardin. Faculdade de Direito da UFMG, 2006.

(31) TEILHARD DE CHARDIN. *O fenômeno humano.* Cultrix, 1955. p. 28.

(32) No filme "*A. I. – Artificial Inteligence*", SPIELBERG vê a Humanidade do Porvir, antes de sua morte total, dividida em dois grandes blocos. O dos cultos, ocupado em fabricar robôs inteligentes, capazes até de amar, e dos feirantes, ocupados em recolher e destruir esses robôs, seus concorrentes. A Ciência e o Amor, entretanto, são incorporações de seres de outros planetas, restando a Martin, um dia e apenas um dia de felicidade.

(33) *Apud* ALMEIDA, V. F. Caderno Mais. São Paulo: *Folha de São Paulo,*18.07.2004.

(34) Hermogeniano, d. I. 5.2.

hermogeniano, a melhor ciência do direito que se seguiu ao século III DC, ao menos depois de *donellus* que dizia ser o homem algo da natureza e pessoa *juris civilis vocabulum*(35), nos autoriza a transliterar esse lapidar ditado de hermogeniano para o *personam causa omne jus constitutum est.*

Nesse contexto, podemos afirmar que o conceito de soberania do Estado passa por uma paulatina e profunda mudança, pois vem dando lugar ao que vem sendo chamado "Direito Universal da Humanidade", expressão cunhada pelo jurista Antônio Augusto Cançado Trindade, na identificação de um novo *jus gentium* para a sociedade internacional do século XXI(36).

Relata esse consagrado internacionalista que o ciclo das conferências mundiais das nações unidas do final do século passado tem reavaliado numerosos conceitos *"à luz da consideração de temas que afetam a humanidade como um todo"*(37), reconhecendo-se a *"necessidade de restituir ao ser humano a posição central – como sujeito do direito tanto interno como internacional.*(38)

Um tanto diferentemente, mas acentuando o reconhecimento universal da necessidade de situar os seres humanos de modo definitivo no centro de todo o processo de desenvolvimento, diz o consagrado jurista que o novo *jus gentium* tem *"em mente a humanidade, compreendendo as gerações presentes e também as futuras"*, não se podendo assim *"visualizar a humanidade como sujeito do direito a partir da ótica do estado..."* Impondo-se *"reconhecer os limites do estado a partir da ótica da humanidade"*.(39)

No contexto dessa proposta, cumpre relevar a referência expressa às pessoas humanas, às quais deve ser pleiteada a restituição da posição central desse novo *jus gentium*, e a referência igualmente expressa à humanidade como pessoa em direito. Erguem-se então, no centro desse novo direito internacional, tanto a pessoa humana como pessoa em direito, quanto a humanidade como pessoa em direito. E, no seio desse novo direito internacional, um direito internacional do trabalho em cujo centro gravitam a pessoa em direito do trabalhador e a pessoa em direito da humanidade trabalhadora.

Não há dúvida de que a proteção universal do trabalho tem significado a proteção da pessoa em direito de todos e de cada um dos trabalhadores, conforme expressam as convenções e recomendações da OIT, por isto que, transpondo o limiar da visada individual do trabalhador como sujeito e pessoa em direito – não importa se interno ou internacional. Esse novo direito internacional do trabalho postula a presença do conjunto personalizado dos trabalhadores que se constitui precisamente desse conjunto das pessoas em direito dos trabalhadores.

Entretanto, a negação ou a justificada incerteza de que a humanidade possa ser considerada pessoa em direito nesse novo direito internacional e nesse novo direito internacional do trabalho alimenta-se, pelo menos no que tange ao direito interno brasileiro, na ideia de que a humanidade não é legalmente reconhecida como pessoa em direito, conceito este entre nós ainda obscuro e içado de dificuldades teóricas e práticas.

Nessa ordem de ideias, os ordenamentos jurídicos estatais são feitos para as pessoas em direito dos estados; só em segundo plano para as pessoas em direito que compõem a população dos estados.

Assim, também entendemos que o ordenamento jurídico internacional é feito para a pessoa em direito internacional que chamamos de humanidade; só em segundo plano para as pessoas em direito que compõem a humanidade, a começar das próprias pessoas em direito dos estados.

A afirmação da personalidade jurídica da humanidade se impõe à inteligência pela constatação do fato da humanidade como fato do mundo que, pela sua relevância para o direito, é tomado por ele e só pode ser tomado por ele como fato do mundo do direito; fato-pessoa ou pessoa como fato jurídico (Pontes de Miranda) e não como fato-coisa ou coisa como fato jurídico. Daí ser o direito internacional do trabalho, reportando-nos a hermogeniano, um direito edificado "pela" e "para" a pessoa da humanidade.

Um direito internacional do trabalho edificado pela pessoa em direito da humanidade através de seus órgãos de decisão, como são as entidades coletivas representativas dessa pessoa, compõe-se dos direitos próprios e dos direitos dos trabalhadores que, enquanto direitos humanos que, como tais, não são passíveis de sua modificação redutiva por meio de legislação local

(35) Catalano. p. ALLE RADICI del problema dele persone giuridiche *apud* BARROS, HAMILTON MORAES et al. Estudos jurídicos em homenagem ao professor Caio Mário da Silva Pereira. p. 556.

(36) CANÇADO TRINDADE, Antonio Augusto. *Memorial Por Um Novo Jus Gentium*, O Direito Internacional da Humanidade. p. 70.

(37) *Ibdem*, p. 70.

(38) *Idem*, p. 80.

(39) *Idem*, p. 92.

(direito interno), e menos ainda pela via da negociação, seja ela individual ou coletiva.

Isso porque os direitos humanos trabalhistas devem ter a sede de sua disciplina e garantia no ordenamento jurídico internacional, o chamado direito internacional do trabalho[(40)], edificado primordialmente pela OIT, sendo seus titulares as entidades coletivas representativas da humanidade.

Dessa forma, acolhida essa construção, violações aos direitos humanos trabalhistas podem ser apreciadas e consideradas nulas, não gerando qualquer efeito a não ser contra o infrator.

E, assim, qualquer tentativa dos estados, por meio de ações normativas, governamentais ou judiciais, infringentes das normas internacionais, porque extintivas, limitadoras ou por apresentarem dificuldade na sua adoção e efetivo gozo dos direitos humanos trabalhistas, ou ainda a violação promovida por empregadores ou empresas que com ele se assemelham, podem ser denunciadas aos órgãos internacionais de controle por entidades coletivas representantes da pessoa da humanidade, titular interessada que é – e, pois, sujeito de direito – na restauração e pleno gozo de todos os direitos humanos trabalhistas assegurados, disparadas todas as represálias ou medidas coercitivas cabíveis, inclusive no campo sensível das transações multilaterais, com embargos comerciais de toda ordem.

Essa visão, como se pode perceber, apresenta-se como uma proposta de uma inovadora concepção da superior força normativa das convenções, tratados e outros atos jurídicos internacionais elaborados pelos órgãos da pessoa da humanidade, no que se afirmam direitos enquanto direitos humanos, tais como os já identificados em conhecidas declarações, implicando consequentemente na relativização do conceito, campo de atuação e poderes de soberanias nacionais.

6. CONCLUSÃO

Entrelaçam-se a dignidade da pessoa em direito do trabalhador e a dignidade das pessoas em direito das coletividades, ambas se realizando, finalmente, na dignidade totalizante da pessoa em direito da Humanidade.

Acreditamos que essa concepção possa implicar na adoção de mais eficientes mecanismos jurídicos materiais e processuais hábeis à concreta proteção laboral, independentemente dos diversos padrões tuitivos envolvendo os modelos já existentes e aqueles que vêm sendo criados na chamada era 4.0 (sabidamente em choque com os modelos clássicos de trabalho subordinado).

Com isso, é possível afastarmos as amarras normativas que equivocamente distinguem um modelo juslaboral de outro e que acabam por desprezar ou dificultar a proteção essencial ao trabalho, tido como a mais ampla manifestação de realização do corpo e espírito humanos.

As sucessivas manifestações coletivas em defesa de direitos humanos de diversos matizes (proteção à saúde, à alimentação, ao meio ambiente equilibrado, ao trabalho decente, por exemplo) traduz uma nova forma de se pensar o direito interno em sua conexão com o direito externo, no campo dos direitos humanos onde o conceito de soberania há que ser relativizado.

Ao fundamentarmos um regime de proteção não só dos trabalhadores individuais, claro, mas também das pessoas coletivas, entre as quais, em último plano, encontra-se a pessoa da humanidade, temos que descabe qualquer invocação de soberania estatal para tentar justificar ações descumpridoras dos direitos humanos trabalhistas ou direitos trabalhistas enquanto direitos humanos.

Em outros termos, impõe-se relativizar a soberania dos estados, excludente de qualquer interferência alienígena, quando se trata de temas da humanidade ou, se quisermos dizer, de direitos humanos, estabelecendo possibilidades de interferência da comunidade internacional ou de entidades que atuam na defesa dos interesses da humanidade.

Essa visão nos abre a perspectiva de que, no campo do trabalho, precisamos estar sensíveis a essa mudança de paradigma jurídico, compreendendo que o direito do trabalho não é um mero direito do trabalho interno, privado, próprio de cada estado e desconectado da humanidade. Ele pode e deve realizar e respeitar os ditames do direito internacional do trabalho, pena de sofrer todo tipo de sanção dos organismos de defesa dos direitos humanos trabalhistas. Essa pode ser a garantia de um freio às investidas que o direito do trabalho pátrio vem sofrendo, com o retrocesso nas conquistas históricas, passando a edificar uma nova e promissora era de fortalecimento do direito internacional do trabalho enquanto direito humano feito pela pessoa em direito da humanidade e do qual é seu titular e sujeito.

---

(40) A esse respeito, observa de LA CUEVA que a OIT deu um sentido novo ao antigo direito das gentes, pois o direito internacional do trabalho que dela emana não é unicamente o ordenamento destinado à regulação das relações externas entre os estados, mas também se ocupa, de forma principal, com o bem-estar da classe trabalhadora. afirma o renomado jurista, ainda, que a obra da OIT, não obstante a necessária atitude conservadora da instituição, tem servido para impulsionar as legislações nacionais dos povos menos desenvolvidos. De LA CUEVA, Mario. *El nuevo derecho mexicano del trabajo*: história, principíos fundamentales, derecho individual y trabajos especiales. p. 21.

Tal perspectiva é decisiva para permitir que, em futuro próximo, as comunidades internacionais se irmanem na adoção de ações efetivas para enfrentar as questões pertinentes à empregabilidade e à busca de soluções normativas uniformes em nível mundial para a efetivação da dignidade de todo e qualquer trabalhador.

A compreensão da dignidade das pessoas, pois, em toda a sua extensão e profundidade, com o reconhecimento da titularidade não só daquele que trabalha como da Humanidade que compõe, permitirá a identificação e enfrentamento dos desafios atuais por que passa o Direito do Trabalho, traçando-lhe os rumos epistemológicos e axiológicos que deve trilhar na sua saga civilizatória.

REFERÊNCIAS

AFONSO BARBOSA, Arnaldo. *A pessoa em Direito; uma abordagem crítico-construtiva referenciada no evolucionismo de Pierre Teilhard de Chardin*. Belo Horizonte: Faculdade de Direito da UFMG, 2006.

ALMEIDA, V. F. Caderno Mais. São Paulo: *Folha de São Paulo*,18.07.2004.

BARROS, Hamilton de Moraes et al. *Estudos Jurídicos em Homenagem ao Professor Caio Mário da Silva Pereira*. Rio de Janeiro: Forense, 1975.

BEM-ABRAHAM. *Izkor-Lembre-se*. Parma, 1979.

BEVILAQUA, Clovis. *Teoria Geral do Direito Civil*. Ed. Rio, 1974.

BEVILAQUA, Clovis. *Código Civil dos E.U. do Brasil*. Francisco Alves, 1956.

BOISSONNAT, Jean. *2015 – Horizontes do Trabalho e do Emprego*. Relatório da Comissão presidida por Jean Boissonnat. Trad. Edilson Alkimim Cunha. São Paulo: LTr, 1998.

CARBONNIER, J. *Droit Civil; Introduction- Les Personnes*. Université de France, 1979.

CANÇADO TRINDADE, Antonio Augusto. Memorial por um novo Jus Gentium, o direito internacional da humanidade. *Revista da Academia Mineira de Letras Jurídicas*, n. 1, 2007, Belo Horizonte: Del Rey, 2007. p. 67-92.

CORNWELL, J. *O Papa de Hitler*; A história secreta de Pio XII. Imago, 2000.

COVIELLO, N. *Manuale di Diritto Civile Italiano; parte generale*. Soc. Editrice Libraria, 1924.

DE LA CUEVA, Mario. *El Nuevo Derecho Mexicano del Trabajo:* história, princípios fundamentales, derecho individual y trabajos especiales. 3. ed. México: Porrua, 1975.

DE CUPIS, A. *Os direitos da personalidade*. Morais, 1961.

ENNECCERUS, L.; KIPP, T.; WOLFF, M. *Tratado de Derecho Civil*. Bosch, 1934.

FAUSTO, B. *As duas faces do totalitarismo*. Folha de São Paulo, 18.07.2004.

FERRARA, F. *Teoría de las personas jurídicas*. Reus, 1929.

FERRAZ JÚNIOR. Tércio Sampaio. Da inexistência de fundo de comércio nas sociedades de profissionais de engenharia. *Revista de Direito Mercantil, Industrial, Econômico e Financeiro*, Nova Série, São Paulo, ano XXXVI, n. 111, jul./set. 1998.

GANGI, C. *Persone fisiche e persone giuridiche*. Giuffrè, 1946.

GARRIGUES, J. *Problemas atuais das Sociedades Anônimas*. Sergio A. Fabril, 1982.

GLEISER, M. *Uma colisão de gigantes*. Folha de São Paulo, Mais, 1º dez. 2002.

GOMES, O. *Introdução ao Direito Civil*. Rio de Janeiro: Forense, 1957.

JOSSERAND, L. *Cours de Droit Civil positif français*. 2. Ed. Paris: Recueil Sirey, 1932.

HOBSBAWM, E. *Era dos extremos*; o breve século XX 1914-1991. Cia. das Letras, 1995.

KELSEN, H. *Teoria general del Derecho y del Estado*. Martins Fontes, 1998.

_____. *Teoria Geral do Direito e do Estado*. Trad. Luis Carlos Borges. 3. ed. São Paulo: Martins Fontes, 1998.

_____. *Teoria pura do Direito*. Arménio Amado, 1979.

KNAPP, V. *Révue Internationale de Droit Comparé*, jan./mar. 1959.

LIMA, H. *Introdução à ciência do Direito*. Freitas Bastos, 1986.

MARANHÃO, Ney; SAVINO, Thiago Amaral Costa. O futuro do trabalho sob o olhar da OIT: análise do Relatório "Trabalhar para um Futuro Melhor" (mar. 2019). In: MARANHÃO, Ney; TUPINAMBÁ, Pedro Tourinho (Coord.). *Direito Internacional do Trabalho:* estudos em homenagem ao Centenário da OIT. São Paulo: LTr. 2019.

MARTIN, Hans-Peter; SCHUMANN, Harald. *A Armadilha da Globalização:* o assalto à democracia e ao bem-estar social. Rio de Janeiro: Globo, 1999.

MORAES FILHO, Evaristo de. *O Direito e a Ordem Democrática*. São Paulo: LTr, 1984.

MARITAIN, Jacques. *Distinguer pour unir ou les degrés du savoir*. Desclée de Bouwe, 1946.

MATA-MACHADO, Edgar de Godoi da. *Elementos de Teoria Geral do Direito*. Ed. Vega, 1976.

MAZEAUD, H; MAZEUAD, L; MAZEAUD, J. *Leçons de Droit Civil*. Montchrestien, 1967.

MICHOUD, L. *La théorie de la personnalité morale et son application au droit français*. Lib. Gén. de Droit et de Jurisprudence, 1932.

PIRES, Rosemary de Oliveira. *Trabalho cooperativado:* um ensaio na harmonização de sua regulação com os direitos fundamentais do trabalhador. Dissertação de Mestrado na Faculdade de Direito da UFMG, Belo Horizonte, 2001.

PLANIOL, M.; RIPERT, G. *Traité pratique de Droit Civil français*. Lib. Gén. de Droit et de Jurisprudence, 1952.

PONTES DE MIRANDA. *Tratado de Direito Privado*. Borsoi, 1970.

OERTMANN, p. *Introducción al Derecho Civil*. Labor, 1933.

ORTEGATI, Cassio. *Dicionário de Política.* Ed. Universidade de Brasília, 1998

RODRIGUES, S. *Direito Civil.* São Paulo: Saraiva, 2002.

RUGGIERO, R. *Instituciones de Derecho Civil.* São Paulo: Saraiva, 1971.

SANTOS, J. M. C. *Código Civil brasileiro interpretado.* Freitas Bastos, 1953.

SPIELBERG, Steven (director). *A. I. – Artificial Intelligence*, Stanley Kubrich Productions, 2001.

SÜSSEKIND, Arnaldo. *Direito Internacional do Trabalho.* 2. ed, amp. e atual. São Paulo: LTr, 1987.

SÜSSEKIND, Arnaldo *et al. Instituições de Direito do Trabalho.* São Paulo: LTr, 1991. v. 1 e 2.

TEILHARD DE CHARDIN. *O fenômeno humano.* Cultrix, 1955.

TOFFLER, A.; TOFFLER, H. *Guerra e antiguerra*: sobrevivência na aurora do terceiro milênio. Record, 1994.

Vassalo, F. *Trattato di Dir. Civile Italiano.* Torinese, 1938.

ZÉ RAMALHO. *Kryptônia* (canção), 1983.

Capítulo 10

Direito, Conflito e Dignidade: O Papel da Memória no Mundo do Trabalho

Cristiano Paixão[(1)]

Ricardo Lourenço Filho[(2)]

Resumo: O presente artigo busca refletir sobre os dilemas na construção da memória das lutas sociais no Brasil. Para tanto, são explorados os significados e as repercussões da greve de novembro de 1988 dos metalúrgicos da Companhia Siderúrgica Nacional. Foram escolhidos três pontos de observação: os registros da greve produzidos à época pelos órgãos de informação do governo; os atentados cometidos ao Memorial 9 de Novembro; e o relatório da Comissão da Verdade D. Waldyr Calheiros, de Volta Redonda (RJ). A violência ao Memorial 9 de Novembro, em especial, representa um ataque contra uma herança simbólica, mas indica também que a construção de uma memória das demandas por direitos, incluindo as graves violações perpetradas por autoridades privadas e públicas, é um elemento fundamental na busca por dignidade no mundo do trabalho.

Palavras-chave: Direito de greve. Memória. Dignidade da pessoa humana. Memorial 9 de Novembro. Companhia Siderúrgica Nacional.

Abstract: This article seeks to reflect on the dilemmas in the construction of the memory of social struggles in Brazil. Therefore, the meanings and repercussions of the November 1988 strike of the metallurgists of Companhia Siderúrgica Nacional are explored. Three points of observation were chosen: the strike records produced at the time by the government's media; the attacks on the 9th November Memorial; and the report of the Truth Commission D. Waldyr Calheiros, from Volta Redonda (RJ). Violence against the 9th November Memorial in particular represents an attack on a symbolic heritage, but also indicates that building a memory of the demands for rights, including serious violations by private and public authorities, is a key element in the search for dignity in the world of work.

Keywords: Right to strike. Memory. Dignity of human person. 9th November Memorial. Companhia Siderúrgica Nacional.

1. INTRODUÇÃO

A relação entre a proteção da dignidade da pessoa humana e o mundo do trabalho é cada dia mais evidente. Temas como a existência de trabalhadores em condições análogas à de escravo, a persistência do trabalho infantil, a discriminação por gênero, raça, crença ou origem, assim como os casos de assédio moral ou sexual, tudo isso é percebido, sobretudo pela população que vive do seu próprio trabalho, como violação

(1) Professor Adjunto da Faculdade de Direito da Universidade de Brasília (UnB). Foi professor visitante nas universidades de Macerata e Sevilla. Mestre em Teoria e Filosofia do Direito (UFSC). Doutor em Direito Constitucional pela Universidade Federal de Minas Gerais (UFMG). Estágios pós-doutorais em História Moderna na Scuola Normale Superiore di Pisa e em Teoria da História na Ecole des Hautes Etudes en Sciences Sociales (Paris). Coordenador dos Grupos de Pesquisa Percursos, Narrativas, Fragmentos: História do Direito e do Constitucionalismo e Direito, História e Literatura: tempos e linguagens (UnB/CNPq) e pesquisador integrante do Grupo de Pesquisa Trabalho, Constituição e Cidadania (UnB/CNPq). Foi Conselheiro da Comissão de Anistia do Ministério da Justiça (2012-2016) e Coordenador de Relações Institucionais da Comissão Anísio Teixeira de Memória e Verdade da UnB. Subprocurador-Geral do Trabalho. Integrante do Coletivo Transforma MP e da Associação Brasileira de Juristas pela Democracia.

(2) Doutor e Mestre em Direito, Estado e Constituição pela Universidade de Brasília (UnB). Professor do Instituto Brasiliense de Direito Público (IDP). Juiz do Trabalho do Tribunal Regional do Trabalho da 10ª Região. Pesquisador integrante dos Grupos de Pesquisa Percursos, Narrativas e Fragmentos: História do Direito e do Constitucionalismo (UnB/CNPq) e Trabalho, Constituição e Cidadania (UnB/CNPq).

aos princípios mais básicos das normas que regem nossa vida cotidiana, particularmente a dignidade da pessoa humana.

Essa ligação foi percebida e desenvolvida com rara felicidade num inspirado ensaio de Richard Sennett, intitulado, não por acaso, "Humanismo". O texto se inicia com a recuperação das famosas passagens de Pico della Mirandola, um dos expoentes do Renascimento em Florença, acerca da centralidade do homem como "o seu próprio Criador", como um ser que vive a partir do seu livre arbítrio e não se vê cercado de limites, a não ser aqueles que ele mesmo estabeleça na sua relação com os homens e com o mundo.

Logo a seguir, o ensaio de Sennett passa a abordar um tema crucial: a crise nas narrativas sobre o trabalho contemporâneo. Num mundo em que se exigem cada vez mais habilidades para o exercício de funções diversificadas, em que o tempo de permanência em cada posto de trabalho se reduz e em que se tornam mais fluidos e imperceptíveis os vínculos entre os trabalhadores, a experiência do trabalho passa a ser menos descritível, menos traduzível, menos narrável. Os grupos analisados por Sennett demonstram essa dificuldade de narrativa sobre a própria experiência, que se relaciona com uma dificuldade de pertencimento, de sentir-se efetivamente conectado a um ambiente, a uma estrutura estável. Isso produz, consoante a descrição do autor, "exilados do trabalho"[(3)].

Um dos aspectos mais originais do ensaio de Sennett é exatamente propor a relação entre identidade, pertencimento, narrativa e experiência no mundo do trabalho e a dignidade da pessoa humana. Como se sabe, essa é uma das principais conquistas do direito internacional dos direitos humanos. Após as atrocidades e violações cometidas ao longo de décadas de conflitos mundiais, com o uso da ciência e da técnica com a finalidade de destruição e extermínio de populações inteiras, procurou-se estabelecer, a partir do consenso das nações no pós-guerra, um ordenamento internacional que possui seu centro de gravidade orbitando em torno da proteção da dignidade da pessoa humana[(4)].

Em sua grande maioria, as lutas por direitos sociais, no Brasil republicano, tiveram o trabalho em seu eixo principal. Desde as manifestações e greves realizadas por entidades sindicais na Primeira República até a elaboração de normas voltadas à organização de instituições de proteção do trabalhador, a partir da década de 1930, sempre houve mobilização de entes coletivos em busca de reconhecimento. E essa história perdurou ao longo de todo o século XX, com o protagonismo dos trabalhadores e sindicatos, em diversos momentos políticos, na luta por direitos.

No presente artigo, procuraremos reconstruir os desdobramentos de um conflito que teve consequências trágicas – a morte de três trabalhadores pelo Exército, em meio a uma greve –, para refletir sobre os dilemas na construção da memória das lutas sociais no Brasil.

2. A MEMÓRIA DA GREVE DA CSN DE 1988: SIGNIFICADOS E REPERCUSSÕES

A década de 1980 é significativa na história do movimento sindical dos metalúrgicos de Volta Redonda-RJ, organizados em torno da Companhia Siderúrgica Nacional (CSN), Usina Presidente Vargas. Muito embora a Companhia existisse desde a década de 1940, a primeira greve da Usina ocorreu apenas em 1984, quando teve início um ciclo de greves marcado por tensões entre os metalúrgicos, de um lado, e as forças de Estado, de outro, em particular a Polícia Militar e o Exército[(5)]. A primeira invasão da Usina, em uma situação de greve, ocorreu na paralisação de 1986, na qual se verificou, pela primeira vez, a prática da utilização de tanques, carros urutus e armamentos pesados voltados aos metalúrgicos. A Companhia vivenciava um momento de arrocho salarial e combate ao sindicato, inclusive com demissões de diretores em 1987.[(6)] Esse cenário teve como um de seus eventos mais importantes a greve de novembro de 1988.

É necessário situar a greve de Volta Redonda no contexto político da época. Trata-se de um período particularmente sensível e movimentado da história brasileira. Quando o movimento foi desencadeado,

(3) Cf. SENNETT, Richard. Humanismo. Trad. Álvaro Hattnher. In: *Revista Serrote*. São Paulo, n. 14, p. 95-107, jul. 2013.

(4) Ver POLLMANN, Arnd. "Embodied Self-Respect and the Fragility of Human Dignity: A Human Rights Approach". In: KAUFMANN, Paulus; KUCH, Hannes; NEUHÄUSER, Christian; WEBSTER, Elaine (ed.). *Humiliation, degradation, dehumanization – Human Dignity violated*. Dordrecht, Heidelberg, London and New York: Springer, 2011. p. 243-261.

(5) Para uma abordagem sobre a relação entre a CSN e o sindicato dos metalúrgicos, incluindo a gênese dessa entidade profissional, ver MOREL, Regina Lúcia de M; MANGABEIRA, Wilma. "Velho" e "Novo" Sindicalismo e Uso da Justiça do Trabalho: Um Estudo Comparativo com Trabalhadores da Companhia Siderúrgica Nacional. In: *Dados (Revista de Ciências Sociais)*. Rio de Janeiro, v. 37, n. 1, 1994. p. 103-124.

(6) Cf., entre outros, MANGABEIRA, Wilma. *Dilemas do novo sindicalismo: democracia e política em Volta Redonda*. Trad. de Vera Pereira. Rio de Janeiro: Relume-Dumará: ANPOCS, 1993; GRACIOLLI, Edílson José. *Um caldeirão chamado CSN – resistência operária e violência militar na greve em 1988*. Uberlândia: Editora da Universidade Federal de Uberlândia, 1997; e VEIGA, Sandra Mayrink; FONSECA, Isaque. *Volta Redonda, entre o aço e as armas*. Petrópolis-RJ: Vozes, 1989.

a Constituição de 1988 tinha acabado de completar um mês de vigência. Elaborado por uma Assembleia Constituinte composta pelos integrantes do Congresso Nacional, o texto constitucional foi o resultado de um processo inclusivo e participativo de instituição de uma nova ordem jurídica. Ainda que não seja possível, neste espaço, aprofundar o exame do processo constituinte, é importante frisar que se tratou de um momento de reconstrução democrática no Brasil, que encontrou seu ponto culminante na redação de uma nova constituição após um período de 21 anos de ditadura militar(7).

O texto resultante desse processo representa, em vários setores, uma ruptura com o ordenamento jurídico então vigente; em outros temas, percebe-se uma continuidade com a estrutura do direito preexistente. No caso aqui em análise, que envolve o direito de greve, houve uma significativa transformação. A Constituição de 1988 assegura, em seu art. 9º, o direito de greve, "competindo aos trabalhadores decidir sobre a oportunidade de exercê-lo e sobre os interesses que devam por meio dele defender", o que pôs fim às restrições existentes até então, especialmente as decorrentes da Lei n. 4.330/1964, que foi qualificada, não por acaso, como "lei antigreve".

Foi em meio a esse contexto de inovação constitucional que eclodiu a greve da CSN.

Como já tivemos oportunidade de observar,(8) no dia seguinte ao início da greve de 1988 o Exército invadiu a CSN, postando-se na Superintendência de Oficinas Mecânicas (SOM), enquanto os grevistas se refugiaram na aciaria. Infrutíferas as tentativas de negociação com a direção da Companhia, os militares, na noite do dia 9 de novembro, dirigiram-se à aciaria, utilizando bombas, fuzis, metralhadoras, tanques, blindados e carros urutus. Eles foram recebidos com paus e pedras pelos metalúrgicos. O resultado do confronto foram dezenas de feridos e três grevistas mortos: Carlos Augusto Barroso (vítima de coronhadas que causaram traumatismo crânio-encefálico), Walmir Freitas Monteiro e William Fernandes Leite (atingidos por disparos de fuzil FAL do Exército).

Os metalúrgicos deixaram a Usina no dia 10. Mas a greve continuou até 23 de novembro. Após a operação militar de invasão da aciaria, diversos representantes do governo, inclusive das Forças Armadas, buscaram justificar a ação. Nota-se, em seus discursos, uma constante associação da greve com uma situação de desordem, que desafiaria "a lei e a ordem". O papel do Exército foi justificado a partir da garantia da "tranquilidade pública" e com o argumento de que as tropas haviam sido "compelidas" a utilizar a violência em face dos "agressores", com a finalidade de proteger o patrimônio público.(9) Além disso, ministros de Estado foram a público afirmar que a intervenção militar tinha sido realizada em conformidade com a nova Constituição.(10)

Passados mais de 30 anos da paralisação dos metalúrgicos da CSN, ainda se faz necessário indagar quais são os significados e as repercussões dessa greve.

Prosseguindo na análise desses eventos, vamos utilizar aqui um outro arquivo. A partir do banco de dados "Memórias Reveladas", disponível no Arquivo Nacional, é possível encontrar documentos que mostram o acompanhamento diário da greve de 1988 (e das anteriores) por parte dos órgãos oficiais de informação do governo.(11) Informes eram encaminhados, entre outras instituições, à Divisão de Segurança e Informações do Ministério da Indústria e do Comércio pela Assessoria de Segurança e Informação (ASI) da própria CSN.

Esses registros são relevantes na medida em que revelam parte da comunicação interna dos órgãos oficiais do governo. Os documentos podem, então, ser confrontados com outras informações, permitindo, assim, elucidar, a partir das disputas de narrativas e também dos silêncios, os significados da greve.(12)

---

(7) Cf., a esse respeito, BARBOSA, Leonardo A. A. *História constitucional brasileira: mudança constitucional, autoritarismo e democracia no Brasil pós-1964*. Brasília: Edições Câmara dos Deputados, 2017; e PAIXÃO, Cristiano. Autonomia, democracia e poder constituinte: disputas conceituais na experiência constitucional brasileira (1964-2014). *Quaderni Fiorentini per la Storia del Pensiero Giuridico Moderno*. Firenze, v. 43, p. 415-460, 2014.

(8) PAIXÃO, Cristiano; LOURENÇO FILHO, Ricardo. "Direito de greve entre afirmação e repressão: o caso CSN". In: DELGADO, Gabriela Neves; PEREIRA, Ricardo José Macêdo de Britto (Orgs.). *Trabalho, constituição e cidadania*: a dimensão coletiva dos direitos sociais trabalhistas. São Paulo: LTr, 2014. p. 331/347.

(9) Ver a entrevista dada e a nota publicada pelo general José Luiz Lopes da Silva, que comandara as tropas militares (*Jornal do Brasil*, 10.11.1988), bem como o comunicado do general José Ary Lacombe, chefe do Centro de Comunicação Social do Exército (*Jornal do Brasil*, 11.11.1988).

(10) Cf., entre outros, a entrevista do Ministro-Chefe do Gabinete Civil, Ronaldo Costa Couto (*Folha de São Paulo*, 12.11.1988) e a declaração feita em cadeia de rádio e televisão do Ministro da Justiça, Paulo Brossard (*Folha de São Paulo*, 11.11.1988).

(11) Todo o material está armazenado no endereço<http://memoriasreveladas.gov.br/ Tais documentos, marcados com a expressão "confidencial", compunham o acervo do Serviço Nacional de Informações (SNI), permanecendo sob a guarda da Agência Brasileira de Inteligência (ABIn), até que o Decreto n. 5.584, de 18 de novembro de 2005, determinou a transferência do acervo ao Arquivo Nacional. Em 17 de novembro de 2012, foi promulgada a Lei n. 12.527, sobre o acesso às informações públicas, viabilizando a abertura daqueles documentos.

(12) Vale lembrar a advertência de Carlo Ginzburg: "ao avaliar as provas, os historiadores deveriam recordar que todo ponto de vista sobre a realidade, além de ser intrinsecamente seletivo e parcial, depende das relações de força que condicionam, por meio da possibilidade de acesso

Além disso, é importante identificar as repercussões, os ecos da greve de novembro de 1988 como elemento constitutivo da memória. Ou seja, passados os anos, como é ativada a memória dessa greve? Para responder a essa indagação, partiremos de três pontos de observação: os registros da greve produzidos à época pelos órgãos de informação do governo; os atentados cometidos ao Memorial 9 de novembro, no ano seguinte à greve; e o relatório da Comissão da Verdade D. Waldyr Calheiros, de Volta Redonda (RJ), produzido em 2015.

3. RELATOS E REGISTROS SOBRE A GREVE

A greve de novembro de 1988 começou no dia 7. A Assessoria de Segurança e Informações da CSN produzia informes diários sobre o movimento operário, encaminhando-os aos órgãos do governo, como o Serviço Nacional de Informações, a Divisão de Segurança e Informações do Ministério da Indústria e do Comércio e o próprio Exército. Um dos momentos mais importantes da paralisação ocorreu justamente em 9 de novembro, diante do embate direto entre metalúrgicos e forças policiais e militares.

Nos relatórios e informes oficiais, identificados com a inscrição *confidencial*, os conflitos desse dia são, porém, narrados de maneira sintética, apontando como os grevistas haviam confrontado os militares e as forças policiais.[13]

Em um dos registros sobre o dia 9 de novembro, vemos a descrição da ocupação da Usina Presidente Vargas e a sua justificativa:

> – as dependências da Usina Presidente Vargas (UPV) foram efetivamente ocupadas por tropas do 22º BIMTz, de Barra Mansa/RJ, e de outras Unidades do Exército, bem como por duas Companhias de Choque da Polícia Militar do Rio de Janeiro (PM/RJ). O Comandante da 1ª Brigada de Infantaria Motorizada, de PETRÓPOLIS/RJ, comandou a operação objetivando restabelecer a ordem, devido à insubordinação civil e para preservar o patrimônio da UPV;[14]

A ideia de uma *insubordinação civil* parece associada à recusa dos grevistas em desocupar a Usina, não obstante decisão judicial, oriunda da 3ª Vara Cível de Volta Redonda, que determinara a "manutenção da posse" da CSN. Já o argumento da *preservação do patrimônio* cuidava de motivação frequente em situações de greve da Companhia, indicando possível risco de depredação dos equipamentos da empresa pelos próprios trabalhadores.[15]

Os acontecimentos durante a ação das forças policiais e militares são assim descritos:

> – por volta das 21:00 horas, grupos de manifestantes grevistas passaram a praticar atos de vandalismo no centro de VOLTA REDONDA/RJ, destruindo um posto de gasolina, depredando lojas e promovendo saques;
> – ainda, durante à noite, as 2 Cia da PM/RJ, em conjunto com tropas do Exército, deram início ao "pente fino" objetivando dispersar o contingente grevista (cerca de 5.000 homens) que se encontrava no pátio da CSN;
>
> – consequentemente, houve reação da parte dos grevistas, que ameaçaram por fogo em 3 caminhões carregados com óleo diesel, que se encontravam estacionados;
>
> – no momento de maior tensão, os grevistas enfrentaram a tropa atirando grandes parafusos e pedaços de ferros, além de "coquetel molotov" em uma viatura do Exército (esta foi totalmente destruída), sendo rechaçados com disparos de munição real, quando 5 (cinco) grevistas foram mortos e várias pessoas (grevistas e militares) saíram feridas;
>
> – posteriormente, ocorreram ameaças de sabotagem em uma subestação de energia elétrica, localizada na Avenida Amaral Peixoto, que, se atingida, afetaria a cidade de VOLTA REDONDA/RJ;[16]

à documentação, a imagem total que uma sociedade deixa de si. Para 'escovar a história ao contrário' (...), como Walter Benjamin exortava a fazer, é preciso aprender a ler os testemunhos às avessas, contra as intenções de quem os produziu. Só dessa maneira será possível levar em conta tanto as relações de força quanto aquilo que é irredutível a elas" (*Relações de força: história, retórica, prova*. Trad. de Jônatas Batista Neto. São Paulo: Companhia das Letras, 2002. p. 43).

(13) É interessante observar um detalhe no arquivo ACE n. 69.189/1989. No informe a respeito do dia 8 de novembro, o campo "observações" está em branco. Já no informe relativo a 9 de novembro, foi aposto o carimbo "urgente" (cf. BRASIL. Ministério da Justiça. Arquivo Nacional. Banco de dados Memórias Reveladas. *Arquivo ACE n. 69.189/1989*. 1989).

(14) Cf. BRASIL. Ministério da Justiça. Arquivo Nacional. Banco de dados Memórias Reveladas. *Arquivo ACE n. 69.259/1989*. 1989.

(15) Tal risco não foi confirmado, na medida em que os metalúrgicos demonstram preocupação com a preservação dos equipamentos da Usina (*cf.* GRACIOLLI, Edílson José. *Um caldeirão chamado CSN – resistência operária e violência militar na greve em 1988*. p. 143).

(16) Cf. BRASIL. Ministério da Justiça. Arquivo Nacional. Banco de dados Memórias Reveladas. *Arquivo ACE n. 69.259/1989*.

Em um telex enviado pela ASI da CSN no dia 10 de novembro, é relatado que, na véspera, "o exército e a polícia militar montaram ações externas e internas, estando presentes as seguintes unidades: 22. BIMTZ, 57. B1, 2. BI, polícia do exército e batalhão de choque da PM". O "momento de maior tensão" é assim descrito:

> Os manifestantes plantados no exterior da CSN foram, em sua maioria, dispersos, embora alguns grupos ainda promovessem desordens localizadas. Na área interna da companhia houve reação por parte dos empregados, que ameaçaram por fogo em três caminhões – carregados com óleo diesel que se encontravam estacionados.
>
> No momento de maior tensão os manifestantes enfrentaram a tropa atirando grandes parafusos et pedaços de ferro, sendo rechaçados com disparos com munição real quando, do lado militar, alguns soldados ficaram feridos, e, pelos trabalhadores, pelo menos duas pessoas foram mortas.[17]

A narrativa oficial é diferente da que foi publicada pela imprensa, que destacou, nos dias seguintes, diversas histórias de feridos em razão da ação das forças policiais e militares, além de marcas de balas em prédios da cidade.[18] Como se sabe, o número de mortos indicado nos relatórios acima não corresponde ao que foi confirmado.

Não obstante a intervenção do Exército, a aciaria foi desocupada apenas no dia seguinte e sob a coordenação de Juarez Antunes, deputado federal e presidente licenciado do Sindicato dos Metalúrgicos de Volta Redonda/RJ. Segundo o relatório oficial, "os grevistas desocuparam a aciaria, sendo recebidos como *heróis* por cerca de 5.000 operários, nos portões da CSN".[19]

A referência a um ato de heroísmo por parte dos grevistas não parece ser casual. A ação das autoridades sobre os operários mudou o discurso do movimento, que se voltou contra o governo e passou a afirmar a própria força dos metalúrgicos. Em outro telex enviado pela ASI-CSN, é feito um resumo das palavras de Juarez Antunes na assembleia realizada logo após a desocupação da Usina. Segundo o documento, o líder sindical afirmou que "o operário mostrou a força que tem. Desma[s]carou o governo, a ditadura". O telex encerra com um destaque: "convém ressaltar que o prefeito da cidade de Volta Redonda decretou 3 dias de luto em homenagem aos mortos no interior da UPV".[20]

A referência ao ato do prefeito de Volta Redonda (Marino Clinger – PDT) quanto ao decreto de luto é simbólica do caráter popular que a greve adquirira. As principais manifestações de apoio aos grevistas resultaram da Frente Sindical-Popular da cidade, formada por outros sindicatos, associações de moradores, integrantes das Comunidades Eclesiais de Base, Associação de Lavadeiras, Movimento Negro, entre outras entidades. A demonstração de solidariedade em torno do movimento dos metalúrgicos se deu também no evento que foi denominado *Abraço à usina*, realizado em 21 de novembro, agrupando cerca de 60 mil pessoas, dispostas ao longo dos 12 quilômetros de diâmetro da CSN.[21]

Segundo Edilson Graciolli, a forma e a qualidade da greve levaram à percepção da intrínseca relação, na greve, entre os aspectos econômicos e os políticos:

> A greve de ocupação – forma superior de luta operária dentro da fábrica – em novembro de 1988, na CSN, foi superior também na sua capacidade de repercutir, em um conjunto de questões e segmentos sociais, as razões imediatas e mediatas de sua deflagração e continuidade. *A qualidade dessa greve ganhou nítidos contornos de superação do nível corporativo e mesmo do nível de uma solidariedade, ainda que restrita ao campo econômico. Tal qualidade revelou traços de irradiação para um círculo em que política e economia passaram a ser vistas – pelos agentes en-*

(17) Cf. BRASIL. Ministério da Justiça. Arquivo Nacional. Banco de dados Memórias Reveladas. *Arquivo ACE n. 69.189/1989*. As transcrições foram realizadas tal como se encontram no documento.

(18) Ver *Jornal do Brasil, 10.11.1988 e 11.11.1988*. As informações oficiais também diferem do que constou do Relatório Final da Comissão Municipal da Verdade de Volta Redonda, de 2015 (Cf. VOLTA REDONDA, RJ. Comissão Municipal da Verdade D. Waldyr Calheiros. *Relatório Final*. 10.09.2015. Disponível em: <http://www.memoriasreveladas.gov.br/administrator/components/com_simplefilemanager/uploads/Volta%20Redonda/Relatorio%20Final%20CMV%20VR.pdf>. Acesso em: 05.12.2019).

(19) Cf. BRASIL. Ministério da Justiça. Arquivo Nacional. Banco de dados Memórias Reveladas. *Arquivo ACE n. 69.259/1989*.

(20) BRASIL. Ministério da Justiça. Arquivo Nacional. Banco de dados Memórias Reveladas. *Arquivo ACE* n. *69.189/1989*.

(21) Ver GRACIOLLI, Edílson José. *Um caldeirão chamado CSN – resistência operária e violência militar na greve em 1988*. p. 141/142. Em seus informes, a ASI-CSN destaca, nos eventos que sucederam aos confrontos do dia 9 de novembro, como assembleias, passeatas e mesmo nos funerais dos operários mortos, a presença de representantes de outros sindicatos (dos funcionários da Petrobrás, dos aeronautas, dos arquitetos), políticos locais, estaduais e federais e outros grupos (como os estudantes da Universidade do Rio de Janeiro). Cf. BRASIL. Ministério da Justiça. Arquivo Nacional. Banco de dados Memórias Reveladas. *Arquivo ACE* n. *69.189/1989*.

volvidos mais diretamente – como realmente são: momentos de uma totalidade.[22]

Os contornos políticos do movimento parecem estar relacionados com o resultado das eleições municipais ocorridas no dia 15 de novembro de 1988 (ou seja, durante a greve e poucos dias após a ação dos militares). Em Volta Redonda, Juarez Antunes foi eleito prefeito com cerca de 60% dos votos e seu partido, o PDT, elegeu sete vereadores, enquanto o PT, três (de um total de 21).[23]

Outro desdobramento de natureza política da greve diz respeito ao seu encerramento, em 23 de novembro. As reivindicações dos operários foram parcialmente acolhidas (URP de julho de 1988, implantação de turnos de seis horas para o regime de turnos ininterruptos de revezamento, direito esse fundado na nova Constituição, reintegração de metalúrgicos demitidos em paralisações anteriores). Além disso, o acordo coletivo firmado entre o sindicato e a Companhia estabeleceu, para a empresa, o compromisso de "pagar as indenizações decorrentes de vítimas fatais ocorridas durante o período da greve e como consequência da mesma, envolvendo empregados da Empresa".[24] No entanto, os grevistas impuseram uma condição para retomar os trabalhos: a saída do Exército da Usina.

Como observa Edilson José Graciolli:

> Não menos relevante foi a determinação com que os operários definiram uma condição imprescindível para retornarem ao trabalho, ou seja, a retirada do Exército do interior da Usina. Sob vaias e numa indubitável cena de derrota política, as tropas militares desocuparam a CSN. A humilhação imposta pelo Exército aos operários, em outras oportunidades, foi substituída, em 1988, pela cabeça erguida. Os operários retornaram ao trabalho com adesivos, em preto e branco, colados ao peito, com a seguinte frase: A greve é nossa arma.[25]

A descrição do fim da greve e do retorno dos operários é, também aqui, sintética. Após aludir ao referendo dado, em assembleia, pelos grevistas à proposta da empresa, o relatório oficial simplesmente narra que:

> [os metalúrgicos] exigiram, também, a saída das tropas do Exército e da Polícia Militar do interior da Usina. Posteriormente, por volta das 13:30hs, iniciou-se a desocupação das instalações pelas referidas tropas.
>
> Em consequência, a partir das 16:00 hs, os trabalhadores desse turno entraram normalmente na CSN, para o reinício das atividades.[26]

Não há, portanto, nenhuma referência à recepção das tropas que saíram da Usina nem à postura dos operários que reestabeleceram seus serviços.

O clima de tensão retornaria alguns meses após a greve.

O projeto de um monumento em homenagem aos operários assassinados pelo Exército foi solicitado, pelo sindicato dos metalúrgicos e pela prefeitura de Volta Redonda, ao arquiteto Oscar Niemeyer. O Memorial 9 de novembro foi inaugurado em 1º de maio de 1989, em ato que teve a presença de milhares de pessoas, incluindo sindicalistas (como o então presidente da Central Única dos Trabalhadores, Jair Meneguelli) e políticos (como Luiz Carlos Prestes).[27] O memorial foi construído na praça rebatizada *Juarez Antunes*: o ex-deputado federal e líder dos metalúrgicos na greve de novembro de 1988 falecera 51 dias após assumir o mandato de prefeito de Volta Redonda.[28]

Na madrugada do dia seguinte, uma explosão destruiu o memorial. A inscrição com os nomes dos três metalúrgicos mortos na greve de novembro foi soterrada. Entre os destroços, foram identificadas, entre outros fragmentos, tiras de tecido verde-oliva e parte de um rótulo com a inscrição *Imbel* – Indústria de Material Bé-

(22) GRACIOLLI, Edílson José. *Um caldeirão chamado CSN – resistência operária e violência militar na greve em 1988*. p. 143.

(23) Ver MANGABEIRA, Wilma. *Dilemas do novo sindicalismo*: democracia e política em Volta Redonda. p. 140.

(24) O teor do acordo coletivo e a notícia da assembleia que o precedeu foram transmitidos pela ASI-CSN no mesmo dia 23 de novembro à Divisão de Segurança e Informações do Ministério da Indústria e do Comércio. Cf. BRASIL. Ministério da Justiça. Arquivo Nacional. Banco de dados Memórias Reveladas. *Arquivo ACE n. 69.292/1989*. 1989.

(25) GRACIOLLI, Edílson José. *Um caldeirão chamado CSN – resistência operária e violência militar na greve em 1988*. p. 139.

(26) BRASIL. Ministério da Justiça. Arquivo Nacional. Banco de dados Memórias Reveladas. *Arquivo ACE n. 69.259/1989*.

(27) Cf. *Jornal do Brasil*, 02.05.1989.

(28) No Relatório Final da Comissão Municipal da Verdade D. Waldyr Calheiros, de Volta Redonda, é analisado o acidente de carro que vitimou Juarez Antunes. O relatório conclui pela inexistência de provas que permitam identificar o fato como "decorrente de uma operação secreta de agentes especiais", mas indica que "há evidências concretas de que a morte de Juarez deve ser mantida sob suspeita de acidente simulado" (VOLTA REDONDA, RJ. Comissão Municipal da Verdade D. Waldyr Calheiros. *Relatório Final*).

lico. Uma segunda bomba, não detonada, também foi encontrada no local e desarmada.[29]

O Relatório Técnico n. 18/1989, elaborado pela Seção de Desativação de Artefatos Explosivos e Incendiários, vinculado à Secretaria de Estado da Polícia Civil, classificado como confidencial, indica o exame do local em que construído o memorial e dos fragmentos e vestígios coletados. Nas conclusões, os técnicos apontam o seguinte:

> Causou-nos também profunda estranheza o fato de ter sido encontrada grande quantidade de papel próprio para separação entre as placas de Plastex ou encartuchamento de outros explosivos com símbolo da IMBEL, e também a grande quantidade de plástico de cor preta, próprio para envolver explosivos dentro das caixas de explosivos quando as mesmas saem das fábricas.
>
> (...)
>
> Causou-nos também profunda estranheza a colocação de fitas adesivas, sem nenhum sentido prático, na ramificação encontrada, ficando assim, partes verdes e amarelas em toda a sua extensão, e mais ainda, a colocação de uma conexão tipo "boca de lobo", também sem nenhum sentido prático, ligação está muito bem executada, demonstrando ter sido feita por pessoa especializada.
>
> (...)
>
> Este tipo de explosivo plástico é utilizado em siderurgia para solda de placas de grandes dimensões, não sendo do nosso conhecimento outra utilidade prática.[30]

Embora seja comumente afirmado que o material produzido pela Imbel poderia ser utilizado apenas pelo Exército,[31] a efetiva participação daquela força armada não foi esclarecida – como será visto à frente. O memorial foi reconstruído e reinaugurado em 12 de agosto de 1989, sem esclarecimentos sobre a autoria do atentado.[32] Ainda assim, Alejandra Estevez observa que:

> Atualmente, o monumento aos operários mortos permanece como um lugar de memória, na medida em que fornece sentido simbólico à cidade, protege-a do esquecimento e funciona como documento historicamente construído. Ainda que atualmente este monumento fique um pouco perdido em meio à correria de pessoas e edifícios construídos ao redor, a praça permanece viva para os movimentos sociais da região, que costumam fazer desse lugar, palco de suas manifestações políticas, atualizando seus sentidos e produzindo novas experiências coletivas.[33]

Os ecos da memória da greve de 1988 serão percebidos ainda no Relatório Final da Comissão Municipal da Verdade D. Waldyr Calheiros, que contempla o período de 1964 a 1989.[34] A respeito daquela greve, a Comissão realizou uma "Maratona da Verdade 9 de novembro", ouvindo lideranças sindicais da época e familiares dos operários assassinados pelo Exército. Os documentos do Arquivo Nacional e do banco de dados da CSN também foram analisados pela Comissão.

O Relatório Final apresenta importantes testemunhos que permitem um confronto com os documentos produzidos pelos órgãos oficiais à época da greve. O registro (acima) de que "grupos de manifestantes grevistas passaram a praticar atos de vandalismo no centro de VOLTA REDONDA/RJ" contrasta com os relatos de algumas testemunhas.[35] A assertiva do Exército de "confronto" com os grevistas também é questionada

(29) Ver *Jornal do Brasil*, 03.05.1989. No dia 3 de maio, a CSN foi palco de mais um evento: a explosão do principal dos três altos-fornos da Usina, ferindo cinco trabalhadores. Cf. *Jornal do Brasil*, 04.05.1989. O Relatório Final Comissão Municipal da Verdade D. Waldyr Calheiros permite visualizar, com fotografias, o projeto do monumento, o monumento no dia da inauguração e o resultado após a explosão. Cf. VOLTA REDONDA (RJ). Comissão Municipal da Verdade D. Waldyr Calheiros. *Relatório Final*.

(30) Cf. BRASIL. Ministério da Justiça. Arquivo Nacional. Banco de dados Memórias Reveladas. *Arquivo ACE n. 70.640/1989*. 1989. (*sic*).

(31) Cf. GRACIOLLI, Edílson José. *Um caldeirão chamado CSN – resistência operária e violência militar na greve em 1988*. p. 157.

(32) Ver *Jornal do Brasil*, 13.08.1989.

(33) ESTEVEZ, Alejandra. "Lugares de Memória dos Trabalhadores # 13: Memorial 9 de novembro, Volta Redonda (RJ)" (Disponível em: <https://lehmt.org/2019/11/07/lugares-de-memoria-dos-trabalhadores-13-memorial-9-de-novembro-volta-redonda-rj-alejandra-estevez/.> Acesso em: 13 dez. 2019; destaque na origem).

(34) A Comissão funcionou de setembro de 2013 a setembro de 2015, tendo, entre outros propósitos, "esclarecer os fatos e as circunstâncias dos casos de graves violações de direitos humanos em Volta Redonda, no período da ditadura militar". Sobre os anos de 1985 a 1989, o relatório refere-se à "ditadura tardia em Volta Redonda". Cf. VOLTA REDONDA (RJ). Comissão Municipal da Verdade D. Waldyr Calheiros. *Relatório Final*.

(35) Como consta do relatório: "Solange da Sila Chiarele, 21 anos, ao tentar tirar o carro do estacionamento, percebeu que soldados começaram a arremessar bombas de gás e todo mundo, saiu correndo desesperadamente. Solange se abrigou numa casa na Vila e de lá viu soldados quebrando vidro da janela de um ônibus. Viu pessoas sendo espancadas duramente em um posto de gasolina pelos soldados do Exército. Filome-

pela Comissão, diante da desproporcionalidade entre os instrumentos usados por ambos os lados.

A Comissão conclui por identificar as instituições acusadas de pertencimento ao sistema de representação da ditadura militar (Governo Federal, 1ª Brigada do Exército, 22º Batalhão de Infantaria Blindada, Companhia Siderúrgica Nacional, Governo Estadual e Poder Judiciário – 3ª Vara Civil da Comarca de Volta Redonda), apontando os respectivos responsáveis como acusados de grave violação aos direitos humanos.

O Relatório Final também aborda a questão da destruição do Memorial 9 de Novembro, destacando que o Exército controla a saída e o destino do explosivo utilizado no atentado. Testemunhas narraram à Comissão ter visto três homens no memorial, na madrugada em que ocorreu a explosão. No inquérito policial aberto para apurar o fato, foi arrolado como testemunha o soldado Charles Fabiano da Silva, que fazia ronda na hora da explosão. Contudo, no dia 3 de maio de 1989, três semanas após o atentado, o militar foi assassinado. Mas apurações realizadas pelo Exército, com o auxílio da Polícia Federal do Rio de Janeiro, não permitiram vincular o assassinato ao atentado ao memorial.[36]

Dez anos depois, em 1999, surgiu a denúncia do Capitão Dalton Roberto de Melo Franco, do Batalhão de Forças Especiais, de que teria recebido a missão, por parte do Coronel Álvaro Pinheiro, de explodir o monumento em homenagem aos trabalhadores de Volta Redonda, mas se recusou a cumpri-la. Posteriormente, foi aberta uma Comissão Parlamentar de Inquérito na Assembleia Legislativa do Rio de Janeiro (ALERJ) e instaurado um Inquérito Penal Militar (IPM). Ambos, porém, foram encerrados de forma inconclusiva, por falta de provas.[37]

4. CONCLUSÃO

De que modo pode ser compreendida a trajetória histórica do Monumento 9 de Novembro, memorial concebido como uma homenagem póstuma às vítimas do arbítrio e da violência de Estado, mas que também foi atingido por atos violentos? O que esse percurso pode esclarecer em relação à percepção, no Brasil, da memória sobre o trabalho e os trabalhadores?

Não será desarrazoado propor, nas linhas conclusivas do presente texto, uma analogia entre o Monumento 9 de Novembro e os memoriais de guerra. Isso porque, como foi observado, os três trabalhadores foram assassinados por integrantes do Exército brasileiro, que usaram armas militares e tiveram apoio de tropas e veículos blindados na operação. Foi, antes de tudo, uma operação militar.

Assim, a construção de um memorial, em praça pública, atinge uma finalidade similar à pertencente aos memoriais de guerra em geral – cristalizar uma lembrança de um ato violento, da resistência a esse ato e da dignidade daqueles que pereceram durante o combate. Diante da brutalidade dos métodos utilizados pelo Exército e, principalmente, pelo resultado trágico da operação – três operários desarmados assassinados por soldados – não há maiores dúvidas de que foi travada uma guerra em Volta Redonda nos primeiros dias de novembro de 1988.

Uma guerra, contudo, profundamente desigual. Poderíamos dizer: uma guerra unilateral. Os trabalhadores não representavam nenhum perigo; aqueles que estavam na aciaria tinham preocupação com a preservação do maquinário e a manutenção da produção de aço, ainda que em patamares reduzidos. Isso não impediu, contudo, a prática de atos de violência extrema pelo Estado. Assim, os operários que foram mortos em 9 de novembro não eram soldados. Mas foram transformados em vítimas de guerra.

O projeto de Oscar Niemeyer ressalta esse aspecto: sobre uma parede de concreto, destacam-se três silhuetas representando os trabalhadores mortos. Uma espécie de lança os atinge, e a combinação entre as cores dos azulejos do piso do espelho d'água faz uma clara alusão ao sangue derramado pelos trabalhadores. É bem possível que esse elemento de denúncia da violência cometida possa ter sido uma das razões para o atentado praticado contra o Memorial. Como

na Cristina Afonso, professora, na altura da rua 33, viu os soldados do Exército depredarem o ônibus, ainda em movimento, em que ela estava. As vidraças foram quebradas e jogaram bombas de gás dentro do veículo. Uma senhora de 70 anos acompanhada de um garoto começou a gritar desesperadamente, e o motorista acelerou para fugir. Joel Tomé de Castro relatou que viu populares se refugiarem no Bar Zero Hora, próximo ao lugar onde começou o ataque dos militares, mas foram atacados com bombas de gás e os agressores quebraram todos os vidros. Marcelo Laffite e Silva tentou se esconder na Churrascaria Mollica, mas foi alcançado por soldados do Exército que empurraram seu rosto contra a parede e o espancaram" (VOLTA REDONDA (RJ). Comissão Municipal da Verdade D. Waldyr Calheiros. *Relatório Final*).

(36) Cf. VOLTA REDONDA (RJ). Comissão Municipal da Verdade D. Waldyr Calheiros. *Relatório Final*.

(37) Com relação à CPI da ALERJ, o Relatório Final registra que: "a Comissão Municipal da Verdade D. Waldyr Calheiros não conseguiu cópia do depoimento do ex-Capitão Dalton no processo da CPI porque todo o documento desapareceu inexplicavelmente do arquivo da Assembleia Legislativa do Rio de Janeiro" (VOLTA REDONDA (RJ). Comissão Municipal da Verdade D. Waldyr Calheiros. *Relatório Final*).

declarado pelo próprio Oscar Niemeyer, a obra "foi o monumento pedido pelo Sindicato dos Metalúrgicos, lembrando os três operários mortos pela reação. E o fiz tão contestador que o explodiram, no mesmo dia da sua inauguração"(38).

Os atos hostis, contudo, não haviam sido concluídos com a morte dos trabalhadores. O atentado cometido contra o Memorial, nas circunstâncias ressaltadas por Oscar Niemeyer, denota uma situação que poderíamos denominar de "estado de atenção bélica" em relação àquela memória que se procurava estabelecer.

Num relevante ensaio, o historiador Reinhart Koselleck analisa as transformações históricas dos memoriais de guerra. Entre as primeiras manifestações na Europa pré-moderna até o contexto posterior à Segunda Guerra Mundial, são verificadas modificações importantes no planejamento e na construção desses memoriais. Uma mudança significativa pode ser verificada com o surgimento da Modernidade: os memoriais passam a compor o espaço público. Antes localizados em igrejas e palácios, a partir do século XIX os memoriais consolidam sua presença em parques, praças e ruas. A memória passa a ser publicamente construída(39).

No caso do Memorial 9 de Novembro, o local escolhido é particularmente simbólico: uma praça batizada com o nome de um líder sindical – representante da categoria dos metalúrgicos, cujo centro, em Volta Redonda, eram os trabalhadores da CSN – que tinha acabado de falecer. E é nessa praça que foram detonados os explosivos. O ataque atingiu, portanto, diversos alvos: o próprio monumento arquitetônico, a memória dos três trabalhadores assassinados, a memória do líder sindical Juarez Antunes.

Como já ressaltado, em várias ocasiões, por Marcio Seligmann-Silva, o Brasil contemporâneo tem dificuldades para construir monumentos ligados à memória do trabalho e dos trabalhadores. Se, por um lado, há vários monumentos que fazem referência à história dos bandeirantes e muitas estátuas equestres de comandantes militares, são poucos os memoriais dedicados à memória do trabalho, e muitos deles enfrentam obstáculos para sua consolidação no espaço público. Seligmann-Silva faz uma importante associação entre o caso de Volta Redonda e outros memoriais destinados ao registro de violências cometidas pelo Estado contra populações vulneráveis:

> [As] tentativas de se erigir memoriais (e não monumentos) voltados para os trabalhadores e populações vítimas da história, via de regra, terminam na vandalização e destruição, total ou parcial desses memoriais. Esse foi o caso do memorial "9 de novembro", em homenagem aos três operários da Companhia Siderúrgica Nacional, em Volta Redonda, William Fernandes Leite, Valmir Freitas Monteiro e Carlos Augusto Barroso, mortos após invasão da usina por tropas do Exército, sendo que o então presidente José Sarney autorizou os militares a invadirem a usina. De autoria de Oscar Niemeyer (sim, já vimos um pouco as contradições desse senhor), inaugurado em 1 de maio de 1989, com a frase gravada: "Um monumento àqueles que lutam pela Justiça e pela Igualdade", no dia seguinte à sua inauguração uma bomba quebrou o memorial ao meio. Niemeyer fez questão de mantê-lo parcialmente destruído e acrescentou a frase: "Nada, nem a bomba que destruiu este monumento, poderá deter os que lutam pela justiça e liberdade". Também o Massacre de Eldorado de Carajás, recordado por Lauriano em seu dispositivo de contra-história, quando dezenove sem-terra foram assassinados por membros da Polícia Militar do Estado do Pará, teve seu marco memorial, na cidade de Marabá, destruído poucos dias após a sua inauguração. Também ele era de autoria de Niemeyer. Por sua vez, no Rio de Janeiro, o monumento a Zumbi dos Palmares, na Praça Onze, de 1986, é vandalizado todos os anos no dia da consciência negra... Já, por outro lado, o triângulo da memória de São Paulo, no Ibirapuera, composto pelo Monumento às Bandeiras, pelo Obelisco Mausoléu aos Heróis de 32 (de 72 metros de altura, do artista Galileo Emendabili e do engenheiro Ulrich Edler), de 1970, e pelo monumento a Pedro Álvares Cabral (do arquiteto Agostinho Vidal da Rocha e do artista Luiz Morrone), de 1988, continua de modo impassível a dar o tom da autoimagem oficial (e não só) dos paulistas(40)

(38) NIEMEYER, Oscar. *Monumento IX de novembro*. Disponível em: <http://www.niemeyer.org.br/escultura/monumento-ix-de-novembro>. Acesso em: 20 dez. 2019.

(39) Cf. KOSELLECK, Reinhart. "War Memorials: Identity Formations of the Survivors". In: KOSELLECK, Reinhart. *The Practice of Conceptual History – timing history, spacing concepts*. Trans. Todd Presner. Stanford: Stanford University Press, 2002. p. 285-326.

(40) SELIGMANN-SILVA, Márcio. "Antimonumentos e a arte de 'desesquecer' na nova arte de memória do Brasil". *Psicanalistas pela democracia*. Disponível em: <https://psicanalisedemocracia.com.br/2017/04/antimonumentos-e-a-arte-de-desesquecer-na-nova-arte-de-memoria-do--brasil-por-marcio-seligmann-silva/>. Acesso em: 20 dez. 2019.

A reflexão de Seligmann-Silva nos permite retomar a relação entre memória e dignidade. Trabalhadores, como seres humanos dotados de autonomia, constroem suas próprias narrativas sobre a experiência do trabalho. Isso se dá no plano individual, na consolidação de cada uma das trajetórias daqueles que se dedicam ao trabalho ao longo de vários anos ou décadas de vida, e no plano coletivo, por meio de órgãos de representação, dos quais o sindicato é o principal. O Memorial 9 de Novembro foi uma iniciativa da entidade sindical representativa dos trabalhadores da CSN. Sua inserção no espaço público é um dado importante da história das lutas por direitos no contexto de Volta Redonda. Daí a violência do ato hostil que visou à sua destruição: foram aviltadas, de uma só vez, a memória de trabalhadores assassinados, a lembrança e homenagem a um líder histórico do movimento sindical e, igualmente importante, a dignidade daqueles trabalhadores e da categoria profissional como um todo.

Uma das explicações fornecidas por Koselleck para a existência e proliferação de memoriais de guerra nos interessa de modo especial: construir memoriais, para o autor, significa antes de tudo uma "procura por sentido", que se expressa em termos políticos e sociais[41]. Sentido esse que encontra uma dimensão pública. No caso do Memorial 9 de Novembro há uma camada espessa de elementos simbólicos: os trabalhadores são apresentados como vítimas de guerra (o que de fato eles são), a praça em que o Memorial foi erigido homenageia um líder sindical representativo da categoria dos metalúrgicos e a inauguração ocorreu no dia 1º de maio.

Isso indica que os perpetradores do atentado se colocavam contra toda essa herança simbólica. E isso ocorreu num momento importante da vida política brasileira – a primeira comemoração do 1º de maio sob a égide de uma constituição democrática e inclusiva. Os eventos de Volta Redonda se deram quando a Constituição de 1988 acabava de entrar em vigor. Emancipação e repressão, demandas por direitos e autoritarismo estatal, esses polos opostos da história social brasileira estavam mais uma vez presentes no desfecho de um conflito trabalhista desencadeado por uma greve – e em seus desdobramentos.

Vimos, assim, que a luta por dignidade significa muito para todas e todos que vivem do seu próprio trabalho. E que a repressão pode atingir níveis de extrema violência. Construir uma memória pública das demandas por direitos, registrar episódios de violações graves cometidas por instituições privadas e públicas, é uma parte importante – e sempre precária – dessa incessante busca por dignidade no mundo do trabalho.

REFERÊNCIAS

Livros e artigos

BARBOSA, Leonardo A. A. *História constitucional brasileira*: mudança constitucional, autoritarismo e democracia no Brasil pós-1964. Brasília: Edições Câmara dos Deputados, 2017.

ESTEVEZ, Alejandra. *Lugares de Memória dos Trabalhadores # 13*: Memorial 9 de Novembro, Volta Redonda (RJ). Disponível em: <https://lehmt.org/2019/11/07/lugares-de-memoria-dos-trabalhadores-13-memorial-9-de-novembro-volta-redonda-rj-alejandra-estevez/>. Acesso em: 13 dez. 2019).

GINZBURG, Carlo. *Relações de força*: história, retórica, prova. Trad. de Jônatas Batista Neto. São Paulo: Companhia das Letras, 2002.

GRACIOLLI, Edílson José. *Um caldeirão chamado CSN – resistência operária e violência militar na greve em 1988*. Uberlândia: Editora da Universidade Federal de Uberlândia, 1997.

KOSELLECK, Reinhart. "War Memorials: Identity Formations of the Survivors". In: KOSELLECK, Reinhart. *The Practice of Conceptual History – timing history, spacing concepts*. Trans. Todd Presner. Stanford: Stanford University Press, 2002. p. 285-326.

MANGABEIRA, Wilma. *Dilemas do novo sindicalismo*: democracia e política em Volta Redonda. Trad. de Vera Pereira. Rio de Janeiro: Relume-Dumará: ANPOCS, 1993.

MOREL, Regina Lúcia de M.; MANGABEIRA, Wilma. "Velho" e "Novo" Sindicalismo e Uso da Justiça do Trabalho: Um Estudo Comparativo com Trabalhadores da Companhia Siderúrgica Nacional. In: *Dados* (Revista de Ciências Sociais). Rio de Janeiro, v. 37, n. 1, p. 103-124, 1994.

NIEMEYER, Oscar. *Monumento IX de novembro*. Disponível em: <http://www.niemeyer.org.br/escultura/monumento-ix-de-novembro> Acesso em: 20 dez. 2019).

PAIXÃO, Cristiano. Autonomia, democracia e poder constituinte: disputas conceituais na experiência constitucional brasileira (1964-2014). Quaderni Fiorentini per la Storia del Pensiero Giuridico Moderno. *Firenze*, v. 43, p. 415-460, 2014.

PAIXÃO, Cristiano; LOURENÇO FILHO, Ricardo. "Direito de greve entre afirmação e repressão: o caso CSN". In: DELGADO, Gabriela Neves; PEREIRA, Ricardo José Macêdo de Britto (Orgs.). *Trabalho, constituição e cidadania*: a dimensão coletiva dos direitos sociais trabalhistas. São Paulo: LTr, 2014. p. 331/347.

POLLMANN, Arnd. "Embodied Self-Respect and the Fragility of Human Dignity: A Human Rights Approach". In: KAUFMANN, Paulus; KUCH, Hannes; NEUHÄUSER, Christian; e WEBSTER, Elaine (ed.). *Humiliation, degradation, dehumanization – Human Dignity violated*. Dordrecht, Heidelberg, London and New York: Springer, 2011. p. 243-261.

ROMÃO, Frederico Lisboa. *A greve do fim do mundo*: petroleiros 1995 – expressão fenomênica da crise fordista no Brasil.

(41) KOSELLECK, Reinhart. *War Memorials*: Identity Formations of the Survivors. p. 324.

Tese de Doutorado. Universidade Estadual de Campinas, Instituto de Filosofia e Ciências Humanas, [s.n.], 2006.

SELIGMANN-SILVA, Márcio. Antimonumentos e a arte de 'desesquecer' na nova arte de memória do Brasil. *Psicanalistas pela democracia*. Disponível em: <https://psicanalisedemocracia.com.br/2017/04/antimonumentos-e-a-arte-de-desesquecer-na-nova-arte-de-memoria-do-brasil-por-marcio-seligmann-silva/>. Acesso em: 20 dez. 2019).

SENNETT, Richard. Humanismo. Trad. *Álvaro* Hattnher. In: *Revista Serrote*. São Paulo, n. 14, p. 95-107, jul. 2013.

VEIGA, Sandra Mayrink; FONSECA, Isaque. *Volta Redonda, entre o aço e as armas*. Petrópolis-RJ: Vozes, 1989.

Periódicos

Folha de São Paulo.

Jornal do Brasil.

Arquivos

BRASIL. Ministério da Justiça. Arquivo Nacional. Banco de dados Memórias Reveladas. Arquivo ACE n. 69.189/1989. 1989.

BRASIL. Ministério da Justiça. Arquivo Nacional. Banco de dados Memórias Reveladas. Arquivo ACE n. 69.259/1989. 1989.

BRASIL. Ministério da Justiça. Arquivo Nacional. Banco de dados Memórias Reveladas. Arquivo ACE n. 69.292/1989. 1989.

BRASIL. Ministério da Justiça. Arquivo Nacional. Banco de dados Memórias Reveladas. Arquivo ACE n. 70.640/1989. 1989.

VOLTA REDONDA, RJ. Comissão Municipal da Verdade D. Waldyr Calheiros. Relatório Final. 10.09.2015. Disponível em: <http://www.memoriasreveladas.gov.br/administrator/components/com_simplefilemanager/uploads/Volta%20Redonda/Relatorio%20Final%20CMV%20VR.pdf>. Acesso em: 05 dez. 2019.

Capítulo 11

Sociedade, Cultura e Trabalho Digno

Cláudio Jannotti da Rocha[(1)]
Lorena Vasconcelos Porto[(2)]
Anna Karoliny Alexandre Fonseca[(3)]

Resumo: O trabalho contemporâneo é capaz de libertar? O Direito do Trabalho consegue cumprir a sua missão teleológica? No contexto atual, quais as condições necessárias para se assegurar o exercício concreto do direito fundamental ao trabalho digno? O presente artigo busca discutir estas e outras questões centrais ao mundo do trabalho na atualidade, utilizando a metodologia qualitativa, consubstanciada no critério dedutivo e nos instrumentos doutrinários e legais.

Palavras-chave: Contemporaneidade. Cultura. Trabalho. Dignidade.

Abstract: Is contemporary work capable of liberating? Can Labour Law fulfill its teleological mission? In the current context, what are the necessary conditions to ensure the concrete exercise of the fundamental right to decent work? This article aims to discuss these and other issues central to the world of work today, using the qualitative methodology, embodied in the deductive criterion and the doctrinal and legal instruments.

Keywords: Contemporaneity. Culture. Work. Dignity.

1. INTRODUÇÃO

É costumeiro, desde a infância, ouvir que estudar ratifica alguém no mundo. Muito provavelmente, o objetivo daqueles que incentivam o estudo desde o ensino fundamental é visar à inserção no mercado de trabalho e garantir estabilidade financeira em bons cargos. A partir disso, seria provido o sustento da família e garantida uma vida boa.

Essa tônica, por vezes indiscutível em alguns núcleos familiares, dita determinadas condutas individuais até a fase adulta. Por esse motivo, cursos extracurriculares como língua estrangeira, informática e outros são incentivados.

Quando o mérito acadêmico não é alcançado, iniciam-se, em conjunto, as aulas particulares de matérias pouco desejáveis, sempre em busca de preencher as diretrizes exigidas pelo mercado.

(1) Professor Adjunto do Curso de Direito da Universidade Federal do Espírito Santo (UFES). Pós-Doutorando em Direito na Universidade Federal da Bahia (UFBA). Doutor em Direito e Processo do Trabalho pela Pontifícia Universidade Católica de Minas Gerais (PUC MINAS). Coordenador do Grupo de Pesquisa Trabalho, Seguridade Social e Processo: diálogos e críticas (UFES/CNPq). Pesquisador integrante dos Grupos de Pesquisa Trabalho, Constituição e Cidadania (UnB/CNPq) e Relações de Trabalho na Contemporaneidade (UFBA/CNPq). Membro da RENAPEDTS e da RETRABALHO. Membro do Instituto de Ciências Jurídicas e Sociais (ICJS). Pesquisador. Autor de livros e artigos publicados no Brasil e no Exterior. Advogado.

(2) Procuradora do Trabalho. Doutora em Autonomia Individual e Autonomia Coletiva pela Universidade de Roma II. Mestre em Direito do Trabalho pela Pontifícia Universidade Católica de Minas Gerais (PUC MINAS). Especialista em Direito do Trabalho e Previdência Social pela Universidade de Roma II. Professora Convidada do Mestrado em Direito do Trabalho da *Universidad Externado de Colombia*, em Bogotá, e da Pós-Graduação em Direito e Processo do Trabalho da Universidade Presbiteriana Mackenzie. Membro do Instituto de Ciências Jurídicas e Sociais (ICJS). Pesquisadora. Autora de livros e artigos publicados no Brasil e no Exterior.

(3) Graduanda do Curso de Direito da Universidade Federal do Espírito Santo (UFES). Pesquisadora integrante do Grupo de Pesquisa Trabalho, Seguridade Social e Processo: diálogos e críticas (UFES/CNPq).

A narrativa é quase sempre imutável: crianças devem estudar e tirar boas notas para que sejam financeiramente independentes no futuro. Situação muito bem demonstrada pela banda inglesa Pink Floyd no clipe da música *Another Brick In The Wall*.

Aqueles que atingem o socialmente esperado desempenho escolar, e se destacam com notas altas, dificilmente conseguem pensar de maneira independente ao sistema. De outro giro, os que, por vezes, não obtêm as maiores notas, mas se destacam nas artes, literatura, esportes e filosofia são os que mais comumente desenvolvem senso crítico para promover mudanças internas. Estes, por vezes, são considerados dissidentes, incapazes e indesejáveis ao mercado de trabalho. Assim, criatividade e sensibilidade perdem cada vez mais espaço para o aprendizado mecanicista e involuntário.

Nesse contexto, a grande expansão, notadamente nos últimos anos, da educação a distância se, por um lado, propicia a redução de custos em uma conjuntura de crise econômica e que seja alcançado um universo bem maior de indivíduos, pode comprometer os debates, as discussões, as reflexões críticas entre alunos e professores, contribuindo para o aprofundamento do controle social.

Simbolicamente, esse cenário fabrica e modula intelectualmente os indivíduos ao socialmente exigido. Isto é, há um molde cultural e comportamental no qual a equação da vida é simplificada: valores e fatores são somados e o seu produto exitoso o sucesso financeiro implica a felicidade sistemática.

Huxley, em Admirável Mundo Novo, cria uma sociedade distópica na qual desde antes do nascimento é exercido o controle do Estado, ou seja, os bebês nascem somente por inseminação artificial de acordo com a demanda de determinado indivíduo na sociedade. Nessa sociedade não é defeso pelo Estado o uso de "soma", uma droga que tem o objetivo único de fazer os cidadãos esquecerem momentaneamente seus infortúnios.

Fazendo-se uma analogia, a "soma" permitida pelos governos atuais e que têm o poder de distrair os indivíduos da vida árdua, uma estratégia culturalmente firmada, é o consumo. O consumo, motor do capitalismo contemporâneo, é o vício sustentado historicamente por toda uma comunidade.

Esse contexto corrobora o *locus* da competição intersubjetiva entre indivíduos, a qual, por meio da incessante busca de superação entre os indivíduos seja no ambiente de trabalho com vistas a uma promoção de cargo, seja no ambiente estudantil, com o intento de se destacar academicamente –, cria um terreno fértil ao desenvolvimento de doenças psíquicas como ansiedade e depressão.

O que se percebe, no entanto, é que, da forma como é articulado e manipulado, o conhecimento acadêmico é sobreposto a todas as outras formas de saber. Essa articulação favorece que grupos específicos, selecionados pelo sistema, tenham o acesso facilitado por meio de suas condições financeiras ou seu *status* social.

Dessa forma, o predomínio do conhecimento academicista sobre outros, associado à irregularidade do acesso, propicia a legitimação da dominação racional-legal[4] de uns sobre outros por meio da estratificação socialmente perpetrada.

Assim, a alternância de classe e uma efetiva inclusão social de grande parte da população se dá em um numerário ainda não democrático e necessário, mantendo-se o *status quo* dentro dessa sistematicidade.

Utilizando-se da necessidade do ser humano de se aprimorar, fomenta-se esse ciclo vicioso, que nada mais faz do que manter o *status quo*. Assim, não deixa margem ao homem para se libertar de suas verdadeiras amarras e, pelo contrário, o aprisiona cada vez mais na posição em que se encontra e, pior, sem que ele perceba. Normalmente, o que é ensinado é o que é visto como indispensável à manutenção do sistema.

George Orwell, na obra 1984, desenha uma sociedade também distópica, mas menos futurista, se comparado à Huxley. Uma das mensagens mais marcantes do livro é o *slogan* do Partido: "Guerra é paz; Liberdade é escravidão; Ignorância é Força".

Nessa ótica, uma característica marcante de regimes totalitários é o uso da linguagem simbólica como meio de alienação. Inserido em um campo[5], característico a uma determinada cultura, o indivíduo é permeá-

---

(4) De acordo com Max Weber, consubstancia-se em uma dominação alicerçada pelo aparato burocrático da sociedade e tem como princípios fundamentais a hierarquia funcional, a administração baseada em documentos, a demanda pela aprendizagem profissional, oficialização das atribuições e a exigência de rendimento máximo do profissional. In: WEBER, Max. *Ensaios de Sociologia*. Rio de Janeiro: Guanabara, 1981.

(5) Pierre Bourdieu define campo como um microcosmo social dotado de certa autonomia, com leis e regras específicas. É um lugar de luta entre os agentes que o integram e que buscam manter ou alcançar determinadas posições. Nesse viés, o lugar que os agentes ocupam nessa estrutura é que indica suas tomadas de posição. In: TEIXEIRA PEREIRA, Elaine Aparecida. O conceito de campo de Pierre Bourdieu: possibilidade de análise para pesquisas em história da educação brasileira. *Revista Linhas*. Florianópolis, v. 16, n. 32. p. 337-356, set./dez. 2015. Disponível em: <file:///C:/Users/AnnaK/Downloads/4423-21239-1-PB.pdf>. Acesso em: 12. nov. 2019.

vel a todo tipo de disposição estatal. Embora em contextos diversos, vê-se que a liberdade, nos dias atuais, é totalmente deturpada frente ao microcosmo social.

Paulatinamente, inseridos na cultura, com mudanças quase imperceptíveis ou, também, determinadas, há uma subversão de interesses, restando mormente o interesse profissional, pois é esse capaz de alcançar a estabilidade econômica. Uma garantia disso, ainda na adolescência, é quando momentos de lazer são sacrificados incluindo aniversários e festas familiares em favor dos estudos incessantes para o vestibular.

É uma força exógena que prevalece sobre o anseio endógeno. Como resultado disso, surgem milhares de profissionais insatisfeitos ou infelizes, que provavelmente seriam exímios em outras áreas que não aquela em que está inserido.

Estuda-se no primeiro e no segundo grau pensando na universidade, e quando nela está, vislumbra-se a inserção no mercado de trabalho hostil para recém-formados. Assim, a mente humana dificilmente se alinha ao corpo físico, pois conduz, indefinidamente, conjecturas futuras. Vive-se o presente sempre pensando no (suposto e desejável) futuro. Isto é, não se vive realmente o presente. Isso adoece e retira o sentimento, o pertencimento e o reconhecimento. Aliena-se a alma, rouba-se o hoje e teme-se o amanhã. O socioeconômico domina o emocional.

Pode-se asseverar que o trabalho realizado na vida adulta corresponde ao resultado do estilo de vida, perpassando pela infância e juventude. A profissão que se exerce hoje não é fruto do desejo sublime, advindo do mais profundo sentimento; é na verdade reflexo da carga axiológica que foi constituída a partir do contexto no qual o indivíduo foi inserido por seus familiares.

Paulatinamente, o motor que movimenta os sonhos é sobressaltado ao inconsciente, onde ficam subjugado à maquinação socialmente exigida das ações. É a cobrança social (família, escola, vizinhos, colegas e namorados) que vagarosamente vai dominando a *psique*. Assim, o que é culturalmente reconhecido, advindo do que é imposto pela sociedade, pelo mercado consumerista e pelo sistema, domina suntuosamente o cérebro e o âmago do ser humano.

Quanto à cultura, seu conteúdo e sua imponência, ensina Mário Vargas Llosa em "A Civilização do Espetáculo":

> Tal como a elite, a classe social é uma realidade que deve ser mantida, pois nela se recruta e forma a casta ou o grupo que garante a alta cultura, elite que em caso algum deve identificar-se totalmente com a classe privilegiada ou aristocrática da qual seus membros procedem em maior número. Cada classe tem a cultura que produz e que lhe convém, e, embora entre elas naturalmente haja coexistência, também há diferenças marcantes relacionadas com a condição econômica de cada uma[(6)].

Nesse ínterim, os elementos que formam a cultura moldam todas as etapas de desenvolvimento vital do ser humano, não sendo diferente, portanto, com o trabalho. A sociedade se estrutura a partir da cultura como elemento aglutinador e determina os valores socialmente aceitos. Dessa forma, trabalhos mecânicos que visem ao operariado ou profissões estimadas ganham relevo sobre as atividades laborais menos queridas socialmente.

Inquestionavelmente, se uma sociedade culturalmente prioriza o bem-estar das pessoas, a dignidade da pessoa humana, a inclusão social dos desfavorecidos e das minorias, todos os tipos de trabalho devem ser valorizados e normatizados como um direito fundamental acessível que permita uma efetiva melhoria da condição socioeconômica dos trabalhadores, concedendo-lhes um patamar mínimo civilizatório. Esse é um mandamento da própria Constituição Federal de 1988, que, ao consagrar a dignidade como fundamento, traz o ser humano como finalidade precípua da atividade estatal e centro convergente de direitos[(7)].

Assim como a cultura é uma forma de dominação, o trabalho também o é, afinal este é fruto daquela. Se a cultura domina o inconsciente, o trabalho domina fisicamente. Metaforicamente pode-se dizer que a sociedade é um carro em movimento. O motor é a cultura e o trabalho é o lugar no qual se almeja chegar.

Para continuar inserido nessa jornada é necessário trabalhar. É por meio do trabalho que se perpassa a sinergia que conduz a mola propulsora da sociedade: a necessidade humana.

É justamente nela que o trabalhador se coloca à disposição, sujeita-se a condições que lhe são impostas por vezes até mesmo sub-humanas e indignas para em

(6) LLOSA, Mario Vargas. *A civilização do espetáculo*. Rio de Janeiro: Objetiva, 2013. p. 12-13.

(7) Vide DELGADO, Gabriela Neves. Estado Democrático de Direito e Direito Fundamental ao Trabalho Digno. In: REIS, Daniela Muradas; MELLO, Roberta Dantas de; COURA, Solange Barbosa de Castro (Coords.). *Trabalho e justiça social*: um tributo a Mauricio Godinho Delgado. São Paulo: LTr, 2013.

troca ter o que comer e sobreviver, nos remetendo às lições de Primo Levi:

> Vocês que vivem em suas cálidas casas,
> vocês que, voltando à noite,
> encontram comida quente e rostos amigos,
> pensem bem se isto é um homem
> que trabalha no meio do barro,
> que não conhece a paz,
> que luta por um pedaço de pão,
> que morre por um sim ou por um não[8].

Outrossim, a necessidade guia ao consumo. Outrora a cultura nos obrigava a trabalhar e, a partir do nosso salário, estabelecer o nosso consumo; hodiernamente a lógica é invertida: primeiro se consome e, partindo do consumo, se trabalha o necessário para pagar as contas, situação intitulada por Zygmunt Bauman como "vida para consumo".

De tempos antigos, a inclusão social se dá pelo consumo proporcionado pelo trabalho, o que transforma as pessoas em reféns das mercadorias que consomem. O ser humano deixa de ser um fim em si mesmo, para ser meio. A sociedade caminha cada vez mais para uma individualização, abrindo mão da coletivização.

A sociedade passa a ser líquida e fluida, os valores e as relações interpessoais diluem-se facilmente, o trabalho entra em queda livre. Ao invés de unir as pessoas e trazer solidariedade, torna-as competidores e as segrega, perpetuando a estratificação das classes sociais. Assim, imperam o mal-estar da pós-modernidade e a banalização do mal.

É nesse cenário que surgem as novas modalidades de trabalho consubstanciadas na cultura do descarte do ser humano e da valorização do consumo desenfreado, que torna o homem não mais como detentor de direitos e de afeto, mas como um ser *assentimental*.

Em pleno século XXI, ainda se discutem os atributos que permitem ao trabalho fincar os alicerces da vida digna, livre e inclusiva do sujeito na esfera socioeconômica, dando a impressão de inaceitável retrocesso, enquanto há questões prementes a serem discutidas para se avançar de fase.

Restam, portanto, os questionamentos: O trabalho contemporâneo é capaz de libertar? O Direito do Trabalho consegue cumprir a sua perspectiva teleológica? No contexto atual, quais as condições necessárias para se assegurar o exercício concreto do direito fundamental ao trabalho digno? A metodologia será qualitativa, consubstanciada no critério dedutivo e nos instrumentos doutrinários e legais.

2. O SISTEMA, A SOCIEDADE, A CULTURA, O TRABALHO: SUAS (INTER)FACES, (IN) VARIÁVEIS (IM)PERCEPTÍVEIS

2.1. Do comunismo primitivo ao capitalismo

Alguns dizem que trabalho é castigo, outros dizem que trabalho é libertação, que dignifica o ser humano. Fato é que o trabalho, uma racionalidade humana, transformação da natureza de maneira direcionada pelo homem, dificilmente será consenso, pois envolve uma série de variáveis e é resultado de um processo sociocultural, de determinado tempo e espaço.

O trabalho acompanha o ser humano desde a pré-história e, ao longo do tempo, se transmuda e se transforma, encontrando-se em uma constante metamorfose, variando conforme a época em que é realizado.

Na mesma medida em que a sociedade muda, a cultura se modifica, o trabalho se altera e o trabalhador se adequa. Toda essa sistematicidade se transforma, mas o trabalho permanece sendo a principal atividade humana: um dispêndio de energia direcionado e racionalizado que, via de regra, oferta o sustento do ser humano.

Indubitavelmente essa transição no mundo do trabalho é advinda da mudança da cultura implementada naquela época, fruto da modificação da sociedade. O trino composto por sociedade, cultura e trabalho se retroalimenta.

Durante a pré-história quando o homem era nômade e vivia da caça e da coleta, lutando contra animais em busca da sua sobrevivência, ele era livre, pois os utensílios de trabalho a todos pertenciam e, assim, os frutos do labor pertenciam a quem o realizava ou eram repartidos por todos. Desse modo, a única relação de dominação vale dizer, simbólica era em favor do líder das tribos.

Na Antiguidade Clássica, o regime escravagista era a forma com que as cidades-estados gregas puniam seus prisioneiros de guerra – principalmente advindos da Ásia Menor e da Trácia –, forçando-os a realizar as mais diversas atividades, entre elas as policiais e artesanais.

Com a mundialização da escravidão, a relação de dominação é severa, tanto entre particulares, quanto

(8) LEVI, Primo. *É isto um homem?*. Rio de Janeiro: Rocco, 2013.

entre países imperialistas e suas colônias. O trabalho, portanto, completamente inserido nessa realidade, transforma o ser humano em meio para realização de algo (com fim econômico específico).

Na Idade Média, no período nomeado feudalismo, a sociedade era, sobretudo, agrícola e vivia nos campos cultivados por meio da servidão, de onde eram retirados os recursos necessários à sobrevivência.

Com a mudança do modo de produção escravagista para o feudalista, o trabalhador deixa de ser escravo para ser servo. Enquanto o escravo era patrimônio dos senhores, podendo ser vendido, trocado ou alugado, o servo à terra pertencia e a ela era vinculado.

2.2. Do capitalismo

Posteriormente, na Idade Moderna, surgiu o constitucionalismo ensejador do Estado de Direito, época em que é efetivado o sistema capitalista (teoria da acumulação). É justamente nesse momento histórico que emerge a figura do empregado. Se antes a sociedade e a cultura impunham que os escravos e os servos fossem dominados pela força e pelo medo, a partir de então passou a direcionar a dominação por meio da lei. É novamente a mudança socioeconômica que ensejou um direcionamento cultural que impôs as mudanças no mundo do trabalho.

A ideia do constitucionalismo tem sua origem na Inglaterra, nos Estados Unidos e na França, sendo fruto das Revoluções Burguesas. A partir desse momento histórico, o mundo ocidental foi alterado profundamente, passando a sociedade a ser regulamentada por um direito positivado em um documento escrito denominado Constituição.

O Estado de Direito é caracterizado pelo seguinte tripé: divisão de poderes, supremacia das leis e limitação do poder. Rompia-se o absolutismo e surgia o governo das leis.

Inicialmente o constitucionalismo se operacionalizou por meio do Estado Liberal de Direito, quando surgiram os direitos civis, notadamente a liberdade, a igualdade, a participação política e a propriedade, aliados ao absenteísmo estatal.

A fome, a miséria, as péssimas condições de vida e o surgimento da máquina a vapor, provocaram um êxodo rural em razão do qual algumas cidades da Inglaterra foram infladas com o contingente recebido.

Esses centros até então pouco habitados passaram a ser o cenário ideal para o estabelecimento das indústrias e das fábricas, afinal reuniam em seu bojo os elementos que fomentaram a exploração da mão de obra: I) um contingente absurdo de pessoas carentes de qualquer ajuda e que clamavam por empregos para não morrerem de fome e de frio; II) o surgimento da máquina a vapor; III) a ascensão de uma nova classe social que ganhava cada vez mais força e alcançava o poder por meio das Revoluções Burguesas e; IV) a liberdade e a igualdade estabelecidas na lei, que legitimaram toda a exploração sofrida pela classe trabalhadora e as péssimas condições de trabalho.

Mão de obra abundante, barata, disponível, todos sendo iguais e livres perante a lei e a máquina para otimizar a produção formaram o contexto perfeito para a "sinfonia de Beethoven".

As Corporações de Artes e Ofícios, caracterizadas pela produção artesanal e manufatureira, foram extintas dando espaço para o industrial. Surgia, então, a primeira Revolução Industrial, na segunda metade do século XVIII na Inglaterra, caracterizada pela criação da máquina a vapor, invento que, de forma inquestionável, mudou todo o panorama do mundo do trabalho.

Dividiam-se, doravante, a produção e o trabalho, que passou a ser em massa e fragmentado. A partir de então cada trabalhador era alocado a uma máquina com a qual, mecanicamente, se relacionava. Se as cidades mudaram, a cultura mudou e o trabalho também. As cidades que eram pequenas, tornaram-se grandes, a produção em baixa escala passou para grande volume e o trabalho de artesanal tornou-se industrial.

É novamente a sociedade alterando a cultura, que por seu turno impõe novos modelos paradigmáticos no mundo do trabalho, pois o êxodo rural inverteu toda a lógica que prevalecia na sociedade e no trabalho: se antes ela se encontrava no campo, diversificada, até mesmo isolada e as pessoas em contato com a natureza e de certa maneira com qualidade de vida; a partir de então passou a fixar-se na cidade, de maneira concentrada, aglomerada e em contato com prédios, construções, em péssimas condições de moradia, de saneamento básico e vivendo de maneira corrida.

Essa mudança de epicentro cultural ensejou reflexos no mundo do trabalho: a produção –, que era quase uma obra de arte, em que o trabalhador transformava a matéria-prima no produto final, participando de todo o processo de produção, fazendo seu labor com uma relativa tranquilidade –, tornou-se um processo mecânico e sistematizado, no qual o trabalhador labora de maneira industrial, fabricando tão somente uma parte do produto que ele nem sabe que produz, em um ritmo acelerado e sofrendo uma heterodireção patronal incisiva e impetuosa.

As mesmas mudanças ocorridas na sociedade direcionaram as modificações no mundo do trabalho. Se no campo morava-se com relativa qualidade e passou-se a residir na cidade em péssimas condições de saneamento básico, no trabalho o labor manufatureiro cedeu lugar para o trabalho mecanizado, em condições sub-humanas, que geraram um número alarmante de acidentes de trabalho que mataram milhares de trabalhadores.

No decorrer do tempo, surgiram as indústrias de algodão, linho, tratamento de lã, preparação da seda, a produção de ferro, a construção de ferrovias e de estradas e a construção do barco a vapor (que permitiu inclusive as descobertas de novos territórios e continentes).

A criação da máquina e sua utilização na indústria trouxe consigo um pano de fundo pouco dito e analisado, que alteraria profundamente o mundo laboral: o trabalho deixava de ser uma atividade exclusivamente humana para ser também da sua criação. Doravante, o homem dividia espaço com aquilo que criava: a máquina. Era o trabalho vivo dividindo espaço com o trabalho morto. Iniciava-se uma nova era que não teria mais data para se findar.

Há que se mencionar, também, as circunstâncias às quais homens, mulheres e crianças estavam subordinados nas fábricas. A mão de obra feminina e infantil era preferível à masculina, uma vez que representava menor custo e menor resistência e as crianças tinham facilidade de lidar com as máquinas.

As mulheres eram colocadas em trabalhos específicos e meticulosos, sendo seus direitos recusados, inclusive a licença-maternidade. Observa-se que mulheres grávidas – independentemente da fase gestacional – eram admitidas para a realização de trabalhos.

As crianças tinham a função de adentrar nas máquinas para consertá-las, em razão de seu pequeno porte, sendo tais reparos necessários para que as máquinas continuassem a funcionar a trazer lucros crescentes. Vale dizer que, em virtude da massa muscular e da estatura, homens adultos não eram ideais para realizar diversos desses reparos.

Os salários eram baixíssimos e as condições de trabalho eram péssimas, com jornadas extenuantes, sem qualquer tipo de segurança e em contato com agentes nocivos os mais diversos. Esse cenário ensejou o número absurdo de acidentes, que mataram e mutilaram milhares de trabalhadores.

No desenrolar da modernidade, as ambições econômicas e o senso de superioridade moral humano ampliaram-se exponencialmente gerando cenários de exploração humana que culminaram em milhares de mortes, consubstanciadas no binômio legal: liberdade e igualdade.

A ascensão da segunda Revolução Industrial, a partir da segunda metade do século XIX, com expansão para o restante da Europa e os Estados Unidos, possibilitou que a máquina a vapor desse lugar à máquina movida à eletricidade e ao petróleo, otimizando-se profusamente a exploração do labor e aumentando-se, em uma relação de causa e efeito, a produção e o lucro, com a introdução nas indústrias dos sistemas de produção taylorista e fordista.

Os sistemas taylorista e fordista potencializaram ainda mais o modo de produção, otimizando consideravelmente a velocidade de entrega do produto ao consumidor, exigindo do trabalhador uma disciplina quase que perfeita e totalmente mecanicista; o trabalho vivo perde espaço de forma exponencial para o trabalho morto. O objetivo principal era produzir o maior número possível de mercadorias, reproduzindo-se o que já havia sido planejado pelo empregador.

Novas descobertas (expansão das ferrovias e a produção do aço) fomentam mudanças sociais e o capitalismo ganha força e dinamismo. Dessa forma, os países protagonistas da industrialização tornam-se nações desenvolvidas e passam a dominar e controlar outros países que, mediante o processo de colonialismo e imperialismo, tornam-se periféricos e submissos.

Com a evolução das embarcações, o homem pôde alcançar terras outrora distantes, em velocidade otimizada, permanecendo ainda mais tempo no mar, levando os seus interesses para lugares até então impensáveis e inimagináveis.

Em busca de novas maneiras de baratear os custos de produção, com benefícios fiscais e leis flexíveis, as metrópoles procuram colônias por meio das navegações.

A partilha dos continentes africano e asiático, no século XIX, ensejou bastante descontentamento entre países europeus. A Alemanha e a Itália foram excluídas do processo colonial, ao passo que a França e a Inglaterra estavam explorando diversos novos territórios, riquíssimos em matérias-primas e com enorme mercado consumidor.

É por desdobramentos desse contexto (associado a outros fatores) que ocorre a Primeira Guerra Mundial (1914-1918), conflito que envolveu as grandes potências de todo o mundo, que se organizaram em duas alianças opostas: a Tríplice Aliança (Alemanha, Itália e Império Austro-Húngaro) e a Tríplice Entente (França, Inglaterra e Rússia).

Em 11 de novembro de 1918, a Alemanha assina o acordo da paz, dando-se por rendida, sendo que, em janeiro de 1919, foi instalada a Conferência da Paz, no Palácio de Versalhes. Decidiu-se pela necessidade da fixação de princípios fundamentais de proteção ao trabalho humano e da criação de um organismo internacional com atribuições de promover a internacionalização das normas sociais trabalhistas e controlar sua aplicação.

Assim, em 1919, a Organização Internacional do Trabalho (OIT) é constituída como parte da Liga das Nações (arts. 6º, 387 e 426 do Tratado). Foi reconhecido que a sustentabilidade da paz mundial e do ser humano deveria ocorrer por meio do primado do trabalho.

Pode-se dizer que o objetivo nuclear da OIT é fomentar a reconstrução do mundo a partir da perspectiva inclusiva das pessoas pelo primado do trabalho, constituindo um piso mínimo trabalhista para o ser humano que labora.

A inclusão social do ser humano advinda do seu labor permite que todos ganhem: o trabalhador alcança a sua subsistência e tem sua dignidade reconhecida, a empresa vende os seus produtos, a sociedade tem o bem-estar social e o Estado arrecada tributos.

As normas internacionais se tornam obrigatórias para os países membros da Organização Internacional do Trabalho (OIT) e representam o piso mínimo que tais países devem observar, evitando-se em escala global o *dumping* econômico e social e, portanto, a concorrência desleal.

A par disso, houve a promulgação das primeiras Constituições Sociais do mundo: a Mexicana, em 1917, e a Alemã de 1919.

É nesse bojo que, no final do século XIX e início do século XX, o Direito do Trabalho se afirma como ramo jurídico autônomo, dotado de regras e princípios próprios, tendo como núcleo duro a relação de emprego, à qual é destinado todo um arcabouço normativo que visa a assegurar um patamar mínimo civilizatório, para resguardar a dignidade, vida e a integridade física e psíquica do trabalhador, E, justamente por isso, que as normas trabalhistas, principalmente as de saúde e segurança, são indisponíveis, imperativas e cogentes, de ordem pública.

O Direito do Trabalho brasileiro traz em seu alicerce o "patamar mínimo civilizatório", formado pelo seguinte trino: 1) direitos constitucionais, 2) tratados e convenções internacionais vigorantes no Brasil; 3) normas legais infraconstitucionais que asseguram patamares de cidadania (por exemplo, identificação profissional, combate à discriminação, saúde e segurança no trabalho, pisos salariais). A partir deste complexo normativo, alcança-se o "direito fundamental ao trabalho digno", defendido por Gabriela Neves Delgado.

No Brasil, a Constituição de 1934, inspirada na Constituição de Weimar, traz normas de Direito do Trabalho, tratando da dignidade da pessoa humana, constitucionalizando questões sociais e econômicas, elevando ao plano constitucional direitos trabalhistas como a jornada semanal de trabalho máxima, a autonomia e pluralidade sindical, o salário mínimo, férias, o repouso semanal remunerado, a indenização por despedida imotivada, a isonomia salarial, as restrições ao trabalho do menor, o repouso semanal remunerado, as férias anuais remuneradas, o acidente de trabalho e o reconhecimento das convenções coletivas.

A Constituição de 1934 estabeleceu, ainda, que todos que exercem trabalho honesto possuem o direito de alcançar a própria subsistência e de sua família, bem como criou a Justiça do Trabalho, de cunho administrativo, vinculada ao Poder Executivo, que somente em 1941 foi instalada e passou a integrar o Poder Judiciário em 1946.

Portanto, o surgimento do Direito do Trabalho representa um avanço, pois, com a normatização da relação de emprego, o trabalhador, a partir de seu labor, passa a ter acesso ao patamar mínimo civilizatório, uma gama de direitos que lhe dá acesso ao direito fundamental ao trabalho digno, capaz de lhe ofertar uma efetiva inclusão social, melhoria da condição socioeconômica e reconhecimento da sua dignidade, possuindo assim um caráter libertário.

Muito embora no plano constitucional a Carta Magna de 1934 tenha sido um marco civilizatório, no plano infraconstitucional já existiam diversas leis esparsas que tratavam de questões sociais, como é o caso do Decreto n. 1.637, de 1907, que facultava a criação de sindicatos profissionais e sociedades cooperativas; Lei n. 3.724, de 1919, que instituiu o seguro de acidente de trabalho; Lei n. 4.682, de 1923, que criou as Caixas de Aposentadorias e Pensões para ferroviários; a Lei n. 4.982, de 1925, que estabeleceu férias de 15 dias anuais aos empregados de estabelecimentos comerciais, bancários e industriais; e o Código de Menores (Decreto n. 17.934, de 1927), que estabelece a idade mínima de 12 anos para o trabalho e a proibição do trabalho noturno e do trabalho em minas para os menores.

Após a Segunda Guerra Mundial (1939-1945), desponta a terceira Revolução Industrial, técnico-científico-informacional, que faz emergir o sistema toyotista de produção, caracterizado pela informatização. Criado por Eiji Toyoda no Japão, tem como característica principal a flexibilização da produção e se difundiu pelo mundo a partir de 1970, após a sua aplicação pela fábrica da Toyota, empresa japonesa que se despontou como uma das maiores do mundo na fabricação de veículos automotivos.

Pode-se dizer que consistiu em uma oposição à premissa básica do sistema anterior. No fordismo, prevalecia a máxima acumulação dos estoques. No toyotismo prevalece a adequação da estocagem dos produtos conforme a demanda, produzindo-se tão somente o necessário.

Assim, quando a procura por uma determinada mercadoria é grande, a produção aumenta, mas quando essa procura é menor, a produção diminui proporcionalmente. Se antes a produção ditava o ritmo do consumo, a partir de então o consumo que dá o ritmo da produção, invertendo-se toda a lógica do mundo do trabalho. Com isso, emprega-se somente o necessário para produzir.

O surgimento do toyotismo mais uma vez reflete a mudança da sociedade, que impõe uma nova modalidade cultural, a qual altera o mundo do trabalho. O Japão é um exemplo pois, em virtude das condições geográficas, das transformações decorrentes da Segunda Guerra Mundial e do seu reduzido mercado consumidor, não conseguiu adequar-se ao modelo fordista de produção em massa.

Eiji Toyoda visitou na década de 1950 algumas fábricas norte-americanas para conhecer melhor os processos produtivos pautados pelo sistema fordista. Durante essa viagem percebeu que eram empresas gigantescas e que detinham grandes espaços para a estocagem de produtos industrializados, contexto bem diferente do que tinha em mãos no Japão.

Ao fazer as suas constatações, Toyoda não tardou em perceber que o seu país, o Japão, vivendo um complicado período pós-guerra, não conseguiria se adequar àquele modelo industrial. A partir de então, começou a idealizar um sistema em que a produção ocorresse de forma mais flexibilizada.

Decorrido pouco tempo após a implementação do sistema toyotista de produção, eis que sociedade novamente altera a sua forma de agir e consequentemente sua cultura e o mundo do trabalho. Se no início do século XX o verbo que determinava a sociedade era ter; no final do século XX passou para possuir e agora, no início do século XXI, é usar.

Pouco importa quem é o proprietário ou o possuidor do bem, mas sim o uso dele. A partir do uso o bem ou a pessoa ganha importância e valor. Para que se tenha o maior número de usuários, deve-se compartilhar o bem, multiplicando-se assim o seu uso e aumentando o seu valor.

A partir do uso, o compartilhamento ganha potencial, maior importância e valor. Assim, compartilha-se o carro, o apartamento (ele na integralidade ou até mesmo parte dele), a bicicleta, o patinete, o escritório, as informações de dados pessoais, os livros, o ônibus, o helicóptero, a roupa e até mesmo o trabalhador. O valor do bem e das pessoas é de acordo com o número de usuários interessados (demanda).

Quanto maior a procura pelo uso, o preço sobe. A todo momento a sociedade compartilha-se e, consequentemente, fragmenta-se veladamente. A partir de uma falsa aparência de evolução, tem-se um retrocesso, porquanto o verdadeiro pano de fundo é que tudo aquilo que não está sendo usado não tem importância. É o uso que dá as cartas do jogo, ele que dita o preço de tudo.

E para que o compartilhamento seja potencializado, surge a necessidade de novas tecnologias acessíveis ao maior número de pessoas, mormente os celulares, computadores e tablets. Por meio de aplicativos instalados nesses aparelhos, o ser humano tem o mundo na palma de sua mão; com um simples toque na tela, consegue acessar sites, contratar pessoas, serviços e consumir produtos.

Este binômio uso/compartilhamento enseja um efeito até então pouco mencionado na doutrina brasileira: a diversidade. A partir do momento em que, para ter acesso a um bem, você não precisa mais tê-lo ou possuí-lo, mas tão somente usá-lo no exato tempo que ele lhe é útil, emerge com isso o compartilhamento do bem e, consequentemente, misturam-se os produtos e os serviços, fomentando o cliente a usar o maior número de bens possíveis ao mesmo tempo.

Nesse aspecto, o consumidor é livre para escolher o quê, como, quando, qual e onde vai usar o produto. Assim, misturam-se produtos e serviços, idênticos ou parecidos, para que a pessoa tenha uma liberdade plena de optar pelo produto e serviço que desejar ao seu bel prazer. Por isso e para isso são criados os mais diversos aplicativos para intermediar e facilitar o acesso a esses produtos e serviços, tais como Uber, Amazon, Buser, Loggi, Rappi, Shipp, Booking, Airbnb, 99pop, Diaríssima, Getninjas, Uber Eats, Colmeia, IFood, Picpay, Grin e Yellow. É neste novo universo que surgem as startups.

A trilogia que direciona a sociedade e a cultura contemporânea é o uso, compartilhamento e diversidade, o que chegou no mundo do trabalho. A palavra que consubstancia essa correlação é a liberdade, afinal todos querem ser livres, inclusive para escolher tudo, principalmente o que ser, fazer, consumir e aonde ir.

É neste âmbito que, no início do século XXI, surge a 4ª Revolução Industrial, pautada pela cyberização, alterando ontologicamente o trabalho, o que ensejou uma verdadeira miscigenação laboral. Esta, no Brasil, foi institucionalizada pela reforma trabalhista, que inseriu no ordenamento jurídico brasileiro, entre outras figuras contratuais precárias, o intermitente, fruto das mudanças sociais e culturais acima demonstradas.

O trabalhador intermitente só é contratado no dia e na hora em que é demandado, sua mão de obra é compartilhada por diversos tomadores ao mesmo tempo, realizando os mais diversos tipos de serviços. O intermitente é literalmente a descartabilidade e a mercantilização do ser humano no mundo do trabalho.

Por outro lado, as empresas 4.0 a todo momento divulgam o uso dos seus produtos em redes sociais, organizam-se de maneira compartilhada e diversificam seu quadro de funcionários em vários tipos de trabalhadores, tornando a empresa um local de miscigenação laboral, passando a aceitar, recentemente, pagamentos em moedas digitais. Neste cenário constitui-se a *gig economy*.

O trabalho cyberizado corresponde a um gênero, composto pela junção da utilização de aplicativos, de plataformas digitais, da robotização, da inteligência artificial, a implementação de chips nos trabalhadores, a fragilização do sigilo de dados, as criptomoedas e a discriminação genética.

O pano de fundo de toda essa revolução que a cada dia mais ganha força é a automação parcial ou total da indústria e da fábrica, hipótese por muitos intitulada fábrica inteligente. Neste novo modelo empresarial, o trabalho morto adquire maior importância, fazendo com que o trabalho vivo perca espaço e magnitude.

Até então quem dava as ordens aos empregados era uma pessoa física; agora é uma máquina ou até mesmo o próprio cliente. A subordinação se opera através de aplicativos e de plataformas digitais, cujos proprietários são os empregadores do momento. O tomador do serviço pode estar próximo ou distante do empregado, até mesmo em outro país ou continente, pois quem vai dizer o que e para quem deve ser feito é uma plataforma ou aplicativo por meio de algoritmos.

Seguindo as mudanças socioculturais, no Brasil, emergiram novas formas empregatícias além do intermitente, como o teletrabalhador, a ampliação da terceirização e do trabalho temporário, o hiperssuficiente, o trabalhador autônomo contínuo e exclusivo, entre outras figuras precárias.

Pouco a pouco o empregado cede lugar ao colaborador que vai sendo substituído pelo empreendedor. Criam-se várias opções para legitimar um argumento falacioso: o trabalhador tem a liberdade para escolher a forma que deseja trabalhar, como se de fato fosse livre para optar e não estivesse vinculado ao desejo do empregador, aos seus desígnios e à necessidade de sobrevivência.

Cria-se uma cadeia empregatícia precária, que almeja reduzir os custos barateando a mão de obra do trabalhador. Destaca-se que essas formas estratificadas segregam a sociedade a partir do trabalho realizado pelo ser humano, porquanto violam o patamar mínimo civilizatório, bem como prejudicam a atuação sindical e a circulação de renda, além de ensejar uma abrupta queda na venda/consumo de bens e de mercadorias e também da arrecadação tributária do Estado.

Em síntese, todos saem prejudicados com a implementação dessas novas modalidades de trabalho, de modo que o passado ainda está presente, tendo em vista que a 4ª Revolução Industrial é parte do presente, mas não o domina em sua integralidade. Se antes o Direito do Trabalho era corroído, agora ele se desnatura.

Efeito irradiador de todos esses fatores é a enorme proliferação da denominada "economia de bico". Essa compreende duas formas principais de trabalho: o "crowdwork", que abrange a realização de tarefas a partir de plataformas *on-line*, e o trabalho *on-demand*, que envolve a execução de labores tradicionais, como o transporte, limpeza ou de escritório, demandados por meio de aplicativos gerenciados por empresas, sendo a mais conhecida a Uber, razão pela qual se utiliza também a expressão "uberização" das relações de trabalho.

Nessas formas de trabalho, como o intermitente, o homem é tratado como descartável, se tornando refém de suas necessidades e das demandas e condições que lhe são impostas, que geralmente são de extrema exploração e aceitas diante da indispensabilidade em receber, afinal ele não sabe quando será demandado novamente. A alteridade que sempre foi e é exclusiva do empregador vai, ainda que de maneira quase imperceptível, sendo transferida para o empregado, como em uma ampulheta na qual a areia passa vagarosamente ao outro lado.

3. O LABOR CONTEMPORÂNEO LIBERTA?

A nova lógica empresarial da indústria 4.0, pautada pela miscigenação laboral, consubstanciada na tônica da liberdade, insere em seu método de produção as mais diversas formas de relação de trabalho (o tradicional, o intermitente, o pejotizado, o terceirizado, o teletrabalhador, por tempo parcial, o hiperssuficiente, o autônomo).

Concomitantemente, além de causar enorme prejuízo ao trabalhador quando não contratado como empregado (tendo violados diversos direitos e garantias fundamentais), também prejudica o Estado. Isso acontece pois diversas vezes o salário recebido não é suficiente para cobrir todas as despesas, subsistência familiar e não são recolhidos os tributos devidos(9).

Esses são caros ao Estado, pois, por meio dos impostos, as políticas públicas são feitas e a máquina governamental é alimentada. Não obstante, o meio ambiente do trabalho também é prejudicado com a precarização. Trata-se de um dano social, vez que prejudica a sociedade por inteiro.

Através e em nome da lei as novas modalidades empregatícias são utilizadas para otimizar a produção e aumentar o lucro, em detrimento dos direitos mínimos que todo e qualquer empregado é titular, núcleo do direito fundamental ao trabalho digno.

Essa poluição socioambiental ocasionada pela miscigenação empregatícia acarreta uma verdadeira insegurança no empregado: o medo de não ser demandado quando mais precisar. Se antes o empregado pedia para não ser explorado, hoje ele roga: me explore, pois preciso trabalhar.

A competição (já citada neste trabalho) entre os próprios colegas de profissão prejudica o pertencimento e o reconhecimento do trabalhador no local em que ele convive e permanece a grande parte do seu dia. A partir do momento em que se encontram no mesmo ambiente, pessoas que estão inseridas dentro da mesma ótica e perspectiva (embora não realizem expressamente a mesma atividade) estão dominadas pela lógica empresarial.

Se antigamente a produção era *just in time*, agora o trabalhador também o é, tendo em vista que ele sempre deve estar pronto para trabalhar, na hora em que é demandado, quando o consumidor aciona o aplicativo/plataforma e a empresa faz a intermediação e o controle do trabalho realizado.

O que interliga a demanda do consumidor, a intermediação/controle da empresa e o trabalhador é a disponibilidade imediata desse último em trabalhar: ele deve estar sempre à disposição durante todo o dia. Em nome do empreendedorismo, cria-se uma empresa de um homem só, para somente ele trabalhar em nome dela, não podendo se fazer substituir por mais ninguém, até porque ele é o único trabalhador da empresa e por isso deve estar sempre pronto para quando for demandado, sob pena de perder a oportunidade ou até mesmo o emprego.

É óbvio, claro como a luz do sol, que estamos diante de uma fraude trabalhista, pois esta empresa é falsa ou este autônomo também é falso, usados para mascarar o que todos nós já sabemos: trata-se de um empregado.

A insegurança do trabalhador é tamanha a ponto de se expor a jornadas de trabalho extenuantes, sem as mínimas condições de segurança e saúde, sem a utilização de equipamentos de proteção, por salários-dia aquém do mínimo, sem descanso semanal, intervalos, nem férias, décimo terceiro e completamente afastado do âmago previdenciário.

Nessa seara o número de óbitos por ano no Brasil é compreensível, sendo que aproximadamente 10 pessoas por dia morrem trabalhando no país e a cada 48 segundos acontece um acidente de trabalho(10).

No Brasil, quarta posição no *ranking* mundial de acidentes de trabalho, a Previdência Social registra por ano cerca de 700 mil casos e, segundo dados do Observatório Digital de Segurança e Saúde do Trabalho, o país chega a contabilizar uma morte por acidente em serviço a cada três horas e quarenta minutos. É uma carnificina laboral, nada menos do que isso(11).

O medo e a incerteza do amanhã fazem com que o empregado se exponha ao máximo hoje e, com isso, sua vida fica vulnerável, seja fisicamente ou psicologicamente. O número de doenças advindas do labor é um fator cada vez mais presente no mundo do trabalho e na vida do trabalhador, como a depressão, a neurose, a psicose, a síndrome de *burnout*, a ansiedade, o estresse e a bipolaridade.

Somando-se a esse cenário os números alarmantes de 13,4 milhões de desempregados e 28,3 milhões de

---

(9) Um estudo da Receita Federal demonstra que um dos principais motivos para a "pejotização" dos trabalhadores é a redução do ônus tributário na contratação de serviços. A empresa tomadora acaba se desincumbindo de 31% dos encargos trabalhistas, tais como contribuição previdenciária patronal (20%), encargos do Sistema S e do RAT (3%), depósito para o FGTS (8%), além dos demais direitos trabalhistas que devem ser assegurados, como décimo terceiro salário, férias, horas extras, vale-transporte, vale-alimentação, benefícios previstos nas normas coletivas, etc. Ademais, na faixa de renda equivalente a R$ 30.000 mensais, o peso dos tributos federais corresponde a 23,6% da renda bruta auferida pela pessoa física, na condição de empregado regularmente contratado. Caso esse profissional constitua uma pessoa jurídica ("pejotização") e estabeleça um contrato de prestação de serviços com a empresa tomadora, a incidência tributária é reduzida para 17,34% (redução de 6,26%). In: BRASIL. Receita Federal. O Fenômeno da "Pejotização" e a Motivação Tributária. Brasília: 2016.

(10) Disponível em: <https://areasst.com/acidentes-de-trabalho-no-brasil/. Acesso em: 07 jul. 2019.

(11) Disponível em: <http://atarde.uol.com.br/empregos/noticias/2058823-brasil-ocupa-quarta-posicao-no-ranking-de- acidentes-de-trabalho>.

subutilizados[12], alcança-se a rotatividade que torna o trabalhador descartável, afinal, quando ele não puder ou não quiser (já que ele é "livre"), alguém sempre vai querer. E, assim, acirra-se ainda mais a competição laboral. Tem-se um exército de necessitados.

Portanto, a busca pelo melhor emprego atinge diretamente o lado competitivo dos empregados, estraçalhando o sentimento de solidariedade entre eles, prejudicando o convívio social e seu lado psíquico. E, com isso, o meio ambiente deixa de ser saudável e sadio. O pertencimento e o reconhecimento no local do trabalho evaporam e o ser humano torna-se descartável no processo produtivo, tendo importância somente quando demandado e necessário.

Este é o cenário sombrio e catastrófico fomentado pela 4ª Revolução Industrial, digno de um filme de terror. O pesadelo reside na hipótese de não ser utilizado e assim nada receber, não tendo o que comer, onde morar, o que vestir, ter acesso aos estudos, ao lazer e demais condições básicas para que se possa ter uma vida digna a partir do trabalho que realiza e assim exercer o seu direito basilar de cidadania. Muitos doutrinadores indagam: haverá trabalho no futuro? Fato é que o trabalho não é mais uma atividade exclusivamente humana, vejamos a Sophia.

É como se diariamente o trabalhador caminhasse no sentido de um precipício e qualquer esmola que lhe aparece no caminho ele aceita para postergar a tragédia: não ter trabalho.

Sob uma falsa aparência de que caminhamos para um mundo melhor pautado pela liberdade, o que se percebe é um verdadeiro retrocesso social, afinal ao contrário de o trabalho ser um instrumento emancipador, caminha no sentido de ser um instrumento de dominação e de repressão, podendo inclusive ser considerado uma pena e não uma liberdade.

Se antes o escravo era propriedade do senhor, o servo preso à terra na qual trabalhava, o empregado vinculado à empresa, o trabalhador atual é meramente usado e dependente do consumo de outra pessoa, perfazendo-se uma falsa liberdade dominada pelos aplicativos instalados nos celulares, computadores e tablets. Estes controlam mais do que seu corpo físico, mas também a sua alma e mente.

4. CONCLUSÃO

Se é impossível precisar a história, assim também o é o mundo do trabalho quanto à relação triádica entre a sociedade, a cultura e o ser humano. Da forma como o trabalho interfere na vida do ser humano e na sociedade, também sofre interferência do sujeito que o realiza e da sociedade em que ele é realizado.

Fato é que essa tríade que se retroalimenta dia após dia, hora após hora, minuto após minuto, é imprecisa e inexata, ao passo que a sociedade interfere na cultura, e esta no trabalho, determinando seu *modus operandi*.

Portanto, analisar o "universo" do trabalho –, que emerge das mais profundas e complexas atividades humanas e sociais, e interfere diretamente em diversas áreas do conhecimento como economia, direito, sociologia e história –, significa incorrer na imprecisão e em desencontros temporais.

Nesse sentido, os autores deste artigo, em uma tentativa de elucidar para o leitor um contexto alarmante arriscam o aprofundamento na história da própria humanidade, fazendo uma narrativa secular até alcançar o presente momento histórico.

Analisar se o trabalho contemporâneo traz libertação ou dominação é uma tarefa demasiado difícil e que não possui uma resposta exata, visto que ela é fruto de uma série de variáveis, principalmente quanto ao tempo e ao espaço em que ele é analisado. Afinal a forma com que o trabalho é valorizado em uma cultura e normatizado em um determinado país vai interferir na conclusão.

Como visto ao longo deste artigo, a história do trabalho é permeada por fluxos e refluxos que acompanham o ser humano desde a pré-história. Um movimento pendular, porquanto em determinados momentos ocorreram avanços e melhoramentos e em outros recuos e desvalorização do trabalho, fazendo com que o trilhar seja alinear e incerto.

Até o século XX o trabalho também era sinônimo de castigo, pena. Quando o Direito do Trabalho surge, ele passa a ser valorizado e consegue, por meio da relação de emprego, alcançar um caráter libertário, ofertando ao empregado o patamar mínimo civilizatório, que alberga melhorias da condição socioeconômica, dá início à inclusão social e ao reconhecimento da sua dignidade, através do direito fundamental ao trabalho digno[13].

No século XXI essa contextualização vem sendo desnaturada, posto que as novas formas de trabalho estão ganhando espaço, fazendo com que a relação de emprego divida espaço com outras modalidades de trabalho que violam o patamar mínimo civilizatório.

(12) Disponível em: <https://g1.globo.com/economia/noticia/2019/04/30/desemprego-sobe-para-127percent-em-marco-diz- ibge.ghtml>.

(13) DELGADO, Gabriela Neves. Estado Democrático de Direito e Direito Fundamental ao Trabalho Digno. REIS, Daniela Muradas; MELLO, Roberta Dantas de; COURA, Solange Barbosa de Castro (Coords.). *Trabalho e justiça social*: um tributo a Mauricio Godinho Delgado. São Paulo: LTr, 2013. p. 254.

Dentro do contexto acima exposto pode-se asseverar que, nos trilhos que o mundo do trabalho caminha na contemporaneidade, o labor vai no sentido contrário da libertação estando o trabalhador com cada vez menos direitos, menor proteção social, previdenciária e assistencial, trabalhando mais e em condições mais precárias e perigosas, sendo que os números de acidentes de trabalho e de miserabilidade só aumentam no Brasil.

As novas formas de contratação implementadas no ordenamento jurídico brasileiro só fazem legitimar a estratificação laboral e a segregação social a partir do trabalho. Sob a tônica da liberdade, cria-se a falsa esperança nas pessoas de que novos postos de emprego serão criados e de que o consumo vai aumentar. Se todos nós somos livres, podemos escolher como queremos trabalhar. Mas, existe liberdade sem opção e sem igualdade? Uma pessoa com uma única alternativa de trabalho é livre para escolher como deseja trabalhar? Uma pessoa necessitando de dinheiro para comer, morar, vestir e suprir suas necessidades básicas pode de fato negociar ou aceitar o que lhe é oferecido? Assim, o próprio Direito do Trabalho vai deixando de exercer sua função teleológica e perde força, sangra vagarosamente.

Difícil concluir que o trabalho liberta sendo que várias novas modalidades do mundo do trabalho, inclusive empregatícias, destinam aos trabalhadores direitos aquém daquilo que lhes é devido, violando o direito fundamental ao trabalho digno.

A precarização da mão de obra não gera mais empregos e tampouco retira um país de uma crise econômica, até mesmo porque estes nunca foram e nunca serão objetivos do Direito do Trabalho. Pelo contrário, a retirada de direitos trabalhistas só aprofunda a crise econômica e a miséria que assolam um país, isso a História ensina.

Se a sociedade influencia na cultura de uma nação e esta diretamente interfere em como o trabalho será normatizado e valorizado, estamos no exato momento de refletirmos qual o país que queremos ter e deixar de legado para os nossos filhos, netos, sobrinhos e amigos, porquanto a resposta encontra-se em cada pequeno gesto que praticamos todos os dias, nos pensamentos que nos permeiam a todo instante que estamos acordados: a empatia.

Uma sociedade que não valoriza o trabalho consequentemente desvaloriza o ser humano e prejudica a sua inclusão social e a melhoria da sua condição socioeconômica, bem como a distribuição de renda e a arrecadação tributária do país.

REFERÊNCIAS

BRASIL. Receita Federal. O Fenômeno da "Pejotização" e a Motivação Tributária. Brasília: 2016.

DELGADO, Gabriela Neves. Estado Democrático de Direito e Direito Fundamental ao Trabalho Digno. REIS, Daniela Muradas; MELLO, Roberta Dantas de; COURA, Solange Barbosa de Castro (Coords.). *Trabalho e justiça social*: um tributo a Maurício Godinho Delgado. São Paulo: LTr, 2013.

HUXLEY, Aldous. *Admirável Mundo Novo*. 22. ed. São Paulo: Globo, 2014.

LEVI, Primo. *É isto um homem?*. Rio de Janeiro: Rocco, 2013.

LLOSA, Mario Vargas. *A civilização do espetáculo*. Rio de Janeiro: Objetiva, 2013.

ORWELL, George. *1984*. São Paulo: Companhia das Letras, 2009.

WEBER, Max. *Ensaios de Sociologia*. Rio de Janeiro: Guanabara, 1981.

TEIXEIRA PEREIRA, Elaine Aparecida. O conceito de campo de Pierre Bourdieu: possibilidade de análise para pesquisas em história da educação brasileira. *Revista Linhas*. Florianópolis, v. 16, n. 32, p. 337-356, set./dez. 2015. Disponível em: <file:///C:/Users/AnnaK/Downloads/4423-21239-1-PB.pdf>. Acesso em: 12 nov. 2019.

Capítulo 12

A quem Pertence o Direito Fundamental ao Trabalho Digno no Brasil? Em Busca de um Direito do Trabalho para Trabalhadoras e Trabalhadores Negros

Raissa Rousseno Alves[(1)]

Resumo: O artigo tem como objetivo analisar o impacto do racismo no âmbito do Direito Fundamental ao Trabalho Digno. Para isso, resgata, em um primeiro momento, o racismo como aspecto estrutural da sociedade brasileira a partir da exposição dos conceitos de Contrato Racial, divisão racial do trabalho e interesses de propriedade da brancura. Em seguida, retoma-se a formação do mercado de trabalho livre no Brasil para compreender o lugar historicamente designado às trabalhadoras e aos trabalhadores negros e os limites do Direito do Trabalho para assegurar garantias a esses sujeitos. A análise conclui que permanecem as desigualdades entre negros e brancos no mercado de trabalho, com grande parte da população negra inserida na informalidade, e propõe que a solução para este problema está no enfrentamento do racismo como pilar da sociedade brasileira e, por conseguinte, na forma como o Direito do Trabalho é estruturado.

Palavras-chave: Contrato racial. Divisão racial do trabalho. Direito fundamental ao trabalho digno.

Abstract: The article aims to analyze the impact of racism on the Fundamental Right to Decent Work. To this end, it rescues racism as a structural aspect of Brazilian society in the first place from the exposure of the concepts of Racial Contract, racial division of labor and whiteness property interests. Then, the formation of the free labor market in Brazil is resumed to understand the place historically assigned to black workers and the limits of labor law to ensure guarantees for these subjects. The analysis concludes that inequalities between blacks and whites remain in the labor market, with a large part of the black population inserted in informality, and proposes that the solution to this problem lies in facing racism as a pillar of Brazilian society and, therefore, in the way labor law is structured.

Keywords: Racial contract. Racial division of labor. Fundamental right to decent work.

1. INTRODUÇÃO: A IMPORTÂNCIA DE FALAR SOBRE RACISMO NO DIREITO DO TRABALHO

Embora sejam constantemente divulgadas estatísticas sobre a população negra no mercado de trabalho, e sua desigualdade em relação à população branca, ainda se encontram marginalizadas nos campos de estudo do mundo do trabalho, seja por um viés sociológico, histórico ou jurídico, abordagens que discutam de maneira mais estrutural os motivos da origem e da permanência dessa diferença. Isto é, os dados que demonstram a existência de uma desigualdade entre brancos e negros no mercado de trabalho são divulgados apenas como informações acessórias, e não abordados como fundamentais para compreender o funcionamento da nossa sociedade.

Último país do continente americano a abolir formalmente a escravidão, em 13 de maio de 1888, o Brasil ainda luta para compreender os impactos desse passado-presente de sua história. Identificar o caráter

(1) Mestra em Direito, Estado e Constituição pela Universidade de Brasília (UnB/CNPq). Pesquisadora integrante do Grupo de Pesquisa Trabalho, Constituição e Cidadania e do Grupo de Estudos Mulheres Negras, (UnB/CNPq).

estruturante do racismo[2] em nossa sociedade é indispensável para uma leitura adequada das estratificações que permeiam a nossa realidade, especialmente quando se busca analisar as posições historicamente ocupadas por negros e negras no trabalho. Ao contrário do que se costuma propor, a história do trabalho brasileira começa com a escravidão. E a invisibilidade desta constatação permite indagar o porquê deste silenciamento.

Ao longo da construção deste país enquanto nação, o valor social do trabalho e seu caráter essencial para uma cidadania digna e plena foram progressivamente ressaltados. Entretanto, essa nova ética do trabalho não prescinde de uma domesticação e de uma hierarquização. Afinal, quem deve trabalhar? Em quais ocupações? E quem deve controlar a força de trabalho e usufruir dos rendimentos de sua produtividade?

Como destaca Silvio de Almeida, tanto "ser branco" como "ser negro" são construções sociais. A permanência dessas categorias no imaginário social depende de sua criação e recriação constante a partir da associação de determinadas características biológicas e culturais à raça. Além disso, implica que a desigualdade social seja naturalmente atribuída à identidade racial dos indivíduos, tornando a sociedade indiferente ao fato de que certos grupos raciais detêm mais privilégios[3]. No Brasil,

> (...) o racismo é uma decorrência da própria estrutura social, ou seja, do modo "normal" com que se constituem as relações políticas, econômicas, jurídicas e até familiares, não sendo uma patologia social nem um desarranjo institucional. O racismo é estrutural. Comportamentos individuais e processos institucionais são derivados de uma sociedade cujo racismo é regra e não exceção. O racismo é parte de um processo social que ocorre "pelas costas dos indivíduos e lhes parece legado pela tradição"[4].

O projeto político que definiu os contornos deste país como nação tem como fundamento classificações raciais que contribuíram para definir as hierarquias sociais, a legitimidade na condução do poder estatal e as estratégias econômicas de desenvolvimento[5]. Este quadro viabiliza a reprodução sistêmica do racismo a partir da política, da economia e do direito, expressando-se como desigualdade entre brancos e negros nessas esferas. Assim, em uma sociedade que tem como base do seu cotidiano o racismo, as instituições que não se proponham a enfrentar de maneira ativa a desigualdade racial acabam por reproduzir práticas racistas aceitas como normais[6].

O mesmo ocorre no âmbito do Direito do Trabalho. A partir do momento em que as garantias trabalhistas estão voltadas para a pequena parcela da população que possui carteira de trabalho assinada, um enorme contingente de pessoas é excluído do seu âmbito de proteção. No Brasil, esse contingente é historicamente composto por pessoas negras, que desde antes da abolição formal da escravatura já se viam presas ao binômio escravidão/informalidade. A diferença dos tempos atuais é que a escravidão deixou de ser legalizada, tornando-se mais uma esfera do informal no mercado de trabalho.

Ante o exposto, nota-se que a discussão sobre trabalho e racismo envolve enfrentamentos complexos, pois necessita de abertura para descortinar crenças e práticas arraigadas na sociedade. Para refletir sobre essas questões, este artigo aborda, em primeiro lugar, os termos do Contrato Racial que regula a vida em sociedade a partir da modernidade, bem como a divisão racial do trabalho implementada a partir da hierarquização entre brancos e não brancos criada com essa nova forma de pensar e agir no mundo. Esses aspectos também são considerados em suas implicações no campo do Direito, ao considerar como a brancura se torna uma espécie de propriedade dos próprios interesses brancos e dos corpos não brancos.

A seguir, revisita-se como uma nova ética do trabalho vai sendo paulatinamente implementada após a abolição formal da escravatura em 1888, e ganha especial destaque durante o Estado Novo e sua agenda em prol dos direitos sociais. Nesse momento, há a imbricação definitiva em nossa sociedade da cidadania e do trabalho, e deste como fonte de dignidade do ser humano. O povo é composto pelos trabalhadores, com suas carteiras assinadas e seus sindicatos cooptados. A partir desse contexto, reflete-se sobre como a popula-

(2) Partindo da concepção de raça como construção social relacional, Silvio de Almeida define o racismo como "forma sistemática de discriminação que tem raça como fundamento, e que se manifesta por meio de práticas conscientes e inconscientes que culminam em desvantagens ou privilégios para indivíduos, a depender do grupo racial a qual pertençam". In: ALMEIDA, Silvio Luiz de. *Racismo estrutural*. São Paulo: Pólen, 2019. p. 27.

(3) ALMEIDA, Silvio Luiz de. *Racismo estrutural*. São Paulo: Pólen, 2019. p. 66.

(4) *Ibdem*, p. 45.

(5) *Ibdem*, p. 50.

(6) *Ibdem*, p. 42.

ção negra não alcançava e continua a não alcançar esse patamar de proteção estatal, e o papel que o Direito do Trabalho tem desempenhado para atenuar ou não as hierarquias raciais.

2. DELIMITANDO OS CONTORNOS DO CONTRATO RACIAL: O LUGAR DAS TRABALHADORAS E DOS TRABALHADORES NEGROS NA DIVISÃO RACIAL DO TRABALHO

Revisitando as teorias clássicas do contrato social, Charles W. Mills argumenta que o racismo é um sistema político; uma estrutura particular de poder de regras formais e informais; e um privilégio socioeconômico de distribuição diferenciada da riqueza e das oportunidades materiais, dos benefícios e encargos e dos direitos e deveres, configurando o que fez do mundo moderno o que ele é hoje. Assim, o autor propõe a ideia de Contrato Racial para efetuar uma releitura da tradição do contrato social, central à teoria política ocidental, de modo a compreender que não se trata de um contrato entre todos, no sentido de povo, mas apenas entre as pessoas que são realmente consideradas como tal, as brancas[7].

Mills define o Contrato Racial como um conjunto de acordos formais ou informais, ou, ainda, de meta-acordos, entre os membros de um subconjunto de seres humanos – definidos por meio de características fenotípicas, genealógicas e culturais –, designados a partir de então como "brancos" e, coextensivamente, como plenamente humanos. Em oposição, o subconjunto restante de pessoas é caracterizado como "não brancos", possuindo um *status* moral diferente e inferior. Nesse contexto, as regras morais e jurídicas que regulam o comportamento de pessoas brancas nas relações entre si não se aplicam de forma alguma nas relações com os não brancos, ou se aplica apenas de forma específica a certos grupos, a depender das circunstâncias históricas[8].

Dessa forma, o Contrato Racial estabelece uma política racial, um Estado racial e um sistema jurídico racial, nos quais o *status* de brancos e não brancos é explicitamente demarcado, seja pela lei ou pelo costume. A finalidade deste Estado, em contraste com o Estado neutro do contratualismo clássico, é, entre outros, manter e reproduzir essa ordem racial, garantindo os privilégios e as vantagens de todos os cidadãos brancos e mantendo a subordinação dos não brancos[9]. Ainda que não exista literalmente um contrato, este é representado por uma série de atos, tais como pactos, tratados e decisões legais, o estabelecimento de estruturas legais com tratamento diferenciado, bem como a ocorrência rotineira de práticas informais ilegais ou quase-legais sancionadas pela cumplicidade do silêncio e pela falha do governo em intervir e punir os autores[10].

O objetivo geral do Contrato Racial é sempre assegurar o privilégio dos brancos enquanto grupo, permitindo a exploração dos corpos, das terras e dos recursos dos não brancos, bem como a negação de oportunidades socioeconômicas iguais, e funciona de modo que todas as pessoas brancas se beneficiam do contrato, ainda que nem todas sejam signatárias dele[11]. Assim, a dimensão econômica é uma das dimensões fundamentais do Contrato Racial, uma vez que o objetivo de estabelecer uma hierarquia entre brancos e não brancos é garantir e legitimar o privilégio dos primeiros em explorar os demais grupos[12].

Nesse sentido, Aníbal Quijano analisa como, a partir da colonização da América, ocorreu pela primeira vez a articulação de todas as formas existentes de controle do trabalho, assim como de seus recursos e produtos, em torno do capital mundial[13]. Nesse contexto, as identidades raciais, agora instrumentos básicos de classificação social da população, foram associadas a hierarquias, lugares e papéis sociais correspondentes na organização do trabalho, conferindo legitimidade às relações hierárquicas impostas pela invasão europeia[14].

(7) MILLS, Charles W. *The racial contract*. Nova York: Cornell University Press, 1997. p. 14-15.

(8) *Idem*.

(9) *Ibdem*, p. 24.

(10) MILLS, Charles W. *The racial contract*. Nova York: Cornell University Press, 1997. p. 30-31.

(11) MILLS, Charles W. *The racial contract*. Nova York: Cornell University Press, 1997. p. 14-15. Silvio de Almeida pontua que os "privilégios de ser considerado branco não dependem do indivíduo socialmente branco reconhecer-se ou assumir-se como branco e, muito menos de sua disposição em obter a vantagem que lhe é atribuída por sua raça". In: ALMEIDA, Silvio Luiz de. *Racismo estrutural*. São Paulo: Pólen, 2019. p. 57.

(12) *Ibdem*, p. 42.

(13) QUIJANO, Aníbal. Colonialidade do poder, eurocentrismo e América Latina. In: LANDER, Edgardo (Org.). *A colonialidade do saber*: eurocentrismo, e ciências sociais. Perspectivas latino-americanas. Buenos Aires: CLACSO, 2005. p. 117.

(14) *Ibdem*, p. 117.

Desse modo, observa-se o surgimento de uma divisão racial do trabalho, característica do capitalismo mundial que se instaurava, na qual cada forma de controle do trabalho correspondia a uma raça em particular. Instituiu-se, portanto, uma nova tecnologia de dominação e exploração, articulando-se raça e trabalho como se estes fossem naturalmente associados, fórmula que persiste nos dias atuais[15].

O trabalho não pago ou não assalariado foi associado às raças dominadas, de maneira que se desenvolveu entre brancos a percepção de que o trabalho pago era seu privilégio, atitude que se perpetua até hoje nos centros capitalistas, onde as "raças inferiores" continuam a receber salários menores que os trabalhadores brancos[16]. No continente americano, as formas não pagas de trabalho, como a servidão indígena e a escravidão negra, não constituem resquícios pré-capitalistas, incompatíveis com o capital, nem surgiram de uma sequência histórica linear prévia à mercantilização da força de trabalho. A escravidão foi deliberadamente estabelecida e organizada para servir aos propósitos e necessidades produtivas do capitalismo[17].

Aprofundando as reflexões no campo do Direito, Cheryl Harris argumenta que ser branco significa ter acesso a um conjunto de privilégios públicos e privados que asseguram material e permanentemente as necessidades básicas de subsistência, ou seja, de sobrevivência. Implica, ainda, a possibilidade de controlar os aspectos cruciais da vida de outra pessoa em vez de ser objeto de dominação. Essa gama de suposições, privilégios e benefícios que acompanham o *status* da brancura, constitui um bem valioso que os brancos procuram proteger. Nesse sentido, as pessoas brancas passaram a esperar e confiar nesses benefícios. Ao longo do tempo, essas expectativas foram afirmadas, legitimadas e protegidas pela lei, mesmo que de forma não explícita, e constituem o pano de fundo das disputas jurídicas[18].

A autora ressalta como a interação entre as noções de raça e propriedade desempenhou um papel fundamental no estabelecimento e na manutenção da subordinação racial e econômica do povo negro, baseada em uma concepção racializada de propriedade implementada à força e ratificada pela lei[19]. Assim, a superexploração do trabalho negro foi viabilizada pela categorização dos corpos negros como objetos de propriedade. Raça e propriedade passaram a se confundir, estabelecendo-se uma forma de propriedade contingente à raça. Somente os negros foram subjugados como escravos e tratados como propriedade. A mesma coisa ocorreu em relação à posse e à ocupação de terras, pois somente a propriedade branca foi referendada pela lei, consistindo na base para os direitos de propriedade[20].

Desse modo, o próprio conceito de propriedade é afetado pela escravidão, pois funde raça e dominação econômica, produzindo uma categoria peculiar e mista de propriedade e humanidade, uma figura híbrida[21]. As relações sociais desse período se caracterizavam pela mercantilização dos seres humanos. Entretanto, Harris afirma que, embora as relações produtivas no início da sociedade americana incluíssem formas variadas de venda do trabalho, muitas das quais altamente opressivas, a escravidão se distinguia das outras formas de servidão por sua permanência e mercantilização total inerente ao *status* de escravo. A escravidão como uma instituição legal tratava os escravos como uma propriedade que podia ser transferida, cedida, herdada ou usada como garantia[22].

Uma vez que a presunção de liberdade estava ligada à cor branca, e a presunção de escravidão à cor negra, a brancura tornou-se um escudo contra a escravidão. Como os brancos não podiam ser escravizados ou mantidos como escravos, a linha racial entre brancos e negros era extremamente crítica, pois se tornou uma divisória de proteção e demarcação da potencial ameaça de mercantilização, além de determinar a alocação de benefícios e encargos dessa forma de propriedade. A identidade branca e a brancura eram fontes de privilégio e proteção. Sua ausência significava ser objeto de propriedade. Assim, a brancura era a característica, o atributo, a propriedade exercida por seres humanos livres[23].

---

(15) QUIJANO, Aníbal. Colonialidade do poder, eurocentrismo e América Latina. In: LANDER, Edgardo (Org.). *A colonialidade do saber*: eurocentrismo, e ciências sociais. Perspectivas latino-americanas. Buenos Aires: CLACSO, 2005. p. 117. p. 119.

(16) *Ibdem*, p. 120.

(17) *Ibdem*, p. 126.

(18) HARRIS, Cheryl I. *Whiteness as property*. Harvard Law Review, v. 106, n. 8, jun. 1993. p. 1.713-1.714.

(19) *Ibdem*, p. 1.716.

(20) *Ibdem*, p. 1.716.

(21) *Ibdem*, p. 1.718.

(22) *Ibdem*, p. 1.720.

(23) *Idem, ibdem*, p. 1.720-1.721.

Nesse sentido, a brancura é mais do que um interesse de propriedade legalmente reconhecido. Constitui simultaneamente um aspecto da auto-identidade e da personalidade, mantendo uma relação complexa com a propriedade. A brancura tem funcionado como auto-identidade no domínio do intrínseco, pessoal e psicológico; como reputação nos interstícios entre identidade interna e externa; e como propriedade nos domínios do extrínseco, público e jurídico. O *status* jurídico atual da brancura converteu um aspecto da identidade em um objeto externo de propriedade, deslocando-a de uma identidade privilegiada para um interesse adquirido. A construção legal da brancura definiu e afirmou aspectos cruciais da identidade (quem é branco), do privilégio (os benefícios que advêm desse *status*) e da propriedade (os direitos decorrentes desse *status*), os quais, a depender da ocasião, podem ou não ser implantados em conjunto[24].

Numa sociedade baseada na subordinação racial, o privilégio branco tornou-se uma expectativa, e a brancura tornou-se a propriedade principal da personalidade. A lei construiu a brancura como um fato objetivo, embora esta seja, na realidade, uma proposição ideológica imposta pela subordinação. Esse movimento configura o aspecto central da reificação, na qual uma relação entre pessoas assume o caráter de uma coisa, adquirindo uma objetividade fantasma, cuja autonomia parece tão estritamente racional e abrangente que oculta os traços de sua natureza fundamental. A brancura era e permanece sendo um objeto sobre o qual o controle contínuo é esperado. A proteção dessas expectativas é central porque está ligada a planos futuros ou à antecipação do futuro eu, e são esses planos para a sua própria continuidade que fazem de cada ser humano uma pessoa, de modo que a personalidade depende da realização dessas expectativas[25].

Como a lei reconheceu e protegeu as expectativas fundadas no privilégio branco, mesmo que de forma não explícita em alguns casos, estas se tornaram equivalentes a propriedades que não podiam ser invadidas sem consentimento. Quando a lei reconhece, implícita ou explicitamente, as expectativas que os brancos construíram com base nos privilégios e benefícios produzidos pela supremacia branca, reconhece e reforça um interesse de propriedade na brancura que alimenta a subordinação dos negros[26].

Nos dias atuais, Cheryl Harris ressalta como a relevância da brancura para o acesso aos direitos e à cidadania plena permanece. Embora as normas sociais dominantes tenham abraçado a ideia de justiça e não-discriminação, a remoção dos princípios de privilégio e anti-subordinação é ativamente rejeitada ou, na melhor das hipóteses, recebida de maneira ambígua, pois as expectativas do privilégio branco estão relacionadas ao que é considerado essencial para a autorrealização. Ou seja, entre os brancos permanece a ideia de que sua brancura é significativa.

Em suma, a brancura se estabelece como muito mais do que um aspecto da identidade racial. É um conceito baseado em relações de poder, uma construção social baseada no domínio dos brancos e na subordinação dos negros[27]. O exercício dos atributos da propriedade sobre o corpo negro é uma expectativa que se conforma com base nos interesses de propriedade da brancura, e que se concretiza de várias maneiras, entre elas a permanência da submissão de trabalhadoras e trabalhadores negros no mundo do trabalho, em ocupações informais, precárias e escravistas.

3. A QUEM PERTENCE O DIREITO FUNDAMENTAL AO TRABALHO DIGNO NO BRASIL? VELHAS E NOVAS ESCRAVIDÕES NO CONTEXTO NACIONAL

A formação do mercado de trabalho livre no Brasil sofreu os impactos dos quase 400 anos de escravidão em território nacional, bem como de sua abolição lenta e gradual. As pressões externas pelo fim do tráfico negreiro efetuadas pela Inglaterra e o "medo branco" gerado pela bem-sucedida Revolução de São Domingos no Haiti, impulsionaram os debates sobre o "problema do negro" ao longo do século XIX[28]. Nas palavras de Abdias do Nascimento, a questão que se apresentava com a abolição era como transformar o sistema de cativeiro em uma "escravidão em liberdade"[29].

(24) HARRIS, Cheryl I. *Whiteness as property*. Harvard Law Review, v. 106, n. 8, jun. 1993. p. 1.725.

(25) *Ibdem*, p. 1.730.

(26) *Ibdem*, p. 1.731.

(27) *Idem, ibdem*, p. 1.760-1.761.

(28) AZEVEDO, Célia Maria Marinho de. *Onda negra, medo branco*: o negro no imaginário das elites – Século XIX. Rio de Janeiro: Paz e Terra, 1987.

(29) NASCIMENTO, Abdias. *O genocídio do negro brasileiro*: processo de um racismo mascarado. São Paulo: Perspectiva, 2016. p. 81, grifos acrescidos.

As relações escravistas de produção afastaram a força de trabalho livre do artesanato e da manufatura, uma vez que estas atividades eram desempenhadas por pessoas escravizadas. Assim, Luiz Antônio Cunha afirma que "numa sociedade em que o trabalho manual era destinado aos escravos (índios e africanos), essa característica 'contaminava' todas as atividades que lhes eram destinadas, as que exigiam esforço físico ou a utilização das mãos"[30].

Homens e mulheres livres se afastavam do trabalho manual para eliminar ambiguidades quanto a sua classificação social, tornando rarefeita a oferta de pessoas para desempenhar determinadas ocupações. Nessas situações, recorria-se ao trabalho e à aprendizagem compulsórios, que consistia em ensinar ofícios a crianças e jovens que não tinham escolha, ou seja, escravos, crianças abandonadas nas Casas da Roda[31], meninos de rua e criminosos. Sob o pretexto de educarem as crianças, particulares no Rio de Janeiro solicitavam abandonados à Casa da Roda, especificando as características preferidas quanto a sexo, idade e cor, submetendo-os, em muitos casos, a trabalhos domésticos e à escravidão[32].

A abolição formal da escravatura trazia à tona a necessidade de garantir a continuidade do suprimento de mão de obra pelos detentores do capital, o que implicava uma mudança radical no conceito de trabalho vigente até então no Brasil escravista. Nas palavras de Sidney Chalhoub,

> Era necessário que o conceito de trabalho ganhasse uma valoração positiva, articulando-se então com os conceitos vizinhos como os de "ordem" e "progresso" para impulsionar o país no sentido do "novo", da "civilização", isto é, no sentido da constituição da ordem social burguesa. O conceito de trabalho se erige, então, no princípio regulador da sociedade, conceito este que aos poucos se reveste de uma roupagem dignificadora e civilizadora, valor supremo de uma sociedade que se queria ver assentada na expropriação absoluta do trabalhador direto, agente social este que, assim, destituído, deveria prazerosamente mercantilizar sua força de trabalho – o único bem que lhe restava, ou que, no caso do liberto, lhe havia sido "concedido" por obra e graça da lei de 13 de maio de 1888[33].

Assim, é preciso que o liberto, agora "dono" da sua força de trabalho, transforme-se em um trabalhador, isto é, esteja disposto a vender sua força de trabalho ao capitalista empreendedor. Para isso, era preciso tanto criar novos mecanismos que obrigassem os indivíduos a trabalhar, como construir uma nova ética do trabalho[34]. De modo a explorar essas questões, Sidney Chalhoub analisa as discussões relativas ao projeto de repressão à ociosidade, cuja apreciação na Câmara dos Deputados começou em julho de 1888, ou seja, apenas alguns meses após a Lei Áurea.

Ao analisar o referido projeto de lei, o autor aponta como se partia da concepção de que todos os libertos eram ociosos, conferindo à sociedade civil o direito de emendá-los. Para estes, tornar-se um bom cidadão deveria significar amar o trabalho em si, independentemente da existência de vantagens materiais. Para a elite da época, "[e]ducar o liberto significa transmitir-lhe a noção de que o trabalho é o valor supremo da vida em sociedade"[35], bem como a forma do cidadão retribuir tudo que esta lhe confere.

Outro aspecto fundamental é a relação que se estabelece entre trabalho e moralidade, "quanto mais dedicação e abnegação o indivíduo tiver em seu trabalho, maiores serão os seus atributos morais"[36]. Havia, portanto, uma proposta de moralização do indivíduo por meio do trabalho, a qual aparecia no projeto pela previsão de que os ociosos deveriam ser conduzidos a

---

(30) CUNHA, Luiz Antônio. *O ensino de ofícios artesanais e manufatureiros no Brasil escravocrata*. São Paulo: Editora UNESP; Brasília: FLACSO, 2005. p. 16.

(31) "A 'roda' era uma invenção medieval trazida para o Brasil Colônia, onde desempenhou importante papel na destinação de crianças enjeitadas, um subproduto do regime escravista. Consistia numa janela de hospital, convento ou casa de caridade, na qual se fixava um cilindro com aberturas nos lados (roda) que girava sobre um eixo vertical, de modo que uma pessoa, passando pela rua, podia depositar aí uma criança, sem ser vista do lado de dentro. Girando-se a 'roda', a criança era retirada do lado de dentro do edifício". In: CUNHA, Luiz Antônio. *O ensino de ofícios artesanais e manufatureiros no Brasil escravocrata*. São Paulo: Editora UNESP; Brasília: FLACSO, 2005. p. 23. As rodas de São Paulo e Salvador existiram até a década de 1950.

(32) CUNHA, Luiz Antônio. *O ensino de ofícios artesanais e manufatureiros no Brasil escravocrata*. São Paulo: Editora UNESP; Brasília: FLACSO, 2005. p. 23.

(33) CHALHOUB, Sidney. *Trabalho, lar e botequim*. Campinas, SP: Editora da Unicamp, 2012. p. 48.

(34) *Ibdem*, p. 65.

(35) *Ibdem*, p. 69.

(36) *Ibdem*, p. 71.

colônias agrícolas com o objetivo de adquirir o hábito do trabalho. Para os legisladores, a pena deveria ser longa o suficiente para efetuar uma reforma moral(37).

Ao longo da construção da ideologia do trabalho, também é elaborado o conceito de vadiagem, baseado na afirmação da preguiça inata do "trabalhador nacional". A vadiagem nega o trabalho, lei suprema da sociedade, ameaçando a ordem. Nesse aspecto, o ocioso coloca a sociedade em perigo, pois não produz para o bem comum e não tem respeito pela propriedade(38). A vadiagem é, portanto, um ato preparatório para o crime que deve ser combatido. Interessante destacar, porém, que a vadiagem combatida era apenas a das camadas pobres da sociedade. Somente a união da vadiagem com a incapacidade de garantir a própria sobrevivência é considerada um perigo à ordem social(39).

Durante o Estado Novo (1937-1946), a centralidade do trabalho para a organização e o progresso social ganha destaque em dimensões ainda não vivenciadas, agora personificada na figura de Getúlio Vargas. Esse período se destaca por uma estratégia político-ideológica de combate à pobreza centrada na promoção do valor do trabalho. Há, nesse momento, uma política incisiva de ordenação do mercado de trabalho, concretizada na legislação trabalhista, previdenciária e sindical, e na criação da Justiça do Trabalho(40).

O trabalho se torna a medida de avaliação do valor social dos indivíduos e, por conseguinte, um critério de justiça social. Ângela de Castro Gomes relata como o projeto político implementado nesse período atrelava a cidadania ao trabalho, ao delimitar que este deveria ser visto como central na vida do homem, e não como um meio de ganhar a vida. O "homem conquista a proteção do Estado pelo trabalho e (...) a ordem política se destina à felicidade dos que trabalham"(41).

No Estado Novo, consolida-se a ideia de povo como um corpo político hierarquizado pelo trabalho. Nesse sentido, o "trabalhador brasileiro era o cidadão da democracia social e o homem na nova comunidade internacional"(42). A carteira de trabalho, também criada nesse período, era o documento por excelência desse regime, traduzindo a relação entre o Estado e o cidadão que se desejava construir. Ser trabalhador era o caminho para tornar-se digno, neutralizando o estigma da pobreza(43).

O que se observa nesses dois momentos históricos fundamentais para compreender as relações de trabalho no Brasil atual – o pós-abolição e o Estado Novo –, é a permanência de uma política de Estado que tinha como objetivo disciplinar a mão de obra nacional, composta majoritariamente por pessoas negras. Vale ressaltar que a preocupação do governo Vargas em revalorizar o trabalhador brasileiro também está relacionada ao desencantamento com a política imigratória de branqueamento(44), em voga desde o século XIX.

Com a resistência dos europeus às condições de trabalho existentes no país e sua participação no movimento operário e nas greves, há o encerramento dos programas de subsídios para a imigração europeia entre as décadas de 1920 e 1930, com a imposição de medidas restritivas à entrada de estrangeiros e a adoção da Lei dos Dois Terços(45). Incorpora-se, ainda, com grande ênfase, a democracia racial na propaganda política do Estado, por meio de uma releitura do passado escravista. Reescrevendo o passado, Gilberto Freyre constrói a imagem do Brasil como uma sociedade genuinamente multirracial e multicultural a partir da união romantizada de europeus, índios e africanos(46).

Embora a ideia de mestiçagem estivesse há muito presente no imaginário sobre o Brasil, é a partir do pensamento freyreano, que faz um "deslocamento conceitual do branqueamento sem jamais questionar

(37) CHALHOUB, Sidney. *Trabalho, lar e botequim*. Campinas, SP: Editora da Unicamp, 2012. p. 71.

(38) Considerando a análise realizada no tópico anterior, é importante compreender também aqui que a propriedade ameaçada não se trata apenas de bens materiais, mas da própria brancura, ameaçada pelas mudanças sociais advindas com a abolição.

(39) CHALHOUB, Sidney. *Trabalho, lar e botequim*. Campinas, SP: Editora da Unicamp, 2012. p. 75.

(40) GOMES, Ângela de Castro. *Ideologia e trabalho no Estado Novo*. In: PANDOLFI, Dulce (org.). Repensando o Estado Novo. Rio de Janeiro: Editora FGV, 1994. p. 55.

(41) GOMES, Ângela de Castro. *A invenção do trabalhismo*. Rio de Janeiro: Editora FGV, 2005. p. 201.

(42) *Ibdem*, p. 209.

(43) *Ibdem*, p. 223.

(44) Os contornos do projeto de branqueamento da população e, por consequência, do trabalhador nacional foram explorados com maior profundidade em publicação anterior. Conferir: ALVES, Raissa Roussenq. *Entre o silêncio e a negação*: trabalho escravo contemporâneo sob a ótica da população negra. Belo Horizonte: Letramento, 2019.

(45) Decreto-Lei n. 19.482, de 12 de dezembro de 1930.

(46) ANDREWS, George Reid. *Democracia racial brasileira 1900-1990*: um contraponto americano. Estudos Avançados, 11 (30), 1997. p. 98.

a crença na superioridade branca"[47], e de sua propagação, que se consolidou internamente a imagem da democracia racial como um projeto de identidade e de nação brasileira, ainda propagada nos dias atuais. Entretanto, o silenciamento sobre a raça, baseado na ideia de igualdade de todos os grupos raciais, apenas mascara a discriminação vivida por negros em suas tentativas cotidianas de inserção social.

Escrevendo no final de década de 1970, Lélia Gonzalez atesta os efeitos ainda presentes da ideologia da mestiçagem no Brasil:

> Tais condições remetem-nos ao mito da democracia racial enquanto modo de representação/discurso que encobre a trágica realidade vivida pelo negro no Brasil. Na medida em que somos todos iguais "perante a lei" e que o negro é "um cidadão igual aos outros", graças a "lei áurea", nosso país é o grande complexo da harmonia inter-racial a ser seguido por aqueles em que a discriminação racial é declarada. Com isso, o grupo dominante justifica sua indiferença e sua ignorância em relação ao grupo negro. Se o negro não ascendeu socialmente e se não participa com maior efetividade nos processos políticos, sociais, econômicos e culturais, o único culpado é ele próprio. Dadas as suas características de "preguiça", "irresponsabilidade", "alcoolismo", "infantilidade", etc., ele só pode desempenhar, naturalmente, papéis sociais mais inferiores. O interessante a se ressaltar, nessas formas racionalizadas de dominação/opressão racial, é que até as correntes ditas progressistas também refletem, no seu economicismo reducionista, o mesmo processo de interpretação etnocêntrica. Ou seja, apesar de sua denúncia em face das injustiças socioeconômicas que caracterizam as sociedades capitalistas, não se apercebem como reprodutoras de uma injustiça racial paralela que tem por objetivo exatamente a reprodução/perpetuação daquelas[48].

Dados recentes divulgados pelo Instituto Brasileiro de Geografia e Estatística – IBGE demonstram a persistência da desigualdade histórica entre negros e brancos no mercado de trabalho. Embora constituam a maior parte da força de trabalho no país, a população negra está substancialmente mais representada na população desocupada e subutilizada, que inclui desocupados, subocupados e força de trabalho potencial. Os trabalhadores negros também são maioria nas ocupações informais, mesmo quando estas se encontravam em seu mínimo na série histórica[49].

A população branca também possui vantagem em relação aos rendimentos do trabalho. O rendimento médio de pessoas ocupadas brancas é 73,9% superior ao das pessoas negras, mantendo o padrão observado nos anos anteriores. A diferença de rendimentos se mantém tanto nas ocupações formais como informais. Além disso, o diferencial em relação à cor ou raça é superior ao diferencial por sexo. As mulheres recebem 78,7% dos rendimentos dos homens, ao passo que pessoas negras recebem 57,5% dos rendimentos de pessoas brancas[50].

Ainda no que se refere às diferenças de rendimento em relação a sexo e raça, mulheres negras recebem apenas 44,4% do rendimento dos homens brancos. As mulheres brancas ganham rendimentos inferiores apenas aos homens brancos. Mulheres negras aferem 58,6% do rendimento das mulheres brancas e homens negros, 74,1%. Estes, por sua vez, recebem rendimentos superiores apenas em relação às mulheres negras[51].

Quanto ao nível de instrução, trabalhadores brancos recebem mais que os trabalhadores negros ainda que ambos possuam o mesmo nível de escolaridade. Além disso, brancos ocupam 68,6% dos cargos gerenciais, apesar dos negros serem maioria da população ocupada. Nas Regiões Norte e Nordeste, embora a população seja majoritariamente negra, as pessoas brancas ocupam 78% e 74,1% dos cargos gerenciais, respectivamente. Destaca-se ainda que quanto maior rendimento do cargo gerencial, menor a ocorrência de pessoas negras. Estas representam apenas 11,9% deste nicho, ao passo que gerentes brancos representam 85,9%[52].

Levantamento realizado pela Repórter Brasil com base na Lei de Acesso à Informação aponta que a cada

(47) HERNANDEZ, TanyaKaterí. Subordinação racial no Brasil e na América Latina: o papel do Estado, o Direito Costumeiro e a nova resposta dos Direitos Civis. Salvador: EDUFBA, 2017. p. 69.

(48) GONZALEZ, Lélia. Cultura, etnicidade e trabalho: efeitos linguísticos e políticos da exploração da mulher. In: UCPA. *Primavera para as rosas negras*: Lélia Gonzalez em primeira pessoa. Diáspora Africana: UCPA, 2018. p. 68-69.

(49) IBGE. *Estudos e pesquisas*: informação demográfica e socioeconômica, n. 41. Rio de Janeiro: IBGE, 2019. p. 2.

(50) *Ibdem*, p. 3.

(51) *Idem, ibdem*, p. 3.

(52) *Idem, ibdem*, p. 4.

cinco trabalhadores resgatados de condições análogas à escravidão entre 2016 e 2018, quatro eram negros. Estes representam 82% dos trabalhadores que recebem seguro-desemprego após o resgate. São em sua maioria homens (91%) de 15 a 29 anos (40%) oriundos do Nordeste (46%)[(53)]. Essas informações confirmam dados divulgados anteriormente pelo Laboratório de Análises Econômicas, Históricas, Sociais e Estatísticas das Relações Raciais – LAESER do Instituto de Economia da Universidade Federal do Rio de Janeiro – IE/UFRJ e pelo Observatório Digital do Trabalho Escravo no Brasil, ferramenta desenvolvida pelo Ministério Público do Trabalho – MPT e pela Organização Internacional do Trabalho – OIT.

Os dados apresentados deixam explícitas as disparidades vivenciadas por brancos e negros no mundo do trabalho. Mais do que um mero dado estatístico, essas desigualdades são fruto da divisão racial do trabalho e do Contrato Racial que continuam em pleno vigor, mesmo após tantos anos da colonização. Como analisa Mário Theodoro,

> (...) o mercado de trabalho no Brasil, no sentido clássico do termo, que pressupõe a existência de trabalho livre, foi "criado" por intermédio da ação estatal pela abolição da escravidão, e foi moldado por uma política de imigração, favorecida por taxas e subvenções, em detrimento da mão de obra nacional. Este mercado de trabalho nasceu, assim, dentro de um ambiente de exclusão para com uma parte significativa da força de trabalho. Criando assim o trabalho livre, o Estado criou também as condições para que se consolidasse a existência de um excedente estrutural de trabalhadores, aqueles que serão o germe do que se chama hoje "setor informal"[(54)].

O autor destaca como, no Brasil, o assalariamento implementado a partir da década de 1930 alcança somente uma parte da força de trabalho, cumprindo apenas metade do seu papel histórico. Segundo Theodoro, o assalariamento permite a constituição de uma força de trabalho estável e disponível para o capital, mas não se generaliza, permanecendo circunscrito a frações da força de trabalho. A intervenção do Estado não se ocupou de questões como o emprego, o desemprego e o subemprego, partindo da crença de que o crescimento econômico seria suficiente para tirar o país do subdesenvolvimento e absorver a maior parte da mão de obra excedente[(55)].

A partir da década de 1980, o aumento da informalidade, do desemprego – especialmente nos anos 1990 – e a redução do percentual de trabalhadores protegidos pela legislação trabalhista conformam um quadro de precarização que caracteriza o período até os anos 2000. Ao mesmo tempo, as políticas de emprego continuam a adotar como parâmetro a parcela de trabalhadores integrados no setor formal, ampliando as desigualdades entre a mão de obra protegida e aquela presa na informalidade[(56)]. Assim, a informalidade é "parte constitutiva da cadeia produtiva nacional, presente nas mais diversas situações e nos diferentes seguimentos da atividade econômica"[(57)]. Os dados mais recentes apresentados acima demonstram a continuidade desse sistema.

Uma vez que desde o Estado Novo a cidadania está atrelada ao trabalho formal, ao acesso à carteira de trabalho, como falar em trabalho digno para quem está imerso na informalidade e na escravidão contemporânea? De modo geral, o Direito do Trabalho não abarca a população negra, ou aparece apenas quando se trata de tentar reparar irregularidades em processos perante a Justiça do Trabalho, o que nem sempre é bem-sucedido. Na medida em que novas ocupações, cada vez mais precarizadas, surgem no horizonte das possibilidades de trabalho, a tendência é que pessoas negras também sejam maioria nessas ocupações e se vejam ainda mais distantes da possibilidade de gozar da proteção outorgada pelos direitos trabalhistas.

4. CONCLUSÃO: EM BUSCA DE UM DIREITO DO TRABALHO PARA TRABALHADORAS E TRABALHADORES NEGROS

Baseado nas políticas implementadas a partir do pós-abolição, somente o trabalhador pode ser alçado à condição de cidadão brasileiro. Entretanto, onde estavam esses trabalhadores tão estimados por Getúlio Var-

(53) REPORTER BRASIL. *Negros são 82% dos resgatados do trabalho escravo no Brasil*. Disponível em: <https://reporterbrasil.org.br/2019/11/negros-sao-82-dos-resgatados-do-trabalho-escravo-no-brasil/>. Acesso em: 27 nov. 2019.

(54) THEODORO, Mário. As características do mercado de trabalho e as origens do informal no Brasil. In: JACCOUD, Luciana (Org.). *Questão social e políticas sociais no Brasil contemporâneo*. Brasília: IPEA, 2005. p. 105.

(55) *Ibdem*, p. 110.

(56) *Idem, ibdem*, p. 113-114.

(57) *Idem, ibdem*, p. 117.

gas? Trabalhadores rurais e trabalhadores domésticos não eram os destinatários das políticas públicas e das leis adotadas naquele período, e continuaram a não ser durante muito tempo depois. O Direito do Trabalho, que tanto tem se ocupado de pensar formas de regulamentar os novos modos de exploração da força de trabalho, demorou anos para olhar de verdade para as trabalhadoras domésticas, e até hoje pouco fez pelos trabalhadores rurais, muitas vezes escravizados. Menos ainda se ocupou da força de trabalho inserida no mercado informal.

Ao se consolidar com um ramo do Direito, ao longo do século XX, o Direito do Trabalho continua a ser informado pelas estruturas raciais de poder, possuindo uma dupla função, que carrega um paradoxo: limitar e ao mesmo tempo permitir a exploração da mão de obra no sistema capitalista, sendo elaborado a partir de uma divisão racial do trabalho que define quais são as profissões dignas de proteção e quem são os trabalhadores que fazem jus às garantias por ele conferidas. Isso significa que o Direito do Trabalho se materializa de maneiras diferentes a depender do lugar social e da hierarquia racial que ocupa cada trabalhador e trabalhadora.

Assim, o Direito do Trabalho atua em dois sentidos. No primeiro, fornece limites para a exploração do capital ao estabelecer garantias mínimas aos trabalhadores. No segundo, disciplina a mão de obra para que ela se adeque e atenda aos interesses capitalistas de produção. Uma vez que as normas trabalhistas são formuladas por uma elite que detém os interesses e propriedade da brancura, não há como ignorar que há uma tensão constante para reverter as conquistas obtidas pelos trabalhadores e reforçar as relações de subordinação racial. Nesse sentido, observa Silvio Almeida:

> Os liames da sociedade capitalista são mantidos por uma combinação de violência e consenso, cujas doses dependem do estágio em que se encontram os conflitos e as crises. As reformas jurídicas que concedem direitos sociais aos trabalhadores e às minorias são exemplos bem-acabados desse processo, uma vez que, dependendo da força e do poder organizativo dos trabalhadores, certas reivindicações serão obtidas, como aumentos salariais e melhores condições de trabalho. Entretanto, no contexto de uma crise econômica em que os assalariados estejam politicamente enfraquecidos e a manutenção dos direitos sociais comprometa o lucro das empresas capitalistas, a expressão do poder estatal mudará significativamente no intuito de reagir à nova forma adquirida pela interação entre as alterações econômicas e os conflitos sociais[(58)].

Gabriela Neves Delgado destaca que a Constituição de 1988, ao consagrar a dignidade humana como fundamento do Estado Democrático de Direito, reconheceu que este existe em função do ser humano, entendimento que deve orientar as relações de trabalho. Aponta que "apenas o trabalho exercido em condições dignas é tido como instrumento capaz de consolidar a identidade social do trabalhador e de promover sua emancipação coletiva"[(59)]. A autora afirma ainda que:

> (...) não há como se concretizar o direito à vida digna se o homem não for livre e não tiver acesso ao direito fundamental ao trabalho digno. Da mesma forma, não há possibilidade real do exercício do trabalho digno se não houver verdadeira preservação do direito fundamental à vida humana digna[(60)].

Entretanto, o que se atesta é que a ideia de alcançar a dignidade por meio do trabalho não engloba as experiências da população negra no mundo do trabalho, camuflando as hierarquias raciais de exploração engendradas pela branquitude em seu Contrato Racial. As pessoas negras ainda esperam que sua humanidade seja reconhecida e, portanto, incluída entre as quais o princípio da dignidade, tão difundido no Direito, é destinado. Como afirma Dora Bertúlio, "o racismo e todas as agressões e violações aos direitos dos povos coexistem com os mais puros e rígidos critérios de justo, igualdade jurídica, princípios de humanidade, legalidade, legitimidade"[(61)]. Ressalta ainda a autora:

> O que vemos pois é o Direito como assegurador dos privilégios dos detentores do poder político e econômico e como mantenedor dos privilégios raciais do branco em nossa sociedade. O Estado e o Direito brasileiros reproduzem o racismo da sociedade através, especialmente, de sua superestrutura política e civil de forma a generalizar e desenvolver os conceitos e estereótipos formados ao longo da vida do negro neste país, desde sua vinda forçada da África até os dias atuais. Ainda

(58) ALMEIDA, Silvio Luiz de. *Racismo estrutural*. São Paulo: Pólen, 2019. p. 85.

(59) DELGADO, Gabriela Neves. *Direito fundamental ao trabalho digno*. São Paulo: LTr, 2015. p. 183.

(60) *Ibdem*, p. 185-186.

(61) BERTÚLIO, Dora Lucia de Lima. *Direito e relações raciais: uma introdução crítica ao racismo*. Rio de Janeiro: Lumen Juris, 2019. p. 8.

que não e possa detectar regras específicas contra a população negra ou favorecendo exclusivamente a branca, fica evidenciada a teia de medidas institucionais e, paradoxalmente, a invisibilidade com que a condição de vida do negro é tratada pelas esferas públicas. A realidade socioeconômica brasileira e alguns registros dela nos Censos estatísticos feitos e orientados pelo mesmo Estado onde a marginalização e discriminação da população negra é constatada estão a nos provar a orientação racista de todo o sistema estatal brasileiro[(62)].

O racismo é parte intrínseca do capitalismo moderno e, portanto, do Estado que dele deriva. Enquanto não forem encarados os termos do Contrato Racial e suas implicações práticas na vida da população negra, o trabalho continuará a ser para esta um instrumento de morte e adoecimento, oferecendo poucas oportunidades de transformação real da vida de pessoas negras. Enquanto o Direito do Trabalho, como produto da regulação jurídica produzida pelo Estado, não se ocupar dos temas relativos aos direitos da parcela das trabalhadoras e dos trabalhadores que não é contemplada ou é assistida de forma precária pelas garantias trabalhistas, terá muito pouco a oferecer como solução para modos de produção e relações de trabalho cada vez mais precarizantes e precarizadas.

Nesse sentido, a importância da defesa que Gabriela Neves Delgado faz sobre a necessidade de que o objeto de investigação do Direito do Trabalho seja investigado e reinterpretado de maneira permanente, de modo a preservar sua dinamicidade e contato com a realidade[(63)]. Somente expandindo o horizonte de proteção do Direito do Trabalho, revendo as exclusões normativas dentro e fora do âmbito da relação de emprego, será possível pensar um futuro no qual o direito fundamental ao trabalho digno se concretize para trabalhadoras e trabalhadores negros.

REFERÊNCIAS

ALMEIDA, Silvio Luiz de. *Racismo estrutural*. São Paulo: Pólen, 2019.

ANDREWS, George Reid. *Democracia racial brasileira 1900-1990*: um contraponto americano. Estudos Avançados, 11 (30), 1997.

AZEVEDO, Célia Maria Marinho de. *Onda negra, medo branco*: o negro no imaginário das elites – Século XIX. Rio de Janeiro: Paz e Terra, 1987.

BERTÚLIO, Dora Lucia de Lima. *Direito e relações raciais*: uma introdução crítica ao racismo. Rio de Janeiro: Lumen Juris, 2019.

CHALHOUB, Sidney. *Trabalho, lar e botequim*. Campinas, SP: Editora da Unicamp, 2012.

CUNHA, Luiz Antônio. *O ensino de ofícios artesanais e manufatureiros no Brasil escravocrata*. São Paulo: Editora UNESP; Brasília: FLACSO, 2005.

DELGADO, Gabriela Neves. *Direito fundamental ao trabalho digno*. São Paulo: LTr, 2015.

GOMES, Ângela de Castro. *A invenção do trabalhismo*. Rio de Janeiro: Editora FGV, 2005.

GOMES, Ângela de Castro. Ideologia e trabalho no Estado Novo. In: PANDOLFI, Dulce (Org.). *Repensando o Estado Novo*. Rio de Janeiro: Editora FGV, 1994.

GONZALEZ, Lélia. Cultura, etnicidade e trabalho: efeitos linguísticos e políticos da exploração da mulher. In: UCPA. *Primavera para as rosas negras*: Lélia Gonzalez em primeira pessoa. Diáspora Africana: UCPA, 2018.

HARRIS, Cheryl I. *Whiteness as property*. Harvard Law Review, v. 106, n. 8, jun. 1993.

HERNÁNDEZ, TanyaKaterí. *Subordinação racial no Brasil e na América Latina*: o papel do Estado, o Direito Costumeiro e a nova resposta dos Direitos Civis. Salvador: EDUFBA, 2017.

IBGE. *Estudos e pesquisas*: informação demográfica e socioeconômica, n. 41. Rio de Janeiro: IBGE, 2019

MILLS, Charles W. *The racial contract*. Nova York: Cornell University Press, 1997.

NASCIMENTO, Abdias. *O genocídio do negro brasileiro*: processo de um racismo mascarado. São Paulo: Perspectiva, 2016.

QUIJANO, Aníbal. Colonialidade do poder, eurocentrismo e América Latina. In: LANDER, Edgardo (Org.). *A colonialidade do saber*: eurocentrismo, e ciências sociais. Perspectivas latino-americanas. Buenos Aires: CLACSO, 2005.

REPORTER BRASIL. *Negros são 82% dos resgatados do trabalho escravo no Brasil*. Disponível em: <https://reporterbrasil.org.br/2019/11/negros-sao-82-dos-resgatados-do-trabalho-escravo-no-brasil/>. Acesso em: 27 nov. 2019.

THEODORO, Mário. As características do mercado de trabalho e as origens do informal no Brasil. In: JACCOUD, Luciana (Org.). *Questão social e políticas sociais no Brasil contemporâneo*. Brasília: IPEA, 2005.

(62) BERTÚLIO, Dora Lucia de Lima. *Direito e relações raciais: uma introdução crítica ao racismo*. Rio de Janeiro: Lumen Juris, 2019. p. 10.

(63) DELGADO, Gabriela Neves. *Direito fundamental ao trabalho digno*. São Paulo: LTr, 2015. p. 183.

Capítulo 13

Direito Fundamental ao Trabalho Digno e a Perspectiva do Sujeito Trabalhador: Gênero nas Relações de Trabalho

Milena Pinheiro Martins[(1)]

Resumo: Este artigo apresenta algumas reflexões sobre a proibição da discriminação no mundo do trabalho como dimensão do direito fundamental ao trabalho digno, a partir das **categorias** gênero e interseccionalidade, bem como sobre o desafio à efetivação dos direitos e as perspectivas de organização coletiva das trabalhadoras perante as novas morfologias que o trabalho assume no século XXI.

Palavras-chave: Trabalho feminino. Gênero. Interseccionalidade.

Abstract: This paper analyzes the prohibition of labor discriminations as a dimension of the fundamental right to decent work, seen through the categories of gender and intersectionality. Also, the paper examines both the challenge to enact rights and the prospects of the collective organization of the women's workforce given the new morphologies that labor assumes in the 21st century.

Keywords: Women's labor. Gender. Intersectionality.

1. INTRODUÇÃO

Densificar a proteção aos trabalhadores e trabalhadoras, sob o marco do direito fundamental ao trabalho digno, impõe reflexões em relação a quem é a classe-que-vive-do-trabalho, em toda a sua heterogeneidade.

A análise do entrecruzamento de fatores como classe, raça, gênero, origem geográfica e orientação sexual nas novas morfologias que o trabalho assume no século XXI, assim, são fundamentais à reflexão sobre o direito fundamental ao trabalho digno.

Este artigo se propõe a analisar, especificamente, a categoria gênero como chave essencial de reflexão sobre tal direito, bem como sua interação com outros fatores que determinam a identidade das trabalhadoras, o que se fará a partir da categoria das interseccionalidade.

Propõe-se, por fim, a análise de diagnósticos e desafios para o trabalho das mulheres no século XXI a partir das categorias já elencadas.

2. PROIBIÇÃO DA DISCRIMINAÇÃO EM GERAL E PROTEÇÃO DO MERCADO DE TRABALHO DA MULHER: DIMENSÕES DO DIREITO FUNDAMENTAL AO TRABALHO DIGNO

A abordagem do direito fundamental ao trabalho digno pressupõe a reflexão sobre o trabalho a partir do "referencial axiológico da dignidade da pessoa humana"[(2)], qualidade intrínseca de todo e qualquer ser humano. Segundo Gabriela Neves Delgado,

> (...) é importante esclarecer que a proteção a promoção da dignidade se apresentam em relação à pes-

(1) Mestra em Direito, Estado e Constituição pela Universidade de Brasília (2019). Pesquisadora integrante do Grupo de Pesquisa Trabalho, Constituição e Cidadania (UnB/CNPq). Advogada trabalhista.

(2) DELGADO, Gabriela Neves. *Direito Fundamental ao Trabalho Digno*. São Paulo: LTr, 2015. p. 178.

soa concreta e individualmente considerada e não quanto à sua mera abstração. O que não quer dizer que o homem não deva respeitar a dignidade do outro. Por isso mesmo é que a dignidade também é reconhecida em sua dimensão intersubjetiva.(3)

Sobre essa perspectiva, Delgado complementa, ainda, que "deve-se privilegiar a valorização e tutela da pessoa do trabalhador ao invés de focalizar a proteção jurídica apenas no trabalho, como um bem da vida economicamente tutelado".(4)

Desse modo, a efetivação do direito fundamental ao trabalho digno perpassa, necessariamente, a consideração dos lugares diversos que os trabalhadores e trabalhadoras ocupam dentro de terminada estrutura, isto é, da heterogeneidade da classe-que-vive-do-trabalho(5) e de como ela se projeta no mundo do trabalho.

Dessa constatação decorre que as elaborações acerca do direito fundamental ao trabalho digno não podem prescindir de abordagens mais específicas sobre a proibição da discriminação em geral e sobre a proteção do mercado de trabalho da mulher.

A CLT já previa que a todo trabalho de igual valor, prestado ao mesmo empregador, na mesma localidade, corresponderia igual salário, "sem distinção de sexo". Alteração de 1952 acrescentou os critérios de nacionalidade e idade. Na década de 1960, o Brasil ratificou a Convenção n. 111 da OIT, relativa à Discriminação em Matéria de Emprego e Ocupação, que determinou que os países que a adotassem deveriam empreender esforços para eliminar "toda distinção, exclusão ou preferência fundada na raça, cor, sexo, religião, opinião política, ascendência nacional ou origem social, que tenha por efeito destruir ou alterar a igualdade de oportunidade ou de tratamento em matéria de emprego ou profissão".

Na Assembleia Nacional Constituinte (1987-1988), o anteprojeto apresentado pela Subcomissão dos Direitos dos Trabalhadores e Servidores Públicos mencionava ainda mais critérios de proibição de discriminação entre trabalhadores: "raça, cor, sexo, religião, opinião política, militância sindical, nacionalidade, estado civil, origem, deficiência, condição social ou outros motivos discriminatórios"(6). O texto final aludiu apenas aos critérios de sexo, idade, cor e estado civil.

É preciso ressaltar que, em um contexto de vivas desigualdades estruturais, a mera utilização de critérios supostamente imparciais para admissão e promoção só aprofunda as disparidades existentes entre diversos grupos. Nesse aspecto reside a importância de pensar especificamente políticas de proteção ao trabalho da mulher e de outros grupos vulneráveis.

Em relação, especificamente, ao trabalho feminino, a CLT já trazia capítulo denominado "Da proteção do Trabalho da Mulher", com previsões que passavam, por exemplo, pela proibição do trabalho noturno e de atividades perigosas e insalubres para mulheres. Cristiane Sbalqueiro Lopes destaca que, por trás de um fundamento de proteção, o que muitas dessas normas preservavam era uma estrutura familiar específica de divisão injusta de trabalho doméstico, na medida em que buscavam assegurar que, mesmo que as mulheres trabalhassem fora, teriam condições de exercer também suas funções em casa.(7)

Durante a Constituinte, muito se debateu sobre maternidade, aposentadoria e situação das trabalhadoras domésticas e rurais. Na Subcomissão dos Direitos dos Trabalhadores e Servidores Públicos, Maria Elizete de Souza Figueiredo, do Sindicado dos Trabalhadores nas Indústrias de Fiação e Tecelagem de Salvador, Simões Filho e Camaçari, fez um panorama dos diversos problemas enfrentados por mulheres no mercado de trabalho naquele momento e enumerou alguns compromissos que a Constituinte deveria assegurar. Dentre muitos deles, reforçou a necessidade de acesso de mulheres a cursos profissionalizantes e de ampliação do acompanhamento dos sindicatos e da CIPA de situações discriminatórias(8).

Inúmeros projetos de lei propostos logo após a promulgação da Constituição também frisaram a necessidade de garantia de formação profissional às mulheres e a concessão de incentivos fiscais às empresas que empregasse mão de obra feminina. Um deles, de 1991, redundou na Lei n. 9.799/1999, que acrescentou à CLT dispositivos vedando discriminações específicas e revista íntima de trabalhadoras e determinando o oferecimento de cursos de aperfeiçoamento para trabalhadores e trabalhadoras, indistintamente.

(3) DELGADO, Gabriela Neves. *Direito Fundamental ao Trabalho Digno*. São Paulo: LTr, 2015. p. 180.

(4) *Ibdem*, p. 182.

(5) ANTUNES, Ricardo. *Os Sentidos do Trabalho – Ensaio sobre a afirmação e a negação do trabalho*. São Paulo: Boitempo Editorial, 2003.

(6) Disponível em: <http://www.camara.gov.br/internet/constituicao20anos/DocumentosAvulsos/vol-188.pdf>. Acesso em: 10 dez. 2019.

(7) LOPES, Cristiane Maria Sbalqueiro. Direito do trabalho da mulher: da proteção à promoção. Cadernos Pagu, Campinas, n. 26. p. 405-430, 2006.

(8) Atas disponíveis em: <https://www.senado.leg.br/publicacoes/anais/constituinte/7a%20-%20SUBCOMISS%C3%83O%20DOS%20DIREITOS%20DOS%20TRABALHADORES.pdf>. Acesso em: 10 dez. 2019.

Ao se definir o que é proteger o mercado de trabalho da mulher já no século XXI, pouco mais de três décadas após a promulgação da Constituição, alguns dilemas persistem, conforme se abordará adiante.

3. O QUE É GÊNERO? ABORDAGENS NO DIREITO INDIVIDUAL E COLETIVO DO TRABALHO

A definição de gênero que se usará neste artigo parte do clássico ensaio de Joan Scott publicado no final da década de 1980:

> O núcleo da definição repousa numa conexão integral entre duas proposições: (1) o gênero é um elemento constitutivo das relações sociais baseadas nas diferenças percebidas entre os sexos e (2) o gênero é uma forma primária de dar significado às relações de poder.[9]

Gênero é, portanto, uma categoria relacional que, no mundo do trabalho, refere-se à constatação de que mulheres vivenciam o trabalho e o sindicalismo de forma distinta dos homens.

Em 2010, revisando o ensaio original, Joan Scott confirma a importância desse conceito para a análise histórica. Trata-se de uma categoria que não induz enfoques fixos para os termos homem e mulher, mas, sim, um pensamento crítico sobre como se produzem significados para os corpos sexuados nas relações um com o outro e como esses significados se modificam[10]. Assim, evitam-se os perigos da essencialização do sujeito mulher, multifacetado.

Remonta a meados do século XX a tendência a que mulheres passassem a ocupar mais postos de trabalho formais na Europa e América Latina. Esse fenômeno ficou conhecido como feminização do trabalho.

A tabela abaixo, formulada a partir de dados da Relação Anual de Informações Sociais (RAIS), permite visualizar que a expansão de postos formais de trabalho feminino foi uma realidade que continuou se verificando ao longo do século XXI, mesmo num contexto de retração dos empregos formais a partir de 2016.

Tabela I – Trabalho feminino no Brasil no século XXI

Ano	Masculino	Feminino	% de trabalho feminino
2017	25.912.235	20.369.355	44,01%
2016	25.797.585	20.262.613	43,99%
2015	27.061.695	20.999.112	43,69%
2014	28.133.650	21.437.860	43,25%
2013	28.003.631	20.944.802	42,79%
2012	27.302.180	20.156.532	42,47%
2011	26.908.359	19.402.272	41,90%
2010	25.752.758	18.315.597	41,56%
2009	24.135.025	17.072.521	41,43%
2008	23.234.981	16.206.585	41,09%
2007	22.246.439	15.360.991	40,85%
2006	20.865.545	14.289.704	40,65%
2005	19.832.111	13.406.506	40,33%
2004	18.845.717	12.561.859	40,00%
2003	17.740.944	11.803.983	39,95%
2002	17.265.351	11.418.562	39,81%

Fonte: Elaboração pela autora com base nos dados da RAIS. Disponíveis em: <http://bi.mte.gov.br/bgcaged/rais.php>.

(9) SCOTT, Joan Wallach, Gênero: uma categoria útil de análise histórica. *Educação & Realidade*, v. 20, n. 2, p. 71-99, 1995. p. 86.

(10) SCOTT, Joan Wallach, Gender: Still a Useful Category of Analysis?, *Diogenes*, v. 57, n. 1, p. 1-14, 2010.

Ao mesmo tempo, no entanto, verificou-se que esses postos eram mais precários.[11] Cláudia Mazzei alerta que "a divisão social e sexual do trabalho, na configuração assumida pelo capitalismo contemporâneo, intensifica fortemente a exploração do trabalho, fazendo-o, entretanto, de modo ainda mais acentuado em relação ao mundo do trabalho feminino"[12].

Mais recentemente, embora venha crescendo a participação feminina em profissões intelectuais, mantém-se a tendência à ocupação, por mulheres, de postos mais vulneráveis e precarizados[13] com menores remunerações[14].

A desigualdade de gênero no mundo do trabalho tem por base ideológica o estereótipo segundo o qual os homens são provedores primários dos lares[15], que resulta na conclusão de que, ainda que as mulheres exerçam trabalho externo, convém que seus salários sejam inferiores[16] – o que se descola da realidade que apresenta crescente número de famílias, monoparentais ou não, chefiadas por mulheres,[17] para quem o salário feminino "é frequentemente imprescindível para o equilíbrio do orçamento familiar"[18].

A concepção de família varia com a classe e com a raça. Por isso, é necessário questionar os estereótipos que conduzem a um pagamento menor a mulheres. Tal pensamento é uma ameaça às relações de poder estabelecidas. Como define Patricia Hill Collins: "mães fortes são (...) ameaçadoras, pois elas contradizem visões patriarcais das relações de poder da família"[19].

O estereótipo das mulheres não-provedoras, tão facilmente falseável, tem sua razão de ser: sem o trabalho feminino doméstico, que sustenta a vida e cria novos contingentes de trabalhadores, não seria possível que o capital realizasse seu ciclo produtivo[20]. Isto é, "a desigualdade entre os segmentos parece estar operando como uma precondição para a aceleração do crescimento econômico"[21].

Todo esse contexto contraria mandados legais, constitucionais e convencionais já mencionados no tópico anterior.

Em relação ao direito coletivo do trabalho, o que se constata é que, apesar da crescente inserção feminina no mundo do trabalho, os sindicatos têm encontrado dificuldade para vocalizar suas demandas específicas. Em estudo de 1991, Elisabeth Souza-Lobo[22] afirmava a dificuldade de participação feminina nesses espaços, seja porque as mulheres os consideravam espaços masculinos, seja porque destinavam seu tempo livre – isto é, o tempo fora do posto de trabalho formal – ao trabalho doméstico. Além disso, experiências específicas com a organização de mulheres trabalhadoras[23] denotam o silenciamento de suas pautas em relação

(11) NOGUEIRA, Cláudia Mazzei. *A Feminização no Mundo do Trabalho*. Campinas: Autores Associados, 2004.

(12) *Idem*.

(13) HIRATA, Helena, Globalização e Divisão Sexual do Trabalho numa Perspectiva Comparada. In: GUIMARÃES, Nadya A.; HIRATA, Helena; SUGITA, Kurumi (Orgs.), *Trabalhos Flexíveis, Empregos Precários?*: Uma Comparação Brasil, França, Japão, São Paulo: Edusp, 2009. p. 145-167.

(14) DIEESE – DEPARTAMENTO INTERSINDICAL DE ESTATÍSTICA E ESTUDOS SOCIOECONÔMICOS. *Anuário das mulheres brasileiras*. São Paulo: DIEESE, 2011. p. 92.

(15) COOK, Rebecca J.; CUSACK, Simone. *Estereotipos de Género – Perspectivas Legales Transnacionales*. Bogotá: Profamilia, 2010. p. 67.

(16) *Ibdem*, p. 28.

(17) O Censo do IBGE de 2010 demonstra que, em 2000, 22,2% dos lares brasileiros tinham responsável do sexo feminino, contra 37,3% em 2010. Resultados disponíveis em: <http://www.ibge.gov.br/home/presidencia/noticias/imprensa/ppts/0000001043561021201256361621 7748.pdf>. Acesso em: 11 dez. 2019.

(18) NOGUEIRA, Cláudia Mazzei, As trabalhadoras do telemarketing: uma nova divisão sexual do trabalho?, In: ANTUNES, Ricardo; BRAGA, Ruy (Orgs.). *Infoproletários*: degradação real do trabalho virtual. São Paulo: Boitempo, 2009. p. 187-212.

(19) COLLINS, Patricia Hill. Aprendendo com a outsider withIn: a significação sociológica do pensamento feminista negro. *Revista Sociedade e Estado*, v. 31, n. 1, p. 104, 2016.

(20) NOGUEIRA, Cláudia Mazzei. *A Feminização no Mundo do Trabalho*. Campinas: Autores Associados, 2004. p. 76.

(21) HIRATA, Helena. Globalização e Divisão Sexual do Trabalho numa Perspectiva Comparada. In: GUIMARÃES, Nadya A.; HIRATA, Helena; SUGITA, Kurumi (Orgs.). *Trabalhos Flexíveis, Empregos Precários?*: Uma Comparação Brasil, França, Japão. São Paulo: Edusp, 2009. p. 145-167.

(22) SOUZA-LOBO, Elisabeth. *A classe operária tem dois sexos – trabalho, dominação e resistências*. São Paulo: Editora Fundação Perseu Abramo, 2011. p. 110.

(23) Como exemplo, no ano de 1978, logo antes das grandes greves do ABC, realizou-se em São Bernardo o 1º Congresso da Mulher Metalúrgica, ocasião em que as mulheres, que representaram extenso crescimento no setor ao longo da década de 1970, reuniram-se para tratar especificamente de suas pautas. A contratação dessas mulheres casava com a política de arrocho salarial, na medida em que seu salário correspondia, em média, a metade dos salários masculinos. Apesar da reivindicação por igualdade desenhada no Congresso, na greve de 1978 tal pauta não foi abarcada com intensidade. Segundo explica Elisabeth Souza-Lobo, o pleito dos grevistas por igualdade salarial para aqueles que exercessem os mesmos trabalhos, embora tenha aparência de pauta por igualdade de gênero, referia-se ao fato de que havia indústrias

aos pleitos gerais dos sindicatos e à percepção das mulheres a esse respeito.

São exemplos a própria reivindicação de que a tensão entre família e carreira (ou, no caso, participação política) deixe de ser indicada inteiramente como uma questão privada, de modo que a solução desse impasse também possa passar pelo sindicato. Outro exemplo de reivindicação específica é de que a biologia deixe de influenciar gênero, "como, por exemplo, quando a capacidade das mulheres de ficarem grávidas foi usada para restringir seu emprego"(24).

Em entrevista mencionada por Elisabeth Souza-Lobo, publicada em 1982, uma operária afirma: "quando eu ia abrir a boca os diretores diziam (eram 22 pessoas, né, incluindo eu, no caso 21 homens): deixa pra lá"(25).

Trata-se de uma projeção do que Danièle Kergoat define como o paradoxo das relações sociais de sexo: as mulheres enfrentam, simultaneamente, melhoria em sua situação(26), ao mesmo tempo que se observa a persistência da divisão sexual do trabalho que condiciona e explica as exclusões delineadas acima(27).

Cabe uma nota, aqui, sobre o que se entende por divisão sexual do trabalho(28). Não se trata apenas da divisão tradicional entre trabalho doméstico e trabalho profissional, mas também, no mercado de trabalho, entre trabalhos de concepção e de execução.(29) Também não se trata da mera diferenciação entre esses dois tipos de atividades, mas da hierarquização entre eles. Nesse sentido, discorre Ricardo Antunes:

> geralmente as atividades de concepção ou aquelas baseadas em capital intensivo são preenchidas pelo trabalho masculino, enquanto aquelas dotadas de menor qualificação, mais elementares e muitas vezes fundadas em trabalho intensivo, são destinadas às mulheres trabalhadoras (e, muito frequentemente também aos trabalhadores/as imigrantes e negros/as.(30)

Em relação à reprodução dessa divisão sexual do trabalho nos sindicatos, o quadro descrito por Elisabeth Souza-Lobo não parece ter se transformado profundamente desde então. Levantamento do IBGE de 2001 sobre indicadores sociais de sindicatos no Brasil expressava uma tendência de maior participação feminina na diretoria dessas entidades. No entanto, à época, ainda havia significativos 35% de sindicatos com diretoria exclusivamente masculina e, mesmo naqueles de diretoria mista, baixa participação de mulheres nos três cargos mais importantes: presidente, primeiro-secretário e primeiro-tesoureiro(31). Esse quadro é descrito por Ricardo Antunes da seguinte forma:

> Dentre tantas consequências dessa divisão sexual do trabalho, posso lembrar, a título de exemplo, que frequentemente os sindicatos excluem do seu espaço as mulheres trabalhadoras, além de mostrarem-se incapazes também de incluir os trabalhadores *terceirizados e precarizados*. Ocorre que a classe trabalhadora moderna é crescentemente composta por esses segmentos diferenciados, mulheres e terceirizados e/ou precarizados (e ainda mais frequentemente por *mulheres terceirizadas*), que são parte constitutiva central do mundo do trabalho.(32)

---

metalúrgicas com cerca de 90 níveis salariais, que possibilitava que se promovessem promoções arbitrárias sem uma equivalente mudança de atribuições. Cf. SOUZA-LOBO, Elisabeth. *A classe operária tem dois sexos – trabalho, dominação e resistências*. São Paulo: Editora Fundação Perseu Abramo, 2011.

(24) SCHIENBINGER, Londa. *O Feminismo Mudou a Ciência?*. Bauru: Edusc, 2001. p. 42.

(25) SOUZA-LOBO, Elisabeth. *A classe operária tem dois sexos – trabalho, dominação e resistências*. São Paulo: Editora Fundação Perseu Abramo, 2011. p. 140.

(26) A melhoria de condições de vida não é uniforme entre todas as mulheres, conforme se abordará mais detalhadamente adiante.

(27) Cf. KERGOAT, Danièle. Dinâmica e consubstancialidade das relações sociais. *Novos estudos – CEBRAP*, n. 86. p. 93-103, 2010. Não se desconsideram aqui os embates teóricos entre os sentidos de consubstancialidade *versus* interseccionalidade, que será abordado adiante, nem entre as ideias de gênero *versus* relações sociais de sexo, mas esse aprofundamento não interessa aos propósitos do presente artigo. Sobre essas categorias, consultar HIRATA, Helena. Gênero, classe e raça Interseccionalidade e consubstancialidade das relações sociais. Tempo soc. [on-line]. 2014, v. 26, n. 1, p. 61-73. ISSN 0103-2070. Disponível em: <http://dx.doi.org/10.1590/S0103-20702014000100005>. Acesso em: 10 dez. 2019.

(28) Para uma genealogia mais detalhada da categoria, conferir: HIRATA, Helena; KERGOAT, Danièle. Novas configurações da divisão sexual do trabalho. *Cad. Pesqui.* [on-line], v. 37, n. 132, p. 595-609, 2007. ISSN 0100-1574. Disponível em: <http://dx.doi.org/10.1590/S0100-15742007000300005>. Acesso em: 10 dez. 2019.

(29) YOUNG, Iris Marion. La Justicia y la política de la diferencia. Tradução: Silvira Álvarez. Madri: Edições Cátedra, 1990. p. 365.

(30) ANTUNES, Ricardo. Os Sentidos do Trabalho – Ensaio sobre a afirmação e a negação do trabalho. São Paulo: Boitempo Editorial, 2003. p. 105-106.

(31) Pesquisa Disponível em: <https://www.ibge.gov.br/estatisticas-novoportal/sociais/administracao-publica-e-participacao-politica/9092-pesquisa-sindical.html?=&t=sobre>. Acesso em: 11 dez. 2019.

(32) ANTUNES, Ricardo. *Os Sentidos do Trabalho – Ensaio sobre a afirmação e a negação do trabalho*. São Paulo: Boitempo Editorial, 2003. p. 108.

A provável consequência dessa sub-representação é uma discrepância entre o discurso institucional dos sindicatos, expresso em acordos e convenções coletivas de trabalho, e o discurso das mulheres que compõem as categorias por eles representadas. A necessidade de que os sindicatos sejam mais representativos, inclusive como forma de atraírem sua base e fortalecerem sua luta, é fundamental à sua sobrevivência neste século XXI[(33)].

Elisabeth Souza-Lobo já afirmava, no início da década de 1990, a existência de uma "assimetria entre o discurso sindical e o discurso das operárias"[(34)], atribuindo-a à diferença de vivências no mundo do trabalho – uma heterogeneidade que ainda persiste[(35)] –, a gerar diferença também nas "formas de consciência e combatividade"[(36)].

Isto é, as relações sociais de sexo, uma tensão que constitui grupos de interesses antagônicos[(37)], operam não só no campo do direcionamento dos postos de trabalho ou na divisão entre trabalho produtivo e reprodutivo, mas, ainda, na forma como se organizam trabalhadores e trabalhadoras.

4. A INSUFICIÊNCIA DA CATEGORIA GÊNERO: A LEITURA INTERSECCIONAL DO TRABALHO DAS MULHERES

Mesmo quase na segunda década do século XXI, os mandados de não discriminação e de promoção do trabalho da mulher continuam pendentes de efetivação. Aliás, a concretização desses mandados, ao contrário, tem se tornado um cenário cada vez mais distante ante o contexto de rebaixamento de direitos trabalhistas e sociais em geral e de consolidação de uma ultraexploração capitalista.

O quadro acirrado para toda a classe-que-vive-do-trabalho se torna especialmente delicado em relação às mulheres, particularmente as mulheres negras. Segundo dados da Pesquisa Nacional por Amostra de Domicílios Contínua (PNAD Contínua), produzidos pelo Instituto Brasileiro de Geografia e Estatística (IBGE), enquanto uma mulher branca ganha, em média, 75,8% do que aufere um homem branco, no caso das mulheres negras esse percentual cai para 44,4%.[(38)]

A realidade posta demanda trazer à luz uma análise do conceito de interseccionalidade, termo cunhado por Kimberlé Crenshaw[(39)] no início da década de 1990, sintetizando construções teóricas que já vinha elaborando ao longo da década de 1980. Crenshaw aborda o caso específico de mulheres vítimas de violência doméstica que estavam em casas de acolhimento em Los Angeles para definir o que segue:

> O que mais se poderia pedir é que nos atrevêssemos a falar das exclusões e marginalidades internas, assinalando como se centra a atenção do "grupo" sobre a interseção das identidades uns poucos. Reconhecer que as políticas identitárias ocorrem em um espaço em que as categorias intersectam parece mais frutífero que a possibilidade mesma de chegar a falar das categorias em si. Através de uma consciência interseccional, podemos encontrar e reconhecer melhor a base das diferenças existentes entre as pessoas e negociar como se expressam essas diferenças quando se constroem políticas grupais.

Já no ano 2000, Crenshaw redigiu uma proposta de protocolo provisório para a identificação de situações em que reflitam os efeitos interativos da discriminação de raça e gênero, apresentado em uma conferência preparatória para o WCAR (World Conference Against Racism, Racial Discrimination, Xenophobia and Related Intolerance – Conferência Mundial contra o Racismo, Discriminação Racial, Xenofobia e Intolerância Correlata) ocorrida na Croácia em novembro de 2000.

O ponto de partida da autora foi a percepção de lacunas de informações sobre mulheres racialmente marginalizadas que, segundo ela, não deveriam impe-

(33) ANTUNES, Ricardo. *O privilégio da servidão*: o novo proletariado de serviços na era digital. São Paulo: Boitempo, 2018. p. 294-295.

(34) SOUZA-LOBO, Elisabeth. *A classe operária tem dois sexos – trabalho, dominação e resistências*. São Paulo: Editora Fundação Perseu Abramo, 2011. p. 125.

(35) HIRATA, Helena. Globalização e Divisão Sexual do Trabalho numa Perspectiva Comparada. In: GUIMARÃES, Nadya A.; HIRATA, Helena; SUGITA, Kurumi (Orgs.). *Trabalhos Flexíveis, Empregos Precários?*: Uma Comparação Brasil, França, Japão. São Paulo: Edusp, 2009. p. 145-167.

(36) SOUZA-LOBO, Elisabeth. *A classe operária tem dois sexos – trabalho, dominação e resistências*. São Paulo: Editora Fundação Perseu Abramo, 2011. p. 130.

(37) KERGOAT, Danièle. Divisão Sexual do Trabalho e Relações Sociais de Sexo, In: HIRATA, Helena; ET AL (Orgs.). *Dicionário crítico do feminismo*. São Paulo: Editora Unesp, 2009. p. 67-75.

(38) Dados disponíveis em: <https://biblioteca.ibge.gov.br/visualizacao/livros/liv101681_informativo.pdf>. Acesso em: 10 dez. 2019.

(39) CRENSHAW, Kimberlé. *Mapping the margins*: intersectionality, identity, politics and violence against women of color. Stanford Law Review, Stanford, v. 43. p. 1241-99, 1991.

dir que se criem modelos provisórios de mapeamento de suas identidades. Para Crenshaw:

> Como as experiências específicas de mulheres de grupos étnicos ou raciais definidos são muitas vezes obscurecidas dentro de categorias mais amplas de raça e gênero, a extensão total da sua vulnerabilidade interseccional ainda permanece desconhecida e precisa, em última análise, ser construída a partir do zero.[40]

A invisibilidade interseccional acarreta um problema de subinclusão, que Crenshaw define como a situação em que "um subconjunto de mulheres subordinadas enfrenta um problema, em parte por serem mulheres, mas isso não é percebido como um problema de gênero, porque não faz parte da experiência das mulheres dos grupos dominantes".[41] No mundo do trabalho, por exemplo, tal invisibilidade implica que certos problemas enfrentados por mulheres negras, de classes baixas, imigrantes etc. sequer sejam vistos como problemas de mulheres. A chave da interseccionalidade, por outro lado, "busca capturar as consequências estruturais e dinâmicas da interação entre dois ou mais eixos da subordinação".[42]

Uma abordagem interseccional do trabalho feminino, portanto, é aquela que não descura do fato de que, embora mulheres brancas, nacionais, de classe média de fato estejam em posição de desvantagem em relação aos homens brancos, a situação de mulheres negras, imigrantes, de classe baixa, é ainda mais desfavorável – o que, evidentemente, acaba por se refletir em números da PNAD, já mencionados.

A vulnerabilidade desses grupos faz com que Bell Hooks critique a "ênfase no trabalho como chave para a liberdade das mulheres", já que "trabalhar por salários baixos não libertava mulheres pobres da classe trabalhadora da dominação masculina", de modo que a visão do trabalho construída por mulheres agraciadas por carreiras bem pagas é irrelevante para uma "multidão de mulheres"[43]. Bell Hooks não deixa de reconhecer que a autossuficiência econômica importa, mas que é uma abordagem insuficiente para a compreensão da realidade de uma massa de mulheres trabalhadoras. Para essa massa, a pobreza e a falta de assistência do Estado continuam sendo questões centrais.

Não é possível, portanto, pensar o fenômeno da feminização do trabalho dissociando-a da questão do trabalho doméstico. Mulheres de classe média e alta, majoritariamente brancas, têm feito o movimento de ocupação do trabalho profissional às custas do trabalho, remunerado ou não, de outras mulheres.

Nesse sentido, Bell Hooks afirma que "grande parte do poder de classe que grupos de mulheres de elite têm em nossa sociedade, principalmente aquelas que são ricas, é alcançado em detrimento da liberdade de outras mulheres"[44].

Ainda sobre essa abordagem, Jules Falquet, ao tratar das consequências do neoliberalismo para o mundo do trabalho, afirma:

> A crise econômica profunda e prolongada que afeta a maioria dos países veio lembrar que o mercado de trabalho não tinha se tornado nem um pouco mais acolhedor para a maioria das mulheres não privilegiadas por "raça" e classe do planeta.
>
> (...)
>
> Na verdade, a situação de algumas melhorou: as mulheres brancas ocidentais de classe média e alta vivem avanços importantes. No entanto, os avanços de algumas infelizmente costumam estar ligados aos recuos impostos às outras, no caso das pessoas proletárias e/ou racializadas e/ou do Sul – a menos que mecanismos sejam explicitamente pensados para evitar isso.[45]

Ainda sob esse ponto de vista, Cinzia Arruzza, Tithi Bhattacharya e Nancy Fraser criticam ferrenhamente o que denominam feminismo corporativo, isto é, um tipo de dominação "que pede que pessoas comuns, em nome do feminismo, sejam gratas por ser uma mulher, não um homem, a desmantelar seu sindicato"[46] (p. 26)

---

(40) CRENSHAW, Kimberlé. Documento para o encontro de especialistas em aspectos da discriminação racial relativos ao gênero. In: *Estudos Feministas*. v. 10 – UFSC – 2002/1 – 171-188.

(41) *Idem*.

(42) *Idem*.

(43) HOOKS, Bell. *O feminismo é para todo mundo*: políticas arrebatadoras. Rio de Janeiro: Rosa dos Tempos, 2019. p. 81-82.

(44) *Ibdem*. p. 87.

(45) FALQUET, Jules. Transformações neoliberais do trabalho das mulheres: liberação ou novas formas de apropriação. In: ABREU, Alice Rangel de Paiva; HIRATA, Helena; LOMBARDI, Maria Rosa (Orgs.). *Gênero e trabalho no Brasil e na França*: perspectivas interseccionais. São Paulo: Boitempo, 2016. p. 37-46.

(46) ARRUZZA, Cinzia; BHATTACHARYA, Tithi; FRASER, Nancy. *Feminismo para os 99%*: um manifesto. São Paulo: Boitempo, 2019. p. 26.

e constatam que a ascensão de algumas mulheres a altos cargos – isto é, a ruptura do "teto de vidro" – não traz consigo mudanças significativas para a maioria. Afirmam as autoras:

> Completamente compatível com a crescente desigualdade, o feminismo liberal terceiriza a opressão. Permite que mulheres em postos profissionais-gerenciais façam acontecer precisamente por possibilitar que elas se apoiem sobre mulheres imigrantes mal remuneradas a quem subcontratam para realizar o papel de cuidadoras e o trabalho doméstico.[47]

O diagnóstico acima elucida uma aparente contradição descrita por Helena Hirata e Danièle Kergoat sobre as novas configurações da divisão sexual do trabalho:

> duplo movimento de mascaramento, de atenuação das tensões nos casais burgueses, de um lado, e a acentuação das clivagens objetivas entre mulheres, de outro: ao mesmo tempo em que aumenta o número de mulheres em profissões de nível superior, cresce o de mulheres em situação precária (desemprego, flexibilidade, feminização das correntes migratórias). [48]

De todo esse quadro, o que se pretende não é afirmar a irrelevância de se pensar a divisão sexual do trabalho e o fenômeno da feminização do trabalho. Trata-se do contrário: a presença de mulheres no mundo do trabalho precisa ser vista em toda a sua complexidade como forma de tornar possível pensar, efetivamente, a concretização do direito fundamental ao trabalho digno para esse grupo, de forma ampla, e não apenas para uma pequena parte dele.

5. DIAGNÓSTICOS E DESAFIOS PARA O TRABALHO E A RESISTÊNCIA DAS MULHERES NO SÉCULO XXI

No limiar do século XXI, com o advento de novas morfologias do trabalho, novas questões se põe da perspectiva do trabalho feminino da perspectiva da concretização do direito fundamental ao trabalho digno.

Ludmila Abílio recorda que, em 2016, foi editada a Lei "Salão parceiro – profissional parceiro", que desobriga os salões de beleza de reconhecerem o vínculo empregatício com suas profissionais, o que gera, como consequência, a substituição de vínculos de emprego por vínculos de prestação de serviços. Abílio afirma que, "Talvez por referir-se ao trabalho tipicamente feminino, aparentemente irrelevante e socialmente invisível, a lei foi recebida mais como perfumaria do que como a abertura legal da porteira para a uberização do trabalho no Brasil".[49]

Assim, para Abílio, muitos dos contornos que o trabalho vem assumindo sob o jugo da denominada *gig economy* são desdobramentos das más condições de trabalho que já acometiam as mulheres. Nesse sentido:

> Voltando para os salões de beleza, o trabalho tipicamente feminino oferece-nos as raízes da flexibilização do trabalho que atravessa o mercado de cima a baixo. A indistinção entre o que *é* e o que não *é* tempo de trabalho, a fusão entre esfera profissional e esfera privada e a impossibilidade de mediações publicamente instituídas na regulação do trabalho, a indefinição quanto ao que *é* e o que não *é* trabalho são alguns dos elementos que costuram a vida das mulheres. No mais precário trabalho da costureira em domicílio, da empregada doméstica, da dona de casa podemos encontrar elementos que hoje tecem a exploração do trabalho de forma generalizada.[50]

Já há muitos anos, por exemplo, o trabalho de revendedoras de cosméticos consolidou caracteres que se replicam em outras ocupações características do trabalho por plataformas, como o objetivo inicial de complementação de renda, a transferência de riscos das empresas para as trabalhadoras, a remuneração que não é paga diretamente por quem lucra e a desnecessidade de capacitação específica, entre outros.[51]

Outro exemplo marcante, ainda, é o das trabalhadoras de *call centers*. No setor de telecomunicações, observa-se que o fenômeno do assalariamento feminino no Hemisfério Sul, na década de 1990, caminhou junto com o crescimento de atividades tais como a informática e o *telemarketing*, decorrentes do desenvolvimento

(47) ARRUZZA, Cinzia; BHATTACHARYA, Tithi; FRASER, Nancy. *Feminismo para os 99%*: um manifesto. São Paulo: Boitempo, 2019. p. 38.

(48) HIRATA, Helena; KERGOAT, Danièle. Novas configurações da divisão sexual do trabalho. Cad. Pesqui. [on-line]. 2007, v. 37, n. 132, p. 595-609. ISSN 0100-1574. Disponível em: <http://dx.doi.org/10.1590/S0100-15742007000300005>.

(49) ABÍLIO, Ludmila Costhek. *Uberização do trabalho*: subsunção real da viração. Disponível em: <https://blogdaboitempo.com.br/2017/02/22/uberizacao-do-trabalho-subsuncao-real-da-viracao/>. Acesso em: 10 dez. 2019.

(50) *Idem*.

(51) Cf. ABÍLIO, Ludmila Coshtek. *Sem maquiagem*: o trabalho de um milhão de revendedoras de cosméticos. São Paulo: Boitempo, 2014.

de novas tecnologias, expansão de redes e financeirização da economia[52].

Foi um caminho traçado por estereótipos segundo os quais as mulheres teriam características como "a paciência, a capacidade de ouvir, a delicadeza no trato com os clientes e, por fim, a conclusão de que todos, homens e mulheres, preferem falar ao telefone com uma mulher"[53].

O setor de teleatendimento, assim, foi incrementado por postos de trabalho predominantemente *part time*, com intensos ritmos e aumento da exploração da força de trabalho, ocupado por maioria de mulheres, seguindo a tendência de feminização do mundo do trabalho em diversos ramos, bem como da precarização do trabalho feminino.

Paralelamente à expansão do setor de teleatendimento e à feminização dos postos de trabalho do referido setor, importa destacar que se inaugurou, no século XXI, uma fase *ultraneoliberal* em que o capital exige "a demolição completa dos direitos do trabalho no Brasil"[54] e, nessas fases, tende-se a precarizar ainda mais as condições de trabalho da mulher. Empresas terceirizadas, por exemplo, costumam abrigar mais fortemente mulheres, pessoas negras em geral e jovens, não porque atuem com preocupação social, mas porque "esses trabalhadores se encontram em situação mais desfavorável e, por falta de opção, submetem-se a esse emprego".[55]

Nesse contexto, as formas de organização de trabalhadores e trabalhadoras são questão essencial para o mundo do trabalho, especialmente dada a tentativa de alargamento, inclusive em prejuízo da classe-que-vive-do-trabalho, dos poderes da negociação coletiva[56].

A negociação coletiva de trabalho se converte, portanto, em instrumento fundamental para que se alcance a igualdade no trabalho, vez que "por meio dela é possível reforçar e ampliar direitos previstos em lei, bem como criar novos mecanismos normativos para estabelecer a igualdade real, a proteção e o incentivo ao trabalho feminino"[57]. É também por meio da negociação coletiva que se pretende alcançar um relativo equilíbrio das relações assimétricas estabelecidas entre empregado e empregador.

No mesmo sentido, o DIEESE e a OIT, na publicação Negociação Coletiva de Trabalho e Equidade de Gênero e Raça no Brasil destacou que, "Por meio dela [da negociação coletiva], é possível avançar na ampliação dos direitos e benefícios previstos em lei e na sua cobertura, assim como instituir novos direitos." [58]. O estudo seguinte, publicado em 2011, menciona que o direito à negociação coletiva e à liberdade sindical constam da Declaração dos Princípios e Direitos Fundamentais no Trabalho adotada pela OIT em 1998, como dimensões fundamentais à garantia de trabalho decente e que "a igualdade de gênero e raça é uma dimensão estratégica do trabalho decente"[59].

Ángela Figueruelo Burrieza e Marta León Alonso, ao responderem à pergunta sobre a eficácia de convênios coletivos para a consecução de igualdade real entre homens e mulheres, também apontam que esse tipo de instrumento tem eficácia preventiva, ordenadora (que estabelece direitos em casos de conflitos) e sancionadora. Outro elemento diz respeito ao fato de que os instrumentos coletivos adaptam a lei à realidade profissional concreta, sendo dotados, portanto, de um valor metajurídico. Por fim, eles auxiliam no controle do poder empregatício em relações individuais, tanto

---

(52) HIRATA, Helena. Globalização e Divisão Sexual do Trabalho numa Perspectiva Comparada. In: GUIMARÃES, Nadya A.; HIRATA, Helena; SUGITA, Kurumi (Orgs.). Trabalhos Flexíveis, Empregos Precários?: Uma Comparação Brasil, França, Japão. São Paulo: Edusp, 2009. p. 145-167.

(53) VENCO, Selma. Centrais de Teleatividades: o surgimento dos colarinhos furta-cores?. In: ANTUNES, Ricardo; BRAGA, Ruy (Orgs.). *Infoproletários*: degradação real do trabalho virtual. São Paulo: Boitempo, 2009. p. 161.

(54) ANTUNES, Ricardo. *O privilégio da servidão*: o novo proletariado de serviços na era digital. São Paulo: Boitempo, 2018. p. 269.

(55) ALVES, Giovanni. Terceirização e capitalismo no Brasil: um par perfeito. *Revista do TST*, Brasília, v. 80, n. 3. p. 90-105, jul./set. 2014.

(56) Observa-se, no entanto, que a negociação coletiva, se ocorrer em prejuízo do trabalhador, "se encontrará desfigurada, descaracterizada, posta distante de sua função histórica, lógica e teleológica no Direito Coletivo do Trabalho" (DELGADO, Mauricio Godinho. *Curso de Direito do Trabalho*. 17. ed. São Paulo: LTr, 2018. p. 1639). A Constituição deve ser a chave de leitura sobre as possibilidades que a Lei n. 13.467/2017 tentou impingir.

(57) VIEIRA, Regina Stela Corrêa. O trabalho da mulher e a crise do sindicalismo: análise da relação entre a crescente participação da mulher no mercado de trabalho e a representação sindical. In: Seminário Direito e Democracia, 2013, Florianópolis. Anais do Seminário Direito e Democracia 2012. Florianópolis: PET/DIREITO/UFSC, 2013. p. 119-134.

(58) ORGANIZAÇÃO INTERNACIONAL DO TRABALHO. Negociação coletiva de trabalho e equidade de gênero e raça no Brasil. Brasília: OIT, 2009. Disponível em: <http://www.ilo.org/wcmsp5/groups/public/---americas/---ro-lima/---ilo-brasilia/documents/publication/wcms_229480.pdf>.

(59) ORGANIZAÇÃO INTERNACIONAL DO TRABALHO. Negociação de cláusulas relativas à equidade de gênero e raça 2007-2009. Brasília: OIT, 2011. Disponível em: <http://www.ilo.org/wcmsp5/groups/public/---americas/---ro-lima/---ilo-brasilia/documents/publication/wcms_229488.pdf>.

impedindo condutas discriminatórias como obrigando a adoção de medidas ativas em favor da igualdade[(60)].

Tais posições se alinham com o que afirma Mauricio Godinho Delgado, segundo quem "a negociação coletiva trabalhista consiste em um instrumento de democratização do poder e da riqueza no âmbito da sociedade civil", desde que não seja transfigurada pela transmutação em "mecanismo de rebaixamento das condições de vida e trabalho da pessoa humana trabalhadora".[(61)]

Contudo, não é ocasional que os trabalhadores submetidos aos processos fordista-taylorista alimentassem conjuntamente o desejo por sua autonomia individual, o que, conforme explica Dutra, dava azo a um sentimento coletivo "impulsionador da organização dos trabalhadores em prol da reivindicação de direitos e da participação na organização do processo do trabalho"[(62)]. Esses trabalhadores apresentaram resistência aos processos replicados nos modelos em questão, o que, inclusive, contribuiu para o seu desfazimento, a partir da crise global de 1970.

A resposta a essa crise, a seu turno, materializou-se, entre outros, na própria desregulação do trabalho: "o novo ideal do capital seria produzir mais e melhor, sem o custo que uma estrutura produtiva completa e permanente acarreta"[(63)].

Um dos reflexos dessa nova forma de produzir foi o já mencionado sistema *just in time*, que traduziria, assim, a combinação entre outras maneiras de acumulação flexível do capital com o modelo toyotista. Este, por sua vez, ofereceu aos trabalhadores novas formas de organização, tais como, a priorização das atividades realizadas em equipe, além da produção horizontalizada e descentralizada a outros trabalhadores ("terceiros").

A migração do modelo fordista para o *just in time* teve como consequências, ainda, o desaglutinamento dos trabalhadores, o que diminuiu a força de atuação dos sindicatos e suas condições organizativas, impulsionadas pela nova morfologia do trabalho no século XXI, fragmentado e heterogêneo.

As características acima narradas estruturaram uma nova racionalidade, a partir dos anos 1970, centrada na precarização do trabalho, na já mencionada fragmentação sindical, na "alienação, insegurança e desempoderamento dos trabalhadores"[(64)], culminando na grande valorização da autonomia e desenvolvimento individuais, assim como na diminuição do valor e importância da negociação coletiva, de tal modo que esta deixou de ser utilizada exclusivamente como uma das formas de reforçar e ampliar os direitos previstos em lei.

Diante desse cenário, em função da absorção dos influxos neoliberais de desregulamentação dos direitos, a negociação coletiva adquiriu novas características, tornando-se instrumento de consecução das propostas de flexibilização dos comandos protetivos legais, conduzindo, em última análise, aos ensejos de substituição destes últimos por instrumentos negociais.

A negociação coletiva se tornou, assim, um dos instrumentos centrais para a flexibilização dos direitos, deixando, em grande medida, de ser articulada como mecanismo de resistência da classe trabalhadora. Os sindicatos tampouco absorveram essa nova classe-que-vive-do-trabalho, apta, talvez, a apresentar-lhes novas estratégias de organização.

É preciso, portanto, pensar novas estratégias de resistência que possam tensionar a proteção estatal, ora insuficiente. Esse tensionamento poderá se dar seja pela incorporação de novos atores nos sindicatos, seja pela emergência de novos movimentos coletivos, capazes, inclusive, de abraçar mulheres excluídas da formalidade.

Quanto à primeira alternativa, convém ressaltar, contudo, que a presença de mulheres em espaços de representação não é garantia de que sejam pautados temas relacionados às suas demandas e necessidades. Trata-se somente de condição habilitante, que aumenta a probabilidade de que questões de seu interesse sejam consideradas[(65)].

---

(60) FIGUERUELO BURRIEZA, Ángela; LEÓN ALONSO, Marta. Las cláusulas generales sobre igualdad y no discriminación por razón de sexo en la negociación colectiva: perspectiva constitucional. In: Propuestas para la igualdad de género en la negociación colectiva – Estudio a partir de la negociación colectiva en Castilla y León, Albacete: Editorial Bomarzo, 2011. p. 11-30.

(61) DELGADO, Mauricio Godinho. Curso de Direito do Trabalho. 17. ed. São Paulo: LTr, 2018.

(62) DUTRA. Renata Queiroz. Entre a normatização estatal e a negociação coletiva: os desafios da proteção social. Revista do TST, Brasília, v. 82, n. 4. p. 272-301, out./dez. 2016.

(63) *Idem*.

(64) *Idem*.

(65) FRANCESCHET, Susan, ¿Promueven las cotas de género los intereses de las mujeres? – el impacto de las cuotas em la representación sustantiva de las mujeres. In: TOBAR, Marcela Ríos (Org.). *Mujer y política – el impacto de las cuotas de género en América Latina.* Santiago: FLACSO-IDEA internacional, 2008. p. 61-96.

Há que se ressaltar, ainda, que as mulheres enfrentam dificuldades significativas se buscam unir-se aos sindicatos. Na estrutura sindical brasileira, nota-se "a reduzida possibilidade de acesso das mulheres a cargos de direção do sindicato, bem como a dificuldade de inserção das pautas e reivindicações das trabalhadoras que superem a visão da mulher apenas enquanto mãe".(66)

Por outro lado, perceber a origem dessas mulheres, os outros trabalhos em que se empenharam, tal como o trabalho doméstico, e suas trajetórias familiares, pode fornecer pistas sobre a percepção de violações que é ou não capaz de causar mobilização subjetiva suficiente para que se busquem reações coletivas. Nesse sentido, Renata Dutra, em pesquisa realizada em Salvador, descreve que:

> As diferentes trajetórias dos operadores escutados interferem decisivamente na sua percepção sobre direitos: enquanto que aqueles que se originavam de ocupações ainda mais precárias (como o trabalho doméstico, por exemplo), encaravam as condições de trabalho como razoáveis e não observavam, nas condutas empresariais desajustadas, senão dissabores, aqueles que pela trajetória familiar e escolar projetam colocações mais qualificadas, demonstram, a partir de sua posição, uma concepção de cidadania mais aprofundada e incompatível como as condições praticadas nos *call centers*.(67)

Conforme já mencionado, é esperado que, nessa dimensão, um dos mecanismos de defesa apresentados por essas trabalhadoras seja entregar-se ao ritmo, impelidas pelas necessidades materiais mais imediatas, especialmente quando se trata de mulheres mais vulneráveis, assombradas pela feminização da pobreza. Nesse caso, há a possibilidade de que essas mulheres, quando alcancem o mercado de trabalho formal, carreguem histórias familiares assim e vejam-se reproduzindo o mesmo padrão, dado o imperativo de terem um trabalho e ante o fato de que é esse tipo de trabalho formal que se lhes apresenta.

Por fim, é possível simplesmente que estratégias defensivas se manifestem de outros modos, tais como outras formas de mobilização coletiva no local de trabalho, por exemplo, a parte dos sindicatos. São exemplos incentivos mútuos, conversa no intervalo, demonstração de entendimento do sofrimento do outro.

Nessa direção, uma dinâmica relacionada ao gênero descrita por Ruy Braga é

> a existência de um comércio informal de lanches saudáveis, bolos e salgados, além de bijuterias, cosméticos e roupas, especialmente comum entre as teleoperadoras, [que] não apenas contribui para reforçar a renda mensal, mas ajuda a criar entre os trabalhadores redes horizontais e difusas de comunicação, acionadas durante protestos, paralisações ou mesmo greves. (68)

No século XXI, de forma mais ampla, é preciso pensar ainda que, se o problema da não participação era grave, agora tem-se uma desestruturação ainda mais profunda da lógica coletiva, pautada por novas morfologias do trabalho que criam trabalhadoras e trabalhadores que sequer se reconhecem como tal, que se sentem empreendedores de si mesmos e que trabalham isolados uns dos outros, o que cria um problema mais profundo e mais amplo de organização coletiva, particularmente para mulheres em seu imperativo de sobrevivência já descrito.

Assim é que uma chave fundamental de enfrentamento do processo de demolição do direito fundamental ao trabalho digno é a articulação de trabalhadores e trabalhadoras com outros movimentos sociais. Há diversas possibilidades nesse sentido. Ao passo que Cinzia Arruzza, Tithi Bhattacharya e Nancy Fraser propõem, por exemplo, organização a partir do "caminho das greves feministas", a união a "outros movimentos anticapitalistas e contrários ao sistema", a "associação com ativistas antirracistas, ambientalistas e pelos direitos trabalhistas e de imigrantes"(69), Ricardo Antunes vislumbra ainda um futuro de organização sindical ampliada, que considere as novas formas de trabalho e que abarque a heterogeneidade da classe-que-vive-do-trabalho hoje.

6. CONCLUSÃO

A partir da perspectiva de gênero como essencial à concretização ampla do direito fundamental ao traba-

(66) VIEIRA, Regina Stela Corrêa. "O trabalho da mulher e a crise do sindicalismo: análise da relação entre a crescente participação da mulher no mercado de trabalho e a representação sindical". In: Seminário Direito e Democracia, 2013, Florianópolis. Anais do Seminário Direito e Democracia 2012. Florianópolis: PET/DIREITO/UFSC, 2013. p. 133.

(67) DUTRA, Renata Queiroz. *Trabalho, regulação e cidadania*: a dialética da regulação social do trabalho. São Paulo: LTr, 2018. p. 259.

(68) BRAGA, Ruy. *A política do precariado*: Do populismo à hegemonia lulista. São Paulo: Boitempo, 2017. p. 109. p. 113.

(69) ARRUZZA, Cinzia; BHATTACHARYA, Tithi; FRASER, Nancy. *Feminismo para os 99%*: um manifesto. São Paulo: Boitempo, 2019. p. 29.

lho digno, o que se constata é que o Estado tem deixado a desejar no cumprimento do seu papel promocional, papel esse que tem uma acepção de preservação da dignidade já existente, por um lado, e de promoção de condições para fruição dessa dignidade, por outro[(70)], dado o cenário de precarização do trabalho em geral e do trabalho feminino em particular.

A concretização do princípio da não discriminação que considere a lente de gênero, por outro lado, extrapola em muito a questão tradicional da igualdade salarial que, sem uma abordagem mais complexa, torna-se apenas "igualdade na miséria". É preciso pautar que a igualdade venha "com empregos que paguem pisos salariais generosos, com direitos trabalhistas substanciais (...) e com uma nova organização do trabalho doméstico e do trabalho de cuidado".[(71)]

O tensionamento dessa transformação mais ampla no mundo do trabalho da mulher é dificultado pelos empecilhos, tradicionais e novos, à organização coletiva das trabalhadoras. É preciso, assim, promover articulações entre sindicalismo e outros movimentos sociais.

Essa perspectiva de resistência visa não apenas a reconhecer, sob o jugo das categorias tradicionais do direito do trabalho, a proteção a trabalhos mortos, que passam ao largo da perspectiva do direito fundamental ao trabalho digno. É preciso enfrentar desigualdades históricas e recriar sentidos, pensando um direito do trabalho que seja capaz não só de resistir, mas de ressignificar seus conceitos e conceber um mundo do trabalho sem sofrimento, que permita uma vida digna aos sujeitos historicamente alijados dessa meta.

REFERÊNCIAS

ABÍLIO, Ludmila Coshtek. Sem maquiagem: o trabalho de um milhão de revendedoras de cosméticos. São Paulo: Boitempo, 2014.

______. Uberização do trabalho: subsunção real da viração. Disponível em: <https://blogdaboitempo.com.br/2017/02/22/uberizacao-do-trabalho-subsuncao-real-da-viracao/>. Acesso em: 10 dez. 2019.

ANTUNES, Ricardo. *O privilégio da servidão*: o novo proletariado de serviços na era digital. São Paulo: Boitempo, 2018.

______. *Os Sentidos do Trabalho – Ensaio sobre a afirmação e a negação do trabalho*. São Paulo: Boitempo Editorial, 2003.

ARRUZZA, Cinzia; BHATTACHARYA, Tithi; FRASER, Nancy. *Feminismo para os 99%*: um manifesto. São Paulo: Boitempo, 2019.

BRAGA, Ruy. *A política do precariado*: Do populismo à hegemonia lulista. São Paulo: Boitempo, 2017, p. 109

COLLINS, Patricia Hill. Aprendendo com a outsider within: a significação sociológica do pensamento feminista negro. *Revista Sociedade e Estado*, v. 31, n. 1, 2016.

COOK, Rebecca J.; CUSACK, Simone. *Estereotipos de Género – Perspectivas Legales Transnacionales*, Bogotá: Profamilia, 2010. p. 67.

CRENSHAW, Kimberlé. Documento para o encontro de especialistas em aspectos da discriminação racial relativos ao gênero. In: Estudos Feministas. v. 10 – UFSC – 2002/1 – 171-188.

______. *Mapping the margins*: intersectionality, identity, politics and violence against women of color. Stanford Law Review, Stanford, v. 43, p. 1241-99, 1991.

DELGADO, Gabriela Neves. *Direito Fundamental ao Trabalho Digno*. São Paulo: LTr, 2015.

DELGADO, Mauricio Godinho. *Curso de Direito do Trabalho*. 17. ed. São Paulo: LTr, 2018.

DIEESE – DEPARTAMENTO INTERSINDICAL DE ESTATÍSTICA E ESTUDOS SOCIOECONÔMICOS. Anuário das mulheres brasileiras. São Paulo: DIEESE, 2011.

DUTRA. Renata Queiroz. Entre a normatização estatal e a negociação coletiva: os desafios da proteção social. *Revista do TST*, Brasília, v. 82, n. 4, p. 272-301, out./dez. 2016.

______. *Trabalho, regulação e cidadania*: a dialética da regulação social do trabalho. São Paulo: LTr, 2018.

FALQUET, Jules. Transformações neoliberais do trabalho das mulheres: liberação ou novas formas de apropriação. In: ABREU, Alice Rangel de Paiva; HIRATA, Helena; LOMBARDI, Maria Rosa (Orgs.). *Gênero e trabalho no Brasil e na França*: perspectivas interseccionais. São Paulo: Boitempo, 2016, p. 37-46.

FIGUERUELO BURRIEZA, Ángela; LEÓN ALONSO, Marta. Las cláusulas generales sobre igualdad y no discriminación por razón de sexo en la negociación colectiva: perspectiva constitucional. In: Propuestas para la igualdad de género en la negociación colectiva – Estudio a partir de la negociación colectiva en Castilla y León, Albacete: Editorial Bomarzo, 2011, p. 11-30.

FRANCESCHET, Susan, ¿Promueven las cotas de género los intereses de las mujeres? – el impacto de las cuotas em la representación sustantiva de las mujeres. In: TOBAR, Marcela Ríos (Org.). *Mujer y política – el impacto de las cuotas de género en América Latina*. Santiago: FLACSO-IDEA internacional, 2008, p. 61-96.

HIRATA, Helena. Globalização e Divisão Sexual do Trabalho numa Perspectiva Comparada. In: GUIMARÃES, Nadya A.; HIRATA, Helena; SUGITA, Kurumi (Orgs.). *Trabalhos Flexíveis, Empregos Precários?*: Uma Comparação Brasil, França, Japão. São Paulo: Edusp, 2009.

(70) DELGADO, Gabriela Neves. *Direito Fundamental ao Trabalho Digno*. São Paulo: LTr, 2015. p. 178.

(71) ARRUZZA, Cinzia; BHATTACHARYA, Tithi; FRASER, Nancy. *Feminismo para os 99%*: um manifesto. São Paulo: Boitempo, 2019. p. 42-43.

_____; KERGOAT, Danièle. *Novas configurações da divisão sexual do trabalho*. Cad. Pesqui. [on-line]. 2007, v. 37, n. 132, p. 595-609. ISSN 0100-1574. Disponível em: <http://dx.doi.org/10.1590/S0100-15742007000300005>.

HOOKS, Bell. *O feminismo é para todo mundo*: políticas arrebatadoras. Rio de Janeiro: Rosa dos Tempos, 2019.

KERGOAT, Danièle. *Dinâmica e consubstancialidade das relações sociais*. Novos estudos – CEBRAP, n. 86, p. 93-103, 2010.

_____. Divisão Sexual do Trabalho e Relações Sociais de Sexo. In: HIRATA, Helena; et al (Orgs.). *Dicionário crítico do feminismo*. São Paulo: Editora Unesp, 2009, p. 67-75.

LOPES, Cristiane Maria Sbalqueiro. Direito do trabalho da mulher: da proteção à promoção. *Cadernos Pagu*, Campinas, n. 26, p. 405-430, 2006.

NOGUEIRA, Cláudia Mazzei. *A Feminização no Mundo do Trabalho*. Campinas: Autores Associados, 2004.

_____. As trabalhadoras do telemarketing: uma nova divisão sexual do trabalho?. In: ANTUNES, Ricardo; BRAGA, Ruy (Orgs.). *Infoproletários*: degradação real do trabalho virtual. São Paulo: Boitempo, 2009, p. 187-212.

ORGANIZAÇÃO INTERNACIONAL DO TRABALHO. Negociação coletiva de trabalho e equidade de gênero e raça no Brasil. Brasília: OIT, 2009. Disponível em: <http://www.ilo.org/wcmsp5/groups/public/---americas/---ro-lima/---ilo-brasilia/documents/publication/wcms_229480.pdf>.

ORGANIZAÇÃO INTERNACIONAL DO TRABALHO. Negociação de cláusulas relativas à equidade de gênero e raça 2007-2009. Brasília: OIT, 2011. Disponível em: <http://www.ilo.org/wcmsp5/groups/public/---americas/---ro-lima/---ilo-brasilia/documents/publication/wcms_229488.pdf>.

SCHIENBINGER, Londa. *O Feminismo Mudou a Ciência?*. Bauru: Edusc, 2001.

SCOTT, Joan Wallach. Gender: Still a Useful Category of Analysis? *Diogenes*, v. 57, n. 1, p. 1-14, 2010.

_____. Gênero: uma categoria útil de análise histórica. *Educação & Realidade*, v. 20, n. 2, p. 71-99, 1995.

SOUZA-LOBO, Elisabeth. *A classe operária tem dois sexos – trabalho, dominação e resistências*. São Paulo: Editora Fundação Perseu Abramo, 2011.

VENCO, Selma. Centrais de Teleatividades: o surgimento dos colarinhos furta-cores?. In: ANTUNES, Ricardo; BRAGA, Ruy (Orgs.). *Infoproletários*: degradação real do trabalho virtual. São Paulo: Boitempo, 2009.

VIEIRA, Regina Stela Corrêa. O trabalho da mulher e a crise do sindicalismo: análise da relação entre a crescente participação da mulher no mercado de trabalho e a representação sindical. In: *Seminário Direito e Democracia*, 2013, Florianópolis. Anais do Seminário Direito e Democracia 2012. Florianópolis: PET/DIREITO/UFSC, 2013. p. 119-134.

YOUNG, Iris Marion. *La Justicia y la política de la diferencia*. Tradução: Silvina Álvarez. Madri: Edições Cátedra, 1990.

CAPÍTULO 14

Os Paradoxos do Feminismo e o Trabalho Digno do Gênero Feminimo

LUTIANA NACUR LORENTZ[(1)]

Resumo: No presente estudo a autora procedeu ao inventário da normatividade de gênero no mundo e no Brasil analisou as quatro grandes fases dos movimentos de mulheres no mundo e, comparativamente, sua implementação – ou não – no Brasil, o que foi pesquisado não somente à luz do referencial bibliográfico, mas também por pesquisa estatística com base em dados sobre remuneração de gêneros (Direito do Trabalho), em âmbito criminal, na representação legislativa e reconhecimento ou falta de reconhecimento midiático. Após, é analisada a infomisoginia dos *Chan's, MRA's, INCEL's* que redundou na "Lei Lola" e, por fim, através da chave de leitura do marco teórico de Fraser, ou seja, sob as perspectivas da redistribuição material, reconhecimento e representação feminina, também foi realizada uma pesquisa estatística com base em dados primários sobre representações de gênero no sistema de justiça brasileiro em dois recortes: Poder Judiciário e MP. Ao final, foram feitas proposições evolutivas com vistas tanto à evolução na simetria de gêneros no Brasil, notadamente na perspectiva do trabalho digno do gênero feminino.

Palavras-chave: Normatividade antiga e atual. Infomisogenia: *Incel's*. Direito do trabalho. Estatísticas. Propostas.

Abstract: In the present study, the authors carry out an inventory of gender normativity in Brazil and in the world. They also analyze the four major phases of women's movements in the world and, comparatively, their implementation – or not – in Brazil, which was researched both in bibliographical references and also in statistical research based on data on gender payment (Labor Law), in legislative representation and recognition or lack of média recognition. Afterwards, the infomysoginia of the Chan's, MRA's, INCEL's that resulted in the "Lola Law" is analyzed. Finally, through the key of reading Fraser's theoretical framework, that is, under the perspective of material redistribution, recognition and female representation, a statistical survey was also carried out based on primary data on gender representations in the Brazilian justice system in two cuts: Judicial Power and MP. In the end, evolutionary propositions were made with the purpose both to the evolution in the symmetry of genres in Brazil, and also in the perpective of dignified labor of female gender.

Keywords: Earlier and current normativity. Infomisogenia: Incel's. Labor law. Statistics. Proposals.

1. INTRODUÇÃO

A presente pesquisa tem como propósitos investigar as assimetrias do **gênero feminino** com a base geral nas teorias de Nancy Fraser[(2)] e no feminismo Descolonial de Lugones[(3)], aquela inclui a questão da representatividade, redistribuição (material) e reconhecimento do gênero feminino e esta enfrenta os reflexos deletérios do colonialismo, sobretudo quanto ao gênero feminino na América Latina, que persiste, para além de qualquer *locus* físico, como uma (inter)subjetividade amiúde.

No tema específico **do trabalho** do gênero feminino tratar-se-á dos reflexos deste macrossistema

(1) Procuradora Regional do Trabalho em Minas Gerais. Doutora e Mestre em Direito Processual pela Pontifícia Universidade Católica de Minas Gerais (PUC-Minas). Assessora do Conselho Nacional do Ministério Público e Professora da Escola Superior do Ministério Público. Foi Diretora do Movimento de Mulheres do Ministério Público Brasileiro de 2018/2019. Pesquisadora integrante do Grupo de Pesquisa Trabalho, Constituição e Cidadania (UnB/CNPq).

(2) FRASER, Nancy; HONNETH, Axel. *Redistribution or recognition? a political philosophical exchange*. New York: Verso, 2003.

(3) LUGONES, Maria. *Colonialidad y género*, Tabula Rasa. Bogotá – Colombia, n. 9, n. 73-101, jul.-dic. 2008

no âmbito do microssistema do **Trabalho Digno** do Gênero Feminino no Brasil, teoria engendrada por Gabriela Neves Delgado[4] que defende que o Trabalho Digno se efetiva quando presentes os três grandes eixos jurídicos de proteção ao trabalho previstos, no plano internacional, nos tratados e convenções internacionais ratificados pelo Brasil e, no plano doméstico, pela CF/88 (estes de jusfundamentalidade), pela CLT e outros diplomas infraconstitucionais (na perspectiva de infralegalidade). Para Gabriela N. Delgado o trabalho digno é o *constructo* da dignidade do trabalhador para assunção da identidade do cidadão (ã) e tem o propósito assecuratório de **ressignificação do trabalho humano digno e protegido para todos**, empregados e não empregados (terceirizados, eventuais, autônomos...) garantindo **a todos trabalhadores** uma **base matricial de direitos básicos**, de piso, com eventuais nuanças de direitos específicos dependendo do tipo de trabalhador. Assim, o direito ao salário mínimo hora, ao meio ambiente do trabalho saudável, à sindicalização (com enquadramento na empresa tomadora) etc. são direitos defendidos pela teórica como aplicável a todo e qualquer trabalhador (empregado ou não). Esta será a chave de leitura específica desta pesquisa.

Dessarte este capítulo **propõe** a **interseção e transversalidade** das duas **teorias de gênero**, a da americana Nancy Fraser (New School New York) da "Representação, Redistribuição e Reconhecimento" e da argentina Maria Lugones (Havard University) "Feminismo Descolonial" **com a "Teoria Trabalho Digno Protegido"** da brasileira Gabriela N. Delgada (Universidade UnB) usada, reitere-se, de forma específica e como marco teórico.

Na visão da autora deste capítulo, o tratamento normativo em transversalidade histórica no viés do gênero feminino em geral, como macrossistema[5], não tem como se desvencilhar do microssistema do trabalho digno da do gênero feminino no Brasil. Por esse motivo foram analisadas as questões gerais da mulher, nas angulações normativas e históricas, no mundo, no Brasil e, após, analisou -se três recortes escolhidos no sistema de justiça brasileiro: gênero feminino e Direito do Trabalho, Poder Judiciário e Ministério Público (MP). Nesta linha, primeiro inventariou-se a normatividade feminina no mundo e no Brasil (método dedutivo), incluindo a questão da infomisoginia, na sequência analisou-se as quatro grandes fases do movimento feminista no mundo e comparativamente no Brasil. Foi feita uma pesquisa bibliográfica e estatística sobre a situação da mulher no Brasil nas angulações remuneração (redistribuição - Direito do Trabalho), angulação de Feminicídios, mídia (reconhecimento) e angulação de representatividade no Poder Legislativo. Depois foram feitas pesquisa bibliográfica e estatística específicas no Direito do Trabalho, no Poder Judiciário e MP através da pesquisa do Conselho Nacional do MP (CNMP) "Cenários"[6]. Ao final, foram apresentadas proposições evolutivas no geral, no Brasil, e específicas nos âmbitos do Direito do Trabalho e trabalho digno do gênero feminino no geral e nos poderes Judiciário e MP.

2. BREVE INVENTÁRIO JURÍDICO DA NORMATIDADE CONCERNENTE À MULHER NO MUNDO E NO BRASIL

Inicialmente a presente pesquisa objetivou um breve inventário jurídico do tratamento normativo dispensado à mulher, no mundo (método dedutivo) e no Brasil (método indutivo). As técnicas empregadas foram a dupla escala (dedutivo e indutivo) e a metodologia de pesquisa bibliográfica e pesquisa estatística. Os códigos não foram escolhidos em linearidade temporal e sim por critério de preponderância. Apesar de relatos de existência de algumas sociedades matriarcais nas famílias bárbaras, poliândricas[7], em quase todos os códigos antigos a sociedade era patriarcal: os Dez Mandamentos, a Lei das Doze Tábuas e Código de Hamurabi, nos quais a mulher é objetificada ao ponto de literalmente constar *na lista de bens do marido*. Nos Dez Mandamentos[8] ela aparece junto à casa, servos (as), bois

(4) DELGADO, Gabriela Neves. *Direito fundamental ao trabalho digno*. São Paulo: LTr, fev. 2006.

(5) FOUCAULT, Michel. *Le jeu de Michel foucault*. In: _____. *Dits et écrits II*: 1976-1988. Edição estabelecida sob a direção de Daniel Defert e François Ewald, com a colaboração de Jacques Lagrange. Tradução de Gilles Barbedette et al. 2. ed. Paris: Quarto Gallimard, 2001. p. 175.

(6) Disponível em: <http://www.cnmp.mp.br/portal/images/20180622_CEN%C3%81RIOS_DE_G%C3%8ANERO_v.FINAL_2.pdf>. Acesso em: 15 abr. 2019.

(7) ENGELS, Friedrich. *A origem da família, da propriedade privada e do estado*. Rio de Janeiro: Bestbolso, 2014. p. 50, 59.

(8) ALBERGARIA, Bruno. *Histórias do Direito*. 2. ed. São Paulo: Atlas. p. 54. Não terás outros deuses além de mim...Honra teu pai e tua mãe, a fim de que tenhas vida longa na terra que o Senhor, o teu Deus, te dá. Não matarás. Não adulterarás. Não furtarás.... Não cobiçarás **a casa** do teu próximo. Não cobiçarás a ***mulher*** do teu próximo, nem seus servos ou servas, nem seu boi ou jumento, nem coisa alguma que lhe pertença. (G.N. E N.N.)

e jumento do marido. O Código de Hamurabi[9], que é considerado o documento jurídico mais importante do mundo antigo, antes da Grécia Antiga (séculos VXIII e XVII, a.C.) previa também a objetificação da mulher a ponto de a mesma, em apresentando comportamento defeituoso, ou pelo fato de não ser virgem, poder ser morta pelo marido, perdoada ou devolvida ao pai[10] (cap. *IX* e *X, n. 129)*. Na Lei das Doze Tábuas[11], Direito Romano (450/451 A.C.) a mulher ou aparece também como sujeita ao poder do marido ou como insana (Tábuas 6ª e 10ª) e o pátrio poder com extensão de vida e morte dos filhos (Tábua 4ª).

Em âmbito mundial, a gênese do chamado "8 de março", Dia Internacional da Mulher, data de *8 de março de 1857*, quando houve uma greve de mulheres em Nova York, na fábrica Cotton, reivindicando licença-maternidade e jornada dia de 10 horas. Os policiais atearam fogo e 129 (cento e vinte e nove) operárias foram queimadas. Esse movimento ficou conhecido como "trabalhismo" e teve convergência com o "sufragismo", no qual as mulheres pleiteavam direito ao voto. *O "8 de março" das mulheres antecedeu o chamado "1º de maio" (Dia Internacional do Trabalhador)* ***em 29 anos*** cujas origens também foram de outra greve ocorrida em *1º de maio de 1886* de homens e mulheres em Chicago que objetivava a redução de jornada para 8 horas dia e resultou em prisões e morte por enforcamento de grevistas.

No Brasil, o Código Civil de 1916, no art. 6º, considerava a mulher relativamente incapaz, sendo equiparada aos menores, aos pródigos e aos silvícolas. Seus atos precisavam da validação do pai (quando solteira), ou do marido (quando casada) e pelo art. 242 precisavam de autorização marital para trabalhar. Somente em *1932*, com a reforma do Código Eleitoral, as mulheres *conquistaram o direito ao voto no Brasil* (o que *efetivou-se em 1946* com o voto feminino obrigatório) o que somente foi alcançado a partir de ações desde políticas até armadas de sufragistas como Elvira Kolmer[12], advogada, que com 23 (vinte e três) anos arregimentou e liderou batalhão armado, em 1930, com alistamento de 8 mil mulheres. Também se destaca a ação da Sufragista e Trabalhista Bertha Lutz[13] que lutou pela educação e sufrágio feminino, foi Deputada Federal, defendeu licença-maternidade de 3 meses (à época, 1936), jornada de 13 horas para mulheres, igualdade remuneratória com homens etc. O art. 6º do Código Civil de 1916, a partir da conquista do direito ao voto feminino, foi alterado pela Lei n. 4.121, de 27.08.1962 (Estatuto da Mulher Casada) e pela Lei n. 6.515, de 02.12.1977 (Lei do Divórcio).

Com o advento da Constituição de 1988 foram estabelecidas novas chaves de leituras de gênero. Após intensa luta capitaneada principalmente por movimentos feministas[14] foi prevista constitucionalmente a igualdade entre os gêneros, em todos os âmbitos (art. 5º, I) e na sociedade, que passa ser, de *patriarcal,*

---

(9) *Op. cit. Histórias do Direito*. 2. ed. São Paulo: Atlas. p. 27.

(10) *Idem, Ibidem*. p. 38/41:
• Se a esposa de um homem é acusada por ele, mas não foi pega com outro homem, ela fará juramento diante de Deus e voltará para sua casa.
• Se à esposa de um homem foi apontado o dedo por causa de outro homem, mas não houve provas, ela deverá pular no rio por seu esposo.
• *Se uma mulher, por aversão ao marido, não quiser mais ter relações com ele, seu caso irá a julgamento. Se ela tiver sido uma boa esposa e ele um péssimo marido, tendo a humilhado, ela pegará seu dote e voltará para a casa de seu pai.*
• *Mas se ela foi uma péssima esposa, tendo desonrado seu marido, será jogada na água."* (N.N. e G.N.)

(11) *Idem, Ibidem*: "Tábua Sexta": 6-A mulher que residir um ano em casa de homem, como se for a sua esposa, **será adquirida por este homem** e cairá **sob seu poder**, salvo se ausentar de casa por três noites... 9. Se alguém repudiar a sua mulher, que apresente razões para este repúdio. Tábua Décima. 7-**Que as mulheres não arranhem as faces e nem soltem gritos imoderados.** Tábua Quarta. Do pátrio poder e do casamento: 2- O pai terá sob os filhos nascidos de casamento legítimo o poder de vida e de morte e o poder de vendê-los".

(12) GAMA, Lélia Vidal Gomes da. *Elvira Kolmer*: uma estrela riscou o céu. Belo Horizonte: Imprensa Oficial do Estado de Minas Gerais, 1987.

(13) Fundou em 1919 a Liga para Emancipação Intelectual da Mulher e em 1922, a Federação Brasileira para o Progresso Feminino, dando início à luta pelo direito ao voto das mulheres, também em 1922 conseguiu que meninas fossem admitidas no externato colégio Pedro II, em 1923 participou da Conferência Internacional da Mulher, em Roma, recebendo condecoração do governo Belga por estudos domésticos e agrícolas junto a população rural. Em 1928 conseguiu junto ao governo do RG do Norte o voto feminino (o primeiro no Brasil), sob o governo de Juvenal Lamartine de Farias. Propôs dentre outras medidas a igualdade remuneratória da mulher, licença-maternidade de três meses, redução da jornada de trabalho então de 13 horas, etc. ABREU, Alzira Alves de BELOCH, Israel, LATTAMAN-WELTMAN, Fernando; L AMARÃO, Sérgio Tadeu de (Coords.). *Dicionário histórico-biográfico brasileiro*. Rio de Janeiro: Editora FGV, 2001. p. 3.343, v. III.

(14) BERTOLIN, Patrícia Tuma Martins e outras (Orgs.). *Carta das Mulheres Brasileiras aos Constituintes*: 30 anos depois. São Paulo: Autonomia Literária, 2018.

para *familiar* (art. 226, § 5º e § 8º). Seguindo essa base matricial, o Código Civil de 2002 promoveu a simetria entre mulheres e homens, na sociedade familiar e fora dela (arts. 3º, 4º, 1.571, 1.631-1.634). Do mesmo modo estabelecem duas relevantes convenções internacionais: a *Convenção Interamericana para Prevenir, Punir e Erradicar a Violência contra a Mulher*, concluída em Belém do Pará, em 09.06.1994 e promulgada pelo Decreto n. 1.973, de 01.08.1996 e a Convenção sobre a Eliminação de Todas as Formas de Discriminação contra a Mulher, de 1979, da Organização das Nações Unidas, promulgada pelo Decreto n. 4.377, de 13.09.2002, *além das Convenções ns. 100 e 111, da Organização Internacional do Trabalho (OIT).*

Na esfera do Direito do Trabalho, a Lei n. 9.029, de 13.04.1995 e a Consolidação das Leis do Trabalho (CLT, art. 373 – A) estabeleceram a vedação de práticas como: realização de exames de esterelidade como condição de admissibilidade, dispensa em virtude de gravidez, revistas íntimas, exigência de que a mulher a ser contratada tenha "boa aparência", dentre outras. Porém, os artigos da Lei n. 13.467, de 13.07.2017 sobre compensação de jornada em condições insalubres implicarão no aumento do desemprego feminino, em claro retrocesso na proteção da mulher.

Também numa análise recente do Direito Penal (Código Penal de 1940) observa-se que era recorrente o uso da expressão "mulher honesta", não no sentido de mulher que cumpre suas obrigações de cidadã, quita suas dívidas etc., mas sim aquela que se comporta da maneira como a sociedade patriarcal define, submetendo-se aos valores preconceituosos até então naturalizados. Tal expressão inacreditavelmente esteve inscrita na legislação brasileira até o advento da Lei n. 12.015, de 07.08.2009, quando finalmente crimes contra mulheres deixaram de ser avaliados tendo em conta pretensa honestidade da vítima. Ainda na ótica do Direito Penal, como já mencionado, o Brasil ratificou a Convenção Interamericana para Prevenir, Punir e Erradicar a Violência contra a Mulher, concluída em Belém do Pará a Convenção sobre a Eliminação de Todas as Formas de Discriminação contra a Mulher, de 1979, da ONU, tendo sido acionado por inúmeros casos de agressões à mulher, inclusivamente ocorridos com Maria da Penha Maia Fernandes, os quais, levados à Corte Interamericana, impulsionaram a aprovação da Lei n. 11.340, de 07.08.2006 (Lei Maria da Penha) e, posteriormente, tendo sido acionada a ONU com denúncia de que o Brasil tinha passado em 2013 do nada honroso 7º lugar em Feminicídios para o vergonhoso 5º lugar mundial foi aprovada a Lei n. 13.104, de 09.03.2015 (Lei do Feminicídio).

3. A INFOMISOGINIA: MRA'S, "MASCU'S" E INCEL'S:

A misoginia na era digital da Quarta Revolução Industrial se alastrou, com a terminologia de "infomisoginia" valendo-se sobretudo do anonimato e facilidade de cooptação de seguidores no mundo. Isto têm ocorrido sobretudo pela criação em vários *Chan's* (diminutivo de *Channel*, canais da *internet* da *Deep Web*) que hospedam comunidades composta por homens supremacistas de gênero (masculino) e de cor (brancos) envolvendo as seguintes características: ódio às mulheres – em especial negras, ou simplesmente empoderadas –, crise de masculinidade, espetacularização da violência, considerando notadamente que o homem (e não a mulher) é o oprimido pela sociedade atual. Essas comunidades atentem por vários nomes desde "Red Pill"[(15)], os *Men's Rights Activists – MRAs até os mais agressivos INCEL's* (*Involuntary Celibates*), mais comuns nos EUA, mas que têm migrado para o Brasil com o termo "Masculinistas" – "MASCUS". Seus membros usam da infomisoginia agressiva, desde "manuais de sedução" até "manuais de estupro" de mulheres, ataque à reputação mediante a criação de perfis falsos das mulheres na *internet*, com o propósito de atribuir-lhes prática de abortos de fetos masculinos, castração, etc. Donna Zuckerberg pesquisou este submundo e divulgou número imenso de membros de INCEL's. No Brasil, a misoginia digital, assim como nos EUA, vem crescendo exponencialmente, sendo uma prática constante contra inúmeras mulheres, tais como Dolores Aronovich Aguero (Lola Aronovich) professora de Literatura Inglesa da Universidade Federal do Ceará e ativista feminista, que foi ameaçada por grupos misóginos. Após intensa luta política, foi promulgada a Lei n. 13.642, de 03.04.2018 ("Lei Lola") de combate a misoginia digital, atribuindo à Polícia Federal a investigação de crimes que propaguem ódio às mulheres.

---

(15) Referência ao filme "Matrix" (1999), In: ZUCHEBERG, Donna. *Not All Dead White Men: Classics and Misogyny* In: *The Digital Age* (*Nem Todos os Homens Brancos estão Mortos: Clássicos e Misoginia na Era Digital*). Cambrigde, Massachusets: Havard University Press, 2018. p. 13 e p. 11 p. 11: "Uma pequena pesquisa com auto-relato entre esta comunidade aponta que mais de três quartos de seus membros são brancos, heterossexuais, conservadores no senso político, sem religião definida e entre dezoito e trinta e cinco anos (Tradução nossa)".

4. DIVERSAS FASES DO MOVIMENTO FEMINISTA NO MUNDO E NO BRASIL

Usando de técnica incialmente analítica e, ao final, sistêmica, será feita a análise das fases do movimento feminista, o qual se divide em quatro grandes marcadores históricos não lineares e sim preponderantes e sujeitos a retrocessos constantes. Tal análise será realizada primeiramente no panorama mundial e em seguida na realidade do Brasil. Marshall[16] defendia existir uma ordem de conquista de direitos: em primeiro lugar seriam os civis, após viriam os políticos e, doravante, os sociais.

A primeira fase do Movimento Feminista teve início no final do século XIX e durou até 1945, tendo como principais focos: o direito ao voto feminino ("Sufragistas"), o direito a salário igual pelo mesmo trabalho realizado pelo homem, direito à educação para a mulheres etc. No Brasil, por pesquisa estatística com base em dados secundários tanto do Direito do Trabalho (angulação remuneração), Direito Penal (angulação feminicídios) e Poder Legislativo (angulação representatividade) comprova-se a permanência, até os temos atuais, de grave assimetria entre os gêneros em todos os aspectos abordados. Nas eleições de 2018, apesar de as mulheres serem quase 52% da população, não se atingiu na última legislatura 15% de representatividade (a representação feminina, no Legislativo do Brasil é uma das piores do mundo, ficando atrás de Ruanda[17]):

CASA DO PARLAMENTO ELEIÇÕES 2018	TOTAL DE PARLAMENTARES	NÚMERO DE HOMENS	NÚMERO DE MULHERES	PERCENTUAL DE REPRESENTAÇÃO FEMININA
Câmara dos Deputados	513	436	77	15%
Senado Federal	81	71	10	13,6%

No que concerne à segunda grande pauta da primeira fase do Movimento Feminista – remuneração igual para trabalho de gênero igual *(Direito do Trabalho)* em 2015 as mulheres recebiam em média 72,7% do que era pago para homens (Fonte: Instituto Brasileiro de Geografia e Estatística[18]). Segundo o Banco Mundial, o Brasil é um dos piores países do mundo no quesito diferença de renda entre homens e mulheres[19], o que é corroborado pela OIT[20]. Estudos realizados também pelo IBGE em 2018, denominados "Sistema Nacional de Informações de Gênero" – SNIG – comprovam a "dupla" e "tripla" jornada feminina, ou seja, a *divisão sexual injusta do tempo do trabalho*[21].

(16) MARSHALL, T. H. *Cidadania, classe e status social*. Rio de Janeiro: Zahar, 1967.

(17) Fonte: Women in national partiaments: situation as of 1st December 2017. Geneva: Inter-ParliamentaryUnion – IPU, 2017. Disponível em: <http://archive.ipuorg./wmn-e/arc/classif011217.htm>. Acesso em: fev. 2018.

Nota: Foram selecionados, além do Brasil, os três países com maior percentual de mulheres ocupando assentos nas câmaras baixas ou parlamentos unicamerais de cada continente, sendo que para o continente americano foram selecionados três países para cada região (América do Norte, América Central e Caribe, América do Sul).

(18) Secretaria de Previdência. Ministério da Fazenda. *Política de Proteção Social e Igualdade de Gênero*. Brasília: DF, nov. 2017.

(19) Disponível em: <http://www.worldbank.org/content/dam/Worldbank/Event/Gender/GenderAtWork_web2.pdf>. Acesso em: 04 mar. 2018. WORLD BANK. Taking stock: stylized facts about gender at work. In: ____. *Gender at work*: a companion to the World Development Report on Jobs. [S.l.]: [s.n.], 2013. p. 17-21.

(20) Disponível em: <http://www.ilo.org/global/about-the-ilo/newsroom/news/wcms_619550?lang=es>. Acesso em: 17 abr. 2019.

(21) Disponível em: <https://biblioteca.ibge.gov.br/visualizacao/livros/liv101551_informativo.pdf>. Informações: 08 jun. 2018. Acesso em: 15 abr. 2019.

E por que isso ocorre? As hipóteses levantadas por esta pesquisa (e que serão provadas no item seguinte, que trata da segunda fase do Movimento Feminista) é de que basicamente são três os motivos: primeiro, porque é somente a mulher que goza do direito de licença ampla para os cuidados iniciais com filhos e filhas (licença à gestante – de 120 a 180 dias). A licença ao pai em regra é ínfima, de cinco ou vinte dias. Segundo, porque é senso comum que cabe à mulher, e "naturalmente" a ela, todos os cuidados para com os filhos e a casa. Esses dois motivos fazem com que ela tire licença gestante, tenha menos tempo disponível para o empregador, não possa fazer amiúde horas extras etc., o que culmina no seu menor potencial de contratação, na sua menor remuneração e, de forma muito recorrente, subemprego e trabalho na informalidade para conseguir dar conta dessas duplas e triplas jornadas. Essa *divisão sexual do tempo de trabalho doméstico/familiar* entre os gêneros no Brasil, sobrecarregando a mulher, diminui sua remuneração, independência e perpetua o "ciclo feminino geracional da pobreza".

Um terceiro fator, que deve ser apontado por sua relevância, é a não ratificação pelo Brasil da Convenção n. 156, da OIT (e sua Recomendação n. 156, OIT) que prevê tratamento legal diferenciado em favor do trabalhador e da trabalhadora com obrigações familiares e também a responsabilidade do Estado na manutenção de creches e escolas para afiançar que a mulher possa sair para trabalhar sem temores de que seus filhos estarão sem amparo, ou, como ocorre no Brasil (em franco descumprimento ao art. 212, CF/1988) em perigo, notadamente para as famílias de baixa renda que não têm empregadas domésticas. Para a demonstração desta hipótese, são apresentadas a seguir as provas das duplas e triplas jornadas femininas no Brasil. Com efeito, além do trabalho remunerado, externo (produtivo), as mulheres acumulam a maior parte do trabalho reprodutivo, não remunerado (lar e filhos) *validando a tese da divisão sexual do tempo do trabalho in pejus* da mulher. Em 2016, o IBGE[22] indicou que a mulher, em média, *tem pelo menos o dobro de horas por semana* gastas com o cuidado para com o lar e filhos: pelo exame dos dados constata-se que, sob os dois grandes motes da primeira fase do Movimento Feminista, o Brasil não atingiu os objetivos pretendidos pelas Trabalhistas e Sufragistas.

---

(22) Disponível em: <https://www.ibge.gov.br/estatisticas-novoportal/multidominio/genero/20163-estatisticas-de-genero-indicadores-sociais-das-mulheres-no-brasil.html?=&t=resultados>. Acesso em: 07 abr. 2019. Em 2013, a Comissão de Estatística das Nações Unidas (United Nations Statistical Commission) organizou o Conjunto Mínimo de Indicadores de Gênero – CMIG (Minimum Set of Gender Indicators – MSGI), constituído por 63 indicadores (52 quantitativos e 11 qualitativos) que refletem o esforço de sistematização de informações destinadas à produção nacional e à harmonização internacional de estatísticas de países e regiões relativamente à igualdade de gênero e ao empoderamento feminino. Com a divulgação do presente informativo, o IBGE traz a público, pela primeira vez, os resultados de grande parte desses indicadores para o Brasil...

Tabela 1 - Número médio de horas semanais dedicadas aos cuidados de pessoas e/ou afazeres domésticos das pessoas de 14 anos ou mais de idade, na semana de referência, por sexo, com indicação do coeficiente de variação, segundo características selecionadas - 2016

Características selecionadas	Horas semanais dedicadas aos cuidados de pessoas e/ou afazeres domésticos											
	Pessoas de 14 anos ou mais de idade						Pessoas ocupadas de 14 anos ou mais de idade					
	Total		Sexo				Total		Sexo			
			Homens		Mulheres				Homens		Mulheres	
	Média	CV (%)	Média	CV (%)	Média	CV (%)	Média	CV (%)	Média	CV (%)	Média	CV (%)
Brasil	16,7	0,4	11,1	0,5	20,9	0,4	14,1	0,5	10,5	0,6	18,1	0,5
Norte	15,5	1,1	10,5	1,4	19,4	1,2	13,2	1,3	10,2	1,5	17,2	1,5
Nordeste	17,5	0,6	11,0	0,8	21,8	0,6	14,6	0,7	10,5	0,9	19,0	0,7
Sudeste	17,1	0,8	11,4	1,0	21,4	0,8	14,4	0,8	10,7	1,0	18,4	0,9
Sul	16,0	0,7	11,0	0,9	19,9	0,8	13,6	0,8	10,3	1,0	17,3	0,8
Centro-Oeste	15,0	1,2	10,0	1,6	18,9	1,3	12,9	1,3	9,6	1,7	16,7	1,3
Cor ou Raça												
Branca	16,6	0,6	11,0	0,7	20,6	0,6	13,9	0,6	10,4	0,8	17,7	0,7
Preta e Parda	16,9	0,4	11,1	0,6	21,2	0,5	14,3	0,5	10,6	0,7	18,6	0,6
Grupos de idade												
14 a 29 anos	13,9	0,7	9,5	0,9	17,3	0,7	12,6	0,9	9,6	0,9	15,8	1,1
30 a 49 anos	17,4	0,5	11,3	0,7	22,2	0,5	14,7	0,6	10,9	0,7	18,8	0,6
50 a 59 anos	18,2	0,6	11,4	0,9	23,2	0,6	14,5	0,7	10,5	0,9	19,2	0,8
60 anos ou mais	18,4	0,6	13,0	0,9	22,0	0,7	14,2	1,0	10,8	1,3	19,3	1,3

A segunda fase do Movimento Feminista deu-se dos idos do final da década de 1960 e durou até 1990, tendo referenciado a figura da filósofa Simone de Beauvoir[23] (apesar de o livro mencionado ter sido publicado em 1949, o mesmo passou a ser usado *como base matricial* apenas na segunda fase do Movimento), sendo notável *o corte* promovido por ela entre dois conceitos diversos: sexo e gênero. A autora clarificou que sexo é o biológico (homem e mulher) e gênero é a *construção complexa histórica* do "papel fixo" da mulher na sociedade nos vieses: social, cultural, político, econômico etc. Porém, até o advento da obra de Beauvoir, havia a "transposição automática" de caracteres (pseudo-biológicos, ou de biologismo de má-fé) de *sexo para gênero*[24] no seguinte senso: sexo homem, macho, é ativo, detentor da força, da razão, liderança, dominação. Já a Mulher, a fêmea, seria a passiva, detentora da fraqueza, emoção, irracionalidade, submissão, função básica de matriz. Esses conceitos (pseudo-biológicos[25]) foram "assimilados" pelo gênero: masculino papel de domínio (ou liderança) social, político, econômico e cultural, trabalho externo, remunerado e reconhecido é papel principal. Já o feminino seria função de parideira, de mãe, voltada ("naturalmente", ou pela "vontade de Deus") aos cuidados com a prole, com a casa, ausência de papéis (ou parca presença) nos vieses político, econômico e cultural, ou seja, situação de opressão ou subalternidade. Trabalho que caberia a ela seria naturalmente o labor dentro de casa, não remunerado, invisibilizado, secundário. Tanto isto é verdade que, mesmo quando a mulher obteve o direito de trabalhar fora de casa, ela manteve no Brasil a dupla jornada e a tripla jornada (cuidado com filhos e casa) pouco divido com os homens, conforme dados de 2018 IBGE[26], já mencionados.

Beauvoir demonstrou o erro da naturalização dos "papéis fixos" de gênero. Para ela, a superação desses papéis depende do preenchimento, por homens e mulheres, dos pressupostos: controle de natalidade (felizmente a pílula anticoncepcional foi inventada em 1960), oferta igualitária de oportunidades educacionais, de saúde e, notadamente, *pela liberdade de escolha*. Com o preenchimento destes pressupostos mínimos, qualquer dos sexos pode – e deve – ocupar protagonismo

(23) BEAUVOIR, Simone. *O segundo sexo*. v. I. 12ª imp. Rio de Janeiro: Editora Nova Fronteira S. A., 2009.

(24) ______. *Brigitte Bardot e a síndrome de Lolita & outros escritos*. Belo Horizonte: Quixote + Do Editoras Associadas, 2018. p. 69-97.

(25) CULT – *Revista Brasileira de Cultura*. Simone de Beauvoir e os paradoxos do feminino. São Paulo: Editora Bregantini, n. 10, a. 22, jan. 2019.

(26) Disponível em: <https://biblioteca.ibge.gov.br/visualizacao/livros/liv101551_informativo.pdf>. Acesso em: 15 abr. 2019.

em espaços políticos, econômicos, culturais e sociais. Nessa segunda fase, em âmbito mundial foram teorizadas[(27)] as diversas faces da opressão[(28)] da mulher, tendo sido criados fóruns de discussões, horizontalizados, com propósitos de evolução, em parte efetivados no Brasil, que usaram emblemas como "Quem ama não mata" em resposta ao recorrente "Matar em Legítima Defesa da Honra"[(29)]. Tais discussões se expandiram nas universidades[(30)], incluindo o temário de gênero na pauta do governo, passando-se a exigir políticas públicas em favor das mulheres na saúde, educação dos filhos e combate à violência. Nas teorizações dessa Onda surgiu o *Feminista Legal Studies*[(31)], na década 1980, na Austrália, Estados Unidos etc. o qual sustentava que a *perspectiva analítica do gênero é uma estrutura social importante para produção ou destruição do Direito.*

Notadamente no Brasil, desde o século XIX o conceito de "privacidade" emergiu não apenas como um meio de proteção individual, mas muito mais como forma de que empresas e famílias ficassem infensas à aplicação das leis. Nessa realidade foram criados os ditos populares que tanto prejudicaram a defesa da mulher vítima de violência "em briga de marido e mulher ninguém mete a colher" etc. Nesta linha, na Grécia antiga, apesar de a lei ter sido uma conquista como um comando a ser obedecido por todos, vigorava a "Lei do Pai" (Lei de *Oikos*[(32)]) a qual permitia ao pai, dentro de casa, decepar, mutilar e até matar. No Brasil, muitos séculos após, a realidade de um número assustador de mulheres é que a própria casa é o lugar onde se corre mais riscos de sofrer violência, sendo que o país ostenta o vergonhoso *5º lugar no mundo* em feminicídios ("crimes, ou violência doméstica"). Segundo a ONU[(33)] a taxa de feminicídios no Brasil só é maior, no mundo inteiro, que a de El Salvador, Colômbia, Guatemala e URSS. Conclui-se que no Brasil, os ideários da segunda fase do Movimento também não foram concretizados.

A terceira fase[(34)] (Pós-feminismo), que ocorreu nos anos 80/90, implicou em uma conduta crítica à segunda fase, ao conceito homogêneo de ser mulher, sustentou a multiplicidade de diferenças internas de sexualidade, raça, classe social etc., ou seja, propugnou da diferença na igualdade, o feminismo plural. Também havia uma crítica muito incisiva em face do patriarcalismo e assistencialismo estatal. Essa fase marcou um declínio do movimento feminista, notadamente no Brasil, no qual o Neoliberalismo atua na destruição de movimentos coletivos (notadamente sindical e feminista) e direitos sociais arduamente conquistados pelos trabalhadores do segundo quartel do século XIX. Em suas pesquisas Delgado[(35)] descreve os motivos de gênese do Neoliberalismo, em síntese: ausência de contraponto político (o fim do comunismo e do movimento sindical revolucionário), uma frontal perseguição ao movimento sindical operário (Bauman[(36)]); alterações econômicas (hegemonia do capital especulativo bancos e bolsas de

---

(27) SAFFIOTI, Heleieth Iara Bongiovani. O feminismo e seus frutos no Brasil. In: SADER, Emir (Org.) *Movimentos Sociais na transição democrática.* São Paulo: Cortez, 1986.

(28) ______. *Gênero, patriarcado, violência.* São Paulo: Editora Fundação Perseu Abrano, 2004.

(29) Disponível em: <http://www.oabsp.org.br/sobre-oabsp/grandes-causas/o-caso-doca-street>. Acesso em: 15 abr. 2019... a sentença **aceitou a tese do excesso culposo no estado de legítima defesa**.

(30) BITTENCOURT, Naiara Andreoli. Movimentos feministas. *Revista InSURgência.* Brasília, a. 1, p. 198-201, jan./jun., 2015.

(31) Nos USA, apesar ter sido assegurado o direito a sufrágio com a 15ª Emenda, em 1870 a todo cidadão americano (*"o direito de voto dos cidadãos dos Estados Unidos não poderia ser negado ou cerceado pelos Estados Unidos, nem por qualquer estado da federação, seja por motivo de raça, cor ou de prévio estado de servidão"*), a Suprema Corte dos EUA entendeu que esta emenda não se aplicava às mulheres, com interpretação conservadora, patriarcal e discriminatória. Apenas com a 19ª Emenda, em 1920 é que após muitas lutas as sufragistas, feministas obtiveram este direito, ou seja, 50 (cinquenta) anos depois, segue: *"o direito de voto dos cidadãos dos Estados Unidos não será negado ou cerceado em nenhum Estado em razão do sexo".* ASSIS, Mariana Prandini. História do direito, abordagens feministas e o desafio da exclusão: lições no caso Estadunidense In: MAIOR, Jorge Luiz Souto; VIEIRA, Regina Stela Côrrea (Org.) *Mulheres em Luta*: A outra metade da história do direito do trabalho. São Paulo: LTr, 2017.

(32) LORENTZ, Lutiana Nacur; SOUZA, Flávia Roberta Benevenuto de. O princípio da igualdade e as perspectivas antiga e moderna. *Meritum* (FUMEC), v. 3. p. 51-79, 2008.

(33) Disponível em: <https://nacoesunidas.org/onu-feminicidio-brasil-quinto-maior-mundo-diretrizes-nacionais-buscam-solucao/>. Acesso em: 15 abr. 2019.

(34) BARBOSA, Geovane dos Santos; LAGE, Aliene Carvalho. Reflexões sobre o movimento feminista na América Latina. *Revista Lugares de Educação* (RLE), Bananeiras – PB, v. 5, n. 11. p. 92-103, ago.-dez. 2015.

(35) DELGADO, Mauricio Godinho. *Capitalismo, Trabalho e Emprego – Entre o Paradigma da Destruição e os Caminhos da Reconstrução.* São Paulo: LTr, 2006. p. 10-50.

(36) BAUMAN, Zygmunt. *Vida para o consumo – a transformação das pessoas em mercadorias.* Rio de Janeiro: Zahar, 2008. p. 16. Para Bauman para além da Teoria de Marx não é apenas o trabalho humano que transformou-se em mercadoria, na atualidade, as pessoas transformaram-se em mercadorias, produtos com alto grau de obsoletismo.

valores), culturalmente pelo individualismo e escolha do consumo como propósito de vida (Debord[37]), uso da mídia como forma de alienação e fragmentação social (Chomsky[38]). Tal fase atingiu o Brasil, com efeitos impactantes desta terceira onda, notadamente a redução das políticas públicas em favor da mulher, a parca escolarização, a falta de horário integral das crianças em escolas etc., ou seja, houve redução do espaço público de assistência aos filhos, o que, novamente, agrava a dupla e tripla jornada da mulher trazendo como consequência, seu trabalho parcial e precarizado, bem como o trabalho de crianças (para suprir a falta de renda familiar), a criminalidade infantil e tantas outras consequências nefastas não somente para a mulher, mas também para seus filhos e filhas e para toda a sociedade.

Lugones[39] teorizou o feminismo descolonial bem como Segato[40] e propugnam pela análise da colonialidade (sistema de poder capitalista no mundo) e consequente desumaninação do colonizado e sobretudo da mulher colonizada, trabalhando interseção de questões de gênero com várias marcas deixadas na América Latina e Caribe pela colonização, sustentando que a mesma não é apenas um *locus* físico, mas sobretudo uma captura da (inter)subjetividade. Lugones defende que os colonizados se mantêm num estado de (subalternidade, clarificando que as mulheres brancas colonizadoras (de forma recorrente) eram guardiãs do sistema patriarcal o que reflete-se até hoje sobretudo nas mulheres das classes médias e alta que continuam a oprimir as mulheres pobres (em regra negras) e negam a existência da qualquer discriminação de gênero. A autora trabalha com a dicotomia humano (colonizado europeu) e inumano (colonizados) que são consideradas aberrações do colonizador branco, perfeito, as mulheres inversões de virago objetificada as quais são negadas a legitimidade, voz, sentido e visibilidade e as consequências atuais desta cisão. Entende que os constrututos centrais de capitalismo mundial se assentam na tríade opressão: de gênero racializada, sexualizada e de classe (há contratos no capitalismo de dominação racial e sexual). Este artigo não pode deixar de citar o *Whiteman Burden* ("o fardo do homem branco" colonizador e a conjugação do colonialismo, imperialismo, "Estado de Direito" e civilização dos "bárbaros") como pressupostos inclusivamente do Nazismo[41].

A quarta onda do feminismo, em curso, tem as características: crítica ao código binário de Beauvoir de sexo (homem e mulher) e gênero (masculino e feminino), sendo possíveis outros tipos enquadráveis pelo desejo, transexualidade, pelo "queer" (reconhecimento LGBTIQ+), sem bases pré-determinadas de sexualidades, capitaneado pelo pós-estruturalismo francês e estudos de Judith Butler, Eve Kosofsky Sedgwick e Jack Halberstam, propugna pelo "positive body", novas conformações estéticas, para além dos padrões de beleza e magreza ditados pelo machismo. Essa fase está ligada a anti-misandria e objetiva o protagonismo do direito da mulher ao prazer, à sua não objetificação, valorizando sua liberdade de adotar o comportamento que reputar conveniente e chancelando que ela não tenha que se comportar da maneira ditada pela sociedade machista e patriarcal para ser respeitada, ou até ser culpabilizada por estupros[42]. Isso ocorreu na "Marcha das Vadias"[43]. Essa quarta fase também não foi plenamente atingida pelo Brasil, o que se percebe pelos índices alarmantes tanto de assimetria de remuneração entre gênero, como de feminicídios (já citados), quanto pelos homicídios e preconceito aos LGBTGI+, bem como pelo comportamento incessante da mídia no sentido de objetificar a figura feminina.

(37) DEBORD, Guy. *A Sociedade do espetáculo*. Rio de Janeiro: Contraponto, 1997.

(38) CHOMSKY, Noam. *Mídia – Propaganda política e manipulação*. São Paulo: Martins Fontes, 2013.

(39) _____, Maria. Rumo ao feminismo descolonial. *Revista de Assuntos Feministas – REF*, Universidade Federal de Santa Catarina, Florianópolis, v. 22, n. 03, set.-dez. 2014. p. 935/952 também In: <https://periodicos.ufsc.br/index.php/ref/issue/view/2211/showToc>. Acesso em: 27 jun. 2019.

(40) SEGATO, Rita Laura. As estruturas elementares da violência. *Cad. Pagu*, n. 29. Campinas, jul./dez. 2007.

(41) MATTEI, Ugo; NADER, Laura. *PILHAGEM – quando estado de direito é ilegal*. São Paulo: Editora WMF Martins Fontes, 2013.

(42) LOURES, Lieli Karine Vieira. Estupro na Imprensa: O processo de trabalho de jornalistas e profissionais de direito na cobertura do caso Roger Abdelmassih pelo jornal Folha de S. Paulo (2009-2015), na perspectiva de estudos de jornalismo, da legislação e das práticas do poder judiciário e dos estudos feministas, Dissertação de Mestrado em Ciências da Comunicação, Universidade de São Paulo, Escola de Comunicações e Artes, São Paulo, 2016.

(43) "Marcha das Vadias -Movimento pelo fim da violência de gênero e da culpabilização da vítima". Disponível em: <https://marchadasvadiascwb.wordpress.com/conheca-a-marcha/porquevadias/>. Acesso em: 25 jul. 2018: "movimento que se iniciou em Toronto, em 2011, quando nesta universidade, após ocorrência de vários estupros foi chamada a polícia e esta disse que não haveria tantos estupros se as estudassem não se comportassem como vadias. No dia seguinte, em 03 de abril de 2011, aconteceu a primeira Slutwalk, uma passeata pelo fim da culpabilização da vítima em casos de agressão sexual. No Brasil organizou-se, no mês seguinte, a "Marcha das Vadias", movimento de enfrentamento à violência doméstica. Usou-se a força da polêmica da semântica "vadia" para ressignificá-la no senso que fugiria ao modelo da sociedade machista."

5. PESQUISA ESTATÍSTICA SOBRE (DES) IGUALDADE DE GÊNERO NO SISTEMA DO DIREITO DO TRABALHO E DE JUSTIÇA BRASILEIRA EM TRÊS CORTES: DIREITO DO TRABALHO, PODER JUDICIÁRIO E MP

Este texto de pesquisa se propõe a responder a seguinte pergunta: as discriminações e assimetrias de tratamento da mulher, no Brasil, já comprovadas nos outros tópicos no macrossistema brasileiro, se refletem no microssistema da Justiça Brasileira? Como hipótese de resposta usaremos a chave de leitura da teoria de Nancy Fraser(44), que entende que essa minoria política prescinde de três pressupostos para emancipação, quais sejam: *reconhecimento, representação e redistribuição*. Tais pressupostos são essenciais para se atingir a igualdade, combater as discriminações e violências contra as mulheres. Primeiro, o reconhecimento(45) dos problemas femininos, pelas próprias mulheres, porém também mantendo sua heterogeneidade; segundo a representação dessa minoria política em todos os âmbitos de poder; e terceiro, o critério da redistribuição material às mulheres. Nessa linha, a presente pesquisa analisará a redistribuição, representação e reconhecimento das mulheres no Brasil por meio de pesquisa estatística realizada no âmbito do sistema de justiça do Brasil em dois recortes: MP e Poder Judiciário.

Como reconhecimento dos problemas femininos propõe-se que seja analisada a Lei n. 13.467, de 13.07.2017 nos artigos que permitem a compensação de jornada (individual) em condições insalubres sob o marco teórico de Delgado(46) que analisa a indisponibilidade absoluta de vários direitos trabalhistas, notadamente, CTPS, meio ambiente laboral, intervalos e jornada. Segundo Delgado estas indisponibilidades devem ser lidas à luz de três grandes referenciais: normas internacionais ratificadas pelo Brasil, a jusfundamentalidade interna (CF/88) e normas infraconstitucionais (CLT).

Os arts. 59, §§ 5º e 6º, CLT, art. 59-A, § 2º, CLT, art. 60, parágrafo único etc. (Lei n. 13.467/2017) que permitem tanto o aumento de jornada, compensação da mesma em ambientes normais, mas sobretudo em ambientes insalubres (sem pré-autorização do MTE) irão implicar ou no aumento do trabalho indigno (porque violador da saúde) de ambos os gêneros, (mas notadamente do feminino porque já faz dupla e triplas jornadas), ou no mais provável no aumento do desemprego feminino, porque como já comprovado ele tem como "deveres naturais" além do trabalho externo (remunerado) os internos (casa e filhos, não remunerados e invisibilizados) pelo que, ela não terá como fazer estas horas extras ("livremente pactuadas") o que redundará, de forma ou de outra, em claro retrocesso na proteção da mulher e ofensa às Convenções Internacionais ns. 100, 111, de forma específica e de forma geral a Convenção ns. 155 da OIT.

Segue a análise do Poder Judiciário brasileiro de todos os tribunais superiores, três Tribunais de Justiça(47) (SP, RJ e MG – os quais, segundo o Conselho Nacional de Justiça(48), são os três maiores do Brasil e neles tramitam mais de 50% dos processos do país) e quatro TRT's (SP, CP, RJ e MG):

Tribunal-total de membros	Homens	Mulheres	Percentual /mulheres
STF-11	9	2	18.2%
STJ -33	27	06	18,18%
CNJ -15	11	4	26.6%
TST-27	22	5	18.51%
TSE-7	6	1	14.2%
STM- 15	14	1	6.6%
TRF1- 54	36	18	33.33%
TRF2- 27	22	05	18.5%
TRF3- 42	32	10	23.8%
TRF5- 31	30	01	03.22%
TJ SP- 367	331	26	7.08%
TJ RJ- 180	124	56	31.11%
TJ MG- 130	109	21	16.1%
TRT- SP/2ª Região-90	41	49	54.4%

(44) FRASER, Nancy. O feminismo, o capitalismo e a astúcia da história. *Mediações*, Londrina, v. 14, n. 2. p. 11/22, jul./dez. 2009.

(45) FRASER, Nancy; HONNETH, Axel. *Redistribution or recognition?* A political philosophical Exchange. New York: Verso, 2003.

(46) DELGADO, Gabriela Neves. *Direito fundamental ao trabalho digno*. São Paulo: LTr, fev. 2006. p. 214-215.

(47) Disponível em: <https://www.conjur.com.br/2017-mar-08/desembargadoras-representam-20-composicao-tjs>. Acesso em: 17 abr. 2019

(48) Disponível em: <http://www.cnj.jus.br/noticias/cnj/59864-tres-maiores-tribunais-concentram-mais-de-50-das-acoes-da-justica-estadual>. Acesso em: 18 abr. 2019. "Os tribunais de Justiça (TJs) dos estados de São Paulo, Rio de Janeiro e Minas Gerais concentram a maior parte da movimentação financeira e processual do Judiciário estadual."

Tribunal-total de membros	Homens	Mulheres	Percentual /mulheres
TRT- Camp. /15ª Região- 55	39	16	29,1%
TRT- RJ- 54	37	17	31.48%
TRT-MG- 49	34	16	32.65%

Analisando o percentual de presença feminina nos Tribunais Superiores (STF, TST, STM e TSE) *verifica-se que, quanto mais alto o grau, menor é a representação feminina*. O CNJ realizou a pesquisa[(49)] "Perfil Sociodemográfico dos Magistrados Brasileiros – 2018" constatou-se que em SP havia a seguinte composição de gêneros na base.[(50)] Estes dados indicam uma conclusão importante: a disparidade da composição do TJ-SP (homens são 92.92% e 7.08% de mulheres) é imensamente maior do que o da base (juízes e juízas), equivalente a 64% de homens e 36% mulheres, até 2011 havia uma clara tendência à equiparação na base de composição do Poder Judiciário, sendo que nesta data já havia 45% de mulheres e 55% de homens. *Assim, fica visível que a diferença de composição da base deste Poder para os tribunais de cúpula é reveladora da dificuldade que as mulheres enfrentam para alcançar espaços de poder.* Com relação aos dados do MP foram utilizados dados estatísticos de pesquisa já realizada pelo Conselho Nacional do Ministério Público (CNMP) denominada "Cenários"[(51)] e que, *mutatis mutandis* ao já descrito no Poder Judiciário, indica grande assimetria de gênero, *notadamente nas camadas mais estratificadas dos MP's*. Assim, em média o Judiciário tem a seguinte representação de mulheres: 15.15%, nos tribunais superiores, nos tribunais TJ's, TRF's e TRT's supra analisados tem em média 24.6% e no CNJ 26.6%. A representação de mulheres no MP é em menor grau: segue o estudo do CNMP[(52)]. Segue ainda o quadro comparativo feito por esta pesquisa comprovando-se que a *representatividade feminina no MP é menor do que no Judiciário*:

Judiciário-Órgão	Percentual de Mulheres	MP- Órgão	Percentual de Mulheres
Tribunais Superiores	15.5%	PGR's após 1988	12.5%
CNJ	26.6%	CNMP	11%
TRF'S, TRT'S e TJ'S CITADOS	24.6%	Procuradores-Gerais dos MP's Estaduais	15%

Estes dados só confirmam os gerais já descritos, de dupla e tripla jornada feminina, que foram naturalizados, bem como a discriminação sofrida pelas mulheres, o que para Bourdieu em resumo é a "dominação masculina", *em todas as estruturas sociais e de atividades produtivas e reprodutivas, baseadas em uma divisão sexual do tempo trabalho de produção e de reprodução biológica e social.*[(53)] Urge a desnaturalização de papéis de gênero[(54)] e a tomada de consciência de que o movimento feminista defenda[(55)] que as únicas diferenças entre gêneros são as biológicas e que todas as demais forjadas historicamente[(56)], artificialmente construídas devem ser transformadas.

6. PROPOSIÇÕES GERAIS E ESPECÍFICAS NO SISTEMA DE JUSTIÇA DO BRASIL

A presente pesquisa entende que as assimetrias do gênero feminino no sistema de justiça brasileiro, sendo este um microssistema, não podem ser desvencilhadas da discriminação na sociedade em geral (embora com a ressalva de que a questão daquelas nos vieses vencimental e educacional seja por óbvio melhor). Por isso, serão feitas proposições gerais e específicas, naquelas, propugna-se que o Brasil *ratifique a Convenção n. 156, da OIT (e Recomendação n. 165, da OIT)* que trata da questão dos empregados (as) com obrigações familia-

(49) Disponível em: <http://www.cnj.jus.br/files/conteudo/arquivo/2019/01/5d6083ecf7b311a56eb12a6d9b79c625.pdf>. Acesso em: 17 abr. 2019.

(50) Disponível em: <http://www.cnj.jus.br/files/conteudo/arquivo/2019/01/5d6083ecf7b311a56eb12a6d9b79c625.pdf >. Acesso em: 17 abr. 2019.

(51) Disponível em: <http://www.cnmp.mp.br/portal/images/20180622_CEN%C3%81RIOS_DE_G%C3%8ANERO_v.FINAL_2.pdf>. Acesso em: 22 abr. 2019.

(52) Disponível em: <http://www.cnmp.mp.br/portal/images/20180622_CEN%C3%81RIOS_DE_G%C3%8ANERO_v.FINAL_2.pdf>. Acesso em: 22 abr. 2019, p. 26.

(53) BOURDIEU, Pierre. *A dominação masculina*. 2. ed. Tradução de Maria Helena Kühner. Rio de Janeiro: Bertrand Brasil, 2002. 160p. [La domination masculine].

(54) ADICHIE, Chimamanda Ngozi. *Para educar crianças feministas – um manifesto*. São Paulo: Cia das Letras, 2017.

(55) WOOLF, Virginia. *Profissões para mulheres e outros artigos feministas*. Porto Alegre: L&PM, 2016. p. 9-20 e 65-94.

(56) COMPARATO, Fábio Konder. *A afirmação histórica dos direitos humanos*. 4. ed. São Paulo: Saraiva, 2005. p. 10-70.

res, que devem ter tratamento diferenciado[(57)], até porque em 2009, segundo a OIT[(58)], um terço das famílias na América Latina eram providas apenas por mulheres, com projeção para 2019 de 51% destas famílias monoparentais sustentadas apenas por mulheres (em detrimento das biparentais).

Outra medida necessária seria a publicização, para fins de boicote econômico e social, das condenações de pessoas, físicas ou jurídicas por assédio moral, sexual, agressões, discriminação por gênero etc.[(59)]

Ainda[(60)], a criação da *Licença Parental*, na linha da Convenção sobre a Eliminação de Todas as Formas de Discriminação contra a Mulher, de 1979, da ONU e Dec. n. 4.377, 13.09.2002, art. 5º, *b* e 11,2, *c* (com alteração da Licença-Maternidade do art. 7º, XVIII, CF/1988, de 120 (ou 180) dias não deveria ser concedida exclusivamente à mulher e sim a qualquer dos pais[(61)] (com ressignificação da leitura do art. 7º, XIX e 10, § 1º ADCT, CF/1988, para "Licença Parental"), à escolha dos mesmos. A licença parental já é adotada por vários países *sendo a mesma dividida de forma obrigatória entre homens e mulheres,* dentro de parte do período total em países como Portugal[(62)] e Suécia[(63)]. Tal medida iria conferir democratização[(64)] e horizontalidade[(65)] a sociedade patriarcal[(66)]. Também deveriam ser criadas nas ONG's, nos departamentos dentro dos Sindicatos, das Universidades, nos centros de atendimentos etc. de grupos de Auto Defensoras e Promotoras Populares *para questões de gênero*. Deveria ser criado (por reserva legal) um Fundo para Mulheres (a exemplo dos FIA's) para as condenações judiciais em ações metaindividuais (tanto dos MP's, quanto de outros legitimados ativos) que envolvesse o temário gênero feminino revertendo-se (em harmonia com o art. 8º, *b* e *e* da Convenção Interamericana para Prevenir, Punir e Erradicar a Violência contra a Mulher, concluída em Belém do Pará, de 09.06.1994, e Decreto n. 1.973/1996) os valores para educação das mesmas, campanhas educativas de combate à discriminação para sociedade em geral, etc.

Como proposições específicas no sistema de justiça brasileiro (nos dois recortes propostos: Judiciário e MP) pugna-se pela inclusão, como parte integrante dos cursos de ingresso ou em estágios probatórios (*mutatis mutandis* a Convenção Interamericana para Prevenir, Punir e Erradicar a Violência Contra a Mulher "Convenção de Belém do Pará de Decreto n. 1.973/1996, art. 8º, letra *e* c/c Lei n. 11.340/2006, art. 8º) a matéria de gênero. No âmbito no MP, propõe-se a criação de atendimento especializado ao público externo, com a presença obrigatória de mulheres, para tratar de questões envolvendo ilícitos de gênero. Nas escolas do Judiciário e do MP, notadamente, na ESMPU, na linha das teorizações da segunda onda do Feminismo, do *Feminist Legal Studies,* propõe-se a criação de linhas de pesquisa de uma *Teoria Latino-Americana de Estudos Jurídicos Feministas*. Também dentro do judiciário e MP pugna-

---

(57) A OIT recomenda licença para cuidar de filhos doentes (ou para emergências familiares), adoção da licença parental, horários flexíveis e prestações serviços educacionais pelo Estado. No Chile 30% do salário das empregadas de 18-24 é pago pelo Estado, In: *Trabalho e família*: rumo as novas formas de conciliação com corresponsabilidade social/Organização Internacional do Trabalho. Brasília: OIT, 2009. p. 21, 31 e p. 50.

(58) *Trabalho e família*: rumo as novas formas de concilição com corresponsabilidade social/Organização Internacional do Trabalho. Brasília: OIT, 2009. p. 42-44.

(59) Vale lembrar que em 2017, em Charlottesville, Virgínia (EUA), três negros foram mortos na jornada de violência provocada por grupos racistas. Usou –se a informática contra a discriminação, através do site "Yes, You're Racist" que tirou fotos dos nazistas e enviou para seus contatos pessoais obtidos no *Facebook*, etc.: empregador (a), família, amigos (as), etc. usando de informações dos racistas em suas próprias páginas da *internet*. O resultado foi devastador para os racistas! O movimento feminista também precisa dar transparência e para isto **ter acesso as condenações** por práticas machistas, assédio moral, sexual, discriminação de remuneração, etc.

(60) Algumas destas propostas estão em LORENTZ, Lutiana Nacur. O "8 de março" – dia internacional da mulher, análise das quatro ondas do movimento feminista e proposições evolutivas, In: ARAÚJO, Adriane Reis de; LOPES, Andrea Lino; GUGEL, Maria Aparecida; COELHO, Renata (Coord.) *Direitos Humanos no Trabalho pela Perspectiva da Mulher*. Belo Horizonte: RTM, 2019. p. 40-42.

(61) Na Dinamarca desde 1980 já ocorre a chamada "Licença extensiva ao pai", ou seja, da licença após o parto de 24 semanas, após a 14ª semana quem pode gozar – la é o pai (conforme escolha do casal), igualmente na França há a "licença parental", desde 1991, BARROS, Alice Monteiro. *A mulher e o direito do trabalho*. São Paulo: LTr, 1995. p. 243. p. 208.

(62) Disponível em: <https://www.ilo.org/wcmsp5/groups/public/---americas/---ro-lima/---ilo brasilia/documents/publication/wcms_229658.pdf>. Acesso em: 25 abr. 2019. p. 04.

(63) Na Suécia o pai deve usar necessariamente pelo menos 60 (sessenta) dias da licença, sob pena da mesma ser cancelada. Ela é no total de 480 dias, embora com faixas diferentes de remuneração dependendo da extensão. MATOS, Ana Clara Harmatiuk; OLIVEIRA, Ligia Ziggioti de; NATIVIDADE, José Pedro Kostin Felipe de. *Revista da Faculdade de Direito do Paraná-UFPR*, Curitiba, v. 61, n. 03, p. 345-363, set./dez. 2016.

(64) COMPARATO, Fábio Konder. *A afirmação histórica dos direitos humanos*. 4. ed. São Paulo: Saraiva, 2005. p. 10-70.

(65) WOOLF, Virginia. *Profissões para mulheres e outros artigos feministas*. Porto Alegre: L&PM, 2016. p. 9-20 e 65-94.

(66) ADICHIE, Chimamanda Ngozi. *Para educar crianças feministas – um manifesto*. São Paulo: Cia das Letras, 2017 e ______. *Sejamos todos feministas*. São Paulo: Cia das Letras, 2015.

-se pela criação de ouvidoria interna (de mulheres), com a presença de uma equipe de mulheres atuando de forma permanente junto às Corregedorias para colher denúncias internas de procuradoras, servidoras, estagiárias e funcionárias terceirizadas. Além do mais, propõe-se que todas as promoções por merecimento deveriam ser feitas por gênero feminino e masculino, alternadamente, considerando-se a proporção entre o número de interessados homens e mulheres.

7. CONCLUSÃO

Neste trabalho provou-se que há discriminações ao gênero feminino tanto no âmbito societário geral quanto no sistema de justiça do Brasil nos três recortes propostos: Direito do Trabalho, poderes Judiciário e MP. Usando-se da **interseção e transdisciplinaridade das três teorias usadas nesta pesquisa em duas de gênero**, a teoria de Fraser e a de Lugones e terceira teoria de Gabriela N. Delgado do **Trabalho Digno** como *constructo* de comunicação **entre trabalho digno e identidade** com **ressignificação do trabalho humano digno e protegido para todos** (âmbito específico, marco teórico desta pesquisa) chegou-se à conclusão que nenhum destes patamares da igualdade feminina foram alcançadas no Brasil: nem redistribuição, representação e reconhecimento das mulheres (Fraser), nem descolonialidade (Lugones) e nem a teoria do Trabalho Digno de Gabriela N. Delgado, notadamente com a edição da Lei n. 13.467/2017 que ou irá acarretar o aumento do trabalho do gênero feminino em jornada exaustiva (piorando sua saúde já abalada pelas duplas e triplas jornadas) ou subemprego, ou trabalho precarizado, ou desemprego, em claro sentido adversário à jusfundamentalidade interna (CF/1988) e externa (Convenções da OIT ns. 100, 111 e 155) e ao caráter sistêmico da principiologia da CLT.

Nesse contexto, são propostas medidas a serem implementadas tanto pela sociedade em geral, quanto no âmbito da Teoria do Trabalho Digno (Direito do Trabalho) quanto pelos poderes Judiciários e MP para que sejam superadas as discriminações ao gênero feminino, para a efetivação da jusfundamentalidade da Constituição/88 e das Convenções Internacionais adotadas pelo Brasil, para efetivação das melhores ideias de democraticidade, respeitabilidade e simetria entre gêneros e notadamente para alcance da teoria do **Trabalho Digno** como construtor da identidade do trabalhador (a) cidadão (ã), na linha da chave de leitura desta pesquisa, a teoria de Gabriela Neves Delgado.

REFERÊNCIAS

ADICHIE, Chimamanda Ngozi. *Para educar crianças feministas – um manifesto.* São Paulo: Cia das Letras, 2017.

ABREU, Alzira Alves de; BELOCH, Israel; LATTAMAN-WELTMAN, Fernando; LAMARÃO, Sérgio Tadeu de (Coords.). *Dicionário histórico-biográfico brasileiro.* Rio de Janeiro: Editora FGV, 2001. p. 3.343, v. III.

ARAÚJO, Adriane Reis. O papel do gênero no assédio moral coletivo. In: *Trabalho da mulher*: mitos, riscos e transformações. ARAÚJO, Adriane Reis; FONTENELE-MOURÃO, Tânia (Orgs.). São Paulo: LTr, 2017. p. 55-60.

ASSIS, Mariana Prandini. *História do direito, abordagens feministas e o desafio da exclusão*: lições no caso Estadunidense. In: MAIOR, Jorge Luiz Souto; VIEIRA, Regina Stela Côrrea (Org.). *Mulheres em Luta*: A outra metade da história do direito do trabalho. São Paulo: LTr, 2017.

BARBOSA, Geovane dos Santos; LAGE, Aliene Carvalho. Reflexões sobre o movimento feminista na América Latina. *Revista Lugares de Educação (RLE)*, Bananeiras, PB, v. 5, n. 11, p. 92-103, ago.-dez. 2015.

BARROS, Alice Monteiro. *A mulher e o direito do trabalho.* São Paulo: LTr, 1995.

BALLESTRETRO, Maria Vittoria. *Dalla tutela alla parità*: la legislazione italiana sul lavoro delle donne. Bologna: Il Mulino, 1979.

BAUMAN, Zygmunt. *Vida para o consumo – a transformação das pessoas em mercadorias.* Rio de Janeiro: Zahar, 2008.

BAYLOS, Antonio. *Direito do trabalho*: modelo para armar. São Paulo: LTr, 1999.

BERTOLIN, Patrícia Tuma Martins e outras (Orgs.). *Carta das Mulheres Brasileiras aos Constituintes*: 30 anos depois. São Paulo: Autonomia Literária, 2018.

BIHR, Alain. *Du "grand soir" a "l'alternative". le mouvement ouvrier europée crise. Paris. Les Éditions Ouvrières.* Ed. Brasileira, São Paulo: Boitempo, 1998.

BITTENCOURT, Naiara Andreoli. Movimentos feministas. *Revista InSURgência.* Brasília, a. 1, p. 198-210, jan./jun. 2015.

BOURDIEU, Pierre. *A dominação masculina.* 2. ed. Rio de Janeiro: Bertrand Brasil, 2002. 160p.

CANTELLI, Paula. O trabalho feminino no divã: dominação e discriminação. In: VIANA, Marcio Túlio; RENAULT, Luiz Otávio; CANTELLI, Paula (Org.). *Discriminação.* São Paulo: LTr, 2007.

CANUTO, Érica. *A masculinidade no banco dos réus.* Natal: Editora do Autor, 2018.

CASTILHO, Ela Wiecko Volkmer. Da assistência à mulher em situação de violência doméstica e familiar – art. 9º. In: CAMPOS, Carmen Hein de (Org.). *Lei Maria da Penha – comentada em uma perspectiva jurídico-feminista.* Rio de Janeiro: Lumen Juris Editora, 2011. v. 01, p. 1-246.

CHOMSKY, Noam. *Mídia – Propaganda política e manipulação.* São Paulo: Martins Fontes, 2013.

COMPARATO, Fábio Konder. *A afirmação histórica dos direitos humanos.* 4. ed. São Paulo: Saraiva, 2005.

DEBORD, Guy. *A Sociedade do espetáculo*. Rio de Janeiro: Contraponto, 1997.

DELGADO, Gabriela Neves. *Direito fundamental ao trabalho digno*. São Paulo: LTr, fev. 2006.

DELGADO, Mauricio Godinho. *Capitalismo, trabalho e emprego – entre o paradigma da destruição e os caminhos da reconstrução*. São Paulo: LTr, 2006.

ENGELS, Friedrich. *A origem da família, da propriedade privada e do estado*. Rio de Janeiro: Bestbolso, 2014.

FOUCAULT, Michel. Le jeu de Michel Foucault. In: _____. *Dits et écrits II*: 1976-1988. Edição estabelecida sob a direção de Daniel Defert e François Ewald, com a colaboração de Jacques Lagrange. 2. ed. Paris: Quarto Gallimard.

FRASER, Nancy; HONNETH, Axel. *Redistribution or recognition?* A political philosophical Exchange. New York: Verso, 2003.

FRASER, Nancy. O feminismo, o capitalismo e a astúcia da história. *Mediações*, Londrina, v. 14, n. 2, p. 11-22, jul.-dez. 2009.

GONÇALVES, Eliane; PINTO, Joana Plaza. Reflexões e problemas da "transmissão" intergeracional no feminismo brasileiro. *Cadernos de Pagu* (36), jan.-jun. 2011, p. 25-46.

LORENTZ, Lutiana Nacur. O "8 de março" – dia internacional da mulher, análise das quatro ondas do movimento feminista e proposições evolutivas. In: ARAÚJO, Adriane Reis de; LOPES, Andrea Lino; GUGEL, Maria Aparecida; COELHO, Renata (Coord.). *Direitos Humanos no Trabalho pela Perspectiva da Mulher*. Belo Horizonte: RTM, 2019.

LORENTZ, Lutiana Nacur; SOUZA, Flávia Roberta Benevenuto de. O princípio da igualdade e as perspectivas antiga e moderna. *Meritum (FUMEC)*, v. 3, p. 51-79, 2008.

LOURES, Lieli Karine Vieira. A imparcialidade jornalística sob a ótica da retórica e a perpetuação do *status quo* feminino. *Revista Alterjor*, v. 01, p. 01/atr. 5-09, 2012.

LUGONES, Maria. *Colonialidad y género*, Tabula Rasa. Bogotá – Colombia, n. 9, p. 73-101, jul.-dic. 2008.

_____, Maria. Rumo ao feminismo descolonial. *Revista de Assuntos Feministas – REF*, Universidade Federal de Santa Catarina, Florianópolis, v. 22, n. 03, p. 935-952, set.-dez. 2014. Também in: <https://periodicos.ufsc.br/index.php/ref/issue/view/2211/showToc>. Acesso em: 27 jun. 2019.

MARSHALL, T. H. *Cidadania, classe e status social*. Rio de Janeiro: Zahar, 1967.

MATOS, Ana Clara Harmatiuk; OLIVEIRA, Ligia Ziggioti de; NATIVIDADE, José Pedro Kostin Felipe de. *Revista da Faculdade de Direito do Paraná-UFPR*, Curitiba, v. 61, n. 03, p. 345-363, set.-dez. 2016.

MATTEI, Ugo; NADER, Laura. *PILHAGEM – quando estado de direito é ilegal*. São Paulo: Editora WMF Martins Fontes, 2013.

RIBEIRO, Djamila. *O que é lugar de fala*. São Paulo: Grupo Editorial Letramento, 2018.

SAFFIOTI, Heleieth Iara Bongiovani. *Gênero, patriarcado, violência*. São Paulo: Editora Fundação Perseu Abrano, 2004.

_____. O feminismo e seus frutos no Brasil. In: SADER, Emir (Org.). *Movimentos Sociais na transição democrática*. São Paulo: Cortez, 1986.

SEGATO, Rita Laura. As estruturas elementares da violência. *Cad. Pagu* n. 29. Campinas, jul.-dez. 2007.

TELES, Maria Amélia de Almeida. *Breve história do feminismo no Brasil*. São Paulo: Brasiliense, 2003.

WACQUANT, Loic. *As prisões da miséria*. Rio de Janeiro: Jorge Zahar, 2001.

WOOLF, Virginia. *Profissões para mulheres e outros artigos feministas*. Porto Alegre: L&PM, 2016.

Sites

Disponível em: <http://www.worldbank.org/content/dam/Worldbank/Event/Gender/GenderAtWork_web2.pdf>. Acesso em: 04 mar. 2018. Disponível em: <http://www.ilo.org/global/about-the-ilo/newsroom/news/WCMS_619550?lang=es>. Acesso em: 17 abr. 2019.

Disponível em: <https://biblioteca.ibge.gov.br/visualizacao/livros/liv101551_informativo.pdf>. Acesso em: 15 abr. 2019. Disponível em: <https://nacoesunidas.org/onu-feminicidio-brasil-quinto-maior-mundo-diretrizes-nacionais-buscam-solucao/>. Acesso em: 15 abr. 2019. Disponível em: <http://www.cnj.jus.br/images/dpj/CensoJudiciario.final.pdf>. Acesso em: 14 mar. 2017.

Capítulo 15

Para Mulheres e Pessoas LGBT+ o Direito Fundamental ao Trabalho Digno é uma Disputa

Marcelo Maciel Ramos[(1)]

Pedro Augusto Gravatá Nicoli[(2)]

Resumo: Este ensaio retoma o debate do direito fundamental ao trabalho digno pelo seu avesso. Perguntamo-nos como, na verdade, o Direito tem contribuído para a implantação sistemática da indignidade no trabalho de mulheres e pessoas LGBT+, a partir das perspectivas teóricas dos estudos de gênero e sexualidade. Explora-se o papel da regulação trabalhista na reprodução dos padrões sexistas e LGBTfóbicos que ainda regem o mundo em que vivemos. São propostos quatro eixos analíticos: divisão sexual do trabalho; o cuidado como trabalho; corpos dissidentes no trabalho; práticas discriminatórias. A partir das interpelações crescentes feministas e queers ao Direito do Trabalho revela-se como esse direito fundamental é, na verdade, uma disputa. Ao final, o direito fundamental ao trabalho digno reemerge como conquista teórica dentro de uma perspectiva de gênero e sexualidade. Nas duras disputas nos quadros da materialidade da opressão de gênero, sexualidade, classe, raça, coloca-se como um libelo teórico denso, articulado e permanentemente referenciado. Uma trincheira antimachista, antirracista, queer e igualitária.

Palavras-chave: Direito fundamental ao trabalho digno. Gênero. Sexualidade. Pessoas LGBT+.

Abstract: This essay takes up the debate on the fundamental right to decent work from the inside out. We explore how law has contributed to the systematic implementation of indignity at work for women and LGBT+ people, from the theoretical perspectives of gender and sexuality studies. The role of labor regulation in reproducing sexist and homophobic standards that still govern the world in which we live is explored. Four analytical axes are proposed: sexual division of labor; care as work; dissident bodies at work; discriminatory practices. From the rising feminist and queer critiques to labor law it is revealed how this fundamental right is actually a dispute. In the end, the fundamental right to decent work re-emerges as a theoretical conquest from the perspective of gender and sexuality. In the difficult disputes in the materiality of the oppression of gender, sexuality, class, race, it stands as a dense, articulated and permanently referenced theoretical libel. An antisexist, anti-racist, queer and egalitarian trench.

Keywords: Fundamental right to decent work. Gender. Sexuality. LGBT+ people.

> Quando eu cozinho para esses caras que estão discutindo, para esses médicos, para esses engenheiros, para tudo eu estou dando uma contribuição. (...) Mesmo que a doméstica não esteja considerada assim na faixa de produção, como dizem, a gente faz parte de um mundo de trabalho. Só que a gente trabalha em lugares diferentes. E atua diferente.
>
> (Lenira Maria de Carvalho)[(3)]

---

(1) Professor da Faculdade de Direito da Universidade Federal de Minas Gerais (UFMG). Professor visitante do programa *Gender, Sexuality and Feminist Studies* da *Duke University*, nos Estados Unidos (2019-2020). Bacharel, Mestre e Doutor em Direito pela UFMG, tendo realizado parte de suas pesquisas doutorais no *Institut de la Pensée Contemporaine da Université Paris-Diderot*. Coordenador do Grupo de Pesquisa Kritikos – Teorias Críticas do Direito e do Programa de Extensão Diverso UFMG – Núcleo Jurídico de Diversidade Sexual e de Gênero.

(2) Professor da Faculdade de Direito da Universidade Federal de Minas Gerais (UFMG). Professor visitante do programa *Gender, Sexuality and Feminist Studies* da *Duke University*, nos Estados Unidos (2019-2020). Bacharel, Mestre e Doutor em Direito pela UFMG, tendo realizado parte de suas pesquisas doutorais no *Collège de France*. Pesquisador integrante do Grupo de Pesquisa Trabalho, Constituição e Cidadania, da Faculdade de Direito da Universidade de Brasília (UnB/CNPq). Coordenador do Grupo de Pesquisa Trabalho e Resistências, da UFMG, e do Programa de Extensão Diverso UFMG – Núcleo Jurídico de Diversidade Sexual e de Gênero.

(3) CARVALHO, Lenira Maria de. *Só a gente que vive é que sabe*: depoimento de uma doméstica. Rio de Janeiro: Vozes/NOVA, 1982. p. 43.

1. INTRODUÇÃO: A INTERPELAÇÃO DO HUMANISMO JURÍDICO-TRABALHISTA ABSTRATO A PARTIR DO LUGAR CONCRETO DO GÊNERO E SEXUALIDADE

Trabalhar pode ser e tem sido uma experiência particularmente indigna para mulheres e pessoas LGBT+. No quadro geral das desumanizações promovidas ao redor da exploração do trabalho, o gênero e a sexualidade têm servido como potencializadores de experiências de sofrimento, de negação, de precariedade na materialidade das existências. Isso porque são marcadores que aportam nos mundos do trabalho, e recebem também deles, elementos fortes na definição de posições de poder e subalternidade social. O gênero feminino, as identidades não cis e as sexualidades não hegemônicas encontram nos ambientes de trabalho um espaço de rechaço, de rejeição, de estigma, de segregação, de invisibilização, de convicções e práticas discriminatórias de grande vigor. A força das normatividades específicas das esferas laborais e o peso do trabalho nas vidas vividas no capitalismo do presente potencializam essa experiência de indignidade. Ao mesmo tempo, o reconhecimento e afirmação de si, nas formas contemporâneas da sociabilidade, passam também fortemente pelo trabalho. Para mulheres e pessoas LGBT+, o que vem do trabalho é também fundamental para tornar suas vidas mais vivíveis[4], dignas de reconhecimento social e de proteções jurídicas. Autonomia ou melhora material, reconhecimento profissional, senso de pertencimento, processos de identificação e auto-organização, são grandezas que podem repercutir de maneira especialmente forte quando se fala de vidas socialmente subalternizadas.

O presente ensaio parte deste paradoxo. De como, por um lado, o trabalho se revela um instrumento sistematicamente desumanizador e de como ele se utiliza das subalternidades gendradas e sexualizadas para estruturar juridicamente as hierarquias sociais. Ao mesmo tempo, por outro lado, de como o trabalho é ainda central para permitir nas trajetórias individuais e coletivas uma afirmação sobre o mundo para aquelas e aqueles que são negados por muitas esferas desse mesmo mundo. Assim, a proposta central do texto é ler, a partir de elementos teóricos dos campos dos estudos de gênero e sexualidade, a ideia de um direito fundamental ao trabalho digno[5] inserida com radicalidade nesse paradoxo.

Não pretendemos lê-la, contudo, sob a perspectiva tradicional dos direitos humanos, como formulações normativas fortes, que devem "simplesmente" ser cumpridas. Mas para entender esse direito como uma disputa. Uma disputa referenciada à ambiguidade e limites da formulação de um direito fundamental em um mundo que define o trabalho em suas inteligibilidades sociais e jurídicas a partir de arranjos marcados pelo gênero e pela sexualidade. E que entenda que a realização deste direito está distante de ser um silogismo, um processo de aplicação normativa comum. Ela envolve, necessariamente, a abertura dos sentidos sócio-político-econômicos desse direito, num campo de forças que dessacraliza o jurídico para tomá-lo como a construção que ele é.

Pensamos o Direito como esse *locus* ambíguo que, ao mesmo tempo que se estrutura a partir do reconhecimento abstrato de sujeitos igualmente dignos, reproduz sistematicamente as desigualdades materiais, as hierarquias sociais da atribuição de indignidades e as demarcações espaciais e corporais da subalternidade. Pergunte a qualquer bom jurista humanista sobre a dignidade de mulheres e pessoas LGBT+ e a resposta será uma eloquente explicação do fato de o Direito não fazer qualquer distinção de gênero e/ou sexualidade na atribuição de proteções e prerrogativas; do fato do reconhecimento de alguém como sujeito de direito (incluindo-se aí evidentemente o sujeito de Direito do Trabalho) não depender de qualquer condição ou circunstância material como o gênero e a sexualidade; do dever dos aparatos jurídicos de reconhecer e promover universalmente a dignidade, a igualdade e a liberdade de cada indivíduo. Nada obstante, uma rápida análise das histórias de mulheres e pessoas LGBT+, bem como do tratamento que a legislação, a institucionalidade em geral e a atividade jurisprudencial reservam a esse grupo, dá provas do contrário: mulheres e pessoas LGBT+ ocupam posições menos dignas de trabalho ou estão mais sujeitas a um tratamento desigual ou indigno em razão do gênero e/ou sexualidade. Quando menos, estarão submetidas a abusos, pressões e medos que marcam desigualmente suas experiências enquanto trabalhadoras e trabalhadores, que as colocam em uma posição de vulnerabilidade induzida pela cumplicidade

(4) BUTLER, Judith. *Corpos em aliança e a política das ruas*. Notas para uma teoria performativa de assembleia. Trad. Fernanda Siqueira Miguens. Rio de Janeiro: Civilização Brasileira, 2018. p. 31, 76, 231.

(5) Muito do que se considera conceitualmente aqui a respeito desse direito vem de DELGADO, Gabriela Neves. *Direito fundamental ao trabalho digno*. São Paulo: LTr, 2006.

ou silêncio dos aparatos jurídicos, ou pela própria atividade desses aparatos.

Do ponto de vista teórico, o ensaio se ambienta num encontro entre os estudos de gênero e sexualidade e das relações e regulação do trabalho. Após um período de relativo alheamento entre esses campos, em que os interesses cruzados eram circunscritos a temas específicos, esse ponto de cruzamento tem se tornado um lugar denso para a compreensão e crítica da dinâmica estrutural das relações sociais. A profusão dos estudos em gênero, sexualidade e relações de trabalho nas últimas décadas talvez seja, em si, a prova da primeira dimensão do paradoxo de que falávamos, de uma negação sistemática da dignidade no trabalho para mulheres e pessoas LGBT+. Desenha-se, então, um conjunto teórico que interpela[(6)] o Direito do Trabalho e os direitos sociais a partir dessas perspectivas, desses pontos de vista[(7)]. Essas realidades teóricas terminam por demonstrar que os grandes conceitos protetivos modernos do Direito não serão, para pessoas em posição de subalternidade, nada além de trincheiras. Que podem se transformar em valiosas trincheiras, se referenciadas permanentemente às nuances dessas realidades concretas.

Aqui, com inspiração nas críticas feministas ao sujeito moderno de direitos[(8)], avança-se na compreensão do convívio ambíguo entre declarações, normas formuladoras gerais e abstratas, princípios jurídicos e sistemas sociais que as negam nas vivências de maneira generalizada e, por que não, proposital. Pretendemos somar esforços para a superação de uma suposta dicotomia teoria/prática e perceber como essas realidades são mutuamente instituídas. Como os regimes de normalidade jurídica funcionam na instituição concomitante da exclusão deles. E como a formulação jurídica genérica de uma dignidade abstrata no trabalho é, também, um projeto forjado nos marcos da colonialidade, do racismo, do sexismo e da LGBTfobia, que formatam o que se pode pensar como trabalho digno a partir de certos lugares.

Ao mesmo tempo, a partir da própria ideia de um *direito fundamental ao trabalho digno como disputa*, será possível repensar a potência teórica dos humanismos ou universalidades quando recolocadas diante das realidades que negam ou ignoram, de maneira radicalmente aberta e consciente. Tal repensar poderá se orientar, então, por algo parecido com o giro que Judith Butler faz ao redor da *violência da universalidade abstrata*. Butler, filósofa feminista de enorme influência no debate contemporâneo, em seu *Relatar a si mesmo*[(9)], recupera o conceito de violência da universalidade abstrata de Theodor Adorno. Para Adorno, diante de uma pretensão de universalidade que ignora os indivíduos em suas vidas concretas, "o universal aparece como algo violento e extrínseco, sem nenhuma realidade substancial para os seres humanos"[(10)].

Sobre tal constatação, Butler arremata, ainda com Adorno:

> Essa violência consiste em sua indiferença para com as condições sociais sob as quais uma apropriação vital poderia se tornar possível. Se uma apropriação vital é impossível, parece então seguir-se que o preceito só pode ser experimentado como uma coisa mortal, um sofrimento exposto, de um exterior indiferente.

Mas é a própria Butler quem vai, ao lado dessa denúncia da experiência do universal como algo mortal, esconjurar um niilismo supostamente impeditivo de uma filosofia moral contemporânea. Sua perspectiva, fortemente conectada à concretude dos estudos de gênero e sexualidade, se torna extremamente interessante para a reflexão das esferas de proteção por meio dos direitos. Isso porque, para a filósofa, "o problema não é com a universalidade como tal, mas com uma operação da universalidade que (...) não reformula a si mesma em resposta às condições sociais e culturais que inclui em seu escopo de aplicação"[(11)].

É aqui que, ao nosso ver, desenham-se os sentidos globais da mudança de perspectivas na reflexão da dig-

(6) A palavra interpelar, aqui, é tomada de empréstimo de um desses estudos centrais para tal movimento teórico. Cf. VIEIRA, Regina Stella Corrêa. *O cuidado como trabalho*: uma interpelação do Direito do Trabalho a partir da perspectiva de gênero. Tese de Doutorado. São Paulo: USP, 2018.

(7) HARDING, Sandra (ed.). *The feminist standpoint theory reader*: intellectual and political controversies. New York: Routledge, 2004.

(8) Cf., por exemplo, PATEMAN, Carole. *O contrato sexual*. Rio de Janeiro: Paz e Terra, 1993. Maíra Cristina Fernandes em sua dissertação de mestrado desafia esse sujeito moderno a partir do tensionamento e ambiguidades da sujeição de mulheres e seu empoderamento como sujeitos de direitos. FERNANDES, Maíra Cristina Corrêa. *Sobreviver mulher*: sujeitas às violências de gênero, sujeitas insurgentes do feminismo. Dissertação de Mestrado. Belo Horizonte: UFMG, 2018.

(9) BUTLER, Judith. *Relatar a si mesmo*: crítica da violência ética. Rio de Janeiro: Autêntica, 2015.

(10) ADORNO *apud* BUTLER, Judith. *Relatar a si mesmo*: crítica da violência ética. Rio de Janeiro: Autêntica, 2015. p. 15.

(11) BUTLER, Judith. *Relatar a si mesmo*: crítica da violência ética. Rio de Janeiro: Autêntica, 2015. p. 17.

nidade *a partir da experiência das indignas*. Um gesto que vai na direção da complexidade, acompanhado por propostas como a de Rita Laura Segato na superação dos dualismos na reflexão sobre os direitos humanos, entre universalismos e relativismos que imobilizam a própria dinâmica das culturas[(12)]. O direito fundamental ao trabalho digno para uma travesti em Belo Horizonte, uma trabalhadora doméstica diarista em Recife, ou um atendente gay de uma terceirizada de teleatendimento em Salvador não é simplesmente algo que não se realizou plenamente. Algo que careça de aplicação eficaz. É muito mais do que isso. O direito é sem dúvida algo que pode representar a experiência do inacessível como algo mortificador e marginalizante. Uma presença que demarca a diferença, que amplifica vulnerabilidades e que reproduz hierarquias e dinâmicas de subalternização. Mas, ao ser percebido como disputa, como algo que não está dado por uma simples formulação jurídica, o direito fundamental ao trabalho digno pode ser reapropriado em seus sentidos políticos e servir a um propósito ético específico.

Revigora-se, então, a finalidade ética de que fala Gabriela Neves Delgado ao formular o conceito-chave a ser rediscutido neste ensaio. O trabalho deve ser um vetor de afirmação da condição humana, com papel fundamental na construção da identidade do indivíduo trabalhador, dirá Gabriela. "O homem deve ter assegurado, por meio do trabalho digno, sua consciência de liberdade, para que possa construir-se e realizar-se em sua identidade como sujeito-trabalhador"[(13)]. E acrescentamos: também as mulheres e todas aquelas e aqueles que não se ajustam ao modelo cisheteronormativo devem ter assegurado, por meio do trabalho digno, sua consciência de liberdade, para que possam construir-se e realizar-se em suas múltiplas identidades como sujeitas-trabalhadoras. A explicitação aqui, embora possa parecer supérflua, faz-se absolutamente necessária, uma vez que, historicamente, o humano tem sido sistematicamente associado (ou confundido) com o masculino, o heterossexual, o proprietário ou aqueles com capacidades econômicas suficientes para se colocar no mundo e ser reconhecido como sujeito de direitos e dignidades.

Este ensaio teórico pretende, então, partir desse quadro complexo, responder às seguintes perguntas, à luz das perspectivas dessas sujeitas-trabalhadoras disputando os sentidos de um direito fundamental ao trabalho digno: que papel o Direito tem na instituição dos regimes de indignidade no mundo do trabalho de mulheres e pessoas LGBT+? Como o Direito do Trabalho tem sido interpelado a partir desses lugares subalternos do gênero e sexualidade? E, por fim, há alguma utilidade na formulação universal de um direito fundamental de mulheres e pessoas LGBT+ ao trabalho digno?

2. OS REGIMES DE INDIGNIDADE NO TRABALHO DE MULHERES E PESSOAS LGBT+ E O PAPEL (CO)INSTITUIDOR DO DIREITO

A fórmula semântica de um direito fundamental ao trabalho digno talvez convidasse a uma reflexão a partir de uma dignidade almejada, vislumbrada ou ao menos prometida. Mas para mulheres e pessoas LGBT+, de muitas formas, essa é uma promessa da qual se desconfia fortemente. Então se propõe, aqui, uma inversão. Pensar esse direito fundamental a partir dos regimes sistemáticos de indignidade implantados no acoplamento do trabalho com as opressões de gênero e sexualidade. E pensar, especialmente, que papel o próprio Direito do Trabalho, em suas presenças e ausências, tem e pode ter na implantação desses regimes de indignidade, ao estabelecer categorias normativas, práticas, modos de visualização e disciplina das relações de trabalho que, em si, podem reforçar os padrões de poder sexistas e LGBTfóbicos.

Não podemos perder de vista, antes de mais nada, que o direito contemporâneo das sociedades industrializadas está constituído sobre um *ethos* liberal que afirma a autonomia do humano enquanto princípio sagrado da vida social. A afirmação da dignidade universal do sujeito de direito decorre da ideia de uma liberdade individual e política puramente abstrata. O problema dessa ficção consiste no fato de ela desconsiderar as circunstâncias de dependência a partir da qual os sujeitos estão concretamente constituídos. Ela desconsidera as vulnerabilidades materiais que limitam ou impedem o exercício de liberdades ou direitos. Ao fechar os olhos para as indignidades que atravessam as experiências de indivíduos concretos, o direito acaba funcionando como instrumento indutor ou intensificador de vulnerabilidades e dependências. Mas para além da aversão ao real, da omissão em relação a vidas concretas, o direito dispõe de uma série de ins-

(12) SEGATO, Rita Laura. Antropologia e direitos humanos: alteridade e ética no movimento de expansão dos direitos universais. *Mana* [on-line], v. 12, n. 1. p. 207-236, 2006.

(13) DELGADO, Gabriela Neves. *Direito fundamental ao trabalho digno*. São Paulo: LTr, 2006. p. 23.

trumentos produtores de desigualdade e indignidade para determinados sujeitos.

O pano de fundo dessa inversão aqui proposta, em certa medida, não deixa de ser uma velha conhecida dupla realidade da disciplina trabalhista, uma ambiguidade que acompanha o Direito do Trabalho desde sua origem. Repetidamente tratada na literatura, de muitas formas[14], essa duplicidade se traduz numa melhora concreta nas condições de vida e trabalho, que deriva da luta operária e se materializa por meio de uma estrutura que dá forma jurídica à operação fundamental da exploração capitalista. Ocorre que, com os acúmulos críticos do campo jurídico-trabalhista, tal fórmula, a despeito de esquematicamente válida como primeira aproximação, parece insuficiente para aprofundamentos.

Para este ensaio isso se passa especialmente por não entendermos razoável resumir assim rapidamente as muitas e intrincadas formas pelas quais a alienação do trabalho se concretiza e se especifica no mundo capitalista. Diante de uma potencial indignidade generalizada pelo trabalho estranhado, a precariedade é distribuída de maneira bastante desigual[15], em clivagens localizadas, distribuídas pela via de muitos marcadores sociais da diferença.

Interessa-nos, então, pensar em que perspectiva a articulação entre gênero, sexualidade, trabalho e regulação se produz na instituição desses regimes de precariedade. Nosso movimento, aqui, será o de apresentar um grande mapeamento de formas, traçar primeiras e grossas linhas para tentar demonstrar o papel que o Direito (em geral e, especialmente, o do trabalho) tem na instituição da indignidade do trabalho de mulheres e pessoas LGBT+. Faremos um sobrevoo sobre quatro eixos, muitas vezes sobrepostos, nos quais as normas trabalhistas e os mecanismos sexistas e LGBTfóbicos de opressão se alinham, de maneira mais ou menos visível.

O primeiro eixo resumiremos provisoriamente na expressão *divisão sexual do trabalho*, já há muito decantada na literatura feminista, a despeito de irmos aqui um pouco além das formulações originais desse feixe conceitual. O segundo, fortemente ligado ao primeiro, mas lhe conferindo ainda mais especificidade teórica, centraliza as muitas formas da marginalidade jurídica do *cuidado como trabalho*. O terceiro pensa em *corpos dissidentes no trabalho*, a partir de identidades de gênero e sexualidades consideradas abjetas. E, por fim, um quarto eixo congrega as muitas *práticas discriminatórias* encampadas de diversas formas pelo próprio Direito.

A *divisão sexual do trabalho* é sempre uma boa porta de acesso ao caráter estruturante do sexismo no mundo laboral. Trata-se de um conceito que traduz a separação de atividades entre homens e mulheres, evocando as relações de poder que sustentam uma hierarquização de valores entre as tarefas atribuídas ao que se entende socialmente por uma esfera feminina e outra masculina. O conceito se reporta a uma segregação das formas de trabalho, atividades, dispêndio de energias, profissões, cuidado de si e dos outros e funções da vida pública e privada com base no gênero. Relaciona-se, ainda, com as disparidades experimentadas entre homens e mulheres no acesso, progressão, permanência e retribuição salarial nas relações de trabalho.

A ideia de divisão social do trabalho é uma construção central no pensamento social moderno. E a dimensão do gênero aparece, igualmente, de forma precoce. É, contudo, na literatura feminista e crítica do século XX que o conceito se transforma definitivamente numa divisão sexual. Denuncia-se a partir dali um caráter igualmente opressor dessa divisão, ao atribuir para as mulheres tarefas que no sistema social e econômico são percebidas como de menor valor. Somam-se, ainda, formas de trabalho fortemente associadas às atividades domésticas e de cuidado. Tarefas representadas socialmente como simples, afetas às emoções, não produtivas e não transformadoras da vida pública, econômica e política. Daí percebe-se que a divisão sexual do trabalho é um conceito que denuncia as formas sexistas de perceber, interpretar, valorar e manter a produção e reprodução da vida social.

A divisão sexual do trabalho tem um forte elemento jurídico[16]. No espaço do Direito, os princípios de separação e hierarquia, de que fala Daniele Kergoat[17],

(14) Os exemplos são muitos, sendo alguns dos mais densos: LYRA FILHO, Roberto. *Direito do Capital e Direito do Trabalho*. Porto Alegre: Sérgio Antonio Fabris Editor, 1982; RAMOS FILHO, Wilson. *Direito Capitalista do Trabalho*: história, mitos e perspectivas. São Paulo: LTr, 2012; SUPIOT, Alain. *Critique du Droit du Travail*. 2. ed. Paris: Quadrige / PUF, 2011; MELHADO, Reginaldo. *Poder e sujeição*: os fundamentos da relação de poder entre capital e trabalho e o conceito de subordinação. São Paulo: LTr, 2003.

(15) BUTLER, Judith. *Corpos em aliança e a política das ruas*. Notas para uma teoria performativa de assembleia. Trad. Fernanda Siqueira Miguens. Rio de Janeiro: Civilização Brasileira, 2018. p. 41 e 231.

(16) DUARTE, Bárbara Almeida. *A divisão sexual do trabalho como fenômeno social*: uma crítica feminista ao trabalho doméstico. Dissertação de mestrado. Direito UFMG. Belo Horizonte: UFMG, 2018.

(17) KERGOAT, Danièle. Division sexuelle du travail et rapports sociaux de sexe. In: *Dictionnaire critique du féminisme*. Paris: PUF, 2000.

ganham ainda mais corpo. Em tarefas tipicamente desempenhadas por mulheres na divisão sexual do trabalho, o Direito pode oferecer um suporte normativo que nega a existência, segrega normativamente, priva de proteções gerais ou iguala apenas formalmente o tratamento. No caso do trabalho doméstico e reprodutivo, que se verá mais adiante, essa demarcação jurídica de um regime de separação se faz bastante evidente. A dimensão hierárquica da divisão sexual do trabalho, como se verá também mais adiante, encontra igualmente em práticas discriminatórias que o Direito institui, suporta ou tolera um elemento essencial.

Os estudos de gêneros e sexualidades não hegemônicas, alinhados a aportes como os da teoria *queer*, por exemplo, vão ainda mais adiante, para demonstrar outros elementos para além do binarismo do gênero na articulação das formas de separação e hierarquia no trabalho. É o caso da *divisão transexual do trabalho*[18], proposta por João Felipe Zini, que demonstra como a regulação trabalhista é ciscentrada, reservando lugares particularmente bem delimitados às travestis e pessoas trans nas relações de trabalho. Isso porque tais pessoas ou estão em atividades não reconhecidas juridicamente como formas lícitas e juridicamente válidas de trabalho. Ou, ainda, quando excepcionalmente acessam o universo do emprego regulado, sofrem nele uma potencialização da exploração pela sua condição de subalternidade social.

Antes, contudo, de avançarmos sobre essas formas concretas da discriminação fora e dentro do emprego regulado para travestis e pessoas trans, algumas considerações ainda sobre um tema fortemente afeto à divisão sexual do trabalho. No tratamento das funções associadas ao *cuidado como trabalho* e à reprodução da vida social, nosso segundo eixo no mapeamento, a exclusão e hierarquização assumem o plano da normatividade jurídica de maneira bastante peculiar. Ali, tanto nos textos legais quanto nas práticas, os fundamentos sexistas (mas também racistas e classistas) do Direito sustentam padrões de desprezo, desvalorização e distorção do que significa o dispêndio de energias físicas, psíquicas e de tempo vital para o cuidado.

O conceito de cuidado, ou *care*, é complexo. E serve, ele mesmo, como chave para acessar as dificuldades e tensões para sua disciplina jurídica, e para a percepção de como a disciplina jurídico trabalhista em seu atual estágio contribui para a desvalorização dessas atividades. Em sua formulação mais ampla, com Joan Tronto e Berenice Fisher, o cuidado é:

> uma atividade da própria espécie que inclui tudo o que podemos fazer para manter, continuar e reparar nosso 'mundo' para que possamos viver nele da melhor maneira possível. Esse mundo inclui nossos corpos, nós mesmos e nosso meio ambiente, e tudo em que procuramos intervir de forma complexa e auto-sustentável[19].

Parte-se, então, de um conjunto de atividades que se revela vital para a produção da vida, da materialidade das relações, do entorno e do mundo. A despeito disso, são atividades normalmente percebidas socialmente de forma subalterna ou mitificada. Na visão de Helena Hirata, Nadya Guimarães e Kurumi Sugita[20], já com especial ênfase nessas atividades propriamente como trabalho, o cuidado traz consigo uma natureza multidimensional e transversal, em formas profissionalizadas ou não, fortemente associadas ao gênero e a obrigações naturalizadas como femininas. Engloba, essencialmente, campos como o das tarefas domésticas, dos cuidados da família, das crianças, de pessoas idosas e de pessoas dependentes. A despeito da polissemia conceitual e de distintas percepções e valorações sociais que emergem em contextos culturais distintos, a marca do gênero é indelével.

Diante da prevalência feminina e dos fundamentos culturais, religiosos e socialmente normativos mais profundos de um dever de cuidado, a própria natureza dele resta controvertida. Os gestos, comportamentos, atividades, expressões corpóreas, intelectuais, afetivas, enfim, tudo o que se envolve no cuidado familiar e dos outros nem sempre repercute socialmente como formas efetivamente reconhecidas de trabalho humano. Mais uma vez, um conceito supostamente livre de gênero mostra faces menos evidentes. O distanciamento da criação de produtos, de valores de troca, de bens cambiáveis na arena pública, de autoralidade, da expressão daquilo que caracterizará o trabalho humano (ao menos como ideia) na modernidade ocidental faz com que o cuidado, muitas vezes, seja assimilado como algo que não trabalho. A dissociação do cuidado das

---

(18) OLIVEIRA, João Felipe Zini Cavalcante de. *"E travesti trabalha?"*: divisão transexual do trabalho e messianismo patronal. Dissertação de mestrado. Direito UFMG. Belo Horizonte: UFMG, 2019.

(19) TRONTO, Joan. Assistência democrática e democracias assistenciais. *Soc. estado.* [on-line], v. 22, n. 2, p. 285-308, 2007.

(20) HIRATA, Helena, GUIMARÃES, Nadya Araújo, SUGITA, Kurumi. Cuidado e cuidadoras: o trabalho de *care* no Brasil, França e Japão. *Sociologia e Antropologia*, v. 1, n. 1. p. 151-180, 2011. p. 154 *et seq.*

demais formas do trabalhar, agir e criar humanos responde a uma matriz fundada em papéis de gênero que subalterniza atividades tipicamente femininas. E isso se fará perceber fortemente no Direito.

De um lado, o trabalho doméstico, como atividade realizada para outrem, em ambiente familiar, em geral sem finalidades lucrativas e mediante remuneração, dizíamos, tem padrões de proteção tradicionalmente reduzidos, quando não inexistentes. De outro, o trabalho familiar não remunerado, que também se desenvolve em ambiente doméstico, sem, contudo, uma externalização da relação de cuidado. É, essencialmente, cuidado da própria família, o que, nas clássicas leituras do Direito, daria à atividade uma intenção graciosa, excluindo a possibilidade, por exemplo, de restar configurada uma relação de trabalho, sendo a proteção social, quando existente, limitada a certas prestações previdenciárias. As proximidades entre essas duas realidades se revelam pelo fato de ambas, por caminhos distintos, incorporarem as bases dos lugares socialmente normativos do dever feminino de cuidado e da divisão sexual do trabalho.

Essas duas formas de atividades domésticas de cuidado estão associadas àquilo que a literatura feminista chama trabalho reprodutivo, em funções como o cuidado da família, da prole e do lar. Profissionalmente, como faxineiras, zeladoras, cozinheiras, babás, cuidadoras de idosos. Na família, como esposas, donas de casa, mães. Por mais que tenham avançado no trabalho, direito, educação e sexualidade, as mulheres seguem, nas atividades de cuidado, num existir para os outros, sustentado em apropriações políticas de elementos da composição biológica.

Descerrada a aura mística que, ao associar amor, cuidado, poder e interesse, reproduz politicamente expectativas e padrões de comportamento e recobre uma ontologia opressiva do feminino, o que se verifica, em verdade, é que o cuidado no lar, em suas variadas configurações, é um espaço de vulnerabilidade social extrema. As suas repercussões jurídicas constituem um dos mais evidentes espaços de reprodução dessa vulnerabilidade. Ao contrário do que se passa com a chamada relação padrão de emprego, em que a juridicidade se propõe à redução das diferenças de posição e poder em busca de uma igualdade material, nas relações domésticas em torno do trabalho, o discurso foi historicamente de silenciamento, sublimação, descaracterização e invisibilidade, contribuindo para a fixação das posições. E para uma oferta ampla de cuidados para quem se beneficia deles nos arranjos de poder.

A proteção inferiorizada ou simples negação categorial de algo como trabalho revela relações de fundo que a técnica jurídico-trabalhista tenta escamotear. Ao classificar certos modos de trabalho como não inteligíveis, impossíveis, ilícitos, ilegais, o Direito classifica pessoas. Travestis e pessoas trans conhecem bem essa realidade de classificação, negação, ininteligibilidade de seus corpos e existências nas relações sociais e institucionais. Abre-se, aqui, um terceiro eixo de possibilidades para a visualização do papel do Direito na implantação de regimes de indignidade no trabalho. A partir de *corpos dissidentes no trabalho* se pode revelar como a disciplina jurídico-trabalhista se põe, direta ou indiretamente, à disposição de uma matriz de poder heterossexual, cisgênera e masculina.

Os efeitos da normativa trabalhista sobre corpos que não se conformam às regras se percebem, é certo, em muitas escalas. Mas o exemplo da prostituição é, talvez, aquele que escancare mais essas relações quando se trata de pessoas não cisgêneras. Deixando de lado, por um momento, a complexa discussão da sujeição do corpo feminino e os sentidos da prostituição em arranjos sociais sexistas, este ensaio parte de um dado de concretude para travestis e mulheres trans. A prostituição é uma atividade muito recorrente nas trajetórias de vida e trabalho dessas pessoas. Os dados estatísticos, aqui, são desencontrados, pelo fato mesmo de a prostituição estar envolta em estigma e segregação. Algumas organizações, como a Associação Nacional de Travestis e Transexuais falam de números na casa dos 90%[21]. A despeito de qualquer dificuldade na precisão das medidas, é assente na literatura[22] e nos relatos de vida, que muitas travestis e trans se prostituem.

Aí é que o Direito (e o Direito do Trabalho) deslocaliza suas agendas, finge não ver os efeitos de suas repostas ou de suas omissões e contribui diretamente para ampliação da vulnerabilidade e da marginalização dessas pessoas, colocando-se em uma posição de cumplicidade em relação à violência social sistemática a qual elas estão submetidas. Perguntam os juristas, de maneira abstrata: a prestação de serviços sexuais pode ser objeto de um contrato de trabalho? Por detrás das linhas morais, especulações jurídicas e da infinita polêmica associadas a esta pergunta reproduz-se uma reali-

---

(21) Cf.: <https://antrabrasil.files.wordpress.com/2018/02/relatc3b3rio-mapa-dos-assassinatos-2017-antra.pdf>.

(22) SILVA, Larissa Maués Pelúcio. *Nos nervos, na carne, na pele*: uma etnografia sobre prostituição travesti e o modelo preventivo de AIDS. Tese Doutorado em Ciências Humanas. Universidade Federal de São Carlos. São Carlos: UFSC, 2007.

dade de invisibilidade e vulnerabilidade social, pobreza e precariedade de muitas daquelas que efetivamente vivem do sexo. Travestis e transexuais nas ruas e em casas de prostituição compõem uma parcela conhecida do tecido social, a despeito das recorrentes tentativas de se ocultar tal realidade, retroalimentando sua clandestinidade e o anonimato. Nesse quadro, as ordens jurídicas tendem a relutar na extensão a estas relações das proteções que garante para outras formas daquilo que consideram trabalho. O tabu e a resistência, aqui, contribuem para a manutenção de um mundo de reprodução de risco, de vidas ameaçadas e exploradas, excluídas das mais elementares garantias plasmadas no edifício jurídico da proteção social, nomeadamente no que diz respeito à dimensão trabalhista. A (i)moralidade da atividade sexual será sempre invocada para se recusar reconhecimento, proteção jurídica e dignidade humana a prostitutas. Aqui a universalidade humanista dos direitos humanos encontra uma escusa para não ser universal e os aparatos jurídicos institucionalizam por via da recusa ou da omissão a indignidade atribuída a certas vidas.

A escolha pela não proteção das trabalhadoras do sexo passa, no plano das formas jurídicas, pela visão de que a prestação de serviços sexuais configuraria trabalho irregular ou mesmo ilícito, razão da potencial nulidade do contrato de trabalho e de da vedação ao reconhecimento de efeitos. Argumenta-se, ainda, pela degradação promovida pela venda consentida de sexo e pelo prejuízo ao sentido ético do trabalho. Mas, na verdade, no fundo, se está negando concretamente a existência dessas pessoas.

Partindo da consideração da prostituição como uma realidade social, a não concessão de garantias sociais básicas não pode, por sua irrenunciabilidade característica, ser via de reprovação ou purgação moral de um fenômeno que, em si, não constitui crime. Isso porque a privação de efeitos patrimoniais, trabalhistas e previdenciários termina por agravar uma situação de exclusão social, empobrecimento e risco, seja pela via da vitimização da profissional do sexo ou pela repressão criminal do fenômeno como um todo. Em verdade, se resta alguma degradação e desconstrução ética nessa forma de trabalho, elas se alimentam, também, da própria ausência de proteção jurídica. O efeito concreto dessa ausência é a desumanização dessas pessoas, o não reconhecimento delas enquanto sujeitas dignas e, consequentemente, a ampliação de suas vulnerabilidades.

Em verdade, nenhuma reflexão jurídico-trabalhista ciente dos sentidos da principiologia de um ramo como este seria capaz de negar os sentidos da proteção trabalhista a nenhuma pessoa que fosse vítima de um esquema de exploração. Ou seja, mesmo nas leituras que condenam a prostituição, o resultado deveria ser a proteção trabalhista da vítima. Mas, nesse caso, os corpos tipicamente associados a essas atividades, de mulheres, de travestis e transexuais, são socialmente posicionados de uma tal forma que o cinismo da resposta institucional que nega direitos fundamentais pode se apresentar como possível.

Aliás, a normatividade trabalhista por vezes deixa escapar esse seu compromisso subjacente com a fixidez na posição dos corpos e nos binarismos associados ao gênero e à sexualidade. Um exemplo quase caricatural – exagerado e real – dá a medida do comprometimento das normas e instituições com aquilo que se considera "normalidade" em matéria de gênero e sexualidade. Um ato normativo de agosto de 2018, emitido pelo presidente do Tribunal Superior do Trabalho[23], Ministro João Batista Brito Pereira, entendeu por bem disciplinar o uso de vestimentas para acesso e permanência no Tribunal. Já no primeiro artigo do ato, estabeleceu-se que "o acesso e a permanência nas dependências do Tribunal Superior do Trabalho serão autorizados somente às pessoas que se apresentarem com decoro e asseio, devendo ser utilizada vestimenta que observe o devido respeito ao Poder Judiciário". Grife-se: *decoro e asseio*.

A partir daí, o ato normativo de 2018 (repita-se, 2018) desfila compreensões de forte carga moral e normativa no que se espera da performance de homens e mulheres numa corte judicial. Primeiro, um *index* de peças proibidas. Para mulheres, atenção especial na proibição específica e detalhada de "peças sumárias, tais como shorts e suas variações, bermuda, miniblusa, blusas decotadas, minissaia, trajes de banho, trajes de ginástica, roupas transparentes, calças colantes e calças jeans rasgadas".

Além de proibir, o ato da presidência do TST prescreve. Para o exercício da advocacia, homens devem usar "terno (calça social e paletó ou blazer), camisa social, gravata e sapato social". Mulheres, por sua vez, "vestido, calça ou sala social e blusa, além de calçado social". Visitantes em geral seguem a mesma regra, dispensados os homens do terno completo. Podemos ainda ler, textualmente, duas passagens marcantes no ato normativo: "para as pessoas do sexo masculino, terno" e

(23) Ato n. 353/TST.GP, de 2 de agosto de 2018. Disponível em: <https://juslaboris.tst.jus.br/handle/20.500.12178/142229>.

"para as pessoas do sexo feminino, vestido". Ainda que a norma regulamentar alargue um pouco as possibilidades de vestimentas, ela reitera de maneira expressa um binarismo arquetípico feminino/masculino. Homens de terno, mulheres de vestido. E, claro, mulheres vestindo-se com decoro.

Ainda que o (péssimo) exemplo do Tribunal Superior do Trabalho[(24)] pareça quase uma anedota, ele é apenas um transbordamento. Na base, aquilo que se admite no Direito do Trabalho como normalização dos ambientes laborais, como normas internas lícitas, como determinações legítimas do poder patronal, são expressões amplas das tecnologias[(25)] de gênero e sexualidade. As normas trabalhistas também inscrevem nos corpos que trabalham algumas de suas marcas posicionais mais características. A normalidade encontra no ambiente inexorável, distinto, quase sacralizado do trabalho um apoio enorme para se afirmar como tal. Se ser dissidente em matéria de gênero e sexualidade é desafiador, mais ainda é sê-lo no ambiente de trabalho.

Na ordem jurídica brasileira, por exemplo, a falta total de proteção contra a dispensa imotivada certamente reforça as potestades absolutas do empregador de fazer de empregadas e empregados indivíduos considerados "normais". Lésbicas, gays, bissexuais, pessoas trans, travestis, não-binárias, intersexuais, enfim, todas e todos esses grupos certamente passam na experiência do trabalho por algum grau de uma conformação extorquida pela ameaça onipresente da dispensa, que implica numa negociação permanente e injusta de suas expressões de gênero e sexualidade. Um empregador que pode dispensar sem motivar, para existências dissidentes, está permanentemente pré-motivado. E joga com isso para normalizar condutas, garantir o império do binarismo e das sexualidades tidas como padrão. Trocando em miúdos, num mundo marcado pela violência de gênero e sexualidade, a ausência de controle estrito do ato da dispensa é, em si, uma estratégia jurídica sexista e LGBTfóbica.

E tal processo de controle não se dá só pelas normas e suas aberturas. Mas pelas muitas *práticas discriminatórias* existentes nos mundos da regulação do trabalho, nosso último eixo de mapeamento. Dentro da regulação, contra ela, sob seus olhares e tolerância, o Direito do Trabalho pode contribuir de muitas formas para instituir vidas indignas nas relações laborais para mulheres e pessoas LGBT. Pode também, é certo, contribuir para o contrário, como se verá no desenvolvimento das interpelações e propostas mais adiante. Mas, para (re) conhecer esses potenciais desestabilizadores de um uso do direito fundamental ao trabalho digno em meio ao conflito de gênero e sexualidade, é preciso nomear alguns desses movimentos que pareiam a disciplina trabalhista à indignidade.

No retomar dos dois primeiros eixos de análise, da divisão sexual do trabalho e do cuidado, o escândalo da disciplina discriminatória do emprego doméstico ainda, infelizmente, está entre nós. No mundo, a Organização Internacional do Trabalho[(26)] noticia que quase 30% das trabalhadoras domésticas do mundo estão completamente excluídas do escopo do Direito do Trabalho nacional. Quase 60% dessas trabalhadoras não são cobertas pelas limitações nacionais de horas de trabalho semanais. Quase 50% não têm direito a descanso semanal e férias anuais. No Brasil, a despeito de avanços sensíveis na temática, capitaneado pela luta das trabalhadoras domésticas, a institucionalidade jurídico-trabalhista ainda convive com a figura jurídica da *diarista doméstica*, privada de direitos fundamentais tanto pela tradição da interpretação jurisprudencial e acadêmica do elemento fático-jurídico da continuidade, quanto agora pelo próprio texto da Lei Complementar n. 150/2015[(27)].

(24) O ato normativo foi revogado alguns dias depois de sua publicação, pelo Ato n. 356/TST.GP, de 6 de agosto de 2018, da mesma presidência do TST. Note-se que houve significativa repercussão negativa em face do conteúdo do ato revogado, diante de seu caráter conservador, para dizer o mínimo. Tal repercussão, pensamos, deve estar ligada à própria revogação do seu conteúdo.

(25) DE LAURETIS, Teresa. A tecnologia de gênero. In: HOLANDA, Heloisa Buarque de (Org.). *Tendências e impasses*: o feminismo como crítica cultural. Rio de Janeiro: Rocco, 1994. p. 206-242.

(26) Cf. relatório a respeito do trabalho doméstico em: <https://www.ilo.org/wcmsp5/groups/public/---ed_protect/---protrav/---travail/documents/publication/wcms_364744.pdf>.

(27) Com a ratificação da Convenção n. 189 da OIT pelo Brasil, em 2017, abre-se mais um elemento crítico para se questionar a constitucionalidade e, especialmente, a convencionalidade da distinção discriminatória na disciplina das trabalhadoras diaristas domésticas. A Convenção n. 189, é fato, prevê algumas válvulas de modulação para as práticas peculiares do emprego doméstico. Uma das mais importantes é a exclusão de seu escopo dos trabalhadores esporádicos ou ocasionais, "sem que este trabalho seja uma ocupação profissional" (art. 1(c)). Se o espírito da norma parece claro na dimensão da não incidência apenas para aquelas situações em que o trabalho seja, de fato, absolutamente casual ou contingente, realidades jurídicas locais podem deixar um tanto mais turva a interpretação do dispositivo. Talvez se pudesse, à primeira vista, pensar ser este o caso do elemento especial da continuidade na relação de emprego no Brasil, com a compreensão da Lei Complementar n. 150 de que só restaria configurado vínculo empregatício doméstico o trabalho executado por mais de três dias

Aqui, o sexismo, o racismo e a luta pela manutenção dos privilégios revelam sua força. Os senhores do Direito, da legislação à aplicação das normas, naturalizam o cinismo, retorcendo interpretações incompreensíveis para garantir que possam continuar a contratar, eles mesmos, trabalho doméstico de baixo custo e com facilidade operacional. E que possam manter uma oferta farta, um exército de mulheres negras que se desdobram em vários empregos (cinicamente não considerados "empregos" na técnica jurídica) para garantir a sobrevivência. Quando quem produz, aplica, fiscaliza o Direito é um conjunto de empregadores, o resultado escancara esses compromissos jurídicos com os privilégios e com a indignidade.

Na mesma direção, reproduzem-se estatutos mais precários em ocupações tipicamente femininas ou de pessoas LGBT+. As formas de se perceber essa especial precariedade fomentada pelo Direito são muitas. Tomemos um exemplo: o da Lei n. 13.352/2016. A chamada lei do salão-parceiro dispõe sobre "o contrato de parceria entre os profissionais que exercem as atividades de cabeleireiro, barbeiro, esteticista, manicure, pedicure, depilador e maquiador e pessoas jurídicas registradas como salão de beleza". Citamos textualmente o escopo da lei para chamar a atenção para o universo de sua aplicação, tipicamente feminino. Seja na compreensão arquetípica da beleza como parte do imaginário social de formas normativas do feminino, seja na percepção de que esse mercado da beleza, como mercado de trabalho, é fortemente gendrado[28], a disciplina jurídica desse campo será uma disciplina sobre as mulheres e, ainda, sobre as pessoas LGBT empregadas largamente no setor. E o que essa lei estabeleceu, em 2016, foi justamente um regime de separação, de precariedade especial, que estabelece que "o profissional-parceiro não terá relação de emprego ou de sociedade com o salão-parceiro". Ou seja, exclui as proteções típicas do emprego para o exército de mulheres e pessoas LGBT+ que alimenta o setor.

As formas discriminatórias, é claro, não param aí. A discriminação salarial de mulheres é generalizada e particularmente persistente[29]. O sexismo e LGBTfobia[30] nos ambientes laborais são uma realidade estabelecida. O Direito do Trabalho, aqui, participa no processo de implantação de realidades laborais que facilitam tais práticas. No trabalho terceirizado, por exemplo, os mecanismos de controle de tudo isso se diluem. No tratamento ainda refratário do adoecimento mental no trabalho, igualmente.

O que se pode perceber, em resumo, é que a dignidade no trabalho não é um desdobramento automático da presença das normas trabalhistas. Há um papel instituidor, ou ao menos cúmplice, de um Direito do Trabalho que participa, com suas abstrações, do processo de normalização dos regimes de separação fundados no gênero e sexualidade. E tal constatação não fala em contrário aos sentidos da proteção trabalhista. Mas contribui ainda mais para a expansão da compreensão dos modos de ser do conflito trabalhista e do que ainda está para além da dignidade tal qual prometida.

3. A REGULAÇÃO TRABALHISTA RELIDA POR MULHERES E PESSOAS LGBT E O ALVORECER DAS TEORIAS FEMINISTAS E QUEER DO DIREITO DO TRABALHO

Tomamos esta cartografia aproximativa dos modos por meios dos quais o Direito do Trabalho está, direta ou indiretamente, implicado na implantação de regimes de indignidade para mulheres e pessoas LGBT+ no

---

na semana. De todo modo, esta é uma exclusão jurídica nacional incompatível com a Convenção n. 189, vez que a tendência para a permanência e a profissionalização da atividade da chamada diarista não a enquadrariam na exceção do art. 1(c) do texto convencional. A própria OIT esclarece essa compreensão em diversas ocasiões, reiterando que a expressão "sem que este trabalho seja uma ocupação profissional" como qualificação para a exclusão do trabalho doméstico ocasional ou esporádico consta "para assegurar que trabalhadores diaristas e trabalhadores precários semelhantes permaneçam incluídos na definição de trabalhador doméstico". Ou seja, as proteções previstas na Convenção n. 189 são plenamente aplicáveis aos trabalhadores diaristas domésticos que se sustentam por meio desta ocupação. Trabalhadores diaristas domésticos não são, assim, trabalhadores ocasionais ou esporádicos, sendo plenamente disciplinados pela Convenção n. 189 e merecendo a proteção integral das normas típicas do emprego doméstico brasileiro. Cf. No original: "to ensure that day labourers and similar precarious workers remain included In: the definition of domestic worker". Tradução do autor. INTERNATIONAL LABOUR ORGANIZATION. Decent work for domestic workers. Report IV (1) for the International Labour Conference, 100th Session. Genebra: ILO, 2011. p. 5.

(28) A ocupação feminina no setor da "higiene pessoal" ultrapassa a casa dos 80%. Cf. DWECK, Ruth Helena, DI SABBATO, Alberto. A beleza e o mercado de trabalho: uma perspectiva de gênero. *Revista Gênero* [Internet]. 2006; 6(2). p. 95-128.

(29) OLIVEIRA, Rayhanna Fernandes de Souza. *O lugar do feminino negro no mercado de trabalho sob a perspectiva decolonial*: para além do salário e da remuneração. Dissertação de Mestrado. Belo Horizonte, UFMG, 2019.

(30) SANTOS, Rodrigo Leonardo de Melo. *A discriminação de homens gays na dinâmica das relações de emprego*: reflexões sob a perspectiva do direito fundamental ao trabalho digno. Dissertação de Mestrado em Direito. Programa de Pós-Graduação em Direito, Universidade de Brasília. Brasília: UnB, 2016.

trabalho como um gesto crítico. Crítico no sentido de Michel Foucault:

> A crítica consiste em desentocar o pensamento e em ensaiar a mudança; mostrar que as coisas não são tão evidentes quanto se crê, fazer de forma que isso que se aceita como vigente em si não o seja mais em si. Fazer a crítica é tornar difíceis os gestos fáceis demais. Nessas condições, a crítica – e a crítica radical – é absolutamente indispensável para qualquer transformação[31].

Essa desnaturalização tão cara à crítica radical se coloca, por vezes, num processo de "apresentar novas perguntas"[32], como propõe Lélia Gonzalez na sua visão do feminismo como teoria e prática. Para nós, nesse ensaio, essas perguntas feitas de maneira direta ao Direito do Trabalho alimentam uma potencialidade expansiva, que alargue os limites da crítica já desenvolvida, ampliando as inteligibilidades[33] das questões consideradas tradicionalmente centrais para o ramo. É o que se tem percebido de maneira muito intensa na profusão contemporânea dos estudos de gênero, sexualidade e regulação do trabalho. Passa-se a interpelar o Direito do Trabalho, como dizíamos ao início do texto, a partir de lugares epistemológicos distintos. Podemos, por ora, localizar três frentes particularmente relevantes para uma crítica jurídico-trabalhista dessa natureza.

A primeira delas é uma crítica feminista trabalhista à estruturação e categorias básicas da regulação. Autoras como Judy Fudge pleiteiam um redimensionamento, uma reconceituação radical da proteção trabalhista, que desconstrua supostas "naturalidades" associadas ao trabalho feminino no lar, sendo o Direito do Trabalho "estendido para incluir todos os processos de reprodução social, incluindo trabalho doméstico não remunerado prestado em casa para outros"[34]. Nas representações e repercussões jurídicas do trabalho, a inclusão de atividades tradicionalmente executadas por mulheres no lar representaria uma completa reconstrução dos modos de pensar a proteção social, a enfrentar, na profundidade dos enraizamentos existentes, as exclusões legitimadas pelo Direito.

É preciso pontuar que o reflexo em matéria de proteção social do trabalho de cuidado não deve de modo algum representar a legitimação jurídica de assimetrias de gênero ou conjugais, em que a subordinação jurídica (e as prerrogativas de poder que lhe constituem) seja transposta à realidade familiar, cristalizando a desigualdade[35]. Pelo contrário. Não há, ali, empregado e empregador em suas formulações tradicionais. O que esta matriz feminista de crítica demonstra é, justamente, a inadequação das categorias jurídico-trabalhistas tal qual as conhecemos para o trato das formas tipicamente femininas de trabalho na divisão sexual e, ainda, na esfera do cuidado. Em relação ao cuidado, aliás, a tese de Regina Vieira se coloca como um marco na literatura jurídica brasileira ao demonstrar como "as categorias fundamentais do Direito do Trabalho, supostamente neutras, na verdade possuem relevante carga sexista"[36]. A análise de Regina, numa perspectiva epistemológica feminista, demonstra como os conceitos jurídicos de trabalho, de sujeito trabalhador universal, de tempo de trabalho e de salário são, em si, atravessados pelos arranjos de gênero que os viabilizam. E como podem ser inadequados para os universos ampliados do trabalho de cuidado.

Soma-se, ainda no contexto da crítica feminista, uma produção crescente que questiona o entrecruzamento de gênero e outros marcadores sociais da diferença, especialmente a raça. Perspectivas interseccionais passam a demonstrar a cumplicidade do Direito do Trabalho para com a discriminação de mulheres negras

---

(31) FOUCAULT, Michel. *Ditos e escritos V*: ética, sexualidade, política. Rio de Janeiro: Forense Universitária, 2006. p. 180.

(32) GONZALEZ, Lélia. Por um feminismo afro-latino-americano. *Revista Isis Internacional*, 1988, v. IX. Cf. também em: <https://movimentorevista.com.br/2019/03/por-um-feminismo-afro-latino-americano/>.

(33) BUTLER, Judith. *Problemas de gênero*: feminismo e subversão da identidade. Trad. Renato Aguiar. Rio de Janeiro: Editora Civilização Brasileira, 2003; LERUSSI, Romina. Matriz heterosexual y matriz heterojurídica: in(ter)venciones conceptuales feministas para pensar el empleo doméstico. *Sapere Aude*, v. 5, n. 9. p. 220-239, 1º sem. 2014.

(34) No original: "extended to include all of the processes of social reproduction, including unpaid domestic work provided In: the home for others". Tradução dos autores. FUDGE, Judy. Feminist reflections on the scope of Labour Law: domestic work, social reproduction, and jurisdiction. *Feminist Legal Studies*, Canterbury, n. 22. p. 1-23, 2014. p. 19. Cf., ainda, FREDMAN, Sandra, FUDGE, Judy. The legal construction of personal work relations and gender. *Jerusalem Review of Legal Studies*, Oxford, n. 7(1). p. 321-340, 2013.

(35) Essa é a clássica razão pela qual não se admite o vínculo doméstico de emprego entre cônjuges. Para Delgado "admitir-se relação de emprego em tais situações será acatar-se a existência de subordinação de um dos cônjuges ou companheiros perante o outro". DELGADO, Mauricio Godinho. *Curso de Direito do Trabalho*. 13. ed. São Paulo: LTr, 2014. p. 386.

(36) VIEIRA, Regina Stella Corrêa. *O cuidado como trabalho*: uma interpelação do Direito do Trabalho a partir da perspectiva de gênero. Tese de Doutorado. São Paulo: USP, 2018. p. 200.

nas relações laborais[37]. Essa matriz de interpelação, por exemplo, constrange os exercícios abstratos da discussão jurídico-trabalhista em torno de temas como o elemento fático-jurídico da continuidade do emprego doméstico, que termina, ao final, por reforçar a precariedade das trajetórias de mulheres negras sobre o mundo do trabalho.

Uma segunda frente de interpelações vem ainda do gênero, com a marca do desafio à hegemonia cis. A crítica travesti e transexual à regulação do trabalho, como visto, denuncia fortemente a marginalidade jurídica da prostituição como trabalho. Relaciona-se, ainda, com a precariedade de setores nos quais travestis e mulheres trans se fazem presentes, como no caso do mercado da beleza.

Tal frente crítica coloca em questão, ainda, as expectativas da realização da dignidade por meio do trabalho regulado, do emprego típico. O processo complexo de "inclusão" pode implicar na higienização social de existências consideradas abjetas por meio dos mecanismos de poder nas relações produtivas. E mais. A experiência do poder nas relações de trabalho pode se potencializar diante dessas pessoas. É o que João Zini, em pesquisa jurídico-etnográfica feita com trabalhadoras travestis e transexuais, denomina "messianismo patronal". Nas relações de trabalho formalizadas, o empregador que contrata uma travesti ou pessoa trans se percebe como de alguma forma superior e "tende a assumir uma postura mais exigente em relação às empregadas travestis e transexuais, pois se sente senhor delas, na qualidade de salvador"[38].

Os estudos crescentes nas temáticas LGBT+ nas relações e regulação do trabalho completam o quadro, especialmente nas denúncias das realidades da discriminação[39]. Além da dimensão individual nos muitos casos relatados, pesquisados, catalogados, o que se pode perceber, também é uma dimensão estrutural da LGBTfobia, que se insere de maneira sistemática nas relações de trabalho, com a cumplicidade do Direito do Trabalho. A interpelação *queer* às normas trabalhistas, aqui, passa a operar também nesta dimensão, a reclamar da arena jurídica o reconhecimento da materialidade da discriminação como constitutiva do tecido de relações laborais variadas, em especial nos arranjos mais precários.

4. LOCALIZAR O DIREITO FUNDAMENTAL AO TRABALHO DIGNO, PERCEBÊ-LO COMO DISPUTA E TRANSFORMÁ-LO EM TRINCHEIRA

Nesse breve ensaio resolvemos retomar o debate do direito fundamental ao trabalho digno pelo seu avesso. Perguntamo-nos como, na verdade, o Direito tem contribuído para a implantação sistemática da indignidade no trabalho de mulheres e pessoas LGBT+. A partir daí, revelou-se que há, de fato, um papel histórico da regulação trabalhista para a reprodução dos padrões sexistas e LGBTfóbicos que ainda regem o mundo em que vivemos. Ao mesmo tempo, a partir das interpelações crescentes feministas e *queers* ao Direito do Trabalho revelou-se como esse direito fundamental ao trabalho digno é, na verdade, uma disputa. Vimos como a operatividade de um conceito passa a ser determinada pelas leituras que dele se faz, no campo, na vida, nos corpos. E como nada, nessa esfera, está dado. Um alinhamento com um humanismo abstrato e etnocêntrico, com um homem genérico, com um constitucionalismo romantizado, tudo isso sequestra todos os conteúdos dessa formulação. Aproxima-os da violência da universalidade abstrata[40]. Mas o direito fundamental ao trabalho digno, tal qual o conhecemos, de onde ele realmente vem, nunca poderá ser isso.

Propomos, então, um exercício final de radical localização dos saberes que se alinharam na produção desta ideia, deste direito. Localização, aqui, entendida no sentido de Donna Haraway, em suas "políticas e epistemologias de alocação, posicionamento e situação (...). São propostas a respeito da vida das pessoas; a visão desde um corpo, sempre um corpo complexo, contraditório, estruturante e estruturado, *versus* a visão de cima, de lugar nenhum"[41]. Tal localização, para nosso exercício, envolverá um gesto quase arqueológico e uma proposição.

---

(37) OLIVEIRA, Rayhanna Fernandes de Souza. *O lugar do feminino negro no mercado de trabalho sob a perspectiva decolonial*: para além do salário e da remuneração. Dissertação de Mestrado. Belo Horizonte, UFMG, 2019.

(38) OLIVEIRA, João Felipe Zini Cavalcante de. *"E travesti trabalha?"*: divisão transexual do trabalho e messianismo patronal. Dissertação de mestrado. Direito UFMG. Belo Horizonte: UFMG, 2019. p. 109.

(39) SANTOS, Rodrigo Leonardo de Melo. *A discriminação de homens gays na dinâmica das relações de emprego*: reflexões sob a perspectiva do direito fundamental ao trabalho digno. Dissertação de Mestrado em Direito. Programa de Pós-Graduação em Direito, Universidade de Brasília. Brasília: UnB, 2016.

(40) BUTLER, Judith. *Relatar a si mesmo*: crítica da violência ética. Rio de Janeiro: Autêntica, 2015. p. 15.

(41) HARAWAY, Donna. Saberes localizados: a questão da ciência para o feminismo e o privilégio da perspectiva parcial. *Cadernos Pagu*, n. 5. p. 7-41, jan. 2009. p. 30.

O gesto centraliza as condições de possibilidade e o espaço de aparecimento dessa ideia original de um direito fundamental ao trabalho digno. Ela está na tese de doutoramento de Gabriela Neves Delgado, que foi defendida no programa de pós-graduação em Direito mais antigo do Brasil, da Faculdade de Direito da Universidade Federal de Minas Gerais. O apelido desta Faculdade é *"Vetusta Casa de Afonso Pena"*. A três partes dessa alcunha têm algo a dizer sobre esta localização. Vetusto é, pela definição do dicionário, algo "cuja antiguidade deve ser respeitada"[(42)]. Já a ideia de casa, no contexto, parece evocar metaforicamente os sentidos mais caros de uma relação de pertencimento. E Afonso Pena, deputado federal, governador do estado de Minas Gerais, vice-presidente e presidente do Brasil, foi fundador e primeiro Diretor da Faculdade. Ou seja, a Faculdade é o espaço antigo e tradicional, constituidor, que relembra o fato de ter sido construída por um líder político e institucional, de um "grande nome".

Os feminismos e movimentos *queer* e LGBT+, especialmente no curso do século XX, se colocaram em frontal oposição aos lugares que a tradição, ocultando privilégios históricos, reservou a mulheres e pessoas LGBT+. A aversão à vetustez, portanto, não se dá em desrespeito ao cultivo de antepassados ou à própria ideia de história(s). Mas à forma como o respeito ao antigo propaga no tempo a desmaterialização, a inexistência de certas sujeitas e sujeitos. Ou um respeito aos "pequenos nomes".

A própria reflexão sobre o doméstico, sobre a casa, diz muito disso. Casa, para as mulheres, parece nunca ter sido o que traduz essa ideia de casa no apelido da Faculdade. A casa, sobretudo no mundo marcado pelas relações de colonialidade, é um espaço de confinamento, de separação da vida pública e política. Na síntese de Rita Laura Segato, "com a emergência da grade universal moderna, da qual emana o Estado, a política, os direitos e a ciência, tanto a esfera doméstica como a mulher que a habita transformam-se em meros restos, na margem dos assuntos (...) de relevância universal"[(43)]. A casa de Afonso Pena, portanto, não parece ser a casa vivida pelas mulheres. É casa numa fabulação narrativa, que conta de relações marcadas pelo apego quase afetivo a um espaço que deve ser público por sua própria natureza. Foi, historicamente, uma casa de homens, enquanto as mulheres, fora daquele espaço, viviam outros sentidos do doméstico. Ou talvez tenha sempre sido uma casa-metáfora, como a que descreve Carolina Maria de Jesus: "O Palácio é a sala de visita. A Prefeitura é a sala de jantar e a cidade é o jardim. E a favela é o quintal onde jogam os lixos"[(44)].

O fato é que a Faculdade de Direito, historicamente, foi uma casa de homens de poder. Nesse sentido, foi de muitos Afonsos. Foi só muito depois de sua fundação, já na segunda metade do século XX, que deixou de ser (só) deles. Uma outra Afonso, aliás, é ainda testemunha viva desta história não tão distante: Elza Maria Miranda Afonso, a primeira professora mulher daquela Faculdade, recebeu no ano de 2019 o título de professora emérita[(45)]. A primeira professora mulher, é preciso sublinhar, está em 2019 recebendo suas homenagens, numa interpelação da tradição a partir de outros lugares.

E, dando corpo à localização aqui proposta, foi justamente Elza quem orientou a tese de Gabriela: "Direito fundamental ao trabalho: uma investigação jusfilosófica do direito universal ao trabalho digno como valor na perspectiva e afirmação do Estado Democrático de Direito". A tese foi defendida em 13 de junho de 2005, por banca examinadora composta exclusivamente por homens, ao lado da professora orientadora. No mesmo ano de sua defesa, 2005, o Programa de Pós-Graduação em Direito da UFMG registrou mais 17 teses produzidas naquela "casa". Desse total de 18, apenas 3 foram produzidas por mulheres. Pouco mais de 15% de todos os trabalhos naquele ano.

A tese de Gabriela, produzida neste tempo-espaço, propunha uma radical expansão nos sentidos axiológicos do Direito do Trabalho. Após ampla e rigorosa reflexão sobre os paradigmas do Estado moderno e a seus fundamentos axiológicos, Gabriela propõe a "regulamentação jurídica de toda e qualquer atividade de trabalho que dignifique o ser humano, enquanto *homo faber*, para que ele tenha assegurado espaço para a construção de sua identidade social"[(46)]. Toda e qualquer atividade de trabalho.

A formulação teórica deste direito fundamental, nos termos em que foi pensado, alçou Gabriela Neves

(42) Dicionário Caldas Aulete online: <http://www.aulete.com.br/>.

(43) SEGATO, Rita Laura. Gênero e colonialidade: em busca de chaves de leitura e de um vocabulário estratégico descolonial. *Epistemologias feministas: ao encontro da crítica radical*. E-cadernos CES, n. 18, São Paulo, 2012. p. 108.

(44) JESUS, Carolina Maria de. *Quarto de despejo*: diário de uma favelada. São Paulo: Francisco Alves, 1960. p. 33.

(45) Cf. em: <https://ufmg.br/comunicacao/noticias/elza-afonso-a-pequena-grande-mestra-da-direito-e-a-nova-emerita-da-ufmg>.

(46) DELGADO, Gabriela Neves. *Direito fundamental ao trabalho digno*. São Paulo: LTr, 2006. p. 19.

Delgado ao centro dos debates jurídico-trabalhistas nacional e internacional. E esta revisita, quase quinze anos depois da defesa da tese, confirma o poder dessa ideia. E o poder da mulher que a construiu. Confirma-se, aqui, a constatação de Gloria Anzaldúa, de que "uma mulher que escreve tem poder. E uma mulher com poder é temida"[(47)]. O temor do conservadorismo social sexista e LGBTfóbico vem, nesse caso, justamente dos sentidos expansivos na proteção ao trabalho que a ideia e, a mulher que produziu a ideia, alimentam na reflexão e na prática jurídica. Alguns exemplos. Na reflexão, o movimento se confirma por posições que densificam essa ideia por Gabriela em temas-chave, de fronteira, como a prostituição[(48)]. Ou na ação jurídico-política na defesa da materialização desse direito fundamental para grupos socialmente vulneráveis, marcados pela opressão interseccional, como o das trabalhadoras domésticas[(49)].

A partir dessa localização pode-se, então, ir mais adiante. Propor uma radicalização das potencialidades críticas do direito fundamental ao trabalho digno a partir das suas fissuras constitutivas e da relação íntima dele com o gênero e sexualidade. Perceber como esta formulação teórica, referenciada às formas múltiplas da opressão de mulheres e pessoas LGBT+ nos mundos do trabalho, pode servir para combater aquilo que Riikka Prattes lê como ignorância epistêmica: "práticas epistêmicas que não reconhecem a relacionalidade e a interdependência com os outros e que, ao mesmo tempo, são estruturadas por e produzem relações desiguais de poder"[(50)].

Isso porque, o Direito do Trabalho, ao não assimilar integralmente modos e dilemas femininos e LGBT+ no mundo do trabalho, das muitas formas vistas nesse ensaio, termina por ser produzido de maneira sexista e LGBTfóbica e contribuir para que o sexismo e LGBTfobia se perpetuem. Deixa de ver, ou deliberadamente oculta, as interconexões e os modos de ser e produzir o mundo de uma parcela fundamental do tecido social.

Nesse contexto, o direito fundamental ao trabalho digno não poderia ser pensado ou aplicado à luz de uma pressuposição abstrata de autonomia e igualdade. A desigualdade que nos constitui e que atravessa nossas existências transforma a autonomia em um privilégio realizável por poucos. De um privilégio que decorre de condições materiais econômicas indisponíveis para a maioria e que se adquire à custa da exploração da dependência (da não autonomia) alheia. De um privilégio que decorre de certos marcadores sociais e que se constitui pela subalternização daqueles cujo gênero, a sexualidade ou a raça são indignos de um igual reconhecimento e proteção sociais. A dignidade humana precisa, então, ser reescrita à luz da dependência e vulnerabilidade que nos constitui enquanto homens e mulheres reais, rompendo-se com esse ciclo de um ignorar epistêmico dessas vivências. Vendo-as, ouvindo-as.

Para Judith Butler, na medida em que existem normas que condicionam quem vai ser reconhecível e 'legível' como humano ou digno e quem não vai, é importante examinar "como os 'ilegíveis' podem se constituir como um grupo, desenvolvendo formas de se tornar legíveis uns para os outros", ou como a exposição comum a normas que os tornam irreconhecíveis como humanos pode se tornar uma base para a resistência[(51)].

É na resistência contra os tradicionais mecanismos de subalternização e marginalização que um novo sentido para a dignidade pode ser produzido. É na disputa ou no referenciamento permanente às realidades dessas mulheres e pessoas LGBT+ trabalhadoras, que se poderá especificar o compromisso do direito fundamental ao trabalho digno com quem trabalha. Um compromisso que se abra à variedade dos modos de trabalho e que busque sempre descerrar as camadas de opacidade que impedem a própria inteligibilidade deles como trabalho. Que se alinhe ao chamado da autora da epígrafe deste texto, Lenira Maria de Carvalho, que, em seu *Só a gente que vive é que sabe*, fala de um trabalho que se dá *em lugares diferentes* e de quem "atua diferente"[(52)]. Mas que não deixa de ser trabalho. É

---

(47) ANZALDÚA, Gloria. Falando em línguas: uma carta para as mulheres escritoras do terceiro mundo. *Revista Estudos Feministas*, Florianópolis, v. 8, n. 1. p. 229, jan. 2000. p. 234.

(48) DELGADO, Gabriela Neves. Apontamentos jurídicos sobre a prostituição. *Veredas do Direito: Direito Ambiental e Desenvolvimento Sustentável*, Belo Horizonte, v. 4, n. 7, fev. 2011.

(49) Cf. atuação do NUPAJ – Núcleo de Pesquisa e Assistência Judicial Trabalhista da Faculdade de Direito da UnB. Disponível em: <https://dpu.jusbrasil.com.br/noticias/455850899/nucleo-da-dpu-e-unb-no-forum-trabalhista-tem-primeiro-dia-de-atendimento>.

(50) No original: "epistemic practices that fail to recognise relationality and interdependence with others and that are both structured by, and produce, unequal power relations". Tradução dos autores. PRATTES, Riikka. 'I don't clean up after myself': epistemic ignorance, responsibility and the politics of the outsourcing of domestic cleaning. *Feminist Theory*. 2019.

(51) BUTLER, Judith. *Corpos em aliança e a política das ruas*. Notas para uma teoria performativa de assembleia. Trad. Fernanda Siqueira Miguens. Rio de Janeiro: Civilização Brasileira, 2018. p. 45.

(52) CARVALHO, Lenira Maria de. *Só a gente que vive é que sabe*: depoimento de uma doméstica. Rio de Janeiro: Vozes/NOVA, 1982.

também e especialmente para atender a essas pessoas que um direito fundamental ao trabalho digno, como formulação teórica, deve existir.

A partir daí se pode perceber o direito fundamental ao trabalho digno como conquista teórica dentro de uma perspectiva de gênero e sexualidade. Que seja renovado, nas duras disputas nos quadros da materialidade da opressão de gênero, sexualidade, classe, raça, como um libelo teórico denso, articulado e permanentemente referenciado. Uma trincheira antimachista, antirracista, *queer* e igualitária.

REFERÊNCIAS

ANZALDÚA, Gloria. Falando em línguas: uma carta para as mulheres escritoras do terceiro mundo. *Revista Estudos Feministas*, Florianópolis, v. 8, n. 1, p. 229, jan. 2000.

BUTLER, Judith. *Relatar a si mesmo*: crítica da violência ética. Rio de Janeiro: Autêntica, 2015.

BUTLER, Judith. *Corpos em aliança e a política das ruas*. Notas para uma teoria performativa de assembleia. Trad. Fernanda Siqueira Miguens. Rio de Janeiro: Civilização Brasileira, 2018.

BUTLER, Judith. *Problemas de gênero*: feminismo e subversão da identidade. Trad. Renato Aguiar. Rio de Janeiro: Editora Civilização Brasileira, 2003.

CARVALHO, Lenira Maria de. *Só a gente que vive é que sabe*: depoimento de uma doméstica. Rio de Janeiro: Vozes/NOVA, 1982.

DE LAURETIS, Teresa. A tecnologia de gênero. In HOLANDA, Heloisa Buarque de (Org.). *Tendências e impasses*: o feminismo como crítica cultural. Rio de Janeiro, Rocco, 1994.

DELGADO, Gabriela Neves. *Apontamentos jurídicos sobre a prostituição*. Veredas do Direito: Direito Ambiental e Desenvolvimento Sustentável, Belo Horizonte, v. 4, n. 7, fev. 2011.

_____. *Direito fundamental ao trabalho digno*. São Paulo: LTr, 2006.

DELGADO, Mauricio Godinho. *Curso de Direito do Trabalho*. 13 ed. São Paulo: LTr, 2014.

DUARTE, Bárbara Almeida. *A divisão sexual do trabalho como fenômeno social*: uma crítica feminista ao trabalho doméstico. Dissertação de mestrado. Direito UFMG. Belo Horizonte: UFMG, 2018.

DWECK, Ruth Helena; DI SABBATO, Alberto. A beleza e o mercado de trabalho: uma perspectiva de gênero. *Revista Gênero* [Internet]. 2006; 6(2), p. 95-128.

FERNANDES, Maíra Cristina Corrêa. *Sobreviver mulher*: sujeitas às violências de gênero, sujeitas insurgentes do feminismo. Dissertação de Mestrado. Belo Horizonte: UFMG, 2018.

FOUCAULT, Michel. *Ditos e escritos V*: ética, sexualidade, política. Rio de Janeiro: Forense Universitária, 2006.

FREDMAN, Sandra, FUDGE, Judy. The legal construction of personal work relations and gender. Jerusalem *Review of Legal Studies*, Oxford, n. 7(1), p. 321-340, 2013.

FUDGE, Judy. Feminist reflections on the scope of Labour Law: domestic work, social reproduction, and jurisdiction. *Feminist Legal Studies*, Canterbury, n. 22, p. 1-23, 2014.

GONZALEZ, Lélia. Por um feminismo afro-latino-americano. *Revista Isis Internacional*, 1988, v. IX.

HARAWAY, Donna. Saberes localizados: a questão da ciência para o feminismo e o privilégio da perspectiva parcial. *Cadernos Pagu*, n. 5, p. 7-41, jan. 2009.

HARDING, Sandra (ed.). *The feminist standpoint theory reader*: intellectual and political controversies. New York: Routledge, 2004.

HIRATA, Helena; GUIMARÃES, Nadya Araújo; SUGITA, Kurumi. Cuidado e cuidadoras: o trabalho de *care* no Brasil, França e Japão. *Sociologia e Antropologia*, v. 1, n. 1, p. 151-180, 2011.

INTERNATIONAL LABOUR ORGANIZATION. Decent work for domestic workers. *Report IV(1) for the International Labour Conference*, 100th Session. Genebra: ILO, 2011.

JESUS, Carolina Maria de. *Quarto de despejo*: diário de uma favelada. São Paulo: Francisco Alves, 1960.

KERGOAT, Danièle. Division sexuelle du travail et rapports sociaux de sexe. In *Dictionnaire critique du féminisme*. Paris: PUF, 2000.

LERUSSI, Romina. Matriz heterosexual y matriz heterojurídica: in(ter)venciones conceptuales feministas para pensar el empleo doméstico. *Sapere Aude*, v. 5, n. 9, p. 220-239, 01º sem. 2014.

LYRA FILHO, Roberto. *Direito do Capital e Direito do Trabalho*. Porto Alegre: Sérgio Antonio Fabris Editor, 1982.

MELHADO, Reginaldo. *Poder e sujeição*: os fundamentos da relação de poder entre capital e trabalho e o conceito de subordinação. São Paulo: LTr, 2003.

OLIVEIRA, João Felipe Zini Cavalcante de. *"E travesti trabalha?"*: divisão transexual do trabalho e messianismo patronal. Dissertação de mestrado. Direito UFMG. Belo Horizonte: UFMG, 2019.

OLIVEIRA, Rayhanna Fernandes de Souza. *O lugar do feminino negro no mercado de trabalho sob a perspectiva decolonial*: para além do salário e da remuneração. Dissertação de Mestrado. Belo Horizonte, UFMG, 2019.

PATEMAN, Carole. *O contrato sexual*. Rio de Janeiro: Paz e Terra, 1993.

PRATTES, Riikka. *'I don't clean up after myself'*: epistemic ignorance, responsibility and the politics of the outsourcing of domestic cleaning. Feminist Theory. 2019.

RAMOS FILHO, Wilson. *Direito Capitalista do Trabalho*: história, mitos e perspectivas. São Paulo: LTr, 2012.

SANTOS, Rodrigo Leonardo de Melo. *A discriminação de homens gays na dinâmica das relações de emprego*: reflexões sob a perspectiva do direito fundamental ao trabalho digno. Dissertação de Mestrado em Direito. Programa de Pós-Graduação em Direito, Universidade de Brasília. Brasília: UnB, 2016.

SEGATO, Rita Laura. *Antropologia e direitos humanos*: alteridade e ética no movimento de expansão dos direitos universais. *Mana* [on-line], v. 12, n. 1, p. 207-236, 2006.

SEGATO, Rita Laura. Gênero e colonialidade: em busca de chaves de leitura e de um vocabulário estratégico descolonial. Epistemologias feministas: ao encontro da crítica radical. *E-cadernos CES*, n. 18, São Paulo, 2012.

SILVA, Larissa Maués Pelúcio. *Nos nervos, na carne, na pele*: uma etnografia sobre prostituição travesti e o modelo preventivo de AIDS. Tese Doutorado em Ciências Humanas. Universidade Federal de São Carlos. São Carlos: UFSC, 2007.

SUPIOT, Alain. *Critique du Droit du Travail*. 2. ed. Paris: Quadrige/PUF, 2011.

TRONTO, Joan. *Assistência democrática e democracias assistenciais*. Soc. estado. [on-line], v. 22, n. 2, p. 285-308, 2007.

VIEIRA, Regina Stella Corrêa. *O cuidado como trabalho*: uma interpelação do Direito do Trabalho a partir da perspectiva de gênero. Tese de Doutorado. São Paulo: USP, 2018.

Capítulo 16

Minorias Sexuais e o Direito a Não Discriminação: Um Pressuposto de Concretização do Direito Fundamental ao Trabalho Digno

Rodrigo Leonardo de Melo Santos[1]

Resumo: Este artigo busca traçar um panorama da forma como discriminação sofrida por minorias sexuais, no contexto do mundo do trabalho, é abordada pelo ordenamento jurídico brasileiro. A partir de pesquisa bibliográfica multidisciplinar, dedica-se, de início, a compreender a vivência da população LGBTQIA+ em termos de barreiras existentes no acesso e na permanência no emprego, bem como às dificuldades encontradas para se alcançar a realização pessoal desses indivíduos por meio do trabalho. Em seguida, estuda-se a forma como o fenômeno do trabalho é valorado pela Constituição de 1988, para, calcando-se na concepção de dignidade da pessoa humana, delinearem-se os instrumentos de que dispõe o ordenamento brasileiro para dar concretude ao direito fundamental ao trabalho digno de minorias sexuais, por meio do combate às formas de discriminação baseada em identidade de gênero e orientação sexual.

Palavras-chave: Orientação sexual. Identidade de gênero. Diversidade sexual. Discriminação. Direito fundamental ao trabalho digno.

Abstract: This paper aims to provide an overview of how discrimination based on sexual orientation, gender identity or gender expression in the world of work is addressed by Brazilian Law. Through multidisciplinary bibliographic research, the initial topic of this study focuses on the barriers faced by LGBTQIA+ people in terms of access to and permanence in employment, as well as the conditions for their self-realization and self-determination in work. Given this context, the paper analyses the value attributed to work by the Brazilian Constitution and the concept of dignity of the human person as a fundamental constitutional principle, in order to explore the legal protections available against discrimination on the basis of sexual orientation, gender identity or gender expression, ensuring the right to decent work for sexual minorities.

Keywords: Sexual orientation. Gender identity. Sexual diversity. Discrimination. Fundamental right to decente work.

1. INTRODUÇÃO

Há cinquenta anos, uma aparentemente corriqueira invasão policial ao bar nova-iorquino *Stonewall Inn*, ponto de encontro de minorias sexuais situado no bairro de Greenwich Village, se tornaria um marco para a constituição e a consolidação dos movimentos contemporâneos em defesa dos direitos civis de minorias sexuais.

A incursão, realizada na madrugada do dia 28 de junho daquele ano, não teve o resultado esperado pelos agentes, que foram surpreendidos pela resistência incomum de um público já habituado a humilhações. As reações iniciais logo escalaram para conflitos violentos e protestos, aglomerando multidões indignadas por três dias nas ruas próximas. Plantou-se ali, naquela ocasião, a mensagem de que violações de direitos suportadas

(1) Advogado. Mestre em Direito, Universidade de Brasília (UnB). Pós-graduando *lato sensu* em Direito Administrativo pelo Instituto Brasiliense de Direito Público (IDP). Graduado em Direito pela Faculdade de Direito da Universidade de Brasília (FD/UnB). Pesquisador integrante do Grupo de Pesquisa Trabalho, Constituição e Cidadania (UnB/CNPq).

em silêncio, por tanto tempo, não seriam mais admitidas passivamente – um recado que ecoou de forma ampla(2).

Essas pessoas tão diversas compartilhavam ao menos um forte vínculo: o preconceito de que eram (e ainda são) vítimas, em função de aspectos de sua sexualidade que não se amoldavam a padrões hegemônicos – como bem observa Elisabeth Young-Bruehl, é a própria vivência comum da discriminação o que as uniu e as constituiu enquanto grupo e comunidade(3).

Fato é que, desde a revolta de *Stonewall*, houve um incremento paulatino na manifestação, pública e coletiva, de minorias sexuais ao redor do mundo por reconhecimento e afirmação de direitos, gerando um arrefecimento da invisibilidade e do silêncio que permeiam a existência desses indivíduos(4).

No apagar das luzes da segunda década do século XXI, o ingresso do tema na arena pública é notório, a ponto de termos relativamente recentes e pouco conhecidos das grandes massas. Há alguns anos tornarem-se corriqueiros nos veículos de imprensa, debates políticos e jurídicos, dando nome aos atores e às pautas em questão. Assim, foram se difundindo expressões como orientação sexual, identidade de gênero, características sexuais(5), heteronormatividade ou cisnormatividade(6).

O potencial inclusivo do movimento em relação às várias manifestações da diversidade sexual se desnuda na própria sigla cunhada para representá-lo, à qual foram-se agregando iniciais com o passar dos anos, de modo a expandir a sua representatividade a outras identidades sexuais marginalizadas. Atualmente, sem excluir outras configurações igualmente utilizadas, a nomenclatura LGBTQIA+ abrange, a um só tempo, lésbicas, gays, bissexuais, pessoas trans, gênero *queer*, intersexuais, assexuais, bem como outras minorias sexuais não expressamente nominadas(7).

Algumas conquistas alcançadas se destacam, a exemplo da supressão da homossexualidade do Catálogo Internacional de Doenças (CID 10/1993), pela Organização Mundial da Saúde (OMS), em 1993, superando um discurso acerca de uma normalidade sexual, costurado ainda no século XIX, que, sob a aparência de uma neutralidade médica, trazia "uma ciência essencialmente subordinada aos imperativos de uma moral", submissa às opiniões dominantes e preconceitos em voga. No Brasil, o Conselho Federal de Medicina já havia tomado a iniciativa em 1985, deixando de considerar a atração homoerótica, isoladamente, como distúrbio(8).

Sob um outro ângulo, os reflexos se deram no plano do direito penal e de família. De acordo com dados da Associação Internacional de Lésbicas, Gays, Bissexuais, Pessoas Trans e Intersexuais (*International Lesbian, Gay, Bisexual, Trans and Intersex Association* – ILGA), a prática de atos sexuais homoeróticos consensuais é lícita, atualmente, em 123 países membros das Organização das Nações Unidas (ONU), a exemplo do Brasil, seguin-

---

(2) FONE, Byrne. *Homophobia*: a history. Nova York: Picador, 2000. p. 407.

(3) YOUNG-BRUEHL, Elisabeth. *The anatomy of prejudice*. Cambridge: Harvard University Press, 1996. p. 143.

(4) Segundo Sarah Schulman, as minorias sexuais sujeitam-se a mecanismos de evitação, meios pelos quais "pessoas são cortadas, excluídas de participarem em conversações, comunidades, estruturas sociais; a elas não é permitida voz sobre como elas mesmas são tratadas, não podendo falar ou retrucar" (SCHULMAN, Sarah. Homofobia familiar: uma experiência em busca de reconhecimento. Trad. Felipe Bruno Martins Fernandes. *Bagoas*: Revista de Estudos Gays, v. 5. p. 67-78, 2010. p. 74).

(5) A carta de Princípios de Yogyakarta, documento elaborado por especialistas em direitos humanos e diversidade sexual, sob a coordenação da Comissão Internacional de Juristas, define orientação sexual como "capacidade de cada pessoa de ter uma profunda atração emocional, afetiva ou sexual por indivíduos de gênero diferente, do mesmo gênero ou de mais de um gênero, assim como ter relações íntimas e sexuais com essas pessoas". A identidade de gênero, doutra banda, é conceituada como "a profunda e sentida experiência interna e individual do gênero de cada pessoa, que pode ou não corresponder ao sexo atribuído no nascimento, incluindo o senso pessoal do corpo (que pode envolver, por livre escolha, modificação da aparência ou função corporal por meios médicos, cirúrgicos ou outros) e outras expressões de gênero, inclusive vestimenta, modo de falar e maneirismos". Já por características sexuais, entendem-se "as características físicas de cada pessoa relacionadas ao sexo, incluindo genitália e outras anatomia sexual e reprodutiva, cromossomos, hormônios e substâncias características físicas emergentes da puberdade" (*Princípios de Yogyakarta*: Princípios sobre a aplicação da legislação internacional de direitos humanos em relação à orientação sexual e identidade de gênero. Disponível em: <http://www.yogyakartaprinciples.org/>. Acesso em: 17 dez. 2019).

(6) Isto é, a afirmação cultural de um padrão sexual de normalidade humana que situa o indivíduo heterossexual e cisgênero (aquele cuja identidade de gênero se alinha ao gênero/sexo que lhe foi atribuído no nascimento) como modelo pressuposto, norteando as expectativas sociais e instituições.

(7) Para uma definição mais precisa das orientações sexuais, identidades ou expressões de gênero e características sexuais (identificadas pela sigla SOGIESC, em inglês – *sexual orientation, gender identity and expression, and sexual characteristics*), cf. OIT. *Documento informativo sobre a proteção contra a discriminação com base na orientação sexual, identidade de gênero, expressão de gênero e características sexuais* (SOGIESC). Genebra, mar. 2019. Disponível em: <https://www.ilo.org/wcmsp5/groups/public/---ed_norm/---normes/documents/publication/wcms_700556.pdf>. Acesso em: 21 dez. 2019.

(8) VECCHIATTI, Paulo Roberto Iotti. *Manual da homoafetividade*: da possibilidade jurídica do casamento civil, da união estável e da adoção por casais homoafetivos. São Paulo: Método, 2012. p. 34.

do criminalizada, porém, em 68 nações. Algumas dezenas de Estados possuem proteções constitucionais e/ou legais específicas contra práticas discriminatórias de viés homofóbico ou transfóbico, enquanto alguns destes contemplam, ainda, diferentes formas e graus de reconhecimento das famílias homoafetivas[(9)].

Já no tocante às pessoas trans, duas grandes pautas são a possibilidade de alteração do prenome e do gênero em registros oficiais e documentos – o que vem galgando reconhecimento, sob diferentes condições, ao redor do mundo, por vezes mediante a exigência de que o sujeito se submeta a procedimentos médico-cirúrgicos de redesignação sexual, como se a identidade de gênero estivesse vinculada às características sexuais do indivíduo[(10)].

Em que pesem as rápidas mudanças da opinião pública, a homofobia[(11)] e a transfobia[(12)] derivam de preconceitos que seguem inscritos na estrutura social, espraiando-se pelas diferentes esferas da vida e reclamando intervenções específicas, que fomentem a desconstrução de estruturas de dominação, dando lugar ao reconhecimento e à efetiva integração social.

Um dos âmbitos em que esses preconceitos reverberam de forma contundente é o mundo do trabalho. Expressam-se nas performances de empregados e de empregadores, na organização do trabalho e, inclusive, na definição das estruturas organizacionais. Na condição de elemento central e inescapável da vida adulta, o trabalho preenche parte significativa do tempo e das relações interpessoais do sujeito contemporâneo. Por essa razão, apresenta-se como "um microcosmo, um resumo da vida social"[(13)], que não escapa aos estigmas e padrões de reconhecimento vigentes.

Mas se a própria temática dos direitos civis de pessoas LGBTQIA+ é relativamente recente, datando de aproximadamente cinquenta anos, mais ainda é o olhar do direito para as condições de inserção e vivência dessa população historicamente vulnerável no contexto laboral.

Com esse enfoque, este artigo tem por objetivo traçar um panorama do tratamento dispensado pelo ordenamento jurídico brasileiro ao tema da discriminação de minorias sexuais no âmbito das relações de trabalho, tomando como ponto de inflexão o texto constitucional de 1988 e o conceito a ele inerente de direito fundamental ao trabalho digno.

2. SEXUALIDADE, GÊNERO E MUNDO DO TRABALHO

A amálgama de elementos que permite a cada pessoa reconhecer-se e ser reconhecida como si mesma é o que se denomina identidade: uma "unidade" permanente que sobrevive às mudanças pelas quais cada indivíduo passa no curso de sua vida[(14)].

As pessoas se definem pelas características que compartilham com as outras, mas também pelo que lhes é particular e as distingue de seus semelhantes, numa conjugação dinâmica de parte nuclear da psique com o contexto social no qual o sujeito se insere: desejos e projeções mesclados a costumes, normas e códigos que o meio produz e replica como forma de reconhecimento de seus membros[(15)].

Especialmente na pós-modernidade, o trabalho é um dos fatores de grande relevo no processo individual e coletivo de estruturação de identidades. De fato, o trabalho corresponde a um âmbito da vida social ne-

(9) MENDOS, Lucas Ramón. *State-sponsored homophobia 2019*: global legislation overview update. (autor). 13. ed. Genebra: ILGA, 2019.

(10) ILGA. *Trans legal mapping report*: recognition before the law. In: CHIAM, Zhan (Coord.). 2. ed. Genebra: ILGA, 2017.

(11) Na definição de Daniel Borrillo, "O termo 'homofobia' designa, assim, dois aspectos diferentes da mesma realidade: a dimensão pessoal, de natureza afetiva, que se manifesta pela rejeição dos homossexuais; e a dimensão cultural, de natureza cognitiva, em que o objeto da rejeição não é o homossexual enquanto indivíduo, mas a homossexualidade como fenômeno psicológico e social" (BORRILLO, Daniel. *Homofobia*: história e crítica de um preconceito. Belo Horizonte: Autêntica Editora, 2010. p. 22)

(12) Reputa-se transfobia "a aversão, discriminação e violência praticada contra as travestis e transexuais devido a sua identidade de gênero. Ela se manifesta sob a forma de opiniões negativas, de exclusão, de negação do acesso às políticas públicas, de agressões verbais e físicas, ou mesmo de assassinato. Manifesta-se também muitas vezes de forma indireta com a preocupação excessiva em garantir que as pessoas sigam os papéis sociais associados ao seu sexo biológico" (OIT; UNAIDS; PNUD. *Promoção dos Direitos Humanos de Pessoas LGBT no Mundo do Trabalho* – Projeto 'Construindo a Igualdade de Oportunidades no mundo do trabalho: Combatendo a Homo-Lesbo-Transfobia. 2. ed. Brasília, 2015. p. 26. Disponível em: <https://www.ilo.org/wcmsp5/groups/public/---americas/---ro-lima/---ilo-brasilia/documents/publication/wcms_421256.pdf>. Acesso em: 22 dez. 2019).

(13) SANTOS, Dartagnan Ferrer dos Santos. Igualdade, diferença e identidade: três pilares da alteridade nas relações de trabalho de um mundo pluralista. In: BARZOTTO, Luciane Cardoso (Coord.). *Trabalho e igualdade*: tipos de discriminação no ambiente de trabalho. Porto Alegre: Livraria do Advogado Editora, 2012. p. 99.

(14) GAULEJAC, Vincent de. Identité. In: Barus-Michel, J.; Enriquez, E.; Lévy, A (Coord.). *Vocabulaire de psychosociologie*: références et positions. Paris: Érès, 2002. p. 174.

(15) *Idem*. p. 175-176.

cessário não somente à sobrevivência do ser humano, como se presta igualmente à conquista de determinados padrões de vida, à realização de projetos pessoais e à estruturação da autoimagem, servindo de base a relações de reconhecimento interpessoal.

É, principalmente, pelo trabalho que, na idade adulta, a identidade das pessoas se constitui. O sujeito é moldado pelo *onde*, *como* e com *o quê* trabalha, assim como pelos valores e princípios promovidos e prezados pela organização em cuja atividade econômica ele se encontra inserido[16]. Como bem resume Al Gini: "Descartes estava errado. Não é *Cogito ergo sum*, mas sim *Laboro ergo sum*. Nós precisamos do trabalho e, como adultos, nos identificamos e somos identificados pelo trabalho que fazemos"[17].

Tão relevante quanto o trabalho, porém, a formação identitária é trespassada por questões de sexualidade e de gênero: um elemento constitutivo das relações sociais que exprime as percepções existentes acerca das diferenças entre os sexos[18] – percepções essas construídas e reproduzidas nas grandes organizações da sociedade, tais como a economia, a família e a política[19].

A ideia de gênero compreende o conjunto de expectativas, prescrições, atributos, preferências e comportamentos que, historicamente, a sociedade relaciona como estruturantes das noções de feminino e masculino. Esses elementos são, em geral, compreendidos como derivados e vinculados ao sexo biológico. Logo, à combinação de fatores cromossômicos, órgãos reprodutores e características sexuais secundárias que compõe a noção de sexo biológico, somam-se percepções estruturantes de gênero, para moldar a figura do homem, de um lado, e da mulher, de outro. Dessa relação deriva a crença pré-concebida de que indivíduos nascidos biologicamente do sexo masculino se expressam, em aparência e conduta, de acordo com as noções sociais designadas para a masculinidade, sentindo-se afetiva e sexualmente atraídos por indivíduos nascidos do sexo feminino – e vice-versa[20].

Assim, a concepção binária de gênero essencializa determinadas formas de ser e naturaliza diferenças traçadas entre gêneros polarizados, ao mesmo tempo em que desloca para a marginalidade, como antinatural e condenável, o que não se enquadra nesse padrão.

A intersecção dessas chaves de formação da identidade transparece na divisão sexual do trabalho, isto é, nas formas como, variavelmente no tempo e no espaço, o trabalho social é distribuído e valorado em função e a partir das relações entre os sexos[21]. Mas a oposição masculino-feminino não se processa de forma neutra. Engendra e sustenta um sistema dinâmico e assimétrico que, além de rejeitar o que o transgrede, organizou-se de modo a sustentar, historicamente, uma prevalência do homem sobre a mulher, do masculino sobre o feminino.

Essa dominação masculina traduz uma hierarquização dos sexos e dos gêneros: atrela à masculinidade vantagens, prerrogativas, *status* e funções de prestígio – tais como o controle da política e da violência, o acesso ao trabalho e o recebimento de melhores remunerações – interditadas ao universo do que se entende por feminino[22]. A masculinidade, esse "lugar simbólico/imaginário de sentido estruturante nos processos de subjetivação"[23], conforma os referenciais a partir dos quais os homens se inserem na estrutura das relações de gênero, em um patamar diferenciado daquele ocupado pelas mulheres e pelo feminino[24], é uma das principais manifestações dessa ordem social construída a partir da dicotomia masculino/feminino e da prevalência de determinadas formas de masculinidade sobre outras.

Conforme Helena Hirata e Danièle Kergoat, o mundo do trabalho, enquanto parte integrante e central da socialização humana na pós-modernidade, não escapa às relações de gênero que permeiam a vida social, organizando-se, em geral, a partir de dois princípios ou pressupostos: o da separação (há trabalhos adequados

(16) GINI, Al. Work, identity and self: how we are formed by the work we do. *Journal of the business ethics*, v. 17. p. 707-714, 1998. p. 708.

(17) *Idem*. p. 714.

(18) SCOTT, Joan W. Gender: A Useful Category of Historical Analysis. *The American Historical Review*, v. 91, n. 5., p. 1.053-1.075, dez. 1986.

(19) JORBER, Judith. Beyond the binaries: depolarizing the categories of sex, sexuallty, and gender. *Sociological Inquiry*, v. 66, n. 2. p. 143-160, abr. 1996. p. 146-147.

(20) MCGINLEY, Ann C. Creating masculine identities: bullying and harassment "because of sex". *University of Colorado Law Review*, v. 79, p. 717, 2008.

(21) HIRATA, Helena; KERGOAT, Danièle. Novas configurações da divisão sexual do trabalho. *Cadernos de Pesquisa*, v. 37, n. 132. p. 595-609, set.-dez. 2007. p. 599.

(22) ECCEL, Cláudia Sirangelo; ALCADIPANI, Rafael. (Re)descobrindo as masculinidades. In: FREITAS, Maria Ester; DANTAS, Marcelo (Orgs.). *Diversidade sexual e trabalho*. São Paulo: Cengage Learning, 2012. p. 52-53.

(23) OLIVEIRA, Pedro Paulo de. *A construção social da masculinidade*. Belo Horizonte: Editora UFMG, 2004. p. 13.

(24) Sobre o assunto, consultar: BOURDIEU, *op. cit.*, 2000.

para homens e trabalho adequados para mulheres) e o hierárquico (os trabalhos "de homem" gozam de valor social maior do que os pertinentes à mulher)[(25)].

Escapar desses padrões (de gênero e sexualidade), voluntariamente ou não, lança sobre o indivíduo um estigma, ou seja, um atributo culturalmente considerado depreciativo, que desvaloriza a pessoa ao qual é relacionado e o grupo daqueles que dele compartilham – ao mesmo tempo em que confirma uma suposta normalidade dos demais[(26)].

O processo de socialização reproduz e expõe todos, ao longo da vida, a valores e expectativas normativas da cultura em que estão imersos, inclusive às crenças sociais – não raro, irrefletidas – sobre a normalidade e o desvio, o certo e o errado, o adequado e o inadequado[(27)]. Por isso, ser portador de uma identidade estigmatizada é estar sujeito ao juízo pré-concebido e negativo de terceiros sobre o seu valor social; é tornar-se vulnerável a preconceitos[(28)] e, da mesma forma, à sua materialização em condutas discriminatórias, com as violações de direitos que lhe são típicas.

Como enfatiza Pierre Bourdieu, em tempos de trabalho flexível, em que direitos conquistados tornam-se alvos de questionamento em prol de um pretenso dinamismo econômico, a precariedade está por toda a parte [(29)]. Mas ela não se abate de forma idêntica sobre todos. Há uma distribuição radicalmente desigual da precariedade. Algumas formas de vida estão mais protegidas do que outras e o sofrimento de determinados grupos não desperta tanta empatia como o sofrimento de outros. Algumas pessoas, afinal, encontram-se mais expostas a danos e à violência[(30)].

É esse o caso da população LGBTQIA+, inclusive no mundo do trabalho.

Segundo Cláudia Eccel e Rafael Alcadipani, "o corpo próprio para o trabalho foi concebido com base no ideal do corpo masculino, disciplinado, desvinculado da reprodução, emocionalmente controlado e disponível para a produção"[(31)].

A ideia de trabalhador que pode dedicar boa parte de seu tempo à empresa foi construída tendo por base uma estrutura social calcada na família nuclear burguesa heterossexual, em que, ocupando-se a mulher das obrigações domésticas, o homem poderia atuar livremente como único provedor. O trabalhador-modelo, nesses termos, comprometido com o crescimento pessoal e da empresa, é homem, heterossexual e performa uma masculinidade hegemônica que, em boa parte dos ambientes organizacionais tende a ser agressiva, competitiva, autoritária e carreirista[(32)].

Em síntese, o mercado de trabalho, em sua gênese, foi concebido por homens heterossexuais para homens heterossexuais, com um eminente potencial hetero e cisnormativo. Mulheres, minorias sexuais ou homens sem aptidão para perfomar as expressões dominantes do masculino são forasteiros e têm de barganhar seu acesso e sua permanência nesse espaço.

2.1. Obstáculos ao acesso e à permanência de minorias sexuais no âmbito do trabalho

As pesquisas evidenciam a existência de discriminação efetiva no mundo do trabalho com base em identidade de gênero ou orientação sexual. A conduta discriminatória assume natureza formal, quando determinados procedimentos e práticas partem desses fatores e tem como efeito restringir o acesso a posições e vantagens – por exemplo, a negativa de contratação; a imposição de barreiras à ascensão profissional ou aos

(25) HIRATA, Helena; KERGOAT, Danièle. Novas configurações da divisão sexual do trabalho. *Cadernos de Pesquisa*, v. 37, n. 132. p. 595-609, set.-dez. 2007. p. 599-600.

(26) GOFFMAN, Erving. *Estigma*: notas sobre a manipulação da identidade deteriorada. 4. ed. Rio de Janeiro: LTC, 1988. p. 13.

(27) *Ibdem*, p. 17.

(28) Segundo Rios, "Preconceito é o termo utilizado, de modo geral, para indicar a existência de percepções negativas por parte de indivíduos e grupos, onde estes expressam, de diferentes maneiras e intensidades, juízos desfavoráveis em face de outros indivíduos e grupos, dado o pertencimento ou a identificação destes a uma categoria tida como inferior" (RIOS, Roger Raupp. O conceito de homofobia na perspectiva dos direitos humanos e no contexto dos estudos sobre preconceito e discriminação. In: POCAHY, Fernando. *Rompendo o silêncio*: homofobia e heterossexismo na sociedade contemporânea. Porto Alegre: Nuances, 2007. p. 28).

(29) BOURDIEU, Pierre. *Contre-feux*: propos pour servir à la résistance contre l'invasion néo-libérale. Paris: Raison D'Agir, 1998. p. 95, tradução livre, no original: "*(...) la précarité est aujourd'hui partout*".

(30) Para maiores informações sobre o tema da distribuição diferencial da precariedade, consultar: BUTLER, Judith. *Vida precaria*: el poder del duelo y la violencia. Buenos Aires: Paidós, 2006.

(31) ECCEL, Cláudia Sirangelo; ALCADIPANI, Rafael. (Re)descobrindo as masculinidades. In: FREITAS, Maria Ester; DANTAS, Marcelo (Orgs.). *Diversidade sexual e trabalho*. São Paulo: Cengage Learning, 2012. p. 61.

(32) MCGINLEY, Ann C. Creating masculine identities: bullying and harassment "because of sex". *University of Colorado Law Review*, v. 79, p. 1.161-1.162, 2008.

aumentos salariais; ou a diferença de remuneração entre trabalhadores. Tem caráter informal, porém, quando se materializa em violências indiretas.

Conforme reconhece a Organização Internacional do Trabalho:

> As pessoas LGBTI + são vítimas de várias formas de violência, preconceito, assédio e exclusão em todas as regiões do mundo. Estudos globais destacam a existência de várias formas de discriminação direta e indireta no emprego e na ocupação, por exemplo, assédio moral e assédio baseado em estereótipos de sexo ou gênero, menos oportunidades de emprego ou menos benefícios relacionados ao trabalho, bem como demissão.
>
> É importante ressaltar que a comunidade LGBTI + não é homogênea e que pesquisas em muitos países mostram que lésbicas, gays, bissexuais, transgêneros e intersexuais têm experiências diferentes no local de trabalho. Embora a estigmatização com base no sexo ou no gênero afete muito as pessoas LGBTI +, as formas e a gravidade da estigmatização variam. Por exemplo, as pessoas LGBTI + que se ajustam aos papeis de gênero existentes geralmente são menos estigmatizadas por causa de seu gênero; ao contrário, as pessoas que estão visivelmente em transição sexual são mais frequentemente vítimas de discriminação e violência(33).

Em termos de acesso ao emprego, a mera ciência (ou a mera suspeita, a partir de quaisquer informações) do empregador quanto à homossexualidade dos candidatos a uma vaga de trabalho pode erigir uma barreira à contratação(34). Estudos realizados em diferentes países registram que a probabilidade de um candidato homossexual ser convocado para a fase de entrevistas é 20% a 40% menor do que a de um candidato heterossexual com qualificação equivalente(35).

No Brasil, pesquisa de opinião realizada pelo IBOPE Inteligência, no ano de 2011, revela a influência de estereótipos em relação à homossexualidade no acesso a determinados ofícios: no universo dos entrevistados, 21% declaram-se contrários à presença de homossexuais na polícia, ao passo em que 14% desaprovaram à atuação desses indivíduos na função de professor de ensino fundamental(36).

O quadro é ainda mais grave em se tratando de pessoas trans. Por um lado, pesa a dificuldade de qualificação dessa parcela da população, pois, como anota Flávio Fleury(37):

> Não raro, enfrentam o desafio diário de serem obrigadas/os a atenderem por um nome com o qual não se identificam, que não corresponde às suas identidades. A elas/es é negado o uso do banheiro correspondente ao gênero que expressam e vivenciam. São vítimas de discriminação e de violência por parte de colegas de classe e, por vezes, até por parte de docentes, de coordenadoras/es, de pedagogas/os, de psicólogas/os e de diretoras/es. As crianças e as/os adolescentes trans veem-se, assim, compelidas/os a abandonar os estudos.

Hélio Irigaray destaca que, "No caso das travestis, ao contrário dos gays e lésbicas, cuja identidade social é invisível e poder ser camuflada como estratégia de sobrevivência, a classe social *per se* e o nível educacional não facilitam a entrada no mundo corporativo"(38) – fato esse que, com frequência, conduz pessoas trans às atividades informais extremamente marginalizadas, a exemplo da prostituição. O relato biográfico de Luísa Marilac corporifica o que revelam as estatísticas:

> Fui rejeitada pela minha família – a não ser que minha conta bancária dissesse o contrário. Já vi secretárias de agência jogarem meu currículo no lixo momentos depois de eu pedir para ser

(33) OIT. *Documento informativo sobre a proteção contra a discriminação com base na orientação sexual, identidade de gênero, expressão de gênero e características sexuais* (SOGIESC). Genebra, 2019. Disponível em: <https://www.ilo.org/wcmsp5/groups/public/---ed_norm/---normes/documents/publication/wcms_700556.pdf>. Acesso em: 21 dez. 2019.

(34) OIT. *ORGULLO (PRIDE) en el trabajo*: un estudio sobre la discriminación en el trabajo por motivos de orientación sexual e identidad de género en Argentina. Genebra: OIT, 2015. p. 28.

(35) Cf. DRYDAKIS, Nick. Sexual orientation discrimination In: the labour market. *Labour economics*, v. 16. p. 364-372, 2009; e TILCSIK, András. Pride and prejudice: discrimination against openly gay men In: the United States. *American journal of sociology*, v. 117, n. 2. p. 585-626, 2011.

(36) IBOPE – Inteligência. *União estável entre homossexuais*, 2011. Disponível em: <http://www.ibopeinteligencia.com/arquivos/antigos/casamentogay.pdf>. Acesso em: 21 dez. 2019.

(37) FLEURY, Flávio Malta. *O programa Transcidadania como exemplo de política pública promotora da cidadania e do direito fundamental ao trabalho digno das pessoas trans.* Trabalho de conclusão de curso de graduação em Direito. Faculdade de Direito, Universidade de Brasília, 2016. p. 22.

(38) IRIGARAY, Hélio Arthur R. Travestis e transexuais no mundo do trabalho. In: Diversidade sexual e trabalho. FREITAS, Maria Ester de; DANTAS, Marcelo (Orgs.). São Paulo: Cengage Learning, 2012. p. 141.

> considerada para um emprego. Já tentei todas as ocupações desprestigiadas que puder imaginar. E acabei puta[(39)].

De fato, o acesso e a permanência no emprego demandam frequentemente uma invisibilização forçada desses trabalhadores, que se veem coagidos a renunciar a aspectos nucleares à sua identidade ou expressão de gênero, bem como a elementos que possam indicar orientações sexuais não hegemônicas. Não por acaso, a população LGBTQIA+ tem maior presença em postos de trabalho que não envolvam contato direto com o público[(40)].

Entretanto, mesmo quando superado o obstáculo da empregabilidade, a discriminação direta se manifesta de várias maneiras: diferenças salariais no desempenho de iguais funções (diferenças essas que podem chegar ao patamar de 30%); dificuldades de ascensão na carreira; distribuição desigual de benefícios concedidos a empregados heterossexuais e cisgêneros[(41)], entre outros.

As formas mais recorrentes de discriminação observadas na vigência do vínculo empregatício, todavia, são de natureza informal. Cuidam-se de violências morais (agressões verbais, tratamento e discursos jocosos ou depreciativos), por vezes episódicas, mas que eventualmente, pela repetição e intensificação, podem descambar para quadros de assédio moral[(42)].

Como consequência dessas condutas, os trabalhadores afetados podem sofrer uma drástica redução em sua satisfação com o trabalho, altas taxas de abstenção, pretensão de abandono do emprego, além de níveis elevados de sofrimento psicológico[(43)]. Além disso, ambientes hostis à identidade sexual tem potencial para desencadear a deterioração progressiva dos relacionamentos dessas pessoas seja com outros trabalhadores e seus superiores, bem como com os demais círculos sociais que o obreiro integra, incluindo família e amigos[(44)] Em alguns casos, reflexos adversos incluem ainda o desenvolvimento de ideias ou comportamentos suicidas, de sentimento de culpa e de problemas sexuais[(45)].

Quando, ao revés, o ambiente de trabalho se revela receptivo à diversidade sexual e dispõe de redes articuladas de proteção contra a discriminação, a sensação de fragmentação identitária das pessoas LGBTQIA+ é amenizada, ensejando melhorias às suas relações interpessoais e ao seu desempenho profissional[(46)].

O trabalho é um fator importante para a saúde psíquica das pessoas, desde que se desenvolva sob uma lógica de reconhecimento e de não violência, de forma a possibilitar a sua conversão em experiências de prazer e diminuir o sofrimento individual e coletivo[(47)]. Nesse rumo, é essencial repensá-lo com vistas à construção de um ambiente de trabalho mais seguro e inclusivo, avesso a culturas hétero e cisnormativas.

O direito, em particular, tem um papel relevante nesse processo de reestruturação dos pressupostos de gênero e sexualidade sobre os quais o mundo do trabalho contemporâneo se ergueu.

3. O VALOR DO TRABALHO À LUZ DA CONSTITUIÇÃO DE 1988

De acordo com Cristophe Dejours, trabalhar implica "um certo modo de engajamento da personalidade para responder a uma tarefa delimitada por pressões (materiais e sociais)"[(48)] – uma experiência que se pro-

(39) MARILAC, Luísa; QUEIROZ, Nana. *Eu, travesti*: memórias de Luísa Marilac. Rio de Janeiro: Record, 2019[livro eletrônico].

(40) OIT. *ORGULLO (PRIDE) em el trabajo*; Un estudio sobre la discriminación en el trabajo por motivos de orientación sexual e identidad de género en Argentina. Genebra, 2015.

(41) Cf. OIT. *La igualdad en el trabajo*: afrontar los retos que se plantean. Informe global con arreglo al seguimiento de la Declaración de la OIT relativa a los principios y derechos fundamentales en el trabajo. Genebra: OIT, 2007. p. 47; e LEE BADGETT, M. V. Discrimination based on sexual orientation: a review of the literature In: economics and beyond. In: LEE BADGETT, M. V.; FRANK, Jefferson. *Sexual orientation discrimination*: an international perspective. New York: Routledge, 2007. p. 29-34.

(42) Cf. HELOANI, Roberto. Assédio moral – um ensaio sobre a exploração da dignidade no trabalho. *RAE-eletrônica*, v. 3, n. 1, jan./jun. 2004. Disponível em: <http://www.scielo.br/pdf/raeel/v3n1/v3n1a12>. Acesso em 22 de dez. de 2019.

(43) WALDO, Craig R. Working In: a minority context: a structural model of heterosexism as minority stress In: workplace. *Journal of counseling psychology*, v. 46, n. 2. p. 218-232, 1999. p. 229.

(44) MCGINLEY, Ann C. Creating masculine identities: bullying and harassment "because of sex". *University of Colorado Law Review*, v. 79, 2008. p. 1190.

(45) MEYER, Ilan H. Minority Stress and Mental Health In: Gay Men. *Journal of Health and Social Behavior*, v. 36, n. 1, mar. 1995. p. 38-56.

(46) IRIGARAY, Hélio Arthur. Estratégias de sobrevivência dos gays no ambiente de trabalho. *Anais do XXXI Encontro Anual da Associação Nacional de Pós-Graduação e Pesquisa em Administração – EnANPAD*, Rio de Janeiro, 2007, 31. p. 11.

(47) SIQUEIRA, Marcus Vinícius; ANDRADE, Augusto. Em busca de uma pedagogia gay no ambiente de trabalho. In: FREITAS, Maria Ester; DANTAS, Marcelo (Orgs.). *Diversidade sexual e trabalho*. São Paulo: Cengage Learning, 2012. p. 101-102.

(48) DEJOURS, Cristophe. Subjetividade, trabalho e ação. *Revista produção*, v. 14, n. 3. p. 27-34, set./dez. 2004. p. 28.

cessa em meio a "relações de desigualdade, de poder e de dominação"[(49)].

Ainda que possa gerar sofrimentos às pessoas que nele se engajam, o trabalho pode se tornar uma fonte de prazer, gratificação, pertencimento e realização pessoal, a depender das circunstâncias em que é exercido e desde que se desenvolva dentro de uma dinâmica de "reconhecimento, pelo outro, da contribuição do sujeito para a administração da defasagem entre a organização prescrita e a organização real do trabalho"[(50)]. Dessa forma, por meio da inserção do obreiro na realidade organizacional, o trabalho promove a integração em sociedade (possibilidade de viver junto, tendo prazer nesse convívio), a sedimentação das personalidades e instauração da temporalidade. Ele torna possível, ao sujeito, conferir um sentido à própria vida[(51)].

O trabalho é, portanto, suporte de valor, na medida em que é possível atribuir a ele, no plano ético, qualidades que lhe confiram sentidos positivos ou negativos. Conforme registra Gabriela Neves Delgado:

> Se o trabalho for penoso, insalubre ou perigoso, o valor apreendido é negativo; caso o trabalho seja realizado em condições dignas, possibilitando que o trabalhador se reconheça na sua condição humana por meio de sua identidade social, tem-se um valor positivo. Perceba-se: o suporte é o mesmo, o trabalho; o que varia é a sua qualificação[(52)].

O Direito comporta igualmente uma dimensão valorativa, relacionada à concretização de ideais de justiça. Conforme já asseverava Miguel Reale, a norma jurídica, ao prescrever determinadas consequências às hipóteses fáticas nela descritas, tem em mira a consecução de objetivos específicos: seja o de alcançar algo considerado valioso ou desejável em um dado contexto histórico; seja o de reprimir a realização do que se reputa pernicioso ou indesejável[(53)].

Por óbvio, nem toda forma de trabalho é valorada e tutelada igualmente pelo direito.

O valor hodierno do trabalho para o fenômeno jurídico se atrela ao paradigma do Estado Democrático de Direito, nascido no pós-guerra e expressamente adotado pela Constituição brasileira de 1988. Sob esse paradigma, o direito emerge como a "expressão dos interesses universalizáveis de todos os membros da sociedade"[(54)] e se ancora na premissa da igual imputabilidade moral de todas as pessoas, enquanto detentoras de uma qualidade intrínseca, universal e distintiva da condição humana: a *dignidade*[(55)].

A pessoa humana torna-se a fonte primeira dos valores incorporados pelo direito, de forma que a proteção e a promoção da dignidade se constituem como núcleo da concepção de justiça que subjaz às normas jurídicas[(56)]. Como esclarece Luís Roberto Barroso:

> O princípio da dignidade humana identifica um espaço de integridade a ser assegurado a todas as pessoas por sua só existência no mundo (...). A dignidade relaciona-se tanto com a liberdade e valores do espírito quanto com as condições materiais de subsistência. O desrespeito a esse princípio terá sido um dos estigmas do século que se encerrou e a luta por sua afirmação, um símbolo do novo tempo. Ele representa a superação da intolerância, da discriminação, da exclusão social, da violência, da incapacidade de aceitar o outro, o diferente, na plenitude de sua liberdade de ser, pensar e criar[(57)].

Por conseguinte, a dignidade da pessoa humana serve de chave para o discurso constitucional, seletivamente, delimitar a ideia positiva de trabalho que o direito tutela, ao mesmo tempo em que baliza as concepções negativas de trabalho rechaçadas e combatidas.

Com efeito, o direito fundamental ao trabalho ao qual alude a Constituição, em seus arts. 6º, 170 e 193,

---

(49) *Ibid.*, p. 31.

(50) DEJOURS, Cristophe. *A banalização da injustiça social*. 7. ed. Rio de Janeiro: Editora FGV, 2007. p. 97.

(51) ENRIQUEZ, Eugène. Perda do trabalho, perda da identidade. *Cad. Esc. Leg.*, Belo Horizonte, 5(9), p. 67-68, jul./dez. 1999.

(52) DELGADO, Gabriela Neves. O trabalho enquanto suporte de valor. *Revista da Faculdade de Direito da UFMG*. Belo Horizonte, n. 49. p. 63-80, jul./dez. 2006. p. 71.

(53) Sobre a concepção tridimensional do Direito exposta por Reale, cf. REALE, Miguel. *Lições preliminares de direito*. 27. ed. São Paulo: Saraiva, 2002; e Id., *Teoria Tridimensional do Direito*. 5. ed. São Paulo: Saraiva, 2002.

(54) HONNETH, Axel. *Luta por reconhecimento*: a gramática moral dos conflitos sociais. São Paulo: Ed. 34, 2003. p. 179.

(55) *Ibid.*, p. 180-188.

(56) REALE, Miguel. *Lições preliminares de direito*. 27. ed. São Paulo: Saraiva, 2002.

(57) BARROSO, Luís Roberto. *Curso de direito constitucional contemporâneo*: os conceitos fundamentais e a construção do novo modelo. São Paulo: Saraiva, 2009. p. 252.

diz respeito às configurações de trabalho que dignificam a pessoa humana; jamais ao labor que instrumentaliza o obreiro e o desconsidera como um fim em si mesmo, que busca no trabalho as condições para se realizar e participar de forma paritária da vida social[58].

Para que o trabalho possa se realizar nesse sentido, positivamente valorado pela Constituição, depende de uma rede protetiva de *direitos de indisponibilidade absoluta*, espraiados por dispositivos internacionais, constitucionais e legais[59], constituindo:

> (...) um patamar civilizatório mínimo que a sociedade democrática não concebe ver reduzido em qualquer segmento econômico-profissional, sob pena de se afrontarem a própria dignidade da pessoa humana e a valorização mínima deferível ao trabalho[60].

Esse complexo normativo, é bem verdade, carece de alusões expressas ou substanciais à orientação sexual ou à identidade de gênero. Não obstante, dele se podem extrair inequívocas consequências no tocante às discriminações homofóbicas e transfóbicas perpetradas contra o sujeito trabalhador.

4. A CONSOLIDAÇÃO DE INSTRUMENTOS PARA O COMBATE À DISCRIMINAÇÃO DE MINORIAS SEXUAIS NO MUNDO DO TRABALHO

Conforme se antecipou, a fonte primária desse patamar civilizatório mínimo é a própria dignidade da pessoa humana, assim considerado o ser racional, potencialmente capaz de se autodeterminar, traçando livremente os caminhos para sua realização.

Deriva daí, pois, um direito à liberdade que pressiona o Estado não somente a se abster de intervir na esfera da autonomia privada, possibilitando que se exerça o poder de escolha de forma desembaraçada, mas, também, sob um viés prestacional, a fornecer as condições para que as escolhas existenciais possam se realizar, mesmo que se afastem dos padrões de vida socialmente legitimados[61].

Noutro ângulo, o modelo de Estado Constitucional contemporâneo está firmado na premissa de que cada indivíduo pode aquiescer às normas jurídicas, na medida em que se compreenda e seja tratado como um igual integrante da comunidade política, apto a contribuir para a formação racional da vontade.

Se cada indivíduo tem o mesmo valor para o direito, o seu tratamento pela lei deve ser isonômico, sem privilégios ou prejuízos. Enquanto imperativo de justiça a ser satisfeito pelo ordenamento jurídico, porém, a igualdade também reclama redistribuição e reconhecimento – isto é, a atenuação das disparidades socioeconômicas existentes, de um lado, e a garantia do respeito e consideração aos indivíduos, independentemente de sua identidade ou projeto de vida, de outro lado[62] – só assim, pode-se falar em igual participação dos sujeitos nos rumos da comunidade política em que se inserem.

De fato, o tripé no qual se sustenta o Estado Democrático de Direito é composto pela centralidade da pessoa humana, com a dignidade que lhe é inerente; pela sociedade civil democrática e inclusiva e pela sociedade política de caráter também democrático e inclusivo[63]. O pluralismo, nessa perspectiva, é inerente a esse paradigma de estado, que não se coaduna com visões de mundo totalitárias ou excludentes[64]. Daí porque as sociedades democráticas contemporâneas tomam o combate à discriminação como uma função de relevo para a qual o direito deve se voltar[65].

É esse o fundamento subjacente à previsão do art. 3º, inciso IV, da Constituição de 1988, que estabeleceu, entre os objetivos fundamentais da república brasileira, o de "promover o bem de todos, sem preconceitos de origem, raça, sexo, cor idade e quaisquer outras formas de discriminação". O mesmo se diga dos tratados e convenções internacionais de direitos huma-

---

(58) DELGADO, Gabriela Neves. *Direito fundamental ao trabalho digno*. 2. ed. São Paulo: LTr, 2015. p. 27.

(59) *Ibdem*, p. 188-189.

(60) DELGADO, Mauricio Godinho. *Curso de direito do trabalho*. 13. ed. São Paulo: LTr, 2011. p. 881.

(61) BARROSO, Luís Roberto. Diferentes, mas iguais: o reconhecimento jurídico das relações homoafetivas no Brasil. In: SARMENTO, Daniel; IKAWA, Daniela; PIOVESAN, Flávia (Coord.). *Igualdade, diferença e direitos humanos*. Rio de Janeiro: Editora Lumen Juris, 2010. p. 678.

(62) PIOVESAN, Flávia. Igualdade, diferença e direitos humanos: perspectivas global e regional. In: SARMENTO, Daniel; IKAWA, Daniela; PIOVESAN, Flávia (Coord.). *Igualdade, diferença e direitos humanos*. Rio de Janeiro: Editora Lumen Juris, 2010. p. 51 e 52.

(63) DELGADO, Mauricio Godinho. Constituição da República, Estado Democrático de Direito e Direito do Trabalho. In: DELGADO, Mauricio Godinho; DELGADO, Gabriela Neves. *Constituição da República e direitos fundamentais*. 3. ed. São Paulo: LTr, 2015. p. 43.

(64) NEVES, Marcelo. *A constitucionalização simbólica*. 3. ed. São Paulo: Editora WMF Martins Fontes, 2011. p. 74-76.

(65) DELGADO, Mauricio Godinho. Proteções contra discriminação na relação de emprego. In: RENAULT, Luiz Otávio Linhares; VIANA, Márcio Túlio; CANTELLI, Paula Oliveira (Coord.). *Discriminação*. 2. ed. São Paulo: LTr, 2010. p. 108.

nos incorporados pelo ordenamento jurídico brasileiro, com força supralegal, e que também versam sobre o tema – dos quais convém citar, por sua especificidade, a Convenção n. 111 da Organização Internacional do Trabalho, cujo art. 2º instituiu para o Brasil o compromisso de "formular e aplicar uma política nacional que tenha por fim promover, por métodos adequados às circunstâncias e aos usos nacionais, a igualdade de oportunidade e de tratamento em matéria de emprego e profissão, com objetivo de eliminar toda discriminação nessa matéria"[(66)].

A discriminação vedada pelo texto constitucional corresponde a:

> (...) qualquer diferenciação, exclusão ou restrição (...), com o propósito ou efeito de impedir ou impossibilitar o reconhecimento, o desfrute ou o exercício, em igualdade de oportunidades com as demais pessoas, de todos os direitos humanos e liberdades fundamentais nos âmbitos político, econômico, social, cultural, civil ou qualquer outro[(67)].

Perceba-se que o só fato de a orientação sexual e a identidade de gênero não estarem arroladas entre os critérios proibidos de diferenciação expressamente nominados não afasta a ilicitude (ou a inconstitucionalidade) do tratamento discriminatório firmado nessas bases. A sexualidade e a vivência pessoal do gênero, como já se disse, são elementos indissociáveis da identidade, constituindo desdobramentos imediatos da dignidade humana, enquanto formas particulares de autodeterminação e de autorrealização.

Logo, negar o reconhecimento, o exercício ou o gozo de direitos como forma de inferiorizar o outro, expô-lo e humilhá-lo, tão somente por conta de um estigma relacionado a esses fatores significa despi-lo do valor que lhe é inerente e negá-lo enquanto partícipe da vida social. Cuida-se de conduta avessa, pois, ao princípio fundamental do direito brasileiro.

Esse entendimento vem se consagrando a partir da interpretação do texto constitucional desenhada pelo Supremo Tribunal Federal, em especial, a partir do início da década de 2010.

O vínculo necessário entre a livre vivência da orientação sexual e garantia da dignidade foi confirmada pelo Supremo Tribunal Federal (STF) por ocasião do julgamento conjunto da ADPF n. 132 e da ADI n. 4.277. Do voto condutor lavrado pelo Ministro Carlos Ayres Britto, se extrai:

> Óbvio que, nessa altaneira posição de direito fundamental e bem de personalidade, a preferência sexual se põe como direta emanação do princípio da "dignidade da pessoa humana" (inciso III do art. 1º da CF), e, assim, poderoso fator de afirmação e elevação pessoal[(68)].

Já no âmbito da ADI n. 4.275, a Corte reconheceu o direito fundamental de pessoas trans à alteração do prenome e de gênero no registro civil "por se tratar de tema relativo ao direito fundamental ao livre desenvolvimento da personalidade". Em seus fundamentos, consignou que "O direito à igualdade sem discriminações abrange a identidade ou expressão de gênero". Vale anotar ainda, relevante apontamento lançado no voto do Ministro Luiz Fux, quanto aos reflexos dessa decisão no mundo do trabalho:

> [...] a repercussão social da alteração do registro civil para correção do assento referente a nome e sexo não atinge apenas a esfera íntima do indivíduo, mas também a econômica. A discrepância entre registro civil e aparência física e, pior ainda, a referência expressa à transexualidade do sujeito, geram discriminação no mercado de trabalho e dificultam a inserção social do sujeito na cadeia produtiva. Em outros termos, comprometem a valorização do trabalho humano e a livre-iniciativa, fundamentos da ordem econômica, conforme art. 170, *caput*, da CRFB[(69)].

As conclusões do STF vão ao encontro do posicionamento externado pela Corte Interamericana de Direitos Humanos na Opinião Consultiva n. OC-24/2017, ao interpretar o art. 1º do Pacto de São José da Costa Rica, a saber:

> [...] a Corte Interamericana deixa estabelecido que a orientação sexual e a identidade de gênero, assim como a expressão de gênero, são cate-

(66) BRASIL. *Decreto n. 65.150* (promulga a Convenção n. 111 da OIT). DOFC DE 23.01.1968. p. 745.

(67) Esse conceito encontra-se inscrito no art. 2º da Convenção Internacional sobre os Direitos das Pessoas com Deficiência e seu Protocolo Facultativo, ratificada pelo Brasil em 2009, com base no art. 5º, § 3º, da Constituição Federal, gozando, assim, de força de emenda constitucional.

(68) BRASIL. Supremo Tribunal Federal. *ADPF n. 132*, Relator(a): Min. AYRES BRITTO, Tribunal Pleno, julgado em 05.05.2011, publicado em 14.10.2011.

(69) BRASIL. Supremo Tribunal Federal. *ADI n. 4.275*, Relator(a): Min. Relator(a): Min. MARCO AURÉLIO, Relator(a) p/ Acórdão: Min. EDSON FACHIN, Tribunal Pleno, julgado em 01.03.2018, publicado em 07.03.2019.

gorias protegidas pela Convenção. Por isso está proibida pela Convenção qualquer norma, ato ou prática discriminatória baseada na orientação sexual, identidade de gênero ou expressão de gênero da pessoa. Em consequência, nenhuma norma, decisão ou prática do direito interno, seja por parte das autoridades estatais ou por particulares, podem diminuir ou restringir, de modo algum, os direitos de uma pessoa à sua orientação sexual, sua identidade de gênero e/ ou sua expressão de gênero[(70)].

A fixação dessas balizas, à míngua de legislações específicas para a vivência de minorias sexuais no mundo do trabalho, permite estender à população LGBTQIA+ mecanismos protetivos já consolidados para outras formas de discriminação.

Nessa toada, a sedimentação do entendimento de que há uma vedação constitucional à discriminação por orientação sexual e identidade de gênero atrai a incidência das normas inscritas na Lei n. 9.029, de 13 de abril de 1995, que tem por escopo proibir práticas discriminatórios "para efeitos admissionais ou de permanência da relação jurídica de trabalho".

Na forma do art. 4º da lei, o rompimento do contrato de trabalho por motivação homofóbica ou transfóbica passa garantir, para o empregado, a possibilidade de optar pela reintegração ao emprego, com o ressarcimento do período de afastamento, ou por uma reparação equivalente ao dobro da remuneração que seria devida por esse mesmo período. Conforme já decidiu o Tribunal Superior do Trabalho:

> (...) a Lei n. 9.029/1995, em seu art. 1º, contém descrição que se entende meramente exemplificativa, sem esgotar as hipóteses. Assim, a dispensa levada a efeito em face da opção sexual do Reclamante, embora não expressamente inserida na exemplificação legal, constitui também situação ensejadora da indenização prevista no art. 4º, II, daquela lei, o qual não pode ser tido como vulnerado em face disso. Violação legal não configurada. Recurso de Revista não conhecido[(71)].

Doutra banda, as diversas modalidades formais e informais de discriminação por orientação sexual ou identidade de gênero antes citadas podem expor as suas vítimas a constrangimentos e situações vexaminosas com aptidão para violar não apenas a honra objetiva e subjetiva[(72)], como também a intimidade e a vida privada do trabalhador, direitos da personalidade constitucionalmente protegidos (art. 5º, V e X)[(73)].

Enquadrada, assim, como ilícito cível, a conduta discriminatória gera para o seu autor o dever de indenizar o trabalhador discriminado, na forma dos arts. 186, 187 e 927 do Código Civil. O empregador, por sua vez, responde, independentemente de culpa, pelos danos causados a terceiros por atos discriminatórios de seus empregados ou prepostos, cometidos no exercício de suas funções, consoante preveem os arts. 932, II, e 933 do Código Civil. Os pressupostos para que essa responsabilização ocorra, segundo Gonçalves, são:

> 1º) qualidade de empregado, serviçal ou preposto, do causador do dano (prova de que o dano foi causado por preposto);
>
> 2º) conduta culposa (dolo ou culpa *stricto sensu*) do preposto;
>
> 3º) que o ato lesivo tenha sido praticado no exercício da função que lhe competia, ou em razão dela[(74)].

Nessa seara, o Tribunal Superior do Trabalho tem sólido conjunto de precedentes que, fincados em premissas semelhantes às ora expostas, reconhecem o direito à devida reparação, ao menos no tocante à discriminação motivada por orientação sexual[(75)]. É sintomático, porém, que não se localizem julgados sobre as situações enfrentadas por pessoas trans – quiçá, mais um demonstrativo das barreiras que esse grupo enfrenta para ingressar no mercado de trabalho.

---

(70) Corte Interamericana de Direitos Humanos. *Opinião Consultiva OC-24/2017*. 24 de nov. de 2017. Disponível em: <http://www.corteidh.or.cr/docs/opiniones/seriea_24_esp.pdf>. Acesso em: 22 dez. 2019.

(71) BRASIL. Tribunal Superior do Trabalho. *RR – 101900-52.2004.5.05.0024*, Relator Ministro: José Simpliciano Fontes de F. Fernandes, Data de Julgamento: 15.04.2009, 2ª Turma, Data de Publicação: DEJT 09.10.2009.

(72) Belmonte assevera que a honra "Reúne o caráter subjetivo, traduzido no conceito que o indivíduo faz de si próprio ou dignidade por ele experimentada, como o aspecto objetivo, assim considerada a reputação e fama desfrutadas no meio social". BELMONTE, Alexandre Agra. Responsabilidade por danos morais no Direito do Trabalho. *Revista do Tribunal Superior do Trabalho*, v. 73, n. 2. p. 25-45, abr./jun. 2007. p. 169.

(73) BARROS, Alice Monteiro de. *Curso de direito do trabalho*. 7. ed. São Paulo: LTr, 2011. p. 956.

(74) GONÇALVES, Carlos Roberto. *Direito civil brasileiro*, v. 4: responsabilidade civil. 5. ed. São Paulo: Saraiva: 2010. p. 127.

(75) Nesse sentido, cf. BRASIL. Tribunal Superior do Trabalho. *AIRR – 74240-53.2002.5.02.0019*, Relator Ministro: Walmir Oliveira da Costa, Data de Julgamento: 09.02.2011, 1ª Turma, Data de Publicação: DEJT 18.02.2011; e BRASIL. Tribunal Superior do Trabalho. *RR – 230581-05.2010.5.05.0000*, Relatora Ministra: Delaíde Miranda Arantes, Data de Julgamento: 05.08.2015, 2ª Turma, Data de Publicação: DEJT 14.08.2015.

Por fim, há de se ver que, na esteira desse ineditismo que vem trilhando a magistratura em torno do tema, a compreensão de que o tratamento discriminatório dispensado às minorias sexuais contraria a Constituição e os tratados internacionais de direitos humanos, por se tratar de uma afronta à liberdade fundamental de autodeterminação, trouxe consequências na seara ainda penal.

Isso porque o art. 5º, inciso XLI, do texto constitucional estipula que "a lei punirá qualquer discriminação atentatória dos direitos e liberdades fundamentais" – o que a doutrina considera um mandado constitucional de criminalização[76].

Passados trinta anos desde a promulgação da Constituição de 1988, sabe-se que, a despeito de iniciativas legislativas nesse sentido, o Congresso Nacional nunca chegou a editar diploma legal que tivesse por escopo tipificar delitos relacionados à discriminação baseada em identidade de gênero e orientação sexual.

Esse foi o mote para a propositura da ADO n. 26, recentemente julgada procedente pelo Supremo Tribunal Federal, para, reconhecendo a omissão do Poder Legislativo em desincumbir-se do mister imposto pela Constituição nesse particular, fixar a seguinte tese:

> 1. Até que sobrevenha lei emanada do Congresso Nacional destinada a implementar os mandados de criminalização definidos nos incisos XLI e XLII do art. 5º da Constituição da República, as condutas homofóbicas e transfóbicas, reais ou supostas, que envolvem aversão odiosa à orientação sexual ou à identidade de gênero de alguém, por traduzirem expressões de racismo, compreendido este em sua dimensão social, ajustam-se, por identidade de razão e mediante adequação típica, aos preceitos primários de incriminação definidos na Lei n. 7.716, de 08.01.1989, constituindo, também, na hipótese de homicídio doloso, circunstância que o qualifica, por configurar motivo torpe (Código Penal, art. 121, § 2º, I, "in fine");
>
> 2. A repressão penal à prática da homotransfobia não alcança nem restringe ou limita o exercício da liberdade religiosa, qualquer que seja a denominação confessional professada, a cujos fiéis e ministros (sacerdotes, pastores, rabinos, mulás ou clérigos muçulmanos e líderes ou celebrantes das religiões afro-brasileiras, entre outros) é assegurado o direito de pregar e de divulgar, livremente, pela palavra, pela imagem ou por qualquer outro meio, o seu pensamento e de externar suas convicções de acordo com o que se contiver em seus livros e códigos sagrados, bem assim o de ensinar segundo sua orientação doutrinária e/ou teológica, podendo buscar e conquistar prosélitos e praticar os atos de culto e respectiva liturgia, independentemente do espaço, público ou privado, de sua atuação individual ou coletiva, desde que tais manifestações não configurem discurso de ódio, assim entendidas aquelas exteriorizações que incitem a discriminação, a hostilidade ou a violência contra pessoas em razão de sua orientação sexual ou de sua identidade de gênero;
>
> 3. O conceito de racismo, compreendido em sua dimensão social, projeta-se para além de aspectos estritamente biológicos ou fenotípicos, pois resulta, enquanto manifestação de poder, de uma construção de índole histórico-cultural motivada pelo objetivo de justificar a desigualdade e destinada ao controle ideológico, à dominação política, à subjugação social e à negação da alteridade, da dignidade e da humanidade daqueles que, por integrarem grupo vulnerável (LGBTI+) e por não pertencerem ao estamento que detém posição de hegemonia em uma dada estrutura social, são considerados estranhos e diferentes, degradados à condição de marginais do ordenamento jurídico, expostos, em consequência de odiosa inferiorização e de perversa estigmatização, a uma injusta e lesiva situação de exclusão do sistema geral de proteção do direito[77].

A despeito das polêmicas em torno da interpretação adotada pelo STF nesse caso, cabe notar que a incidência da Lei n. 7.716, de 5 de janeiro de 1989, a partir desse julgamento, trouxe reflexos à experiência da população LGBTQIA+ perante o mundo do trabalho.

O art. 4º desse diploma enquadra como delito, sujeito à pena de reclusão de dois a cinco anos, o ato de negar ou obstar emprego em empresa privada por motivo discriminatório. Sujeitam-se à igual pena, na forma dos § 1º do dispositivo, a conduta com igual motivação consistente em "deixar de conceder os equipamentos necessários ao empregado em igualdade de condições com os demais trabalhadores" (inciso I); "impedir a ascensão funcional do empregado ou obstar outra forma de benefício profissional"(inciso II); e "proporcionar ao empregado tratamento diferenciado no ambiente de trabalho, especialmente quanto ao salário" (inciso III).

Desse modo, notadamente por meio de um protagonismo do Poder Judiciário que vem ganhando corpo nos últimos dez anos, as lacunas da rede de proteção justrabalhista a obreiros pertencentes a minorias sexuais vêm sendo preenchidas. À discriminação baseada em orientação sexual e identidade de gênero, praticada no âmbito das relações de trabalho, vislumbram-se

(76) CLÈVE, Clèmerson Merlin. *Direito constitucional brasileiro*: v. I. São Paulo: Revista dos Tribunais, 2014 [livro eletrônico].

(77) BRASIL. Supremo Tribunal Federal. *ADO 26*, Min. Relator(a): Min. CELSO DE MELLO, Tribunal Pleno, julgado em 13.06.2019.

consequências jurídicas, atualmente, tanto na seara do Direito do Trabalho em si, como também do Direito Civil e, mais recentemente, do Direito Penal.

5. CONCLUSÃO

A identidade de gênero e a orientação sexual são fatores que repousam no âmago da estruturação da personalidade de todo indivíduo. Só ganham relevo, no entanto, quando se distanciam dos padrões culturais hegemônicos de viés hétero e cisnormativo, tornando-se marcadores estigmatizantes.

Historicamente, minorias sexuais já foram alvo de condenação moral e religiosa, objeto de discursos patologizantes e, até mesmo, vítimas de persecução estatal. Nesse contexto, a constituição de movimentos em defesa desses grupos marginalizados é ainda muito recente, mas esse movimento tem mostrado uma notável resiliência e potencial de expansão na luta por direitos e por reconhecimento, remodelando os parâmetros de reconhecimento que pautam as relações sociais.

A despeito das conquistas já obtidas, o mundo do trabalho permanece um campo em que pressupostos de gênero e sexualidade resistem no cerne de sua organização, repelindo aqueles que não se conformam à divisão sexual do trabalho e ao modelo ideal de trabalhador. Minorias sexuais encontram obstáculos concretos para ingressar no mercado de trabalho formal e, ainda quando logram superá-los, não raro se deparam com tratamentos discriminatórios que vão desde disparidades salariais e dificuldades de ascensão profissional, a uma gama de agressões morais, episódicas ou não.

Essas situações, no entanto, não ficam a descoberto do fenômeno jurídico. Notadamente após a consolidação do paradigma do Estado Democrático de Direito – no Brasil, a partir da Constituição de 1988 –, o deslocamento da matriz axiológica do ordenamento jurídico para a dignidade da pessoa humana teve como implicação imediata uma ressignificação do valor do trabalho para o direito.

Com a pessoa humana enquanto núcleo da tutela jurídica, o trabalho protegido pelo direito, na perspectiva do constitucionalismo contemporâneo, é tão somente aquele que, além de assegurar a subsistência, estrutura identidades e permite uma participação paritária na vida social, não aquele que avilta, instrumentaliza e degrada o trabalhador.

O trabalho juridicamente protegido, para se alinhar às premissas dos arts. 1º, III, e 3º, IV, da Constituição é também avesso a discriminações que tenham por objetivo ou efeito minar ou impedir a fruição de direito em condições de igualdade ou o exercício de liberdades fundamentais. Nesse rumo ele não pode compactuar com a discriminação pautada na orientação sexual e na identidade de gênero, na medida em que esses são fatores intimamente ligados à própria dignidade humana e à autodeterminação de todo indivíduo.

Diante de uma reconhecida inércia legislativa em se debruçar sobre o tema, constata-se, ao menos, que essa compreensão do fenômeno vem tomando forma, principalmente, por meio das manifestações do Poder Judiciário, que tem implementado, com relativo protagonismo, ao longo dos últimos dez anos, instrumentos de concretização do direito a não discriminação essenciais para suprir as lacunas existentes na rede protetiva do direito fundamental ao trabalho digno, em relação à população LGBTQIA+.

REFERÊNCIAS

BARROS, Alice Monteiro de. *Curso de direito do trabalho*. 7. ed. São Paulo: LTr, 2011.

BARROSO, Luís Roberto. *Curso de direito constitucional contemporâneo*: os conceitos fundamentais e a construção do novo modelo. São Paulo: Saraiva, 2009.

______. Diferentes, mas iguais: o reconhecimento jurídico das relações homoafetivas no Brasil. In: SARMENTO, Daniel; IKAWA, Daniela; PIOVESAN, Flávia (Coord.). *Igualdade, diferença e direitos humanos*. Rio de Janeiro: Editora Lumen Juris, 2010.

BELMONTE, Alexandre Agra. Responsabilidade por danos morais no Direito do Trabalho. *Revista do Tribunal Superior do Trabalho*, v. 73, n. 2, p. 25-45, abr./jun. 2007.

BORRILLO, Daniel. *Homofobia*: história e crítica de um preconceito. Belo Horizonte: Autêntica Editora, 2010, p. 22.

BOURDIEU, Pierre. *Contre-feux*: propos pour servir à la résistance contre l'invasion néo-libérale. Paris: Raison D'Agir, 1998.

BUTLER, Judith. *Vida precaria*: el poder del duelo y la violencia. Buenos Aires: Paidós, 2006.

CLÈVE, Clèmerson Merlin. *Direito constitucional brasileiro*: v. I. São Paulo: Revista dos Tribunais, 2014 [livro eletrônico].

Corte Interamericana de Direitos Humanos. *Opinião Consultiva OC-24/2017*. 24 nov. 2017. Disponível em: <http://www.corteidh.or.cr/docs/opiniones/seriea_24_esp.pdf>. Acesso em: 22 dez. 2019.

DEJOURS, Cristophe. *A banalização da injustiça social*. 7. ed. Rio de Janeiro: Editora FGV, 2007.

______. Subjetividade, trabalho e ação. *Revista produção*, v. 14, n. 3, p. 27-34, set./dez. 2004.

DELGADO, Gabriela Neves. *Direito fundamental ao trabalho digno*. 2. ed. São Paulo: LTr, 2015.

______. O trabalho enquanto suporte de valor. *Revista da Faculdade de Direito da UFMG*. Belo Horizonte, n. 49, p. 63-80, jul./dez. 2006.

DELGADO, Mauricio Godinho. Constituição da República, Estado Democrático de Direito e Direito do Trabalho. In: DELGADO, Mauricio Godinho; DELGADO, Gabriela Neves. *Constituição da República e direitos fundamentais*. 3. ed. São Paulo: LTr, 2015.

_____. *Curso de direito do trabalho*. 13. ed. São Paulo: LTr, 2011.

_____. Proteções contra discriminação na relação de emprego. In: RENAULT, Luiz Otávio Linhares; VIANA, Márcio Túlio; CANTELLI, Paula Oliveira (Coord.). *Discriminação*. 2. ed. São Paulo: LTr, 2010.

DRYDAKIS, Nick. Sexual orientation discrimination in the labour market. *Labour economics*, v. 16, p. 364-372, 2009.

ECCEL, Cláudia Sirangelo; ALCADIPANI, Rafael. (Re)descobrindo as masculinidades. In: FREITAS, Maria Ester; DANTAS, Marcelo (Orgs.). *Diversidade sexual e trabalho*. São Paulo: Cengage Learning, 2012.

ENRIQUEZ, Eugène. Perda do trabalho, perda da identidade. *Cad. Esc. Leg.*, Belo Horizonte, 5(9), jul./dez. 1999.

FLEURY, Flávio Malta. *O programa Transcidadania como exemplo de política pública promotora da cidadania e do direito fundamental ao trabalho digno das pessoas trans*. Trabalho de conclusão de curso de graduação em Direito. Faculdade de Direito, Universidade de Brasília, 2016.

FONE, Byrne. *Homophobia*: a history. Nova York: Picador, 2000.

GAULEJAC, Vincent de. Identité. In: Barus-Michel, J.; Enriquez, E.; Lévy, A (Coord.). *Vocabulaire de psychosociologie*: références et positions. Paris: Érès, 2002.

GINI, Al. Work, identity and self: how we are formed by the work we do. *Journal of the business ethics*, v. 17, p. 707-714, 1998.

GOFFMAN, Erving. *Estigma*: notas sobre a manipulação da identidade deteriorada. 4. ed. Rio de Janeiro: LTC, 1988.

GONÇALVES, Carlos Roberto. *Direito civil brasileiro*, v. 4: responsabilidade civil. 5. ed. São Paulo: Saraiva: 2010.

HELOANI, Roberto. Assédio moral – um ensaio sobre a exploração da dignidade no trabalho. *RAE-eletrônica*, v. 3, n. 1, jan./jun. 2004. Disponível em: <http://www.scielo.br/pdf/raeel/v3n1/v3n1a12>. Acesso em: 22 dez. 2019.

HIRATA, Helena; KERGOAT, Danièle. Novas configurações da divisão sexual do trabalho. *Cadernos de Pesquisa*, v. 37, n. 132, p. 595-609, set./dez. 2007.

HONNETH, Axel. *Luta por reconhecimento*: a gramática moral dos conflitos sociais. São Paulo: Ed. 34, 2003.

IBOPE – Inteligência. *União estável entre homossexuais*, 2011. Disponível em: <http://www.ibopeinteligencia.com/arquivos/antigos/casamentogay.pdf>. Acesso em: 21 dez. 2019.

ILGA. *Trans legal mapping report*: recognition before the law. CHIAM, Zhan (Coord.). 2. ed. Genebra: ILGA, 2017.

IRIGARAY, Hélio Arthur R. Travestis e transexuais no mundo do trabalho. In: *Diversidade sexual e trabalho*. Organizadores: Maria Ester de Freitas e Marcelo Dantas. São Paulo: Cengage Learning, 2012.

_____. Estratégias de sobrevivência dos gays no ambiente de trabalho. *Anais do XXXI Encontro Anual da Associação Nacional de Pós-Graduação e Pesquisa em Administração – EnANPAD*, Rio de Janeiro, 2007.

JORBER, Judith. *Beyond the binaries*: depolarizing the categories of sex, sexuality, and gender. Sociological Inquiry, v. 66, n. 2, p. 143-160, abr. 1996.

LEE BADGETT, M. V. Discrimination based on sexual orientation: a review of the literature in economics and beyond. In: LEE BADGETT, M. V.; FRANK, Jefferson. *Sexual orientation discrimination*: an international perspective. New York: Routledge, 2007.

MARILAC, Luísa; QUEIROZ, Nana. *Eu, travesti*: memórias de Luísa Marilac. Rio de Janeiro: Record, 2019[livro eletrônico].

MCGINLEY, Ann C. Creating masculine identities: bullying and harassment "because of sex". *University of Colorado Law Review*, v. 79, 2008.

MENDOS, Lucas Ramón. *State-sponsored homophobia 2019*: global legislation overview update. (autor). 13. ed. Genebra: ILGA, 2019.

MEYER, Ilan H. Minority Stress and Mental Health in Gay Men. *Journal of Health and Social Behavior*, v. 36, n. 1, mar. 1995.

NEVES, Marcelo. A constitucionalização simbólica. 3. ed. São Paulo: Editora WMF Martins Fontes, 2011.

OIT; UNAIDS; PNUD. *Promoção dos Direitos Humanos de Pessoas LGBT no Mundo do Trabalho* – Projeto 'Construindo a Igualdade de Oportunidades no mundo do trabalho: Combatendo a Homo-Lesbo-Transfobia. 2. ed. Brasília, 2015, p. 26. Disponível em: <https://www.ilo.org/wcmsp5/groups/public/---americas/---ro-lima/---ilo-brasilia/documents/publication/wcms_421256.pdf>. Acesso em: 22 dez. 2019.

OIT. *Documento informativo sobre a proteção contra a discriminação com base na orientação sexual, identidade de gênero, expressão de gênero e características sexuais (SOGIESC)*. Genebra, 2019. Disponível em: <https://www.ilo.org/wcmsp5/groups/public/---ed_norm/---normes/documents/publication/wcms_700556.pdf>. Acesso em: 21 dez. 2019.

_____. *La igualdad en el trabajo: afrontar los retos que se plantean*. Informe global con arreglo al seguimiento de la Declaración de la OIT relativa a los principios y derechos fundamentales en el trabajo. Genebra: OIT, 2007.

_____. *ORGULLO (PRIDE) en el trabajo*: un estudio sobre la discriminación en el trabajo por motivos de orientación sexual e identidad de género en Argentina. Genebra: OIT, 2015.

OLIVEIRA, Pedro Paulo de. *A construção social da masculinidade*. Belo Horizonte: Editora UFMG, 2004.

PIOVESAN, Flávia. Igualdade, diferença e direitos humanos: perspectivas global e regional. In: SARMENTO, Daniel; IKAWA, Daniela; PIOVESAN, Flávia (Coord.). *Igualdade, diferença e direitos humanos*. Rio de Janeiro: Editora Lumen Juris, 2010.

Princípios de Yogyakarta: Princípios sobre a aplicação da legislação internacional de direitos humanos em relação à orientação sexual e identidade de gênero. Disponível em: <http://www.yogyakartaprinciples.org/>. Acesso em: 17 dez. 2019.

REALE, Miguel. *Lições preliminares de direito*. 27. ed. São Paulo: Saraiva, 2002; e Id., *Teoria Tridimensional do Direito*. 5. ed. São Paulo: Saraiva, 2002.

RIOS, Roger Raupp. O conceito de homofobia na perspectiva dos direitos humanos e no contexto dos estudos sobre preconceito e discriminação. In: POCAHY, Fernando. *Rompendo o silêncio*: homofobia e heterossexismo na sociedade contemporânea. Porto Alegre: Nuances, 2007.

SANTOS, Dartagnan Ferrer dos Santos. Igualdade, diferença e identidade: três pilares da alteridade nas relações de trabalho de um mundo pluralista. In: BARZOTTO, Luciane Cardoso (Coord.). *Trabalho e igualdade*: tipos de discriminação no ambiente de trabalho. Porto Alegre: Livraria do Advogado Editora, 2012.

SCHULMAN, Sarah. Homofobia familiar: uma experiência em busca de reconhecimento. Trad. Felipe Bruno Martins Fernandes. *Bagoas*: Revista de Estudos Gays, v. 5, p. 67-78, 2010.

SCOTT, Joan W. Gender: A Useful Category of Historical Analysis. *The American Historical Review*, v. 91, n. 5., dez./1986, p. 1.053-1.075.

SIQUEIRA, Marcus Vinícius; ANDRADE, Augusto. Em busca de uma pedagogia gay no ambiente de trabalho. In: FREITAS, Maria Ester; DANTAS, Marcelo (Orgs.). *Diversidade sexual e trabalho*. São Paulo: Cengage Learning, 2012.

TILCSIK, András. Pride and prejudice: discrimination against openly gay men in the United States. *American journal of sociology*, v. 117, n. 2, p. 585-626, 2011.

VECCHIATTI, Paulo Roberto Iotti. *Manual da homoafetividade*: da possibilidade jurídica do casamento civil, da união estável e da adoção por casais homoafetivos. São Paulo: Método, 2012.

WALDO, Craig R. Working in a minority context: a structural model of heterosexism as minority stress in workplace. *Journal of counseling psychology*, v. 46, n. 2, p. 218-232, 1999.

YOUNG-BRUEHL, Elisabeth. *The anatomy of prejudice*. Cambridge: Harvard University Press, 1996.

Capítulo 17

O Direito à Adaptação Razoável como Elemento Integrante do Direito ao Trabalho Digno da Pessoa com Deficiência

Cláudio Brandão[1]

Resumo: O título revela o objeto central do presente estudo: reconhecer a existência e definir o alcance do direito à adaptação razoável assegurado à pessoa com deficiência como decorrência direta da Convenção da ONU dos Direitos das Pessoa com Deficiência, em vigor no Brasil desde 2009, e a sua relação com o direito ao trabalho digno. Procura-se analisar alguns dos compromissos pelo Brasil no cenário internacional nesse tema e as principais normas relacionadas ao trabalho, contidas na mencionada Convenção. A base normativa incluiu a Lei Brasileira de Inclusão da Pessoa com Deficiência, editada para detalhar os direitos assegurados na Convenção. Aborda-se também a relação entre acessibilidade, desenho universal, tecnologias assistivas e adaptação razoável, enquanto deveres do empregador e direitos de natureza instrumental dos empregados, assim considerados por viabilizarem o exercício de outros direitos, e sua incidência no contrato de trabalho. A jurisprudência do TST e do STF foi pesquisada e, apesar de haverem sido poucos os acórdãos identificados, revela a clara direção no sentido de garantir a efetividade do direito à plena inclusão assegurado na norma internacional.

Palavras-chave: Adaptação razoável. Pessoas com deficiência. Convenção da ONU sobre direitos das pessoas com deficiência.

Abstract: The title reveals the main object of the present study: to recognize the existence and to define the coverage of the right to reasonable adaptation assured to persons with disabilities as a direct consequence of the UN Convention on the Rights of Persons with Disabilities, in force in Brazil since 2009, and its relation to the right to decent work. We try to analyze some of Brazil's commitments on the international scene in this area and the main work-related norms contained in the aforementioned Convention. The normative basis included the Brazilian Law for the Inclusion of Persons with Disabilities, edited to detail the rights ensured in the Convention. This work also discusses the relationship between accessibility, universal design, assistive technologies and reasonable adaptation, as employer duties and instrumental rights of employees, therefore being considered to enable the exercise of other rights, and their impact on the employment contract. The jurisprudence of the TST and the STF has been researched and, although there have been few identified judgments, reveals the clear direction towards ensuring the effectiveness of the right to full inclusion secured in the international standard.

Keywords: Reasonable adaptation. Persons with disabilities. UN Convention on the Rights of Persons with Disabilities.

1. INTRODUÇÃO: EVOLUÇÃO DO RECONHECIMENTO INTERNACIONAL DOS DIREITOS DAS PESSOAS COM DEFICIÊNCIA

Ao se analisar o direito à adaptação razoável como elemento integrante do direito fundamental ao trabalho digno, eixo temático que orienta essa obra – Direito Fundamental ao Trabalho Digno: Trabalho, Constituição e Cidadania no Século XXI –, não se pretende, à guisa de introdução, rememorar a trajetória histórica do reconhecimento dos direitos das pessoas com deficiência, notadamente no que se refere à igualdade plena e ao trabalho digno. É suficiente mencionar que discriminação e exclusão a marcaram e não foi fácil superar os inúmeros obstáculos havidos.

(1) Ministro do Tribunal Superior do Trabalho (TST). Doutorando em Ciências Jurídicas pela Universidade Autônoma de Lisboa. Mestre em Direito pela Universidade Federal da Bahia (UFBA). Membro da Academia Brasileira de Direito do Trabalho, da Academia de Letras Jurídicas da Bahia, do Instituto Baiano de Direito do Trabalho, do Instituto Brasileiro de Direito Processual e da *Associacion Iberoamericana de Derecho del Trabajo*.

A doutrina não é uniforme na indicação das fases que sistematizam o estudo dessa trajetória. Por todos, cita-se a doutrina de Flávia Piovesan que a classifica em quatro fases distintas:

a) fase de intolerância: as pessoas com deficiência eram representativas da impureza, pecado ou castigo divino;

b) fase da invisibilidade: não havia preocupação especial que lhes fosse destinada;

c) fase da ótica assistencialista: a deficiência era considerada doença a ser curada e o indivíduo como alguém a ser tratado da "enfermidade";

d) fase do paradigma de direitos humanos: marcada pelo reconhecimento dos direitos à inclusão social, com ênfase na relação com o meio em que elas se inserem e na necessidade de "eliminar obstáculos e barreiras superáveis, sejam elas culturais, físicas ou sociais, que impeçam o plano exercício dos direitos humanos".[(2)]

Algumas iniciativas foram marcantes para a consagração no plano internacional. Em apertada síntese, menciona-se uma série de ações desenvolvidas pela Organização das Nações Unidas voltadas ao reconhecimento e proteção dos direitos que lhes são inerentes, a exemplo da Declaração dos Direitos das Pessoas com Deficiência Mentais, de 1971; da segunda Declaração sobre os Direitos das Pessoas Deficientes, de 1975; da Convenção para a Eliminação de Todas as Formas de Discriminação contra as Mulheres, de 1979; da consagração do ano de 1981 como o Ano Internacional das pessoas deficientes e dos anos de 1983 a 1992 como a Década das Nações Unidas para as Pessoas Deficientes; do Programa Mundial para as Pessoas Deficientes, de 1982; da Convenção sobre os Direitos da Criança, de 1989; e das Regras Gerais sobre a Igualdade de Oportunidades para Pessoas com Deficiências, de 1993, entre muitas outras.

Ainda no âmbito internacional, destaca-se a Convenção n. 159 da Organização Internacional do Trabalho – OIT –, promulgada no Brasil pelo Decreto n. 129, de 22.05.1991,[(3)] que trata especificamente da reabilitação profissional e emprego das pessoas com deficiência e destaca a necessidade de atuação dos Estados Membros para a promoção da sua inserção profissional.

As obrigações assumidas pelo Estado brasileiro quanto ao tema, perante a sociedade internacional, não se esgotaram – e nem se esgotam – no sistema das Nações Unidas. Com efeito, no sistema interamericano, a preocupação com questões trabalhistas e com a igualdade de oportunidades já exsurge na Carta da Organização dos Estados Americanos,[(4)] a qual fixa em seu art. 34:

> Art. 34.
>
> Os Estados-membros convêm em que a igualdade de oportunidades, a eliminação da pobreza crítica e a distribuição equitativa da riqueza e da renda, bem como a plena participação de seus povos nas decisões relativas a seu próprio desenvolvimento, são, entre outros, objetivos básicos do desenvolvimento integral. Para alcançá-los convém, da mesma forma, em dedicar seus maiores esforços à consecução das seguintes metas básicas:
>
> [...]
>
> g) Salários justos, oportunidades de emprego e condições de trabalho aceitáveis para todos.

Ademais, define o trabalho como "[...] um direito e um dever social", que

> [...] confere dignidade a quem o realiza e deve ser exercido em condições que, compreendendo um regime de salários justos, assegurem a vida, a saúde e um nível econômico digno ao trabalhador e sua família, tanto durante os anos de atividade como na velhice, ou quando qualquer circunstância o prive da possibilidade de trabalhar (art. 45).

Reitera, ainda, a obrigação dos Estados-Membros com a habilitação para o trabalho, em seu art. 50.

Na Carta Democrática Interamericana,[(5)] de 2001, estabelece-se que a garantia do exercício pleno e eficaz dos direitos dos trabalhadores, tal qual consagrado na Declaração da OIT relativa aos Princípios e Direitos Fundamentais no Trabalho (1998), é elemento primacial para a promoção e fortalecimento da democracia (art. 10).

---

(2) PIOVESAN, Flávia. Convenção da ONU sobre os Direitos das Pessoas com Deficiência: inovações, alcance e impacto. In: FERRAZ, Carolina Valença, et al (Coord.). *Manual dos Direitos da Pessoa com Deficiência*. São Paulo: Saraiva, 2012. ISBN 978-85-02-17030-8. p. 46.

(3) BRASIL. Decreto n. 129, de 22 de maio de 1991. *Promulga a Convenção n. 159, da Organização Internacional do Trabalho – OIT, sobre Reabilitação Profissional e Emprego de Pessoas Deficientes*. Disponível em: <http://www.planalto.gov.br/ccivil_03/decreto/1990-1994/D0129.htm>. Acesso em: 21 dez. 2019.

(4) ORGANIZAÇÃO DOS ESTADOS AMERICANOS. *Carta da Organização dos Estados Americanos*. Disponível em: <http://www.oas.org/OASpage/port/Documents/Democractic_Charter.htm>. Acesso em: 14 nov. 2019.

(5) ORGANIZAÇÃO DOS ESTADOS AMERICANOS. *Carta Democrática Interamericana*. Disponível em: <http://www.oas.org/OASpage/port/Documents/Democractic_Charter.htm>. Acesso em: 14 nov. 2018.

Por seu turno, o Pacto de San José da Costa Rica (1966), incorporado ao ordenamento interno por meio do Decreto n. 678, de 06.11.1992,[(6)] garante o respeito aos direitos e liberdades fundamentais sem qualquer tipo de discriminação (art. 1º), oportunidade em que estabelece a obrigação estatal de promover o desenvolvimento progressivo dos direitos econômicos, sociais e culturais:

> Art. 26.
>
> Desenvolvimento Progressivo
>
> Os Estados-Partes comprometem-se a adotar providências, tanto no âmbito interno como mediante cooperação internacional, especialmente econômica e técnica, a fim de conseguir progressivamente a plena efetividade dos direitos que decorrem das normas econômicas, sociais e sobre educação, ciência e cultura, constantes da Carta da Organização dos Estados Americanos, reformada pelo Protocolo de Buenos Aires, na medida dos recursos disponíveis, por via legislativa ou por outros meios apropriados.

O Protocolo de San Salvador (1988), incorporado ao sistema jurídico brasileiro por meio do Decreto n. 3.321, de 30.12.1999,[(7)] reitera a obrigação de não discriminação (art. 3) e positiva o direito ao trabalho, "[...] o que inclui a oportunidade de obter os meios para levar uma vida digna e decorosa por meio do desempenho de uma atividade lícita, livremente escolhida ou aceita" (art. 6). Em relação às pessoas com deficiência, fixa:

> Os Estados Partes comprometem-se a adotar medidas que garantam plena efetividade do direito ao trabalho, especialmente as referentes à consecução do pleno emprego, à orientação vocacional e ao desenvolvimento de projetos de treinamento técnico-profissional, particularmente os destinados aos deficientes. Os Estados Partes comprometem-se também a executar e a fortalecer programas que coadjuvem um adequado atendimento da família, a fim de que a mulher tenha real possibilidade de exercer o direito ao trabalho. (art. 6, item 2)

Ainda destaca, em seu art. 18, que têm "[...] direito a receber atenção especial, a fim de alcançar o máximo desenvolvimento de sua personalidade", razão por que estabelece que os Estados Partes se comprometem a:

a. Executar programas específicos destinados a proporcionar aos deficientes os recursos e o ambiente necessário para alcançar esse objetivo, inclusive programas trabalhistas adequados a suas possibilidades e que deverão ser livremente aceitos por eles ou, se for o caso, por seus representantes legais;

b. Proporcionar formação especial às famílias dos deficientes, a fim de ajudá-los a resolver os problemas de convivência e convertê-los em elementos atuantes no desenvolvimento físico, mental e emocional destes;

c. Incluir, de maneira prioritária, em seus planos de desenvolvimento urbano a consideração de soluções para os requisitos específicos decorrentes das necessidades deste grupo;

d. Promover a formação de organizações sociais nas quais os deficientes possam desenvolver uma vida plena."

Na seara da integração latino-americana, erigida à norma constitucional (art. 4º, parágrafo único, da CRFB), a Declaração Sociolaboral do Mercosul[(8)] garante a não discriminação como direito individual (art. 1º) e, acerca das pessoas com deficiência, consigna que "[...] serão tratadas de forma digna e não discriminatória, favorecendo-se sua inserção social e no mercado de trabalho" (art. 2º). Nesse passo, celebra o comprometimento dos Estados Partes em:

> [...] adotar medidas efetivas, especialmente no que se refere à educação, formação, readaptação e orientação profissional, à adequação dos ambientes de trabalho e ao acesso aos bens e serviços coletivos, a fim de assegurar que as pessoas portadoras de necessidades especiais tenham a possibilidade de desempenhar uma atividade produtiva. (art. 2º)

Como se constata – e apenas a título exemplificativo –, a disciplina transversal e multidisciplinar atribuída em normas de diferentes origens e hierarquias revela a preocupação do legislador contemporâneo com os direitos das pessoas com deficiência, notadamente graças à destacada contribuição prestada pelos diversos organismos internacionais, em especial no sentido da

---

(6) BRASIL. Decreto n. 678, de 6 de novembro de 1992. *Promulga a Convenção Americana sobre Direitos Humanos (Pacto de São José da Costa Rica), de 22 de novembro de 1969.* Disponível em: <http://www.planalto.gov.br/ccivil_03/decreto/D0678.htm>. Acesso em: 21 dez. 2019.

(7) BRASIL. Decreto n. 3.321, de 30 de dezembro de 1999. *Promulga o Protocolo Adicional à Convenção Americana sobre Direitos Humanos em Matéria de Direitos Econômicos, Sociais e Culturais "Protocolo de São Salvador", concluído em 17 de novembro de 1988, em São Salvador, El Salvador.* Disponível em: <http://www.planalto.gov.br/ccivil_03/decreto/D3321.htm>. Acesso em: 21 dez. 2019.

(8) MERCOSUL. *Declaração Sociolaboral do Mercosul.* Disponível em: <http://www.dhnet.org.br/direitos/deconu/a_pdf/dec_sociolaboral_mercosul.pdf>. Acesso em: 21 nov. 2019.

consolidação de ideias que viriam a fortalecer a compreensão da necessidade de edição de uma convenção específica sobre o tema.

2. O PASSO DECISIVO EM DIREÇÃO AO DIREITO À IGUALDADE PLENA: A EDIÇÃO DA CONVENÇÃO DA ONU DOS DIREITOS DAS PESSOAS COM DEFICIÊNCIA

O ápice dessa evolução normativa ocorreu, sem dúvida, com a aprovação pela ONU da Convenção dos Direitos das Pessoas com Deficiência e seu Protocolo Facultativo, aquela também conhecida como "Convenção de Nova Iorque".

Assinados pelo Brasil em Nova Iorque no dia de sua edição pela ONU (30 de maio de 2007), foram incorporados no direito brasileiro pelo Decreto n. 6.949, de 25.08.2009[(9)] e significaram o passo decisivo e definitivo em direção ao reconhecimento do direito à igualdade plena das pessoas com deficiência e de sua dignidade.

Primeiro tratado internacional de direitos humanos do século XXI, a Convenção incorporou em seu texto diversas reivindicações de movimentos sociais e de organizações não governamentais que, desde a década de 1970, atuavam em busca da igualdade de direitos e de condições de vida em sociedade para as pessoas com deficiência, a partir da compreensão do "direito à diferença em relação aos padrões hegemônicos de normalidade"[(10)], e combatiam a denominada "ideologia da normalização", que "[...] representava a necessidade de introduzir a pessoa com deficiência na sociedade, ajudando-a a adquirir as condições e os padrões da vida cotidiana o mais próximo do normal quanto possível".[(11)]

Entre eles, destaca-se o Movimento de Vida Independente, surgido em 1970, a partir da iniciativa de Ed Roberts, na Universidade de Berkeley. Ao criar o Programa de Estudantes com Deficiência, traduzia a filosofia da emancipação, "prática que fortalece as pessoas com deficiência e as permite influenciar, escolher e controlar cada aspecto de suas vidas ...".[(12)]

Outro exemplo marcante teve lugar no Reino Unido, nos anos de 1970, com a criação de associações radicais dirigidas e controladas por pessoas com deficiência, como a *Union of the Physically Impaired Against Segregation*[(13)] (UPIAS), fundada pelo sociólogo com deficiência física Paul Hunt, primeira organização política sobre deficiência.[(14)]

Representantes desses movimentos sociais atuaram diretamente durante o processo de elaboração da Convenção da ONU e puderam influenciar na fixação das bases para a compreensão de um novo conceito de deficiência, nela incorporado, inspirados no slogan "*Nothing About Us Without Us*" ("Nada Sobre Nós Sem Nós"): a mudança do "conceito médico"[(15)] para o "conceito social"[(16)] da deficiência.

A mencionada Convenção e o seu Protocolo compreendem normas material e formalmente constitucionais, aliás, as primeiras com tais características do direito brasileiro, na medida em que aprovadas pelo quórum disposto no § 3º do art. 5º da Constituição Federal.

Referido dispositivo fixa:

> Os tratados e convenções internacionais sobre direitos humanos que forem aprovados, em cada Casa do Congresso Nacional, em dois turnos, por três quintos dos votos dos respectivos membros, serão equivalentes às emendas constitucionais.

Significa reconhecer, com apoio na doutrina de Valério Mazzuoli, o *status* de normas formal e material-

---

(9) BRASIL. Decreto n. 6.949, de 25 de agosto de 2009. *Promulga a Convenção Internacional sobre os Direitos das Pessoas com Deficiência e seu Protocolo Facultativo, assinados em Nova York, em 30 de março de 2007*. Disponível em: <http://www.planalto.gov.br/ccivil_03/_ato2007-2010/2009/decreto/d6949.htm>. Acesso em: 21 dez. 2019.

(10) CORDEIRO, Mariana Prioli. *Nada Sobre Nós Sem Nós*: vida independente, militância e deficiência. São Paulo: Annablume; Fapesp, 2011. ISBN 978-85-391-0220-4. p. 34.

(11) CORRER, Rinaldo. *Deficiência e inclusão social*: construindo uma nova comunidade. Bauru: EDUSC, 2003. ISBN 85-7460-186-1. p. 29-30.

(12) CORDEIRO, Mariana Prioli. *Op. cit.*, p. 68.

(13) Liga dos Lesados Físicos contra a Segregação.

(14) SHELDON Alison. Estudos da deficiência para a "era da austeridade". In: MARTINS, Bruno Sena; FONTES, Fernando (Org.). *Deficiência e Emancipação Social*: para uma crise da normalidade. Coimbra: Almedina, 2016. ISBN 978-972-40-6452-9. p. 68.

(15) Modelo baseado na compreensão de que a deficiência constitui "uma anormalidade, uma patologia individual, uma disfunção do corpo, sendo que a pessoa com deficiência era considerada um incapaz, submissa e dependente do cuidado de terceiros". MOREIRA, Teresa Coelho. *Igualdade e Não Discriminação*: estudos de direito do trabalho. Coimbra: Almedina, 2013. ISBN 978-972-40-5284-7. p. 166.

(16) Nesse modelo, a deficiência não resulta apenas da condição pessoal ou consequência do binômio saúde/doença, mas também se origina do "contexto meio ambiente físico e social, pelas diferentes percepções culturais e atitudes em relação à deficiência, pela disponibilidade de serviços e de legislação". FARIAS, Norma; BUCHALA, Cassia Maria. A Classificação Internacional de Funcionalidade, Incapacidade e Saúde da Organização Mundial de Saúde: conceitos, usos e perspectivas. *Revista Brasileira de Epidemiologia*, São Paulo, v. 8, n. 2, jun. 2005. p. 190.

mente constitucionais, além de produzirem os seguintes efeitos no ordenamento jurídico brasileiro:

> 1) eles passarão a reformar a Constituição, o que não é possível tendo apenas o *status* de norma constitucional;
>
> 2) eles não poderão ser *denunciados*, nem mesmo com Projeto de Denúncia elaborado pelo Congresso Nacional, podendo ser o Presidente da República responsabilizado em caso de descumprimento dessa regra (o que não é possível fazer – responsabilizar o chefe de Estado – tendo os tratados apenas *status* de norma constitucional); e
>
> 3) eles serão paradigma do controle *concentrado* de convencionalidade, podendo servir de fundamento para que os legitimados do art. 103 da Constituição (*v.g.*, o Presidente da República, o Procurador-Geral da República, o Conselho Federal da OAB etc.) proponham no STF as ações do controle abstrato (ADIn, ADECON, ADPF etc.) a fim de invalidar *erga omnes* as normas domésticas com eles incompatíveis.(17)

A sua aprovação no âmbito interno, com base no rito procedimental previsto no citado dispositivo constitucional, como dito, tornou-os equivalentes a emenda constitucional, o que significa concluir que têm o poder de reformar a Constituição em tudo aquilo em que com eles se mostre incompatível.

A mencionada Convenção reitera os fundamentos da Declaração Universal dos Direitos Humanos e dos Pactos de Direitos Humanos firmados no âmbito do sistema universal das Nações Unidas.

Reafirma, no particular, no item *b* do Preâmbulo,

> [...] a universalidade, a indivisibilidade, a interdependência e a inter-relação de todos os direitos humanos e liberdades fundamentais, bem como a necessidade de garantir que todas as pessoas com deficiência os exerçam plenamente, sem discriminação.

Rompeu todos os paradigmas até então adotados na compreensão da deficiência, ao reconhecer tratar-se de

> um conceito em evolução e [...] resulta da interação entre pessoas com deficiência e as barreiras devidas às atitudes e ao ambiente que impedem a plena e efetiva participação dessas pessoas na sociedade em igualdade de oportunidades com as demais pessoas (item "e" do Preâmbulo).

Ou seja, não mais algo que as pessoas "portam", "levam consigo" e as impossibilita, de modo definitivo, de adequar-se aos "padrões de normalidade" e, por isso, tornam-se merecedoras de "tratamentos" que permitem adaptar-se ao modo de viver das pessoas tidas como "normais".

Da compreensão "estática" para uma relação "dinâmica" das pessoas com o meio em que vivem, a Convenção inova ao voltar-se para a garantia de exercício pleno e equitativo dos direitos humanos e das liberdades fundamentais das pessoas com deficiência e as define, no art. 1º, como

> [...] aquelas que têm impedimentos de longo prazo de natureza física, mental, intelectual ou sensorial, os quais, em interação com diversas barreiras, podem obstruir sua participação plena e efetiva na sociedade em igualdades de condições com as demais pessoas.

Outras inovações merecem destaque.

Consagra de maneira ampla o direito ao trabalho e emprego "em igualdade de oportunidades com as demais pessoas", o qual "abrange o direito à oportunidade de se manter com um trabalho de sua livre escolha ou aceitação no mercado laboral, em ambiente de trabalho que seja aberto, inclusivo e acessível a pessoas com deficiência" (art. 27, *1*), e o concretiza ao prever diversas medidas, algumas delas enumeradas adiante.

Nesse passo, altera a perspectiva acerca do tema, na medida em que evidencia o papel determinante das barreiras impostas pela sociedade a esses cidadãos e releva sua responsabilidade pela eliminação desses obstáculos.

Por outro lado, também estabelece o dever de promover as adaptações razoáveis, consistentes em

> [...] modificações e os ajustes necessários e adequados que não acarretem ônus desproporcional ou indevido, quando requeridos em cada caso, a fim de assegurar que as pessoas com deficiência possam gozar ou exercer, em igualdade de oportunidades com as demais pessoas, todos os direitos humanos e liberdades fundamentais (art. 2º).

Avança ainda mais ao fixar os seus princípios estruturantes, em especial os da não discriminação, da plena e efetiva participação e inclusão na sociedade, do respeito pela diferença e pela aceitação das pessoas com deficiência como parte da diversidade humana e

---

(17) MAZZUOLI, Valério. *Curso de Direitos Humanos*. 6. ed., rev., atual. e ampl. Rio de Janeiro: Forense; São Paulo: Método, 2019. p. 233.

da humanidade, da igualdade de oportunidades e da acessibilidade (art. 3º, itens *b*, *c*, *d*, *e* e *f*).

A respeito da deficiência como elemento integrante da diversidade humana, destaca Ricardo Tadeu Marques da Fonseca[(18)]:

> Se a deficiência é tida como algo inerente à diversidade humana, é possível afirmar, sem qualquer jogo de palavras, que as pessoas cegas, surdas, paraplégicas, tetraplégicas, etc, apresentam atributos, como já disse, que devem ser equiparados aos demais atributos humanos, como gênero, raça, idade, orientação sexual, origem, classe social, entre outros. Tais atributos, porém, não contêm qualquer deficiência. A deficiência está, doravante, nas barreiras sociais que excluem essas pessoas do acesso aos direitos humanos básicos. Trocando em miúdos, quero dizer que a deficiência não está na pessoa, e sim na sociedade, que deve, como determinam todos os demais dispositivos da Convenção da ONU, buscar políticas públicas para que os detentores daqueles atributos outrora impeditivos emancipem-se.

Aliás, nesse aspecto, merece destacar a contundente a afirmação do Ministro Edson Fachin, em julgamento paradigma do Supremo Tribunal Federal, na condição de Relator, ao rejeitar pretensão de entidades de ensino privado que questionavam a obrigatoriedade, prevista em lei, de oferecerem atendimento educacional adequado e inclusivo às pessoas com deficiência, e se argumentava envolver medidas de alto custo para as escolas privadas, o que violaria a Constituição e levaria ao encerramento das atividades de muitas delas[(19)]:

> 5. O enclausuramento em face do diferente furta o colorido da vivência cotidiana, privando-nos da estupefação diante do que se coloca como novo, como diferente. 6. É somente com o convívio com a diferença e com o seu necessário acolhimento que pode haver a construção de uma sociedade livre, justa e solidária, em que o bem de todos seja promovido sem preconceitos de origem, raça, sexo, cor, idade e quaisquer outras formas de discriminação (art. 3º, I e IV, CRFB). [...]
>
> Como não é difícil intuir, a capacidade de surpreender-se com, na e pela alteridade, muito mais do que mera manifestação de empatia, constitui elemento essencial para um desarmado – e verdadeiro – convívio e também debate democrático. [...]
>
> É somente com o convívio com a diferença e com o seu necessário acolhimento que pode haver a construção de uma sociedade livre, justa e solidária, em que o bem de todos seja promovido sem preconceitos de origem, raça, sexo, cor, idade e quaisquer outras formas de discriminação (art. 3º, I e IV, CRFB).

No campo das obrigações impostas aos Estados Partes, o mencionado tratado internacional de direitos humanos impõe sejam adotadas "[...] todas as medidas apropriadas para eliminar a discriminação baseada em deficiência, por parte de qualquer pessoa, organização ou empresa privada" (art. 4º, item *e*). Também determina que se promova a habilitação e reabilitação das pessoas com deficiência, começando pelo estágio mais precoce possível (art. 26).

Especificamente acerca do trabalho e emprego, explicita em seu art. 27:

> Art. 27. Trabalho e emprego
>
> 1. Os Estados Partes reconhecem o direito das pessoas com deficiência ao trabalho, em igualdade de oportunidades com as demais pessoas. Esse direito abrange o direito à oportunidade de se manter com um trabalho de sua livre escolha ou aceitação no mercado laboral, em ambiente de trabalho que seja aberto, inclusivo e acessível a pessoas com deficiência. Os Estados Partes salvaguardarão e promoverão a realização do direito ao trabalho, inclusive daqueles que tiverem adquirido uma deficiência no emprego, adotando medidas apropriadas, incluídas na legislação, com o fim de, entre outros:
>
> a) Proibir a discriminação baseada na deficiência com respeito a todas as questões relacionadas com as formas de emprego, inclusive condições de recrutamento, contratação e admissão, permanência no emprego, ascensão profissional e condições seguras e salubres de trabalho;
>
> b) Proteger os direitos das pessoas com deficiência, em condições de igualdade com as demais pessoas, às condições justas e favoráveis de trabalho, incluindo iguais oportunidades e igual remuneração por trabalho de igual valor, condições seguras e salubres de trabalho, além de reparação de injustiças e proteção contra o assédio no trabalho;

(18) FONSECA, Ricardo Tadeu Marques da. O Novo Conceito Constitucional da Pessoa com Deficiência: um Ato de Coragem. In: FERRAZ, Carolina Valença, et al (Coord.). *Manual dos Direitos da Pessoa com Deficiência*. São Paulo: Saraiva, 2012. ISBN 978-85-02-17030-8. Parte I – Elementos Conceituais, Cap. 1. p. 19-32.

(19) BRASIL. Supremo Tribunal Federal. ADI n. 5357 MC-Ref. Rel. Min. Édson Fachin. Em 09 jun. 2016. Disponível em: <http://redir.stf.jus.br/paginadorpub/paginador.jsp?docTP=TP&docID=12012290>. Acesso em: 20 nov. 2019.

c) Assegurar que as pessoas com deficiência possam exercer seus direitos trabalhistas e sindicais, em condições de igualdade com as demais pessoas;

d) Possibilitar às pessoas com deficiência o acesso efetivo a programas de orientação técnica e profissional e a serviços de colocação no trabalho e de treinamento profissional e continuado;

e) Promover oportunidades de emprego e ascensão profissional para pessoas com deficiência no mercado de trabalho, bem como assistência na procura, obtenção e manutenção do emprego e no retorno ao emprego;

f) Promover oportunidades de trabalho autônomo, empreendedorismo, desenvolvimento de cooperativas e estabelecimento de negócio próprio;

g) Empregar pessoas com deficiência no setor público;

h) Promover o emprego de pessoas com deficiência no setor privado, mediante políticas e medidas apropriadas, que poderão incluir programas de ação afirmativa, incentivos e outras medidas;

i) Assegurar que adaptações razoáveis sejam feitas para pessoas com deficiência no local de trabalho;

j) Promover a aquisição de experiência de trabalho por pessoas com deficiência no mercado aberto de trabalho;

k) Promover reabilitação profissional, manutenção do emprego e programas de retorno ao trabalho para pessoas com deficiência.

2. Os Estados Partes assegurarão que as pessoas com deficiência não serão mantidas em escravidão ou servidão e que serão protegidas, em igualdade de condições com as demais pessoas, contra o trabalho forçado ou compulsório." (destaquei)

Em decorrência das obrigações assumidas perante a sociedade internacional, o Estado brasileiro buscou adotar as medidas legislativas necessárias para concretizar os direitos humanos das pessoas com deficiência.

Tais inovações objetivaram densificar os princípios da inclusão e igualdade, da não discriminação e da dignidade inerente e impuseram a releitura do direito interno, mediante a aprovação de lei específica com a finalidade de detalhar as diretrizes genéricas fixadas na Convenção, no caso a Lei Brasileira de Inclusão da Pessoa com Deficiência.

3. A LEI N. 13.146/2015 – LEI BRASILEIRA DE INCLUSÃO DA PESSOA COM DEFICIÊNCIA (ESTATUTO DA PESSOA COM DEFICIÊNCIA)

A edição da Lei n. 13.146/2015, conhecida como Lei Brasileira de Inclusão da Pessoa com Deficiência ou Estatuto da Pessoa com Deficiência, foi "[...] consequência direta das obrigações impostas ao Brasil pela Convenção sobre os Direitos das Pessoas com Deficiência e seu Protocolo Facultativo [...]"[20] e, tal como a Convenção, foi aprovada com iniciativas inéditas no Congresso brasileiro, a exemplo da participação direta da sociedade por meio de consulta pública sobre o projeto de forma inteiramente acessível, como descreve com detalhes a então Deputada Federal Mara Gabrili, que o relatou.[21]

Tal norma reitera na legislação nacional as concepções que norteiam a Convenção da ONU e pauta-se por princípios inerentes às pessoas com deficiência. Dentre eles, os princípios da inclusão,[22] da igualdade (arts. 3º, 24, 25, 28, XIII, XIV, XVI, 30, II, 31, 44 e 55) e da não discriminação (4º, § 1º, 23, 44, § 1º, 51, § 1º).

Nesse contexto, o princípio da inclusão ou efetiva participação é compreendido como aquele pelo qual se

> [...] visa a garantir a eliminação das barreiras que podem obstruir a participação plena e efetiva da pessoa com deficiência na sociedade em igualdade de condições com as demais pessoas, seja por meio de medidas de acessibilidade de todos os tipos (física, arquitetônica, atitudinal, tecnológica, de comunicação), nas searas do trabalho, da educação inclusiva etc., ou seja, esse princípio visa que a PCD tenha plena e efetiva participação em todas as facetas da vida em sociedade.[23]

Já o princípio da igualdade,

> [...] reconhece que todas as pessoas são iguais perante e sob a lei e que fazem jus, sem qualquer discriminação, à igual proteção, igual benefício da lei e igualdade de oportunidades, ou seja, ele tem uma feição de obrigação de fazer [...][24].

(20) MAZZUOLI, Valério. *Curso de Direitos Humanos*. 6. ed. rev., atual. e ampl. Rio de Janeiro: Forense; São Paulo: Método, 2019. p. 374.

(21) GABRILI, Mara. Apresentação – sobre leis e vidas. In: LEITE, Flávia Piva Almeida; RIBEIRO, Lauro Luiz Gomes; COSTA FILHO, Waldir Macieira da (Coord.) – *Comentários ao Estatuto da Pessoa com Deficiência*. São Paulo: Saraiva, 2016. p. 23-26.

(22) Entre outros, arts. 2º, 3º, 18, 27 e 34 da Lei n. 13.146/2015; e arts. 3º, 19 e 20 da Convenção da ONU sobre pessoas com deficiência, de 2007.

(23) LORENTZ, Lutiana Nancur. *A norma da igualdade e o trabalho das pessoas com deficiência à luz da Convenção sobre Direitos das pessoas com deficiência da ONU, de 2006 e do Estatuto das pessoas com deficiência*: Lei n. 13.146, de 6 de julho de 2015. São Paulo: LTr, 2016. p. 28.

(24) *Ibdem*, p. 28-29.

O princípio da não discriminação, por seu turno, possui natureza de obrigação de não fazer, na medida em que

> [...] proíbe qualquer distinção, restrição ou exclusão, por ação ou omissão, que tenha o propósito ou o efeito de prejudicar, impedir ou anular o reconhecimento ou exercício dos direitos e das liberdades fundamentais de pessoa com deficiência, incluindo a recusa de adaptações razoáveis e de fornecimento de tecnologias assistidas [...].(25)

Mas, ainda que seja considerado relevante, a mencionada Lei não se resume a esse conjunto principiológico que delineia a sua estrutura e constitui decorrência direta da Convenção. Inúmeros direitos nela são previstos, a partir do marco valorativo da dignidade e do direito à diferença, a exemplo dos direitos à vida, à habilitação e à reabilitação, à saúde, à educação, à moradia, ao trabalho, à assistência social, à previdência social, à cultura, ao esporte, ao turismo, ao lazer, ao transporte, à mobilidade, entre outros.

Mais propriamente vinculado ao direito ao trabalho digno, além de, como visto, consagrar os direitos à igualdade de oportunidades e da não discriminação (art. 4º), incluiu na discriminação por motivo de deficiência (art. 4º, § 1º) a recusa à promoção das adaptações razoáveis e o não fornecimento das tecnologias assistivas (art. 4º, § 1º), adiante comentada, assim como detalhou a acessibilidade como um dever atribuído ao Estado (art. 8º) e uma das formas de propiciar a inclusão da pessoa com deficiência no trabalho, a partir da colocação competitiva, em igualdade de oportunidades com as demais pessoas (art. 37).

A obrigação principal, todavia, reside no art. 34, § 1º, e consiste em "garantir ambientes de trabalho acessíveis e inclusivos". Portanto, esse dever atribuído ao empregador de assegurar condições que garantam o meio ambiente de trabalho seguro e saudável, previsto originariamente no art. 157 da CLT, no caso das pessoas com deficiência é mais amplo por incluir a adoção das medidas necessárias ao exercício do direito à inclusão pelo trabalho, as quais abrangem a implantação das alterações que forem necessárias à observância das regras de acessibilidade, do desenho universal, do fornecimento das tecnologias assistivas e da realização das adaptações razoáveis no posto de trabalho.

Ao comentar o dispositivo, Renata Coelho reconhece a sua importância, no que se refere à redução dos riscos propiciados pelo trabalho:

> Essa norma é um desdobramento do art. 7º, inciso XXII, da Constituição da República, pelo qual é direito do trabalhador a redução dos riscos inerentes ao trabalho, por meio de normas de saúde, higiene e segurança. Mais ainda, é uma decorrência do princípio muito utilizado em relação a normas de meio ambiente de trabalho de que é o ambiente de trabalho que deve se adaptar ao trabalhador e não o trabalhador ao ambiente. Isso porque cada trabalhador é único em sua história, sua formação, suas origens, seu entendimento do mundo e das normas, suas crenças e convicções, sua forma de andar, falar, ver e ouvir, executar tarefas mesmo as mais simples; nas formas de estar saudável ou doente; na sua força, na sua alma e em seu intelecto.(26)

As medidas de alcance coletivo são abrangidas pelo conceito de acessibilidade previsto no art. 3º, I, e, nesse aspecto, alterou a redação do art. 2º, I, da Lei n. 10.098/2000. Compreende-a como:

> possibilidade e condição de alcance para utilização, com segurança e autonomia, de espaços, mobiliários, equipamentos urbanos, edificações, transportes, informação e comunicação, inclusive seus sistemas e tecnologias, bem como de outros serviços e instalações abertos ao público, de uso público ou privados de uso coletivo, tanto na zona urbana como na rural, por pessoa com deficiência ou com mobilidade reduzida.

Essas medidas incorporam o conceito de desenho universal, marco orientador da concepção de produtos, ambientes, programas e serviços de modo a assegurar a condição de igual, previsto no art. 3º, II:

> X – desenho universal: concepção de produtos, ambientes, programas e serviços a serem usados por todas as pessoas, sem necessidade de adaptação ou de projeto específico, incluindo os recursos de tecnologia assistiva.

Cabe-lhe modificar o ambiente de trabalho para que as pessoas com deficiência possam exercer o direito ao trabalho de "livre escolha e aceitação, em ambiente acessível e inclusivo, em igualdade de oportunidades

---

(25) LORENTZ, Lutiana Nancur. *A norma da igualdade e o trabalho das pessoas com deficiência à luz da Convenção sobre Direitos das pessoas com deficiência da ONU, de 2006 e do Estatuto das pessoas com deficiência*: Lei n. 13.146, de 6 de julho de 2015. São Paulo: LTr, 2016. p. 29.

(26) COELHO, Renata. Do Direito ao Trabalho. In: SETUBAL, Joyce Marquezin; FAYN, Regiane Alves Costa (Orgs.). *Lei Brasileira de Inclusão da Pessoa com Deficiência* – Comentada. Campinas: Fundação FEAC, 2016.

com as demais pessoas" (art. 34). Ocorrerá, dessa forma, a compensação de eventual limitação provocada pela deficiência para que a disputa possa ser igual.

A propósito, veja-se a lição de Lauro Luiz Gomes Ribeiro:

> Dentro deste contexto, fica claro que o processo de inclusão social não pode se limitar a incorporar os excluídos a um padrão básico de vida, preparando-o para sobreviver nesta sociedade e sim proceder a mudanças estruturais que permitam a todos viverem em igualdade de condições, com equiparação de oportunidades em todas as áreas, ou seja, é necessário instrumentalizar as pessoas com deficiência para que possam usufruir com independência, autonomia e liberdade as mesmas oportunidades oferecidas aos demais citadinos, compensando-lhes alguns prejuízos, mas não e nunca pretendendo estabelecer os limites de até onde podem chegar; tal tarefa é exclusiva dela.[27]

Com efeito, as barreiras enfrentadas pela pessoa com deficiência não são apenas físicas, mas também culturais e atitudinais, estas, aliás, não raras vezes, muito maiores. Como dito, constitui dever do empregador a implementação de meios eficazes e razoáveis que propiciem não apenas a inserção, mas precipuamente, a manutenção do empregado com deficiência no emprego, de acordo com as particularidades de cada caso (conceito previsto nos arts. 2 e 27, 1, *i*, da Convenção de Nova Iorque e 2º, VI, da LBI).

Ao lado desses deveres, também lhe cabe implementar as modificações específicas no posto de trabalho, em cada caso, direcionadas ao pleno exercício do direito ao trabalho e ao emprego.

Trata-se de cumprir o correlato dever contido no art. 3º, VI, consistente em promover as adaptações razoáveis, assim definidas:

> VI – adaptações razoáveis: adaptações, modificações e ajustes necessários e adequados que não acarretem ônus desproporcional e indevido, **quando requeridos em cada caso**, a fim de assegurar que a pessoa com deficiência possa gozar ou exercer, em igualdade de condições e oportunidades com as demais pessoas, todos os direitos e liberdades fundamentais.

Esse direito, também consagrado na Convenção, tem origem no direito americano, a partir do *Equal Employment Opportunity Act* de 1972, editado para combater a discriminação no mercado de trabalho. Difundiu-se em demandas voltadas ao campo da discriminação religiosa.

Também se assenta no *Americans with Disabilities Act* – ADA, de 1990, depois disseminado no Canadá, a partir de 1970, mediante construção jurisprudencial, como assinala Letícia de Campos Velho Martel[28].

Quanto à titularidade desse "direito fundamental à adaptação razoável", diz pertencer a todas as pessoas com deficiência, "desde que possuam as competências, qualificações, títulos, etc., necessários ao cargo, função ou atividade para a qual pleiteiam a adaptação"[29].

Para ela, o conceito não se limita ao ambiente físico de trabalho:

> A respeito dos componentes da locução adaptação razoável, entende-se que adaptação se refere a todas as modificações, ajustes, amoldamentos e mesmo flexibilizações a serem efetuados no ambiente material e normativo no qual é pleiteada, mediante emprego dos mais diversos mecanismos, **desde técnicas, tecnologias, revisão de procedimentos, até exceções no horário e local de trabalho, realização de tarefas, atividades acadêmicas** etc.[30].

Portanto, é tudo aquilo que for necessário para tornar o meio ambiente e o trabalho que nele for executado acessíveis à pessoa, e não o contrário. É muito mais amplo do que o local de trabalho propriamente dito.

Essa compreensão "alargada" do conceito de meio ambiente de trabalho é compartilhada por outros doutrinadores. Júlio César de Sá da Rocha, por exemplo, destaca ser "[...] *locus* dinâmico, formado por todos os *componentes* que integram as relações de trabalho e que tomam uma forma no dia-a-dia laboral"; não se restringe ao espaço interno da fábrica ou da empresa e alcança, por isso mesmo, o próprio local de morada ou o ambiente urbano.

Representa "[...] todos os elementos, inter-relações e condições que influenciam o trabalhador em sua saúde física e mental, comportamento e valores reunidos

---

(27) MUNIZ, Lauro Luiz Gomes. *Manual dos direitos das pessoas com deficiência.* São Paulo: Verbatin, 2010. p. 38.

(28) MARTEL, Letícia de Campos Velho – Adaptação Razoável: o novo conceito sob as lentes de uma gramática constitucional inclusiva. *SUR Revista Internacional de Direitos Humanos*. v. 8, n. 14, p. 89-113, dez. 2011.

(29) *Idem.*

(30) *Id., Ibid.*, p. 105 – grifos postos.

no *locus* do trabalho"; é o ponto de partida para que se assegure a saúde no trabalho, que representa o resultado da interação dos diversos elementos do ambiente (bens, maquinários, instalações, pessoas, etc...), "[...] provocando ou não o bem-estar no trabalho".(31)

Nesse mesmo sentido Norma Sueli Padilha afirma ser

> é tudo aquilo que cerca um organismo (o homem é um organismo vivo) seja o físico (água, ar, terra, bens tangíveis para o homem), seja o social (valores culturais, hábitos, costumes, crenças), seja o psíquico (sentimento do homem e suas expectativas, segurança, angústia, estabilidade), uma vez que os meios físico, social e psíquico são os que dão as condições interdependentes necessárias e suficientes para que o organismo vivo (planta ou animal) se desenvolva na sua plenitude.(32)

Não se resume, por conseguinte, ao posto de trabalho exclusivamente; as circunstâncias em seu derredor que sejam afetadas com as condições materiais ou psicológicas em que o labor é executado também nele estão compreendidas, e, por isso, abrange a saúde do trabalhador.

De referência à compreensão do que seja razoável, limite inserido pelo legislador, propõe Letícia de Campos Velho Martel ser interpretado à luz do que possa ser compreendido como ônus indevido, exceção prevista na própria norma:

> Recomenda-se que o termo razoável seja interpretado como o que é *eficaz* para adaptar o ambiente material e normativo às necessidades da pessoa com deficiência com o mínimo de segregação e estigma possível, com atenção às particularidades que tornam permissível excepcionar ou flexibilizar enunciados e práticas gerais. *Eficaz* não se restringe apenas a aspectos práticos, pelo contrário, é extensível a aspectos menos palpáveis, como evitar o estigma, a humilhação, o constrangimento.(33)

Correlacionam-se, dessa forma, as medidas gerais abrangidas pela acessibilidade e pelo desenho universal com as medidas específicas representadas pela adaptação razoável (ou acomodação razoável) e pela implantação de tecnologias assistivas ou ajuda técnica, objeto de conceito no art. 3º, III:

> III – tecnologia assistiva ou ajuda técnica: produtos, equipamentos, dispositivos, recursos, metodologias, estratégias, práticas e serviços que objetivem promover a funcionalidade, relacionada à atividade e à participação da pessoa com deficiência ou com mobilidade reduzida, visando à sua autonomia, independência, qualidade de vida e inclusão social.

São medidas que se voltam à garantia do exercício de forma digna do direito ao trabalho,(34) erigido à condição de direito fundamental no *caput* do art. 6º Constituição e constituem direitos instrumentais, assim considerados porque viabilizam o exercício de outros direitos.

3.1. A inovadora discriminação por motivo de deficiência

Uma das principais inovações contidas na Lei e originariamente prevista na Convenção foi a introdução do conceito de discriminação por motivo da deficiência e nele incluir a recusa à promoção da adaptação razoável (ou acomodação razoável).

Atento à possibilidade de não ser atendido o dever de promover às adaptações razoáveis que, ao mesmo tempo, constitui direito fundamental assegurado às pessoas com deficiência, o legislador, ciente da sua relevância, assim disciplinou no art. 4º, 1º, da LBI:

> § 1º Considera-se discriminação em razão da deficiência toda forma de distinção, restrição ou exclusão, por ação ou omissão, que tenha o propósito ou o efeito de prejudicar, impedir ou anular o reconhecimento ou o exercício dos direitos e das liberdades fundamentais de pessoa com deficiência, incluindo a recusa de adaptações razoáveis e de fornecimento de tecnologias assistivas.

A esse respeito, convém destacar a afirmação de Ricardo Tadeu Marques da Fonseca sobre a evolução conceitual tratada na norma internacional:

> Quero destacar apenas alguns aspectos para reforçar a minha argumentação. A Convenção esclarece que os mecanismos criados pelas pessoas com deficiência para que possam comunicar-se, movimentar-se, participar da vida social não devem ser tidos como meras curiosidades,

(31) ROCHA, Júlio César de Sá da. *Direito ambiental do trabalho.* São Paulo: LTr, 2002. p. 127-128.

(32) PADILHA, Norma Sueli. *Do meio ambiente do trabalho equilibrado.* São Paulo: LTr, 2002. p. 20.

(33) MARTEL, Letícia de Campos Velho. Adaptação Razoável: o novo conceito sob as lentes de uma gramática constitucional inclusiva. *SUR Revista Internacional de Direitos Humanos.* v. 8, n. 14, p. 106, dez. 2011.

(34) PADILHA, Norma Sueli. *Do meio ambiente do trabalho equilibrado.* São Paulo: LTr, 2002. p. 21.

mas como expressões legítimas da sua condição e absorvidas pela sociedade, para que as barreiras que a própria sociedade as impõe sejam afastadas. Atribui-se, ademais, à própria sociedade a missão de criar instrumentos a partir do conceito de 'desenho universal', que a capacitem a vencer as próprias deficiências em face dos cidadãos, cujos impedimentos pessoais são atendidos pela presente norma constitucional e internacional. Trata-se, portanto, de se estabelecer uma via de mão dupla entre o cidadão com deficiência e o seu meio.

Outro ponto relevantíssimo é a definição de discriminação. Nesse passo, a Convenção repreende tanto a intenção de excluir, diferenciar ou restringir direitos de pessoas com deficiência, quanto a constatação objetiva de que tal se opera em determinada sociedade. É o que se revela na expressão 'que resulte em', presente no citado art. 2. Essa constatação dá-se pela mera análise estatística da realidade de cada povo. A falta de participação ou inserção de pessoas com deficiência em clubes, empresas, escolas ou em atividades como lazer, turismo, esporte, entre outras, já evidencia a discriminação. Mas não só isso. Quando se opera a 'recusa' em se providenciarem as adaptações necessárias, também aí evidenciar-se-á a discriminação. Nisso a Convenção inova e já é possível verificar um efeito imediato na legislação pátria.[35]

Letícia de Campos Velho Martel ratifica essa conclusão, ao assinalar, como dito acima, que a Convenção também introduziu no direito brasileiro a "discriminação por impacto adverso", a qual

> ocorre quando medidas públicas ou privadas que não são discriminatórias em sua origem nem estão imbuídas de intuito discriminatório, acabam por ensejar manifesto prejuízo, normalmente em sua aplicação, a alguns grupos minoritários, cujas características físicas, psíquicas ou modos de vida escapam ao da generalidade das pessoas a quem as políticas se destinam.[36]

Esse dever encontra inteira aderência ao texto constitucional, pois, hoje, a empresa não mais pode ser apenas fonte de lucro. Ao contrário, o art. 170 da Constituição Federal, ao consagrar o direito ao exercício de atividade econômica, deixa claro o seu condicionamento aos princípios nele fincados, entre os quais se encontra o valor do trabalho humano (*caput*), a função social da propriedade (inciso III), que também pode ser compreendida como função social da empresa; e a defesa do meio ambiente (inciso IV).

Significa, portanto, dizer que o dispositivo consagra verdadeira ação afirmativa em benefício de pessoas que são excluídas do mercado de trabalho e muitas vezes sem condições de provar o seu potencial, a sua adaptabilidade e a possibilidade de convivência com a rotina da empresa. Simplesmente o acesso lhes é negado. Trata-se, assim, de implementar medidas que assegurem o emprego digno.

Não há, portanto, como ser afastada a incidência dessas normas às relações privadas, a partir do cenário constitucional, como tive oportunidade de ressaltar em trabalho publicado sobre o tema:[37]

> A Carta de 1988 apontou um novo rumo ao encimar os princípios fundamentais no portal de suas disposições, seguindo a trilha deixada pelas constituições de países como a Itália, que reconhece o trabalho como um dos seus fundamentos, assegura o dever de torná-lo efetivo e proclama a sua função social (arts. 1º e 4º), como salientado.
>
> Não se tratou de mera alteração de natureza topológica. Ao contrário, a mudança na disposição introdutória do texto constitucional fincou de modo definitivo a opção política em estabelecer tratamento privilegiado ao trabalho como elemento integrante do próprio conceito de dignidade humana e fundamentador do desenvolvimento da atividade econômica, o que representou um compromisso inafastável com a valorização do ser humano e a legitimação do Estado Democrático de Direito, no qual se inserem, como destacado, o trabalho enquanto valor social, a busca pela justiça social, a existência digna, a função social da propriedade e a redução das desigualdades sociais, entre outros princípios (art. 170).[38]

---

(35) FONSECA, R. T. M. O novo conceito constitucional de pessoa com deficiência: um ato de coragem. In: FERRAZ, Carolina Valença; LEITE, George Salomão; LEITE, Glauber Salomão; LEITE, Glauco Salomão (Org.). *Manual dos direitos da pessoa com deficiência*. São Paulo: Saraiva, 2012. p. 19-32.

(36) MARTEL, Letícia de Campos Velho. Adaptação Razoável: o novo conceito sob as lentes de uma gramática constitucional inclusiva. *SUR Revista Internacional de Direitos Humanos*. v. 8, n. 14, p. 106, dez. 2011.

(37) TEPEDINO Gustavo, et al (Org). *Diálogos entre o direito do trabalho e o direito civil*. São Paulo: Revista dos Tribunais, 2013. p. 39-40.

(38) Apenas para recordar: "Art. 170. A ordem econômica, fundada na valorização do trabalho humano e na livre-iniciativa, tem por fim assegurar a todos existência digna, conforme os ditames da justiça social, observados os seguintes princípios: [...] III – função social da propriedade;

> Estabeleceu, por conseguinte, diretriz a ser perseguida pelos poderes constituídos, inclusive pelo Poder Judiciário, e, de igual modo, aplicável nas relações privadas: tornar esses princípios efetivos, concretos, realizados, implementados, elevados que foram à condição de direitos fundamentais, na clássica linha evolutiva traçada por Bobbio.[(39)]
>
> Em outras palavras, corresponde a um compromisso de atuação, um dever mesmo, de todos os Poderes da República e dos sujeitos titulares de relações privadas fazer com que rompam a linha meramente teórica e se projetem na vida.

Essa também é a jurisprudência do Supremo Tribunal Federal, ao reconhecer o respeito aos direitos e às liberdades fundamentais, mesmo nas relações privadas (RE n. 201.819, Relator(a) Min. Ellen Gracie, Relator(a) p/ Acórdão Min. Gilmar Mendes, 2ª T, julg. em 11.10.2005, DJ 27.10.2006).

Como se não bastassem tais argumentos, estudo feito pelo Sindicato da Indústria da Construção do Estado de São Paulo (Sinduscon-SP) identificou diversas medidas médicas e técnicas para a viabilidade de inclusão segura de pessoas com deficiência nos canteiros de obra de forma segura.

Além disso, mostrou que 92% das pessoas com deficiência empregadas no setor têm desempenho e produtividade iguais ou superiores à média dos demais empregados. Também segundo os gestores, 85% das pessoas com deficiência que trabalham na construção têm um relacionamento interpessoal de bom a ótimo,[(40)] o que justifica, ainda mais, a atuação em prol da efetividade das normas no contrato de trabalho.

3.2. A reduzida demanda de reconhecimento do direito à adaptação razoável na jurisprudência do TST

Dez anos depois do início da vigência da Convenção da ONU no Brasil, o reconhecimento do direito ao trabalho digno das pessoas com deficiência ainda é tema pouco encontrado nos registros da jurisprudência dos tribunais trabalhistas brasileiros.

Pesquisa realizada no sítio na internet do TST, a partir do critério de busca "adaptação razoável", identificou apenas 24 resultados positivos; destes, 3 se referiram diretamente à questão jurídica relacionada ao direito à promoção de adaptações razoáveis no local de trabalho, adiante destacados, embora, em um (RR-1594-26.2010.5.09.0001, 8ª Turma, Relatora Ministra Maria Cristina Irigoyen Peduzzi, DEJT 21.08.2015) a pretensão recursal debatia a condenação por danos morais resultantes de dispensa discriminatória de empregado que se encontrava doente e houvera invocado a ausência de implementação das adaptações necessárias pelo empregador, fundamento encampado na decisão do TRT da 9ª Região, mas não enfrentado pelo TST.

Excetuados casos de embargos de declaração, os demais julgados (16) foram proferidos em ações nas quais se discutia o cumprimento das cotas no emprego, em regra, ações anulatórias de autos de infração. Essa pesquisa permite constatar que o debate predominante gira em torno do cumprimento da denominada "Lei de Cotas" (art. 93 da Lei n. 8.213/1991), a partir de questões relacionadas a critérios de cálculo do percentual, a existência de pessoas aptas a ocuparem as vagas disponíveis e a exclusão de determinadas categorias profissionais ou atividades empresariais da regra legal.

Seguem as três decisões em que a questão central, de fato, girou em torno do direito à adaptação razoável:

a) AIRR-142140-04.2004.5.03.0036, 6ª Turma, Relator Juiz Convocado Douglas Alencar Rodrigues, DEJT 11.12.2009: pioneira sobre o tema, invocou, como fundamento, a Convenção da ONU e afastou a validade da dispensa de empregada, antes do término do período de experiência e com base em parecer da equipe avaliadora, muito embora não tenham sido implementadas as medidas necessárias à promoção da adaptação razoável no posto de trabalho. Segue a ementa:

> AGRAVO DE INSTRUMENTO. RECURSO DE REVISTA. NEGATIVA DE PRESTAÇÃO JURISDICIONAL. NÃO CONFIGURAÇÃO. EMPRESA BRASILEIRA DE CORREIOS E TELÉGRAFOS (ECT). EMPREGADA PORTADORA DE NECESSIDADES ESPECIAIS. DESPEDIDA. MOTIVO VÁLIDO. NECESSIDADE. DEVER DE IMPLEMENTAR ADAPTAÇÕES RAZOÁVEIS A PROPICIAR MANUTENÇÃO NO EMPREGO. DIREITOS HUMANOS. NORMAS INTERNACIONAIS, CONSTITUCIONAIS E LEGAIS 1 – Hipótese em que o TRT nega provimento ao recurso ordinário da Reclamada (ECT), mantendo a determinação de

VI – defesa do meio ambiente, inclusive mediante tratamento diferenciado conforme o impacto ambiental dos produtos e serviços e de seus processos de elaboração e prestação; VII – redução das desigualdades regionais e sociais;".

(39) BOBBIO, Norberto. *A era dos direitos.* 18ª t. Rio de Janeiro: Campus, 1992. p. 49-66.

(40) PITA, Marina. Estudo: deficientes têm rendimento igual ou superior à média. *Terra.* São Paulo, 04 abr. 2012. Disponível em: <http://economia.terra.com.br/terra-da-diversidade/estudo-deficientes-tem-rendimento-igual-ou-superior-a-media,3978b920548da310VgnCLD200000bbcceb0aRCRD.html>. Acesso em: 01 nov. 2019.

reintegração da Reclamante, pessoa portadora de necessidades especiais, despedida antes do término do período de experiência, com base em parecer de equipe avaliadora. Apelo fundado em alegações de nulidade por negativa de prestação jurisdicional, ausência de necessidade de motivação do ato, inexistência de estabilidade e ausência do dever de adaptação do local de trabalho. 2 – Se o TRT reputou inválida a despedida da Reclamante, porquanto a própria Agravante limitou seu poder diretivo ao criar normas em Edital de concurso que asseguram a aplicação da legislação protetiva ao portador de necessidades especiais, não há como reconhecer a ausência de jurisdição em relação à aplicabilidade, ou não, da Súmula n. 390, I, do TST ao caso. Não violados os arts. 93, IX, da Constituição da República e 832 da CLT. 3 – A validade do ato de despedida da Reclamante pela Empresa Brasileira de Correios e Telégrafos (ECT) estava condicionada à explicitação de motivo válido, expondo de maneira circunstanciada as causas e as particularidades que ensejaram a decisão. Não se dispensava parecer de equipe multiprofissional, a ser formada de acordo com o que determina o art. 43 do Decreto n. 3.298/1999 (que regulamenta a Lei n. 7.853/1989, que, por sua vez, dispõe sobre a Política Nacional para a Integração da Pessoa Portadora de Deficiência, consolida as normas de proteção, e dá outras providências). Precedentes do STF e inteligência da Orientação Jurisprudencial n. 247, II, da SBDI-1 do TST. 4 – Também constitui dever da Reclamada a implementação razoável de meio eficaz que propicie a manutenção da Reclamante no emprego. Em realidade, é dever de todos os órgãos e entidades da Administração direta e indireta tratamento prioritário e adequado aos assuntos objetos desta Lei n. 7.853/1989, tendente a viabilizar medidas de promoção de ações eficazes que propiciem a inserção, nos setores público e privado, de pessoas portadoras de deficiência (art. 2º, parágrafo único e III, *c*, da Lei n. 7.853/1989). Mas não é só: trata-se também de respeitar direitos humanos, protegidos constitucionalmente nas regras e princípios que emanam dos arts. 1º, III e IV, 3º, IV, 24, XIV, 203, IV, 227, § 2º, e 244 da Constituição da República. Nas relações privadas de emprego, há de se observar a eficácia horizontal dos direitos fundamentais, decorrente do princípio da dignidade da pessoa humana. Assim, considerando que os direitos fundamentais refletem o norte axiológico da sociedade, então sua observância, respeito e efetividade não devem se restringir ao Estado, mas a toda e qualquer relação jurídica, seja ela de direito público ou de direito privado. No plano internacional, há de se recordar que o Brasil é signatário, desde 30.03.2007, da Convenção da Organização das Nações Unidas – ONU sobre os Direitos de Pessoas com Deficiência. Este é, em realidade, o primeiro – e até agora o único – tratado internacional com estatura de norma constitucional da história do nosso País, por força de sua aprovação, pelo rito de emenda à Constituição (art. 5º, § 3º), resultante no Decreto n. 6.949, de 26.08.2009. Não custa recordar, ainda, que "negar, sem justa causa, a alguém, por motivos derivados de sua deficiência, emprego ou trabalho" constitui tipo penal descrito no art. 8º, III, da Lei n. 7.853/1989. Agravo de instrumento a que se nega provimento;[41]

b) ARR-608-44.2016.5.08.0016, 5ª Turma, Relator Ministro Breno Medeiros, DEJT 11.05.2018: nesse feito, discutia-se pretensão de empregada bancária, mãe de filho com Síndrome de Down, consistente em reduzir a jornada de trabalho para 4 horas, embora anteriormente já tivesse sido reduzida para 5 horas. Ainda que seja relevante a questão, o recurso não foi conhecido em virtude da impertinência dos dispositivos invocados pela recorrente, como se verifica na ementa:

> AGRAVO DE INSTRUMENTO EM RECURSO DE REVISTA. ACÓRDÃO PUBLICADO NA VIGÊNCIA DA LEI N. 13.015/2014. HONORÁRIOS DE ADVOGADO. AUSÊNCIA DE INDICAÇÃO DO TRECHO DA DECISÃO RECORRIDA QUE CONSUBSTANCIA O PREQUESTIONAMENTO DA CONTROVÉRSIA OBJETO DO RECURSO. EXIGÊNCIA CONTIDA NO ART. 896, § 1º-A, DA CLT. O art. 896, § 1º-A, I, da CLT, incluído pela Lei n. 13.015/2014, dispõe ser ônus da parte, sob pena de não conhecimento, "indicar o trecho da decisão recorrida que consubstancia o prequestionamento da controvérsia objeto do recurso de revista ". Na presente hipótese, a parte recorrente não observou requisito contido no dispositivo, o que inviabiliza a reforma do r. despacho que denegou seguimento ao recurso de revista. Agravo de instrumento não provido. RECURSO DE REVISTA. ACÓRDÃO PUBLICADO NA VIGÊNCIA DA LEI N. 13.015/2014. REDUÇÃO DA JORNADA DE TRABALHO. FILHO. DEPENDENTE. PORTADOR DE NECESSIDADES ESPECIAIS. A invocação de ofensa aos arts. 1º, III, IV, 5º, § 2º, § 3º, da Carta Magna, não dá amparo ao prosseguimento da revista, porquanto tal violação somente ocorreria de forma reflexa ou indireta, na medida em que seria necessária a verificação de ofensa à legislação infraconstitucional, nos termos da Súmula n. 636 do STF. Há impertinência temática na alegação de afronta ao art. 5º, X, da Constituição Federal, o qual versa sobre a inviolabilidade da intimidade, da vida privada, da honra e da imagem das pessoas, matéria estranha à debatida nos presentes autos. Registre-se, ainda, que os paradigmas transcritos não viabilizam o

(41) BRASIL. Tribunal Superior do Trabalho. ARR-608-44.2016.5.08.0016, 5ª Turma, Relator Ministro Breno Medeiros, DEJT 11.05.2018. Disponível em: <https://jurisprudencia-backend.tst.jus.br/rest/documentos/b36d68e33e0bd5b7201344f5ffde2f6d>. Acesso em: 29 nov. 2019.

prosseguimento do recurso, pois não partem da premissa fática lançada no v. acórdão recorrido, revelando-se inespecíficos, na forma da Súmula n. 296, I, desta Corte. Recurso de revista não conhecido;[42]

c) RR-1076-13.2012.5.02.0049, 7ª Turma, Relator Ministro Cláudio Mascarenhas Brandão, DEJT 03.05.2019: na decisão por mim relatada, foram encampados os diversos fundamentos mencionados ao longo deste texto e a controvérsia foi centrada no dever de adaptação razoável por parte do empregador em promover as adaptações razoáveis; reconheceu-se constituir direito fundamental de empregada bancária acometida de doença degenerativa incapacitante que postulou lhe fosse deferida uma entre três medidas por ela sugeridas (designação para trabalhar em uma entre cinco agências localizadas perto de sua residência; atuar em regime de teletrabalho ou custeio do transporte adequado). Segue a ementa:

> AGRAVO DE INSTRUMENTO EM RECURSO DE REVISTA EM FACE DE DECISÃO PUBLICADA NA VIGÊNCIA DA LEI N. 13.015/2014. PROTEÇÃO JURÍDICA E ACESSO AO TRABALHO DA PESSOA COM DEFICIÊNCIA. DIREITO ÀS ADAPTAÇÕES RAZOÁVEIS. OBRIGAÇÕES DO ESTADO BRASILEIRO PERANTE A SOCIEDADE INTERNACIONAL. SISTEMAS DA ORGANIZAÇÃO DAS NAÇÕES UNIDAS E INTERAMERICANO DE PROTEÇÃO DOS DIREITOS HUMANOS. DECLARAÇÃO SOCIOLABORAL DO MERCOSUL. EFICÁCIA HORIZONTAL DOS DIREITOS FUNDAMENTAIS. APLICAÇÃO ÀS RELAÇÕES PRIVADAS. PERSPECTIVA CONSOLIDADA PELA CONVENÇÃO DAS NAÇÕES UNIDAS SOBRE OS DIREITOS DAS PESSOAS COM DEFICIÊNCIA, DE 2007, APROVADA NO ÂMBITO INTERNO COM EQUIVALÊNCIA A EMENDA CONSTITUCIONAL, E PELA LEI N. 13.146/2015 – LEI BRASILEIRA DE INCLUSÃO DA PESSOA COM DEFICIÊNCIA (ESTATUTO DA PESSOA COM DEFICIÊNCIA). RESPONSABILIDADE E FUNÇÃO SOCIAL DA EMPRESA. Agravo de instrumento a que se dá provimento para determinar o processamento do recurso de revista, em face de haver sido demonstrada possível afronta aos arts. 2 e 27, 1, *i*, da Convenção das Nações Unidas Sobre os Direitos das Pessoas com Deficiência. RECURSO DE REVISTA EM FACE DE DECISÃO PUBLICADA NA VIGÊNCIA DA LEI N. 13.015/2014. PROTEÇÃO JURÍDICA E ACESSO AO TRABALHO DA PESSOA COM DEFICIÊNCIA. DIREITO ÀS ADAPTAÇÕES RAZOÁVEIS. OBRIGAÇÕES DO ESTADO BRASILEIRO PERANTE A SOCIEDADE INTERNACIONAL. SISTEMAS DA ORGANIZAÇÃO DAS NAÇÕES UNIDAS E INTERAMERICANO DE PROTEÇÃO DOS DIREITOS HUMANOS. DECLARAÇÃO SOCIOLABORAL DO MERCOSUL. EFICÁCIA HORIZONTAL DOS DIREITOS FUNDAMENTAIS. APLICAÇÃO ÀS RELAÇÕES PRIVADAS. PERSPECTIVA CONSOLIDADA PELA CONVENÇÃO DAS NAÇÕES UNIDAS SOBRE OS DIREITOS DAS PESSOAS COM DEFICIÊNCIA, DE 2007, APROVADA NO ÂMBITO INTERNO COM EQUIVALÊNCIA A EMENDA CONSTITUCIONAL E PELA LEI N. 13.146/2015 – LEI BRASILEIRA DE INCLUSÃO DA PESSOA COM DEFICIÊNCIA (ESTATUTO DA PESSOA COM DEFICIÊNCIA). RESPONSABILIDADE E FUNÇÃO SOCIAL DA EMPRESA. DISCRIMINAÇÃO POR IMPACTO ADVERSO. A proteção das pessoas com deficiência na realidade hodierna segue padrões diferenciados daqueles vigentes no passado. Incorporados pelo Decreto n. 6.949, de 25.08.2009 , a Convenção das Nações Unidas sobre os Direitos das Pessoas com Deficiência e seu Protocolo Facultativo compreendem normas material e formalmente constitucionais , na medida em que aprovados pelo quórum previsto no § 3º do art. 5º da Constituição Federal e, por conseguinte, são equivalentes a Emenda à Constituição, consoante a clara dicção do citado dispositivo constitucional. Tal norma constitucional altera a perspectiva acerca do tema, na medida em que evidencia o papel determinante das barreiras impostas pela sociedade a esses cidadãos e releva sua responsabilidade pela extirpação desses empecilhos. Estabelece, assim, o dever de promover adaptações razoáveis e fixa que a recusa implica discriminação por motivo de deficiência , o que se coaduna com os princípios que lhe são inerentes, em especial , os da não discriminação, da plena e efetiva participação e inclusão na sociedade, do respeito pela diferença e pela aceitação das pessoas com deficiência como parte da diversidade humana e da humanidade, da igualdade de oportunidades e da acessibilidade (art. 3, itens *b*, *c*, *d*, *e* e *f*). Ainda no âmbito da ONU, destaca-se a Convenção n. 159 da Organização Internacional do Trabalho. As obrigações assumidas pelo Estado brasileiro quanto ao tema, perante a sociedade internacional, não se esgotam no sistema das Nações Unidas. Com efeito, no âmbito do sistema Interamericano, a preocupação com questões trabalhistas já exsurge na Carta da Organização dos Estados Americanos. Na Carta Democrática Interamericana, de 2001, fixa-se que a garantia do exercício pleno e eficaz dos direitos dos trabalhadores, tal qual consagrado na Declaração da OIT relativa aos Princípios e Direitos Fundamentais no Trabalho (1998), é elemento primacial para a promoção e fortalecimento da democracia (art. 10). Somam-se a esses instrumentos as previsões do Pacto de San José da Costa Rica (1966) e do Protocolo de San Salvador (1988). Neste, reitera-se a obrigação de não discriminação (art. 3) e, em relação às pessoas com deficiência, destaca-se, em seu art. 18, que

---

(42) BRASIL. Tribunal Superior do Trabalho. ARR-608-44.2016.5.08.0016, 5ª T., Rel. Min. Breno Medeiros, DEJT 11.05.2018. Disponível em: <https://jurisprudencia-backend.tst.jus.br/rest/documentos/b36d68e33e0bd5b7201344f5ffde2f6d>. Acesso em: 29 nov. 2019.

têm "[...] direito a receber atenção especial, a fim de alcançar o máximo desenvolvimento de sua personalidade". Na seara da integração latino-americana, erigida a norma constitucional (art. 4º, parágrafo único, da CRFB), a Declaração Sociolaboral do Mercosul garante a não discriminação como direito individual (art. 1º) e, acerca das pessoas com deficiência, consigna que "[...] serão tratadas de forma digna e não discriminatória, favorecendo-se sua inserção social e no mercado de trabalho" (art. 2º). Atento às obrigações assumidas perante a sociedade internacional, o Estado brasileiro adotou as medidas legislativas necessárias para concretizar os direitos humanos das pessoas com deficiência. Ratificou a Convenção das Nações Unidas Sobre os Direitos das Pessoas com Deficiência, de 2007 , e lhe atribui natureza jurídica equivalente às emendas constitucionais (art. 5º, § 3º, da Constituição Republicana) e altera a leitura que se deve fazer do art. 93 da Lei n. 8.213/1991 e do Decreto que a regulamenta, diretriz que veio a ser ratificada posteriormente pela Lei n. 13.146/2015 – Lei Brasileira de Inclusão da Pessoa com Deficiência (Estatuto da Pessoa com Deficiência), a qual absorve suas concepções. Reclama-se, agora, a atuação do Estado-juiz no sentido de concretizá-las. A mencionada Convenção da ONU inova sobremaneira o sistema internacional dos direitos humanos ao alterar substancialmente o conceito de discriminação, para nele incluir "a recusa de adaptação razoável". Adaptações razoáveis são compreendidas como "as modificações e os ajustes necessários e adequados que não acarretem ônus desproporcional ou indevido, quando requeridos em cada caso, a fim de assegurar que as pessoas com deficiência possam gozar ou exercer, em igualdade de oportunidades com as demais pessoas, todos os direitos humanos e liberdades fundamentais". Tais mudanças objetivam densificar os princípios da inclusão e da igualdade, da não discriminação e da dignidade inerente. Na hipótese dos autos, o Tribunal Regional consignou: "Em que pese a suficiência de provas nos autos quanto a grande dificuldade de deambulação da reclamante (limitada a pequenas distâncias e com o uso de muletas), restou igualmente comprovado que a mesma pode e faz uso de cadeira de rodas" e "o equipamento em questão, embora não resolva por completo os problemas de locomoção da autora, certamente os ameniza sobremaneira, a ponto de evitar alguns dos possíveis incidentes". Nesse passo, fixou a tese de que "inexiste no ordenamento jurídico, e mesmo no plexo das normas tuitivas do deficiente, qualquer previsão que obrigue a distribuição geográfica dos postos de trabalho" e "a mudança de local de trabalho, desde que não implique alteração do domicílio do empregado, está inserida no poder diretivo do empregador, conforme se infere do art. 469 da CLT, não configurando alteração contratual lesiva." E concluiu: "As dificuldades relatadas pela obreira para o deslocamento da sua casa ao novo local de trabalho, e vice e versa, decorrem de condições pessoais suas, quais sejam, limitações físicas pré-existentes ao contrato de trabalho e perda do auxílio até certo momento prestado pela sua genitora, e não por culpa do reclamado". Com o devido respeito à Corte de origem, depreende-se da leitura das citadas normas que compõem o direito internacional e também o direito interno a conclusão no sentido de que não mais se admite postura passiva das empresas no Brasil, em face do direito às adaptações razoáveis fixado no instrumento internacional ratificado e na Lei interna. Não lhes cabe apenas oferecer vagas para pessoas com deficiência ou reabilitadas e esperar que se adequem ao perfil exigido. Para que cumpram sua função social (arts. 1º, IV, e 170, *caput* e III, da CF) e o dever de inclusão pelo trabalho previsto no art. 27, inclusive quanto ao direito do trabalhador com deficiência às adaptações razoáveis no posto de trabalho (art. 27, 1, *i*, da Convenção de Nova Iorque), precisam comprovar, de forma patente, que, de fato, adotaram ações eficazes com o fito de viabilizar a efetiva inserção dos trabalhadores com deficiência às atividades empresariais. Cabe-lhes, não apenas introduzir medidas aptas a possibilitar a criação dos postos de trabalho, mas também modificar o ambiente de trabalho para que as pessoas com deficiência possam exercer o direito à manutenção de "um trabalho de sua livre escolha ou aceitação no mercado laboral, em ambiente de trabalho que seja aberto, inclusivo e acessível ..." (art. 27, 1), tornar efetiva a proibição de " discriminação baseada na deficiência com respeito a todas as questões relacionadas com as formas de emprego, inclusive condições de recrutamento, contratação e admissão, permanência no emprego, ascensão profissional e condições seguras e salubres de trabalho " (art. 27, 1, *a*) e até mesmo implementar programas internos de conscientização dos demais trabalhadores a receberem os seus colegas com deficiência. No caso, o Banco réu, sabidamente uma das maiores instituições financeiras do país, com agências espalhadas por todo o território nacional, ao optar por concentrar todos os empregados com deficiência em um local dotado de rampas e outros elementos propiciadores da acessibilidade, conquanto positiva e satisfatória para muitos (embora também possa até ser compreendida como modalidade sutil de segregação, por não viabilizar a convivência entre iguais) , não se demonstrou suficiente e eficaz para a autora, que, de acordo com o acórdão regional, " possui severa dificuldade de deambulação em razão de ser portadora de paralisia cerebral. "Com efeito, as barreiras enfrentadas pela pessoa com deficiência não são apenas físicas, mas também culturais e atitudinais, estas, aliás, não raras vezes, muito maiores. E, no caso da recorrente, não é aceitável que, de muletas ou mesmo de cadeira de rodas, tenha que percorrer, de ônibus ou metrô, cerca de quarenta quilômetros por dia nos trajetos de ida e volta para o local de trabalho oferecido pelo réu, distância essa reconhecida pela Corte de origem. Como dito, constitui dever do empregador a implementação de meios eficazes e razoáveis que propiciem não apenas a inserção, mas precipuamente, a manutenção do empregado com deficiência no emprego, de acordo com as particularidades de cada caso (conceito previsto nos arts. 2 e 27, 1, *i*, da Convenção de Nova Iorque e 2º, VI, da LBI). Na situação em análise, a autora apresentou alternativas que seriam razoáveis para o adequado retorno ao trabalho e que não acarretariam ônus excessivo ao empregador , quais sejam: sua transferência para uma das agências bancárias indicadas e localizadas próximas à sua residência; reativação do contrato de trabalho em regime de teletrabalho; ou a disponibilização de transporte especial para ida e vinda do trabalho. Tal atitude do empregador, ao realocar a empregada de maneira a facilitar o acesso ao trabalho, não representa favor, gesto piedoso ou caridade; muito ao contrário, revela cumprimento do compromisso de inclusão social que decorre do já citado art. 170 da Constituição, o qual, nas palavras José Afonso da Silva, constitui um dos " princípios políticos constitucionalmente conformadores ou princípios constitucionais fundamentais "da ordem econômica e social, além de viabilizar o direito fundamental à igualdade de oportunidades das pessoas com deficiência, expressamente reconhecido pelo Estado brasileiro, em face da previsão contida no art. 27, I, *a*, da Convenção mencionada. Decisão regional que merece reforma. Recurso de revista conhecido e provido. RESPONSABILIDADE CIVIL DO EMPREGADOR. DANOS MORAIS CAUSADOS AO EMPREGADO. CARACTERIZAÇÃO. PESSOA COM DEFICIÊNCIA. RECUSA DO EMPREGADOR À PROMOÇÃO DE ADAPTAÇÕES RAZOÁVEIS. A responsabilidade civil do empregador pela reparação decorrente de danos morais causados ao empregado pressupõe a existência de três requisitos, quais sejam: a conduta (culposa, em regra), o dano propriamente dito (violação aos atributos da personalidade) e o nexo causal entre esses dois elementos. O primeiro é a ação ou omissão de alguém que produz consequências às quais o sistema jurídico reconhece relevância. É certo que esse agir de modo consciente é ainda caracterizado por ser contrário ao Direito, daí falar-se que, em princípio, a responsabilidade exige a presença da conduta culposa do agente, o que significa ação inicialmente de forma ilícita e que se distancia dos padrões socialmente adequados, muito embora possa haver o dever de ressarcimento dos danos, mesmo nos casos de conduta lícita. O segundo elemento é o dano que, nas palavras de Sérgio Cavalieri Filho, consiste na "[...] subtração ou diminuição de um bem jurídico, qualquer que seja a sua natureza, quer se trate de um bem patrimonial, quer se trate de um bem integrante da própria personalidade da vítima, como a sua honra, a imagem, a liberdade etc. Em suma, dano é lesão de um bem jurídico, tanto patrimonial como moral, vindo daí a conhecida divisão do dano em patrimonial e moral". Finalmente, o último elemento é o nexo causal, a consequência que se afirma existir e a causa que a provocou; é o encadeamento dos acontecimentos derivados da ação humana e os efeitos por ela gerados. Conforme amplamente dirimido no tópico anterior, a empresa, ao ignorar a sua responsabilidade e função social, que a impede de ser apenas fonte geradora de lucro, perdeu uma grande oportunidade de valorizar-se não apenas junto à autora, como também na comunidade interna e, sobretudo, junto à sociedade. Com efeito, ao se recusar a implementar condições de trabalho adequadas à empregada com sérias restrições de locomoção, decorrentes de uma paralisia cerebral, o Banco réu não exerceu seu direito potestativo de acordo com a finalidade social que deveria ser respeitada, cometendo verdadeiro abuso. Como se constata na hipótese, o dano sofrido corresponde ao desgaste e frustração da autora diante da incerteza e da ausência do trabalho. Além da privação do sustento e do exercício de atividade produtiva e remunerada. Tal situação de aflição psicológica é o sofrimento humano experimentado no presente caso. Evidenciado o dano, assim como a conduta culposa do empregador e o nexo causal entre ambos, deve ser reformado o acórdão regional que, a despeito de reconhecer a ocorrência da situação fática acima descrita, excluiu da condenação a reparação por danos morais. Outrossim, levando-se em conta a proporcionalidade, a razoabilidade e os comandos resultantes das normas jurídicas, os quais devem ser interpretados segundo critérios que ponderem equilíbrio entre meios e fins a elas vinculados, e, ainda, de acordo com um juízo de verossimilhança e ponderação, majoro o valor da indenização por danos morais arbitrados na origem para R$ 100.000,00 (cem mil reais), com base na extensão do dano, observando-se, para tanto, que a autora se encontra afastada do trabalho, por culpa do réu, desde agosto de 2011; foi privada do convívio social; no ambiente de trabalho e da possibilidade de demonstrar o seu potencial, como profissional, e na necessidade de se imprimir caráter pedagógico à pena. Recurso de revista conhecido e provido.[43]

Muitos fatores podem explicar o reduzidíssimo repertório jurisprudencial sobre o tema, a começar para falta de conhecimento do direito pelas próprias pessoas diretamente interessadas, mas sem dúvida o motivo mais importante é a baixa efetividade do direito à in-

(43) BRASIL. Tribunal Superior do Trabalho. AIRR-142140-04.2004.5.03.0036, 6ª T., Rel. Min. Cláudio Brandão, DEJT 11.12.2009. Disponível em: <https://jurisprudencia-backend.tst.jus.br/rest/documentos/c16bb31a888548f8b6cd10889bde1317>. Acesso em: 29 nov. 2019.

clusão pelo trabalho digno das pessoas com deficiência e a pouca incidência do direito à adaptação razoável.

A propósito de referência à adaptação razoável e atuação do Judiciário, assinala Letícia de Campos Velho Martel:

> A adaptação razoável, como exibe a casuística estrangeira e internacional, acontece normalmente para excepcionar um ato normativo geral, ou regras gerais entre particulares, acomodando-os às necessidades de uma pessoa, na singularidade dos obstáculos que um corpo ou uma mente enfrentam. Portanto, é um espaço no qual o órgão judicante poderá ser chamado a atuar sem problemas marcantes, seja pela ausência de previsões na seara legislativa ou na administrativa, seja exatamente para excepcionar os enunciados gerais oriundos destas funções estatais(44).

Resta, portanto, muito a fazer em direção a unir o trabalho digno, direito de todos os empregados, e a sua vertente direcionada à igualdade efetiva assegurada às pessoas com deficiência, sobretudo quando se leva em consideração que, segundo dados do Censo de 2010 divulgados pelo IBGE e já considerada a nova margem de corte, foi constatada a existência de 6,7% de pessoas com deficiência na população brasileira.(45)

3.3. Os sinais determinantes emitidos pelo Supremo Tribunal Federal

Em, pelo menos, duas oportunidades o Supremo Tribunal Federal emitiu sinais claros em torno da consagração dos princípios e direitos constantes da Convenção da ONU e da necessidade de que sejam tornados efetivos.

Na primeira delas, já mencionada – ADI n. 5.357 –, realçou a importância e a supremacia do princípio da igualdade e destacou o "colorido" da diversidade humana, ao afirmar o direito da educação inclusiva:

> AÇÃO DIRETA DE INCONSTITUCIONALIDADE. MEDIDA CAUTELAR. LEI N. 13.146/2015. ESTATUTO DA PESSOA COM DEFICIÊNCIA. ENSINO INCLUSIVO. CONVENÇÃO INTERNACIONAL SOBRE OS DIREITOS DA PESSOA COM DEFICIÊNCIA. INDEFERIMENTO DA MEDIDA CAUTELAR. CONSTITUCIONALIDADE DA LEI N. 13.146/2015 (arts. 28, § 1º e 30, *caput*, da Lei n. 13.146/2015). 1. A Convenção Internacional sobre os Direitos da Pessoa com Deficiência concretiza o princípio da igualdade como fundamento de uma sociedade democrática que respeita a dignidade humana. 2. À luz da Convenção e, por consequência, da própria Constituição da República, o ensino inclusivo em todos os níveis de educação não é realidade estranha ao ordenamento jurídico pátrio, mas sim imperativo que se põe mediante regra explícita. 3. Nessa toada, a Constituição da República prevê em diversos dispositivos a proteção da pessoa com deficiência, conforme se verifica nos arts. 7º, XXXI, 23, II, 24, XIV, 37, VIII, 40, § 4º, I, 201, § 1º, 203, IV e V, 208, III, 227, § 1º, II, e § 2º, e 244. 4. Pluralidade e igualdade são duas faces da mesma moeda. O respeito à pluralidade não prescinde do respeito ao princípio da igualdade. E na atual quadra histórica, uma leitura focada tão somente em seu aspecto formal não satisfaz a completude que exige o princípio. Assim, a igualdade não se esgota com a previsão normativa de acesso igualitário a bens jurídicos, mas engloba também a previsão normativa de medidas que efetivamente possibilitem tal acesso e sua efetivação concreta. 5. O enclausuramento em face do diferente furta o colorido da vivência cotidiana, privando-nos da estupefação diante do que se coloca como novo, como diferente. 6. É somente com o convívio com a diferença e com o seu necessário acolhimento que pode haver a construção de uma sociedade livre, justa e solidária, em que o bem de todos seja promovido sem preconceitos de origem, raça, sexo, cor, idade e quaisquer outras formas de discriminação (Art. 3º, I e IV, CRFB). 7. A Lei n. 13.146/2015 indica assumir o compromisso ético de acolhimento e pluralidade democrática adotados pela Constituição ao exigir que não apenas as escolas públicas, mas também as particulares deverão pautar sua atuação educacional a partir de todas as facetas e potencialidades que o direito fundamental à educação possui e que são densificadas em seu Capítulo IV. 8. Medida cautelar indeferida. 9. Conversão do julgamento do referendo do indeferimento da cautelar, por unanimidade, em julgamento definitivo de mérito, julgando, por maioria e nos termos do Voto do Min. Relator Edson Fachin, improcedente a presente ação direta de inconstitucionalidade. (ADI n. 5.357 MC-Ref, Rel. Min. Edson Fachin, Tribunal Pleno, julg. em 09.06.2016).(46)

(44) MARTEL, Letícia de Campos Velho – Adaptação Razoável: o novo conceito sob as lentes de uma gramática constitucional inclusiva. *SUR Revista Internacional de Direitos Humanos*. v. 8, n. 14, p. 104, dez. 2011.

(45) Com nova margem de corte, IBGE constata 6,7% de pessoas com deficiência no Brasil. *Estadão*. São Paulo, 21 jun. 2018. Disponível em: <https://educacao.estadao.com.br/blogs/educacao-e-etc/com-nova-margem-de-corte-ibge-constata-67-de-pessoas-com-deficiencia-no-brasil/>. Acesso em: 18 dez. 2019.

(46) BRASIL. Supremo Tribunal Federal. ADI n. 5357 MC-Ref. Rel. Min. Édson Fachin. Em 09 jun. 2016. Disponível em: <http://redir.stf.jus.br/paginadorpub/paginador.jsp?docTP=TP&docID=12012290>. Acesso em: 20 nov. 2019.

Na segunda, mais recente, ao rejeitar pretensão de exclusão da atividade dos marítimos para fins de cumprimento das cotas no emprego, afirmou o direito à diferença, à isonomia e deixou claro que a deficiência não pode ser fator de incapacidade aferida em abstrato; eventual incompatibilidade entre "determinadas atividades e certas limitações físicas não justifica a exclusão do trabalho marítimo do alcance da política pública de inclusão social das pessoas com deficiência":

> AÇÃO DIRETA DE INCONSTUTUCIONALIDADE. ART. 16-A DA LEI N. 7.573/1986, INSERIDO PELO ART. 1º DA LEI N. 13.194/2015. CONVENÇÃO DE NOVA YORK. EXCLUSÃO DOS TRABALHADORES MARÍTIMOS EMBARCADOS DO CÁLCULO PARA APURAÇÃO DAS VAGAS RESERVADAS A PESSOAS COM DEFECIÊNCIA (ART. 93 DA LEI N. 8.213/1991) EM EMPRESAS DE NAVEGAÇÃO. INEXISTÊNCIA DE VEDAÇÃO LEGAL OU CONVENCIONAL AO TRABALHO DE PESSOAS PORTADORAS DE DEFICIÊNCIA EM EMBARCAÇÕES. PROTEÇÃO E INTEGRAÇÃO SOCIAL DAS PESSOAS PORTADORAS DE DEFICIÊNCIA. ISONOMIA. AÇÃO DIRETA JULGADA PROCEDENTE. 1. A Convenção de Nova York, a qual tratou dos direitos das pessoas com deficiência, foi incorporada ao ordenamento jurídico brasileiro como norma constitucional (Decreto n. 6.946/2009), nos termos do § 3º do art. 5º da Constituição Federal. 2. A deficiência física, por si só, não incapacita generalizadamente o trabalhador para o desempenho de atividades laborais em embarcações, não existindo exigência legal ou convencional de plena capacidade física para toda e qualquer atividade marítima. A eventual incompatibilidade entre determinadas atividades e certas limitações físicas não justifica a exclusão do trabalho marítimo do alcance da política pública de inclusão social das pessoas com deficiência. 3. A exclusão de postos de trabalho marítimo embarcado do cálculo destinado a apurar o número de vagas destinadas aos deficientes (art. 93 da Lei n. 8.213/1991) é desprovido de razoabilidade e desproporcionalidade, caracterizando-se como diferenciação normativa discriminatória. 4. A previsão dificulta arbitrariamente o acesso de pessoas com deficiência ao trabalho nas empresas de navegação, pois diminui a disponibilidade de vagas de trabalho para pessoas com deficiência. 5. Ação Direta julgada procedente. (ADI n. 5.760, Rel. Min. Alexandre de Moraes, Tribunal Pleno, julg. em 13.09.2019).[47]

As decisões do STF reforçam, assim, o acerto da jurisprudência inclusiva respaldada nos princípios consagrados na Convenção da ONU e detalhados na Lei Brasileira de Inclusão.

4. CONCLUSÃO

O reconhecimento e a busca pela efetividade do direito fundamental ao trabalho digno, atribuído aos empregados em geral, encontra campo ainda mais fértil quando se trata da pessoa com deficiência, de modo especial a partir de 2009, ano em que entrou em vigor, no Brasil, a Convenção da ONU dos Direitos das Pessoas com Deficiência, aprovada pelo Congresso Nacional seguindo-se o trâmite previsto no § 3º do art. 5º da Constituição.

Diante dessa característica, equivale a emenda constitucional e, por tal condição, derrogou imediatamente todas as normas que se mostraram incompatíveis com o seu arcabouço normativo, nele incluídos os princípios e as normas, e promoveu a releitura de todo o sistema protetivo dirigido às pessoas com deficiência.

Entre os muitos direitos assegurados na Convenção, alguns possibilitam o exercício de outros direitos e, por isso, são considerados instrumentais, como o direito à promoção das adaptações razoáveis, cujo alcance não se resume ao posto de trabalho propriamente dito e nem pode ser analisado isoladamente, pois intrinsecamente relacionado à acessibilidade, ao desenho universal e às tecnologias assistivas.

Por isso, deve ser considerado dever do empregador e, ao mesmo tempo, direito fundamental do empregado, na medida em que viabiliza o exercício do direito fundamental ao trabalho mencionado expressamente no *caput* do art. 6º da Constituição.

Por outro lado, o fato de serem poucas as decisões do TST e do STF que abordam o tema revela a baixa efetividade desse direito e autoriza concluir que ainda há muito a ser feito nesse campo, principalmente se for levado em consideração o grande número de pessoas com deficiência no Brasil, equivalentes a 6,7% da população.

Essa obrigação deve ser compartilhada não apenas pelo Estado, mas por toda a sociedade e, mais especialmente, pelos empregadores, diante das obrigações que lhes são impostas pelo art. 157 da CLT, as quais devem ser interpretadas em consonância com a Convenção da ONU e a Lei Brasileira de Inclusão das Pessoas com Deficiência.

(47) BRASIL. Supremo Tribunal Federal. ADI n. 5.760, Rel. Min. Alexandre de Moraes, Tribunal Pleno, julg. em 13.09.2019. Disponível em: <<http://stf.jus.br/portal/jurisprudencia/listarJurisprudencia.asp?s1=%28ADI%24%2ESCLA%2E+E+5760%2ENUME%2E%29+OU+%28ADI%2EACMS%2E+ADJ2+5760%2EACMS%2E%29&base=baseAcordaos&url=http://tinyurl.com/y3a3wowy>. Acesso em: 20 nov. 2019.

Somente assim se poderá resgatar a dívida histórica existente para com as pessoas com deficiência e lhes garantir o exercício da igualdade plena.

REFERÊNCIAS

Legislação

BRASIL. Decreto n. 129, de 22 de maio de 1991. Promulga a Convenção n. 159, da Organização Internacional do Trabalho – OIT, sobre Reabilitação Profissional e Emprego de Pessoas Deficientes. Disponível em: <http://www.planalto.gov.br/ccivil_03/decreto/1990-1994/D0129.htm>. Acesso em: 21 dez. 2019.

BRASIL. Decreto n. 3.321, de 30 de dezembro de 1999. Promulga o Protocolo Adicional à Convenção Americana sobre Direitos Humanos em Matéria de Direitos Econômicos, Sociais e Culturais "Protocolo de São Salvador", concluído em 17 de novembro de 1988, em São Salvador, El Salvador. Disponível em: <http://www.planalto.gov.br/ccivil_03/decreto/D3321.htm>. Acesso em: 21 dez. 2019.

BRASIL. Decreto n. 6.949, de 25 de agosto de 2009. Promulga a Convenção Internacional sobre os Direitos das Pessoas com Deficiência e seu Protocolo Facultativo, assinados em Nova York, em 30 de março de 2007. Disponível em: <http://www.planalto.gov.br/ccivil_03/_ato2007-2010/2009/decreto/d6949.htm>. Acesso em: 21 dez. 2019.

BRASIL. Decreto n. 678, de 6 de novembro de 1992. Promulga a Convenção Americana sobre Direitos Humanos (Pacto de São José da Costa Rica), de 22 de novembro de 1969. Disponível em: <http://www.planalto.gov.br/ccivil_03/decreto/D0678.htm>. Acesso em: 21 dez. 2019.

MERCOSUL. Declaração Sociolaboral do Mercosul. Disponível em: <http://www.dhnet.org.br/direitos/deconu/a_pdf/dec_sociolaboral_mercosul.pdf>. Acesso em: 21 nov. 2019.

ORGANIZAÇÃO DOS ESTADOS AMERICANOS. Carta da Organização dos Estados Americanos. Disponível em: http://www.oas.org/OASpage/port/Documents/Democractic_Charter.htm. Acesso em: 14 nov. 2019.

ORGANIZAÇÃO DOS ESTADOS AMERICANOS. Carta Democrática Interamericana. Disponível em: <http://www.oas.org/OASpage/port/Documents/Democractic_Charter.htm>. Acesso em: 14 nov. 2018.

Doutrina

BOBBIO, Norberto. A era dos direitos. 18ª t. Rio de Janeiro: Campus, 1992.

COELHO, Renata. Do Direito ao Trabalho. In SETUBAL, Joyce Marquezin; FAYN, Regiane Alves Costa (Orgs.). Lei Brasileira de Inclusão da Pessoa com Deficiência – Comentada. Campinas: Fundação FEAC, 2016.

CORDEIRO, Mariana Prioli. Nada Sobre Nós Sem Nós: vida independente, militância e deficiência. São Paulo: Annablume; Fapesp, 2011.

CORRER, Rinaldo. Deficiência e inclusão social: construindo uma nova comunidade. Bauru: EDUSC, 2003.

FARIAS, Norma; BUCHALA, Cassia Maria. A Classificação Internacional de Funcionalidade, Incapacidade e Saúde da Organização Mundial de Saúde: conceitos, usos e perspectivas. Revista Brasileira de Epidemiologia, São Paulo, v. 8, n. 2, jun. 2005.

FONSECA, R. T. M. O novo conceito constitucional de pessoa com deficiência: um ato de coragem. In: FERRAZ, Carolina Valença; LEITE, George Salomão; LEITE, Glauber Salomão; LEITE, Glauco Salomão. (Org.). *Manual dos direitos da pessoa com deficiência*. São Paulo: Saraiva, 2012.

FONSECA, Ricardo Tadeu Marques da. O Novo Conceito Constitucional da Pessoa com Deficiência: um Ato de Coragem. In FERRAZ, Carolina Valença, et al (Coord.). *Manual dos Direitos da Pessoa com Deficiência*. São Paulo: Saraiva, 2012. ISBN 978-85-02-17030-8. Parte I – Elementos Conceituais, Cap. 1.

GABRILI, Mara. Apresentação – sobre leis e vidas. In: LEITE, Flávia Piva Almeida; RIBEIRO, Lauro Luiz Gomes; COSTA FILHO, Waldir Macieira da (Coord.) – Comentários ao Estatuto da Pessoa com Deficiência. São Paulo: Saraiva, 2016.

LORENTZ, Lutiana Nancur. *A norma da igualdade e o trabalho das pessoas com deficiência à luz da Convenção sobre Direitos das pessoas com deficiência da ONU, de 2006 e do Estatuto das pessoas com deficiência*: Lei n. 13.146, de 6 de julho de 2015. São Paulo: LTr, 2016. p. 28.

MARTEL, Letícia de Campos Velho – Adaptação Razoável: o novo conceito sob as lentes de uma gramática constitucional inclusiva. *SUR Revista Internacional de Direitos Humanos*, v. 8, n. 14, dez. 2011.

MAZZUOLI, Valério. *Curso de Direitos Humanos*. 6. ed., rev., atual. e ampl. Rio de Janeiro: Forense; São Paulo: Método, 2019.

MOREIRA, Teresa Coelho. *Igualdade e Não Discriminação*: estudos de direito do trabalho. Coimbra: Almedina, 2013.

MUNIZ, Lauro Luiz Gomes. *Manual dos direitos das pessoas com deficiência*. São Paulo: Verbatin, 2010.

PADILHA, Norma Sueli. *Do meio ambiente do trabalho equilibrado*. São Paulo: LTr, 2002.

PIOVESAN, Flávia. Convenção da ONU sobre os Direitos das Pessoas com Deficiência: inovações, alcance e impacto. In FERRAZ, Carolina Valença, *et al* (Coord.). *Manual dos Direitos da Pessoa com Deficiência*. São Paulo: Saraiva, 2012.

ROCHA, Júlio César de Sá da. *Direito ambiental do trabalho*. São Paulo: LTr, 2002.

SHELDON Alison. Estudos da deficiência para a "era da austeridade". In MARTINS, Bruno Sena; FONTES, Fernando (Org.). *Deficiência e Emancipação Social*: para uma crise da normalidade. Coimbra: Almedina, 2016.

TEPEDINO Gustavo, et al (Org.). *Diálogos entre o direito do trabalho e o direito civil*. São Paulo: Revista dos Tribunais, 2013.

Matérias jornalísticas

Com nova margem de corte, IBGE constata 6,7% de pessoas com deficiência no Brasil. Estadão. São Paulo, 21 jun. 2018.

Disponível em: <https://educacao.estadao.com.br/blogs/educacao-e-etc/com-nova-margem-de-corte-ibge-constata-67-de--pessoas-com-deficiencia-no-brasil/>. Acesso em: 18 dez. 2019.

PITA, Marina. Estudo: deficientes têm rendimento igual ou superior à média. Terra. São Paulo, 04 abr. 2012. Disponível em: <http://economia.terra.com.br/terra-da-diversidade/estudo-deficientes-tem-rendimento-igual-ou-superior-a-media,3978b920548da310VgnCLD200000bbcceb0aRCRD.html>. Acesso em: 01 nov. 2019.

Jurisprudência

BRASIL. Supremo Tribunal Federal. ADI n. 5.760, Rel. Min. Alexandre de Moraes, Tribunal Pleno, julg. em 13.09.2019. Disponível em: <http://stf.jus.br/portal/jurisprudencia/listarJurisprudencia.asp?s1=%28ADI%24%2ESCLA%2E+E+5760%2ENUME%2E%29+OU+%28ADI%2EACMS%2E+ADJ2+5760%2EACMS%2E%29&base=baseAcordaos&url=http://tinyurl.com/y3a3wowy>. Acesso em: 20 nov. 2019.

BRASIL. Supremo Tribunal Federal. ADI n. 5.357 MC-Ref. Rel. Min. Édson Fachin. Em 09 jun. 2016. Disponível em: <http://redir.stf.jus.br/paginadorpub/paginador.jsp?docTP=TP&docID=12012290>. Acesso em: 20 nov. 2019.

BRASIL. Tribunal Superior do Trabalho. AIRR-142140-04.2004.5.03.0036, 6ª T., Rel. Min. Cláudio Brandão, DEJT 11.12.2009. Disponível em: <https://jurisprudencia-backend.tst.jus.br/rest/documentos/c16bb31a888548f8b6cd10889bde1317>. Acesso em: 29 nov. 2019.

BRASIL. Tribunal Superior do Trabalho. ARR-608-44.2016.5.08.0016, 5ª Turma, Relator Ministro Breno Medeiros, DEJT 11.05.2018. Disponível em: <https://jurisprudencia-backend.tst.jus.br/rest/documentos/b36d68e33e0bd5b7201344f5ffde2f6d>. Acesso em: 29 nov. 2019.

BRASIL. Tribunal Superior do Trabalho. ARR-608-44.2016.5.08.0016, 5ª T., Rel. Min. Breno Medeiros, DEJT 11.05.2018. Disponível em: <https://jurisprudencia-backend.tst.jus.br/rest/documentos/b36d68e33e0bd5b7201344f5ffde2f6d>. Acesso em: 29 nov. 2019.

Capítulo 18

O Trabalho Digno das Pessoas com Deficiência: Convergência da Lei n. 8.213/1991 (Quota Emprego) com a Lei n. 12.711/2012 (Quota Educação)

Lutiana Nacur Lorentz[(1)]

Sthéfanni Machado de Lima[(2)]

Resumo: O presente estudo procedeu ao inventário das quatro ondas de tratamento das pessoas com deficiência no mundo e no Brasil, após, verificou as principais inovações promovidas pelas atuais chaves de leitura dos direitos das pessoas com deficiência, ou seja, a jusfundamentalidade da Constituição Federal/1988 (CF/1988) e da Convenção sobre os Direitos das Pessoas com Deficiência da ONU, de 2006 (CDPD). Foi analisada a necessidade de comunicabilidade entre a Lei n. 8.213/1991, art. 93 (quotas de pessoas com deficiência no trabalho) e a Lei n. 12.711/2012, arts. 1º a 5º (quotas de pessoas com deficiência na educação pública federal) para efetivação dos direitos dessas pessoas. Finalmente, também foi analisado o recente PL n. 6.159, de 26.11.2019, do Ministro Paulo Guedes que promove a total exclusão das pessoas com deficiência no trabalho e que se encontra em sentido contrário tanto a CDPC, quanto a CF/1988, arts. 7º, XXXI e 227, § 1º, II, todos referenciados na Teoria do Trabalho Digno.

Palavras-chave: Trabalho digno. Pessoas com deficiência. Lei n. 8.213/1991. Lei n. 12.711/2012. Projeto de Lei n. 6.159/2019.

Abstract: The present study carried out an inventory of the four waves of treatment of people with disabilities (PCD's) in the world and in Brazil. It then verified the main innovations promoted by the current keys to the reading of the rights of the PCD, that is, the jusfundamentality of CF/1988, the Convention on the Rights of Persons with Disabilities of 2006, and also by the Brazilian Law of Inclusion (LBI). The study also reserchs of changes and impacts introduced by Project of Law n. 6.159, de 26.11.2019, by Minister Paulo Guedes and your unconstitutionality that revels a return of a stage of exclusion of disable people.

Keywords: Labor worthy. People with disabilities. Law n. 8.213/1991. Law 12.711/2012. Project of Law n. 6.159/2019.

"NADA SOBRE NÓS SEM NÓS"

("NOTHING ABOUT US WITHOUT US)".

Lema da Convenção sobre os Direitos das Pessoas com Deficiência da ONU, de 2006.

---

(1) Procuradora Regional do Trabalho em Minas Gerais. Doutora e Mestre em Direito Processual pela Pontifícia Universidade Católica de Minas Gerais (PUC-Minas). Assessora do Conselho Nacional do Ministério Público e Professora da Escola Superior do Ministério Público. Foi Diretora do Movimento de Mulheres do Ministério Público Brasileiro de 2018/2019. Pesquisadora integrante do Grupo de Pesquisa Trabalho, Constituição e Cidadania (UnB/CNPq).

(2) Assessora jurídica do 6º Ofício Geral da PRT da 3ª Região. Advogada desde 2013, atualmente licenciada, tem experiência na área de Direito do Trabalho e Direito Civil. Pesquisadora integrante do Grupo de Pesquisa Trabalho, Constituição e Cidadania (UnB/CNPq).

1. INTRODUÇÃO

Este trabalho usou os marcos teóricos **da Teoria do Trabalho Digno**, de Gabriela Neves Delgado[(3)] e de forma mais específica a **Teoria da Inclusão das pessoas com deficiência**, de Lutiana Nacur Lorentz, primeira autora deste capítulo, como fios condutores das reflexões aqui apresentadas. Foram usadas as metodologias de pesquisa estatística e de pesquisa bibliográfica, além do método de dupla escala (dedutivo e indutivo).

No tema do trabalho das pessoas com deficiência, pelo marco teórico do direito fundamental ao trabalho digno, conforme teoria engendrada por Gabriela Neves Delgado[(4)], entende-se que também e especialmente o trabalho das pessoas com deficiência (PCD's) têm que atender aos três grandes pressupostos de proteção ao trabalho ditados pelos tratados e convenções internacionais ratificados pelo Brasil, pela Constituição Federal de 1988 (estes caracterizados pela jusfundamentalidade) e pela legislação infraconstitucional, sobretudo a CLT. Para a autora, o trabalho digno é o *constructo* da dignidade do trabalhador para assunção da identidade do cidadão (ã) e tem o propósito assecuratório de **ressignificação do trabalho humano digno e protegido para todos**, empregados e não empregados (terceirizados, eventuais, autônomos, entre outros) garantindo **a todos trabalhadores** uma **base matricial de direitos básicos**, de piso civilizatório, com eventuais nuanças de direitos específicos dependendo do tipo de trabalho realizado. Assim, o direito ao salário mínimo hora, ao meio ambiente do trabalho saudável e à sindicalização (com enquadramento na empresa tomadora) são direitos defendidos pela teórica como aplicáveis a todo e qualquer trabalhador (empregado ou não). Esta foi a chave de leitura geral desta pesquisa[(5)].

Com relação ao outro marco teórico, específico deste artigo, a **Teoria da Inclusão**, de Lutiana N. Lorentz[(6)], entende-se que segundo as normativas adotadas pelo Brasil, tanto no âmbito da CF/88, quanto dos tratados internacionais ratificados pelo Brasil[(7)], o trabalho das pessoas com deficiência, na forma do **pleno emprego** é a forma mais adequada a ser adotada. Nesta linha, as pessoas com deficiência **devem tanto trabalhar, quanto estudar no mesmo ambiente (laboral e educacional) que as demais pessoas ditas "normais" com todos os direitos celetários e educacionais garantidos** para que se obtenha a superação das barreiras que existem contra a inclusão. Assim, as demais pessoas ditas "normais" aprenderão a conviver com as pessoas com deficiência na diversidade de representação democrática, o meio ambiente do trabalho deve ser adaptado e ajudará as pessoas com deficiência na superação das barreiras à sua inclusão, sendo certo que também a sociedade e o Estado devem empenhar-se na superação dessas barreiras, arts. 7º, XXXI, art. 227, § 1º, II, CF/1988 e Convenção da ONU, de 2006- CDPC, arts. 1º/5º.

Analisou-se também o PL n. 6.159/2019 do Exmo. Ministro Paulo Guedes, apresentado aos DD. Membros do Congresso Nacional que brevê a Quota – Contribuição (art. 93, letra "B") **como alternativa** à **não contratação de pessoas com deficiência excluindo-as do direito ao trabalho digno,** com violação à CF/1988, arts. 7º, XXXI, art. 227, § 1º, II, à Convenção da ONU de 2006, arts. 1º, 3º, letras "B", "E", art. 27, à Convenção da OIT n. 111, n. 159 e à Lei Brasileira de Inclusão – LBI, arts. 8º, 17, 34/3.

Este PL é regressivo a fase de eliminação das pessoas com deficiência, descrito no capítulo segundo. Este PL também agride o Princípio da Igualdade, expressamente previsto pela Declaração Universal dos Direitos do Homem e do Cidadão[(8)], **porque por este raciocínio se a empresa deve pagar 2 (dois) salários mínimos para não contratar pessoas com deficiência** deveria ter de pagar o mesmo valor ao recusar empregar trabalhadores tido como "normais".

No capítulo segundo discorreu-se sobre a historicidade do tratamento das pessoas com deficiência (PCD's) desde a fase da eliminação (exclusão), ao assistencialismo, passando pela integração **até a inclusão, eixo expressamente adotado pela CF/1988**, pela Convenção da ONU de 2006 e Convenções ns. 111 e 159, da OIT.

Para atingir-se o propósito da jusfundamentalidade da inclusão das pessoas com deficiência este capítulo propôs a aplicação em comunicabilidade da lei de

---

(3) DELGADO, Gabriela Neves. *Direito fundamental ao trabalho digno.* São Paulo: 2006.

(4) *Idem.*

(5) *Ibdem, idem.*

(6) LORENTZ, Lutiana Nacur. *A norma da igualdade e o trabalho das pessoas portadoras de deficiência.* 2. ed. São Paulo: LTr, 2006. p. 121-145.

(7) Notadamente a Convenção da ONU de 2006 com *status* jurídico de Emenda Constitucional, arts. 1º, 3º, letras "B", "E", art. 27 e seguintes e a Convenção n. 111, da OIT, aprovada pelo Decreto n. 62.150, 19 de janeiro de 1968 e ratificada pelo Brasil pelo Decreto n. 62.150, 19 de janeiro de 1968.

(8) O Brasil passou a integrar a ONU já em sua fundação no ano de 1945, e é um dos signatários originais da Declaração Universal de Direitos Humanos em 1948, In: Resolução n. 217 A (III) da Assembleia Geral das Nações Unidas. Disponível em: <http://www.direitoshumanos.usp.br/index.php/Sistema-Global.-Declarações-e-Tratados-Internacionais-de-Proteção/declaracao-universal-dos-direitos-humanos.html>.

quotas no emprego, Lei n. 8.213/1991, art. 93 com a lei de quotas na educação, Lei n. 12.711/2012, arts. 1º a 5º, porque uma das defesas empresais mais recorrente para descumprimento daquela normativa é de que ou não há candidatos PCD's às vagas, ou que estes não são qualificados. Ao se aplicar em comunicabilidade a quota de alunos PCD's nas universidades federais ou nas escolas técnicas federais indicando-os para as vagas de quotas em emprego ambos os argumentos restam superados.

Na sequência verificou-se a análise estatística das pessoas com deficiência no trabalho e na educação, restando clara a necessidade de interpenetração das duas normativas para atingir-se o **ideário de inclusão plena das pessoas com deficiência pela educação e pelo trabalho digno** na sociedade. Ao final, apresentou-se as conclusões.

2. A HISTORICIDADE DAS PESSOAS COM DEFICIÊNCIA

Na história do tratamento dispensado às pessoas com deficiência é possível identificar quatro ondas que se destacam, quais sejam: fase de eliminação, fase do assistencialismo, fase da integração e fase da inclusão.

Na primeira, **fase de eliminação** – preponderante na Antiguidade Clássica, na Idade Média e na Era Moderna – a associação da deficiência à impureza e ao castigo dos deuses imperou e as pessoas com deficiência eram desprezadas a ponto de que políticas e teorias eliminatórias fossem sustentadas e aplicadas na sociedade. Platão(9), em *As leis*, defendia claramente a eliminação das pessoas com deficiência e Aristóteles coadunava com o entendimento de seu Mestre, sendo que os citados filósofos não defendiam a eliminação das pessoas com deficiência por simples e pura maldade, mas sim por acreditarem que seria a melhor postura para salvaguardar as necessidades da *polis*. Havia, também, na Grécia, a previsão legal de matar o filho com deficiência, na Lei das Doze Tábuas, Tábua IV(10), em razão da visão organicista do período greco-romano, com escopo de fortalecimento da casta dos guerreiros. Essa fase foi retomada no período Nazifascista(11), no qual buscou-se a eugenia fundamentada em uma leitura de um darwinismo de má-fé, mesmo que na obra original "A Descendência do Homem" Darwin defenda o oposto(12).

Da era cristã ao período medieval, a **onda do assistencialismo** surgiu e, baseando-se na crença de que matar era pecado capital(13) e na culpa imposta pela religião, as pessoas com deficiência eram segregadas da sociedade e a visão da pessoa com deficiência quase como coisa dá lugar a um olhar infantilizado sobre esse grupo, que implicava na diminuição dessas pessoas que passaram, na Idade Média(14), a serem consideradas *lês enfants du bon Dieu*, que, em tradução livre, seria: *as crianças do bom Deus*.

As pessoas com deficiência passaram, pois, a serem vistas como pessoas, contudo, pessoas extremamente dependentes e diminuídas ao *status* de crianças e eram condenadas ao distanciamento ao serem majoritariamente hospitalizadas ou internadas em casas de saúde, longe dos olhos da cidadela. Neste período, especificamente em 1547, Henrique II instituiu, na França, a assistência social obrigatória para amparar deficientes, através de coletas de taxas.

Já no Renascimento desponta a terceira onda, a da **integração das pessoas com deficiência**, sendo também o momento em que a ocorreu a invenção do alfabeto de Braille(15), em 1824, por Louis Braille. Nessa fase, preocupava-se em prestar-se atendimento médico científico às pessoas com deficiência, para que fossem curadas e, aí sim, o convívio com o restante da sociedade seria permitido. Apesar de não implicar, como na fase assistencialista, no confinamento e isolamento das pessoas com deficiência, buscava-se, primeiramente, a

(9) PLATÃO. *Obras completas – Las Leyes, o de la Legislación*. 2. ed. Madrid: Aguilar, 1979. p. 1380; e PLATÃO. *A República*. *Op. cit*. p. 105 do Livro III; p. 162 do Livro V; p. 163 do Livro V; p. 174 do Livro V.

(10) LORENTZ, Lutiana Nacur. *A norma da igualdade e o trabalho das pessoas portadoras de deficiência*. 2. ed. São Paulo: LTr, 2006. p. 86: "*Tábua Quarta – Do pátrio poder e do casamento. É permitido* ***ao pai matar o filho que nasceu disforme****, mediante o julgamento de cinco vizinhos*". (N. N.).

(11) HITLER, Adolf. *Mein Kampf*. São Paulo: Centauro, 2001. p. 188-190 e 212.

(12) LORENTZ, *op. cit*., p 106.

(13) BÍBLIA SAGRADA. Mensagem de Deus. *Novo Testamento*. São Paulo: Loyola, 1982, João 9: 1-3. p. 143. Observe-se o que é descrito no Evangelho de João numa passagem bíblica sobre o pensamento de Jesus Cristo acerca do tema: "Cura para o cego de nascença. Quando ele ia passando, viu um homem que era cego de nascença. Os discípulos perguntaram: "Mestre, quem pecou, para este homem nascer cego, foi ele ou seus pais?" Jesus respondeu: "Nem ele nem seus pais, mas isso aconteceu para que as obras de Deus se manifestassem nele". [...] Então o levaram à presença dos fariseus [...] "Tu nasceste do pecado, e pretendes ensinar a nós?" E o expulsaram. (G.N.).

(14) FONSECA, Ricardo Tadeu Marques da. In: BATISTA, Cristina Abranches Mota. *Inclusão*: construção na diversidade. Belo Horizonte: Armazém das Ideias, 2004. p. 56.

(15) OLIVEIRA, Nilza Helena Costa. Casa da Esperança – Instituto São Rafael. *Jornal Dois Pontos*, Belo Horizonte, Caderno Instituição de Destaque, jan./fev. de 1996. p. 86.

sua cura e, apenas com o seu alcance, o convívio com o restante da sociedade seria permitido. Destarte, mais uma vez, esse grupo era segregado.

Desde a Segunda Guerra Mundial, na Europa e nos EUA, bem como no Brasil a partir da década de 1980, vivencia-se a chamada **fase de inclusão da pessoa com deficiência**, em que a sociedade objetiva adaptar-se e ajustar-se para recebê-las, considerando-as como agentes condutores de sua autonomia e não mais ignoradas, afastadas e/ou entendidas como meros recebedores passivos de prestações alheias.

Prevalece o entendimento de que deficiências não são doenças a serem curadas, mas sim manifestações da diversidade humana das sociedades multiculturais que exige a necessidade de adaptação tanto da pessoa com deficiência a ela, quanto, de forma contínua, da sociedade e que podem e devem ser superadas por meio de adaptações tecnológicas e do próprio convívio em sociedade.

Não mais são aceitáveis as imposições de enquadramento a um padrão chamado de normalidade e a exclusão dos indivíduos que não o alcançam. Busca-se, pois, que a sociedade aceite e respeite as pessoas com deficiência, sendo imperioso, para que a tolerância se estabeleça, que haja contato contínuo entre as diversidades existentes.

Hoje a pessoa com deficiência é tida como sujeito de direitos e tem a sua equidade e igualdade acauteladas pelo Estado, sendo que a fase de inclusão é o marco teórico da Constituição Federal de 1988[16], tanto na principiologia quanto nos arts. 7º, XXXI; 37, VIII; 208; 227, § 1º, dentre outros, e da Convenção sobre Direitos das Pessoas com Deficiência da ONU e da Lei Brasileira de Inclusão.

Destaca-se que a Convenção sobre Direitos das Pessoas com Deficiência da ONU, em seu art. 1º, adota a terminologia *pessoas com deficiência*, não só para que a ênfase fique na *pessoa* e não na *deficiência*, mas também para descartar a questão de existência de doença, que estava presente na semântica de *portador*. Ademais, essa expressão afasta outras mais genéricas, como *pessoas com necessidades especiais*, que incluiu outros grupos vulneráveis, como os idosos, gestantes, crianças e adolescentes, etc., sendo, pois, incorreta.

A Convenção Internacional n. 159 da OIT, de 1983 – ratificada pelo Brasil por meio do Dec. Legislativo n. 51 de 1989, bem como o Decreto n. 3.298 de 1999 e o Decreto n. 5.296 de 2004[17] estabeleceram uma clara separação entre deficiência e incapacidade, sendo esta um tipo de agudização da própria deficiência. Tanto que a Classificação Internacional de Doenças – CID também separou deficiência de incapacidade, conceituando aquela como perda ou anormalidade transitória ou permanente e esta como uma restrição resultante da própria deficiência para uma função específica, como, por exemplo, incapacidade para ouvir, para se expressar.

Ainda, a diferenciação entre deficiência e incapacidade é extremante importante no âmbito legal, uma vez que a incapacidade afasta a garantia ao exercício pessoal de direitos e deveres do indivíduo. Ao entender que a pessoa com deficiência não necessariamente é incapaz, favorece-se que o cidadão com deficiência seja, na medida de sua capacidade, sujeito ativo de seu processo de inclusão.

Ressalte-se que ouve uma mudança de chave de leitura da **Convenção sobre Direitos das Pessoas com Deficiência da ONU**, que deixou de usar o modelo preponderantemente médico do Código Internacional de Doenças e de Problemas relacionados à Saúde – CID para lidar com as deficiências (que era concernente à terceira onda) e passou a valer-se da Classificação Internacional de Funcionalidades, Incapacidade e Saúde – CIF[18] (situando-se na quarta onda).

A Classificação Internacional de Funcionalidades, Incapacidade e Saúde[19], desenvolvida pela Organização Mundial da Saúde – OMS em outubro de 2001 classifica e registra a enfermidade, bem como a complementa com as informações de *funcionalidade*. As duas classificações, CID e CIF, são complementares e os profissionais devem utilizá-las de forma conjunta, tratando-se, pois, um sistema capaz de avaliar os ganhos no processo de reabilitação, suas potencialidades, capacidade de superação das dificuldades e notadamente a importância dos fatores ambientais sobre a deficiência.

A atual fase da inclusão[20], adotada pela CF/88, prevê que os tratamentos médicos, a adaptação e a rea-

---

(16) LORENTZ, *op. cit.*, p. 160-162.

(17) "(...) toda perda ou anormalidade de uma estrutura ou função psicológica, fisiológica ou anatômica que gere incapacidade para o desempenho de atividade, dentro do padrão considerado normal para o ser humano".

(18) PARANÁ. Ministério Público do Estado do Paraná. Classificação Internacional de Funcionalidade, Incapacidade e Saúde (CIF) da Organização Mundial de Saúde (OMS). Curitiba: CAOPIPPD, Área da Pessoa Portadora de Deficiência, [s/d]. Disponível em: <http://www.ppd.mppr.mp.br/modules/conteudo/conteudo.php?conteudo=13>. Acesso em: 18 maio 2015.

(19) FARIAS, Norma; BUCHALLA, Cassi Maria. A Classificação Internacional de Funcionalidade, Incapacidade e Saúde da Organização Mundial de Saúde: conceitos, usos e perspectivas. *Revista Brasileira de Epidemiologia*, v. 8, n. 2. p. 187-93, 2005.

(20) LORENTZ. *Op. cit.*, p. 140-167.

daptação das pessoas com deficiência devem ocorrer simultaneamente a sua inclusão na sociedade. Não obstante, reconhecendo-se a vulnerabilidade das pessoas com deficiência e o histórico de supressão a elas imposto, busca-se a sua efetiva inclusão na sociedade, prevendo-se ações afirmativas[(21)] e políticas públicas que objetivam a efetivação de direitos constitucionalmente garantidos[(22)]. Nesse sentido, o *Design Universal*[(23)], com o escopo de que toda e qualquer pessoa (idosa, pessoa com deficiência, gestante, criança ou qualquer outro sujeito vulnerável), possa exercer o direito básico de ir e vir, o direito de viver as atividades cotidianas sem que elas sejam dificultadas ou a pessoa discriminada.

Destarte, uma das medidas tomadas a fim de se efetivar a inclusão das pessoas com deficiência foi a de se implantar a **educação inclusiva**, isto é, permitir que as crianças e adolescentes com deficiência tenham direito a serem educadas em escolas ditas comuns, junto a menores não deficientes. No Relatório Mundial sobre a Deficiência de 2011[(24)], elaborado pela Organização Mundial da Saúde – OMS, frisou-se a importância da inclusão de crianças e adultos com deficiência na educação como instrumento de afirmação de seus direitos, inclusive, para assegurar sua participação na empregabilidade e melhoria da realidade econômica.

No Brasil, é assegurado às pessoas com deficiência o direito a frequentar o sistema geral de educação, desde a Lei n. 4.024/1961. Contudo, na vigência da Lei n. 5.692 de 1972, a inclusão na rede regular não era promovida, sendo reestabelecida pelo art. 208, III da CF/1988. Outrossim, no Plano Nacional de Educação – PNE (Lei n. 13.005/2014) fixou-se como meta a universalização do acesso à educação básica, preferencialmente na rede regular de ensino, com a garantia de recursos e, no âmbito do ensino superior, previu-se a garantia de vagas às pessoas com deficiência no art. 3º da Lei n. 12.711, de 2012. O mesmo se dá no âmbito do trabalho, ante a cota prevista no art. 93 da Lei n. 8.213/1991 e há previsão de que o treinamento das pessoas com deficiência não deve ser isolado ou em oficinas segregadas e sim junto ao trabalho de outros trabalhadores não deficientes, a não ser que seja absolutamente impossível.

Isso porque é pela **educação e pelo trabalho digno** que o ser humano desenvolve plenamente a sua identidade e dinamismo social[(25)], tanto que a CF/1988 estabelece que a educação é direito a ser promovido e incentivado a todos para que a pessoa se desenvolva e se prepare para o exercício da cidadania e do trabalho (art. 205) considerando o pleno emprego como princípio a ser observado a fim de assegurar existência digna a todos (art. 170, inciso VIII), inclusive na linha do marco teórico da teoria do **trabalho digno,** da Professora Gabriela N. Delgado[(26)] e dos Professores Maurício G. Delgado[(27)] e Lorena V. Porto[(28)].

3. ESTATÍSTICAS, NO BRASIL, DO TRABALHO E DA EDUCAÇÃO DAS PESSOAS COM DEFICIÊNCIA

Pela coleta de dados da Organização Mundial da Saúde – OMS[(29)], em 2011, aproximadamente 15% da população mundial, ou seja, mais de um bilhão de pessoas, ou uma a cada sete pessoas no mundo, estaria vivendo com alguma deficiência. Pelo Censo 2010[(30)], aproximadamente 23,9% da população brasileira (45.606.048 milhões de pessoas) declarou ter alguma deficiência, segue o gráfico disponibilizado pelo Instituto:

(21) Sobre ações afirmativas: LORENTZ, *op. cit.*, p. 286.

(22) Sobre políticas de cunho universalista, ações de natureza estrutural ou de ações afirmativas: STF, ADPF 186/DF, Min. Rel. Ricardo Lewandowski. DJE 20 out 2014. Disponível em: <http://www.stf.jus.br/portal/jurisprudencia/listarJurisprudencia.asp?s1=%28pol%EDticas+de+a%E7%F5es+afirmativas+defici%EAncia%29&base=baseAcordaos&url=http://tinyurl.com/nhmqn3c>.

(23) Sobre o tema: CAMBIAGHI, Silvana. *Desenho universal*: métodos e técnicas para arquitetos e urbanistas. 3. ed. rev. São Paulo: Senac, 2012 e BONSIEPE, Gui.; YAMADA, Tamiko. *Desenho industrial para pessoas deficientes*. Brasília, CNPq – Coordenação Editorial, 1982. 98p. Ilust.

(24) ORGANIZAÇÃO MUNCIAL DA SAÚDE, Relatório mundial sobre a deficiência, São Paulo: SEDPcD, 2012. p. 214. Disponível em: <https://apps.who.int/iris/bitstream/handle/10665/44575/9788564047020_por.pdf;jsessionid=A90F505F5FC598BD0BC67C8D93ABC474?sequence=4>. Acesso em: 18 out. 2019.

(25) DELGADO, Gabriela Neves. O Trabalho enquanto suporte de valor. In: *Revista da Faculdade de Direito da UFMG*, Belo Horizonte, n. 49, jul-dez. 2006, 63-80.

(26) DELGADO, Gabriela Neves. *Direito fundamental ao trabalho digno*. São Paulo: LTr, 2006.

(27) DELGADO, Maurício Godinho. *Capitalismo, trabalho e emprego* – entre o paradigma da destruição e os caminhos da reconstrução. São Paulo: LTr, 2006.

(28) DELGADO, Maurício Godinho; PORTO, Lorena Vasconcelos (Org.). *O estado de bem-estar social no século XXI*. São Paulo: LTr, 2007

(29) ORGANIZAÇÃO MUNCIAL DA SAÚDE, Relatório mundial sobre a deficiência, São Paulo: SEDPcD, 2012. Disponível em: <https://apps.who.int/iris/bitstream/handle/10665/44575/9788564047020_por.pdf;jsessionid=A90F505F5FC598BD0BC67C8D93ABC474?sequence=4>. Acesso em: 18 out. 2019.

(30) IBGE, Censo Demográfico 2010: características gerais da população, religião e pessoas com deficiência. Rio de Janeiro, 2010. Disponível em: <https://biblioteca.ibge.gov.br/visualizacao/periodicos/94/cd_2010_religiao_deficiencia.pdf>. Acesso em: 17 out. 2019.

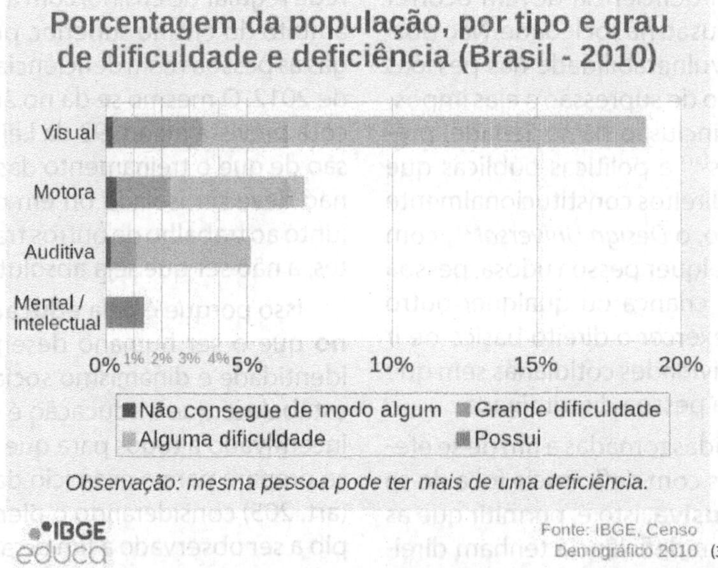

De acordo com dados da *Conferência Internacional Del Tabajo* de 2007, mais da metade das pessoas com deficiência do mundo adquiriu algum tipo de deficiência depois dos 16 anos de idade, principalmente **durante a vida laboral**[32]. No Brasil, segundo Pesquisa Nacional de Saúde[33], em seu quarto volume que trata dos indicadores de saúde no mercado de trabalho, **em 2013, 12,4% das 4,9 milhões de pessoas de 18 anos ou mais sofreram acidente de trabalho e ficaram com alguma sequela ou incapacidade (613 mil) e 32,9% deixaram de realizar atividades habituais (1,6 milhão).** E, dentre as 4,5 milhões de pessoas, nessa faixa etária, que sofreram algum acidente de trânsito com lesões corporais, **32,2% foram no deslocamento para o trabalho (1,4 milhão) e 9,9% trabalhando (445 mil)** e, ainda, o percentual de pessoas que sofreram acidentes era maior entre homens (5,1%) do que entre mulheres (1,9%). Dessarte, **grande parte das pessoas com deficiência adquiriram esta condição, lamentavelmente, devido a acidentes de trabalho ou doenças ocupacionais.** Nesta linha, o **IBGE de 2013 revela que a maioria das pessoas com deficiências não nasceram com alguma deficiência, mas se tornaram deficientes por terem tido acidentes ao longo da vida**[34]:

Gráfico 3 - Proporção de pessoas que nasceram com a deficiência física e proporção de pessoas com deficiência física adquirida por doença ou acidente, na população total, com indicação do intervalo de confiança de 95%, segundo as Grandes Regiões - 2013

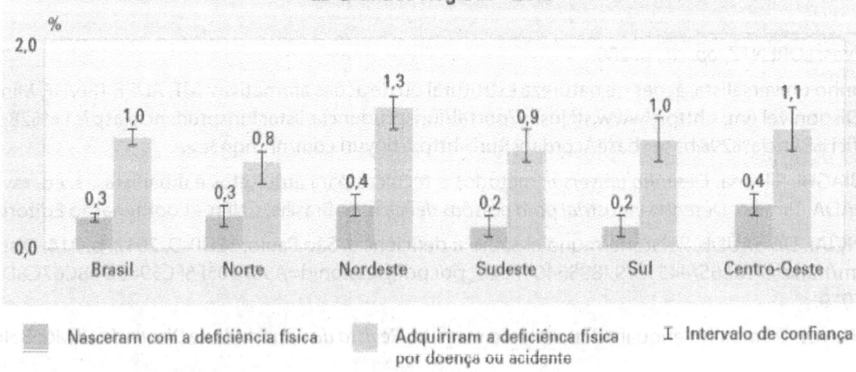

Fonte: IBGE, Diretoria de Pesquisas, Coordenação de Trabalho e Rendimento, Pesquisa Nacional de Saúde 2013.

(31) Disponível em: <https://educa.ibge.gov.br/jovens/conheca-o-brasil/populacao/20551-pessoas-com-deficiencia.html>. Acesso em: 15 out. 2019

(32) NOGUEIRA, Giovani Cavalheiro, et al. Perfil das Pessoas com deficiência física e políticas públicas: a distância entre a intenções e gestos. *Ciência e saúde Coletiva*, v. 21, n. 10, out. 2016. Disponível em: <https://www.scielosp.org/article/csc/2016.v21n10/3131-3142>. Acesso em: 21 mar. 2019.

(33) IBGE, Pesquisa Nacional de Saúde – 2013: indicadores de saúde e mercado de trabalho; Brasil e grandes regiões. Rio de Janeiro, 2016. Disponível em: <https://biblioteca.ibge.gov.br/visualizacao/livros/liv97329.pdf>>. Acesso em: 17 out. 2019.

(34) Disponível em: <https://biblioteca.ibge.gov.br/visualizacao/livros/liv94522.pdf>. Acesso em: 29 maio 2019.

No que concerne à empregabilidade, no Brasil, as pessoas com deficiência estão abaixo das taxas da população global, sendo que pela análise de dados do Instituto de Pesquisa Econômica Aplicada - IPEA[35] referente ao Censo de 1991[36] constatou-se que 13,4% das pessoas com deficiência trabalhava habitualmente, enquanto na população total o trabalho habitual era verificado em 36,8%. Pelos resultados do Censo 2010[37], pode-se observar que o nível de ocupação do total de pessoas de 10 anos ou mais de idade no Brasil foi de 53,3%, enquanto das pessoas com alguma das deficiências investigadas o nível de ocupação foi de 46,2% e das pessoas com deficiência ocupadas, sendo que 59,8% não tinham carteira de trabalho assinada.

Segundo o Programa das Nações Unidas para Desenvolvimento[38] a maior parte das pessoas com deficiência física, auditiva, visual e mental do Brasil estava alijada do mercado de trabalho. Também nesse sentido, segue gráfico elaborado pelo Ministério da Economia[39] que demonstra a evolução da proporção das pessoas com deficiência no estoque **de empregos formais de 2009 a 2018 que neste ano chegou em 1,04%:**

Evolução da Proporção de Pessoas com Deficiência no Estoque de Empregos Formais – 2009 a 2018

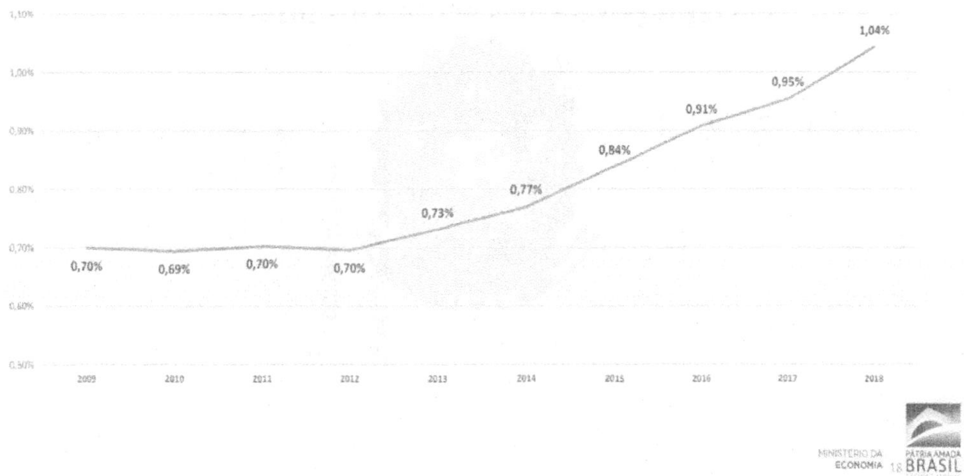

De acordo com Portal do Observatório Nacional do Mercado de Trabalho[40] criado pela Secretaria de Políticas Públicas de Emprego do antigo Ministério do Trabalho, nos anos de 2016 e 2017 houve saldo negativo na maioria dos meses no que se refere aos empregos gerados para pessoas com deficiência, enquanto que para o mercado de trabalho em geral houve saldo positivo a partir de abril de 2017:

(35) CHAGAS, Ana Maria de Resende; VIOTTI, Renato Baumgratz. Retrato da pessoa com deficiência no Brasil segundo o Censo de 1991, In: Texto para discussão n. 975, Brasília, ago. 2003. Disponível em: <http://www.ipea.gov.br/portal/index.php?option=com_content&view=article&id=4536%3Atd-0975-retrato-da-pessoa-com-deficiencia-no-brasil-segundo-o-censo-de-1991&catid=170%3Apresidencia&directory=1&Itemid=1>. Acesso em: 31 jul. 2015.

(36) Disponível em: <https://ww2.ibge.gov.br/home/presidencia/noticias/08052002tabulacao.shtm>. Acesso em: 29 maio 2019.

(37) IBGE, *Censo Demográfico 2010*: características gerais da população, religião e pessoas com deficiência. Rio de Janeiro, 2010. Disponível em: <https://biblioteca.ibge.gov.br/visualizacao/periodicos/94/cd_2010_religiao_deficiencia.pdf>. Acesso em: 17 out. 2019.

(38) PNUD. Relatório de Desenvolvimento Humano 2009 – 2010: Brasil ponto a ponto; consulta pública. Brasília: PNUD, 2009. Disponível em: <http://hdr.undp.org/sites/default/files/nhdr-brazil-2009-10-br.pdf>. Acesso em: 25 out. 2019.

(39) Ministério da Economia. Relação anual de informações sociais – RAIS 2018. Disponível em: <http://pdet.mte.gov.br/images/rais2018/nacionais/2-apresentacao.pdf>. Acesso em: 28 out. 2019.

(40) Ministério do Trabalho, Boletim Especial do Observatório: inserção de pessoa com deficiência no mercado de trabalho, Brasília: 2016. Disponível em: <http://obtrabalho.mte.gov.br/images/artigos/Boletim%20PCD%20-%2023%2010%20(Atualizado%202016).pdf>. Acesso em: 22 out. 2019.

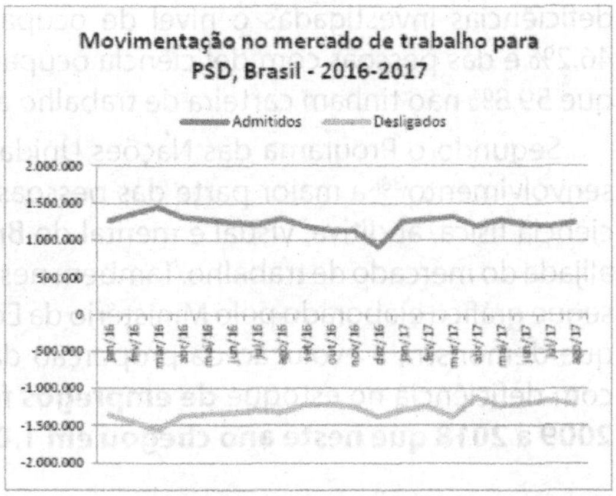

Fonte: CAGED/MTb

Fonte: CAGED/MTb

Segundo o IBGE[41], em 2015 o Cadastro Central de Empresas – CEMPRE continha 4,6 milhões de empresas ativas, sendo que 4,5 milhões possuem de 0 a 99 empregados em seus registros, 20.848 empresas têm de 100 a 249 empregados, 6.754 de 250 a 499 e 6.127 têm 500 ou mais empregados. À vista disso, 33.729 sociedades empresariais deveriam empregar em seus quadros pessoas com deficiência. **O Ministério da Economia publicou[42], em 2017, que 11,4 mil inspeções realizadas pela Secretaria Especial de Previdência e Trabalho realizadas em 2018 em todo o país levaram à contratação de 46,9 mil pessoas com deficiência e reabilitados**, considerando o número de empregados formais (44.782) e aprendizes (2.118). No ano de 2017, foram realizadas 9.727 ações de fiscalização pelo Órgão que desencadearam a contratação de 37.524 trabalhadores com deficiência e desde 2013 mais de 448 mil pessoas com deficiência e/ou reabilitados foram contratadas em todo o país em decorrência da fiscalização do cumprimento de cotas legais pelos fiscais do trabalho.

Um dado importante de 2017 é que 11.072 pessoas com deficiência se inscreveram no Sistema Nacional de Empregos – SINE em busca de uma oportunidade laboral[43] e, em 2015, 292.614 pessoas com deficiência estavam cadastradas no sítio do Minis-

(41) IBGE, Demografia das empresas: 2015, Rio de Janeiro: IBGE, 2017. Disponível em: <https://biblioteca.ibge.gov.br/visualizacao/livros/liv101151.pdf>. Acesso em: 20 out. 2019.

(42) Disponível em: <http://trabalho.gov.br/noticias/6856-contratacao-de-pessoas-com-deficiencia-bate-recorde-apos-fiscalizacao-do-trabalho>. Acesso em: 30 out. 2019.

(43) Ministério do Trabalho, Boletim Especial do Observatório: inserção de pessoa com deficiência no mercado de trabalho, Brasília: 2016. Disponível em: <http://obtrabalho.mte.gov.br/images/artigos/Boletim%20PCD%20-%2023%2010%20(Atualizado%202016).pdf>. Acesso em: 22 out. 2019.

tério do Trabalho e Emprego com o mesmo objetivo[44]. Evidencia-se que muitas empresas descumprem a cota legal a elas imposta de contratação de pessoas com deficiência apesar destas pessoas candidataram-se para estes empregos o que está em antinomia com uma das principais defesas apresentadas pelas empresas para o não cumprimento das cotas legais que **é** exatamente o argumento de que não há interessados nas vagas disponibilizadas.

As pessoas com deficiência têm índices mais baixos de término do ensino fundamental e menor média de anos de escolaridade do que os sem deficiência[45]. O Censo da Educação Superior[46], apresentado pelo Instituto Nacional de Estudos e Pesquisas Educacionais Anísio Teixeira – INEP, corrobora as informações acima apresentadas. Porém, estas autoras ordenaram em gráfico os dados referentes aos números de ingressantes e de concluintes de cursos de graduação disponibilizados nos Censos elaborados pelo INEP, referentes aos anos de 2015 a 2017, a fim de ilustrar as discrepâncias existentes entre os alunos com e sem deficiências nas Universidades e demais instituições do ensino superior:

Ano	Total alunos ingressantes em cursos de graduação	Alunos com deficiência ingressantes em cursos de graduação	Total de alunos concluintes de cursos de graduação	Alunos com deficiência concluintes de cursos de graduação
2015	2.920.222	12.744	1.150.067	5.130
2016	2.985.644	12.290	1.169.449	4.799
2017	3.226.249	14.050	1.199.769	5.052

Conclui-se que apenas 0,4% dos alunos que ingressaram na graduação e daqueles que se formaram declararam ter alguma deficiência, transtorno global do desenvolvimento ou altas habilidades/superdotação, porcentagem esta evidenciada em todos os anos analisados. No Censo da educação de 2017, foram 166.203 alunos que ingressaram na graduação participando de programa de reserva de vagas, dos quais 1.407 eram pessoas com deficiência:

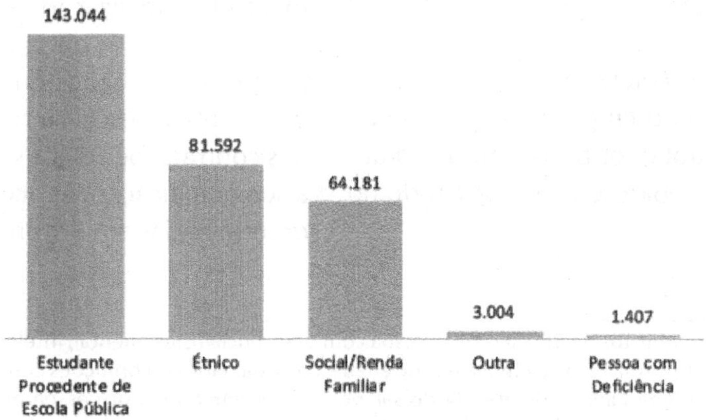

GRÁFICO 2

NÚMERO DE INGRESSANTES EM CURSOS DE GRADUAÇÃO, POR TIPO DE RESERVA DE VAGAS – BRASIL – 2017

Fonte: Elaborada por Deed/Inep com base nos dados do Censo da Educação Superior.

Nota: Um mesmo ingressante pode participar de mais de um programa de reserva de vagas.

(44) Disponível em: <http://www3.mte.gov.br/observatorio/indicadores_boletim_03.pdf>. Acesso em: 22 maio 2015.

(45) Ministério do Trabalho, *Boletim Especial do Observatório:* inserção de pessoa com deficiência no mercado de trabalho, Brasília: 2016. Disponível em: <http://obtrabalho.mte.gov.br/images/artigos/Boletim%20PCD%20-%2023%2010%20(Atualizado%202016).pdf>. Acesso em: 22 out. 2019.

(46) INEP, Resumo técnico: Censo da Educação Superior 2017. Brasília: Instituto Nacional de Estudos e Pesquisas Educacionais Anísio Teixeira, 2019. Disponível em: <http://download.inep.gov.br/educacao_superior/censo_superior/resumo_tecnico/resumo_tecnico_censo_da_educacao_superior_2017.pdf>. Acesso em: 10 out. 2019.

Retornando ao referenciado estudo do IPEA a respeito do Censo 1991, constatou-se que os rendimentos das pessoas com deficiência concentravam-se entre 1/4 e 1 salário-mínimo, sendo que 1/5 deles pertencia a famílias com até 1/4 de salário-mínimo *per capita* e quase a metade estaria em famílias com até meio salário-mínimo *per capita*.

Afere-se que, em 2010, a renda das pessoas com deficiência permanece muito aquém daqueles que não têm deficiências, sendo que 46,4% deste grupo ganhava até 1 salário-mínimo ou não tinha rendimentos. Mantém-se, pois, um número grande de pessoas com deficiência subempregadas ou trabalhando informalmente, bem como um elevado número de pessoas que não trabalham, posto que aqueles que recebem o Benefício de Prestação Continuada – BPC [47] (que corresponde a um salário-mínimo) que estão obrigados a requisitos de quase miserabilidade familiar (não pode haver recebimento do BPC[48] com renda *per capita* de mais de um quarto do salário-mínimo – Decreto n. 8.805, de 7 de julho de 2016 – a não ser em hipóteses[49] excetivas delimitadas pelo STF). Segundo dados do IPEA, de 2005[50], o programa do BPC conta com cerca de 2,1 milhões de beneficiários, dos quais pelo menos 1,1 milhão são pessoas com deficiência.

Dessarte, pelos dados coletados a inclusão dos PCD's pelo trabalho digno do emprego, ainda não alcançou, mesmo com as quotas, os propósitos normativos, apesar de ter havido evolução (como já citado no item n. 03 deste artigo).

4. NECESSIDADE DE COMUNICABILIDADE DA LEI N. 8.213/1991 (QUOTAS DE EMPREGO) COM A LEI N. 12.711/2012 (QUOTAS NA EDUCAÇÃO) PARA PESSOAS COM DEFICIÊNCIA

O Brasil obedece à recomendação da Organização Internacional do Trabalho – OIT[51] quanto à previsão de políticas sociais destinadas às pessoas com deficiência, reconhecendo que as ações afirmativas são vitais para a praticabilidade dos direitos a elas assegurados, visto que adota sistema de cotas destinadas às pessoas com deficiência tanto na educação quanto no mercado de trabalho. Neste sentido também ratificou as Convenções ns. 111 e 159, da OIT e sobretudo a Convenção da ONU foi ratificada em 2009 com previsão expressa de ações afirmativas na seara do trabalho das PCD's, arts. 1º, 3º, letras "B" e "E", art. 27, etc.

Contudo, conforme dados estatísticos apresentados no tópico anterior, as ações afirmativas implementadas não têm sido suficientes para efetivar os direitos garantidos às pessoas com deficiência, devendo ser conjugadas a outras que incluam esses cidadãos na sociedade por meio de uma educação adequada; da análise dos postos de trabalho e de sua adaptação, para que além de alcançar uma função laboral, possam mantê-la; a realização de habilitação e reabilitação por serviços públicos de saúde; da organização desse grupo em organizações que os representem; da previsão de incentivos fiscais e sistemas de redução de tributos nas contratações desses indivíduos; além de incentivos à sua qualificação. As ações afirmativas devem ser predeterminadas em um cronograma com metas específi-

(47) De acordo com o INSS, os requisitos do BPC são: Ser pessoa com deficiência física, mental, intelectual ou sensorial que impossibilite o beneficiário de participar de forma plena e efetiva na sociedade, em igualdade de condições com as demais pessoas que não possuam tal impedimento; possuir renda familiar de até 1/4 do salário-mínimo em vigor, por pessoa do grupo familiar (incluindo o próprio requerente); possuir nacionalidade brasileira; possuir residência fixa no país; não estar recebendo outro tipo de benefício. <http://www.previdencia.gov.br/servicos-ao-cidadao/todos-os-servicos/beneficio-assistencial-a-pessoa-com-deficiencia/>. Acesso em: 31 jul. 2015.

(48) Disponível em: <http://www.ipea.gov.br/portal/images/stories/PDFs/nota_tecnica/161129_nt_31_disoc.pdf>. Acesso em: 28 maio 2019.

(49) Sobre os valores pagos em todo o Brasil, Estados e nos municípios pelo INSS com o BPC, de 2009 até 2011. Disponível em: <http://www.mds.gov.br/relcrys/bpc/download_beneficiarios_bpc.htm>. Acesso em: 26 abr. 2011. Legislação: O BPC está garantido pela CF/1988, art. 203, e arts. 21 e 22 da Lei Orgânica da Assistência Social (Loas), de 1993. Contudo, o BPC só foi implementado em janeiro de 1996, após Decreto n. 1.774, de 08.12.1995. Porém, o STF tem relativizado este valor de ¼ do salário mínimo para recebimento do BPC, não se revestindo estes valores de natureza absoluta, STF RE n. 580.963/PR, Ministro Gilmar Mendes, tendo esta flexibilização sido acolhida pela AGU, In: n. 02, de 09.07.2014. BONFIM, Simone Maria Machado. A pessoa com deficiência e os direitos à previdência social e à assistência social. *Revista da ESMPU – Ministério Público, sociedade e a lei brasileira de inclusão da pessoa com deficiência.* Brasília, ESMPU, 2018. p. 167/206.

(50) MEDEIROS, Marcelo; DINIZ, Debora; SQUINCA, Flávia. Transferência de renda para a população com deficiência no Brasil: uma análise do Benefício de prestação continuada. In: Texto para discussão n. 1.184, Brasília, ago 2006. Disponível em: <http://www.ipea.gov.br/portal/images/stories/PDFs/TDs/td_1184.pdf>. Acesso em: 28 maio 2019.

(51) OIT, *Gestão de questões relativas à deficiência no local de trabalho:* repertório de recomendações práticas da OIT. 1. ed. Brasília: OIT, 2006. p. 8.

cas combinadas entre si e somadas a políticas educativas programadas.

Nesta linha, seria muito interessante a comunicabilidade da Lei das cotas de pessoas com deficiência **no trabalho**[52] (Lei n. 8.213/1991, art. 93) com as quotas de pessoas com deficiência na **educação pública federal**[53] (Lei n. 12.711/2012, arts. 1º a 5º) o que pode efetivar-se por Termos de Cooperação Técnica, convênios, etc. o que afastaria tanto a principal tese de defesa das empresas para descumprir aquela lei, ou seja, de que não há PCD's que queriam trabalhar, quanto a tese defensiva empresarial de que não há PCD's qualificados.

5. A "QUOTA EXCLUSÃO" DO PL N. 6159, 26.11.2019

A chave de leitura da jusfundamentalidade[54] (Constituição Federal de 1988, arts. 7º, XXXI, art. 227, § 1º, II e seguintes, às Convenções Internacionais ratificadas pelo Brasil, notadamente a Convenção da ONU[55] de 2006 com *status* jurídico de Emenda Constitucional, arts. 1º, 3º, letras "B", "E", art. 27 e seguintes) e a Convenção ns. 111, 159 da OIT[56] é a **inclusão da pessoa com deficiência**, notadamente **pela Teoria do Trabalho Digno**[57] já citada.

Em sentido contrário, foi apresentado, o Projeto de Lei – PL n. 6.159/2019 do Exmo. Ministro Paulo Guedes aos DD. Membros do Congresso Nacional, que prevê uma série de medidas excludentes das pessoas com deficiência, notadamente a "Cota – Contribuição" (ou "Cota Exclusão") art. 93, letra "B", **como alternativa a recusa de contratação de pessoas com deficiência**[58] **excluindo-as do direito ao trabalho.** Esta medida é antagônica a CF/1988, arts. 7º, XXXI, art. 227, § 1º, II e seguintes, à Convenção da ONU de 2006, arts. 1º, 3º, letras "B", "E", art. 27, à Convenção da OIT ns. 111 e 159, a Lei

---

(52) Art. 93. A empresa com 100 (cem) ou mais empregados está obrigada a preencher de 2% (dois por cento) a 5% (cinco por cento) dos seus cargos com beneficiários reabilitados ou pessoas portadoras de deficiência, habilitadas, na seguinte proporção:

I – Até 200 empregados 2%;

II – de 201 a 500..........3%;

III – de 501 a 1.000..........4%;

IV – de 1.001 em diante. ....5%.

(53) "Art. 1º As instituições federais de educação superior vinculadas ao Ministério da Educação reservarão, em cada concurso seletivo para ingresso nos cursos de graduação, por curso e turno, **no mínimo 50% (cinquenta por cento) de suas vagas para estudantes que tenham cursado integralmente o ensino médio em escolas públicas.**

Parágrafo único. No preenchimento das vagas de que trata o *caput* deste artigo, 50% (cinquenta por cento) deverão ser reservados aos estudantes oriundos de famílias com renda igual ou inferior a 1,5 salário-mínimo (um salário-mínimo e meio) per capita.

Art. 3º Em cada instituição federal de ensino superior, as vagas de que trata o art. 1º desta Lei serão preenchidas, por curso e turno, por autodeclarados pretos, pardos e indígenas e **por pessoas com deficiência**, nos termos da legislação, em proporção ao total de vagas no mínimo igual à proporção respectiva de pretos, pardos, indígenas e pessoas com deficiência na população da unidade da Federação onde está instalada a instituição, segundo o último censo da Fundação Instituto Brasileiro de Geografia e Estatística – IBGE.

Art. 4º As instituições federais de ensino técnico de nível médio reservarão, em cada concurso seletivo para ingresso em cada curso, por turno, no mínimo **50% (cinquenta por cento)** de suas vagas para estudantes que cursaram integralmente o ensino fundamental em escolas públicas.

Parágrafo único. No preenchimento das vagas de que trata o *caput* deste artigo, 50% (cinquenta por cento) deverão ser reservados aos estudantes oriundos de famílias com renda igual ou inferior a 1,5 salário-mínimo (um salário-mínimo e meio) per capita.

Art. 5º **Em cada instituição federal de ensino técnico de nível médio**, as vagas de que trata o art. 4º desta Lei serão preenchidas, por curso e turno, por autodeclarados pretos, pardos e indígenas e por **pessoas com deficiência**, nos termos da legislação, em proporção ao total de vagas no mínimo igual à proporção respectiva de pretos, pardos, indígenas e pessoas com deficiência na população da unidade da Federação onde está instalada a instituição, segundo o último censo do IBGE." (G.N. e N.N.)

(54) SARLET, Ingo Wolfgang (Org.). *Direitos fundamentais sociais*: estudos de direito constitucional, internacional e comparado. Rio de Janeiro: Renovar, 2003. p. 40-70.

(55) A Convenção da ONU de 2006 já ostenta o *status* jurídico de Emenda Constitucional porque foi aprovada em Dec. Presidencial n. 6.494, de 25.08.2009, ou seja, após a EC n. 45/2004, art. 5º, § 3º, CF/1988.

(56) Aprovada pelo Decreto n. 62.150, 19 de janeiro de 1968 e ratificada pelo Brasil pelo Decreto n. 62.150, 19 de janeiro de 1968.

(57) DELGADO, Gabriela Neves. *Direito fundamental ao trabalho digno*. São Paulo: 2006. p. 222-224.

(58) "Art. 93-B. A obrigação de que trata o art. 93 poderá ser cumprida alternativamente, conforme o disposto em regulamento, por meio: I – do recolhimento mensal ao Programa de Habilitação e Reabilitação Física e Profissional, Prevenção e Redução de Acidentes de Trabalho, do Ministério da Economia, do valor equivalente a dois salários-mínimos por cargo não preenchido; ou II – da contratação da pessoa com deficiência por empresa diversa, desde que as contratações adicionais pela empresa que exceder o percentual exigido compensem o número insuficiente de contratações da empresa que não tenha atingido o referido percentual. Parágrafo único. Na hipótese do inciso II do *caput*, as empresas observarão o limite de ocupação de vagas excedentes em relação à obrigatoriedade estabelecida no art. 93 e informarão aos órgãos competentes os cargos destinados ao cumprimento da obrigação em cada empresa." (N.N.)

Brasileira de Inclusão – LBI, arts. 8º, 17, 34/35 e seguintes. Também agride o Princípio da Igualdade expressamente previsto na Declaração Universal dos Direitos do Homem e do Cidadão, **porque, por este raciocínio, se a empresa deve pagar 2 (dois) salários-mínimos para não contratar pessoas com deficiência** deveria ter de pagar o mesmo valor ao recusar empregar trabalhadores tido como "normais". Também houve agressão à Lei n. 9.029, de 13 de abril de 1995, e a Lei n. 7.853, de 24 de outubro de 1989.

Ressalte-se o que já se destacou no item n. 03 deste artigo: os **empregos formais para pessoas com deficiência em 2018 chegaram a 1,04% do total** e pelos dados do Ministério da Economia[59] em 2017/2018, através de 11,4 mil inspeções realizadas pela Secretaria Especial de Previdência e Trabalho **foram contratadas 46,9 mil pessoas com deficiência e reabilitados, tudo isto será destruído com o citado PL!**

Clarifique-se que em análise de direito comparado tanto da Itália, quanto da Alemanha, Espanha, Portugal, da Argentina, Venezuela, Colômbia, etc. adotam quotas de trabalho (leia-se de emprego) em percentuais quase sempre bem mais altos do que o adotado pelo Brasil, no art. 93, da Lei n. 8.213/1991.[60] E ainda em síntese, no mundo há dez grandes tipos de ações afirmativas[61] para pessoas com deficiência algumas punitivas, outras premiativas: premiações públicas por contratações de pessoas com deficiência em meio ambiente laboral inclusivo, as quotas de emprego, isenção ou redução de impostos para contratar PCD's, sistema da ajuda adaptação, sistema de complementação salarial, cooperativas de trabalho, quota-terceirização, quota licitação, quotas em concursos públicos e o sistema de quota -contribuição (também chamada "quota exclusão"). Nenhum dos países citados adotam este último sistema, justamente porque promove a exclusão das PCDs.

Porém, o Brasil, por este PL em franco retrocesso propõe-se a esvaziar a quota-emprego e substituí-la pela quota-contribuição, ou melhor reitere-se pela "quota exclusão".

Se de fato, o propósito do PL fosse aperfeiçoar o sistema, deveria ter mantido o art. 93, da Lei n. 8.213/91 (quotas de emprego) e concomitantemente passar a adotar por reserva legal o sistema **de ações afirmativas premiativas**: premiações públicas por contratações de pessoas com deficiência em meio ambiente laboral inclusivo (adaptado, livre de barreiras), isenção ou redução de impostos para contratar PCD's, sistema da ajuda adaptação e o sistema de complementação salarial, como inclusivamente já fizeram vários dos países citados[62].

Além disto, o PL n. 6.159/2019 ao prever no art. 93, letra C, § 1º, itens I a III uma série de exclusões[63] ao cumprimento de quota de contratação de empregados pessoas com deficiência, **na prática esvazia seu conteúdo sem ter de arcar com os custos políticos deste retrocesso excludente**, porque inviabiliza o cumprimento da quota de contratação de pessoas com deficiência, bastando para tanto as empresas alegarem que têm "atividades que restrinjam ou impossibilitem o cumprimento da obrigação", ou que tenham (ainda em parte) o meio ambiente laboral com atividades perigosas, insalubres, ou que contratem pessoas com jornada de até 26 horas de labor semanal.

Houve também expressa exclusão das empresas de terceirização e Prestadoras de Serviço de cumprimento da quota de contratação das PCD's, prevista no art. 93, letra C, §2º, incitando inclusivamente uma concorrência desleal entre estas empresas e as demais que ainda tem (embora com os esvaziamentos já citados) que cumprir esta quota e reiterando **a política excludente**[64] **às pessoas com deficiência.**

---

(59) Disponível em: <http://trabalho.gov.br/noticias/6856-contratacao-de-pessoas-com-deficiencia-bate-recorde-apos-fiscalizacao-do-trabalho>. Acesso em: 30 out. 2019.

(60) LORENTZ, *Op. Cit.*, p. 351-389.

(61) Estas ações afirmativas estão exaustivamente analisadas no capítulo XI, LORENTZ, *op.cit.* p. 301-316.

(62) LORENTZ, *Op.Cit.*, p. 301/302.

(63) "Art. 93-A. Para o cumprimento da obrigação de que trata o art. 93, será considerada como base de cálculo a totalidade dos empregados que trabalhem na empresa, inclusive:

I – os empregados temporários; *e*

II – os empregados de empresa de prestação de serviços a terceiros.

§ 1º Não serão considerados, para fins da obrigação a que se refere o art. 93, nos termos do disposto em regulamento, os cargos:

I – que exijam o exercício de atividades ou operações perigosas;

II – cujas atividades restrinjam ou impossibilitem o cumprimento da obrigação; ou

III – cuja jornada não exceda a vinte e seis horas semanais." (N.N.)

(64) RENAULT, Luiz Otávio; CANTELLI, Paula Oliveira; VIANA, Márcio Túlio. *Discriminação.* 2. ed. São Paulo: LTr, 2010.

O referido PL também não ouviu, não consultou as pessoas com deficiência por meio de suas organizações representativas, em descumprindo também ao lema da Convenção Internacional sobre os Direitos das Pessoas com Deficiência da ONU, de 2006: **"nada sobre nós sem nós" ("nothing about us without us").**

Ademais o PL n. 6.159/2019 estabeleceu no art. 19, inciso III, o fim da estabilidade do empregado pessoa com deficiência **promovendo sua exclusão da permanência em trabalho digno** em clara agressão as seguintes normativas: a CF/1988, arts. 7º, XXXI e art. 227, § 1º, II e seguintes, à Convenção da ONU de 2006, arts. 1º, 3º, letras "B", "E", art. 27, à Convenção da OIT ns. 111, 159 e a Lei Brasileira de Inclusão – LBI, arts. 8º, 17, 34/35 e seguintes. Também houve agressão à Lei n. 9.029, de 13 de abril de 1995, e a Lei n. 7.853, de 24 de outubro de 1989[65].

O PL n. 6.159/2019 ao prever, no arts. 1º, 2º e 8º a criação do auxílio-inclusão agride ao Princípio Constitucional básico, art. 195, § 5º, CF/1988 de que nenhum benefício pode ser criado sem base de custeio **específica.**

E mais! o Estado (art. 93, *B*, do PL) vai lucrar com a "Quota-Contribuição" ou "Quota-Exclusão" das pessoas com deficiência porque pelo PL os empregadores podem pagar ao Estado o valor de 2 salários mínimos (SM) por pessoa com deficiência recusada, ou não contratada pelas empresas. O Estado, por sua vez, paga pelo INSS o valor de 1/2 SM (ou 1/2 do Benefício de Prestação Continuada-BPC) paras pessoas com deficiência desempregadas, ou que exerçam atividade remunerada, a título de "auxílio--inclusão", lucrando, portanto, com 1,5 SM por PCD desempregada, ou subempregada.

Ressalte-se que a **Associação Nacional dos Membros do Ministério Público de Defesa dos Direitos dos Idosos e Pessoas com Deficiência**-AMPID[66] emitiu Nota Técnica contra o referido PL, bem como o Ministério Público do Trabalho[67] sendo que este manifestou--se no sentido de que o PL também descumpriu a CDPD no princípio da Vedação ao Retrocesso social e Progressividade de Direitos das pessoas com deficiência.

6. CONCLUSÃO

Em conclusão, as ações afirmativas, no Brasil, no que concerne ao temário *trabalho privado* (celetista), embora tenham sido previstas, inicialmente, por lei infraconstitucional, Lei n. 8.213/1991, art. 93 e genericamente pelo art. 7º, XXXI, CF/1988 já tinham amparo em normas internacionais ratificadas pelo Brasil, notadamente nas Convenções ns. 111, 159 da OIT e Recomendação n. 168, ambas de 1983.

Com a CDPD essas ações afirmativas no campo do trabalho privado para pessoas com deficiência foram elevadas à dimensão jurídica de Emenda Constitucional. Essas quotas também foram validadas pela LBI, Lei n. 13.146, de 06.07.2015. As quotas em concurso público desde sempre estiverem na esfera da jusfundamentalidade, art. 37, VIII, CF/1988 e as outras normativas já citadas (CDPD e LBI). Dessarte, o Brasil **adotou claramente a fase da inclusão das pessoas com deficiência.**

Em sentido totalmente contrário, o PL n. 6.159/2019 promove um **ciclo perverso de exclusão das pessoas com deficiência** possibilitando não só que as empresas **não cumpram a cota de contratação de empregados pessoas com deficiência**, mas também que **paguem**

---

(65) Art. 1º É proibida a adoção de qualquer prática discriminatória e limitativa para efeito de acesso à relação de trabalho, ou de sua manutenção, por motivo de sexo, origem, raça, cor, estado civil, situação familiar, deficiência, reabilitação profissional, idade, entre outros, ressalvadas, nesse caso, as hipóteses de proteção à criança e ao adolescente previstas no inciso XXXIII do art. 70 da Constituição Federal. (Redação dada pela Lei n. 13.146, de 2015)

Art. 3º Sem prejuízo do prescrito no art. 20 desta Lei e nos dispositivos legais que tipificam os crimes resultantes de preconceito de etnia, raça, cor ou deficiência, as infrações ao disposto nesta Lei são passíveis das seguintes cominações: (Redação dada pela Lei n. 13.146, de 2015) I – multa administrativa de dez vezes o valor do maior salário pago pelo empregador, elevado em cinquenta por cento em caso de reincidência;

Art. 8º Constitui crime punível com reclusão de 2 (dois) a 5 (cinco) anos e multa: (Redação dada pela Lei n. 13.146, de 2015) (...) III – negar ou obstar emprego, trabalho ou promoção à pessoa em razão de sua deficiência; (Redação dada pela Lei n. 13.146, de 2015).

(66) Disponível em: <http://www.ampid.org.br/v1/>. Acesso em: 09 dez. 2019.

(67) Disponível em: <https://mpt.mp.br/pgt/areas-de-atuacao/coordigualdade>. Acesso em: 09 dez. 2019. "MPT pede rejeição de projeto de lei que desobriga empresas de cumprirem cotas para PcDs.

"Proposta que tramita em regime de urgência na Câmara dos Deputados restringe acesso de pessoas com deficiência ao mercado de trabalho" A vice-coordenadora da Coordigualdade alerta, ainda, que as alterações são inconstitucionais porque desrespeitam os princípios da Convenção Internacional dos Direitos das Pessoas com Deficiência, ratificada pelo Brasil e internalizada na Constituição por meio do art. 5º, § 3º, que possui *status de emenda constitucional. "É inconstitucional porque não respeita os princípios da convenção, em especial a progressividade de direitos, ou seja, a vedação de retrocessos. O projeto estabelece diretrizes que afetam a contratação de PcDs, o que realmente fere a Constituição", explicou." "A vice-coordenadora da Coordigualdade alerta, ainda, que as alterações são inconstitucionais porque desrespeitam os princípios da Convenção Internacional dos Direitos das Pessoas com Deficiência, ratificada pelo Brasil e internalizada na Constituição por meio do art. 5º, § 3º, que possui status de emenda constitucional. "É inconstitucional porque não respeita os princípios da convenção, em especial a progressividade de direitos, ou seja, a vedação de retrocessos".*

para não as contratar o valor de 2 (dois) salários mínimos por emprego não preenchido.

Estes valores iriam para o Ministério da Economia e a União Federal, através do INSS se propõe a pagar, supostamente com estes mesmíssimos valores um benefício social chamado de "auxílio-inclusão" no valor de 50% do Benefício de Prestação Continuada para as pessoas com deficiência, que perderem o emprego (ou estiverem laborando ganhando até 2 SM) ou seja, **ao promover a exclusão** das pessoas com deficiência do emprego, o PL está a usar deste dinheiro para pagar o "auxílio – inclusão" em um paradoxo desconcertante.

E mais! **O Estado (art. 93, *B*, do PL) iria lucrar com a "Quota-Exclusão" das PCD's, porque os empregadores pagariam a este 2 SM por pessoa com deficiência não contratada e o Estado, por sua vez, pagaria 1/2 SM para a pessoa com deficiência desempregada (ou 1/2 do Benefício de Prestação Continuada) como "auxílio-inclusão", sendo assim, o Estado lucra 1,5 SM por pessoa com deficiência desempregada**!

Este PL descumpre toda a jusfundamentalidade já citada (notadamente a CF/1988, arts. 7º, XXXI, art. 227, § 1º, II e seguintes, à Convenção da ONU de 2006, arts. 1º, 3º, letras "B", "E", art. 27) à Convenção da OIT ns. 111, 159, além de leis infraconstitucionais, tais como, a Lei Brasileira de Inclusão – LBI, arts. 8º, 17, 34/35 e seguintes, Lei n. 9.029, de 13 de abril de 1995 e a Lei n. 7.853, de 24 de outubro de 1989 e merece ter votação contrária (ou de oposição) pelo Congresso Nacional não só para evitar-se denúncias do Brasil na ONU, OIT e Corte Interamericana, mas também para que as pessoas com deficiências sejam **incluídas na sociedade através da Teoria do Trabalho Digno, já citada, ou seja, por meio das quotas de pleno emprego.**

REFERÊNCIAS

BÍBLIA Mensagem de Deus. *Novo testamento*. São Paulo: Loyola, 1982.

BONFIM, Simone Maria Machado. A pessoa com deficiência e os direitos à previdência social e à assistência social. *Revista da ESMPU – Ministério Público, sociedade e a lei brasileira de inclusão da pessoa com deficiência*. Brasília: ESMPU, p. 167/206, ano 2018.

CHAGAS, Ana Maria de Resende; VIOTTI, Renato Baumgratz. Retrato da pessoa com deficiência no Brasil segundo o Censo de 1991. In: *Texto para discussão n. 975*, Brasília, ago. 2003. Disponível em: <http://www.ipea.gov.br/portal/index.php?option=com_content&view=article&id=4536%3Atd-0975-retrato-da-pessoa-com-deficiencia-no-brasil-segundo-o-censo-de-1991&catid=170%3Apresidencia&directory=1&Itemid=1>. Acesso em: 31 jul. 2015.

COMPARATO, Fábio Konder. *A afirmação histórica dos direitos humanos*. 4. ed. São Paulo: Saraiva, 2005.

CROCHIK, José Leon. *Preconceito: indivíduo* e cultura. São Paulo: Robe Editorial, 1997.

DELGADO, Gabriela Neves. *Direito Fundamental ao Trabalho Digno*. São Paulo: LTr, 2006.

______. O Trabalho enquanto suporte de valor. In: *Revista da Faculdade de Direito da UFMG*, Belo Horizonte, n. 49, jul.-dez., 2006, 63-80.

DELGADO, Mauricio Godinho; PORTO, Lorena Vasconcelos (Org.). *O estado de bem-estar social no século XXI*. São Paulo: LTr, 2007.

DELGADO, Mauricio Godinho. *Capitalismo, trabalho e emprego* – entre o paradigma da destruição e os caminhos da reconstrução. São Paulo: LTr, 2006.

FARIAS, Norma; BUCHALLA, Cassi Maria. A Classificação Internacional de Funcionalidade, Incapacidade e Saúde da Organização Mundial de Saúde: conceitos, usos e perspectivas. In: *Revista Brasileira de Epidemiologia*, v. 8, n. 2, p. 187-93, 2005.

FONSECA, Ricardo Tadeu Marques da. In: BATISTA, Cristina Abranches Mota. *Inclusão: construção na diversidade*. Belo Horizonte: Armazém das Ideias, 2004.

GOFFMAN, Erving. *Estigma:* notas sobre a manipulação da identidade deteriorada. 4. ed. Rio de Janeiro: Guanabara Koogan, 1988.

GONZAGA, Eugênia A. *Direitos das pessoas com deficiência*. 3. ed. Rio de Janeiro: WVA, 2012.

GUGEL, Maria Aparecida. O mundo do trabalho e as pessoas com deficiência. *Revista da ESMPU – Ministério Público, sociedade e a lei brasileira de inclusão da pessoa com deficiência*. Brasília: ESMPU, p. 278-302, ano 2018.

HITLER, Adolf. *Mein Kampf*. São Paulo: Centauro, 2001

LORENTZ, Lutiana Nacur. *A norma da igualdade e o trabalho das pessoas portadoras de deficiência*. 2. ed. São Paulo: LTr, 2006.

MEDEIROS, Marcelo; DINIZ, Debora; SQUINCA, Flávia. Transferência de renda para a população com deficiência no Brasil: uma análise do benefício de prestação continuada. In: *Texto para discussão n. 1.184*, Brasília, ago. 2006. Disponível em: <http://www.ipea.gov.br/portal/images/stories/PDFs/TDs/td_1184.pdf>. Acesso em: 28 maio 2019.

Ministério da Economia. *Relação anual de informações sociais – RAIS 2018*. Disponível em: <http://pdet.mte.gov.br/images/rais2018/nacionais/2-apresentacao.pdf>. Acesso em: 28 out. 2019.

Ministério do Trabalho, *Boletim Especial do Observatório:* inserção de pessoa com deficiência no mercado de trabalho, Brasília: 2016. Disponível em: <http://obtrabalho.mte.gov.br/images/artigos/Boletim%20PCD%20-%2023%2010%20(Atualizado%202016).pdf>. Acesso em: 22 out. 2019.

OLIVEIRA, Nilza Helena Costa. Casa da Esperança – Instituto São Rafael. In: *Jornal Dois Pontos*, Belo Horizonte, Caderno Instituição de Destaque, jan./fev. de 1996, p. 86.

PARANÁ. Ministério Público do Estado do Paraná. *Classificação Internacional de Funcionalidade, Incapacidade e Saúde (CIF)*: Classificação Internacional de Funcionalidade, Incapacidade e Saúde (CIF) da Organização Mundial de Saúde (OMS). Curitiba: CAOPIPPD, Área da Pessoa Portadora de Deficiência, [s/d]. Disponível em: <http://www.ppd.mppr.mp.br/modules/conteudo/conteudo.php?conteudo=13>. Acesso em: 18 maio 2015.

PLATÃO. *As Leis*. Prefácio Dalmo de Abreu Dallari. Trad., notas e introd. Edson Bini. São Paulo: Edipro, 1999.

PLATÃO. *Platon* – Obras completas – Las Leyes, o de la Legislación. 2. ed. Trad. José Antonio Miguez. Madrid: Aguilar, 1979.

RENAULT, Luiz Otávio; CANTELLI, Paula Oliveira; VIANA, Márcio Túlio. *Discriminação*. 2. ed. São Paulo: LTr, 2010

SARLET, Ingo Wolfgang (Org.). *Direitos fundamentais sociais:* estudos de direito constitucional, internacional e comparado. Rio de Janeiro: Renovar, 2003. p. 40-70.

SHIEBER, Benjamim M. *Iniciação ao direito trabalhista norte-americano*. São Paulo: LTr, 1988

WUCHER, Gabi. *Minorias*: proteção internacional em prol da democracia. São Paulo: Juarez de Oliveira, 2000.

Sites **Consultados**

ORGANIZAÇÃO MUNCIAL DA SAÚDE, *Relatório mundial sobre a deficiência*, São Paulo: SEDPcD, 2012, p. 214. Disponível em: <https://apps.who.int/iris/bitstream/handle/10665/44575/9788564047020_por.pdf;jsessionid=A90F505F5FC598BD0BC67C8D93ABC474?sequence=4>. Acesso em: 18 out. 2019.

IBGE, *Censo Demográfico 2010:* características gerais da população, religião e pessoas com deficiência. Rio de Janeiro, 2010. Disponível em: <https://biblioteca.ibge.gov.br/visualizacao/periodicos/94/cd_2010_religiao_deficiencia.pdf>. Acesso em: 17 out. 2019.

IBGE, *Demografia das empresas*: 2015. Rio de Janeiro: IBGE, 2017. Disponível em: <https://biblioteca.ibge.gov.br/visualizacao/livros/liv101151.pdf>. Acesso em: 20 out. 2019.

INEP, *Resumo técnico:* Censo da Educação Superior 2017. Brasília: Instituto Nacional de Estudos e Pesquisas Educacionais Anísio Teixeira, 2019. Disponível em: <http://download.inep.gov.br/educacao_superior/censo_superior/resumo_tecnico/resumo_tecnico_censo_da_educacao_superior_2017.pdf>. Acesso em: 10 out. 2019.

PNUD. *Relatório de Desenvolvimento Humano 2009 – 2010:* Brasil ponto a ponto; consulta pública. Brasília: PNUD, 2009. Disponível em <http://hdr.undp.org/sites/default/files/nhdr-brazil-2009-10-br.pdf>. Acesso em: 25 out. 2019.

Disponível em: <http://download.inep.gov.br/educacao_superior/censo_superior/resumo_tecnico/resumo_tecnico_censo_da_educacao_superior_2017.pdf>. Acesso em: 10 out. 2019.

Disponível em: <http://hdr.undp.org/sites/default/files/nhdr-brazil-2009-10-br.pdf>. Acesso em: 25 out. 2019.

Disponível em: <http://obtrabalho.mte.gov.br/images/artigos/Boletim%20PCD%20-%2023%2010%20(Atualizado%20 2016).pdf>. Acesso em: 22 out. 2019.

Disponível em: <http://pdet.mte.gov.br/images/rais2018/nacionais/2-apresentacao.pdf>. Acesso em: 28 out. 2019.

Disponível em: <http://trabalho.gov.br/noticias/6856-contratacao-de-pessoas-com-deficiencia-bate-recorde-após-fiscalizacao-do-trabalho>. Acesso em: 30 out. 2019.

Disponível em: <http://www.ipea.gov.br/portal/images/stories/PDFs/nota_tecnica/161129_nt_31_disoc.pdf>. Acesso em: 28 maio 2019.

Disponível em: <http://www.ipea.gov.br/portal/images/stories/PDFs/TDs/td_1184.pdf>. Acesso em: 28 maio 2019.

Disponível em: <http://www.mds.gov.br/relcrys/bpc/download_beneficiarios_bpc.htm>. Acesso em: 26 abr. 2011.

Disponível em: <http://www.ppd.mppr.mp.br/modules/conteudo/conteudo.php?conteudo=13>. Acesso em: 18 maio 2015.

Disponível em: <http://www.previdencia.gov.br/servicos-ao-cidadao/todos-os-servicos/beneficio-assistencial-a-pessoa-com-deficiencia/>. Acesso em: 31 jul. 2015.

Disponível em: <http://www3.mte.gov.br/observatorio/indicadores_boletim_03.pdf>. Acesso em: 22 maio 2015.

Disponível em: <https://apps.who.int/iris/bitstream/handle/10665/44575/9788564047020_por.pdf;jsessionid=A90F505F5FC598BD0BC67C8D93ABC474?sequence=4>. Acesso em: 18 out. 2019.

Disponível em: <https://biblioteca.ibge.gov.br/visualizacao/livros/liv101151.pdf>. Acesso em: 20 out. 2019.

Disponível em: <https://educa.ibge.gov.br/jovens/conheca-o-brasil/populacao/20551-pessoas-com-deficiencia.html>. Acesso em: 15 out. 2019.

Disponível em: <https://ww2.ibge.gov.br/home/presidencia/noticias/08052002tabulacao.shtm>. Acesso em: 29 maio 2019.

Disponível em: <https://www.dieese.org.br/analisecestabasica/salarioMinimo.html>. Acesso em: 10 out. 2019.

PARTE III

Dimensões do Meio Ambiente do Trabalho

Capítulo 19

O Meio Ambiente do Trabalho Equilibrado e a Conformação do Direito Fundamental ao Trabalho Digno

Paulo Roberto Lemgruber Ebert[1]

Resumo: O presente artigo pretende demonstrar que o direito fundamental ao ***trabalho digno*** previsto na Constituição Federal de 1988 é integrado pelo conteúdo do princípio ao meio ambiente ecologicamente equilibrado. Comprovar-se-á, mais especificamente, que o trabalho humano e suas condicionantes configuram elementos integradores do meio ambiente que circunda os indivíduos e, como tal, devem ser sistematizados de modo a não submeter a qualidade de vida e a integridade psicofísica dos seres humanos a riscos de degradação. Ao fim, restará evidenciado que o conceito de ***trabalho digno*** contemplado na Constituição Federal de 1988 pressupõe a noção de ***meio ambiente do trabalho adequado***, a integrar em seu conteúdo os direitos (i) à formatação das condições de trabalho e da organização do trabalho aptas a resguardar a integridade psicofísica dos trabalhadores e (ii) à proteção destes últimos contra a totalidade dos riscos labor-ambientais passíveis de afetar tais bens jurídicos.

Palavras-chave: Trabalho digno. Meio ambiente do trabalho adequado. Condições de trabalho e organização do trabalho. Proteção contra os riscos labor-ambientais.

Abstract: The purpose of this article is to demonstrate that the right to a ***worthy labor conditions*** recognized by the Federal Constitution of 1988 is conformed by the principle of the balanced environment and its contents. The following lines will show, specifically, that the human work and its contents are part of the environment that surround individuals and, for this reason, it should be structured in a way to avoid risks for the life quality and for the physical and psychologic integrity held by the human beings.At the end of the article, it will be clear that the concept of ***worthy labor conditions*** granted by the Federal Constitution of 1988 presupposes the balanced environment, which aggregates among its contents the rights (i) to count with a labor organization able to keep physical and psychologic integrity of the workers and (ii) to protect them against all kinds of labor-environmental risks for their health.

Keywords: Worthy labor conditions. Balanced labor environment. Labor conditions and labor organization. Protection against labor-environmental risks.

1. INTRODUÇÃO

A *dignidade humana*, erigida como um dos alicerces do Estado brasileiro no artigo inaugural da Constituição da República de 1988, pode ser compreendida como o enunciado que impõe ao sistema jurídico a gravitação em torno da pessoa humana e dos direitos fundamentais que expressam suas aspirações nos planos pessoal e social.[2]

Traduz-se a *dignidade humana* na concepção de que as estruturas da sociedade e do Estado só terão suas respectivas existências justificadas em tal sistema conquanto sejam capazes de assegurar aos indivíduos condições de vida e de subsistência dignas, de modo a lhes possibi-

(1) Advogado. Professor Universitário. Doutor em Direito do Trabalho e da Seguridade Social pela Universidade de São Paulo (USP). Especialista em Direito Constitucional pela Universidade de Brasília (UnB). Especialista em Direito e Processo do Trabalho pelo Centro Universitário de Brasília (UniCEUB). Pesquisador integrante do Grupo de Pesquisa Trabalho, Constituição e Cidadania (UnB/CNPq).

(2) PÉREZ. Jesús González. *La dignidad de la persona*. Tercera edición. Madrid: Civitas, 2017. p. 80-81.

litar a fruição de um patamar mínimo de desenvolvimento pessoal, material, social, cognitivo e familiar.[3]

No edifício erigido pela Constituição Federal de 1988, a ideia de *dignidade humana*, aliada ao *valor social do trabalho,* configura o pilar a perpassar todos os dispositivos concernentes à fixação dos limites e das condições para a compra e venda da força de trabalho, bem como para o exercício da liberdade econômica e da autonomia privada.[4]

Desse modo, o *trabalho digno* aferível da Constituição Federal de 1988 compreende, à primeira vista, aquele *"patamar mínimo de direitos trabalhistas"* que resguarda a integridade psicofísica dos trabalhadores em seus locais de trabalho e que lhes possibilita não apenas o sustento próprio e o de suas famílias, como também sua integração plena na sociedade.[5]

Não obstante, o *trabalho digno* pressuposto na Constituição Federal envolve, ainda, uma outra dimensão cuja análise se afigura imprescindível para a sua compreensão plena. Trata-se da dimensão *ambiental* que (i) situa as condicionantes materiais e imateriais da realização do trabalho dentre os fatores que concorrem para a sadia qualidade de vida dos trabalhadores enquanto seres humanos e (ii) possibilita a formulação de uma visão mais ampla e precisa a respeito dos riscos passíveis de interferir no equilíbrio de tais fatores.

A dimensão *ambiental* compreende, em síntese, o trabalho e suas condicionantes como elementos integrativos do *meio ambiente* e insere as questões relacionadas à conformação das *condições de trabalho*, da *organização do trabalho* e das relações interpessoais de cariz laboral no regime tutelar contemplado no art. 225

---

(3) Afinal, conforme bem observa Paul Roubier:

"O propósito do culto do indivíduo não é pregar a emancipação máxima e a vontade de poder, mas apenas obter o respeito da pessoa humana.

(...)

Na vanguarda dos interesses a serem protegidos está aquele que cada homem titulariza no fito de defender sua vida, sua integridade corporal e sua saúde física. Estes são bens que pertencem em primeiro lugar ao seu possuidor, e não podem ser alienados a ninguém. Por conseguinte, por nenhum contrato ou por qualquer outra forma de alienação não se poderá dispor sobre tais interesses no sentido de possibilitar a aferição de lucros por outrem, pois o direito à personalidade comporta a proibição de escravidão.

Também é necessário colocar no mesmo grupo o direito de cada homem à liberdade de seu desenvolvimento, liberdade para ir e vir, liberdade de consciência, liberdade de casamento ou não se casar, liberdade para escolher tal profissão. Isso inclui tanto o livre emprego do corpo para o exercício de profissões manuais, para o livre desenvolvimento intelectual e para o exercício de profissões liberais. Inclui também o direito de defender a sua honra, ou seja, a sua capital da integridade moral, contra tudo o que a diminuiria.

Mas isso ainda não é tudo, e todos entendem que o desenvolvimento da pessoa humana não está completo, se ele não encontrar na posse e no uso de certos bens os meios para satisfazer seus interesses legítimos."

No original:

"Le culte de l'individu n'a pas pour objet de prêcher le maximum d'emancipation, et de volonté de puissance, mais seulement d'obtenir le respect de la personne humaine.

(...)

Au premier rang des interêts à protèger, il faut citer celui que chaque homme peut avoir à défendre sa vie, son integrité corporelle et sa santé physique: ce sont des biens qui appartiennent en tout premier lieu à leur possesseur, et ne sauraient appartenir à nul autre; par consequent, par aucun contrat, par aucun mode d'aliénation, il ne peut être disposé au profit d'une autre personne de ces élements essentiels: le droit à la personnalité comporte la prohibition de l'esclavage

Il faut également placer dans le même groupe le droit de chaque homme à la liberté de son developpement, liberté de aller et de venir, liberté de conscience, liberté de se marier ou de ne pas se marier, liberté de choisir telle oi telle profession. Cela comprend à la fois le libre développement corporel, pour les professions manuelles et le libre développement intellectuel, pour les professions libérales. Cela comporte aussi le droit de défendre son honneur, c'est-à dire son capital d'integrité morale, contre tout ce qui viendrait le diminuer.

Mais ce n'est point tout encore, et tout le monde comprend bien que le developpement de la personne humaine n'est pas complet, si elle ne trouve pas dans la possession et dans l'usage des biens les moyens de satisfaire ses interêts légitimes." ROUBIER. Paul. *Théorie Générale du Droit.* 2e édition. Paris: Sirey, 1951. p. 277-278.

(4) Nesse sentido, Gabriela Neves Delgado observa que:

"A Constituição da República descreve as diversas dimensões do princípio da dignidade, especialmente em seu art. 170, ao determinar que a ordem econômica garanta a todos uma existência digna e, em seu art. 193, ao exigir que a ordem social tenha como objetivos o bem-estar e a justiça social.

(...)

A Constituição de 1988 representa novo paradigma no que concerne ao direito fundamental ao trabalho digno, criando possibilidades normativas de efetivação do Estado Democrático de Direito, norteador de toda a ordem constitucional brasileira." DELGADO. Gabriela Neves. *Direito fundamental ao trabalho digno.* 2. ed. São Paulo: LTr, 2015. p. 74-76.

(5) *Idem*, p. 210.

da Constituição Federal e na Lei n. 6.938, de 1º.08.1971 (Política Nacional do Meio Ambiente).

A abordagem do trabalho e de suas condicionantes sob a ótica do *meio ambiente,* a ser formulada nos tópicos subsequentes, nos permitirá constatar, ao fim e ao cabo, que o conceito de *trabalho digno* contemplado pela Constituição Federal de 1988 possui uma amplitude significativamente maior do que aquela pressuposta pelos direitos sociais elencados no art. 7º, da Carta Magna e pelas tradicionais limitações impostas à liberdade econômica e à autonomia privada quanto à contratação e à utilização do labor humano.

2. A DIGNIDADE HUMANA E O DIREITO AO MEIO AMBIENTE EQUILIBRADO

A *dignidade humana* reconhecida pelas declarações e pelos tratados internacionais de direitos humanos, bem assim pelas constituições das principais democracias ocidentais, contempla uma dimensão claramente *ecológica*, na medida em que o *meio ambiente equilibrado* configura condição *sine qua non* para o desfrute dos direitos à vida (com qualidade), à saúde, à segurança (com relação aos riscos ambientais) e ao próprio bem-estar.[6]

Não por outra razão, a Declaração de Estocolmo (1972), da ONU, destaca em seu primeiro princípio que o *meio ambiente de qualidade* é um direito fundamental titularizado pelo homem, na medida em que configura condição essencial para se ter uma vida digna e para que se possa gozar de um efetivo bem-estar. Por esse mesmo motivo, ainda segundo o dispositivo em referência, os seres humanos têm o dever de preservar o meio ambiente a fim de assegurar aquelas mesmas garantias para as gerações futuras.[7]

Nesse mesmo sentido, a Declaração do Rio de Janeiro (1992), da ONU, enfatiza igualmente em seu primeiro princípio que "os seres humanos estão no centro das preocupações com o desenvolvimento sustentável [e] têm direito a uma vida saudável e produtiva, em harmonia com a natureza".

Sob tal orientação antropocêntrica, algumas das constituições de cariz pluralista e social-democrata editadas na segunda metade do século XX passaram a integrar o direito ao *meio ambiente adequado* aos catálogos de garantias fundamentais. Destacam-se, nesse particular, as Constituições da Espanha (1978) em seu art. 45, do Brasil (1988) em seu art. 225 e da África do Sul (1996) em seu art. 24.[8]

---

(6) Nas palavras de Ingo Wolfgang Sarlet e Tiago Fensterseifer:

"Atualmente (...) pode-se dizer que os valores ecológicos tomaram assento definitivo no conteúdo do princípio da dignidade humana. Portanto, no contexto constitucional contemporâneo, consolida-se a formatação de uma *dimensão ecológica – inclusiva – da dignidade humana*, que abrange a ideia em torno de um *bem-estar ambiental* (assim como de um *bem-estar social*) indispensável a uma vida digna, saudável e segura. Dessa compreensão, pode-se conceber a indispensabilidade de um patamar mínimo de qualidade ambiental para a concretização da vida humana em níveis dignos. Aquém de tal padrão ecológico, a vida e a dignidade humana estariam sendo violadas no seu núcleo essencial. A *qualidade (e segurança) ambiental*, com base em tais considerações, passaria a figurar como elemento integrante do conteúdo normativo do princípio da dignidade da pessoa humana, sendo, portanto, fundamental ao desenvolvimento de todo o potencial humano num quadrante de completo *bem-estar existencial.*

Não se pode conceber a vida – com dignidade e saúde – sem um ambiente saudável e equilibrado, A vida e a saúde humanas (...) só estão asseguradas no âmbito de determinados padrões ecológicos. O ambiente está presente nas questões mais vitais e elementares da condição humana, além de ser essencial à sobrevivência do ser humano como espécie natural. De tal sorte, o próprio conceito de vida hoje se desenvolve para além de uma concepção estritamente biológica ou física, uma vez que os adjetivos 'digna'e 'saudável' acabam por implicar um conceito mais amplo, que guarda sintonia com a noção de um pleno desenvolvimento da personalidade humana, para o qual a qualidade do ambiente passa a ser um componente nuclear." SARLET. Ingo Wolfgang; FENSTERSEIFER. Tiago. *Direito constitucional ambiental. Constituição, direitos fundamentais e proteção do ambiente.* 3. ed. São Paulo: Revista dos Tribunais, 2013. 49-50.

(7) "Princípio 1 – O homem tem o direito fundamental à liberdade, à igualdade e ao desfrute de condições de vida adequadas em um meio ambiente de qualidade tal que lhe permita levar uma vida digna e gozar de bem-estar, tendo a solene obrigação de proteger e melhorar o meio ambiente para as gerações presentes e futuras. A este respeito, as políticas que promovem ou perpetuam o apartheid, a segregação racial, a discriminação, a opressão colonial e outras formas de opressão e de dominação estrangeira são condenadas e devem ser eliminadas."

(8) "Artículo 45.

1. Todos tienen el derecho a disfrutar de un medio ambiente adecuado para el desarrollo de la persona, así como el deber de conservarlo.

2. Los poderes públicos velarán por la utilización racional de todos los recursos naturales, con el fin de proteger y mejorar la calidad de la vida y defender y restaurar el medio ambiente, apoyándose en la indispensable solidaridad colectiva. 3. Para quienes violen lo dispuesto en el apartado anterior, en los términos que la ley fije se establecerán sanciones penales o, en su caso, administrativas, así como la obligación de reparar el daño causado."

(...)

"*Art.* 225. Todos têm direito ao meio ambiente ecologicamente equilibrado, bem de uso comum do povo e essencial à sadia qualidade de vida, impondo-se ao Poder Público e à coletividade o dever de defendê-lo e preservá-lo para as presentes e futuras gerações.

De fato, se a *dignidade humana* é integrada, como visto, por uma vida com qualidade e se esta última abrange aspectos que transcendem em muito a conservação dos elementos naturais (fauna, flora, clima, biomas etc.), não é difícil constatar que o conceito de *meio ambiente adequado* deve englobar, imprescindivelmente, os demais aspectos naturais, artificiais, materiais e imateriais que circundam os indivíduos e que concorrem diretamente para a sua subsistência saudável e equilibrada nas comunidades por eles integradas.(9)

Sob tal ótica, o *meio ambiente* pode ser definido, amplamente, como o conjunto dos elementos que integram o *entorno* dos indivíduos e que condicionam a qualidade de vida nos locais por eles habitados. Tal conceito abrange tanto os fatores naturais com os quais os indivíduos interagem e de que dependem para a vida na Terra (p. ex.: atmosfera, biosfera, águas, solo, subsolo etc.), como aqueles de ordem *artificial*, *cultural* e *digital* que muito embora sejam frutos do engenho humano, concorrem diretamente para a conformação da existência digna dos sujeitos e de suas respectivas sociedades.(10)

---

§ 1º Para assegurar a efetividade desse direito, incumbe ao Poder Público:

I – preservar e restaurar os processos ecológicos essenciais e prover o manejo ecológico das espécies e ecossistemas;

II – preservar a diversidade e a integridade do patrimônio genético do País e fiscalizar as entidades dedicadas à pesquisa e manipulação de material genético;

III – definir, em todas as unidades da Federação, espaços territoriais e seus componentes a serem especialmente protegidos, sendo a alteração e a supressão permitidas somente através de lei, vedada qualquer utilização que comprometa a integridade dos atributos que justifiquem sua proteção;

IV – exigir, na forma da lei, para instalação de obra ou atividade potencialmente causadora de significativa degradação do meio ambiente, estudo prévio de impacto ambiental, a que se dará publicidade;

V – controlar a produção, a comercialização e o emprego de técnicas, métodos e substâncias que comportem risco para a vida, a qualidade de vida e o meio ambiente;

VI – promover a educação ambiental em todos os níveis de ensino e a conscientização pública para a preservação do meio ambiente;

VII – proteger a fauna e a flora, vedadas, na forma da lei, as práticas que coloquem em risco sua função ecológica, provoquem a extinção de espécies ou submetam os animais a crueldade."

(...)

No original:

"24 – Everyone has the right – (a) to an environment that is not harmful to their health or wellbeing; and (b) to have the environment protected, for the benefit of present and future generations, through reasonable legislative and other measures that – (i) prevent pollution and ecological degradation; (ii) promote conservation; and (iii) secure ecologically sustainable development and use of natural resources while promoting justifiable economic and social development.

(9) É justamente nesse sentido que os autores franceses integram a noção de *lugar de vida* (*cadre de vie*) no conceito de meio ambiente. Nas palavras de Michel Prieur:

"Ainda mais afastado da ecologia, o *lugar de vida* constitui, na realidade, um sinônimo para o meio ambiente em seu sentido arquitetônico e urbanístico. O conceito é mais familiar para técnicos e urbanistas do que para geógrafos e biólogos. Ele pretende ter em conta tudo o que constitui o território do homem-indivíduo e tudo aquilo que abrange o ambiente físico (que pode incluir a natureza ou melhor, seus artifícios em ambientes urbanos: espaços verdes) e o ambiente social. Configura o *lugar de vida*, em verdade, a paisagem urbana e o espaço frequentado cotidianamente pelos indivíduos."

No original:

"Encore plus éloigné de l'écologie, le cadre de vie est em réalité un synonyme d'environnement dans son sens architectural et urbanistique. Le concept est plus familier aux techniciens et urbanistes qu'aux géographes et biologistes. Il veut rendre compte de tout ce qui constitue le territoire de l'homme-individu et recouvre à la fois l'environnement physique (à ce titre, il peut inclure la nature ou plutôt ses artifices en milieu urbain: espaces verts) et l'envoronnement social. C'est en réalité le paysage urbain et l'espace journalier des habitants." PRIEUR. Michel. *Droit de l'environnement*. 5e édition. Paris: Dalloz, 2004. p. 5.

(10) Segundo a definição formulada por Raúl Brañes:

"El 'ambiente'de un sistema humano no consiste simplemente en el conjunto de los elementos que están en las cercanias de ese sistema, contra lo que pudiera dar a entender el sentido literal de la palavra 'ambiente'. En efecto, expresar que el ambiente de un sistema humano es su 'espacio circundante' o 'entorno' o quizás el 'resto del Universo' que está en sus cercanias, representa sólo una primera aproximación al concepto de ambiente. Lo que debe identificarse para arribar a un concepto de ambiente del sistema humano son las interacciones específicas que ese sistema tiene con el 'resto del Universo', esto es, aquellas variables que integran ese 'resto del Universo' y que intervienen de manera significativa en las interacciones que se dan entre el sistema humano y dicho 'resto del Universo'.

De ahí que entonces el ambiente del sistema humano debe conceptuarse, inicialmente, como el conjunto de variables no pertenecientes al mismo, que interactúan directamente con los elementos de dicho sistema o con el sistema en su totalidad. Con base en ésta definición, el ambiente del sistema humano estaría configurado por aquellas variables que interactúan directamente con él. Así, por ejemplo, si se trata de un sistema humano compuesto por una persona, su ambiente estaría integrado por aquellas variables fisicoquímicas, biológicas, sociales etc., que interactúan directamente con esta persona." BRAÑES. Raúl. *Manual de derecho ambiental mexicano*. México: Fundación Mexicana para la Educación Ambiental/Fondo de Cultura Económica, 1994. p. 20.

É justamente sob a orientação de tal conceito unitário que a legislação brasileira concernente à Política Nacional do Meio Ambiente (Lei Federal n. 6.938, de 31.08.1981 qualifica em seu art. 3º, I, o meio ambiente como sendo "*o conjunto de condições, leis, influências e interações de ordem física, química e biológica, que permite, abriga e rege a vida em todas as suas formas.*"

Por isso mesmo, a análise dos elementos que conformam o trabalho (locais de trabalho, condições ergonômicas, metodologias de produtividade, formas de organização laboral, estruturação das relações interpessoais etc.) não pode ser realizada de modo apartado em relação às demais condicionantes do entorno humano, mesmo porque a qualidade de vida dos indivíduos tem, justamente, no *trabalho,* um de seus fatores determinantes.

Desse modo, somente haverá de se cogitar em um *meio ambiente ecologicamente equilibrado*, na dicção do art. 225, da Constituição Federal, se os elementos conformadores do trabalho forem levados em consideração na definição de tal conceito, sob pena de se estar eliminando de tal arranjo um dos elementos nucleares para a fruição da *sadia qualidade de vida* imprescindível, por sua vez, à própria configuração da *dignidade humana* em sua integralidade.

3. O TRABALHO COMO UM DADO AMBIENTAL E SUA CORRELAÇÃO INTRÍNSECA COM A IDEIA DE *DIGNIDADE HUMANA*

A partir do momento em que Deus sentenciou Adão a ganhar o pão com o suor do seu rosto (*Genesis*, 3:19), segundo a tradição judaico-cristã, o *trabalho* passou a ser uma atividade eminentemente humana. De fato, só há de se falar em *trabalho* na medida em que ele é o meio pelo qual os seres humanos logram acessar os bens vitais para sua subsistência e pelo qual o entorno é conformado de acordo com as necessidades econômicas e sociais da coletividade.

Desde os primórdios da evolução humana, quando a economia tinha por meta a simples subsistência, passando pela era feudal, pelo mercantilismo, pela manufatura no âmbito das Corporações de Ofício, pelo trabalho fabril característico da Revolução Industrial, até os dias atuais, que o *trabalho* constitui o dado a distinguir os seres humanos como espécie eminentemente social.[11]

De fato, é justamente por intermédio do *trabalho* que os seres humanos interagem entre si no sentido de construir, em conjunto, os elementos necessários para a vida em coletividade. Nesse sentido, foi o trabalho que possibilitou – e ainda permite – a subsistência das sociedades através dos vínculos de interdependência a unir os indivíduos e as coletividades por eles constituídas que se dedicam ao exercício das mais diversas atividades.[12]

No decurso da história, as relações entre os seres humanos a terem por objeto o *trabalho* (ou, melhor dizendo, a alienação da *força de trabalho*) passaram por significativas e complexas mudanças, sem que o trabalho perdesse, em sua essência, tal característica.

Em qualquer período histórico, para empreender o trabalho em todas as suas diversas modalidades o ser humano precisou, invariavelmente, ora se submeter às condições oferecidas pelo entorno natural onde suas atividades seriam desenvolvidas, ora conformar este último de modo a estabelecer novas condições mais propícias para a execução das tarefas a que se propôs.

E para que as referidas atividades pudessem ser executadas de modo contínuo e permanente, os seres humanos tiveram de implementar uma série de práticas destinadas a assegurar a regularidade no desempenho do trabalho, tais como a aquisição e a organização dos insumos necessários para tanto, o estabelecimento de metodologias voltadas para a realização do labor, a criação de rotinas a serem observadas nesse processo, a formulação de mecanismos de adaptação às demandas do mercado, do governo e da sociedade, dentre outras.

---

(11) De acordo com a definição de Georges Friedmann:

"Se tudo o que se refere ao trabalho exige um estudo tão atento, é porque êle merece ser considerado como traço específico da espécie humana. O homem é um animal social, *zoon politikon,* que, ainda hoje, através da variedade dos complexos ecológicos, através das diversidades de rltmo na marcha do progresso técnico, de evolução na estrutura e no nível econômico das sociedades, se ocupa essencialmente do trabalho. O trabalho é um denominador comum e uma condição de tôda vida humana em sociedade." FRIEDMANN. Georges. Trad: CAJADO. Octavio Mendes. *Introdução e metodologia.* In: FRIEDMANN. Georges; NAVILLE. Pierre. *Tratado de sociologia do Trabalho. Volume I.* São Paulo: Cultrix, 1973. p. 19.

(12) Claus Offe, a propósito, observa que:

"*Todas* as sociedades são impelidas a estabelecer, através do trabalho, uma 'relação metabólica com a natureza' e a organizar esse metabolismo de modo que seus resultados sejam suficientes para a sobrevivência física do homem em sociedade e para a estabilização da forma específica de organização desse metabolismo." OFFE. Claus. Trad: BAYER. Gustavo F. *Trabalho & sociedade. Volume I. A crise.* Rio de Janeiro: Tempo Brasileiro, 1989. p. 13.

Variados são, portanto, os elementos de ordem natural e artificial que conformam o labor humano. A fim de sistematizá-los, o sociólogo francês Christophe Dejours propõe sua divisão em duas categorias, a saber: (i) as *condições de trabalho*, a integrarem os fatores físicos (palpáveis ou sensíveis) presentes nos ambientes laborais e (ii) a *organização do trabalho*, a abranger em sua concepção as condicionantes técnicas e normativas que estruturam, no plano ideal, o desempenho do labor.

As *condições de trabalho* compreendem, em síntese, aqueles elementos que interferem diretamente na compleição física dos trabalhadores com o potencial de lhes ocasionar lesões corporais. São eles, exatamente, os fatores de ordem física (p. ex.: ruído, frio e calor), química (p. ex.: poeiras minerais e gases) e biológica (p. ex.: micro-organismos e materiais orgânicos), para além das instalações prediais, mobiliárias, elétricas, hidráulicas, sanitárias etc., que circundam os obreiros em seus locais de trabalho.(13)

Já a esfera da *organização do trabalho* abrange os elementos estruturais do trabalho que interagem com os aspectos psicológicos dos trabalhadores, tais como (i) as normas técnicas referentes à forma, ao modo, ao tempo e ao ritmo da produção; (ii) as diretrizes concernentes à conformação das tarefas atribuídas a cada trabalhador; (iii) as metodologias de gerenciamento de pessoal e de incentivos (p. ex.: regime de metas, adicionais remuneratórios de produtividade etc.); (iv) as políticas de remuneração e de benefícios e (v) a gestão das relações hierárquicas e interpessoais.(14)

Todos esses elementos essenciais para o desempenho das atividades laborais que integram as *condições de trabalho* e a *organização do trabalho*, na acepção de Dejours, configuram, justamente, o entorno que circunda os seres humanos quando da realização de suas atividades laborais, isto é, o *meio ambiente do trabalho*.

Nesse âmbito, assim como ocorre nas outras subdivisões do *meio ambiente*, a saúde e a qualidade de vida dos indivíduos só estarão asseguradas na medida em que os fatores de produção, as instalações e as metodologias operacionais e enfim, todas as condicionantes *físicas, psicológicas, químicas, biológicas, ergonômicas* e *organizacionais*, estiverem sistematizadas de modo a não submeter tais bens a riscos de degradação.(15)

É justamente nesse *meio ambiente do trabalho* que os seres humanos submetidos aos insumos necessários à realização de suas atividades e às formas de organização e de atuação pertinentes às suas respectivas profissões permanecerão durante grande parte de sua existência no intuito de obter seu sustento. Tudo o que conforma esse entorno específico tem amplo potencial para afetar sua saúde física e mental, bem assim sua qualidade de vida, de modo tão ou mais intenso do que os fatores componentes do meio ambiente *artificial* e *natural*.(16)

Nisso reside, exatamente, a relação intrínseca que permeia o *meio ambiente do trabalho* e a ideia de *dignidade humana*. Se o trabalho é o elemento pelo qual o homem se afirma na sociedade e pelo qual assegura sua subsistência material, o entorno que conforma o desempenho de seu labor não deve ser condicionado de modo a comprometer sua integridade psicofísica e sua qualidade de vida, sob pena do trabalho deixar de ser um *meio de vida* para se tornar um fator de degradação da própria condição humana.(17)

Vê-se, portanto, que o trabalho e suas condicionantes configuram um dado eminentemente *ambiental*, na medida em que se trata de um sistema formado por elementos materiais e imateriais integrantes do entorno dos indivíduos e das comunidades por eles forma-

---

(13) DEJOURS. Christophe. Trad: PARAGUAY. Ana Isabel; FERREIRA. Lúcia Leal. *A loucura do trabalho. Estudo de psicopatologia do trabalho.* 6ª Edição, 2ª Reimpressão. São Paulo: Cortez/Oboré, 2018. p. 29.

(14) *Idem*, p. 29.

(15) Não por outra razão, Guilherme Guimarães Feliciano conceitua o *meio ambiente do trabalho* como:

"O conjunto (= sistema) de condições, leis, influências e interações de ordem física, química, biológica e psicológica que incidem sobre o homem em sua atividade laboral, esteja ou não submetido ao poder hierárquico de outrem." FELICIANO. Guilherme Guimarães. *O meio ambiente do trabalho e a responsabilidade civil patronal: reconhecendo a danosidade sistêmica.* In: FELICIANO. Guilherme Guimarães; URIAS. João. *Direito ambiental do trabalho. Apontamentos para uma teoria geral.* Volume I. São Paulo: LTr, 2013. p. 13.

(16) É possível afirmar, a propósito, que tal realidade já era do conhecimento de Bernardino Ramazzini em sua obra clássica do início do século XVIII, cujo parágrafo inicial assim sentencia:

"O múltiplo e variado campo semeado de doenças para aqueles que necessitam ganhar salário e, portanto, terão de sofrer males terríveis em consequência do ofício que exercem, prolifera, segundo creio, devido a duas causas principais: a primeira, e a mais importante, é a natureza nociva da substância manipulada que pode produzir doenças especiais pelas exalações danosas e poeiras irritantes que afetam o organismo humano; a segunda é a violência que se faz à estrutura natural da máquina vital com posições forçadas e inadequadas do corpo, o que, pouco a pouco, pode produzir grave enfermidade." RAMAZZINI. Bernardino. Trad: ESTRÊLA. Raimundo. *As doenças dos trabalhadores.* São Paulo: Fundacentro, 2000. p. 27.

(17) MELO. Raimundo Simão de. *Direito ambiental do trabalho e a saúde do trabalhador.* 5. ed. São Paulo: LTr, 2013. p. 35.

das que influenciam diretamente sua integridade psicofísica e sua qualidade de vida.[18]

Por isso mesmo, os elementos conformadores do *trabalho*, qualquer que seja sua forma de prestação (p. ex.: se através de uma relação de emprego, de labor autônomo, de voluntariado, de trabalho em favor de terceiro, por aplicativos, por meios telemáticos etc.) integra o conceito amplo de *meio ambiente* cujo equilíbrio se afigura imprescindível para a própria concretização da ideia de *dignidade humana.*

Desse modo, o paradigma ambientalista na sua vertente laboral o *meio ambiente do trabalho* nos impõe a percepção dos elementos condicionantes do trabalho humano não mais como dados integrantes de uma mera ficção plasmada em relações contratuais, mas sim como fatores de ordem física, psíquica, química, biológica e ergonômica presentes no entorno dos seres humanos que incidirão sobre eles independentemente da formatação jurídica a ser conferida à prestação do labor e que será decisiva, ao fim e ao cabo, para conformar sua própria existência.[19]

4. A CONFIGURAÇÃO CONTEMPORÂNEA DOS *RISCOS LABOR-AMBIENTAIS*

Tal como ocorre no *meio ambiente* em geral, a implementação de novas tecnologias, de novos processos produtivos, de novas dinâmicas de organização do trabalho e de novas metodologias de gestão das relações interpessoais nos ambientes de trabalho ocorre de forma independente em relação à evolução do conhecimento científico acerca dos riscos inerentes a tais elementos e sem que a exata medida de sua nocividade esteja plenamente mapeada.

Assim, também para o *meio ambiente do trabalho*, o *risco* com o qual os trabalhadores convivem hodiernamente é aquele *risco do terceiro tempo*, na concepção formulada por François Ost, ou *risco catastrófico*, na definição de Anthony Giddens, cujas características marcantes consistem, exatamente, na indeterminação quanto à abrangência de seus potenciais danos e quanto aos seus próprios efeitos sobre cada trabalhador individualmente considerado e sobre as coletividades determinadas e indeterminadas por eles formadas.[20]

---

(18) Nas palavras de Julio César Neffa:

"Dado que quien trabaja es un sujeto, va siempre acompañado de sufrimiento y/o de placer, según sean las condiciones y el medio ambiente en que se desenvuelve el proceso de trabajo, tiene una relación directa y permanente con la salud física, psíquica y mental de quien lo ejecuta: es decir, con la vida, y al transformar la materia, prestar un servicio o procesar información también transforma a quien lo ejecuta y contribuye al desarrollo de su personalidad creando su identidad" NEFFA. Julio Cesar. *Introdución al concepto de condiciones y medio ambiente en el trabajo (CyMAT)*. In: Voces en el Fénix. N. 46. Buenos Aires, julio/2015. p. 6-17.

(19) MARANHÃO. Ney. *Poluição labor-ambiental*. Rio de Janeiro: Lumen Juris, 2017. p. 121.

(20) Nas palavras de Ost:

"Hoje (...) estamos entrando em uma terceira fase na história do risco – a do risco enorme ('catastrófico'), irreversível, pouco ou nada previsível, que frustra nossa capacidade de prevenção e de controle, desta vez trazendo incerteza ao núcleo de nossos saberes e poderes. É essa externalidade, essa incerteza que afeta reflexivamente nossa própria ação, que caracteriza a nova era de risco, submetendo nossa apreensão do futuro a um desafio sem precedentes."

No original:

"Aujourd'hui (...) nous entrons dans une troisième phase de l'histoire du risque – celle du risque énorme ("catastrophique"), irréversible, peu ou pas prévisible, qui déjoue nos capacités de prévention et de maîtrise, portant cette fois l'incertitude au cœur de nos savoirs et de nos pouvoirs eux-mêmes. C'est cette "secondarité", cette incertitude au carré affectant de façon réflexive notre action elle-même, qui caractérise le nouvel âge du risque, soumettant notre appréhension de l'avenir à un défi sans précédent." OST. François. *Les temps du droit*. Paris: Odile Jacob, 1999. p. 271-272.

(...)

Já para Giddens:

"A melhor maneira de descrever o que está acontecendo é fazer uma distinção entre dois tipos de risco. O primeiro será por mim chamado de risco externo. O risco externo é o risco experimentado como vindo de fora, das correções da tradição ou da natureza. Eu quero o distinguir do risco fabricado, que eu classifico como o risco criado pelo próprio impacto do nosso conhecimento sobre o mundo. O risco fabricado refere-se a situações de risco que temos muito pouca experiência histórica em seu enfrentamento. A maioria dos riscos ambientais, como aqueles ligados ao aquecimento global, enquadram-se nesta categoria. (...) Em todas as culturas tradicionais, pode-se dizer, e na sociedade industrial até o limiar dos dias atuais, os seres humanos se preocuparam com os riscos externos provenientes da natureza – de más colheitas, inundações, pragas ou fomes. Em um certo ponto, no entanto – muito recentemente em termos históricos – começamos a nos preocupar menos com o que a natureza pode fazer conosco, e mais sobre o que temos feito para a natureza. Isso marca a transição da predominância do risco externo para o risco fabricado.

(...)

Nossa sociedade vive o período que sucede o fim da natureza. O fim da natureza não significa, obviamente, que o mundo físico ou o processo físico deixem de existir. Refere-se ao fato de que há poucos aspectos do nosso ambiente material circundante que não foram de alguma for-

Nesse contexto, não há mais como predeterminar em um rol exaustivo as possíveis origens dos riscos ocupacionais, tal como outrora pretendido pela teoria do *risco profissional*, e nem tampouco como individualizar sua manifestação nas figuras dos *acidentes de trabalho* e das *doenças ocupacionais* estritamente relacionados às atividades desempenhadas nas unidades produtivas.[21]

Em sentido diametralmente oposto, a perspectiva ambientalista nos permite antever que no âmbito compreendido pelo *meio ambiente do trabalho*, a envolver o entorno circundante dos seres humanos no desempenho de seu labor, há uma série de outros elementos que condicionam sua qualidade de vida e seu bem-estar, ora relacionados aos fatores cambiantes de ordem física, química, biológica e ergonômica (as *condições de trabalho*), ora vinculados à estruturação cada vez mais dinâmica e mutável dos fatores imateriais de produção (a *organização do trabalho*), cuja degradação traz verdadeiros e efetivos *riscos* à integridade física e psíquica dos trabalhadores.[22]

A casuística, a propósito, indica que tais riscos de ordem labor-ambiental integram efetivamente o cotidiano dos locais de trabalho. Não é difícil vislumbrar, nesse sentido, situações que materializam inequívocas ameaças a saúde e a integridade psicofísica dos trabalhadores ocasionadas pela gestão inadequada dos diversos elementos materiais e imateriais que circundam os obreiros em seus respectivos locais de trabalho, mesmo quando as atividades corriqueiras dos estabelecimentos não estejam presumivelmente relacionadas a elas, nos moldes concebidos pela *teoria do risco profissional*.

Basta imaginar, nesse sentido, as situações de *assédio moral organizacional*, quando a empresa institucionaliza pressões constantes sobre seus funcionários com vistas à colimação de alguma finalidade (*vg*: obtenção de metas, adesão a planos de demissão voluntária etc.) vindo a criar no meio ambiente de trabalho fator de desequilíbrio organizacional a ocasionar uma série de doenças psicossomáticas, tais como depressão, síndrome do pânico, fobias, que, levadas ao extremo, podem conduzir ao suicídio.[23]

Não se pode dizer, por evidente, que empresa alguma, seja ela de qual ramo for, tem como risco inerente às suas atividades a geração em massa de doenças psicossomáticas decorrentes de assédio moral ou mesmo o suicídio de seus trabalhadores. Por essa razão, somente a análise de tais situações sob a ótica do *meio ambiente do trabalho* é capaz de qualificá-las como efetivos riscos à qualidade de vida e ao bem-estar dos seres humanos no desempenho de seu labor, bem como à sua própria integridade psíquica.

---

ma afetados pela intervenção humana. Muito do que costumava ser natural não é mais completamente natural, embora nem sempre possamos ter certeza de onde um para e o outro começa."

No original:

"The best way to describe what is going on is to make a distinction between two types of risk. One I shall call external risk. External risk is risk experienced as coming from the outside, from the fixieties of tradition or nature. I want to distinguish this from manufactured risk by which I mean risk created by the very impact of our developing knowledge upon the world. Manufactured risk refers to risk situations which we have very little historical experience of confronting. Most environmental risks, such as those connected with global warming, fall into this category. (...) In: all traditional cultures, one could say, and In: industrial society right up to the threshold of the present day, human beings worried about the risks coming from external nature – from bad harvests, floods, plagues or famines. At a certain point, however – very recently In: historical terms – we started worrying less about what nature can do to us, and more about what we have done to the nature. This marks the transition from the predominance of external risk to that of manufactured risk.

(...)

Our society lives after the end of nature. The end of nature doesn't mean, obviously, that the physical world or physical process cease to exist. It refers to the fact that there are few aspects of our surrounding material environment that haven't been In: some way affected by human intervention. Much of what used to be natural isn't completely natural anymore, although we can't always be sure where the one stops and the other begins." GIDDENS. Anthony. *Runaway world. How globalization is reshaping our lives*. London: Profile Books, 1999. p. 26-27.

(21) Sobre as origens da teoria do risco profissional, vide:
SALEILLES. Raymond. Les accidents de travail et la responsabilité civile. Essai d'une théorie objective de la responsabilité délictuelle. Paris: Arthur Rousseau Éditeur, 1897;
JOSSERAND. Louis. *De la responsabilité du fait des choses inanimés*. Paris: Arthur Rousseau Éditeur, 1897; MORAES. Evaristo de. *Os accidentes no trabalho e a sua reparação*. Rio de Janeiro: Livraria Leite Ribeiro & Maurillo, 1919.

(22) CABRAL. Angelo Antonio; SILVA. Eduardo Alexandre da. Responsabilidade civil do empregador em decorrência de desequilíbrio no meio ambiente do trabalho. In: FREITAS JÚNIOR. Antonio Rodrigues de. *Responsabilidade civil nas relações de trabalho. Questões atuais e controvertidas*. São Paulo: LTr, 2011. p. 187-188.

(23) EBERT. Paulo Roberto Lemgruber. Assédio moral organizacional: a gestão degradante como poluição do meio ambiente do trabalho. In: FELICIANO. Guilherme Guimarães; EBERT. Paulo Roberto Lemgruber. *Direito ambiental do trabalho. Apontamentos para uma teoria geral*. Volume 4. São Paulo: LTr, 2018. p. 259-277.

Para além de tais aspectos, a perspectiva ambientalista aplicada ao *meio ambiente do trabalho* enseja a superação do *legalismo* inerente à teoria do *risco profissional,* a ter por uma de suas expressões mais latentes a vinculação entre os deveres de reparação pelos *acidentes de trabalho* e pelas *doenças ocupacionais* à existência de um vínculo empregatício a permear o *empregador* (objetivamente responsável) e o *empregado* (vítima).

A pressuposição de tal liame decorre, em grande medida, de dois fatores que caracterizaram fortemente as relações de trabalho no final do século XIX e nas primeiras décadas do século XX, a saber: (i) a preponderância do vínculo empregatício como modalidade de arregimentação da mão-de-obra no contexto da grande indústria taylorista e (ii) a inserção da obrigação de proteção à integridade física do trabalhador, pelas legislações trabalhistas, como um dos deveres impostos aos empregadores no bojo das relações contratuais de trabalho.(24)

Em razão disso, praticamente todo o arcabouço teórico a fundamentar a teoria do *risco profissional* tomou por pressuposto a relação clássica de emprego, como se os riscos inerentes às atividades desempenhadas no âmbito das unidades produtivas só existissem para os empregados e não abrangesse os demais sujeitos ali ativados inseridos em outras modalidades de prestação de serviço (p. ex.: autônomos, terceirizados etc.) que nem sequer eram incluídos nessa equação, porquanto a figura do *operário* pressupunha a existência de um contrato de trabalho entre este e o *patrão* num contexto preponderantemente industrial.(25)

Para a perspectiva ora proposta tal restrição não faz qualquer sentido, uma vez que o *meio ambiente do trabalho,* assim como as demais esferas do *meio ambiente,* é centrado no ser humano e em sua dignidade intrínseca a ter por pressuposto, conforme visto, a existência de um entorno apto a lhe possibilitar o desempenho do labor em condições saudáveis e equilibradas.

Desse modo, se determinados riscos inerentes ao trabalho afetam, em igual medida, todos os indivíduos a eles expostos em concreto, serão eles titulares do mesmo grau de proteção jurídica em face de tais ameaças, independentemente de estarem prestando serviços sob a forma de empregados, autônomos, terceirizados, temporários, *pejotizados*, ou sob qualquer outra modalidade contratual.

Em contrapartida, aquelas organizações ou sujeitos que têm por atribuição a organização dos fatores de produção e a estruturação das condições de trabalho e que se beneficiarão, direta ou indiretamente, das atividades desempenhadas pelos sobreditos profissionais na condição de *tomadores de serviços* serão responsáveis pela gestão de tais riscos em relação a todos os indivíduos que laboram nos ambientes por eles mantidos, sob qualquer modalidade contratual.(26)

Portanto, os riscos inerentes ao trabalho humano a serem considerados contemporaneamente transcendem em muito aqueles relacionados ao desempenho das profissões tradicionalmente estruturadas sob a modalidade do vínculo de emprego. As distintas formas de conformação dos fatores produtivos, da organização do trabalho e das próprias relações interpessoais no cotidiano laboral envolvem uma miríade de riscos à integridade psicofísica dos obreiros que, de tão extensa, plural e mutável, não cabe em qualquer classificação pré-estabelecida ou rol taxativo.

No nosso entendimento, tal realidade multifacetária a circundar o ser humano que se ativa socialmente por intermédio do trabalho somente poderá ser compreendida de forma adequada pelo sistema jurídico se o labor e seus condicionantes forem efetivamente tratados como um dado ambiental, tal qual os demais elementos naturais e artificiais que integram o entorno dos indivíduos e condicionam sua *"sadia qualidade de vida",* na dicção do art. 225 da Constituição Federal.

E sendo o trabalho humano e seus elementos conformadores um dado ambiental, qualquer vicissitude que ameace o equilíbrio de suas condições e que possa, consequentemente, degradá-lo a ponto de afetar interesses difusos, coletivos (em sentido estrito) e individuais homogêneos partilhados pelas coletividades presentes e futuras de trabalhadores inseridos em um dado ambiente laboral será considerada como um risco a este último.

Com tal perspectiva, passa-se do vetusto *risco profissional,* com todas as suas limitações objetivas e subjetivas para a concepção de um *risco labor-ambiental,* alinhado com o tratamento que o paradigma ambientalista confere às ameaças concretas ao equilíbrio do bem comum conformado pelo meio ambiente em todas as suas acepções.

---

(24) DOMINGUEZ. Ángel Arias. ¿Qué fue, qué era, que és y qué será el derecho del trabajo? Murcia: Laborum, 2018. p. 29.

(25) CASTRO. Araujo. *Accidentes do trabalho.* 5. ed. Rio de Janeiro: Freitas Bastos, 1939. p. 18-20.

(26) ROCHA. Julio Cesar Sá da. Direito ambiental do trabalho. Mudanças de paradigma na tutela jurídica à saúde do trabalhador. 2. ed. São Paulo: Atlas, 2013. p. 238.

Pensamos, portanto, que somente se a questão for enquadrada sob tal perspectiva é que será possível, efetivamente, combater a materialização dos riscos que integram hodiernamente o entorno dos trabalhadores e, consequentemente, resguardar a dignidade humana de tais indivíduos frente às ameaças contemporâneas.

5. CONCLUSÃO

Diante de tudo o que foi tratado nas linhas anteriores, podemos concluir que o conceito de *trabalho digno* subjacente à Constituição Federal de 1988 pressupõe a junção dos postulados da *dignidade da pessoa humana* e do *valor social do trabalho* (art. 1º, III e IV) com o princípio do *meio ambiente ecologicamente equilibrado* (art. 225, *caput*).

Tal junção, a conformar o conceito de *trabalho digno*, pressupõe a compreensão do *trabalho humano* como algo que transcende a energia física e mental empregada por um indivíduo em favor de um tomador de serviços, cuja alienação é submetida a certas condicionantes jurídicas. Para muito além disso, o labor desempenhado pelos seres humanos configura um dado eminentemente ambiental, na medida em que as circunstâncias que conformam o entorno no qual é ele realizado (e onde os indivíduos passam grande parte de seu dia) interferem diretamente no seu bem-estar e em sua qualidade de vida.

Desse modo, para que o trabalho exercido pelos seres humanos seja considerado *digno,* na acepção ora formulada, deverá ele ser desempenhado em ambientes dotados de condições físicas, químicas, biológicas e ergonômicas adequadas e de uma organização tal que lhes resguarde a saúde mental, por intermédio da implementação de metodologias de ritmo de produção, de divisão de tarefas, de políticas de incentivo, de remuneração e de relações interpessoais aptas evitar danos a tal esfera da personalidade.

De igual modo, o *trabalho digno* inspirado pelo conceito de "*meio ambiente ecologicamente adequado*" enseja a própria reconfiguração dos riscos relacionados ao trabalho, de modo a superar a singela limitação destes últimos às situações relacionadas ao desempenho de certas atividades, nos moldes da teoria do *risco profissional,* em direção a uma concepção mais ampla, a compreender em seu raio de abrangência todo e qualquer desequilíbrio nas *condições do trabalho* e nos fatores de *organização do trabalho* com o potencial de ocasionar prejuízos à *sadia qualidade de vida* das coletividades obreiras e de materializar danos à integridade psicofísica de trabalhadores individualmente considerados.

E, por fim, como o *meio ambiente do trabalho ecologicamente equilibrado* compreende as condições conformadoras do entorno subjacente ao ser humano trabalhador, a formatação do vínculo jurídico entre o obreiro e o tomador de serviços (se empregado, terceirizado, prestador de serviços etc.) é absolutamente irrelevante para a extensão do regime de tutela em face dos riscos labor-ambientais que os afetam em igual medida.

São estes, portanto, os elementos de ordem ambiental que integram o conceito de *trabalho digno* e que se apresentam, no sistema formado pela Constituição Federal de 1988, como direitos fundamentais titularizados pelos trabalhadores que subjazem aos arts. 1º, III e IV e 225 da Carta Magna e que guarnecem de conteúdo outros dispositivos, especialmente os arts. 5º, V, VI e X (direito à personalidade), 6º (direito à saúde), 7º, *caput* e XXII (proteção e redução dos riscos inerentes ao trabalho), 170, *caput,* III e VI (ordem econômica condicionada pela função social da propriedade e pela defesa do meio ambiente em geral).

REFERÊNCIAS

BRAÑES, Raúl. *Manual de derecho ambiental mexicano*. México: Fundación Mexicana para la Educación Ambiental/Fondo de Cultura Económica, 1994.

CABRAL, Angelo Antonio; SILVA, Eduardo Alexandre da. Responsabilidade civil do empregador em decorrência de desequilíbrio no meio ambiente do trabalho. In: FREITAS JÚNIOR, Antonio Rodrigues de. *Responsabilidade civil nas relações de trabalho. Questões atuais e controvertidas.* São Paulo: LTr, 2011.

CASTRO, Araujo. *Accidentes do trabalho.* 5. ed. Rio de Janeiro: Freitas Bastos, 1939.

DEJOURS, Christophe. Trad: PARAGUAY, Ana Isabel; FERREIRA, Lúcia Leal. *A loucura do trabalho. Estudo de psicopatologia do trabalho.* 6. ed., 2ª reimpressão. São Paulo: Cortez/Oboré, 2018.

DELGADO, Gabriela Neves. *Direito fundamental ao trabalho digno.* 2. ed. São Paulo: LTr, 2015.

DOMINGUEZ, Ángel Arias. *¿Qué fue, qué era, que és y qué será el derecho del trabajo?* Murcia: Laborum, 2018.

EBERT, Paulo Roberto Lemgruber. Assédio moral organizacional: a gestão degradante como poluição do meio ambiente do trabalho. In: FELICIANO. Guilherme Guimarães; EBERT, Paulo Roberto Lemgruber. *Direito ambiental do trabalho. Apontamentos para uma teoria geral.* Volume 4. São Paulo: LTr, 2018.

FELICIANO, Guilherme Guimarães. O meio ambiente do trabalho e a responsabilidade civil patronal: reconhecendo a danosidade sistêmica. In: FELICIANO, Guilherme Guimarães; URIAS, João. *Direito ambiental do trabalho. Apontamentos para uma teoria geral.* Volume I. São Paulo: LTr, 2013.

FRIEDMANN, Georges. Trad: CAJADO, Octavio Mendes. Introdução e metodologia. In: FRIEDMANN, Georges; NAVILLE, Pierre. *Tratado de sociologia do Trabalho*. Volume I. São Paulo: Cultrix, 1973.

GIDDENS, Anthony. *Runaway world. How globalization is reshaping our lives*. London: Profile Books, 1999.

JOSSERAND, Louis. *De la responsabilité du fait des choses inanimés*. Paris: Arthur Rousseau Éditeur, 1897.

MARANHÃO, Ney. *Poluição labor-ambiental*. Rio de Janeiro: Lumen Juris, 2017.

MELO, Raimundo Simão de. *Direito ambiental do trabalho e a saúde do trabalhador*. 5. ed. São Paulo: LTr, 2013.

MORAES, Evaristo de. *Os acidentes no trabalho e a sua reparação*. Rio de Janeiro: Livraria Leite Ribeiro & Maurillo, 1919.

NEFFA, Julio Cesar. Introdución al concepto de condiciones y medio ambiente en el trabajo (CyMAT). In: *Voces en el Fénix*. n. 46. Buenos Aires, julio/2015.

OFFE, Claus. Trad: BAYER, Gustavo F. *Trabalho & sociedade*. Volume I. A crise. Rio de Janeiro: Tempo Brasileiro, 1989.

OST, François. *Les temps du droit*. Paris: Odile Jacob, 1999.

PÉREZ, Jesús González. *La dignidad de la persona*. Tercera edición. Madrid: Civitas, 2017.

PRIEUR, Michel. *Droit de l'environnement*. 5e édition. Paris: Dalloz, 2004.

RAMAZZINI, Bernardino. Trad: ESTRÊLA, Raimundo. *As doenças dos trabalhadores*. São Paulo: Fundacentro, 2000.

ROCHA, Julio Cesar Sá da. *Direito ambiental do trabalho. Mudanças de paradigma na tutela jurídica à saúde do trabalhador*. 2. ed. São Paulo: Atlas, 2013.

ROUBIER, Paul. *Théorie générale du droit*. 2e édition. Paris: Sirey, 1951.

SALEILLES, Raymond. *Les accidents de travail et la responsabilité civile. Essai d´une théorie objective de la responsabilité délictuelle*. Paris: Arthur Rousseau Éditeur, 1897.

SARLET, Ingo Wolfgang; FENSTERSEIFER, Tiago. *Direito constitucional ambiental. Constituição, direitos fundamentais e proteção do ambiente*. 3. ed. São Paulo: Revista dos Tribunais, 2013.

Capítulo 20

A Tutela Jurídico-Constitucional em face das Violências no Trabalho: Uma Análise na Perspectiva do Direito Fundamental ao Trabalho Digno

Gabriela Neves Delgado[(1)]
Valéria de Oliveira Dias[(2)]

Resumo: O presente artigo trata dos caminhos jurídico-institucionais para o alcance da tutela efetiva do sujeito trabalhador e do meio ambiente de trabalho diante das violências no mundo do trabalho. No plano interno, a partir do marco do Estado Democrático de Direito e da constitucionalização do Direito do Trabalho, o direito fundamental ao trabalho digno se revelou como categoria-chave para a proteção do sujeito trabalhador, do valor social do trabalho e do meio ambiente de trabalho, sobretudo se considerada sua dimensão socioambiental. Tal dimensão revela ser necessária a proteção integrada do direito à saúde no ambiente laboral e do direito ao meio ambiente de trabalho equilibrado para a garantia de um ambiente de trabalho suscetível à prestação de serviços em patamares que assegurem a dignidade do sujeito trabalhador, sua saúde e segurança e a qualidade ambiental. Verificou-se, no plano teórico, que a rede de proteção jurídica do trabalhador se fortalece quando está amparado nos princípios regentes do Direito do Trabalho e do Direito Ambiental. No tocante à regulação pela jurisprudência trabalhista brasileira, a efetiva tutela do sujeito trabalhador diante das violências no trabalho requer que se articulem, como fundamentos chaves e não argumentos de reforço no processo decisório, as convenções internacionais da OIT, especialmente as Convenções ns. 155 e 190. Também é necessário considerar a dimensão socioambiental do direito fundamental ao trabalho digno, de modo a efetivar, de forma integrada, os direitos à saúde e ao meio ambiente equilibrado, utilizando-se, quando necessário, do manejo da tutela inibitória como medida preventiva. No plano extrajudicial, destacou-se o termo de ajuste de conduta e o inquérito civil público, a serem utilizados pelo Ministério Público do Trabalho, conforme as peculiaridades do caso concreto.

Palavras-chave: Direito fundamental ao trabalho digno. Violências no trabalho. Direito à saúde. Direito ao meio ambiente de trabalho saudável.

Abstract: This article deals with the legal-institutional ways to reach the effective protection of the worker subject and the work environment in face of the violence in the world of work. Internally, based on the framework of the Democratic Rule of Law and the constitutionalization of Labor Law, the fundamental right to decent work has proved to be a key category for the protection of the worker, of the social value of work and of the work environment, especially if its socio-environmental dimension is considered. This dimension reveals the need for an integrated protection of the right to health in the workplace, as well as the right to a balanced work environment, in order to ensure an environment susceptible to the provision of services at levels that ensure the dignity of the worker, his health and safety and the environmental quality. It was verified, on the theoretical level, that the legal protection net of the worker

(1) Professora Associada de Direito do Trabalho dos Programas de Graduação e Pós-Graduação da Faculdade de Direito da Universidade de Brasília (UnB). Pesquisadora Coordenadora do Grupo de Pesquisa Trabalho, Constituição e Cidadania (UnB/CNPq). Pós-Doutorado em "Desigualdades Globais e Justiça Social" pela Faculdade Latino-Americana de Ciências Sociais (FLACSO /Brasil). Pós-Doutorado em Sociologia do Trabalho pela Universidade Estadual de Campinas (UNICAMP). Doutora em Filosofia do Direito pela Universidade Federal de Minas Gerais (UFMG). Mestre em Direito do Trabalho pela Pontifícia Universidade Católica de Minas Gerais (PUC Minas). Advogada. Autora de diversos livros e artigos em sua área de especialização.

(2) Doutoranda e Mestre em Direito, área de concentração Direito, Estado e Constituição pela Universidade de Brasília (UnB). Pesquisadora integrante do Grupo de Pesquisa Trabalho, Constituição e Cidadania (UnB/CNPq). Especialista em Direito Constitucional do Trabalho pela UnB e em Direito do Trabalho pelo Instituto Processus. Bacharel em Direito pelo Centro Universitário de Brasília (UniCEUB) e Bacharel em Administração pela UnB. Servidora da Justiça do Trabalho.

is strengthened when it is supported by the governing principles of the Labor Law and the Environmental Law. Regarding the regulation provided for in Brazilian labor jurisprudence, the effective protection of the worker subject from violence at work requires that the ILO international conventions, especially Conventions 155 and 190, are articulated as key grounds, and not mere arguments in the decision-making process. We must also consider the socio-environmental dimension of the fundamental right to decent work to effectively implement, in an integrated manner, the rights to health and a balanced environment, using, when necessary, prohibitory injunction as a preventive measure. At the extrajudicial level, we highlight the Deferred Prosecution Agreement and the Public Civil Investigation, used by the Labor Public Prosecutor's Office depending on the peculiarities of the specific case.

Keywords: Fundamental right to decent work. Violence at work. Right to health. Right to a healthy work environment.

1. INTRODUÇÃO

A violência sempre esteve presente na história da humanidade. Nas mais diversas épocas e tramas temporais, é possível identificar relações humanas, estruturas de poder e modelos de estados constituídos por práticas de violência(3). Sua transversalidade, presente em várias áreas do conhecimento, sobretudo no campo das Ciências Humanas e Sociais, é reforçada em tempos de globalização financeira, pelo crescente fluxo informacional e de precarização do trabalho humano, e pelo declínio da centralidade do trabalho vivo e dignificado como fonte de riqueza material(4).

A violência é um comportamento humano belicoso, exteriorizado em ação ou efeito de agredir, provocar, hostilizar ou ofender alguém ou a si próprio, culminando em danos físicos, psicológicos, imediatos e/ou de longa duração. A violência pode se manifestar por meio de ações explosivas ou práticas silenciosas de coação, provocação ou ameaças, todas elas intensas, invasivas e de impacto destrutivo(5).

Usualmente, o comportamento colérico de um sujeito ou coletivo reverbera seu potencial destrutivo para o ambiente onde são travadas as relações intersubjetivas (sociais, afetivas, trabalhistas, entre tantas outras), contaminando-o, o que faz com que esse ambiente apresente, no todo ou em parte, traçados de agressividade. Da mesma forma, o ambiente em si pode se estruturar por meio de práticas de gestão violenta, intoxicando, no todo ou em parte, as relações humanas ali travadas.

Nas relações de trabalho precarizadas e submetidas ao modelo de gestão toyotista, onde não há, em regra, espaço para vivências de trabalho vivificadas, criativas, inquietantes e fortalecidas, as relações intersubjetivas são descompassadas por atos de violência e os trabalhadores afastados da sua humanidade, impossibilitados do vir a ser.

No plano internacional, importantes parâmetros civilizatórios foram institucionalizados com vista ao alcance de uma tutela jurídica efetiva em face da violência – inclusive a violência no trabalho, com destaque para a atuação da Organização Mundial de Saúde (OMS) e da Organização Internacional do Trabalho (OIT).

A OIT, em específico, apresenta contribuição decisiva para a sistematização da tutela internacional do direito à saúde do sujeito trabalhador em face das violências no mundo do trabalho, sobretudo ao consagrar, desde a Convenção n. 155, de 1981, uma perspectiva ampla de saúde no trabalho (agregada pelas dimensões física e mental), acrescida da constatação de que as práticas de violência no trabalho se sofisticaram, com destaque para os riscos decorrentes do assédio, a partir da adoção da Convenção n. 190, já em 2019.

No plano doméstico brasileiro, em razão da estrutura paradigmática do Estado Democrático de Direito, não há abertura normativa, no campo do *Direito do Trabalho constitucionalizado*, para que se admita e regulamente práticas de violência nas relações de trabalho. É que o sistema constitucional, conforme aponta Gabriela Neves Delgado, está direcionado à proteção das relações de trabalho dignas e, no caminho oposto, à exclusão das relações de trabalho que não sejam capazes de dignificar o sujeito trabalhador, como, por exemplo, os trabalhos forçados e degradantes(6).

(3) Para o estudo da violência, consultar: ZIZEK, Slavoj. *Violência*. São Paulo: Boitempo, 2014.

(4) Para o estudo das atuais dimensões da precarização estrutural do trabalho, consultar: ANTUNES, Ricardo; BRAGA, Ruy (Orgs.). *Infoproletários*: degradação real do trabalho virtual. São Paulo: Boitempo, 2009.

(5) Elaboração conceitual formulada com suporte em: DAHLBERG, Linda L.; KRUG, Etienne G. *Violência: um problema global de saúde pública*. p. 1165. Capítulo extraído com autorização do autor do Relatório Mundial sobre Violência e Saúde. OMS, Organização Mundial de Saúde. Genebra: OMS; 2002. Version of the Introduction to the World Report on Violence and Health (WHO): Geneve: WHO, 2002, authorized by the authors. Disponível em: <www.scielo.br/pdf/csc/v11s0/a07v11s0>. Acesso em: 30 nov. 2018.

(6) Tese de doutorado originalmente apresentada por Gabriela Neves Delgado, no Programa de Pós-Graduação em Direito da Universidade Federal de Minas Gerais (UFMG), em 2005, tendo sido aprovada com louvor, por unanimidade da banca examinadora. A obra *Direito Funda-*

Com base nessa compressão de Direito do Trabalho constitucionalizado, optou-se, neste artigo científico, pelo recorte de pesquisa direcionado à identificação e análise de mecanismos jurídico-constitucionais brasileiros voltados ao combate à violência no trabalho e à tutela das relações de trabalho dignas, com base nas teorias do "direito fundamental ao trabalho digno"(7) e da "dimensão socioambiental do direito fundamental ao trabalho digno"(8).

2. VIOLÊNCIAS NO MUNDO DO TRABALHO: A VISÃO DA OIT

Segundo a Organização Mundial de Saúde OMS, a violência pode ser definida como "o uso da força física ou poder, em ameaça ou na prática, contra si próprio, outra pessoa ou contra um grupo ou comunidade que resulte em sofrimento, morte, dano psicológico, desenvolvimento prejudicado ou privação"(9).

A abrangência do conceito de violência apresentado pela OMS deve-se ao fato de a violência, além de permear as mais diversas relações de poder, pode se apresentar na forma de agressões psicológicas empreendidas no plano intersubjetivo, inclusive nas relações de trabalho.

A violência no ambiente de trabalho, em específico, entre outros mecanismos de agressividade, se revela pela prática reiterada de intimidações, humilhações e ameaças, explícitas ou veladas, denominada assédio moral. Essa prática provoca sofrimento em escala e danos de ordem psicológica que afetam o desenvolvimento da personalidade e potencial humano dos sujeitos agredidos e dos que estão em seu entorno, provocando também problemas sociais imediatos ou latentes, além de repercutir por anos após o ato abusivo inicial(10).

Diante do aprofundamento da violência nos espaços de trabalho e seus efeitos devastadores nas pessoas, nas empresas, nas economias e na sociedade, essa temática ganhou atenção máxima em nível global, no ano de 2015, com a adoção do documento *Transformando Nosso Mundo: a Agenda 2030 para o Desenvolvimento Sustentável*, no qual a Assembleia Geral da ONU estabeleceu, entre os objetivos para um desenvolvimento sustentável, a concretização do pleno emprego e do trabalho decente para homens e mulheres, vinculando, explicitamente, trabalho decente e crescimento econômico para a construção de um futuro baseado em um desenvolvimento sustentável (objetivo 8, meta 8.5), com garantia de uma vida saudável e que promova o bem-estar para todos (objetivo 3), a igualdade de gênero e o empoderamento de todas as mulheres e crianças do sexo feminino (objetivo 5)(11).

Em face da grave violação de direitos humanos perpetrada pela violência manifesta das mais variadas formas no mundo do trabalho, a OIT dedica-se à proteção aos direitos da pessoa humana trabalhadora, especialmente no que tange à segurança e saúde no trabalho, por meio de, ao menos, 23 convenções e recomendações editadas até o ano de 2011, entre elas destacando-se a Convenção n. 155(12).

---

mental ao Trabalho Digno teve sua primeira edição publicada em 2006, pela LTr Editora e a segunda edição, em 2015, pela mesma editora. A respeito, consultar: DELGADO, Gabriela Neves. *Direito Fundamental ao Trabalho Digno*. 2. ed. São Paulo: LTr, 2015. p. 190-191.

(7) *Id.*

(8) Dissertação de mestrado apresentada por Valéria de Oliveira Dias, no programa de Pós-Graduação em Direito da Universidade de Brasília (UnB), em 2019, sob a orientação da Professora Dra. Gabriela Neves Delgado, tendo sido aprovada com louvor, à unanimidade, pela banca examinadora. A respeito consultar: DIAS, Valéria de Oliveira. *A Dimensão Socioambiental do Direito Fundamental ao Trabalho Digno: uma análise a partir do assédio organizacional nos bancos do Distrito Federal*. São Paulo: LTr, 2020. Aqui, é importante registrar que este artigo dual sintetiza, em parte, as reflexões assentadas na dissertação de mestrado de Valéria de Oliveira Dias, já referenciada. Desde o processo de orientação, as duas autoras estabeleceram uma relação intelectual dialógica com a finalidade de pesquisar as diversas facetas do meio ambiente do trabalho e da saúde do trabalhador, com suporte no Direito do Trabalho constitucionalizado e na Psicologia do Trabalho. O artigo sintetiza, também, o conteúdo da palestra "A Tutela Jurídica em face da Violência no Trabalho" proferida por Gabriela Neves Delgado, no TST, no 5º Seminário Internacional do Programa Trabalho Seguro: violências no trabalho, enfrentamento e superação, em 2019.

(9) DAHLBERG, Linda L.; KRUG, Etienne G. *Violência: um problema global de saúde pública*. p. 1165. Capítulo extraído com autorização do autor do Relatório Mundial sobre Violência e Saúde. OMS, Organização Mundial de Saúde. Genebra: OMS; 2002. Version of the Introduction to the World Report on Violence and Health (WHO): Geneve: WHO, 2002, authorized by the authors. Disponível em: <www.scielo.br/pdf/csc/v11s0/a07v11s0>. Acesso em: 30 nov. 2018.

(10) *Id.*

(11) ORGANIZAÇÃO DAS NAÇÕES UNIDAS. *Transformando Nosso Mundo: a Agenda 2030 para o Desenvolvimento Sustentável*. Disponível em: <https://nacoesunidas.org/pos2015/agenda2030/>. Acesso em: 4 dez. 2018.

(12) Entre elas, citam-se as seguintes convenções ratificadas pelo Brasil: Convenção n. 103 – Amparo à maternidade; Convenção n. 115 – Proteção contra as radiações; Convenção n. 121 – Política de emprego; Convenção n. 127 – Peso máximo das cargas; Convenção n. 134 – Prevenção de acidentes do trabalho dos marítimos; Convenção n. 136 – Proteção contra os riscos da intoxicação pelo benzeno; Convenção n. 139 – Prevenção e controle de riscos profissionais causados pelas substâncias ou agentes cancerígenos; Convenção n. 148 – Contaminação do Ar, Ruído e Vibrações; Convenção n. 152 – Segurança e higiene nos trabalhos portuários; Convenção n. 155 – Segurança e saúde dos trabalhadores; Convenção

A Convenção n. 155 da OIT, editada em 1981, trata da segurança e saúde dos trabalhadores empregados e o meio ambiente do trabalho e foi ratificada pelo Brasil em 1992, passando a vigorar no plano interno em 1993[13].

Seu texto enfatiza que a saúde, com relação ao trabalho, "abrange não só" a ausência de afecções ou de doenças, mas também os elementos físicos e mentais que afetam a saúde e estão diretamente relacionados com a segurança e a higiene no trabalho" (art. 3º, *e*)[14], orientando os países signatários à adoção de política nacional voltada para a prevenção de acidentes e à proteção da saúde humana e do meio ambiente de trabalho (art. 4º, 1).

A OIT afirma, ainda, que a política nacional deve ser *coerente* em matéria de segurança e saúde dos trabalhadores e do meio ambiente de trabalho, posta em *prática* e *reexaminada* periodicamente, com ênfase na prevenção de acidentes e danos à saúde que forem consequência do trabalho, reduzindo-os ao mínimo as causas dos riscos inerentes ao ambiente laboral (art. 4º, 1 e 2).

No art. 6º, a OIT realça o caráter complementar das responsabilidades com a saúde e segurança no trabalho atribuído às autoridades públicas, aos empregadores, aos trabalhadores e às pessoas interessadas, revelando a premência da adoção de parâmetros a nível nacional de tutela jurídica à saúde humana no trabalho e ao meio ambiente de trabalho.

A efetividade da política nacional de prevenção de acidentes e de proteção à saúde humana e ao meio ambiente do trabalho depende do compromisso do Brasil em garantir a realização progressiva de determinadas tarefas, entre as quais se destaca "a realização de sindicâncias cada vez que um acidente do trabalho, um caso de doença profissional ou qualquer outro dano à saúde ocorrido durante o trabalho ou com relação com o mesmo possa indicar uma situação grave" (art. 11, *d*).

Esses dispositivos destacados da Convenção n. 155 da OIT expõem o reconhecimento no plano internacional, incorporado ao ordenamento jurídico brasileiro, de que a saúde e o equilíbrio ambiental no trabalho são direitos humanos dos trabalhadores interconectados.

Ademais, a referida convenção, ao admitir expressamente que o meio ambiente laboral pode ser determinante para o desencadeamento de agravos à saúde do trabalhador, enfatiza a necessidade de adoção de medidas preventivas amplas em nível nacional e, também, em nível empresarial dadas as repercussões gravosas para o trabalhador ocasionadas pelos acidentes e pelo adoecimento no trabalho.

Em 2015, a partir da agenda adotada pela ONU no tocante ao documento *Transformando Nosso Mundo: a Agenda 2030 para o Desenvolvimento Sustentável*, a OIT inscreveu na agenda da 108ª Sessão da Conferência Internacional do Trabalho um ponto sobre *violência e assédio no mundo do trabalho.*

Nos estudos que subsidiaram a Conferência Internacional, realizada em junho de 2018, a OIT definiu que *violência e assédio* devem ser entendidos "como um contínuo de comportamentos e práticas inaceitáveis, ou ameaças, que se manifestam de forma pontual ou recorrente, com o objetivo ou efeito de causar danos físicos, psicológicos, sexuais ou econômicos, e inclui a violência de gênero"[15].

Diante da repercussão da prática da violência e do assédio no trabalho nas relações interpessoais no contexto das relações de trabalho, na saúde do sujeito trabalhador, na produtividade, na qualidade dos serviços prestados e, ainda, no Estado de Direito – por enfraquecer a democracia –, *a OIT assentou que tal prática é incompatível com o trabalho decente e os direitos humanos*[16].

---

n. 159 – Reabilitação profissional e emprego de pessoas deficientes; Convenção n. 161 – Serviços de saúde no trabalho; Convenção n. 162 – Utilização do amianto com segurança; Convenção n. 163 – Bem-estar dos trabalhadores marítimos no mar e no porto; Convenção n. 167 – Sobre segurança e saúde na construção; Convenção n. 170 – Segurança no trabalho com produtos químicos; Convenção n. 171 – Trabalho noturno; Convenção n. 174 – Sobre a prevenção dos acidentes industriais maiores; Convenção n. 176 – Sobre segurança e saúde nas minas; Convenção n. 182 – Sobre a proibição das piores formas de trabalho infantil e a ação imediata para sua eliminação; e Convenção n. 189 e Recomendação – sobre Trabalho Decente para as Trabalhadoras e os Trabalhadores Domésticos. A Convenção n. 184 – sobre a segurança e a saúde na agricultura, a Convenção n. 187, sobre o marco promocional para a segurança e saúde no trabalho, não foram ratificadas pelo Brasil.

(13) BRASIL. Decreto n. 1.254, de 29 de Setembro de 1994. Promulga a Convenção n. 155, da Organização Internacional do Trabalho, sobre Segurança e Saúde dos Trabalhadores e o Meio Ambiente de Trabalho, concluída em Genebra, em 22 de junho de 1981. Disponível em: <http://www.planalto.gov.br/ccivil_03/decreto/1990-1994/D1254.htm>. Acesso em: 15 jan. 2019.

(14) *Id.*

(15) ORGANIZAÇÃO INTERNACIONAL DO TRABALHO. *Acabar com a violência e o assédio no mundo do trabalho*. Conferência Internacional do Trabalho, 107ª Sessão, 2018. Relatório V(2). p. 97. Disponível em: <https://www.ilo.org/wcmsp5/groups/public/---ed_norm/---relconf/documents/meetingdocument/wcms_630697.pdf>.

(16) ORGANIZAÇÃO INTERNACIONAL DO TRABALHO. *Acabar com a violência e o assédio contra mulheres e homens no mundo do trabalho*. Conferência Internacional do Trabalho, 107ª Sessão, 2018. Relatório V(1). p. 1. Disponível em: <https://www.ilo.org/gender/Informationresources/Publications/WCMS_546305/lang--es/index.htm>. Acesso em: 4 dez. 2018.

Além disso, em seus estudos, a OIT constatou que a *violência psicológica e o assédio moral estão entre as formas de violência e assédio mais denunciadas no mundo do trabalho*. Entre as condutas que podem caracterizar o uso da violência e do assédio no trabalho encontram-se "a manipulação da reputação da pessoa, o seu isolamento, a retenção de informação e a atribuição de tarefas que não estão de acordo com as capacidades da pessoa, ou metas e prazos impossíveis de cumprir"(17). Os danos nefastos de tais práticas repercutem sobre a dignidade e a integridade psíquica da vítima(18).

Constatou, ainda, que circunstâncias e condições de trabalho, bem como determinadas condições psicossociais, por si só ou de forma combinada, podem expor os trabalhadores à violência e ao assédio, o que, consequentemente, pode afetar a saúde psicológica, física e sexual e a dignidade desses trabalhadores(19).

Apontou, em acréscimo, a organização do trabalho humano como um fator de risco que acentua a possibilidade da utilização da violência e do assédio nos espaços de trabalho. Entre os fatores de riscos relacionados diretamente com a organização do trabalho, a OIT destacou:

> a gestão inadequada dos recursos humanos: a má organização do trabalho, incluindo a falta de normas e de responsabilidades claras; a atribuição inadequada de tarefas; o estabelecimento de objetivos de produção pouco realistas; uma comunicação deficiente; as más relações de trabalho e as práticas discriminatórias também são considerados fatores que podem aumentar o risco de violência e de assédio.(20)

Assim, a OIT concluiu que a violência e o assédio no mundo do trabalho abrangem situações que ocorram, inclusive, no local destinado às pausas e refeições, no trajeto residência-trabalho-residência, nas viagens ou quaisquer outras atividades vinculadas ao trabalho e, inclusive, no âmbito das comunicações profissionais realizadas por meio de plataformas digitais(21).

Entre as conclusões e propostas para fins de proposição de convenção, destacou-se ser relevante que haja o acesso a vias de reparação e o apoio às vítimas, bem como a adoção de legislação nacional que proíba todas as formas de violência e assédio, particularmente, qualquer forma de violência de gênero, assim como de medidas de prevenção, nas quais se inclui a identificação, "em consulta com as organizações de trabalhadores e de empregadores relacionadas, os setores, as profissões e as modalidade de trabalho nos quais os trabalhadores estão mais expostos à violência e ao assédio", adotando medidas para assegurar a proteção efetiva dos trabalhadores(22).

Após todo esse processo de debates e sistematização, a OIT, em 2019, adotou a Convenção n. 190 sobre violência e assédio no mundo do trabalho, projetando, no ano do seu centenário, a compreensão jurídico-institucional de que atos de violência no trabalho atingem a saúde do trabalhador como um todo e que entre as formas de violência no trabalho, o assédio é uma das mais complexas.

A Convenção n. 190 foi aprovada por 439 votos a favor e sete contra, com 30 abstenções, entre as quais se incluem a do presidente da Federação Brasileira dos Bancos (Febraban) e a do Brasil, como Estado-membro. A vigência dessa convenção ocorrerá 12 meses após a ratificação efetivada por, ao menos, dois Estados-membros.

Na referida convenção, a OIT afirma que a proteção contra a violência e o assédio no mundo do trabalho deve incluir setor público e privado, os prestadores de serviços na economia formal e informal, em áreas urbanas e rurais, e, também, os migrantes. Desse modo, tanto trabalhadores assalariados, conforme definido

---

(17) ORGANIZAÇÃO INTERNACIONAL DO TRABALHO. *Acabar com a violência e o assédio contra mulheres e homens no mundo do trabalho*. Conferência Internacional do Trabalho, 107ª Sessão, 2018. Relatório V(1). p. 15. Disponível em: <https://www.ilo.org/gender/Informationresources/Publications/WCMS_546305/lang--es/index.htm>. Acesso em: 4 dez. 2018.

(18) *Ibdem*, p. 17. Disponível em: <https://www.ilo.org/gender/Informationresources/Publications/WCMS_546305/lang--es/index.htm>. Acesso em: 4 dez. 2018.

(19) *Ibdem*, p. 98. Disponível em: <https://www.ilo.org/wcmsp5/groups/public/---ed_norm/---relconf/documents/meetingdocument/wcms_630697.pdf>.

(20) *Ibdem*, p. 32. Disponível em: <https://www.ilo.org/gender/Informationresources/Publications/WCMS_546305/lang--es/index.htm>. Acesso em: 4 dez. 2018.

(21) *Ibdem*, p. 97-98. Disponível em: <https://www.ilo.org/wcmsp5/groups/public/---ed_norm/---relconf/documents/meetingdocument/wcms_630697.pdf>.

(22) *Ibdem*, p. 99. Disponível em: <https://www.ilo.org/wcmsp5/groups/public/---ed_norm/---relconf/documents/meetingdocument/wcms_630697.pdf>.

na legislação nacional, quanto outros trabalhadores, independente do contrato pactuado, tais como os que estão sendo treinados (a exemplo dos estagiários e aprendizes), os dispensados ou demitidos, os voluntários, os que procuram emprego ou candidatos a um emprego e, ainda, os que exercem funções ou possuem responsabilidades de um empregador encontram-se no âmbito de proteção contra a violência no mundo do trabalho (art. 2º).

Além da abrangência no tocante às possíveis vítimas de violência e assédio no trabalho, a convenção alargou o meio ambiente do trabalho, na medida em que afirma que a violência e o assédio podem ser praticados em espaços públicos e privados, quando são locais de trabalho; locais destinados aos trabalhadores para usufruir do intervalo para descanso e alimentação e, ainda, para o uso das instalações sanitárias e vestiários; viagens, eventos, atividades sociais relacionados ao trabalho, inclusive as destinadas às ações de treinamento; no âmbito dos meios de comunicação utilizados no trabalho, inclusive as relacionadas ao uso de tecnologias de informação e comunicação; no alojamento fornecido pelo empregador; e, ainda, no percurso entre o domicílio e o local de trabalho (art. 3º).

Essa visão alargada dos espaços que integram o meio ambiente do trabalho denota a sintonia da OIT com as mudanças no mundo do trabalho ocasionadas, em grande medida, pelos avanços tecnológicos e pelas novas modalidades de relação de trabalho, associadas, sobretudo, à precarização do trabalho humano.

Determina, ainda, que a prevenção e a eliminação da violência e do assédio no mundo do trabalho, inclusive as perpetradas por razão de gênero (art. 7º), perpassam pelo respeito e promoção dos princípios e direitos fundamentais no trabalho (art. 5º). Tais objetivos se efetivam, contudo, a partir de legislação nacional e políticas públicas que promovam trabalho decente e seguro e considerem os instrumentos da OIT, tais como os que tratam do direito à negociação coletiva, a eliminação de todas as formas de trabalho forçado ou obrigatória, a abolição efetiva do trabalho infantil e a eliminação da discriminação em termos de emprego e ocupação.

Na Recomendação n. 206, editada com o objetivo de complementar a Convenção n. 190, a OIT enfatiza que a avaliação de risco no tocante à violência e assédio nos locais de trabalho deve abarcar as condições e modalidades de trabalho, a organização e modo de gestão do trabalho e os possíveis riscos derivados de discriminação, de abuso de relações de poder e gênero e de normas culturais e sociais que estimulam a violência e o assédio. A avaliação de risco deve, ainda, envolver todos os atores envolvidos no trabalhar, inclusive clientes, prestadores de serviços, usuários, pacientes e o público em geral.

No item I, ao tratar dos princípios fundamentais norteadores da mencionada recomendação, a OIT enfatiza que os países-membros devem garantir, por meio de legislação apropriada e políticas públicas, a efetividade da Convenção n. 190 interconectada com os instrumentos sobre igualdade, não discriminação e igual remuneração de homens e mulheres (Convenção n. 100 e Recomendação n. 90) e discriminação em matéria de emprego e ocupação (Convenção n. 111 e Recomendação n. 111), bem como outros instrumentos relevantes.

3. A TUTELA JURÍDICO-CONSTITUCIONAL BRASILEIRA EM FACE DAS VIOLÊNCIAS NO TRABALHO

3.1. O direito fundamental ao trabalho digno

A ordem jurídico-constitucional instituída a partir do ano de 1988, no Brasil, constitui-se em Estado Democrático de Direito, destinado "a assegurar o exercício dos direitos sociais e individuais, a liberdade, a segurança, o bem-estar, o desenvolvimento, a igualdade e a justiça como valores supremos de uma sociedade fraterna, pluralista e sem preconceitos, fundada na harmonia social"[23].

Para alcançar tal finalidade, foram alçados ao patamar de princípios fundamentais da República Federativa do Brasil, entre outros, a dignidade da pessoa humana e os valores sociais do trabalho e da livre-iniciativa (art. 1º, III e IV, da Constituição Federal de 1988).

A dignidade da pessoa humana, além de se revestir da qualidade de valor fundamental, possui a condição de norma e de princípio geral estruturante e conformador da ordem jurídico-constitucional e infraconstitucional, tornando-se, por conseguinte, indissociável dos direitos humanos e fundamentais reconhecidos e protegidos no âmbito do direito internacional e do direito constitucional[24].

---

(23) BRASIL. Constituição da República Federativa do Brasil de 1988, em 5 de outubro de 1988. Preâmbulo. Disponível em: <http://www.planalto.gov.br/ccivil_03/constituicao/constituicao.htm>. Acesso em: 5 out. 2019.

(24) SARLET, Ingo Wolfgang; MARINONI, Luiz Guilherme; MITIERO, Daniel. *Curso de direito constitucional*. 7. ed. São Paulo: Saraiva Educação, 2018. p. 275.

Partindo dessa premissa, tem-se que a Constituição Federal de 1988 alçou a pessoa humana e sua dignidade ao centro de convergência do ordenamento jurídico, evidenciando o compromisso hermenêutico de prevalência dos direitos humanos fundamentais por ela instituídos.

Isso significa que o Texto Constitucional reconhece que o Estado e suas instituições existem para a pessoa humana, considerada em sua dimensão individual e coletiva, e, por essa razão, eles mesmos possuem o dever de tutela integral da dignidade humana[(25)], de modo a possibilitar o pleno desenvolvimento da personalidade e do potencial humanos em um contexto de existência digna em uma sociedade livre, justa e solidária pautada pela justiça social (arts. 3º, I, e 170, *caput*, da CF).

Nesse contexto, segundo a dimensão constitucional da dignidade, tem-se que a pessoa humana não pode ser instrumentalizada pelo outro[(26)], de modo que a proteção da dignidade de todos contra o próprio Estado e as ações de atores privados reveste-se da qualidade de dever estatal, igualmente atribuído aos particulares[(27)].

A Constituição Federal de 1988, a par da perspectiva humanista inerente ao constitucionalismo contemporâneo e da importância do trabalho para a materialização de uma existência digna, elevou o trabalho humano ao patamar de valor fundamental da República Federativa do Brasil e da ordem econômica. Além desse avanço civilizatório, a ordem social, cuja base é o primado do trabalho, foi vinculada ao bem-estar, à justiça social e ao *meio ambiente ecologicamente equilibrado*, no qual se inclui o meio ambiente do trabalho (arts. 1º, III; e 170, *caput*; 193; 200, II e VIII; e 225)[(28)].

Assim, conforme sumarizado por Maurício Godinho Delgado e Gabriela Neves Delgado, trabalho humano constitucionalizado supera o critério valorativo próprio da economia capitalista concernente à utilidade para incorporar o *status* de valor, em razão de ser meio propício à afirmação econômica e social e de superação das desigualdades sociais[(29)].

Nessa medida, no prisma constitucional, o valor social do trabalho integra o conteúdo jurídico da dignidade da pessoa humana, de modo a revelar a existência de direito de ordem justrabalhista que se caracteriza como categoria-chave para a proteção da pessoa humana trabalhadora nos contextos de trabalho: o "direito fundamental ao trabalho digno"[(30)].

Gabriela Neves Delgado afirma que o trabalho digno é aquele que tem, como patamar mínimo, os direitos fundamentais destinados à proteção da dignidade do trabalhador, ou seja, o trabalho será considerado digno, sob a perspectiva jurídica, quando o trabalhador, no exercício do trabalho, tiver acesso aos direitos fundamentais[(31)]. Em razão da eficácia horizontal inerente aos direitos humanos fundamentais[(32)], o direito fundamental ao trabalho digno também se reveste da qualidade de dever fundamental de todo tomador de serviços[(33)].

3.2. A dimensão socioambiental do direito fundamental ao trabalho digno

O *direito fundamental* à *saúde* possui conteúdo jurídico inerente à dignidade humana, porque decorre diretamente do próprio direito à vida. Nesse sentido, existência digna das presentes e futuras gerações vincula-se à proteção da saúde e, portanto, o direito fundamental à saúde, de igual modo, se reveste da qualidade de dever fundamental diretamente aplicável de forma vinculada em relação ao Estado e nas relações entre particulares[(34)].

---

(25) *Ibid.*, p. 276-280.

(26) Ingo Wolfgang Sarlet, reportando-se a Ronald Dworkin, salienta que a dignidade humana remete à concepção kantiana de que o ser humano não é instrumento para realização dos objetivos alheios, constituindo, portanto, um fim em si mesmo. Essa perspectiva enfatiza que o sujeito não pode ser tratado de "forma que se venha a negar a importância distintiva de suas próprias vidas". Essa abordagem revela que as interações sociais em geral devem se conformar a uma "recíproca sujeição", o que revela que o critério decisivo para se apurar a existência de violação da dignidade ampara-se na conduta destinada à coisificação do outro. In: *Dignidade da pessoa humana e direitos fundamentais na Constituição Federal de 1988*. 9. ed. rev. atual. 2. tir. Porto Alegre: Livraria do Advogado, 2012.

(27) SARLET, Ingo Wolfgang; MARINONI, Luiz Guilherme; MITIERO, Daniel. *Op. cit.*, p. 280-283.

(28) DELGADO, Gabriela Neves. *Direito fundamental ao trabalho digno*. São Paulo: LTr, 2006. p. 27-28.

(29) DELGADO, Mauricio Godinho; DELGADO, Gabriela Neves. *Constituição da República e Direitos Fundamentais*: dignidade da pessoa humana, justiça social e direito do trabalho. 3. ed. São Paulo: LTr, 2015. p. 150.

(30) DELGADO, Gabriela Neves. *Op. cit.*, p. 182.

(31) *Ibid.*, p. 182-184.

(32) Acerca do tema, consultar SARMENTO, Daniel; GOMES, Fábio Rodrigues. A eficácia dos direitos fundamentais nas relações entre particulares: o caso das relações de trabalho. *Revista do TST*, Brasília, vol. 77, n. 4, out/dez. 2011.

(33) DELGADO, Gabriela Neves. *loc. cit.*

(34) SARLET, Ingo Wolfgang; FIGUEIREDO, Mariana Filchtiner. Algumas considerações sobre o direito fundamental à promoção e proteção da saúde aos 20 anos da Constituição Federal de 1988. *Revista de Direito do Consumidor: RDC*, v. 17, n. 67. p. 125-172, jul./set. 2008. p. 129-130.

Ocorre que o dever fundamental inerente à promoção e proteção da saúde, individual e coletivamente considerada, atribuído ao Estado e aos particulares – nos quais se inclui as instituições empresariais –, somente se efetiva se interconectado com a efetividade de outros direitos fundamentais conexos, entre os quais se destaca a do *direito fundamental ao meio ambiente de trabalho saudável*.

Aliás, a Constituição Federal de 1988 reconhece, no art. 225, a relação entre sadia qualidade de vida e meio ambiente do trabalho ecologicamente equilibrado (art. 200, VIII). Tal relação indica que a qualidade ambiental, assim como a sadia qualidade de vida, integra o conteúdo jurídico da dignidade da pessoa humana[(35)] e, por essa razão, evidencia-se o dever jurídico do empregador de observar o conjunto de deveres econômicos, sociais, culturais e ambientais relativos à proteção à saúde do trabalhador delineados no Texto Constitucional e na legislação pertinente, inclusive nas normas de direito internacional incorporadas ao ordenamento jurídico pátrio.

Nessa linha, Augusto César Leite de Carvalho salienta que a Constituição, ao assegurar o direito fundamental à saúde, o integra à proteção do meio ambiente de trabalho, o que significa que a proteção da saúde no trabalho se concretiza a partir de direitos que abarquem, inclusive, "as condições de tempo e de modo do trabalho"[(36)].

Não é por outra razão que a Constituição Federal de 1988 alargou o âmbito de tutela jurídica da segurança e da saúde do trabalhador. O art. 7º estabelece que a "redução dos riscos inerentes ao trabalho, por meio de normas de saúde, higiene e segurança" (inciso XXII), é direito fundamental que compõe o patamar mínimo civilizatório do trabalhador urbano e rural, na medida em que inclui "outros que visem à melhoria de sua condição social" (art. 7º, *caput*). Ademais, realça o dever fundamental de reparação do dano material, moral ou à imagem em caso de violação dos direitos fundamentais sociotrabalhistas inerentes à personalidade e ao patrimônio moral da pessoa trabalhadora (art. 5º, V e X).

O mencionado art. 225 da Constituição de 1988 enuncia o dever fundamental de se defender e preservar o meio ambiente do trabalho, impondo-o ao Poder Público e à coletividade, na qual se inclui a sociedade e a ordem econômica. Isso significa que a ordem econômica está vinculada à observância do princípio da defesa do meio ambiente de trabalho (arts. 170, VI, e 200, VIII), o que a torna também corresponsável pela preservação da qualidade ambiental para as presentes e futuras gerações.

Nesse sentido, Augusto César Leite de Carvalho afirma:

> A combinação dos preceitos constitucionais sobreleva a prescrição de um ambiente de trabalho harmonioso, indispensável à qualidade de vida dos que nele se ativam e dos que fora de seus domínios sofrem a radiação do que nele se produz, cometendo-se a toda a sociedade e ao Estado a responsabilidade de proteger o ecossistema laboral para o seu uso sustentável pela atual e futuras gerações.[(37)]

Norma Sueli Padilha define o meio ambiente como "o conjunto de condições naturais e de influências que atuam sobre os organismos vivos e os seres humanos" composto por "fatores bióticos e abióticos, sociais, culturais e psicológicos". Tal conceito conduz à ilação de que a efetiva tutela da sadia qualidade de vida no trabalho essencial para o desenvolvimento integral do sujeito –, depende de uma visão sistêmica do meio ambiente e da consequente ênfase no dever de defesa e preservação ambiental[(38)].

O *dever de defesa e preservação* do meio ambiente do trabalho inclui a abstenção de práticas que degradem a qualidade do ambiente de trabalho e a prática de condutas destinadas à prevenção, precaução, reparo etc. de eventuais danos ambientais no contexto laboral[(39)].

Para Norma Sueli Padilha, a rede de proteção jurídica do trabalhador se fortalece na medida em que se observa, com prioridade, a *defesa do meio ambiente*

(35) SARLET, Ingo Wolfgang; FENSTERSEIFER, Tiago. Direito à saúde e proteção do ambiente na perspectiva de uma tutela jurídico-constitucional integrada dos direitos fundamentais socioambientais (DESCA). *BIS, Bol. Inst. Saúde* (Impr.). São Paulo, v. 12, n. 3, 2010. p. 250.

(36) CARVALHO, Augusto César Leite de. *Direito do Trabalho:* curso e discurso. São Paulo: LTr, 2016. p. 292.

(37) *Ibdem*, p. 293.

(38) PADILHA, Norma Sueli. Meio ambiente do trabalho: o diálogo entre o direito do trabalho e o direito ambiental. In: FELICIANO, Guilherme Guimarães. *et al.* (coord.). *Direito ambiental do trabalho*: apontamento para uma teoria geral. v. 2. São Paulo: LTr, 2015. p. 111.

(39) FENSTERSEIFER, Tiago. A dimensão ecológica da dignidade humana: as projeções normativas do direito (e dever) fundamental ao ambiente no estado socioambiental de direito. Dissertação (Mestrado em Ciências Jurídicas e Sociais) – Faculdade de Ciências Jurídicas e Sociais, Pontifícia Universidade Católica do Rio Grande do Sul, Rio Grande do Sul, 2007. p. 298-299.

laboral[40], especialmente quando efetivada com amparo nos princípios próprios do Direito Ambiental, plenamente aplicáveis nas questões ambientais no trabalho.

Nesse quadro, considerando o marco do Estado Democrático de Direito, tem-se que a tutela da qualidade do ambiente de trabalho vincula-se ao princípio da solidariedade social, na medida em que se deve considerar as presentes e futuras gerações e os decorrentes deveres inerentes ao desenvolvimento sustentável. Tal perspectiva, associada aos princípios e valores presentes na ordem jurídica constitucional, evidencia, no plano jurídico, que a dignidade humana possui dimensão social e ambiental[41].

A dimensão social da dignidade humana revela que a dignidade da pessoa humana individualmente considerada projeta-se na dignidade de todos os integrantes do grupo social, o que requer, a partir do compromisso jurídico do Estado e dos particulares, a "composição de um quadro social de dignidade para (e com) todos"[42].

Já a dimensão ambiental da dignidade humana abarca a qualidade de vida associada à qualidade do ambiente no qual a vida humana se desenvolve[43]. Nessa perspectiva, partindo do pressuposto de que a maioria das pessoas passa a maior parte de sua existência no trabalho, tem-se que o meio ambiente do trabalho é o que mais impacta a vida humana, especialmente quando se trata de saúde física e mental.

A relação entre trabalho e saúde é estudada pela Psicodinâmica do Trabalho, disciplina teórica e clínica que possui como um de seus alicerces a tese da *centralidade do trabalho para a construção da saúde*[44].

Segundo Christopher Dejours, no campo subjetivo, trabalhar é envolver-se e transformar-se, pois o trabalhar abarca "gestos, o saber-fazer, um engajamento do corpo, a mobilização da inteligência, a capacidade de refletir, de interpretar e de reagir às situações; é o poder de sentir, de pensar e de inventar etc."[45].

No trabalhar, a subjetividade é mobilizada e transformada, vivificada ou, ao contrário, mortificada e, nessa medida, o trabalho desempenha um papel fundamental para a constituição da identidade do sujeito no plano individual e social[46].

O autor alerta, ainda, que o trabalhar pode despertar o que existe de melhor ou de pior na pessoa trabalhadora. No coletivo de trabalhadores, trabalhar pode gerar harmonia, consolidando a vivência de forma democrática, ou produzir desolação, desconfiança, medo, instrumentalização de seres humanos, induzindo muitos a ideações suicidas[47]. Se nos espaços de trabalho "não se aprende a democracia, aprender-se-ão os costumes mais destrutivos para o funcionamento da sociedade, o individualismo, os comportamentos desleais, as pequenas e grandes traições, a arte de infligir sofrimento e injustiça ao outro"[48], banalizando-se, assim, o mal e a injustiça social e inviabilizando o exercício concreto da cidadania.

Daí porque o trabalho jamais é neutro em relação à saúde; ao contrário, o trabalho é o elemento central para a construção da saúde[49].

Em vista disso, a dimensão social e ambiental da dignidade humana interpretada sob a perspectiva do Direito do Trabalho constitucionalizado aponta para a necessária proteção do trabalhador, do valor social do trabalho e do meio ambiente de trabalho, o que revela a *dimensão socioambiental do direito fundamental ao trabalho digno*, tese de Valéria de Oliveira Dias[50].

---

(40) PADILHA, Norma Sueli. Meio ambiente do trabalho: o diálogo entre o direito do trabalho e o direito ambiental. In: FELICIANO, Guilherme Guimarães. *et al.* (coord.). *Direito ambiental do trabalho*: apontamento para uma teoria geral. v. 2. São Paulo: LTr, 2015. p. 115.

(41) FENSTERSEIFER, Tiago. Estado socioambiental de direito e o princípio da solidariedade como seu marco jurídico-constitucional. Direitos Fundamentais e Justiça, n. 2, jan./mar. 2008. p. 151.

(42) SARLET, Ingo Wolfgang. Algumas notas sobre a dimensão ecológica da dignidade da pessoa humana e sobre a dignidade da vida em geral. In: *Direito Público.* Porto Alegre, ano 5, n.19. p. 07-26, jan./fev. 2008. p. 10.

(43) *Id.*

(44) DEJOURS, Christopher; BARROS, Juliana de Oliveira; LANCMAN, Selma. A centralidade do trabalho para a construção da saúde. *Revista de Terapia Ocupacional da Universidade de São Paulo*, v. 27, n. 2. p. 228-235, 17 ago. 2016.

(45) DEJOURS, Christophe; CARDOSO, Marta Rezende (2001). Christophe Dejours: entrevista. *Agora*, 4(2), 89-94. Recuperado em 10 de abril de 2009, de <http://www.scielo.br/pdf/agora/v4n2/v4n2a07.pdf>.

(46) DEJOURS, Christophe. Subjetividade, trabalho e ação. *Revista Produção*, v. 14, n. 3. p. 27-34, set./dez, 2004. p. 30.

(47) DEJOURS, Christophe. Psicopatologia do trabalho – Psicodinâmica do Trabalho. *Laboreal*, 7, (1), 13-16, 2011. p. 15.

(48) DEJOURS, Christophe; CARDOSO, Marta Rezende (2001). Christophe Dejours: entrevista. *Agora*, 4(2), 89-94. Recuperado em 10 de abril de 2009, de <http://www.scielo.br/pdf/agora/v4n2/v4n2a07.pdf>. p. 91.

(49) LANCMAN, Selma; UCHIDA, Seiji. Trabalho e Subjetividade: o olhar da psicodinâmica do trabalho. *Caderno de Psicologia Social e do Trabalho*. v. 6, São Paulo, 2003. p. 79-90.

(50) DIAS, Valéria de Oliveira. *A Dimensão Socioambiental do Direito Fundamental ao Trabalho Digno*: uma análise a partir do assédio organizacional nos bancos do Distrito Federal. São Paulo: LTr.

Segundo a autora, tal dimensão refere-se à tutela da dignidade do sujeito trabalhador, individual e coletivamente considerado, e da qualidade de vida no meio ambiente de trabalho. De igual forma, a dimensão socioambiental do trabalho digno abarca a proteção integral do valor trabalho, que, sob a égide do Estado Democrático de Direito, deve ser prestado em condições de dignidade preservada pela eficácia horizontal dos direitos humanos fundamentais, contemplando, ainda, a dimensão prospectiva de prevenção e precaução, considerando-se, inclusive, o compromisso com as gerações presentes e futuras representado pela sustentabilidade(51).

Nessa linha de raciocínio, tem-se que a efetiva proteção ao trabalho digno tem como pressuposto a promoção e a proteção da saúde no meio ambiente do trabalho. Daí porque *a efetiva tutela do direito fundamental ao trabalho digno se concretiza à medida que se considera sua dimensão socioambiental e se confere proteção jurídica* às *três categorias a ele imanentes – a pessoa humana trabalhadora, o valor social do trabalho e o meio ambiente de trabalho de forma simultânea.*

Partindo de tais premissas, aliadas ao conceito amplo de saúde que abarca a tutela da integridade psicofísica do sujeito frente a qualquer ameaça oriunda do ambiente humano ou social, é possível concluir que agressões resultantes de um ambiente de trabalho pautado na violência e que, consequentemente, não oferecem condições de construção da saúde e da qualidade de vida do sujeito trabalhador, são violadoras do direito à saúde, do direito ao meio ambiente de trabalho equilibrado e do direito fundamental ao trabalho digno.

4. A TUTELA JURÍDICO-CONSTITUCIONAL BRASILEIRA EM FACE DAS VIOLÊNCIAS NO TRABALHO: PERSPECTIVAS DE REGULAÇÃO PELA JURISPRUDÊNCIA TRABALHISTA BRASILEIRA

Conforme visto, o Direito do Trabalho constitucionalizado tem na dignidade humana seu núcleo constitutivo. Essa referência levou Gabriela Neves Delgado a concluir que a dignidade é suporte normativo e axiológico do direito fundamental ao trabalho. Assim, o trabalho digno enquanto direito fundamental e categoria-chave do Direito do Trabalho constitucionalizado –, somente é alcançado por meio da declaração, reconhecimento e efetividade dos direitos fundamentais trabalhistas(52).

Quanto ao aspecto multidimensional do direito fundamental ao trabalho digno (agregado pelas dimensões do sujeito, do objeto e do meio ambiente de trabalho), recorte de análise específico pode ser encontrado em Valéria de Oliveira Dias, em sua pesquisa sobre a dimensão socioambiental do direito fundamental ao trabalho digno(53).

A dimensão socioambiental do direito fundamental ao trabalho digno apresenta dois pilares constitutivos necessariamente interconectados: *o direito à proteção à saúde psicofísica do sujeito trabalhador no ambiente de trabalho e o direito ao meio ambiente de trabalho equilibrado.*

Assim, considera-se que os mecanismos de tutela jurídico-constitucional direcionados à concretização da dimensão socioambiental do direito fundamental ao trabalho digno em face de violências no trabalho precisam necessariamente considerar a dimensão do *direito à proteção à saúde psicofísica do sujeito trabalhador* e a dimensão do *direito ao meio ambiente de trabalho equilibrado.*

Em grandes linhas, portanto, considera-se que as decisões judiciais devem necessariamente indicar essas duas dimensões socioambientais quando situações fáticas de violências no trabalho forem levadas a juízo. Essas demandas, cujo fio condutor é o Direito Constitucional, devem necessariamente articular fundamentos de tutela do Direito do Trabalho e do Direito Ambiental.

Aliás, *no plano teórico*, é preciso ressignificar abordagens tradicionais que compreendem pela separação entre as "questões ambientais" e as "questões do meio ambiente do trabalho", como se existisse uma incomunicabilidade entre essas demandas. Essa ressalva é apontada por Fernando Maciel, que reforça as várias zonas de interseção entre o Direito Ambiental e o Direito do Trabalho, em razão de uma "evidente transversalidade epistemológica"(54). Nessa mesma linha de raciocínio, aponta Guilherme Guimarães Feliciano pela necessidade de intensa comunicação dos princípios jurídicos que regem esses dois ramos do Direito (o ambiental e o do trabalho)(55).

(51) DIAS, Valéria de Oliveira. *A Dimensão Socioambiental do Direito Fundamental ao Trabalho Digno*: uma análise a partir do assédio organizacional nos bancos do Distrito Federal. São Paulo: LTr.

(52) DELGADO, Gabriela Neves. *Direito Fundamental ao Trabalho Digno*. 2. ed. São Paulo: LTr, 2015.

(53) DIAS, Valéria de Oliveira. A Dimensão Socioambiental do Direito Fundamental ao Trabalho Digno: uma análise a partir do assédio organizacional nos bancos do Distrito Federal. São Paulo: LTr, 2020.

(54) MACIEL, Fernando. A Jurisprudência Trabalhista e a Efetividade do Direito Ambiental do Trabalho. *Revista do Tribunal Superior do Trabalho*. Vol. 85, n. 3. jul./set. 2019. p. 163.

(55) FELICIANO, Guilherme Guimarães. O meio ambiente do trabalho e a responsabilidade civil patronal: reconhecendo a danosidade sistêmica. In: Direito ambiental do trabalho: apontamentos para uma teoria geral. São Paulo: LTr, 2013.v. 1. p. 11.

Essa comunicação dos princípios do Direito Ambiental para o plano do Direito do Trabalho precisa ser necessariamente articulada pela jurisprudência trabalhista brasileira quando do enfrentamento de situações fáticas da esfera labor-ambiental. Existem alguns princípios de aceitação incontroversa na doutrina pátria do Direito Ambiental (princípio do desenvolvimento sustentável, princípio da prevenção/precaução, princípio do poluidor/pagador, princípio da participação, princípio da função social da propriedade[(56)]), cuja referência é decisiva para se alcançar efetividade normativa à dimensão socioambiental do direito fundamental ao trabalho digno.

Além da abertura principiológica que seguramente contribuirá para uma visão expandida da dimensão socioambiental do direito fundamental ao trabalho digno, também é vital que a jurisprudência pátria articule os fundamentos de proteção à saúde e ao meio ambiente de trabalho articulados pela OIT especialmente pela via das convenções internacionais do trabalho. Essa interface entre a normativa internacional de proteção ao trabalho e a ordem jurídica interna é, pois, uma maneira de se conectar o tema da proteção socioambiental ao trabalho digno do plano global ao plano doméstico.

Para que a proteção socioambiental do direito ao trabalho digno seja de fato expandida, também é necessário que as convenções internacionais da OIT, ratificadas pelo Brasil, e que estejam direcionadas ao direito à saúde psicofísica do trabalhador e ao direito ao meio ambiente de trabalho sadio e equilibrado, sejam reconhecidas como fundamentos chaves do processo decisório e não apenas como argumentos de reforço.

Ainda quanto aos mecanismos de tutela jurídico-constitucional direcionados à concretização da dimensão socioambiental do direito fundamental ao trabalho digno destaca-se, no *plano extrajudicial*, o manejo das figuras do termo de ajuste de conduta e do inquérito civil público, a serem utilizadas pelo Ministério Público do Trabalho, conforme as peculiaridades do caso concreto, com vista à consagração e prevenção da saúde do sujeito trabalhador e do meio ambiente de trabalho sadio e equilibrado na qualidade de direitos humanos e fundamentais.

No *plano judicial*[(57)], é fundamental o manejo da tutela inibitória, demandada pela parte autora em ações civis públicas ou ações civis coletivas, para que a empresa não pratique, no futuro, condutas ou atos que causem lesão ao meio ambiente de trabalho, sob pena de multa diária ou mensal para que o deferimento judicial seja eficiente.

A tutela inibitória é uma espécie de tutela jurisdicional diferenciada, de natureza preventiva, cujo objetivo, em linhas gerais, busca prevenir a prática de ato ilícito, ainda que não demonstrados os danos e a culpa do agente[(58)].

Essa é uma prática comum e bem consagrada na jurisprudência do TST. Há decisões do TST, inclusive, em que se defere o pedido de tutela inibitória (mesmo que a empresa tenha corrigido as irregularidades ambientais, conforme devidamente comprovado nos autos), como medida preventiva direcionada ao ajuste de condutas futuras, com vista à preservação do meio ambiente do trabalho sadio e equilibrado. O manejo processual da tutela inibitória seria, portanto, mais um meio de se concretizar a dimensão socioambiental do direito fundamental ao trabalho digno em face de violências no trabalho.

5. CONCLUSÃO

Na longa história da humanidade, em variados tempos históricos, há violência no trabalho.

Em tempos de globalização financeira, de crescente fluxo informacional e de precarização do trabalho humano, e com o declínio da centralidade do trabalho vivo e dignificado como fonte de riqueza material, constata-se um crescimento em escala de práticas de violência há tempos arraigadas e instrumentalizadas nas relações de trabalho. Esse movimento crescente também se justifica pela adoção das técnicas toyotistas de controle do trabalhador modelo de gerência que ganhou prestígio acentuado no universo empresarial a partir dos anos 1970.

São diversos os caminhos jurídico-institucionais para o alcance de uma tutela efetiva em face de violências no trabalho. No plano internacional, destacam-se

(56) Para uma análise pontual de cada um dos princípios indicados, consultar: MACIEL, Fernando. A Jurisprudência Trabalhista e a Efetividade do Direito Ambiental do Trabalho. *Revista do Tribunal Superior do Trabalho*. Vol. 85, n. 3. jul./set. 2019. p. 163-167.

(57) No plano judicial, considerando que a violência no trabalho polui o meio ambiente laboral, é possível, por exemplo, que, no curso da fase instrutória, seja solicitada uma *perícia ambiental* com o objetivo de comprovar fato constitutivo do direito do autor ou eventual fato impeditivo, modificativo ou extintivo arguido pelo réu. A análise da possibilidade e dos desafios no tocante à designação de perícia ambiental será analisada, posteriormente, em artigo específico.

(58) LOPES, João Batista; LOPES, Maria Elizabeth de Castro. *Tutela inibitória*. Tomo Processo Civil, Edição 1, junho de 2018. Disponível em: <https://enciclopediajuridica.pucsp.br/verbete/164/edicao-1/tutela-inibitoria>.

as atuações da Organização Mundial de Saúde (OMS) e da Organização Internacional do Trabalho (OIT).

A OIT, na perspectiva do Direito Internacional do Trabalho, atualizou os termos do debate sobre as violências no trabalho e dos riscos delas decorrentes para a saúde do sujeito trabalhador, ao reconhecer que a violência no ambiente de trabalho pode abarcar qualquer ação, incidente ou comportamento agressivo ou insultuoso que ocasione danos físicos ou psíquicos ao sujeito trabalhador. Ou seja, a OIT passa a considerar que o direito à saúde no ambiente de trabalho não se restringe apenas à perspectiva da saúde física, mas também ao bem-estar social e à saúde psíquica.

Nesse quadrante, destaca-se a Convenção n. 155 da OIT, instrumento de vanguarda do giro hermenêutico direcionado à tutela internacional do direito à saúde do trabalhador. Conforme visto, esse documento internacional indica que os danos relacionados ao trabalho (e à violência no trabalho, obviamente), com implicações no direito à saúde do sujeito trabalhador, podem estar relacionados tanto à saúde física como à saúde mental.

Essa abertura, no sentido de uma compreensão jurídico-institucional de que atos de violência no trabalho atingem a saúde do trabalhador como um todo, reverberou, décadas depois, na adoção da Convenção n. 190 da OIT, sobre violência e assédio no mundo do trabalho.

A atuação paradigmática da OIT na tutela internacional do direito à saúde do trabalhador e ao meio ambiente de trabalho equilibrado segue alinhada com o sistema jurídico brasileiro de tutela constitucional em face da violência no trabalho.

Conforme visto, o Direito do Trabalho constitucionalizado, no marco do paradigma do Estado Democrático de Direito, se direciona à proteção das relações de trabalho dignas e, no caminho oposto, à exclusão das relações de trabalho que não sejam capazes de dignificar o sujeito trabalhador, como, por exemplo, os trabalhos forçados e degradantes[59].

Também se destacou que a perspectiva socioambiental do direito fundamental ao trabalho digno apresenta dois pilares constitutivos: *o direito à proteção à saúde psicofísica do sujeito trabalhador no ambiente de trabalho e o direito ao meio ambiente de trabalho equilibrado*[60]. Em grandes linhas, considerou-se que essas duas dimensões socioambientais devem ser simultaneamente tuteladas pelos diversos mecanismos jurídico-constitucionais direcionados ao combate à violência no trabalho, porque elas são necessariamente interconectadas.

São variados os mecanismos jurídico-constitucionais direcionados ao combate à violência no trabalho. Neste artigo foram apontados alguns caminhos. No plano teórico, foi reforçada a necessidade de ressignificação de abordagens tradicionais sustentadas na perspectiva de análises apartadas do Direito Ambiental e do Direito do Trabalho, em favor de análises sistêmicas e transversais entre o Direito Ambiental e o Direito do Trabalho, sobretudo pela via de comunicação entre seus princípios regentes.

Também foi reforçada a tese de que a jurisprudência pátria articule os fundamentos de proteção à saúde e ao meio ambiente de trabalho adotados pela OIT, para que a proteção socioambiental do direito fundamental ao trabalho digno seja de fato expandida. Nessa perspectiva, considera-se fundamental que as convenções internacionais da OIT, ratificadas pelo Brasil, e que estejam direcionadas ao direito à saúde psicofísica do trabalhador e ao direito ao meio ambiente de trabalho sadio e equilibrado, sejam reconhecidas como fundamentos chaves do processo decisório e não apenas como argumentos de reforço.

No plano extrajudicial, foram destacados o manejo das figuras do termo de ajuste de conduta e do inquérito civil público, a serem utilizadas pelo Ministério Público do Trabalho, conforme as peculiaridades do caso concreto, com vista à consagração e prevenção da saúde do sujeito trabalhador e do meio ambiente de trabalho sadio e equilibrado na qualidade de direitos humanos e fundamentais. Já no plano judicial, foi reiterado o manejo da tutela inibitória como medida preventiva fundamental direcionada ao ajuste de condutas futuras, com vista à preservação da saúde do trabalhador e do meio ambiente do trabalho sadio e equilibrado.

O que importa, em verdade, é que os mecanismos jurídico-constitucionais de combate à violência no trabalho sejam permanentemente ampliados e ressignificados, de forma que seja possível instituir um *sistema de proteção em rede* que tutele o sujeito trabalhador em suas relações de trabalho.

Enfim, esse itinerário em busca da refundação de convivências civilizatórias e democráticas é caminho decisivo para a construção de uma práxis de proteção ao trabalho vivo e dignificado que possa, em alguma

(59) DELGADO, Gabriela Neves. *Direito Fundamental ao Trabalho Digno*. 2. ed. São Paulo: LTr, 2015. p. 190-191.

(60) DIAS, Valéria de Oliveira. A Dimensão Socioambiental do Direito Fundamental ao Trabalho Digno: uma análise a partir do assédio organizacional nos bancos do Distrito Federal. São Paulo: LTr (no prelo).

medida, romper com a violência no trabalho em sua marcha avassaladora ao longo dos séculos.

REFERÊNCIAS

ANTUNES, Ricardo; BRAGA, Ruy (Orgs.). *Infoproletários*: degradação real do trabalho virtual. São Paulo: Boitempo, 2009.

CARVALHO, Augusto César Leite de. *Direito do Trabalho*: curso e discurso. São Paulo: LTr, 2016.

DAHLBERG, Linda L.; KRUG, Etienne G. *Violência*: um problema global de saúde pública, p. 1165. Capítulo extraído com autorização do autor do Relatório Mundial sobre Violência e Saúde. OMS, Organização Mundial de Saúde. Genebra: OMS; 2002. Version of the Introduction to the World Report on Violence and Health (WHO): Geneve: WHO, 2002, authorized by the authors. Disponível em: www.scielo.br/pdf/csc/v11s0/a07v11s0. Acesso em 30 nov. 2018.

DEJOURS, Christopher. Subjetividade, trabalho e ação. *Revista Produção*, v. 14, n. 3, p. 27-34, set./dez, 2004.

______. Psicopatologia do trabalho – Psicodinâmica do Trabalho. *Laboreal*, 7, (1), 13-16, 2011.

______; CARDOSO, Marta Rezende (2001). Christophe Dejours: entrevista. Agora, 4(2), 89-94. Recuperado em 10 de abril de 2009, de <http://www.scielo.br/pdf/agora/v4n2/v4n2a07.pdf>.

______; BARROS, Juliana de Oliveira; LANCMAN, Selma. A centralidade do trabalho para a construção da saúde. *Revista de Terapia Ocupacional da Universidade de São Paulo*, v. 27, n. 2, p. 228-235, 17 ago. 2016.

DELGADO, Mauricio Godinho; DELGADO, Gabriela Neves. *Constituição da República e Direitos Fundamentais*: dignidade da pessoa humana, justiça social e direito do trabalho. 3. ed. São Paulo: LTr, 2015.

DELGADO, Gabriela Neves. *Direito Fundamental ao Trabalho Digno*. 2. ed. São Paulo: LTr, 2015.

DIAS, Valéria de Oliveira. *A dimensão socioambiental do direito fundamental ao trabalho digno*: uma análise a partir do assédio organizacional nos bancos do Distrito Federal. Dissertação (Mestrado em Direito) – Faculdade de Direito, Universidade de Brasília, Brasília, 2019.

FENSTERSEIFER, Tiago. Estado socioambiental de direito e o princípio da solidariedade como seu marco jurídico-constitucional. *Direitos Fundamentais e Justiça*, n. 2, jan./mar. 2008.

GONÇALVES, Mariana Berardinelli Vieira Braz. Função socioambiental da propriedade como corolário do Estado Socioambiental Democrático de Direito brasileiro. *Revista Direito Ambiental e sociedade*, v. 7, n. 1, 2017 (p. 89-119).

GRAU, Eros Roberto. *A ordem econômica na Constituição de 1988*. 14. ed. São Paulo: Malheiros, 2010.

LANCMAN, Selma; UCHIDA, Seiji. Trabalho e Subjetividade: o olhar da psicodinâmica do trabalho. *Caderno de Psicologia Social e do Trabalho*. v. 6, São Paulo, 2003.

MARIN, Jeferson Dytz; HENSEL, Andréia Rosina. Direito ao meio ambiente e à participação cidadã no processo democrático. *RVMD*, Brasília, V. 11, n. 1, p. 1-17, Jan-jun. 2017.

PADILHA, Norma Sueli. Meio ambiente do trabalho: o diálogo entre o direito do trabalho e o direito ambiental. In: FELICIANO, Guilherme Guimarães. et al. (coord.). *Direito ambiental do trabalho*: apontamento para uma teoria geral. v. 2. São Paulo: LTr, 2015,

SARLET, Ingo Wolfgang. *Dignidade da pessoa humana e direitos fundamentais na Constituição Federal de 1988*. 9. ed. rev. atual. 2. tir. Porto Alegre: Livraria do Advogado, 2012.

______; MARINONI, Luiz Guilherme; MITIERO, Daniel. *Curso de direito constitucional*. 7. ed. São Paulo: Saraiva Educação, 2018.

______; FIGUEIREDO, Mariana Filchtiner. Algumas considerações sobre o direito fundamental à promoção e proteção da saúde aos 20 anos da Constituição Federal de 1988. *Revista de Direito do Consumidor: RDC*, v. 17, n. 67, p. 125-172, jul./set. 2008.

______; FENSTERSEIFER, Tiago. Direito à saúde e proteção do ambiente na perspectiva de uma tutela jurídico-constitucional integrada dos direitos fundamentais socioambientais (DESCA). *BIS, Bol. Inst. Saúde* (Impr.). São Paulo, v. 12, n. 3, 2010.

SARMENTO, Daniel; GOMES, Fábio Rodrigues. A eficácia dos direitos fundamentais nas relações entre particulares: o caso das relações de trabalho. *Revista do TST*, Brasília, vol. 77, n. 4, out/dez. 2011.

WARSHAW, Leon J. La violencia en el lugar de trabajo. In: *Enciclopédia de Salud y Seguridade en el trabajo*, p. 51.2-51.8. Disponível em: <http://www.insht.es/InshtWeb/Contenidos/Documentacion/TextosOnline/EnciclopediaOIT/tomo2/51.pdf>. Acesso em: 30 nov. 2018.

ZIZEK, Slavoj. *Violência*. São Paulo: Boitempo, 2014.

Capítulo 21

A Violência do Assédio Moral no Trabalho em Contraposição à Matriz Constitucional do Trabalho Digno

Roberto Heloani[1]

Margarida Barreto[2]

Resumo: O presente capítulo objetiva analisar a construção sócio-histórica e jurídica do assédio moral laboral perante as mudanças significativas nas "epistemes" da denominada modernidade. Passaremos rapidamente pelas abordagens teoréticas propostas por Immanuel Kant, Georg Wilhelm Friedrich Hegel, Karl Marx, entre outros, e se buscará compreender os fatores que desencadearam a denominação dessa forma de violência psicológica no ambiente de trabalho. O atual estágio da modernidade, caracterizado pela ativação da impessoalidade das relações sociais, onde as interações interpessoais alteram-se invariavelmente sem o apoio de demarcadores habituais exige das pessoas um exercício de produção de confiabilidade devotada, quase "religiosa" o que implica em um engajamento contínuo de rearranjos identitários. Essas características individuais congregadas a radicalidade das mudanças sociais, até mesmo no espaço de trabalho, irão modificar o conjunto de normas ético morais que armam as ações dos agentes e da estrutura. No crepúsculo do século XX, o assédio moral laboral principiou a ser percebido como um comportamento social que causa danos psíquico-sociais e, por conseguinte, exigindo uma normatização sociojurídica deste tipo de dano moral, ou melhor, extrapatrimonial. Deste modo, propõe-se investigar as mudanças de nossa modernidade que caracterizaram a nova forma de violência psicológica nos espaços e tempos de trabalho. O assédio moral deve ser considerado, principalmente, como um fenômeno decorrente do processo disciplinar concernente à organização do trabalho, por sua vez proveniente das modernas formas de gestão no mundo atual; mundo este que passa por rápidas mudanças, desencadeadas pelo voraz processo de internacionalização, que faz com que as organizações substituam o homem pela máquina. Novas tecnologias são implementadas nas empresas, o que obriga seus trabalhadores a uma adaptação desumana, em busca de um novo perfil, ultracompetitivo, por vezes antitéticas ao aforismo "ética-solidariedade-dignidade".

Palavras-chave: Assédio moral. Dignidade. Organização do trabalho. Direitos fundamentais.

Abstract: This chapter aims to analyse the socio-historical and legal construction of labor moral harassment in the face of significant changes in the epistemes of the co-called modernity. We quickly look at the theoretical approaches proposed by Immanuel Kant, Georg Wilhelm, Friedrich Hegel, Karl Marx, among others, seeking to understand the factors that triggered the denomination of this form of psychological violence in the workplace. The current stage of modernity, characterized by impersonality in the social relations, where interpersonal interactions change invariably without the support of customary pathways, requires people to exercise devoted reliability, almost "religious" which implies a continuous engagement of rearranged identities. These individual characteristics brought together with the radicality of social change, even in the workplace, will modify the set of ethical-moral norms that shape the actions of the agents and the structure. In the twilight of the twentieth century, labor moral harassment began to be perceived as a social behavior that causes psychic-social damage, therefore requiring a social-regulation of this type of moral damage, or rather extra-patrimonial. Thus, we propose to investigate the changes of our modernity that characterize the new form of violence in the spaces and work times. Moral harassment should be considered primarily as a phenomenon arising from the disciplinary process concerning the organization of work, for its turn arising from the modern forms of management in

(1) Graduado em Direito pela USP e Psicologia pela PUC/SP. Mestre em Administração pela FGV/SP. Doutor em Psicologia pela PUC/SP, Pós-Doutorado em Comunicação pela USP e Livre-Docente em Teoria das Organizações pela UNICAMP. Atualmente é Professor Titular na UNICAMP, no Instituto de Filosofia e Ciências Humanas e na Faculdade de Educação. Membro fundador do site www.assediomoral.org. Atua principalmente nos seguintes temas: Assédio Moral e Sexual, Ética e Discriminação no Trabalho.

(2) Graduada em Medicina pela Escola Bahiana de Medicina e Saúde Pública. Mestre e Doutora em Psicologia Social pela PUC/SP. Fundadora do site www.assediomoral.org. Atua nos seguintes temas: Saúde do Trabalhador e Trabalhadora; Assédio Moral, Sexual e Discriminação no Trabalho.

today's world; this fast going world changes, trigged by the voracious internationalization process, which makes organizations replace man by the machine. New technologies are implemented in companies, which require their workers to an inhuman adaptation in search of a new, ultra-competitive, sometimes antithetical profile to the aphorism "ethics-solidarity-dignity".

Keywords: Moral harassment. Dignity. Labor organization. Fundamental rights; labor ethic.

1. INTRODUÇÃO

O Direito Romano, que foi o primeiro direito com vocação universal, isto é, aquele com potência de ser aplicado distante da sociedade da qual foi criado, já nos ensinava que existem três grandes categorias a serem consideradas, ou seja, pessoas, ações e coisas. Assim, há uma tensão entre as três e uma dicotomia entre a primeira (pessoas) e a última (coisas).[3]

A ética kantiana, por sua vez, sinaliza que o homem e, grosso modo, todo ser racional, existe como um ser em si mesmo, jamais como meio. Desta feita, os entes dotados de racionalidade, denominam-se pessoas, pois possuidores de ações racionais com relação a fins e a valores, não podendo travestir-se em meros instrumentos. Portanto, da perspectiva da razão teórica kantiana, toda pessoa tem dignidade e sentido em si e não tem preço, daí ser insubstituível e não passível de permuta.

Immanuel Kant[4] enfatizou que o ser humano distingue-se das coisas materiais pelo fato de ser proprietário de uma dignidade intrínseca. Em consequência disso, nenhum ser humano deve curvar-se à vontade de outro semelhante para servir de meio à consecução de uma finalidade, pois, para esse pensador idealista, o "humano" possui uma finalidade em si mesma, abstraída das demais determinações.

Não obstante concordemos com essas assertivas, sabemos que a esfera jurídica se inscreve no campo da transcendência, ou seja, distante da vida real. Concordamos com Georg Wilhelm Friedrich Hegel[5] que a ética kantiana tende a isolar um fato do seu contexto humano e social, neutralizando-o e, às vezes, subtraindo da razão prática o seu sentido e significado. Ademais, a ética kantiana aplica a esse fato uma fórmula universal, passível de ser justificada em situações atemporais. Para o grande filósofo prussiano, pelo exercício da razão, o sujeito pode realizar o bem supremo. A ética hegeliana não se identifica com o abstracionismo, ou melhor, com o idealismo transcendental kantiano, pois para Friedrich Hegel o "ser humano" é essencialmente histórico, ou melhor, se transforma no curso de um processo evolutivo constante, convivendo com contradições permanentes. Para Friedrich Hegel, a lógica dialética tem o movimento e a transformação como princípios de toda a vida e atividade, posição bem contrária ao formalismo abstrato de Immanuel Kant no que concerne à ética.

A concepção hegeliana de que o ser humano constrói-se na História se opõe a reflexão ética kantiana que considera o homem de forma individualista e abstrata, como alguém cuja autonomia não é influenciada nem mesmo condicionada pelo meio social. Para Immanuel Kant, que costurou uma síntese epistêmica entre a tradição do racionalismo europeu continental (razão teórica) e a concepção empírica britânica (razão prática), as disposições racionais facultam ao ser humano, sempre, superar a força das paixões e dos instintos. Assim, há um dever universal fundamentado em leis morais e as pessoas ou qualquer outro ser racional devem cumprir aquilo que é estabelecido pela lei moral[6].

Já o método crítico de Karl Marx, enformado na lógica da "esquerda hegeliana" resgata a dimensão histórica do homem, advogada por Friedrich Hegel, mas rejeita a concepção idealista da Ideia como princípio fundante da História e opera com a lógica dialética materialista que preconiza que as condições concretas de existência mobilizam o fluxo da razão humana[7].

O princípio da dignidade da pessoa humana é ambicionado em todos os sistemas jurídicos das sociedades modernas democráticas, e, inclusive, está presente na Constituição da República Federativa do Brasil (1988), mormente nos arts. 1º, 5º e 6º. No primeiro artigo a categoria aparece como fundamento do Estado Democrático de Direito. Nos quinto e sexto artigos apresenta-se como princípio garantidor de tratamento igualitário entre cidadãos em esferas definidas da vida

(3) COMPARATO, Fábio Konder. *A afirmação histórica dos direitos humanos*. São Paulo: Saraiva, 2004.

(4) KANT, Immanuel. *Metafísica dos costumes*. Petrópolis: Editora Vozes, 2016 b.

(5) HEGEL, Georg Wilhelm Friedrich. *Fenomenologia do espírito*. Petrópolis: Editora Vozes, 2014.

(6) KANT, Immanuel. *Crítica da razão prática*. Petrópolis: Editora Vozes, 2016 a.

(7) MARX, Karl; ENGELS, Friedrich. *A ideologia alemã*. São Paulo: Editora Boitempo, 2007.

social. No nosso entender, esse princípio deve escoltar a hermenêutica jurídica, concebida como a arte de bem interpretar as realidades do campo jurídico, ou melhor, da esfera do direito.[8]

Destarte, o princípio da dignidade humana aglutina os direitos fundamentais e tenta afiançar o "direito de ter direitos" e a efetivação dos mesmos.

Embora a Declaração Universal dos Direitos Humanos de 1948 tenha se inspirado nesses princípios, sabemos que os mais importantes direitos da humanidade foram conquistados em um processo de luta. Para o grande jurisfilósofo Rudolf Von Ihering [9], o direito não é uma teoria pura, uma simples abstração, mas, principalmente, uma força viva!

Ihering proclama que "o problema mais elevado e mais eficaz para a arte e para a literatura incide sempre na defesa de uma ideia, quer ela seja o direito, a pátria, a fé ou a verdade. Ora, essa defesa é sempre uma luta"[10]. Para esse jurista alemão, como se vê, a abolição da escravidão, a eliminação dos servos, a liberdade de consciência e tantos outros importantes direitos não foram adquiridos sem uma luta das mais encarniçadas, às vezes, até sangrentas.

Não é sem razão que Fábio Konder Comparato[11] nos ensina que a ideia de uma igualdade essencial entre todos os homens foi sendo historicamente construída como um princípio universal a ser abraçado. Contudo, o percurso foi bem longo. Foi necessário um período de vinte e cinco séculos para que a primeira organização internacional a englobar a quase-totalidade dos povos da Terra proclamasse, na sua abertura, uma Declaração Universal de Direitos Humanos, ou seja, que nos dissesse claramente a seguinte verdade: "todos os homens nascem livres e iguais em dignidade e direito".

Para Miguel Reale[12], princípio é aquilo que sustenta uma determinada episteme. Desta forma, são enunciados lógicos admitidos como condição ou base de validade das demais afirmativas que compõem dado campo de saber. São verdades fundantes. O mesmo professor de filosofia do direito nos ensina que:

> Princípios gerais de direito são enunciações normativas de valor genérico, que condicionam e orientam a compreensão do ordenamento jurídico, quer para a sua aplicação e integração, quer para a elaboração de novas normas. Cobrem, desse modo, tanto o campo da pesquisa pura do Direito quanto o de sua atualização prática.[13]

Não é sem razão, que Miguel Reale constrói, ou melhor, desenvolve a Teoria Tridimensional do Direito, crítica ao positivismo jurídico defendendo a tese de que o direito não deve se restringir a norma positiva, mas, ao contrário, deve deitar suas raízes na tensão entre valor, fato e norma. Dessa correlação, às vezes, brota uma nova norma que supera a anterior, em função de novos valores que vão surgindo mediante novos fatos, novas circunstâncias sociais e culturais. Como se vê, nesta perspectiva, o direito não pode evadir-se das conjunturas históricas.

Enraizando a *abordagem dogmática*, a "Escola positivista do direito" ou "Escola normativista" advoga a criação de uma "teoria pura da ciência jurídica". Este era o grande sonho do jurista nascido em Praga, em 1881, e falecido nos EUA, em 1973, Hans Kelsen.[14] Essa abordagem não questiona o "dogma", ou melhor, a lei, a norma jurídica. É essencialmente legalista. Em oposição a esse enfoque, temos a *abordagem zetética* [15], cujo princípio central é problematizar os conceitos que enformam o mundo jurídico, portanto de caráter mais especulativo, tangenciando a hermenêutica jurídica tal como brilhantemente mencionada na obra *A reforma trabalhista no Brasil* de Maurício Delgado e Gabriela Delgado[16]. Aliás, *zetein*, no grego clássico, traduz-se por investigar, perguntar.

A discussão sobre direitos humanos e dignidade requer uma investigação zetética, pois concerne ao grau de desenvolvimento social. Deixar imensos contingentes da população subordinados à fria lógica do mercado em recessão, sem nada fazer, nos parece ser uma confissão de que a dignidade humana, no projeto neoliberal, só é verdadeiramente estimada quando tutela algum bem ou ganho do grande capital.

(8) COMPARATO, Fábio Konder. *Ética:* direito, moral e religião no mundo moderno. São Paulo: Companhia das Letras, 2006.

(9) IHERING, Rudolf Von. *A luta pelo direito*. São Paulo: Editora Martin Claret, 2009.

(10) *Ibdem*, p. 99.

(11) COMPARATO, Fábio Konder. *A afirmação histórica dos direitos humanos*. São Paulo: Saraiva, 2004.

(12) REALE, Miguel. *Lições preliminares de direito*. São Paulo: Saraiva, 2001.

(13) *Ibdem*, p. 286.

(14) KELSEN, Hans. *Teoria pura do direito*. São Paulo: Martins Fontes, 2009.

(15) FERRAZ JUNIOR, Tércio Sampaio. *Função social da dogmática jurídica*. São Paulo: Editora Max Limonad, 1998.

(16) DELGADO, Mauricio Godinho; DELGADO, Gabriela Neves. *A reforma trabalhista no Brasil*: com os comentários à Lei n. 13.467/2017. São Paulo: LTr, 2017.

A investigação zetética, com a qual nos identificamos, problematiza temas que nos são caros tais como: a Dignidade, os Direitos Humanos, a Discriminação, a Violência Laboral e o Assédio Moral e Sexual. Aqui, neste capítulo, nos deteremos ao último, por ser o nosso objeto de pesquisa e constituir-se em uma imensa afronta à dignidade humana.

Se nos remetermos às nossas raízes, verificaremos que, no Brasil colônia, inicialmente os índios e depois os negros foram sistematicamente assediados, ou melhor, humilhados por pessoas que, de certa forma, julgavam-se superiores e utilizavam essa suposta superioridade militar, cultural e econômica para impingir-lhes sua visão de mundo, sua religião, seus costumes.

Com bastante frequência esse procedimento, indigno sob vários aspectos, vinha acompanhado de outro que, hoje, denominamos assédio sexual e, em muitos casos, abuso sexual e mesmo estupro. Violência esta que foi amplamente utilizada como forma de reprodução da força de trabalho e de "prestação de serviços" aos seus "donos". O assédio sexual ocorre quando uma pessoa, que se sente e se situa em posição superior à outra, se aproveita desta hierarquia arbitraria e arbitrada pelo social e utiliza palavras, gestos ou qualquer outro meio para coagir seu semelhante, do sexo oposto ou do mesmo sexo, a manter qualquer tipo de prática sexual sem que este verdadeiramente o deseje. A história está repleta de exemplos sobre esse tema. De fato, retomando as palavras de Gilberto Freyre, em sua maior obra clássica *Casa-grande & senzala*: formação da família brasileira sob o regime da economia patriarcal:

> No Brasil, as relações entre os brancos e as raças de cor foram desde a primeira metade do século XVI condicionadas, de um lado pelo sistema de produção econômica – a monocultura latifundiária; do outro, pela escassez de mulheres brancas, entre os conquistadores.[17]

Como se vê, temos uma "herança cultural" bastante próxima daquela realidade e que, tal como no passado escravagista brasileiro (essa forma de suprimento de força de trabalho perdurou por mais de 300 anos até 1888), também no assédio, não ocorrem relações entre iguais, são relações assimétricas e autoritárias. Não queremos com esta citação de Gilberto Freyre afirmar que a relação entre senhor e escravo (a) era da mesma ordem do assédio laboral, pois naquela época a rebeldia era punida com a morte. Ademais, o "senhor" considerava-se "dono" do corpo e da alma do escravo(a) e o trata como uma coisa, uma mercadoria sob sua propriedade[18].

É bom lembrar que não podemos pensar o assédio como unicamente uma relação de hostilidade meramente interpessoal. Seria um erro epistemológico e ontológico irreparável. Essa relação tem como pano de fundo um problema histórico-coletivo onde o componente "poder" aparece nos bastidores desta intrincada malha de intersubjetividades e que se objetiva nas condições de trabalho. O racismo supõe quase sempre uma hierarquia natural entre as diferentes etnias ("raças"). Assim, autoriza-se, por exemplo, o assédio dos brancos ("superiores") em relação aos negros ("inferiores"), pois esses, segundo uma certa concepção, teriam uma "natureza inferior", não seriam sujeitos de direitos fundamentais, tal como aqueles concernentes à dignidade.

Trabalhos importantes como *Raízes do Brasil*, de Sérgio Buarque de Holanda[19], e *Os donos do poder*, de Raymundo Faoro[20] são obras consagradas da sociologia histórica nacional, que propiciam contribuições significativas à atribuição de sentido ao processo histórico e sinalizam, mediante a ação dos agentes e das classes sociais/estamentos, a ausência de uma total ruptura com o que representou o sistema escravista. Essas perspectivas, principalmente se escoltadas por *Formação do Brasil contemporâneo*, de Caio Prado Júnior[21] (1907-1990), nos ajudam a interpretar que tipo de sociedade capitalista se estruturou e predomina ainda hoje no Brasil. Esses autores, em nossa opinião, essenciais para se estudar e compreender o Brasil têm o mérito de romperem com as interpretações pretéritas mais próximas a determinismos, naturalismos e em especial, visões racistas disfarçadas, apesar de evidentes por si. Joaquim Nabuco[22] (1849-1910), o abolicionista, cujo trabalho foi decisivo na luta pela libertação dos escravos, já havia profetizado em seus *Discursos parlamentares* que a escravidão permaneceria por muito tempo como uma característica do Brasil [23].

Rudolf Von Ihering, no livro *A evolução do direito*, aborda de maneira magistral a questão da inevitável necessidade de inter-relação entre os seres humanos

(17) FREYRE, Gilberto. *Casa-grande e senzala*: formação da família brasileira sob o regime da economia patriarcal. Rio de Janeiro: José Olympio, 1973. p. XLIX

(18) HELOANI, Roberto; BARRETO, Margarida. *Assédio moral*: gestão por humilhação. Curitiba: Editora Juruá, 2018.

(19) HOLANDA, Sérgio Buarque de. *Raízes do Brasil*. Rio de Janeiro: José Olympio,1993.

(20) FAORO, Raymundo. *Os donos do poder*: formação do patronato político brasileiro. Porto Alegre: Globo, 1984.

(21) PRADO JÚNIOR, Caio. *Formação do Brasil contemporâneo*. São Paulo: Brasiliense, 1942

(22) NABUCO, Joaquim. *Discursos parlamentares*. Rio de Janeiro: José Olympio, 1949. (Obras completas).

(23) HELOANI, Roberto; BARRETO, Margarida. *Assédio moral*: gestão por humilhação. Curitiba: Editora Juruá, 2018.

em sua convivência social: "ninguém existe para si só, nem tão pouco por si só: cada um existe para os outros e pelos outros, intencionalmente ou não" (24). Esse ideal racional e sensato não foi por certo o adotado no início de nossa colonização. Iniciou-se assim a dominação europeia sobre os ameríndios, que resultou em consequências dramáticas. Dessa forma, ao falarmos do assédio laboral, discriminações e dignidade, estamos a debater noções complexas e que nos impõem refletir sobre o mundo do trabalho do século XXI visando compreender as mudanças destes tempos amesquinhados que contribuíram diretamente para deteriorar as relações sociolaborais e os laços fraternos. Sua materialidade está ancorada no esgarçamento da ajuda mútua, dos laços de camaradagem e companheirismo. De forma simplificada diríamos que existem momentos que caracterizam o rompimento e abandono da ação ética: a destruição da solidariedade, do respeito ao outro; o fortalecimento de afetos que originam a dor psíquica como o ódio, o medo, a inveja que marca a dor, no corpo que sofre. Falemos do Assédio moral, esse risco invisível, que causa tantos transtornos, sendo os mais comuns, o estresse, a ansiedade, a depressão, o *Burnout* e pode caminhar, até mesmo, em direção ao suicídio.

2. DIGNIDADE E RESISTÊNCIA: CORPOS COLETIVOS EM MENTES QUE SOFREM

O assédio moral causa danos à dignidade, despontando uma tragédia social na medida em que resulta de atos deliberados de humilhações e constrangimentos que caracterizam o abuso de poder e compõem a "política de gestão" para livrar-se de trabalhadores indesejados, por não ultrapassar a meta estabelecida. *Não esqueçamos* que as mudanças nas formas de produzir e organizar o trabalho marcaram as três últimas décadas do século passado, trazendo importantes consequências como: a quebra de direitos sociais, reformas no contrato laboral, terceirizações e quarteirizações, crescimento do setor informal, aumento do subemprego e uberizações, precarização do trabalho, desemprego massivo e aumento da miséria urbana.

As repercussões na vida dos trabalhadores foram imediatas: maior exigência de eficiência técnica, espírito competitivo e agressivo, flexibilidade e poli funcionalidade. A reestruturação e consequente enxugamento da máquina empresarial passou a exigir mais trabalho e maiores resultados com menos pessoas. É neste contexto de dominação moderna, que aparece de forma intensa e constante, as ocorrências de atos de violência e assédio moral que transversa toda a jornada, em íntima relação com os pensamentos, emoções e afetos.

A característica fundamental do assédio laboral é estabelecer um cerco a vítima, com a finalidade de exercer o domínio, exigir produtividade e impor o sentimento de injustiça na medida em que oculta sua responsabilidade empresarial enquanto protagonista ativo da violência, culpabilizando a todos os trabalhadores. Tentam fortalecer essa dicotomia, com indiferença ao sofrimento imposto.

O assédio laboral é também conhecido como violência moral ou tortura psicológica, por envolver atos e comportamentos agressivos, injustos e sem ética.

Esse sofrimento no corpo e na "alma", ocorre mediante as desqualificações, desmoralizações, discriminações e constrangimentos em nível profissional, que desestabilizam emocionalmente as pessoas, tornando o ambiente de trabalho desagradável e hostil, para forçar aos recalcitrantes aqueles que, por exemplo, por alguma razão, não conseguiram cumprir as metas estabelecidas a pedir demissão.

Portanto, a proliferação desses atos no ambiente de trabalho, pressupõe exposição – prolongada e repetitiva – a condições de trabalho que vão sendo degradadas ao longo da jornada, onde predominam relações desumanas e aéticas, marcadas por manipulações contra os ou um só trabalhador ou, mais raramente, entre os próprios pares. Assim, a empresa pela via política de gestão e formas de organizar o trabalho, impõe a todos, direta ou indiretamente, um ambiente de terror degradado, pleno de sacrifícios e exigências que culminam com adoecimentos e até mesmo mortes por suicídio. Assim, assédio não é qualquer conflito normal em um relacionamento pessoal ou profissional;

Assédio moral é uma conduta abusiva, intencional, frequente e repetida, que ocorre no meio ambiente laboral, cuja causalidade se relaciona com as formas de organizar o trabalho e a cultura organizacional, que visa humilhar e desqualificar um indivíduo ou um grupo, degradando as suas condições de trabalho, atingindo a sua dignidade e colocando em risco a sua integridade pessoal e profissional(25).

Os casos mais gritantes e que compõem a lista dos agredidos, são os adoecidos, os sindicalizados, aqueles em final de estabilidade pós-acidente do trabalho ou pós-parto, os acima de 40 anos, os com altos salários, os criativos, os com alto senso de justiça e sensíveis ao

(24) IHERING, Rudolf Von. *A evolução do direito*. Salvador: Editora Progresso, 1956. p. 84.

(25) HELOANI, Roberto; BARRETO, Margarida. *Assédio moral*: gestão por humilhação. Curitiba: Editora Juruá, 2018. p. 53.

sofrimento alheio; os questionadores das políticas de metas inatingíveis e da expropriação do tempo em família; aqueles que fazem amizades facilmente e dominam as informações no coletivo; os que são íntegros e não aceitam conluios e práticas corruptas.

Normalmente, encontramos do lado patronal, os defensores de tais práticas despidos de culpa e até mesmo imbuídos da crença que estão cumprindo da melhor forma possível seu dever de "comandantes", "gestores", e excelentes "colaboradores". Será exagero pensarmos na assunção de uma *"persona"* análoga ao de mercenários por parte desses gestores? E o que dizer do sofrimento daqueles que padecem a violência cotidiana? Além de ameaças e gritos, é frequente a utilização de práticas cruéis, onde a identidade do opressor se manifesta de forma plena, se o subordinado detém maior conhecimento profissional que o seu. As narrativas são variadas e as práticas intensas, sendo comum, por exemplo, usar estratégias de sedução (garotas de programa nas reuniões matinais), cooptação (presentes para família) e estímulo a pequenas corrupções, o que caracteriza os novos modos de dominação. Os que contestam a ordem passam a ser perseguidos até mesmo após a demissão, quando solicitam referências para um novo emprego.

A relação entre os variados atos de violência, as discriminações, práticas racistas e assédio moral e sexual no trabalho, tem um significado especial para a área de direitos humanos, na medida em que constitui uma forma de opressão que silencia as vozes de sofrimento e estimula a oralidade subalterna de tantos outros, que muitas vezes se tornam cumplices do gestor na opressão dos seus pares, reforçando e expondo as relações desiguais.

Na prática, poderíamos afirmar que é uma experiência subjetiva, que interfere em sentimentos e emoções, altera o comportamento, agrava e/ou desencadeia doenças podendo, inclusive, culminar com a morte por suicídio. Isto porque o cerco contra um trabalhador ou uma equipe pode ser explícito ou não, manifestando-se em risos, comentários maldosos, apelidos estigmatizantes, agressões verbais, ameaças, empurrões, humilhações, intolerâncias, discriminações, constrangimentos e coações públicas, que ferem a dignidade e identidade do trabalhador ofendido. Ressaltamos, entretanto, que todos que assistem a esses atos, sofrem e por medo de perder o emprego fazem o pacto do silencio e nada falam e sequer se opõem!

Salientamos que o trabalhador assediado pode ser isolado, suas tarefas são subestimadas, desqualificadas e passam a não ter valor, o que mina aos poucos a sua autoconfiança. Se a vítima passa a sentir-se culpada e se isola, a ira do agressor aumenta, justificando atos mais explícitos. O trabalhador passa a ouvir "conselhos" de que o melhor a fazer seria pedir demissão, face a catástrofe que lhe ronda cotidianamente, onde não é possível resistir solitariamente.

3. ASSÉDIO MORAL NO TRABALHO, UMA IMENSA AFRONTA À DIGNIDADE HUMANA

A discussão do assédio moral em nosso país, iniciou-se após uma dissertação de mestrado defendida em maio de 2000, na Pontifícia Universidade Católica de São Paulo (PUC), Departamento de Psicologia Social, denominada "Uma jornada de humilhações"[26]. A pesquisa de campo sobre o tema ocorreu entre março de 1996 e julho 1998, quando foram entrevistadas 2.072 pessoas (1.311 homens e 761 mulheres). E abrangeu trabalhadores de 97 empresas de grande e médio porte, incluindo multinacionais. Do universo pesquisado, 42% (494 mulheres e 376 homens) relataram experiências de humilhações, constrangimentos e situações vexatórias repetitivas no local de trabalho.

Nesta pesquisa, foi constatado que as mulheres são mais humilhadas que os homens e que as reações são diferentes conforme o sexo. Enquanto nas mulheres predominam emoções como ressentimentos, vontade de chorar, isolamento, angústia, ansiedade, alterações do sono e insônia, sonhos frequentes com o agressor, alterações da memória, distúrbios digestivos e náuseas, diminuição da libido, cefaleia, dores generalizadas, palpitações, hipertensão arterial, tremores e medo ao avistar o agressor, ingestão de bebida alcoólica para esquecer a agressão, pensamentos repetitivos, entre outros.

Quanto aos homens, o tema prevalente de suas queixas, incidia pela sensação de fracasso acentuado associado a pensamentos confusos e repetitivos. Isolamento e, por vergonha, furtar-se de comentários em relação aos fatos acontecidos com a família ou amigos eram comportamentos recorrentes; também encontramos o aumento do uso de drogas, principalmente o álcool. Nessas pessoas, sobressai o sentimento de inutilidade, verbalizadas em expressões como se sentir "um objeto", "um ninguém", "um lixo", "um zero", "um fracassado". Quase sem lugar para resistência, predomina neles, quadros de tristeza e depressão; precordialgia, hipertensão arterial, dores generalizadas, dispneia, iso-

(26) BARRETO, Margarida. *Uma Jornada de Humilhações*. Dissertação de mestrado apresentada no Departamento de Psicologia Social, PUC/SP, 2000.

lamento, irritabilidade e suscetibilidade. Com o passar do tempo, todos em algum momento, tiveram pensamentos suicidas e 18,3% tentaram suicídio, revelando a dor masculina como desesperadora e devastadora, não havendo espaços para aceitação ou conformidades.

4. CORPOS QUE SOFREM POR ERROS IMPOSTOS

Entre os atos mais comuns de abuso de poder do superior hierárquico ou agressor, a pesquisa assinalou o predomínio de instruções confusas e imprecisas (65%); bloqueio ao trabalho e referência aos erros imaginários (61%); fazer de conta que o outro é invisível ou não existe (55%) e solicitar trabalhos urgentes para posteriormente jogá-los no lixo ou deixá-los na gaveta ou desqualifica-los publicamente julgando-os sem qualquer utilidade (49%). Outras vezes, fazem o trabalhador realizar tarefas abaixo da sua capacidade profissional, como servir cafezinho, limpar banheiro ou anotar a chapa dos carros que passam na rua (44%). As listas de ofensa à dignidade não param por aí. São frequentes os comentários maldosos em público (41%), assim como não cumprimentar (38%), impor horários injustificados e forçar o trabalhador a pedir demissão (35%), impedir de almoçar ou conversar com um colega, disseminando boatos que o trabalhador está doente e com problema mental ou familiar (30%). O poder de humilhar não tem limites. Por exemplo, é prática comum a retirada de material necessário à execução do trabalho como impressora, computador, telefone, isolando e separando o "colaborador" do convívio com os colegas. Poderíamos perguntar se nos dias atuais, a estratégia mudou. Infelizmente, diríamos que a opressão se sofisticou, aumentando o poder de negação e sedução, impondo mais sujeição, responsabilidades e culpabilização.

Desse modo, é nossa responsabilidade pensar em múltiplas ações que identifiquem as causas da violência, permitindo intervir na organização, visando erradicar e eliminar suas raízes, pois sem autonomia, respeito e reconhecimento, torna-se impossível falar em liberdade e reconhecer direitos e dar sentido ao próprio fazer. As ações devem ser planejadas e constitui imperativo considerarmos que as consequências da violência moral e sexual causam uma constelação de danos e variados transtornos mentais.

Em outras palavras, é necessário construir e dar sentido à prática, potencializando e fortalecendo os interesses do "mundo da vida". Compreender e aceitar que a amizade do outro, a ajuda mútua e a generosidade possibilitam a resistência e solidariedade ativa. É necessário construir a reciprocidade, manter ideias claras, adequadas e verdadeiras, pois o "saber que sabemos" e a ação comprometida impulsiona a luta que nos liberta e fortalece nossa dignidade. É no entendimento das causas da violência moral assim como na solidariedade, reconhecimento e fortalecimento dos laços de camaradagem que o humilhado pode enfrentar, se esforçar para agir e preserva seu ser, harmonizando a "ideia do corpo existente em ato".

Uma vez mais, faz-se necessário combatermos toda e qualquer forma de manifestação de discriminação, atos de violência e assédio moral no ambiente trabalho quer seja por iniciativas legais, por exigências de mudanças na organização e relações de trabalho, mediante a abertura de novos postos de trabalho, diminuição da jornada e do ritmo imposto, aumento de salário, autonomia do saber-fazer, diálogo e programas de apoio envolvendo equipe transdisciplinar, colegas e familiares, visando garantir, de fato, a qualidade de vida no trabalho e na sociedade. Do mesmo modo carecemos de lutar contra todas as manifestações de violência no local de trabalho visando erradicar suas causas e sanear as condições de degradação deliberada. Só assim, poderemos contribuir para o exercício concreto e pessoal de todas as liberdades fundamentais, abrindo caminhos para o fortalecimento dos direitos humanos e para a dignidade pessoal.

5. CONCLUSÃO

No crepúsculo do século XX, mormente nas duas últimas décadas a organização dos processos laborais, sem dúvida, foi profundamente alterada e o controle dos trabalhadores tornou-se mais sutil. Não obstante o cerne da organização moderna continue a ser autoritária, redefiniu-se o perfil do trabalhador mediante uma eficiente narrativa composta de palavras doces e sedutoras como parceria, integração, flexibilização, colaboradores etc. Enganosas palavras, na medida em que a exacerbação da competitividade entre equipes e trabalhadores está pautada na necessidade pragmática do cumprimento de metas, "custe o que custar, doa a quem doer". Este lema não favorece a democracia e sequer contribui com a ajuda mútua entre os trabalhadores, pois todos devem trabalhar em busca de maiores metas. Neste sentido, a racionalidade gerencial hegemônica não renunciou a busca constante da obediência e docilidade, causando um tipo de "servidão voluntaria" dos trabalhadores. Dizendo de uma outra forma: toda dominação visa a diminuição da autonomia e liberdade das pessoas.

Ontem como hoje, o trabalho continua sendo grande referência aos modos de andar a vida e no estabelecimento das relações afetivas, na construção de competências, laços fraternos e subjetividade, assumindo uma importante função na saúde física e mental, ou melhor, nossa identidade pessoal "depende" em grande parte da nossa identidade profissional. Mas, que perfil de trabalhadores as empresas procuram? Um homem de plástico, moldável, corruptível, flexível pelo carreirismo, pelo dinheiro, pelo medo de perder o emprego. O que importa é apagar as contradições entre capital e trabalho e produzir uma nova subjetividade, um novo jeito de pensar, de agir e reagir, de sentir e se comprometer, enfim de controlar pela manipulação dos desejos. Os trabalhadores estabelecem relações sociais de acordo com sua produtividade material. Se a exigência da produtividade e pressão por metas explicita a insanidade do processo produtivo, as relações entre as pessoas tendem a reproduzir essa lógica, constituindo as condições de existência. As organizações poderiam ser qualificantes, tal como se preconizou por Zarifian[27], na década de 1990, no sentido de se incentivar processos de aprendizagem e emancipação individual e grupal, na atualidade de sua busca da eficiência e eficácia a qualquer preço, tendem, no entanto, a construir situações mais que neurotizantes. Situações manipulativas e, em grande medida, alienantes, senão cooptadoras e mobilizadoras de uma subjetividade que se distancia de si mesma.

A "quantofrenia" ou "doença da medida"[28] confere a insignificância e instaura a perda do sentido em sua insana matematização do real. Agencia índices como fins em si mesmos, metas desumanas e *rankings* que solapam o coletivo e a autonomia, e que se divorciam do trabalho real, inventivo e criativo. Forja que implica necessariamente no sofrimento e adoecimento do trabalhador, como no arrefecimento das possibilidades coletivas de resistir [29], impedindo um coletivo do trabalho saudável e induzindo a todos aos processos assediadores, em um verdadeiro projeto de "utopia regressiva", mui caro à extrema direita mundial e nacional.

A proposta de uma vida cheia de sentido implica outra organização societária, em que o ato laboral seja uma ação saudável, ou melhor, um espaço de liberdade e criação, de participação e autonomia, no qual a dignidade humana se torne efetivamente um valor a ser considerado.

REFERÊNCIAS

COMPARATO, Fábio Konder. *Ética:* direito, moral e religião no mundo moderno. São Paulo: Companhia das Letras, 2006.

COMPARATO, Fábio Konder. *A afirmação histórica dos direitos humanos*. São Paulo: Saraiva, 2004.

BARRETO, Margarida. Uma Jornada de Humilhações. Dissertação de mestrado apresentada no Departamento de Psicologia Social, PUC/SP, 2000.

DELGADO, Mauricio Godinho; DELGADO, Gabriela Neves. *A reforma trabalhista no Brasil*: com os comentários à Lei n. 13.467/2017. São Paulo: LTr, 2017.

FAORO, Raymundo. *Os donos do poder*: formação do patronato político brasileiro. Porto Alegre: Globo, 1984.

FERRAZ JUNIOR, Tércio Sampaio. *Função social da dogmática jurídica*. São Paulo: Editora Max Limonad, 1998.

FREYRE, Gilberto. *Casa-grande e senzala*: formação da família brasileira sob o regime da economia patriarcal. Rio de Janeiro: José Olympio, 1973.

GAULEJAC, Vincent. Gestão como doença social: ideologia, poder gerencialista e *fragmentação*. Aparecida, SP: Ideias & Letras, 2007.

HEGEL, Georg Wilhelm Friedrich. *Fenomenologia do espírito*. Petrópolis: Editora Vozes, 2014.

HELOANI, Roberto; BARRETO, Margarida. *Assédio moral*: gestão por humilhação. Curitiba: Editora Juruá, 2018.

HOLANDA, Sérgio Buarque de. *Raízes do Brasil*. Rio de Janeiro: José Olympio,1993.

IHERING, Rudolf Von. *A luta pelo direito*. São Paulo: Editora Martin Claret, 2009.

IHERING, Rudolf Von. *A evolução do direito*. Salvador: Editora Progresso, 1956.

KANT, Immanuel. *Metafísica dos costumes*. Petrópolis: Editora Vozes, 2016 b.

KANT, Immanuel. *Crítica da razão prática*. Petrópolis: Editora Vozes, 2016 a.

KELSEN, Hans. *Teoria pura do direito*. São Paulo: Martins Fontes, 2009.

MARX, Karl; ENGELS, Friedrich. *A ideologia alemã*. São Paulo: Editora Boitempo, 2007.

NABUCO, Joaquim. *Discursos parlamentares*. Rio de Janeiro: José Olympio, 1949. (Obras completas).

PRADO JÚNIOR, Caio. *Formação do Brasil contemporâneo*. São Paulo: Brasiliense, 1942

REALE, Miguel. *Lições preliminares de direito*. São Paulo: Saraiva, 2001.

SILVA, Eduardo; MANCEBO, Deise. Subjetividade docente na expansão da UFF: criação, refração e adoecimento. *Fractal*, v. 26, n. 2. p. 479-492, maio/ago., 2014.

ZARIFIAN, Philippe. Acquisition et reconnaissance des competences dans une organisation qualificante. *Education Permanente*, Paris. p. 112-122, out. 1992.

(27) ZARIFIAN, Philippe. Acquisition et reconnaissance des competences dans une organisation qualificante. *Education Permanente*, Paris. p. 112-122, out. 1992.

(28) GAULEJAC, Vincent. Gestão como doença social: ideologia, poder gerencialista e *fragmentação*. Aparecida, SP: Ideias & Letras, 2007.

(29) SILVA, Eduardo; MANCEBO, Deise. Subjetividade docente na expansão da UFF: criação, refração e adoecimento. *Fractal*, v. 26, n. 2. p. 479-492, maio/ago., 2014.

Assédio Organizacional: A Violação Sistemática da Dignidade do Sujeito Trabalhador em suas Múltiplas Dimensões

VALÉRIA DE OLIVEIRA DIAS(1)

Resumo: O presente artigo tem por objetivo refletir acerca da violência no trabalho, especificamente do assédio organizacional, sob o prisma do trabalho bancário. Com a finalidade de compreender que a análise do assédio moral não deve se ater à perspectiva tradicional (dinâmica vítima x agressor), demonstrou-se a interface existente entre violência psicológica e estratégia gerencial no trabalho. Do conjunto das pesquisas analisadas, inferiu-se que o assédio organizacional se tornou fator determinante para o adoecimento e a violação sistemática da dignidade do sujeito trabalhador na dimensão da saúde mental e do direito fundamental ao trabalho digno, em suas múltiplas dimensões.

Palavras-chave: Direito fundamental ao trabalho digno. Assédio organizacional. Bancários. Saúde mental.

Abstract: The purpose of this article is to think on workplace violence, specifically organizational harassment, from the perspective of banking sector. To understand that the analysis of moral harassment It should not only be based on the traditional perspective (victim vs. aggressor dynamics), the interface between psychological violence and managerial strategy at work was demonstrated. The analysis of research selected shows that organizational harassment became a decisive factor in the sickening process and the violations of the dignity of the worker on aspect of mental health and of the fundamental right to dignified workin its multiple dimensions.

Keywords: Fundamental right to dignified work. Organizational harassment. Bank workers. Mental health.

1. INTRODUÇÃO

Este artigo objetiva refletir acerca da violência no trabalho, especificamente do assédio organizacional na perspectiva do trabalho bancário[2].

Pesquisas realizadas no campo da Psicodinâmica do Trabalho e da Clínica Analítica do Trabalho, em seu conjunto, revelaram a predominância do modelo de gestão toyotista de produção e, por conseguinte, sucessivas reestruturações produtivas e intensa precarização no segmento bancário. O resultado da superexploração do trabalho nos bancos múltiplos, com carteira comercial, é a expansão das LER/Dorts e do número de trabalhadores acometidos de transtornos mentais e comportamentais[3].

(1) Doutoranda e Mestre em Direito, área de concentração Direito, Estado e Constituição pela Universidade de Brasília (UnB). Pesquisadora integrante do Grupo de Pesquisa Trabalho, Constituição e Cidadania (UnB/CNPq). Especialista em Direito Constitucional do Trabalho pela UnB e em Direito do Trabalho pelo Instituto Processus. Bacharel em Direito pelo Centro Universitário de Brasília (UniCEUB) e Bacharel em Administração pela UnB. Servidora da Justiça do Trabalho.

(2) A trajetória de pesquisa iniciada no ano de 2014, no Grupo de Pesquisa Trabalho, Constituição e Cidadania da Faculdade de Direito da Universidade de Brasília, sob a orientação firme e gentil da Professora Dra. Gabriela Neves Delgado, resultou em dissertação de mestrado apresentada por Valéria de Oliveira Dias, no programa de Pós-Graduação em Direito da Universidade de Brasília (UnB), em 2019, tendo sido aprovada com louvor, à unanimidade, pela banca examinadora. A respeito consultar: DIAS, Valéria de Oliveira. *A Dimensão Socioambiental do Direito Fundamental ao Trabalho Digno*. São Paulo: LTr, 2020. Aqui, é importante registrar que este artigo sintetizará, em parte, as reflexões assentadas na dissertação de mestrado referenciada.

(3) DIAS, Valéria de Oliveira. *A Dimensão Socioambiental do Direito Fundamental ao Trabalho Digno*. São Paulo: LTr, 2020.

Essas pesquisas revelaram, ainda, que o assédio organizacional é adotado como estratégia gerencial do trabalho e, por essa razão, se tornou fator determinante para o adoecimento e a violação de direitos fundamentais de trabalhadores bancários, especialmente os direitos à saúde e à qualidade ambiental no trabalho, na perspectiva do *direito fundamental ao trabalho digno*[4].

Não obstante o "estado da arte" do trabalho bancário, pesquisa empírica consubstanciada na análise de decisões prolatadas pelo Poder Judiciário Trabalhista da 10ª Região, em primeira e segunda instâncias, e pelo Tribunal Superior do Trabalho, entre os anos de 2013 e 2017, revelou que a Justiça do Trabalho tende a não reconhecer a utilização do assédio organizacional como instrumento de gestão do trabalho e causa preponderante do adoecimento mental do trabalhador bancário[5].

Uma das justificativas possíveis para tal tendência se ampara no fato de os dados apurados sugerirem que o assédio moral é analisado, pela Justiça do Trabalho, preponderantemente sob o prisma tradicional, onde se espera uma conduta antijurídica do agressor direcionada explicitamente para a vítima. Nessa perspectiva, a organização do trabalho é também considerada apenas parte de um contexto. Aliás, constatou-se que, na maioria das decisões, não se menciona sequer a tipologia do assédio comprovada nos autos, se assédio moral interpessoal ou assédio organizacional, denotando ausência de rigor conceitual no tocante às tipologias de assédio existentes[6].

Em razão do impacto da organização do trabalho humano na saúde dos trabalhadores, alguns pesquisadores apontam a existência de duas perspectivas de análise dos conflitos interpessoais no ambiente de trabalho, especialmente do assédio moral: a perspectiva tradicional, vinculada ao perfil assediado-assediador e à dinâmica vítima-agressor; e a perspectiva psicossocial, vinculada diretamente ao modo como o trabalho é organizado e gerido nas instituições e como ele repercute sobre o coletivo de trabalhadores[7].

Partindo desse contexto, o presente artigo propõe, com amparo na literatura e pesquisas brasileiras, elucidar as interfaces entre o assédio moral e a organização e gestão do trabalho humano contemporâneo. Para tanto, tratar-se-á da análise do assédio moral na perspectiva tradicional e na psicossocial e, após, do assédio organizacional e sua interface com a violência psicológica e a estratégia gerencial no trabalho. Por fim, destacar-se-á os resultados de pesquisas empíricas desenvolvidas no contexto bancário, no período de 2008 a 2018, que reforçam a tese defendida neste artigo de que *a violência do assédio organizacional é adotada como estratégia de gestão do trabalho humano e, por essa razão, se tornou fator determinante para o adoecimento e a violação de direitos humanos e fundamentais de trabalhadores*, especialmente, no caso do trabalho bancário.

2. ASSÉDIO MORAL INTERPESSOAL: DA PERSPECTIVA TRADICIONAL À PSICOSSOCIAL

A violência psicológica está entre as formas de violência mais praticadas nos espaços de trabalho e tem no assédio moral a sua forma mais emblemática de concretização, em razão dos potenciais danos à saúde psicofísica dos trabalhadores e dos reflexos danosos no ambiente de trabalho que extravasam alcançando a família, a sociedade e o próprio Estado Democrático de Direito.

Por certo que o assédio moral no trabalho não é uma manifestação de violência recente. Todavia, os estudos sobre o assédio moral intensificaram-se apenas a partir do final do século XX com os trabalhos de Heinz Leymann[8], na Suécia, e de Marie-France Hirigoyen[9], na França.

---

(4) A partir do marco do Estado Democrático de Direito, tanto o sujeito trabalhador quanto a qualidade do meio ambiente de trabalho foram alçados ao centro de proteção do ordenamento jurídico-constitucional. Essa perspectiva de análise, aliada aos princípios da solidariedade social e da sustentabilidade, revela a *dimensão socioambiental do direito fundamental ao trabalho digno.* Essa dimensão revela a premência da proteção concomitante do trabalhador, do valor social do trabalho e do meio ambiente de trabalho a ser efetivada pela tutela integrada do direito à saúde física e mental no ambiente laboral e do direito ao meio ambiente de trabalho equilibrado. Sobre o tema consultar: DIAS, Valéria de Oliveira. *A Dimensão Socioambiental do Direito Fundamental ao Trabalho Digno.* São Paulo: LTr, 2020.

(5) *Id.*

(6) Pontue-se que a pesquisa efetivada revelou que, embora a análise dos casos concretos em que foi reconhecido o assédio judicialmente ter revelado que em 88,6% dessas ações ficaram comprovadas práticas de gestão que sugerem a instrumentalização da violência psicológica na forma de assédio organizacional no contexto bancário, em apenas 11% delas, o julgador enquadrou o assédio na tipologia organizacional e em 68,6% sequer menciona a tipologia de assédio reconhecida.

(7) A título exemplificativo mencionam-se os seguintes pesquisadores: Adriane Reis de Araújo, Thereza Cristina Gosdal, Lis Andrea Soboll, Carlos Eduardo Carrusca Vieira, Francisco de Paula Antunes Lima, Maria Elizabeth Antunes Lima, Roberto Heloani e Maria Ester de Freitas.

(8) LEYMANN, Heinz. *Mobbing*: la persécution au travail. Paris: Seuil, 1996.

(9) HIRIGOYEN, Marie-France. *Le harcèlement moral*: la violence perverse au quotidien. Paris: Syros, 1998.

No Brasil, no início do ano 2000, a tradução das obras da psiquiatra francesa Marie-France Hirigoyen, *Assédio moral: a violência perversa no cotidiano*[10] e *Mal-estar no trabalho: redefinindo o assédio moral*[11], e a publicação de pesquisa pioneira empreendida por Margarida Barreto, *Uma jornada de humilhações*[12], bem como as pesquisas de Maria Ester de Freitas e Roberto Heloani[13], desencadearam os debates e a produção científica brasileira sobre o assunto.

Na atualidade, há consenso na literatura brasileira de que o assédio moral é uma forma de violência de natureza simbólica, repetida de forma sistematizada no contexto de trabalho, que repercute seriamente na saúde mental dos trabalhadores. Todavia, não há consenso quanto aos fatores determinantes das situações de assédio moral no trabalho[14].

A Organização Internacional do Trabalho – OIT, diante da crescente prática de violência e de assédio no mundo do trabalho, destacou a importância de se distinguir, entre outras formas de manifestação de violência e de assédio, as distintas formas de manifestação de assédio moral no contexto de trabalho, por demandarem diferentes respostas interventivas, a depender da conduta caracterizadora do assédio moral e dos riscos psicossociais relacionados à organização do trabalho enredados nas situações de assédio[15].

Pesquisas apontam que situações estressoras no trabalho, tais como pressão por produção, gerenciamento por metas de produtividade e outras relacionadas às reestruturações e modelos de gestão que se vinculam à cultura organizacional, são precursoras do assédio moral.

Essas conclusões convergem com os estudos da OIT que indicam que, entre as condutas caracterizadoras do assédio moral estão as cargas de trabalho excessivas e a atribuição de metas e prazos impossíveis de cumprir[16], incluindo-os entre os riscos psicossociais vinculados à organização do trabalho[17].

Pesquisas específicas acerca do assédio moral na perspectiva psicossocial iniciaram-se, no Brasil, em 2006, a partir da tipologia denominada assédio moral organizacional, assédio moral coletivo, assédio moral institucional ou *assédio organizacional* – tipologia adotada neste artigo. As autoras pioneiras na abordagem da temática foram Adriane Reis de Araújo[18] e Thereza Cristina Gosdal[19], no âmbito do Direito, e Lis Soboll[20], no âmbito da Psicologia e da Medicina Preventiva.

Heinz Leymann foi o precursor dos estudos acerca do que denominou *mobbing* no ambiente de trabalho. De acordo com esse pesquisador, *mobbing* refere-se a uma prática sistemática, de uma ou mais pessoas, de "psicoterror na vida laboral" de um trabalhador específico, embasada em uma "comunicação hostil e desprovida de ética", cuja consequência é o isolamento e a solidão desse trabalhador[21].

---

(10) HIRIGOYEN, Marie-France. *Assédio moral:* a violência perversa no cotidiano. Rio de Janeiro: Bertrand Brasil, 2000.

(11) HIRIGOYEN, Marie-France. *Mal estar no trabalho*: redefinindo o assédio moral. Rio de Janeiro: Bertrand Brasil, 2002.

(12) BARRETO, Margarida Maria Silveira. *Uma jornada de humilhações*. Dissertação (Mestrado em Psicologia Social) – Programa de Estudos Pós-Graduados em Psicologia Social. Pontifícia Universidade Católica de São Paulo, São Paulo, 2000.

(13) FREITAS, Maria Ester de; BARRETO, Margarida Maria Silveira; HELOANI, Roberto. *Assédio moral no trabalho*. São Paulo, Cengage Learning, 2008.

(14) VIEIRA, Carlos Eduardo Carrusca; LIMA, Francisco de Paula Antunes; LIMA, Maria Elizabeth Antunes. E se o assédio não fosse moral? Perspectivas de análise de conflitos interpessoais em situações de trabalho. *Revista Brasileira de Saúde Ocupacional*, São Paulo, 37 (126): 256-268, 2012. p. 257 e 258.

(15) ORGANIZAÇÃO INTERNACIONAL DO TRABALHO. *Acabar com a violência e o assédio contra mulheres e homens no mundo do trabalho*. Conferência Internacional do Trabalho, 107ª Sessão, 2018. Relatório V(1). p. 2. Disponível em: <https://www.ilo.org/gender/Informationresources/Publications/WCMS_546305/lang--es/index.htm>. Acesso em: 4 dez. 2018.

(16) *Ibdem*, p. 15. Disponível em: <https://www.ilo.org/gender/Informationresources/Publications/WCMS_546305/lang--es/index.htm>. Acesso em: 4 dez. 2018.

(17) *Ibdem*, p. 17. Disponível em: <https://www.ilo.org/gender/Informationresources/Publications/WCMS_546305/lang--es/index.htm>. Acesso em: 4 dez. 2018.

(18) ARAUJO, Adriane Reis. *O assédio moral organizacional*. Dissertação (Mestrado em Direito) – Programa de Estudos Pós-Graduados em Direito. Pontifícia Universidade Católica de São Paulo, São Paulo, 2006.

(19) SOBOLL, Liz Andrea. *Violência psicológica e assédio moral no trabalho bancário*. Tese (Doutorado em Medicina Preventiva). Faculdade de Medicina, Universidade de São Paulo, São Paulo, 2006.

(20) GOSDAL, Thereza Cristina; SOBOLL, Liz Andrea. (org.). Assédio moral interpessoal e organizacional: um enforque interdisciplinar. São Paulo: LTr, 2009.

(21) HELOANI, Roberto; BARRETO, Margarida. Assédio moral nas relações sociais no âmbito das instituições públicas. In: GEDIEL, José Antônio Peres; SILVA, Eduardo Faria; ZANIN, Fernanda; MELLO, Lawrence Estivalet de. (Orgs). *Estado, poder e assédio:* relações de trabalho na administração pública. Curitiba: Kairós Edições, 2015. p. 145 e 146.

Para esse autor, a existência do *mobbing* vincula-se à periodicidade mínima de ocorrências semanais ao longo de seis meses e ao adoecimento físico ou psíquico do trabalhador alvo da situação hostil. Todavia, Adriane Reis de Araújo esclarece, com base em estudos posteriores, que submeter a caracterização do *mobbing* à subjetividade da vítima, além de ignorar "os casos em que ela seja mais resistente à agressão ou aqueles em que seus problemas físicos ou psíquicos transparecem apenas após o término da violência", possibilita perscrutar a sua vida privada, com o fito de afastar ou minimizar os efeitos da agressão sofrida no trabalho[(22)].

Marie-France Hirigoyen, em estudos posteriores aos de Heinz Leymann, na França, utilizou-se da expressão assédio moral, onde a palavra assédio representa "pequenos ataques" e moral designa a dimensão psicológica das agressões e "as noções de bem e mal, definidas culturalmente"[(23)]. Essa expressão consolidou-se na doutrina brasileira, especialmente, em razão da influência das obras da referida autora no país.

A autora francesa define assédio moral como "qualquer conduta abusiva (gesto, palavra, comportamento, atitude...) que atente, por sua repetição ou sistematização, contra a dignidade ou integridade psíquica ou física de uma pessoa, ameaçando seu emprego ou degradando o clima de trabalho"[(24)].

Em seus estudos, Marie-France Hirigoyen destaca o perfil psicológico da vítima e do agressor e, apesar de reconhecer que a violência perversa do assédio moral encontra na empresa o seu palco principal, não atribui diretamente à organização e gestão do trabalho, aos processos de reestruturação na empresa ou a qualquer outro fator organizacional a responsabilidade pela ação deliberada e intencional do assédio[(25)]. O enfoque está na manipulação perversa e no abuso de poder presentes nas "pessoas com sede de poder que se aproveitarão de qualquer modificação ou de qualquer reorganização para subir na empresa" e no objetivo que possuem de controlar e dominar o outro, sem qualquer relação com o estresse ou às condições adversas de trabalho, desconsiderando-se, assim, os fatores psicossociais[(26)] relacionados ao trabalho[(27)].

Carlos Eduardo Carrusca Vieira, Francisco de Paula Antunes Lima e Maria Elizabeth Antunes Lima, ao analisar as obras de Marie-France Hirigoyen em face dos resultados de pesquisa empírica empreendida em situação de assédio moral junto à categoria dos vigilantes, ponderam que:

> o mundo do trabalho é 'cada vez mais implacável' e, assim, os perversos, 'por serem frios, calculistas e desprovidos de crises de consciência', seriam os indivíduos mais convenientes às empresas, em especial nos cargos estratégicos, pois 'saberão privilegiar os elementos racionais sem se deixar comover com as suscetibilidades alheias' (p. 281). Ou seja, no fim das contas, não se trata fundamentalmente de uma reestruturação do mundo do trabalho que transforma as relações de trabalho e induz comportamentos ditos de 'assédio' – ao criar situações de conflitos interpessoais e dramas profissionais –, mas sim de uma ocupação dos postos estratégicos por indivíduos que já são perversos antes mesmo de viverem essas situações.[(28)]

---

(22) ARAUJO, Adriane Reis. Assédio moral organizacional. *Revista do TST*, Brasília, vol. 73, n. 2, abr/jun 2007. p. 206 e 207.

(23) HELOANI, Roberto; BARRETO, Margarida. Assédio moral nas relações sociais no âmbito das instituições públicas. In. GEDIEL, José Antônio Peres; SILVA, Eduardo Faria; ZANIN, Fernanda; MELLO, Lawrence Estivalet de. (Orgs). *Estado, poder e assédio:* relações de trabalho na administração pública. Curitiba: Kairós Edições, 2015. p. 145 e 146.

(24) HIRIGOYEN, Marie-France. *Mal-estar no trabalho:* redefinindo o assédio moral. São Paulo: Bertrand do Brasil, 2002. p. 17.

(25) VIEIRA, Carlos Eduardo Carrusca; LIMA, Francisco de Paula Antunes; LIMA, Maria Elizabeth Antunes. E se o assédio não fosse moral? Perspectivas de análise de conflitos interpessoais em situações de trabalho. *Revista Brasileira de Saúde Ocupacional*, São Paulo, 37 (126): 256-268, 2012. p. 258.

(26) A OIT afirma que os fatores psicossociais estão entre os fatores de riscos profissionais resultantes das condições de trabalho, como o conteúdo das tarefas, carga e ritmo de trabalho, horários de trabalho, bem como o *modo de organização do trabalho e de desenvolvimento das relações laborais* que envolvem "o estilo de liderança e gestão, o papel na organização, as oportunidades de desenvolvimento de carreira, o poder e o controle da tomada de decisões, o equilíbrio entre o trabalho e a vida pessoal e as relações interpessoais no trabalho (incluindo a violência e o assédio no local de trabalho)", os quais podem causar danos psicológicos ou mentais, tais como estresse, síndrome de burnout, depressão etc., e físicos, como doenças cardiovasculares, lesões musculoesqueléticas, entre outras. In: ORGANIZAÇÃO INTERNACIONAL DO TRABALHO. Relatório da OIT: Melhorar a Segurança e a Saúde dos/as Trabalhadores/as Jovens, 2018. Disponível em: <https://www.ilo.org/safework/events/safeday/WCMS_626351/lang--en/index.ht>. Acesso em: 27 de nov. 2018.

(27) HIRIGOYEN, Marie-France. *Mal-estar no trabalho:* redefinindo o assédio moral. São Paulo: Bertrand do Brasil, 2002. p. 65.

(28) VIEIRA, Carlos Eduardo Carrusca; LIMA, Francisco de Paula Antunes; LIMA, Maria Elizabeth Antunes. E se o assédio não fosse moral? Perspectivas de análise de conflitos interpessoais em situações de trabalho. *Revista Brasileira de Saúde Ocupacional*, São Paulo, 37 (126): 256-268, 2012. p. 257-258.

Por certo que a perversão existe na sociedade e nos espaços de trabalho. Eventualmente, a origem do assédio moral no trabalho pode ser explicada pela personalidade individual e por comportamentos deliberadamente perversos. A crítica dos autores refere-se à análise adstrita aos relacionamentos e aos conflitos interpessoais no ambiente de trabalho como fatores preponderantes de desencadeamento das situações de assédio moral, desconsiderando ou fazendo mera menção aos modelos organizacionais e às práticas de gestão[(29)].

O assédio moral, nessa perspectiva focada essencialmente na questão psicológica, pode ser praticado pelo empregador ou superior hierárquico, pelo colega de trabalho ou pelo subordinado, caracterizando, respectivamente, os denominados assédios vertical, horizontal e ascendente. A intenção do assediante é discriminar e perseguir; é sujeitar a vítima ou o grupo assediado, de modo que oculte o sofrimento, os problemas de saúde ou se afaste do trabalho, mudando de atribuição, função ou demitindo-se[(30)].

Importante ressaltar que o assédio moral se diferencia dos meros conflitos interpessoais decorrentes, por exemplo, de transferência de posto de trabalho, cargo ou função em razão de prioridades institucionais, essencialmente, pela impossibilidade de diálogo, discussão, confronto ou mudança. Distingue-se também de outras condutas inoportunas e inadequadas no ambiente de trabalho, como a discriminação, as agressões pontuais, o vandalismo, as sabotagens, as tentativas e suicídios consumados e o assédio sexual.

Margarida Barreto afirma que a forma sutil de violência inerente ao assédio moral é caracterizada pela "repetição do ato que viola intencionalmente os direitos do outro, atingindo sua integridade biológica e causando transtorno a saúde psíquica e física", e repercute na dimensão moral do assediado[(31)].

Lis Soboll e Roberto Heloani avaliam que o assédio moral é uma situação permeada por extrema agressividade no ambiente de trabalho e por comportamentos ou omissões, repetitivos e duradouros[(32)]. Ponderam ainda que o assédio moral:

> tem como propósito destruir, prejudicar, anular ou excluir e é direcionado a alvos escolhidos (uma ou mais pessoas em especial). Caracteriza-se por sua natureza agressiva, processual, pessoal e mal-intencionada. Pode ter efeito de gestão disciplinar sobre o coletivo, como um resultado secundário e não como propósito final do processo de hostilização.[(33)]

Sobre os efeitos da gestão do assédio moral interpessoal, Lis Soboll e Rossana Jost enfatizam que, apesar de o assédio estabelecer como alvo uma pessoa ou um pequeno grupo, seus efeitos de gestão se consolidam como controle e disciplina direcionados ao coletivo dos trabalhadores, o que gera uma cultura organizacional baseada no medo e na desconfiança[(34)].

O assédio moral interpessoal, como dito alhures, tem como característica-chave a *intencionalidade* e se destina ao domínio e sujeição do indivíduo ou do grupo, inclusive por razões discriminatórias; objetiva que o assediado oculte o sofrimento no trabalho ou dele se afaste, quer por mudança de função ou dispensa[(35)]; por vezes é velado, apesar de contar com a cumplicidade ou negligência da instituição[(36)].

Nessa mesma linha, Maria Ester de Freitas, Roberto Heloani e Margarida Barreto conceituam o assédio moral como:

> uma conduta abusiva, intencional, frequente e repetida, que ocorre no ambiente de trabalho e que visa diminuir, humilhar, vexar, constranger, desqualificar e demolir psiquicamente um indi-

(29) VIEIRA, Carlos Eduardo Carrusca; LIMA, Francisco de Paula Antunes; LIMA, Maria Elizabeth Antunes. E se o assédio não fosse moral? Perspectivas de análise de conflitos interpessoais em situações de trabalho. *Revista Brasileira de Saúde Ocupacional*, São Paulo, 37 (126): 256-268, 2012. p. 258-259.

(30) ALKIMIN, Maria Aparecida. *Assédio moral na relação de trabalho*. 3. ed. Curitiba: Juruá, 2013. p. 36-37.

(31) BARRETO, Margarida. *Assédio moral*: a violência sutil. São Paulo: Tese (Doutorado em Psicologia Social) – Pontíficia Universidade Católica de São Paulo, 2005. p. 49.

(32) SOBOLL, Lis Andréa; HELOANI, Roberto. A origem das discussões sobre assédio moral no Brasil e os limites conceituais. In: SOBOLL, Lis Andréa. *Assédio moral/organizacional*: uma análise da organização do trabalho. São Paulo: Casa do Psicólogo, 2008. p. 21.

(33) SOBOLL, Lis Andréa; HELOANI, Roberto. loc. cit.

(34) SOBOLL, Lis Andréa; JOST, Rossana C.Floriano. Assédio moral no trabalho: uma patologia da solidão usada como estratégia de gestão organizacional. In: SZNELWAR, Laerte Idal. (org.). *Saúde dos Bancários*. São Paulo: Publisher Brasil Editora Gráfica Atitude Ltda., 2011. p. 251.

(35) BARRETO, Margarida; HELOANI, Roberto. Da violência moral no trabalho à rota das doenças e morte por suicídio. In: *Trabalho e saúde:* a precarização do trabalho e a saúde do trabalhador no Século XXI. MOTA, Daniel Pestana; ALVES, Giovanni Alves; VIZZACCARO-AMARAL, André Luís (org.). São Paulo: LTr, 2011. p. 176.

(36) SOBOLL, Lis Andrea. *Assédio moral/organizacional*: uma análise da organização do trabalho. São Paulo: Casa do Psicólogo, 2008. p. 79.

víduo ou um grupo, degradando as suas condições de trabalho, atingindo a sua dignidade e colocando em risco a sua integridade pessoal e profissional[37].

Em suma, segundo a perspectiva tradicional, focada na dinâmica vítima-agressor, constata-se que o assédio moral interpessoal apresenta característica específica que é a *intencionalidade*. Essa tipologia de assédio apresenta, ainda, como elementos objetivo e subjetivo, respectivamente, o *caráter sistemático, processual e repetitivo* dos atos hostis concretizados por ação ou omissão e a *ofensa* à *dignidade* dos sujeitos trabalhadores assediados.

São exatamente essas características que o distingue de outros tipos de violência praticadas no ambiente de trabalho, geralmente agressões pontuais, esporádicas e decorrentes de ato específico que, apesar de configurarem constrangimento moral ou dano físico e/ou psíquico, não representam assédio moral propriamente dito.

Margarida Barreto assevera que o assédio moral gera consequências psicofísicas e pode levar à morte por suicídio. Inicialmente, a repercussão na saúde pode se manifestar na forma de presenteísmos[38], ansiedade, insônia, entre outras "manifestações subjetivas e invisíveis"[39], como falta de concentração, apatia, depressão, suscetibilidade para uso abusivo de álcool e drogas, síndrome de *burnout*, estresse pós-traumático, síndrome do pânico, além de ocasionar ou desencadear outras patologias, como doenças psicossomáticas, hipertensão, gastrites, diarreias nervosas, lesões musculoesqueléticas etc.

Maria Ester de Freitas pondera que, embora o assédio moral seja uma "conduta abusiva, intencional, frequente e repetida, que visa a diminuir, humilhar, vexar, constranger, desqualificar e demolir psiquicamente um indivíduo ou grupo, degradando suas condições de trabalho", o fato de ocorrer no ambiente de trabalho, "a partir de prerrogativas delegadas pelas organizações, sob condições organizacionais e entre atores organizacionais", demonstra que se trata de "uma questão organizacional e não meramente individual"[40].

Lis Soboll, ao efetivar uma análise da organização do trabalho bancário, constatou que a atividade se desenvolve entre demandas de clientes, cobrança de supervisores e metas impostas pela instituição, num contexto de ritmo de trabalho intenso, onde o objetivo primordial da avaliação de desempenho é a venda de produtos bancários parametrizada por metas abusivas[41].

No contexto estudado pela autora, sobressaiu a agressividade gerencial como recurso utilizado com frequência para pressionar os bancários a alcançar metas. Verificou-se que os melhores vendedores eram promovidos, "muitas vezes sem preparo ou perfil para a função, utilizando estratégias desumanas ou inadequadas de gerenciamento do grupo". Os métodos violentos de gestão também eram utilizados em toda a cadeia hierárquica e as humilhações, constrangimentos, ameaças diretas e veladas se tornaram parte do cotidiano, pois "'vencer sempre' é a única maneira de ser tratado dignamente e de garantir temporariamente sua existência na organização"[42].

O estudo empreendido demonstrou, ainda, que o meio ambiente de trabalho no qual a violência era utilizada como estratégia de gestão era marcado pela competitividade exagerada entre os pares diante da necessidade de o bancário superar a si mesmo e ao outro, pois, naquele contexto, "ser vencedor significa impor ao outro o papel de fracassado e perdedor, digno de ser excluído e humilhado". O isolamento era a estratégia central para a efetividade do sistema de controle, cujo objetivo era destacar "os valores organizacionais como único código válido"[43].

---

(37) FREITAS, Maria Ester; HELOANI, Roberto; BARRETO, Margarida. *Assédio moral no trabalho*. São Paulo: Cengage Learning, 2008. p. 37.

(38) O presenteísmo é a presença no trabalho de pessoas adoecidas. Essa situação ocorre por excesso de trabalho; pela submissão à vários tipos de violência psicológica; pela sobrecarga de trabalho sob pressão de metas de produtividade que, em razão do acúmulo de cansaço e tensão, pode gerar síndrome de *burnout*. O trabalhador adoecido não revela a doença por medo da demissão, o que tem como consequência o agravamento da patologia e o desenvolvimento de complicações de ordem psicossomática ou transtornos mentais. Apenas quando não suporta mais, o trabalhador se afasta do trabalho e faz uso de benefício social (auxílio-doença, por exemplo), o que torna o custo dessa dinâmica muito elevado para Estado. SELIGMANN-SILVA, Edith. O assédio moral no trabalho. In: LIMA, Cristiane Queiroz Barbeiro; OLIVEIRA, Juliana Andrade; MAENO, Maria. (coord.). *Seminário Compreendendo o Assédio Moral no Ambiente de Trabalho*. São Paulo: Fundacentro, 2013. p. 52-53.

(39) BARRETO, Margarida. Assédio moral: trabalho, doença e morte. In: LIMA, Cristiane Queiroz Barbeiro; OLIVEIRA, Juliana Andrade; MAENO, Maria. (coord.). *Seminário Compreendendo o Assédio Moral no Ambiente de Trabalho*. São Paulo: Fundacentro, 2013. p. 13.

(40) FREITAS, Maria Ester de. Quem paga a conta do assédio moral no trabalho? *RAE-eletrônica*, v. 6, n. 1, Art. 5º, jan./jun. 2007. p. 2.

(41) SOBOLL, Lis Andrea. *Assédio moral/organizacional*: uma análise da organização do trabalho. São Paulo: Casa do Psicólogo, 2008. p. 46.

(42) *Ibid.*, p. 47.

(43) *Ibid. loc. cit.*

Após esse retrato da organização do trabalho bancário, Lis Soboll apresentou e analisou quatro casos de assédio moral em instituições bancárias públicas e privadas, nos quais os atos hostis continuados contaram com a conivência dos superiores hierárquicos e resultaram em afastamentos prolongados pelo adoecimento físico e psíquico dos assediados, dispensas e aposentadorias precoces. Na conclusão do estudo se registrou que "a organização do trabalho oferece as condições para a prática prolongada da violência", especialmente quando se estrutura "com base em metas de produtividade que subestimam os processos e supervalorizam os resultados, com parâmetros extremamente exigentes e irrealistas", que desconsideram a dimensão real do trabalho[(44)].

A autora avaliou, ainda, que a competição entre os pares resulta no enfraquecimento dos vínculos de solidariedade e individualização dos trabalhadores bancários, o que estimula a utilização da violência "como defesa psíquica ou um recurso nas relações", restringindo a dinâmica do reconhecimento e esvaziando o trabalho de sentido[(45)]. Assim explica:

> A forma de organização do trabalho que favorece a ocorrência do assédio moral é aquela que individualiza, instala a competição entre os pares, estimula as humilhações mútuas. Dessa forma, o trabalhador fica sem referencial na organização para romper com o ciclo da violência. [...] Ao banalizar a violência e legitimar a prática de políticas da violência, o assédio moral fica diluído e é incorporado apenas como mais uma expressão da violência já natural. Conclui-se, dessa forma, que a organização do trabalho também favorece a ocorrência do assédio moral ao aceitar a prática do assédio organizacional como recurso de gestão.[(46)]

Maria Ester de Freitas, Roberto Heloani e Margarida Barreto entendem que se a violência e o assédio moral têm como palco o ambiente de trabalho, a análise desses fenômenos sociais deve partir do estudo da organização do trabalho, na medida em que a forma como a instituição se estrutura e regulamenta o trabalho pode incentivar, reduzir ou eliminar as manifestações de toda forma de violência e de assédio moral nos seus espaços internos[(47)].

Carlos Eduardo Carrusca Vieira, Francisco de Paula Antunes Lima e Maria Elizabeth Antunes Lima, com base em evidências empíricas e análise de caso concreto, sustentam que o assédio moral apresenta amplas dimensões que não se circunscrevem à esfera subjetiva. Afirmam que o assédio moral é uma manifestação do "trabalho assediado", ou seja, "uma manifestação particular das relações de poder e da violência entranhadas na economia e nos processos de produção", onde os atos individuais se articulam à organização do trabalho, às políticas empresariais e aos modelos de gestão, embasados nas contradições e paradoxos do mercado capitalista de produção que favorece ou se torna responsável pelo assédio moral como instrumento gerencial[(48)].

Nesse contexto, "o tecido social é constituído por relações instrumentais, em que o outro não é um fim, mas um simples meio para objetivos estranhos aos próprios indivíduos: a produção se torna um fim em si mesmo". Desse modo, o trabalhador deve ser capaz de se manter como importante fonte de eficiência, com desempenho continuamente ascendente, sob pena de, na hipótese de sua serventia cessar, surgirem as situações de assédio moral[(49)].

> Sem querer isentar os que praticam o assédio moral da responsabilidade pelos seus atos, não podemos negligenciar que tais atos ocorrem em um contexto no qual são valorizados, incentivados e até mesmo exigidos. Isso significa que *a empresa, suas políticas e a forma pela qual o trabalho é organizado não compõem apenas um 'cenário' no qual se desenrola o drama do assédio moral, mas são partes constitutivas do problema, na verdade, seus determinantes essenciais.*[(50)]

Para Ângelo Soares, "o assédio moral é uma patologia organizacional corrosiva que degrada as condições

---

(44) SOBOLL, Lis Andrea. *Assédio moral/organizacional*: uma análise da organização do trabalho. São Paulo: Casa do Psicólogo, 2008, p. 77.

(45) *Ibid.*, p. 78.

(46) *Ibid.*, p. 78-79.

(47) FREITAS, Maria Ester; HELOANI, Roberto; BARRETO, Margarida. *Assédio moral no trabalho*. São Paulo: Cengage Learning, 2008. p. 37-38.

(48) VIEIRA, Carlos Eduardo Carrusca; LIMA, Francisco de Paula Antunes; LIMA, Maria Elizabeth Antunes. E se o assédio não fosse moral? Perspectivas de análise de conflitos interpessoais em situações de trabalho. *Revista Brasileira de Saúde Ocupacional*, São Paulo, 37 (126): 256-268, 2012. p. 261-264.

(49) *Ibdem*, p. 265-266.

(50) *Ibid.*, p. 267 (grifo nosso).

de trabalho, a saúde mental dos indivíduos e envenena as relações sociais no ambiente de trabalho. É um problema organizacional que tem tomado proporções alarmantes nas organizações contemporâneas"[51].

A OIT registrou, entre as conclusões do estudo sobre a violência e o assédio no mundo do trabalho, que a violência e o assédio são considerados riscos psicossociais relacionados à organização do trabalho na legislação de vários países e que, na literatura especializada, esses perigos psicossociais denominam-se *violência estrutural*, "conceito que engloba as formas de organização ou de estrutura do trabalho que expõe os trabalhadores e as trabalhadoras a situações de violência" que afetam a dignidade, a segurança, a saúde e o bem-estar da vítima[52].

Ressaltou ainda a OIT que, em certas circunstâncias, "as cargas de trabalho excessivas, a falta de autonomia para a tomada de decisões, a baixa consideração pelo trabalho das pessoas, a rigidez dos procedimentos rotineiros do trabalho e a atenção insuficiente à manutenção de boas relações interpessoais" podem ser consideradas formas de violência estrutural. E arrematou que, na Nova Zelândia, adotou-se a figura do *bullying* institucional que se manifesta "quando as normas, a cultura e a prática de uma organização *permitem* comportamentos que se revelam insultuosos" ou, igualmente, "*provocam* um stress indevido", ou, ainda, "quando as estruturas, práticas, políticas ou requisitos do trabalho se *traduzem* num peso avassalador sobre o pessoal e o seu bem-estar é *negligenciado*". Naquele país, "o estabelecimento de objetivos impossíveis e a imposição de um volume de trabalho inviável ou com prazos pouco realistas" são considerados práticas organizacionais injustas que configuram o uso da violência estrutural como instrumento de organização e de estruturação do trabalho humano[53].

Nessa linha de raciocínio, é possível concluir que a análise do assédio moral na perspectiva tradicional, enfatizando relações interpessoais e tomando a organização apenas como parte do contexto, desconsiderando, assim, a repercussão da organização e da gestão da produção e do trabalho humano na vida psíquica dos sujeitos, favorece a multiplicação de ambientes laborais que incentivam ou instrumentalizam a violência psicológica como estratégia gerencial.

Por conseguinte, em razão do risco eminente à saúde psicofísica dos trabalhadores por deteriorar o meio ambiente laboral, o tratamento do fenômeno com ênfase nas relações interpessoais desarticula eventuais estratégias de enfrentamento e a possibilidade de responsabilização da organização pelos atos lesivos ao meio ambiente de trabalho, à coletividade de trabalhadores e à sociedade.

3. ASSÉDIO ORGANIZACIONAL: A VIOLÊNCIA INSTITUCIONALIZADA COMO ESTRATÉGIA DE GESTÃO

O uso da violência como estratégia de gestão do trabalho humano tem especial relevo nesse cenário de dominação social no trabalho proposto pelos mecanismos neoliberais de esvaziamento do caráter protetivo do Direito do Trabalho, de flexibilização dos postos de trabalho e de precarização dos vínculos de emprego.

Ana Magnólia Mendes adverte que, ao mesmo tempo em que "o reconhecimento é um dos modos de fortalecimento da estruturação psíquica e da saúde, pode ser modo de captura dos trabalhadores nas armadilhas da dominação"[54].

Significa dizer que a condição de centralidade do trabalho, como promessa de autorrealização, pode ser utilizada pela organização do trabalho com a *captura da subjetividade*[55] para o engajamento do corpo e da alma do trabalhador nas políticas e metas gerenciais, condição necessária para que os métodos contemporâneos de gestão da produção e do trabalho humano, entre os quais se destaca o sistema toyotista, alcancem os resultados almejados.

Nos modelos de gestão da produção e do trabalho humano baseados especialmente no toyotismo, a es-

---

(51) SOARES, Ângelo. Assédio moral: o estresse das vítimas e das testemunhas. In: LIMA, Cristiane Queiroz Barbeiro; OLIVEIRA, Juliana Andrade; MAENO, Maria. (Coord.). *Seminário Compreendendo o Assédio Moral no Ambiente de Trabalho*. São Paulo: Fundacentro, 2013. p. 35.

(52) ORGANIZAÇÃO INTERNACIONAL DO TRABALHO. *Acabar com a violência e o assédio contra mulheres e homens no mundo do trabalho*. Conferência Internacional do Trabalho, 107ª Sessão, 2018. Relatório V(1). p. 17. *E-Book*. Disponível em: <https://www.ilo.org/gender/Informationresources/Publications/WCMS_546305/lang--es/index.htm>. Acesso em: 4 dez. 2018.

(53) *Ibdem*, p. 18. *E-Book*. Disponível em: <https://www.ilo.org/gender/Informationresources/Publications/WCMS_546305/lang--es/index.htm>. Acesso em: 4 dez. 2018. (grifo nosso).

(54) MENDES, Ana Magnólia. Da psicodinâmica à psicopatologia do trabalho. *In*. MENDES, Ana Magnólia (org.). *Psicodinâmica do trabalho*: teoria, método e pesquisas. São Paulo: Casa do Psicólogo, 2007. p. 45.

(55) A expressão é de Giovanni Alves.

tratégia gerencial para a mobilização do coletivo de trabalho se pauta na violência no plano subjetivo, a qual se concretiza em exigências paradoxais. Proporciona-se autonomia, com intensa cobrança de resultados. O acesso a novas tecnologias amplia o tempo de trabalho ao invés de otimizá-lo. Exige-se a adesão voluntária a um compromisso ilimitado que tem, em contrapartida, o compromisso parcial da empresa, uma vez que a manutenção do emprego está relacionada ao desempenho. Impõe-se veladamente a ideologia do "realize-se a si mesmo" atrelada ao discurso da excelência, pautada no individualismo e na competição, ao passo que a cooperação é fundamental nos espaços de trabalho para a realização pessoal, coletiva e dos resultados. Normatiza-se um ideal sem limites – "zero de atraso, zero de falha, zero de papel, qualidade total etc." –, em contraponto a tudo o que caracteriza o humano – "a fraqueza, o erro, o contratempo, a imperfeição, a dúvida"[(56)].

Exige-se que o trabalhador se engaje às políticas e metas gerenciais como se fosse o responsável pelo sucesso do empreendimento; que seja qualificado e competitivo, adotando posturas individualistas no trabalhar; que tenha vigor para atingir metas, ainda que inalcançáveis; que estimule e controle a produtividade de seus pares[(57)]; e, acima de tudo, que não demonstre descontentamento, cansaço, estresse e, sobretudo, sofrimento[(58)], tampouco reconheça o sofrimento do outro, num crescente processo de indiferença social no trabalho, campo fértil para as patologias da indiferença e da solidão, bases das demais patologias sociais relacionadas ao trabalho.

O controle, a submissão dos empregados e, consequentemente, o aumento da produtividade e a redução dos custos do trabalho, além da exclusão de trabalhadores indesejados, podem ser obtidos mediante a *instrumentalização do medo* em face da despedida injusta ou da perda do cargo e da comissão, manifesta por ameaças, às vezes implícitas na política organizacional; pelo *estímulo* à *competitividade sem limites*, cobranças frequentes, prazos inadequados para as metas estabelecidas; e pelo *uso do autoritarismo e desrespeito* que constrange e humilha. Esses métodos de gestão, conhecidos, nessa ordem, como gestão por medo, por estresse e por injúria, desarticulam os laços de solidariedade e a mobilização coletiva diante das injustiças e do sofrimento do outro, degradam o clima organizacional, estimulam práticas assediantes entre os indivíduos – "transformando todo integrante da organização em potencial agressor e vítima"[(59)] – e acarretam sofrimento psíquico no ambiente de trabalho.[(60)]

É exatamente nesse contexto de gestão do trabalho embasados na ideologia gerencialista, cujas limitações humanas dos sujeitos no trabalhar são desconsideradas, que a violência na forma de assédio organizacional se adere à política e cultura institucionais e se torna estratégia gerencial e ferramenta de gestão, controle e coerção.

Adriane Reis de Araújo foi pioneira na proposta de conceituação do assédio organizacional. Utilizando-se como referencial teórico Michel Foucault[(61)] e Gilles Deleuze[(62)], a autora parte da premissa de que a naturalização da humilhação e do constrangimento no ambiente de trabalho decorre da "longa tradição dessa prática nas sociedades disciplinares [...], por meio da sanção normalizadora". Enfatiza, todavia, que tais práticas abusivas se apresentam no modelo de gestão toyotista com "novas roupagens na sociedade de controle"[(63)], intensificando a violência psicológica com a utilização de novas formas de gestão que instrumentalizam o medo para obter o engajamento subjetivo do coletivo de trabalhadores visando o incremento da produção e dos lucros.

Desse modo, ainda segundo a autora, a desigualdade de poder nas relações de emprego se evidencia no poder empregatício, em suas expressões como poder diretivo e disciplinar, especialmente, introduzindo na organização do trabalho e na gestão do trabalho humano instrumentos de controle e disciplina dos tra-

(56) GAULEJAC, Vincent de. *Gestão como doença social:* ideologia, poder gerencialista e fragmentação social. São Paulo: Ideias e Letras, 2007. p. 111-128 e 161-163.

(57) DRUCK, Graça; FRANCO, Tânia; SELINGMANN-SILVA, Edith. As novas relações de trabalho, o desgaste mental do trabalhador e os transtornos mentais no trabalho precarizado. *Revista Brasileira de Saúde Ocupacional*, 2010. p. 237-238.

(58) ALKIMIN, Maria Aparecida. *Assédio moral na relação de trabalho*. 3. ed. Curitiba: Juruá, 2013. p. 68-70.

(59) ARAÚJO, Adriane Reis de. *O assédio moral organizacional*. São Paulo: LTr, 2012. p. 57.

(60) CREMASCO, M. V. F.; EBERLE, A. D.; SOBOLL, L. A. Compreensões sobre o assédio moral no trabalho a partir da psicodinâmica do trabalho. In: *Assédio moral interpessoal e organizacional*: um enfoque multidisciplinar. SOBOLL, Lis Andrea; GOSDAL, Thereza Cristina. (org.). São Paulo: LTr, 2009. p. 115.

(61) FOUCAULT, Michel. *Microfísica do poder*. 10. ed. Rio de Janeiro: Edições Graal, 1979.

(62) DELEUZE, Gilles. *Foucault*. 2. ed. São Paulo: Editora Brasiliense, 1991.

(63) ARAUJO, Adriane Reis de. *Op. cit.*, p. 8.

balhadores com o objetivo finalístico de reduzir custos com mão de obra e aumentar a produtividade[(64)], moldando o trabalhador aos ideais neoliberais e desconsiderando a dimensão humana do sujeito no trabalhar.

Com base nessas premissas, Adriane Reis de Araújo afirma ser imprescindível romper com o tratamento psicológico do assédio moral e enfocar o estudo do tema nas condições de trabalho e nos modelos de gestão do trabalho humano. De acordo com a autora, o assédio organizacional se configura pelo:

> conjunto de condutas abusivas, de qualquer natureza, exercido de forma sistemática durante certo tempo, em decorrência de uma relação de trabalho, e que resulte no vexame, humilhação ou constrangimento de uma ou mais vítimas com a finalidade de se obter engajamento subjetivo de todo o grupo às políticas e metas da administração, por meio da ofensa a seus direitos fundamentais, podendo resultar em danos morais, físicos e psíquicos.[(65)]

No conceito proposto, a autora destaca que a violação está direcionada aos direitos fundamentais de liberdade e de igualdade do trabalhador, que assediado pela organização, é ofendido em sua dignidade, integridade física e psicológica, liberdade de ir e vir, liberdade de expressão, não discriminação, entre outros. Assim, a concretização de danos físicos ou psíquicos não é critério identificador do assédio organizacional. A constatação de danos de natureza psicofísica, todavia, deve ser sopesada no caso concreto como circunstância agravante para fins de arbitramento da indenização pelo julgador[(66)].

O assédio organizacional, segundo a mesma autora, abrange inclusive o trabalhador que apenas testemunha a conduta abusiva praticada, pois, apesar de não ser submetido diretamente às situações vexatórias, é por elas alcançado, ainda que por via oblíqua, pela "mesma cobrança de engajamento e é acuado na vivência do medo e sofrimento de seu colega"[(67)].

Adriane Reis de Araújo destaca, ainda, que a intencionalidade, característica definidora do assédio moral interpessoal, não se encontra entre os critérios identificadores do assédio organizacional. A conduta abusiva e assediadora destinada ao engajamento subjetivo do coletivo de trabalhadores e à assimilação das regras implícitas e explícitas da instituição pelo trabalhador para fins de controle e disciplina, não almeja, necessariamente, a "degradação das condições de trabalho" ou o "comprometimento do futuro profissional do trabalhador"[(68)].

Thereza Cristina Gosdal, Liz Soboll, Mariana Schatzmamm e André Eberle, embora reconheçam a importância do conceito de assédio organizacional proposto por Adriane Reis de Araújo, ponderam que, dada a sua amplitude, não há uma distinção adequada em relação ao conceito de assédio moral interpessoal, o que pode resultar em eventual ineficiência, tanto do combate à prática, que é inerente à gestão empresarial, quanto da tutela jurisdicional, uma vez que essa forma de violência tem implicações mais extensas do que as do assédio interpessoal.[(69)]

Com base nessa ponderação e adotando como pressuposto o conceito de assédio moral interpessoal, a saber, o assédio moral como o conjunto de ações e/ou omissões de chefes ou colegas perversos que se constituem em processos sistemáticos de hostilização, direcionados a um ou mais indivíduos, cujo efeito ou resultado é um ambiente de trabalho hostil que resulte em desconforto físico ou emocional ou um prejuízo profissional, afastamento ou pedido de demissão, os autores propõem o seguinte conceito de *assédio organizacional*:

> conjunto sistemático de práticas reiteradas, inseridas nas estratégias e métodos de gestão, por meio de pressões, humilhações e constrangimentos, para que sejam alcançados determinados objetivos empresariais ou institucionais, relativos ao controle do trabalhador (incluindo-se o corpo, o comportamento e o tempo de trabalho), ao custo do trabalho, ou ao aumento de produtividade e resultados, ou à exclusão de indivíduos ou grupos com fundamentos discriminatórios.[(70)]

---

(64) ARAUJO, Adriane Reis de. *Op. cit.*, p. 122-126.

(65) ARAÚJO, Adriane Reis de. *O assédio moral organizacional.* São Paulo: LTr, 2012. p. 76.

(66) *Ibid.*, p. 77.

(67) *Ibid., loc. cit.*

(68) *Ibid.*, p. 85.

(69) GOSDAL, Thereza Cristina. *et al. Assédio moral organizacional*: esclarecimentos conceituais e repercussões. In: *Assédio moral interpessoal e organizacional*: um enfoque multidisciplinar. SOBOLL, Lis Andrea; GOSDAL, Thereza Cristina. (org.). São Paulo: LTr, 2009. p. 34-35.

(70) *Ibid.*, p. 37.

No que concerne à intencionalidade, os mencionados autores convergem com a proposta conceitual de Adriane Reis de Araújo no sentido de que não é necessária a prova da intencionalidade para que se identifique a ocorrência de assédio organizacional[(71)].

Os autores, do mesmo modo, justificam que o assédio organizacional "independe da intenção deliberada do agente de degradar as condições de trabalho ou atingir o empregado", orientando-se a alvos inespecíficos, embora sejam determináveis. Enfatizam ainda que se trata de uma opção da organização do trabalho por uma estratégia baseada na violência e/ou pressão para exercer domínio e sujeição; tem por objetivo imediato alcançar determinados resultados ou metas institucionais.[(72)]

Os mesmos autores, igualmente, convergem com as conclusões de Adriane Reis de Araújo no sentido de que o assédio organizacional se configura, essencialmente, como *abuso do poder diretivo do empregador*, na medida em que evidenciam que a violência continuada se encontra estruturada na política organizacional e no modelo de gestão do trabalho humano e o objetivo é o incremento da produção e dos resultados institucionais[(73)].

Lis Soboll enfatiza a importância do rigor conceitual, pois o assédio moral não deve ser confundido com assédio sexual, doenças do trabalho, outros conflitos ou agressões pontuais, estresse e discriminação no ambiente de trabalho, tampouco com estratégias gerenciais legítimas e coerentes[(74)]. A autora sinaliza que o assédio organizacional "precisa ser um termo restrito a descrever a violência organizacional sistematizada no abuso do poder diretivo do empregador, evidenciado por estratégias de gestão abusivas por estresse, por medo, por humilhação, com cobrança exagerada, uso de ameaças e constrangimentos"[(75)].

Entender que a dinâmica do assédio se centra no agressor personalizado e identificável é desnaturar a essência do assédio organizacional como abuso do poder pelo empregador e estratégia violenta de gerenciamento do trabalho humano.

O assédio organizacional, de acordo com Lis Soboll, contempla "interações entre o indivíduo e a organização ou a administração da empresa, as quais utilizam da violência e da hostilização, de forma continuada e crônica, na formulação de procedimentos e políticas organizacionais, na forma de mecanismos de gestão abusivos sem necessariamente existir um agressor personalizado"[(76)].

Nessa toada, os *atos hostis* insertos nas práticas gerencias – onde o agente agressor é a própria gestão e, por conseguinte, a instituição – e a *ofensa* à *dignidade* dos sujeitos trabalhadores que vivenciam essa situação são *critérios obrigatórios* de caracterização do assédio organizacional.

A intencionalidade, a dificuldade de se defender e os danos à saúde são características consideradas complementares e não determinantes para a configuração do assédio organizacional. Essas características, segundo Lis Soboll, podem servir de critério auxiliar na identificação do assédio organizacional, embora não seja necessária a prova da intencionalidade do agente agressor, a dificuldade de defesa do coletivo de trabalhadores frente às práticas sistemáticas de assédio e os danos à saúde para que se reconheça o assédio na modalidade psicossocial[(77)].

No que concerne à intencionalidade, a mesma autora enfatiza que, na perspectiva psicossocial, os atos hostis e o dano perpetrado podem ser deliberados, escolhidos, planejados ou inconscientes, não planejados e não escolhidos, de modo que se mostra insustentável considerá-la um dos critérios de identificação do assédio organizacional. Além disso, o viés subjetivo que a cerca é de difícil comprovação, o que acaba por expor a análise à perspectiva tradicional. De todo modo, analisar a presença ou não da intencionalidade tem relevância na mensuração das repercussões do assédio na saúde mental, pois a percepção de que os atos hostis

(71) GOSDAL, Thereza Cristina. *et al. Assédio moral organizacional*: esclarecimentos conceituais e repercussões. In: *Assédio moral interpessoal e organizacional*: um enfoque multidisciplinar. SOBOLL, Lis Andrea; GOSDAL, Thereza Cristina. (org.). São Paulo: LTr, 2009. p. 48.

(72) *Ibid*., p. 30-38.

(73) *Ibid*., p. 41 e 49.

(74) SOBOLL, Lis Andrea Pereira. Assédio moral no trabalho. In: CATTANI, Antonio David; HOLZMANN, Lorena. (org.). Dicionário de trabalho e tecnologia. 3. ed. E-book. Porto Alegre, RS: Zouk, 2012. p. 46.

(75) *Ibdem*, p. 21.

(76) *Ibdem*, p. 42.

(77) *Ibdem*, p. 16.

ou o dano foram intencionais agrava o sofrimento ou o adoecimento psíquico, e pode implicar no agravamento dos valores arbitrados à condenação no âmbito da Justiça do Trabalho[(78)].

Efetivamente, na perspectiva do Direito do Trabalho, a intenção do empregador torna-se irrelevante para fins de reconhecimento da prática do assédio moral, tendo em vista a obrigação imposta pela ordem constitucional vigente de o empregador zelar pela manutenção do meio ambiente de trabalho equilibrado e saudável, bem como de se responsabilizar por eventuais danos à personalidade do trabalhador provocados por seus prepostos (teoria da responsabilidade objetiva).

Quanto à dificuldade de a vítima se defender das situações de assédio, observa-se que se trata de resultado ou efeito do assédio pelo fato de o empregado ter sido colocado numa posição desvantajosa ou inferior. Por outro lado, se torna viável o enfrentamento das situações de assédio quando o coletivo dos trabalhadores se estrutura pela via da cooperação e da solidariedade. Assim, ainda segundo a autora, esse critério não se mostra obrigatório para a configuração do assédio organizacional[(79)].

Muito embora os estudos demonstrem que as doenças psicossomáticas e as de natureza psíquica sejam mais frequentes nos trabalhadores que vivenciam o assédio moral, o processo de adoecimento físico e mental dos afetados não se desenvolve de maneira semelhante, pois "há pessoas com estruturas psíquicas e rede de apoio social que favorecem seus processos defensivos, de enfrentamento, de resistência e de resiliência, capazes de evitar ou adiar o aparecimento de doenças". Por essa razão, a autora defende que as situações de assédio ofendem a dignidade humana e os direitos da personalidade e, portanto, a caracterização do assédio organizacional independe da comprovação do dano à saúde[(80)].

Em suma, dadas as considerações conceituais propostas pelas autoras-referência[(81)], tem-se que o assédio organizacional é expressão do *abuso do poder diretivo* do empregador e para identificar sua ocorrência é obrigatória a presença de dois elementos. O primeiro consiste no elemento objetivo consubstanciado nos *atos hostis continuados, prolongados no tempo, repetitivos*, e o segundo, no elemento subjetivo que se manifesta pela *ofensa à dignidade do sujeito trabalhador*. Esses elementos são verificáveis por meio da análise da organização do trabalho e das estratégias gerenciais do trabalho humano com foco nos fatores de risco psicossociais relacionados ao trabalho.

Em relação aos demais elementos, como intencionalidade, dificuldade para se defender e danos à saúde, conforme o exposto, eles podem ou não estar presentes nas dinâmicas de assédio organizacional, de modo que devem ser considerados elementos complementares para fins de mensuração da extensão do dano ao patrimônio imaterial do sujeito trabalhador.

O assédio organizacional é, portanto, a violência institucionalizada e naturalizada na estratégia de gestão, cuja função é advertir o trabalhador acerca da necessidade de dedicação ilimitada e de sujeição pessoal à organização empresarial, sob pena de exclusão. As práticas inerentes à violência institucionalizada ofendem a dignidade do trabalhador e podem causar sofrimento e comprometer sua integridade psicofísica.

A violência como instrumento de gerenciamento do trabalho e de controle se estrutura de tal modo nas políticas e práticas organizacionais, ainda que de modo implícito, que os trabalhadores a percebem como inerente à estratégia empresarial ou à própria organização e os gestores a justificam como prática necessária à sobrevivência da empresa[(82)]. A naturalização do assédio e a justificação da violência interferem na dimensão subjetiva da prática pelos assediados, levando o sujeito exposto à apatia, à submissão ou até mesmo à reprodução da violência[(83)].

É o imperativo "Trabalhe e Cale-se" revelado por Ana Magnólia Mendes nos estudos clínicos desenvolvidos na Clínica Analítica do Trabalho, que retrata a violência vivenciada pelo trabalhador assediado que, isolado

---

(78) SOBOLL, Lis Andrea Pereira. Assédio moral no trabalho. In: CATTANI, Antonio David; HOLZMANN, Lorena. (org.). Dicionário de trabalho e tecnologia. 3. ed. E-book. Porto Alegre, RS: Zouk, 2012. p. 18.

(79) *Ibdem*, p. 19.

(80) SOBOLL, *loc. cit.*

(81) Não se desconhece que a temática do assédio organizacional é abordada por outros autores brasileiros. Todavia, optou-se, neste artigo, pela utilização da abordagem desenvolvida pelas autoras que, de forma pioneira, introduziram o estudo no Brasil há mais de dez anos: Adriane Reis de Araújo e Thereza Cristina Gosdal, no âmbito do Direito, e Lis Andrea Pereira Soboll, no âmbito da Psicologia e da Medicina Preventiva.

(82) GOSDAL, Thereza Cristina. *et al.* Assédio moral organizacional: esclarecimentos conceituais e repercussões. In: *Assédio moral interpessoal e organizacional*: um enfoque multidisciplinar. SOBOLL, Lis Andrea; GOSDAL, Thereza Cristina. (org.). São Paulo: LTr, 2009. p. 21-22.

(83) SOBOLL, Lis Andrea; JOST, Rossana C. Floriano. Assédio moral no trabalho: uma patologia da solidão usada como estratégia de gestão organizacional. In: SZNELWAR, Laerte Idal. (org.). *Saúde dos Bancários*. São Paulo: Publisher Brasil Editora Gráfica Atitude Ltda, 2011. p. 257.

pelo sofrimento decorrente da vergonha e da ausência de confiança em si mesmo e pela posição de subalternidade que ocupa nas relações laborais, encontra-se impossibilitado de reagir de forma eficaz[84].

O medo e a angústia contínuos do desemprego – e "da exclusão social, da rejeição e da desestruturação da identidade" dele decorrentes –, desencadeados por práticas gerenciais assediantes permeadas, muitas vezes, de ameaças explícitas ou veladas de dispensa, criam um ciclo de medo, instrumentalizado por práticas de violência psicológica e assédio moral que se retroalimentam no ambiente laboral, gerando ainda mais sofrimento[85].

Importa destacar que o sofrimento psíquico provocado pelo assédio organizacional também é vivenciado pelos gestores ante o medo de fracassarem e de serem considerados incompetentes pela instituição. Em face desse medo, são desenvolvidas estratégias defensivas, muitas vezes na forma de "virilidade defensiva", que se expressa por meio de hostilidade e práticas de violência psicológica no contexto de trabalho. Além disso, há o mal-estar psicológico decorrente do sofrimento ético, fruto da responsabilidade percebida pela maioria dos gestores pelas consequências danosas dos assédios praticados aos subordinados[86].

É certo, repita-se, que a exposição do trabalhador à violência e ao assédio moral no contexto laboral sempre existiu. Todavia, a instrumentalização da violência como prática gerencial é fenômeno mais recente e em ampla expansão, cujas consequências têm sido as mais perversas para a saúde dos sujeitos trabalhadores, especialmente pelo esfacelamento dos vínculos de solidariedade.

4. ASSÉDIO ORGANIZACIONAL E SAÚDE NO TRABALHO BANCÁRIO: O RETRATO DO PERÍODO DE 2008 A 2018

Os estudos clínicos têm demonstram que distúrbios psíquicos relacionados ao trabalho são desencadeados em ambientes nos quais as agressões deliberadas se repetem sistematicamente e a imposição de métodos e metas se distanciam do real do trabalho, dos limites psicofísicos do trabalhador e de princípios e valores éticos do sujeito, esvaziando o sentido do trabalho.

Esse ambiente laboral, aliado às vivências de injustiças e impotência em confrontá-las e à ausência de apoio social dos pares, levam o sujeito trabalhador ao isolamento e ao individualismo, aprofundando o sofrimento e correlacionando, de forma inconteste, adoecimento e precarização do meio ambiente do trabalho[87].

Em face dessa constatação, objetiva-se destacar, nesta seção, o resultado de pesquisas empíricas desenvolvidas no contexto bancário, na Clínica do Trabalho da UnB, nos últimos dez anos, que reforçam a tese defendida nesta pesquisa de que *a violência do assédio organizacional é adotada como estratégia de gestão do trabalho humano e, por essa razão, se tornou fator determinante para o adoecimento e a violação de direitos humanos e fundamentais de trabalhadores bancários.*

Inicialmente, destaca-se pesquisa empírica, estruturada por meio de entrevistas clínicas individuais, sobre as consequências psíquicas do adoecimento por LER/Dort elaborada por Elisabeth Zulmira Rossi, em 2008, no Estado de Goiás, abrangendo trabalhadores de bancos públicos e privados afastados do trabalho e suas implicações no fracasso do processo de reabilitação e de retorno ao trabalho. Acerca da categoria empírica que aborda as estratégias de defesa, as análises indicaram que:

> os bancários, antes de adoecerem, adotavam a autoaceleração dos movimentos como estratégias de defesas, que se configurou como uma via de evasão dos conflitos e pressões engendrados pela organização do trabalho, expressa pela forma de gestão marcada pela intensificação das demandas por produtividade em menor tempo; pela exigência do modo operário prescrito que não permitia ajustes e, portanto, o exercício da subjetividade para a realização das tarefas. (...) os bancários relataram ainda que não havia espaço para expressar descontentamento por causa da ansiedade provocada pela pressão dos clientes (interno ou externo) e das cobranças diárias vindas do gerente[88].

---

(84) VIVÈS, Jean-Michel. Nota introdutória: Pulsão invocante e violência do supereu. In: MENDES, Ana Magnólia. *Desejar, Falar, Trabalhar*. Porto Alegre: Editora Fi, 2018. p. 18-19.

(85) CREMASCO, Maria Virgínia Filomena; EBERLE, André Davi; SOBOLL, Lis Andréa. Compreensões sobre o assédio moral no trabalho a partir da psicodinâmica do trabalho. In: *Assédio moral interpessoal e organizacional*: um enfoque multidisciplinar. SOBOLL, Lis Andrea; GOSDAL, Thereza Cristina. (org.). São Paulo: LTr, 2009. p. 115.

(86) *Ibid.*, p. 125-126.

(87) SELINGMANN-SILVA, Edith. *Trabalho e desgaste mental*: o direito de ser dono de si mesmo. São Paulo: Cortez, 2011. p. 527-531.

(88) ROSSI, Elisabeth Zulmira. As consequências psíquicas do adoecimento por LER/Dort: o fracasso do processo de reabilitação e a volta ao trabalho. In: SZNELWAR, Laerte Idal. (org.). *Saúde dos Bancários*. São Paulo: Publisher Brasil Editora Gráfica Atitude Ltda., 2011. p. 276.

Os resultados desse estudo demonstraram a complexidade das fontes geradoras de adoecimento de bancários por enfrentarem uma organização do trabalho que adota mecanismos de pressão e opressão expressos pelo clima de competição entre os pares e a relação conflituosa com os gestores que se utilizam de ameaças vinculadas à demanda por produtividade[(89)].

No que concerne ao retorno ao trabalho, constatou-se que os bancos adotam uma "política velada de exclusão". Os gerentes, responsáveis diretos pelo cumprimento das metas, recusam bancários acometidos por LER/Dort, porque não são capazes de se submeter ao ritmo intenso de trabalho necessário para a obtenção dos resultados exigidos. Assim, esses trabalhadores dificilmente encontraram um posto de trabalho compatível com as limitações funcionais impostas pela patologia, o que agrava o sofrimento[(90)].

Em pesquisa empreendida entre os anos de 2010 e 2011, no Estado de São Paulo, com bancários de seis das maiores instituições financeiras do país (Bradesco, Itaú/Unibanco, HSBC, Santander, Caixa Econômica Federal e Banco do Brasil), a tese de violação sistemática de direitos fundamentais humanos e trabalhistas é do mesmo modo reforçada pelos resultados que demonstram a vinculação entre violência, precarização do trabalho e adoecimento nessas relações de emprego.

Na mencionada pesquisa, constatou-se que a organização do trabalho bancário é marcada pelo estresse decorrente do medo e dos sentimentos de humilhação, impotência e frustração desencadeados pelos seguintes fatores: baixa tolerância ao erro; cobranças públicas; sobrecarga de trabalho caracterizada pelo acúmulo de tarefas e jornadas extraordinárias frequentes; ausência de cursos de capacitação; pressão cotidiana por cumprimento de metas abusivas; incompreensão dos processos produtivos e impossibilidade de intervenção dos trabalhadores no trabalho prescrito[(91)].

A pressão para o cumprimento de metas que não se coadunam com o real do trabalho – e, portanto, consideradas "abusivas" por 65% dos funcionários de agências e 52% dos complexos administrativos – e as práticas de assédio moral dela decorrente foram consideradas como as principais causas de adoecimento, tanto pelo esforço repetitivo quanto pelo desgaste mental. Não é por outra razão que as LER/Dort são a principal causa de afastamento na categoria – geralmente, com reconhecimento do nexo de causalidade com o trabalho – e os transtornos mentais, a segunda, muito embora sejam atribuídos, na maioria dos casos, a questões pessoais, sem vinculação com o trabalho[(92)].

Ainda de acordo com a mencionada pesquisa, seis a cada dez caixas, 45% dos gerentes e, no geral, 40% dos bancários relataram a vivência de sofrimento ético em razão do uso da mentira, humilhação e desrespeito a convicções pessoais para a venda de produtos a clientes objetivando atingir os resultados impostos[(93)].

Nesse ponto, importa ressaltar que a avaliação de desempenho e a mensuração da produtividade não reflete o real do trabalho bancário, mas apenas indicadores numéricos reducionistas e parciais, sem considerar, por exemplo, o atendimento a clientes, o que se mostra paradoxal, porque no plano gerencial discursivo são incentivados os trabalhos em equipe[(94)].

Nos anos de 2013 e 2014, foi realizado um estudo qualitativo, descritivo e transversal com trabalhadores bancários prestadores de serviços em bancos públicos e privados do estado do Rio Grande do Norte para compreender a percepção dos bancários sobre a organização das metas de produção e a sua repercussão na vida desses empregados. Utilizando-se da técnica de coleta de dados por meio de entrevistas semiestruturadas, cujas respostas foram submetidas à análise de conteúdo, o estudo concluiu que as metas são estabelecidas de forma a transformar o bancário em vendedor de produtos e serviços, o que resulta numa crise de identidade profissional[(95)].

A maioria dos bancários considerou que as metas são inatingíveis e são determinadas além dos limites físicos e psicológicos, sendo o individualismo, incentivado pelo banco, a tônica do ambiente de trabalho. A

---

(89) ROSSI, Elisabeth Zulmira. As consequências psíquicas do adoecimento por LER/Dort: o fracasso do processo de reabilitação e a volta ao trabalho. In: SZNELWAR, Laerte Idal. (org.). *Saúde dos Bancários*. São Paulo: Publisher Brasil Editora Gráfica Atitude Ltda., 2011. p. 278.

(90) *Ibid*., p. 281.

(91) BRUNO, Walcir Previtale. Bancários não são máquinas. In: SZNELWAR, Laerte Idal. (org.). *Saúde dos bancários*. 1. ed. São Paulo: Publisher Brasil Editora Gráfica Atitude Ltda., 2011. p. 23.

(92) *Ibdem*, p. 25.

(93) BRUNO, Walcir Previtale. *loc. cit*.

(94) SOBOLL, Lis Andrea; JOST, Rossana C. Floriano. Assédio Moral no trabalho: uma patologia da solidão usada como estratégia de gestão organizacional. In: SZNELWAR, Laerte Idal. (org.). *Saúde dos bancários*. 1. ed. São Paulo: Publisher Brasil Editora Gráfica Atitude Ltda., 2011. p. 256-257.

(95) PERRONE, Claudia Maria; SANTOS, Anelise Schaurich dos; DIAS, Ana Cristina Garcia. As cobranças são pesadas, a gente sofre muita pressão: as metas na vida de bancários. *Revista Trabalho (En) Cena*, 2018, 3(2). p. 44-64. p. 50.

definição das metas é feita anualmente e os pesquisados não sabem quem as determina, quem as controla e cobra – o acompanhamento é efetivado pelo correio eletrônico –, o que demonstra que o poder nos bancos está disseminado e não é facilmente localizado. No final de cada mês, é feita reunião com todos os empregados que não alcançaram a meta e não há negociação ou justificativa para o descumprimento daquilo que é considerado obrigação do bancário[(96)].

Constatou-se, ainda, que a necessidade de cumprir metas crescentes, reduzir custos e aumentar lucros recai principalmente sobre os empregados que ocupam cargos de direção e chefia. Por outro lado, parte dos entrevistados atribuíram à política de metas uma visão positiva na medida em que mantém o empregado comprometido com a produtividade, a denotar a sedução do discurso gerencial para incorporação dos objetivos do banco e a utilização da estratégia defensiva de negação da realidade para suportar o sofrimento no trabalho[(97)].

Em conclusão, o estudo verificou que a política de metas está naturalizada no contexto bancário, de modo que não há qualquer oposição a esse sistema de gerenciamento produtivista. Além disso, o fato de não alcançar as metas é tido, pelo empregado, como uma falha pessoal, gerando sentimento de incapacidade reforçado pelo banco, que transfere para o bancário a responsabilidade pelo alcance dos resultados estabelecidos e reflete as possibilidades de punição nas avaliações de desempenho individual, dinâmica essa que gera medo e sofrimento e pode desencadear adoecimento psicofísico[(98)].

Esse medo e sofrimento instrumentalizados faz parte do cotidiano do bancário prestador de serviços em bancos públicos e privados. Nos bancos públicos pendem, como perigo e ameaça constantes, a possibilidade de transferência de setor e perda da função comissionada; nos bancos privados, a possibilidade de perda do emprego. Muito embora os efeitos concretos da perda do emprego e da perda da função comissionada sejam distintos, especialmente no que tange à subsistência dos sujeitos e de seus familiares, constatou-se que "o medo de não ter êxito, de não estar à altura, de ser pego em desacordo com a qualidade, de desrespeito aos prazos e de insuficiência de resultados é constante na vida tanto de funcionários de instituições privadas quanto públicas"[(99)].

Outra pesquisa fundada na revisão da literatura nacional vinculada às vivências de sofrimento e/ou estratégias de intervenção e/ou serviços de apoio oferecidos aos bancários em sofrimento, realizada na Biblioteca Virtual em Saúde – Psicologia Brasil (BVS-Psi Brasil), entre os anos de 2005 e 2015, detectou, após análise qualitativa de conteúdo, 27 resultados.

Os referidos resultados revelaram que as principais vivências de intenso sofrimento de trabalhadores bancários no Brasil estão associadas diretamente à organização do trabalho, ao estímulo à competitividade, à sobrecarga de atividades, à exigência de perfeição, ao excesso de responsabilidades, às incertezas quanto à carreira e permanência no emprego e às pressões para o cumprimento de metas preestabelecidas.

As principais vivências de sofrimento entre bancários relatadas na pesquisa foram:

> (a) a precarização do trabalho, quando os bancários são induzidos ao individualismo e à solidão; (b) o assédio moral, que ocorre com muita frequência, torna o ambiente de trabalho destrutivo e desgasta psiquicamente o trabalhador; (c) o sentimento de perda de identidade, quando o trabalhador perde sua capacidade de fala e não pode manifestar seus desejos, que o leva a agir contra seus princípios éticos e morais; (d) as doenças de ordem física por esforço repetitivo, apontadas como causa de muitos problemas da saúde no trabalho; (e) a discriminação e o sofrimento dos trabalhadores adoecidos, especialmente daqueles diagnosticados com LER ou DORT; (f) a escassez de direitos civis aos homossexuais; (g) a presença de depressão e risco de suicídio; e (h) os sentimentos constantes de insegurança, frustração, pressão psicológica, ansiedade, medo e angústia.[(100)]

O sofrimento ético vivenciado por bancários igualmente sobressaiu nos resultados encontrados, na medida em que, para alcançar a meta de produtividade, exige-se a superação de valores pessoais, o agir contra

(96) PERRONE, Claudia Maria; SANTOS, Anelise Schaurich dos; DIAS, Ana Cristina Garcia. As cobranças são pesadas, a gente sofre muita pressão: as metas na vida de bancários. *Revista Trabalho (En) Cena*, 2018, 3(2). p. 51.

(97) *Ibdem*, p. 55.

(98) *Ibid.*, p. 57.

(99) *Ibid.*, p. 56.

(100) MARQUES, Gabriela da Silva; GIONGO, Carmem Regina. Trabalhadores bancários em sofrimento: uma análise da literatura nacional. *Revista Psicologia: Organizações e Trabalho*, 16(3), jul.-set. 2016, p. 220-235. p. 226.

princípios éticos e morais e a renúncia de desejos próprios em favor dos desejos da instituição, o que leva à depressão[(101)].

Os relatos de atos de humilhação e de assédio moral também foram apontados como comuns e os assediantes, geralmente os superiores hierárquicos, justificavam o assédio pela necessidade de cumprimento das metas e alcance de resultados financeiros propostos pela instituição[(102)]. Os estudos relataram, ainda, que as condutas assediantes aliadas à ausência de diálogo desencadearam, como mecanismo de defesa, o isolamento do bancário diante da vergonha, frustração e sentimento de culpa pelo não cumprimento das metas, o que potencializou a possibilidade de desenvolver depressão[(103)].

Os dados das pesquisas demonstrados até então convergem com os resultados da análise clínica da organização do trabalho, do sofrimento e da saúde mental de trabalhadores bancários empreendida entre os anos de 2013 e 2017 pelo Instituto de Psicologia da Universidade de Brasília[(104)].

Essa pesquisa, denominada projeto *"Clínica do Trabalho no Sindicato dos Bancários de Brasília"*, demonstrou a utilização do assédio organizacional como estratégia de gestão, de precarização do ambiente de trabalho e de adoecimento dos trabalhadores.

A análise clínica do trabalho revelou que a principal razão relatada pelos entrevistados para a busca de atendimento relacionava-se à gestão do trabalho e às relações socioprofissionais conflituosas entre pares e chefia.

Entre os sintomas ocasionados ou agravados pelo trabalho objeto de investigação, constatou-se que o sentimento de tensão, a incapacidade de relaxar, a irritabilidade, a inquietação e a tristeza foram relatados por, pelo menos, 80% dos bancários entrevistados.

Verificou-se, ainda, que a ideação suicida apareceu igualmente na fala dos bancários analisados, que reportaram os seguintes sintomas: "vontade de desistir de tudo", afirmado por 57,5% dos bancários; "sinto que não vale a pena viver", por 37,9%; "penso em morrer", por 32,7%; "desejo estar morto", por 28,8%; "penso em me ferir", por 22,9%; "tentativa de suicídio", por 13,7% dos trabalhadores. Tais sintomas demonstram a gravidade com a qual o modelo de gestão do trabalho humano tem impactado a saúde mental dos bancários.

O medo da dispensa aliado ao preconceito em relação ao próprio adoecimento incutido pela ideologia gerencialista, a pressão por produtividade, o cenário econômico atual e as reestruturações consecutivas no serviço bancário levaram os trabalhadores ao presenteísmo e à utilização da servidão voluntária como estratégia de defesa. A consequência da busca tardia por assistência resultou em quadros de intensidade moderada a grave de adoecimento mental entre os entrevistados, com reduzida possibilidade de intervenção preventiva.

Os maiores riscos de adoecimento foram detectados entre aqueles trabalhadores que relataram a vivência de assédio moral, se afastaram por motivo de doença do trabalho e/ou manifestaram o desejo de sair do banco ou mudar de emprego.

Os resultados do estudo clínico apontaram que 80,8% dos bancários que procuraram atendimento psicológico relatou a vivência de assédio moral no trabalho. Além disso, os bancários entrevistados perceberem seu trabalho como desumano e irracional, porque pautado no aumento das metas de produtividade, na redução de pessoal e na pressão dos gestores por resultados crescentes, em um contexto sem reconhecimento, permeado pelo individualismo e competitividade e destituído de solidariedade, onde o custo do alcance das metas recai sobre a saúde.

Os resultados das pesquisas supramencionadas, em seu conjunto, sinalizam para a *ampla prática de assédio organizacional como recurso de exploração do trabalho humano pelos bancos públicos e privados, na medida em que a organização do trabalho se utiliza da violência estrutural inserta na cultura organizacional para maximizar os resultados institucionais.*

---

(101) MARQUES, Gabriela da Silva; GIONGO, Carmem Regina. Trabalhadores bancários em sofrimento: uma análise da literatura nacional. *Revista Psicologia: Organizações e Trabalho*, 16(3), jul.-set. 2016. p. 227.

(102) *Ibid.* loc. cit.

(103) *Ibid.* loc. cit.

(104) O projeto "Clínica do Trabalho no Sindicato dos Bancários de Brasília", considerando os anos de 2013 a 2017, se efetivou em duas etapas. Na primeira etapa, foi feito o mapeamento dos riscos psicossociais relacionados ao trabalho bancário. Os resultados dessa primeira etapa foram publicados em artigo científico. In: FACAS, Emilio Peres; DUARTE, Fernanda Sousa; MENDES, Ana Magnólia; ARAUJO, Luciane Kozicz Reis. Sofrimento Ético e (In)Dignidade no Trabalho Bancário: Análise Clínica e dos Riscos Psicossociais. In: MENDES, Ana Magnólia; MONTEIRO, Janine Kieling; VIEIRA, Fernando de Oliveira Vieira. (org.). *Trabalho & Prazer* – Teoria, Pesquisas e Práticas. Curitiba: Juruá, 2015. Já os resultados da segunda etapa do projeto constam do relatório "Equipe de Psicologia 2017". In: MENDES, Ana Magnólia; DUARTE, Fernanda; TEIXEIRA, Carolina Vieira Batista. Relatório Equipe de Psicologia. Brasília: 2017. No prelo.

5. CONCLUSÃO

As situações estressoras no trabalho, tais como pressão por produtividade, gestão por metas de produtividade e outras relacionadas às reestruturações e modelos de gestão que inserem na cultura organizacional a instrumentalização do medo da dispensa e/ou da perda da função comissionada, são precursoras da violência psicológica no trabalho, juridicamente identificada como assédio organizacional.

Como visto, *o assédio organizacional é a violência institucionalizada e naturalizada na estratégia de gestão, cuja função é advertir o trabalhador acerca da necessidade de dedicação ilimitada e de sujeição pessoal à organização empresarial, sob pena de exclusão.*

As pesquisas que referenciam a categoria dos bancários trouxeram dados muito significativos, os quais expressam a violação sistemática da dignidade do sujeito trabalhador na dimensão da saúde mental e do direito fundamental ao trabalho digno, em suas variadas dimensões.

Embora não seja possível especificar todas as práticas inerentes a essa tipologia de violência no trabalho, certo é que ensejam na ofensa da dignidade do sujeito trabalhador e podem causar sofrimento e comprometimento da integridade psicofísica obreira, dados os seus efeitos deletérios sobre o meio ambiente de trabalho e, por conseguinte, sobre o coletivo de trabalhadores.

A deterioração do meio ambiente de trabalho faz com que o trabalho humano perca sua condição de eixo fundamental de estabilização e fortalecimento da identidade do sujeito, de fonte de prazer e afirmação de cidadania, esvaziando o trabalho de valor, considerada a perspectiva constitucional. Nesse contexto de violência organizacional, o trabalho se torna sem sentido e fonte de sofrimento patogênico, adoecimento e exclusão social. Reduzido à condição de mercadoria, o valor social do trabalho é esvaziado de dignidade.

Assim, a análise do assédio tão somente sob o prisma tradicional, enfatizando relações interpessoais (vítima *x* agressor) e tendo a organização do trabalho apenas como parte de um contexto, desconsidera o fato de que o agente assediador pode não ser o preposto, mas sim o próprio modelo de gestão do trabalho humano adotado pela instituição que incorpora o uso da violência psicológica e tolera (quando não incentiva) que prepostos se tornem assediadores para viabilizar o aumento dos resultados.

Em suma, defende-se que o tratamento jurídico do assédio organizacional deve ser diferenciado na medida em que o agente agressor é a própria gestão do trabalho. Ou seja, é a própria empresa que, de forma velada ou explícita, opta por um modelo de gestão pautado na violência psicológica para aumentar os resultados da produção, cujos danos alcançam o meio ambiente do trabalho e repercutem na saúde do coletivo dos trabalhadores e, ainda, no sistema previdenciário em face do alto índice de afastamentos e de aposentadorias por invalidez, especialmente por transtornos mentais e comportamentais.

REFERÊNCIAS

ALKIMIN, Maria Aparecida. *Assédio moral na relação de trabalho*. 3. ed. Curitiba: Juruá, 2013.

ARAÚJO, Adriane Reis de. *O assédio moral organizacional*. São Paulo: LTr, 2012.

______. Assédio moral organizacional. *Revista do TST*, Brasília, vol. 73, n. 2, abr/jun 2007.

BARRETO, Margarida Maria Silveira. *Uma jornada de humilhações*. Dissertação (Mestrado em Psicologia Social) – Programa de Estudos Pós-Graduados em Psicologia Social. Pontifícia Universidade Católica de São Paulo, São Paulo, 2000.

______. *Assédio moral: a violência sutil*. São Paulo: Tese (Doutorado em Psicologia Social) – Pontíficia Universidade Católica de São Paulo, 2005.

______. Assédio moral: trabalho, doença e morte. In: LIMA, Cristiane Queiroz Barbeiro; OLIVEIRA, Juliana Andrade; MAENO, Maria. (coord.). *Seminário Compreendendo o Assédio Moral no Ambiente de Trabalho*. São Paulo: Fundacentro, 2013.

______; HELOANI, Roberto. Da violência moral no trabalho à rota das doenças e morte por suicídio. In: *Trabalho e saúde*: a precarização do trabalho e a saúde do trabalhador no Século XXI. MOTA, Daniel Pestana; ALVES, Giovanni Alves; VIZZACCARO-AMARAL, André Luís (org.). São Paulo: LTr, 2011.

BRUNO, Walcir Previtale. Bancários não são máquinas. In: SZNELWAR, Laerte Idal. (org.). *Saúde dos bancários*. 1. ed. São Paulo: Publisher Brasil Editora Gráfica Atitude Ltda., 2011.

CREMASCO, Maria Virgínia Filomena; EBERLE, André Davi; SOBOLL, Lis Andrea. Compreensões sobre o assédio moral no trabalho a partir da psicodinâmica do trabalho. In: *Assédio moral interpessoal e organizacional*: um enfoque multidisciplinar. SOBOLL, Lis Andrea; GOSDAL, Thereza Cristina. (org.). São Paulo: LTr, 2009.

DELEUZE, Gilles. *Foucault*. 2. ed. São Paulo: Editora Brasiliense, 1991.

DIAS, Valéria de Oliveira. *A dimensão socioambiental do direito fundamental ao trabalho digno*. São Paulo: LTr, 2020.

DRUCK, Graça; FRANCO, Tânia; SELINGMANN-SILVA, Edith. As novas relações de trabalho, o desgaste mental do trabalhador e os transtornos mentais no trabalho precarizado. *Revista Brasileira de Saúde Ocupacional*, 2010.

FACAS, Emilio Peres; DUARTE, Fernanda Sousa; MENDES, Ana Magnólia; ARAUJO, Luciane Kozicz Reis. Sofrimento Ético e

(In)Dignidade no Trabalho Bancário: Análise Clínica e dos Riscos Psicossociais. In: MENDES, Ana Magnólia; MONTEIRO, Janine Kieling; VIEIRA, Fernando de Oliveira Vieira. (org.). *Trabalho & Prazer – Teoria, Pesquisas e Práticas*. Curitiba: Juruá, 2015.

FOUCAULT, Michel. *Microfísica do poder*. 10. ed. Rio de Janeiro: Edições Graal, 1979.

FREITAS, Maria Ester de. Quem paga a conta do assédio moral no trabalho? *RAE-eletrônica*, v. 6, n. 1, Art. 5, jan./jun. 2007, p. 2.

______; BARRETO, Margarida Maria Silveira; HELOANI, Roberto. *Assédio moral no trabalho*. São Paulo, Cengage Learning, 2008.

GAULEJAC, Vincent de. *Gestão como doença social*: ideologia, poder gerencialista e fragmentação social. São Paulo: Ideias e Letras, 2007.

GOSDAL, Thereza Cristina; SOBOLL, Liz Andrea. (org.). Assédio moral interpessoal e organizacional: um enforque interdisciplinar. São Paulo: LTr, 2009.

______ *et al*. Assédio moral organizacional: esclarecimentos conceituais e repercussões. In: *Assédio moral interpessoal e organizacional: um enfoque multidisciplinar*. SOBOLL, Lis Andrea; GOSDAL, Thereza Cristina. (org.). São Paulo: LTr, 2009.

HELOANI, Roberto; BARRETO, Margarida. Assédio moral nas relações sociais no âmbito das instituições públicas. In: GEDIEL, José Antônio Peres; SILVA, Eduardo Faria; ZANIN, Fernanda; MELLO, Lawrence Estivalet de. (Orgs). *Estado, poder e assédio: relações de trabalho na administração pública*. Curitiba: Kairós Edições, 2015.

HIRIGOYEN, Marie-France. *Assédio moral*: a violência perversa no cotidiano. Rio de Janeiro: Bertrand Brasil, 2000.

______. *Le harcèlement moral: la violence perverse au quotidien*. Paris: Syros, 1998.

______. *Mal-estar no trabalho: redefinindo o assédio moral*. Rio de Janeiro: Bertrand Brasil, 2002.

LEYMANN, Heinz. *Mobbing: la persécution au travail*. Paris: Seuil, 1996.

LIMA, Cristiane Queiroz Barbeiro; OLIVEIRA, Juliana Andrade; MAENO, Maria. (coord.). *Seminário Compreendendo o Assédio Moral no Ambiente de Trabalho*. São Paulo: Fundacentro, 2013.

MARQUES, Gabriela da Silva; GIONGO, Carmem Regina. Trabalhadores bancários em sofrimento: uma análise da literatura nacional. *Revista Psicologia: Organizações e Trabalho*, 16(3), jul-set 2016, pp. 220-235.

MENDES, Ana Magnólia; DUARTE, Fernanda; TEIXEIRA, Carolina Vieira Batista. *Relatório Equipe de Psicologia*. Brasília: 2017. (No prelo).

MENDES, Ana Magnólia; MONTEIRO, Janine Kieling; VIEIRA, Fernando de Oliveira Vieira. (org.). *Trabalho & Prazer – Teoria, Pesquisas e Práticas*. Curitiba: Juruá, 2015.

MENDES, Ana Magnólia. Da psicodinâmica à psicopatologia do trabalho. In: MENDES, Ana Magnólia (org.). *Psicodinâmica do trabalho*: teoria, método e pesquisas. São Paulo: Casa do Psicólogo, 2007.

ORGANIZAÇÃO INTERNACIONAL DO TRABALHO. *Acabar com a violência e o assédio contra mulheres e homens no mundo do trabalho*. Conferência Internacional do Trabalho, 107ª Sessão, 2018. Relatório V(1). Disponível em: <https://www.ilo.org/gender/Informationresources/Publications/WCMS_546305/lang--es/index.htm>. Acesso em: 4 dez. 2018.

______. *Relatório da OIT*: Melhorar a Segurança e a Saúde dos/as Trabalhadores/as Jovens, 2018. Disponível em: <https://www.ilo.org/safework/events/safeday/WCMS_626351/lang--en/index.ht>. Acesso em: 27 de nov. 2018.

PERRONE, Claudia Maria; SANTOS, Anelise Schaurich dos; DIAS, Ana Cristina Garcia. As cobranças são pesadas, a gente sofre muita pressão: as metas na vida de bancários. *Revista Trabalho (En) Cena*, 2018, 3(2). p. 44-64.

ROSSI, Elisabeth Zulmira. As consequências psíquicas do adoecimento por LER/Dort: o fracasso do processo de reabilitação e a volta ao trabalho. In: SZNELWAR, Laerte Idal. (org.). *Saúde dos Bancários*. São Paulo: Publisher Brasil Editora Gráfica Atitude Ltda., 2011.

SELINGMANN-SILVA, Edith. *Trabalho e desgaste mental*: o direito de ser dono de si mesmo. São Paulo: Cortez, 2011, p. 527-531.

SOARES, Ângelo. Assédio moral: o estresse das vítimas e das testemunhas. In: LIMA, Cristiane Queiroz Barbeiro; OLIVEIRA, Juliana Andrade; MAENO, Maria. (Coord.). *Seminário Compreendendo o Assédio Moral no Ambiente de Trabalho*. São Paulo: Fundacentro, 2013.

SOBOLL, Liz Andrea. *Violência psicológica e assédio moral no trabalho bancário*. Tese (Doutorado em Medicina Preventiva). Faculdade de Medicina, Universidade de São Paulo, São Paulo, 2006.

______. *Assédio moral/organizacional*: uma análise da organização do trabalho. São Paulo: Casa do Psicólogo, 2008.

______. Assédio moral e organizacional na perspectiva psicossocial: critérios obrigatórios e complementares. In: *Intervenções em assédio moral e organizacional*. SOBOLL, Lis Andrea Pereira. (org.). São Paulo: LTr, 2017.

______; HELOANI, Roberto. A origem das discussões sobre assédio moral no Brasil e os limites conceituais. In: SOBOLL, Lis Andrea. Assédio moral/organizacional: uma análise da organização do trabalho. São Paulo: Casa do Psicólogo, 2008.

______; JOST, Rossana C. Floriano. Assédio Moral no trabalho: uma patologia da solidão usada como estratégia de gestão organizacional. In: SZNELWAR, Laerte Idal. (org.). *Saúde dos bancários*. 1. ed. São Paulo: Publisher Brasil Editora Gráfica Atitude Ltda., 2011.

VIEIRA, Carlos Eduardo Carrusca; LIMA, Francisco de Paula Antunes; LIMA, Maria Elizabeth Antunes. E se o assédio não fosse moral? Perspectivas de análise de conflitos interpessoais em situações de trabalho. *Revista Brasileira de Saúde Ocupacional*, São Paulo, 37 (126): 256-268, 2012.

VIVÈS, Jean-Michel. Nota introdutória: Pulsão invocante e violência do supereu. In: MENDES, Ana Magnólia. *Desejar, Falar, Trabalhar*. Porto Alegre: Editora Fi, 2018.

Capítulo 23

"Nuvens de Veneno" no Século XXI: Direitos Fundamentais à Saúde, ao Meio Ambiente de Trabalho e ao Trabalho Digno Violados pela Liberação e Uso de Agrotóxicos no Brasil

Luciana Paula Conforti[1]

Resumo: O artigo trata dos direitos fundamentais e humanos à saúde, ao meio ambiente equilibrado e ao trabalho digno, violados pela liberação e uso de agrotóxicos no Brasil, chamando a atenção, inclusive, para os efeitos nocivos da aplicação aérea desses produtos, não só para os trabalhadores, como também para toda a população. Discorre-se sobre os riscos da aprovação do "pacote do veneno", em trâmite no Congresso Nacional, defendendo-se apoio à Política Nacional de redução dos agrotóxicos. Destaca-se a Agenda 2030 da ONU como reforço aos princípios que norteiam o desenvolvimento sustentável, aliando, em equilíbrio, aspectos econômicos, sociais e ambientais. Desenvolve-se, ainda, reflexão sobre a precarização do mercado de trabalho com a "Reforma Trabalhista" e "Lei da Liberdade Econômica", face à flexibilização de normas de saúde e segurança, entre outras desregulações, com ofensas à Constituição e às normas internacionais de proteção aos direitos humanos e ao trabalho, o que reclama o controle de constitucionalidade e de convencionalidade pela Justiça do Trabalho, a fim de que haja a redução dos riscos inerentes ao trabalho, para a garantia da saúde, do meio ambiente de trabalho e do trabalho digno.

Palavras-chave: Saúde. Meio ambiente de trabalho. Trabalho digno. Violação. Agrotóxicos.

Abstract: This article deals with the fundamental and human rights to health, the balanced environment and decent work, violated by the release and use of pesticides in Brazil, drawing attention, even to the harmful effects of the aerial application of these products, not only for the workers, as well as for the entire population. It discusses the risks of approving the "poison package", pending in the National Congress, defending support for the National Policy for reducing pesticides. The UN Agenda 2030 stands out as a reinforcement of the principles that guide sustainable development combining, in balance, economic, social and environmental aspects. Reflections on the precariousness of the labor market with the "Labor Reform" and "Law on Economic Freedom" are also developed, in view of the flexibility of health and safety norms, among other deregulations, with offenses against the Constitution and international norms of protection to the human rights and to work, which demands the control of constitutionality and conventionality by the Labor Court, in order to reduce the risks inherent in work, to ensure health, the working environment and decent work.

Keywords: Health. Working environment. Decent work. Violation. Pesticides.

> A nuvem se espraia pelas plantações. Em vez de molhar, seca. Ela não traz a chuva, traz o veneno. O Brasil é um dos maiores produtores mundiais de soja, algodão, milho e também um dos maiores consumidores de fertilizantes químicos e agrotóxicos. *Nuvens de veneno* expõe as preocupações com as consequências do uso desses agroquímicos no ambiente, especialmente, na saúde do trabalhador. (...)
>
> (FIOCRUZ, sobre o Documentário Nuvens de Veneno)[2]

---

(1) Doutora em Direito, Estado e Constituição pela Universidade de Brasília (UnB). Pesquisadora integrante dos Grupos de Pesquisa Trabalho, Constituição e Cidadania (UnB/CNPq) e Trabalho Escravo Contemporâneo (UFRJ/CNPq). Juíza do Trabalho do TRT da 6ª Região (PE). Diretora de Formação e Cultura da ANAMATRA (2019-2021). Professora de Pós-Graduação.

(2) Documentário: Nuvens de Veneno. Direção: Beto Novaes, 2013. Disponível em: <https://portal.fiocruz.br/video-nuvens-de-veneno>. Acesso em: 24 nov. 2019.

1. INTRODUÇÃO

A Conferência das Nações Unidas sobre o Meio Ambiente e o Desenvolvimento ("Rio 92") reuniu uma centena de países no Brasil, para discutir como garantir às gerações futuras o direito ao desenvolvimento. Na "Declaração do Rio sobre Meio Ambiente", houve compromisso com a promoção do desenvolvimento sustentável, congregando componentes econômicos, ambientais e sociais. Na oportunidade, foi adotada a "Agenda 21", "primeira carta de intenções para promover, em escala planetária, um novo padrão de desenvolvimento para o século XXI"[(3)].

Dez anos após, foi realizada a Conferência "Rio+20", reunindo, novamente no Rio de Janeiro, 193 países e representantes da sociedade civil, para a renovação do compromisso global com o desenvolvimento sustentável, inclusive para a reavaliação dos objetivos traçados, a identificação de novos desafios e o estabelecimento de metas para os três anos seguintes. O evento também marcou o início do processo de consulta para a construção de objetivos universais do desenvolvimento sustentável, para além de 2015[(4)].

A Declaração adotada na Assembleia Geral da ONU (2015), **Transformando Nosso Mundo: a Agenda 2030 para o Desenvolvimento Sustentável**, traça ações para a comunidade internacional (governos, setor privado e sociedade civil), divididas em 17 objetivos (ODS) e 169 metas. Os 17 objetivos são integrados e estabelecem, de forma equilibrada, as três dimensões do desenvolvimento sustentável: econômica, social e ambiental[(5)].

Os documentos mencionados são um prolongamento da Declaração da ONU sobre o Desenvolvimento do Ambiente Humano (Declaração de Estolcomo, 1972), nos quais teve reafirmados seus princípios, incluindo-se outros sobre o desenvolvimento sustentável e reconhecendo-se o desenvolvimento econômico como potencial agressor do meio ambiente e do ambiente humano[(6)].

A Lei n. 6.938, de 31 de agosto de 1981, trata da "Política Nacional do Meio Ambiente" e define, em seu art. 3º, I, o meio ambiente como: "o conjunto de condições, leis, influências e interações de ordem física, química e biológica, que permite, abriga e rege a vida em todas as suas formas", dispõe, ainda, sobre a degradação ambiental (inciso II) e poluição, "como a alteração adversa das características do meio ambiente", resultante de atividades que direta ou indiretamente, entre outras situações, "prejudiquem a saúde, a segurança e o bem-estar da população" (inciso III, *a*)[(7)].

Desde 2008, o Brasil oscila, em nível mundial, entre os maiores países consumidores de agrotóxicos. Só em 2010, foram consumidos mais de 800 milhões de litros de produtos químicos nas suas plantações[(8)].

Em agosto de 2019, a Anvisa – Agência Nacional de Vigilância Sanitária, publicou Portaria com a reclassificação de toxidade de 1924 produtos químicos, dos 1942 registrados[(9)], o que tem sido motivo de grande preocupação entre especialistas da área de saúde e da sociedade civil, devido à flexibilização de tal classificação e do alto risco de câncer causado pelos agrotóxicos à base de glifosato[(10)]. Além disso, o número de agrotóxicos liberados no Brasil, em 2019, é considerado o maior dos últimos dez anos[(11)], trazendo reflexões sobre a violação do direito à saúde, ao meio ambiente de trabalho equilibrado e ao direito fundamental ao trabalho digno.

---

(3) O evento foi realizado em junho de 1992, no Rio de Janeiro-RJ. Disponível em: <http://www.agenda2030.org.br/sobre/>. Acesso em: 25 nov. 2019.

(4) Disponível em: <http://www.agenda2030.org.br/sobre/>. Acesso em: 25 nov. 2019.

(5) *Ibid.*

(6) Disponível em: <http://www.direitoshumanos.usp.br/index.php/Meio-Ambiente/declaracao-de-estocolmo-sobre-o-ambiente-humano.html>. Acesso em: 29 jul. 2018.

(7) Disponível em: <http://www.planalto.gov.br/ccivil_03/LEIS/L6938.htm>. Acesso em: 7 dez. 2019.

(8) Disponível em: <https://www.brasildefato.com.br/node/27795/>. Acesso em: 21 nov. 2019.

(9) Disponível em: <http://portal.anvisa.gov.br/noticias/-/asset_publisher/FXrpx9qY7FbU/content/publicada-reclassificacao-toxicologica-de-agrotoxicos-/219201?p_p_auth=DepDKOBJ&inheritRedirect=false>. Acesso em: 26 de nov. 2019.

(10) Segundo o INCA – Instituto nacional de câncer, agrotóxicos são: "produtos químicos sintéticos usados para matar insetos, larvas, fungos, carrapatos sob a justificativa de controlar as doenças provocadas por esses vetores e de regular o crescimento da vegetação." O uso nas atividades agrícolas ocorre na "produção, seja na limpeza do terreno e preparação do solo, na etapa de acompanhamento da lavoura, no depósito e no beneficiamento de produtos agrícolas, nas pastagens e nas florestas plantadas." Disponível em: <https://www.inca.gov.br/exposicao-no-trabalho-e-no-ambiente/agrotoxicos>. Acesso em: 21 nov. 2019.

(11) Disponível em: <https://noticias.uol.com.br/meio-ambiente/ultimas-noticias/redacao/2019/11/28/com-novas-aprovacoes-liberacao-de-agrotoxicos-ja-e-o-maior-da-historia.htm>. Acesso em: 7 dez. 2019.

2. PROTEÇÃO À SAÚDE, AO MEIO AMBIENTE DE TRABALHO E AO TRABALHO DIGNO COMO DIREITOS FUNDAMENTAIS E HUMANOS

O Documentário *Nuvens de Veneno*, realizado no Estado do Mato Grosso pela Secretaria de Saúde, demonstra a gravidade da pulverização aérea de produtos químicos nas plantações, contaminando hortas, nascentes, poços artesianos e todo o entorno. Mostra, ainda, o comprometimento da capacidade laborativa de trabalhador que era responsável pela mistura de produtos aplicados na lavoura e sofreu intoxicação por inalação da substância, já que não houve a concessão de proteção adequada, orientação sobre o manuseio ou alerta para os riscos à sua saúde(12).

A premiada série de reportagens *Viúvas do Veneno*, do Diário do Nordeste, trouxe as histórias de vida, contaminação e morte de trabalhadores rurais do Ceará, Pernambuco, Paraíba e Bahia, expostos ao uso indiscriminado de produtos químicos. A reportagem teve início sete anos antes da sua publicação e, ao longo das entrevistas, muitos trabalhadores faleceram em decorrência da contaminação lenta com o veneno, inclusive uma das esposas, que lavava as fardas do marido em casa e contraiu leucemia(13).

O direito à saúde é reconhecido como um direito fundamental (art. 6º da Constituição) e deve ser garantido pelo Estado, "com a redução do risco de doença e de outros agravos" (art. 196 da Constituição). A relação da proteção à saúde com o meio ambiente é indissociável, sendo prevista, de modo expresso, na atribuição de competência do Sistema Único de Saúde (art. 200, VIII da Constituição). Já o art. 225 da Constituição, dispõe sobre o direito ao meio ambiente ecologicamente equilibrado, "essencial à sadia qualidade de vida, impondo-se ao Poder Público e à coletividade o dever de defendê-lo e preservá-lo para as presentes e futuras gerações". Nesse contexto, "o direito difuso ao meio ambiente ecologicamente equilibrado é considerado pela norma superior como essencial à sadia qualidade de vida, sendo corolário do próprio direito fundamental à vida estatuído no art. 5º, *caput*, da Lei Maior"(14).

Como ressalta José Antonio Ribeiro de Oliveira Silva, na verdade, "o direito à saúde como gênero, e o direito à saúde do trabalhador, como espécie trata-se de um direito humano", que lhe é inerente e independente de positivação. Além disso, o direito à saúde "é inalienável, imprescindível e irrenunciável", inserindo-se "como um dos valores fundamentais do sistema jurídico, sem o qual a dignidade da pessoa humana estará seriamente ameaçada"(15).

O autor destaca a complementaridade entre os direitos à vida, à saúde do trabalhador e ao meio ambiente do trabalho, obtida pela interpretação sistemática dos arts. 1º, 5º, 6º, 7º, 200 e 225 da Constituição, acrescentando que: "Nestes dispositivos, se encontra, portanto, a nítida interdependência entre tais direitos – vida, saúde do trabalhador e meio ambiente de trabalho equilibrado – interpretação levada a efeito com base no princípio ontológico da dignidade da pessoa humana"(16).

Nesse sentido, estando o meio ambiente do trabalho inserido no conceito de meio ambiente, todos devem atuar na sua preservação com a adoção de medidas efetivas para a garantia da qualidade de vida do trabalhador.

Sobre o tema, José Afonso da Silva afirma que:

> [...] o combate aos sistemas de degradação do meio ambiente converte-se numa preocupação de todos. A *proteção ambiental*, abrangendo a preservação da Natureza em todos os seus elementos essenciais à vida humana e à manutenção do equilíbrio ecológico, visa a tutelar a qualidade do meio ambiente em função da qualidade de vida, como uma forma de direito fundamental da pessoa humana(17).

O valor social do trabalho é um dos fundamentos do Estado Democrático de Direito (art. 1º, IV, da CF), a ordem econômica funda-se na valorização do trabalho

(12) Documentário: *Nuvens de Veneno*. Direção Beto Novaes, 2013. Disponível em: <https://portal.fiocruz.br/video/nuvens-de-veneno-audiodescricao>. Acesso em: 24 nov. 2019.

(13) Reportagem veiculada nos dias 17, 19 e 20.04.2013. Disponível em: <https://diariodonordeste.verdesmares.com.br/editorias/regiao/silencio-e-dor-se-multiplicam-nos-campos-brasileiros-1.269133>. Acesso em: 24 nov. 2019.

(14) SILVA JÚNIOR, José Maria da. *Aspectos jurídicos da disposição irregular de resíduos sólidos e impactos à saúde*. Disponível em: <www.jus.uol.com.br/revista/texto/19735>. Acesso em: 24 nov. 2019.

(15) SILVA, José Antonio Ribeiro de Oliveira. *A saúde do trabalhador como um direito humano*: conteúdo essencial da dignidade humana. São Paulo: LTr, 2008. p. 67-68.

(16) *Ibdem*, p. 68-69.

(17) SILVA, José Afonso da. *Direito ambiental constitucional*. 7. ed. São Paulo: Malheiros, 2009. p. 58.

humano e tem como princípio a busca do pleno emprego (art. 170, VIII, da CF) e o primado do trabalho reside na base da ordem social (art. 193 da CF). Todos esses valores estão sedimentados na preservação do meio ambiente geral, na proteção do meio ambiente do trabalho e na garantia do direito fundamental ao trabalho digno[18].

Eros Roberto Grau sintetiza a questão:

> O princípio da *defesa do meio ambiente* conforme a ordem econômica (mundo do ser), informando substancialmente os princípios da *garantia do desenvolvimento* e do *pleno emprego*. Além de objetivo, em si, é instrumento necessário – e indispensável – à realização do fim dessa ordem, o de *assegurar a todos existência digna*. Nutre também, ademais, os ditames da *justiça social*. Todos têm direito ao meio ambiente ecologicamente equilibrado, bem de uso comum do povo – diz o art. 225, *caput*.[19]

Sobre o tema, importante citar algumas disposições da Declaração da ONU sobre o Desenvolvimento do Ambiente Humano (Declaração de Estolcomo, 1972). O instrumento cita, em seu item 6, a "defesa e o melhoramento do meio ambiente humano para as gerações presentes e futuras" como "meta imperiosa da humanidade", que se deve perseguir: "ao mesmo tempo em que se mantém as metas fundamentais já estabelecidas, da paz e do desenvolvimento econômico e social em todo o mundo". Como primeiro princípio, a Declaração traz o direito fundamental do homem "à liberdade, à igualdade e ao desfrute de condições de vida adequadas em um meio ambiente de qualidade tal que lhe permita levar uma vida digna e gozar de bem-estar, tendo a solene obrigação de proteger e melhorar o meio ambiente para as gerações presentes e futuras"[20].

A redução dos riscos inerentes ao trabalho, por meio de normas de saúde, higiene e segurança, as quais integram a legislação trabalhista, é também direito constitucional dos trabalhadores (art. 7º, XXII, da CF), impondo-se a identificação e a eliminação dos riscos das atividades.

Para José Antonio Ribeiro de Oliveira Silva, o direito à saúde requer condutas negativas e positivas, no campo da proteção e da prevenção:

> Trata-se a saúde do trabalhador de um direito humano fundamental de natureza negativa e positiva, [...], o qual exige tanto do empregador quanto do Estado não somente a abstenção de práticas que ocasionem a doença física e mental do trabalhador, mas também uma positividade, isto é, a adoção de medidas preventivas de tal doença. Eis aí os dois aspectos essenciais do mencionado direito: o direito à abstenção; b) e o direito à prestação, por sua vez subdividindo em direito à prevenção e direito à reparação.[21]

Sobre os fundamentos constitucionais do meio ambiente do trabalho, pontua Norma Sueli Padilha:

> A proteção do equilíbrio do ambiente de trabalho, enquanto um direito fundamental do ser humano trabalhador, obteve o alargamento de sua tutela jurídica por meio da ampla concepção dada pela Constituição Federal de 1988 ao meio ambiente, que se estende desde o meio ambiente natural ao meio ambiente artificial, impondo um novo paradigma de proteção ao trabalhador no seu ambiente de trabalho, exigindo uma análise de seus reflexos e consequências no ordenamento jurídico trabalhista, na busca de uma sistematização da real dimensão da tutela jurídica desse direito essencial à sadia qualidade de vida do homem: o direito ao 'meio ambiente do trabalho equilibrado'[22].

Apesar do exposto, houve a aprovação, no Brasil, da "Reforma Trabalhista" (Lei n. 13.467, de 13 de julho de 2017), que trouxe profunda precarização do mercado de trabalho[23] e "desnatura o conceito do direito fun-

(18) Sobre o direito fundamental ao trabalho digno, confira-se DELGADO, Gabriela Neves. *O direito fundamental ao trabalho digno*. 2. ed. São Paulo: LTr, 2015.

(19) GRAU, Eros Roberto. *A ordem econômica na Constituição de 1988*. 13. ed. São Paulo: Malheiros, 2008. p. 252.

(20) Disponível em: <http://www.direitoshumanos.usp.br/index.php/Meio-Ambiente/declaracao-de-estocolmo-sobre-o-ambiente-humano.html>. Acesso em: 29 jul. 2018.

(21) SILVA, José Antonio Ribeiro de Oliveira. *A saúde do trabalhador como um direito humano*: conteúdo essencial da dignidade humana. São Paulo: LTr, 2008. p. 136.

(22) PADILHA, Norma Sueli. *Fundamentos Constitucionais do Direito Ambiental Brasileiro*. Rio de Janeiro: Elsevier, 2010. p. 373.

(23) Sobre o tema, confira-se a *Nota Técnica da ANAMATRA*, sobre os 18 meses de vigência da "Reforma Trabalhista". Disponível em: <https://www.anamatra.org.br/images/DOCUMENTOS/20180926.notatecnicaOIT.pdf>. Acesso em: 26 nov. 2019.

damental ao trabalho digno"[(24)], inclusive face à flexibilização das normas relativas à segurança e saúde no trabalho, entre outras desregulações, permitindo-se a livre negociação sobre tais matérias, o que fere a Constituição e as normas internacionais de proteção aos direitos humanos e ao trabalho.

No mesmo sentido, a edição da Medida Provisória n. 881/2019, transformada na Lei n. 13.874, de 20 de setembro de 2019[(25)], sobre a "liberdade econômica", que enuncia o aprofundamento da desproteção social. Com efeito, a citada norma traz a "Declaração de Direitos de Liberdade Econômica", impondo a sua prevalência, na aplicação e interpretação, sobre outras leis (art. 1º, § 1º), como se não fosse necessária a observância sistêmica do ordenamento jurídico e a sua submissão à Constituição. Tal imposição foi feita sem qualquer alusão aos princípios e normas constitucionais, de observância obrigatória, como a dignidade humana, a redução dos riscos inerentes ao trabalho e a proteção do meio ambiente (art. 1º, III, art. 7º, XXII e art. 225 da Constituição), entre outros[(26)].

Como afirma Ladislau Dowbor, "a propriedade privada e a liberdade de iniciativa", como "colunas básicas da nossa organização econômica e social", não podem "ser dissociadas da responsabilidade no uso da propriedade, e da incorporação dos impactos econômicos, sociais e ambientais no uso das liberdades"[(27)].

A legislação citada, além de contrariar a Constituição, demonstra total afastamento dos objetivos da Agenda 2030 da ONU, face ao notório desequilíbrio entre a economia, o social e o meio ambiente. Os 17 Objetivos de Desenvolvimento Sustentável – ODS concentram diversos temas, sendo importante destacar a saúde, constante do 3º Objetivo: "Assegurar uma vida saudável e promover o bem-estar para todos, em todas as idades" e o crescimento econômico, previsto no 8º Objetivo, que também trata dos aspectos relacionados ao trabalho: "Promover o crescimento econômico sustentado, inclusivo e sustentável, emprego pleno e produtivo, e trabalho decente para todos"[(28)].

Diante de tal quadro, as alterações promovidas pela "Reforma Trabalhista", ao permitir a livre negociação sobre temas relacionados com a saúde e segurança no trabalho, como o grau de insalubridade (mesmo que, contraditoriamente, tenha vedado a negociação coletiva sobre normas de higiene, saúde e segurança – art. 611-B, XVII), a duração do trabalho e intervalos (ainda que também preveja que normas sobre duração do trabalho e intervalos não se relacionam com higiene, saúde e segurança – parágrafo único do art. 611-B da CLT), ferem a Constituição e normas internacionais. Ademais, as negociações coletivas objetivam a melhoria das condições de trabalho. Assim, a autonomia negocial coletiva, dentro de um contexto constitucional e internacional de progressividade dos direitos sociais e da vedação de retrocesso, deve servir de fonte de direitos humanos trabalhistas e não como redutora de proteção jurídica, segundo, ainda, os termos da Convenção n. 98 da OIT, ratificada pelo Brasil [(29)].

Sobre as alterações citadas, ressaltam Mauricio Godinho Delgado e Gabriela Neves Delgado a "drástica ruptura com o padrão de direitos e de proteção ao trabalho [...], em seu tripé estruturante, ou seja, Constituição da República, normas internacionais vigorantes no Brasil e legislação federal trabalhista"[(30)].

Os direitos humanos foram erguidos internacionalmente no sentido de resguardarem o valor da dignidade humana e são considerados universais, indivisíveis, interdependentes e inter-relacionados[(31)].

---

(24) DELGADO, Mauricio Godinho; DELGADO, Gabriela Neves. *A Reforma Trabalhista no Brasil:* com os comentários à Lei n. 13.467/2017. São Paulo: LTr, 2018. p. 74.

(25) Disponível em: <http://www.planalto.gov.br/ccivil_03/_ato2019-2022/2019/lei/L13874.htm>. Acesso em: 1º nov. 2019.

(26) Sobre o tema, confira-se: FRAZÃO, Ana. *MP da Liberdade Econômica*: temos razões para comemorar ou para nos preocupar? Disponível em: <https://www.jota.info/paywall?redirect_to=//www.jota.info/opiniao-e-analise/colunas/constituicao-empresa-e-mercado/mp-da-liberdade-economica-temos-razoes-para-comemorar-ou-para-nos-preocupar-14082019>. Acesso em: 1º nov. 2019.

(27) DOWBOR, Ladislau. *A era do capital improdutivo*: a nova arquitetura do poder, sob dominação financeira, sequestro da democracia e destruição do planeta. São Paulo: Autonomia Literária, 2017. p. 272.

(28) Disponível em: <http://www.agenda2030.org.br/sobre/>. Acesso em: 25 nov. 2019.

(29) A OIT tem debatido a "Reforma Trabalhista" desde 2017, com manifestação dos Peritos no sentido de que a sua aprovação viola a Convenção n. 98, sobre a liberdade de negociação coletiva. Sobre o assunto, confira-se: FELICIANO, Guilherme Guimarães; CONFORTI, Luciana Paula; PORTO, Noemia Aparecida Garcia. *A reforma trabalhista e suas "modernidades"*: O Brasil na 106ª Conferência Internacional do Trabalho e as violações às normas do trabalho. Disponível em: <https://www.anamatra.org.br/artigos/25537-a-reforma-trabalhista-e-suas-modernidades>. Acesso em: 29 set. 2019.

(30) DELGADO, Mauricio Godinho; DELGADO, Gabriela Neves. *A Reforma Trabalhista no Brasil:* com os comentários à Lei n. 13.467/2017. São Paulo: LTr, 2018. p. 78.

(31) Piovesan, Gotti e Martins, ao tratarem da concepção dos direitos humanos trazida pela Declaração de 1948, ressaltam que: "Além do alcance universal dos direitos humanos, a Declaração Universal também inova, ao consagrar que os direitos humanos compõem uma unidade indi-

Ingo Sarlet menciona que a articulação entre dignidade humana, direitos humanos e direitos fundamentais é inafastável. No tocante à dignidade, o autor acentua que:

> [...] compreendida como qualidade integrante e irrenunciável da própria condição humana, a dignidade pode (e deve) ser reconhecida, respeitada, promovida e protegida, não podendo, contudo (no sentido ora empregado) ser criada, concedida ou retirada (embora possa ser violada), já que reconhecida e atribuída a cada ser humano como algo que lhe é inerente"[(32)].

Em 1944, os delegados da Conferência Internacional do Trabalho adotaram a Declaração de Filadélfia que, como anexo à sua Constituição, consolida, desde então, a Carta de Princípios e Objetivos da Organização Internacional do Trabalho. Esta Declaração serviu de referência para a Carta das Nações Unidas, de 1946 e para a Declaração Universal dos Direitos Humanos, de 1948.

A Declaração de Filadélfia reafirmou o princípio de que a paz permanente só pode estar baseada na justiça social e estabeleceu quatro referenciais fundamentais, que constituem os valores e princípios básicos da Organização Internacional do Trabalho até hoje: que o trabalho deve ser fonte de dignidade; que o trabalho não é mercadoria; que a pobreza, em qualquer lugar, é uma ameaça à prosperidade de todos; e que todos os seres humanos têm o direito de perseguir o seu bem-estar material em condições de liberdade e dignidade, segurança econômica e igualdade de oportunidades[(33)].

De acordo com Alain Supiot, o texto da Declaração serve de contraponto à dogmática ultraliberal, que impera nas políticas nacionais e internacionais há décadas, impondo-se a normalidade do curso tomado pela globalização econômica, com a condenação da "imensa multidão de perdedores da nova ordem à migração, à exclusão ou à violência"[(34)].

Entre os traços fundamentais do "Espírito de Filadélfia", destaca-se a dignidade humana como inerente a todos os membros da família e base da liberdade, da justiça e da paz no mundo. Nesse contexto, "o princípio da dignidade obriga a ligar os imperativos da liberdade e da segurança", não só a segurança física, mas também "a segurança econômica suficiente para liberar os seres humanos do terror e da miséria".[(35)]

Quanto à universalização dos direitos humanos e tendo em vista a ausência de força jurídica vinculante da Declaração Universal dos Direitos do Homem (1948), Flávia Piovesan destaca, em 1966, a elaboração do Pacto Internacional dos Direitos Civis e Políticos e do Pacto Internacional dos Direitos Econômicos, Sociais e Culturais, os quais passaram a incorporar os direitos constantes da Declaração Universal, transformando-os "em previsões juridicamente vinculantes e obrigatórias". Segundo a autora, os dois instrumentos "constituem referência necessária para o exame do regime normativo de proteção internacional dos direitos humanos"[(36)]. Os dois pactos de 1966 e a Declaração Universal de 1948 formam a Carta Internacional de Direitos, caracterizada pelo amplo consenso de requisitos mínimos necessários para uma vida com dignidade, inaugurando sistema global de proteção dos direitos humanos, ao lado dos sistemas regionais, nos âmbitos europeu, interamericano e, posteriormente, africano[(37)].

A regulamentação da saúde no trabalho, do ponto de vista do direito internacional, ganhou amplitude com a celebração do Pacto Internacional sobre os Direitos Econômicos, Sociais e Culturais, da ONU. O referido pacto consagrou o direito de condições de trabalho justas e favoráveis, seguras e higiênicas, cabendo à OIT o papel de colocar em prática os direitos reconhecidos aos trabalhadores.

Segundo Arnaldo Süssekind:

> [...] o direito à segurança e à higiene do trabalho é também, num sentido amplo, um direito humano, tal como Prevê o Pacto Internacional dos Direitos Econômicos, Sociais e Culturais das Nações Unidas, pois corresponde ao direito à vida e à integridade física das pessoas – acentuamos: 'As-

---

visível, interdependente e inter-relacionada, na qual os direitos civis e políticos há de ser conjugados com os direitos econômicos, sociais e culturais. [...]" PIOVESAN, Flávia; GOTTI, Alessandra Passos; MARTINS, Janaina Senne. A proteção internacional dos direitos econômicos, sociais e culturais. In: PIOVESAN, Flávia. *Temas de Direitos Humanos*. 3. ed. São Paulo: Saraiva, 2009. p. 80.

(32) SARLET, Ingo Wolfgang. *Dignidade (da pessoa) humana e direitos fundamentais na Constituição Federal de 1988*. 10. ed. Porto Alegre: Livraria do Advogado, 2015. p. 51.

(33) Disponível em: <http://www.oitbrasil.org.br/content/hist%C3%B3ria>. Acesso em: 19 jun. 2017.

(34) SUPIOT, Alain. *O Espírito de Filadélfia*: a justiça social diante do mercado total. Trad. Tânia do Valle Tschiedel. Porto Alegre: Sulina, 2014. p. 10.

(35) *Ibid.*, p. 21-22.

(36) PIOVESAN, Flávia. *Direitos Humanos e o Direito Constitucional Internacional*. 12. ed. São Paulo: Saraiva, 2011. p. 216.

(37) *Ibid.*, p. 216-217.

sim como repercute no local de trabalho condições adversas do ambiente de trabalho imediato, também os efeitos de inadequados sistemas de produção e, por vezes, de certos sinistros ocorridos em estabelecimentos industriais podem alcançar áreas muitos distantes'. [...][38]

Sob o prisma justrabalhista, como apontam Gabriela Neves Delgado e Ana Carolina Paranhos de Campos Ribeiro, a Carta Internacional de Direitos Humanos propõe uma série de ferramentas normativas relativas ao trabalho regulado, em respeito à sua dimensão ética, o que "possibilitaria a referência a uma Carta Internacional do Direito do Trabalho."[39]

Com relação às normas da Organização Internacional do Trabalho – OIT, importante citar as Convenções ns. 148 e 155, que tratam da proteção aos direitos humanos dos trabalhadores e são de observância obrigatória pelo Brasil, com *status* supralegal, o que leva à sua prevalência sobre a CLT, com as alterações da "Reforma Trabalhista" (Lei n. 13.467, de 13 de julho de 2017), sobre a "Lei da Liberdade Econômica" (Lei n. 13.874, de 20 de setembro de 2019) e também sobre a Portaria da Anvisa, de agosto de 2019[40], que reclassificou, de forma profundamente flexibilizadora, a toxidade de produtos químicos considerados cancerígenos, além de outras normas que anulam os direitos dos trabalhadores e da população. Sobre o tema, imprescindível considerar, ainda, a Convenção n. 170 da OIT (1990), que trata da segurança na utilização de produtos químicos no trabalho[41].

De acordo com Mauricio Godinho Delgado e Gabriela Neves Delgado,

> [...] os tratados e as convenções internacionais sobre direitos individuais e sociais trabalhistas têm indiscutível natureza jurídica de direitos humanos, em situação de conflito entre preceitos internacionais ratificados (convenções da OIT, por exemplo) e preceitos legais internos, prevalecerão o princípio da norma mais favorável ao trabalhador e o princípio da vedação do retrocesso como vetores obrigatórios para a fixação dos critérios de interpretação e de solução do conflito normativo posto[42].

A Convenção n. 148 da OIT, de 1977, trata da proteção dos trabalhadores contra os riscos profissionais devido à contaminação do ar, ruído e vibrações no local de trabalho[43]. Já a Convenção n. 155 da OIT, de 1981, dispõe sobre a segurança e saúde dos trabalhadores e meio ambiente do trabalho[44]. Com relação à supralegalidade das referidas Convenções Internacionais e do necessário controle de convencionalidade pelo Poder Judiciário trabalhista, comentam Luciano Meneguetti Pereira e Ilton Garcia Costa:

> [...] a análise feita a partir desse ponto tem como pressuposto lógico-jurídico, o dever de compatibilidade (interpretação e aplicação) que as normas constantes da CLT devem guardar para com esses tratados internacionais para que sejam válidas no âmbito do ordenamento jurídico brasileiro[45].

Assim, normas violadoras dos direitos à saúde, à segurança, à integridade, ao meio ambiente do trabalho e ao trabalho digno devem ser aplicadas e interpreta-

(38) SÜSSEKIND, Arnaldo. *Direito internacional do trabalho*. 3. ed. São Paulo: LTr, 2000. p. 389.

(39) DELGADO, Gabriela Neves; RIBEIRO, Ana Carolina Paranhos de Campos. Os direitos sociotrabalhistas como dimensão dos direitos humanos. In: *Trabalho, Constituição e Cidadania*: a dimensão dos direitos sociais trabalhistas. DELGADO, Gabriela Neves; PEREIRA, Ricardo José Macêdo de Brito (coords.). São Paulo: LTr, 2014. p. 71.

(40) Conforme julgamento do Recurso Extraordinário n. 466.343-1/SP pelo Supremo Tribunal Federal. Segundo Daniela Muradas: "[...] a nova teoria acolhida permitirá o controle de convencionalidade da legislação nacional, verificando a conformidade dos dispositivos de legislação nacional com estes diplomas internacionais, retirando a eficácia daqueles preceitos que se mostrem incompatíveis com estes documentos internacionais, na linha da aplicação do critério *lex superiori revogat* inferior." REIS, Daniela Muradas. *O princípio da vedação do retrocesso no Direito do Trabalho*. São Paulo: LTr, 2010. p. 152.

(41) Promulgada no Brasil pelo Decreto-legislativo n. 67, de 4 de maio de 1995.

(42) DELGADO, Mauricio Godinho; DELGADO, Gabriela Neves. *A Reforma Trabalhista no Brasil:* com os comentários à Lei n. 13.467/2017. São Paulo: LTr, 2018. p. 72.

(43) Ratificada pelo Brasil em 14 de janeiro de 1982 e promulgada pelo Decreto n. 93.413, de 15 de outubro de 1986. Disponível em: <http://www.planalto.gov.br/ccivil_03/decreto/1980-1989/D93413.htm>. Acesso em: 26 nov. 2019.

(44) Ratificada pelo Brasil em 18 de maio de 1992 e incorporada ao ordenamento jurídico brasileiro pelo Decreto n. 1.254, de 29 de setembro de 1994. Disponível em: <http://www.planalto.gov.br/ccivil_03/decreto/1990-1994/D1254.htm>. Acesso em: 26 nov. 2019.

(45) PEREIRA, Luciano Meneghetti; COSTA, Ilton Garcia. O controle de convencionalidade e a dignidade humana na Justiça do Trabalho: uma análise da aplicação das Convenções ns. 148 e 155 da OIT e a questão da (im)possibilidade de cumulação dos adicionais de periculosidade e insalubridade. In: *Dignidade da pessoa humana e controle judicial de convencionalidade*. RIBEIRO, Daniela Menengoti; SIQUEIRA, Bruno Luiz Weiler; FLORES, Simone Fogliato (Orgs.). Rio de Janeiro: Lumen Juris, 2018. p. 124.

das com base na Constituição e nas normas internacionais de proteção aos direitos fundamentais e humanos dos trabalhadores.

3. VIOLAÇÕES DOS DIREITOS À SAÚDE, AO MEIO AMBIENTE E AO TRABALHO DIGNO PELO USO DE AGROTÓXICOS

A distribuição da terra sempre foi controlada no Brasil, formando-se as concentrações agrárias, sob o domínio de poderosas famílias e das grandes corporações. Assim, as extensas propriedades, em geral, não cumprem a sua função social (art. 186 da Constituição)[(46)]. Os conflitos sociais no campo sempre existiram, registrando-se, historicamente, extrema violência no meio rural contra os movimentos sociais e de trabalhadores. Tais conflitos têm origens diversas: posse de terras, preservação da água e das florestas, proteção de reservas indígenas, ação de sindicatos, disputas de áreas de garimpo, entre outras. No âmbito trabalhista, os conflitos decorrem de diversas violações ao direito fundamental ao trabalho digno[(47)] e também ao direito fundamental de não ser escravizado[(48)], observando-se, ainda, alto índice de mortes, acidentes e doenças, inclusive pelo intenso uso de agrotóxicos na produção agrícola brasileira.

Como aponta Larissa Bombardi, "o avanço das culturas e produção agropecuária voltadas para a sua conversão em *commodities* e em agroenergia tem sido feito por meio do uso massivo de agrotóxicos". A autora aponta, ainda, que "o Brasil consome cerca de 20% de todo agrotóxico comercializado mundialmente" e que esse consumo "tem aumentado de forma muito significativa nos últimos anos"[(49)]

O abundante uso de produtos químicos nas plantações brasileiras tem causado diversos danos e violações, como a contaminação de alimentos, do solo, da água, além da destruição da biodiversidade e do adoecimento e morte de trabalhadores, seus familiares e vizinhos. Na verdade, os riscos atingem toda a população, sem medidas eficazes, por parte das autoridades competentes, para o controle do uso dos agrotóxicos e para a correta identificação dos riscos e dos casos de intoxicações, doenças e mortes pelo contato com as substâncias tóxicas.

Segundo Ana Aranha, os "agrotóxicos exigem um olhar global, pois envolvem a questão da terra, da água e trabalhista." A autora revela que de 2000 a 2018, a Comissão Pastoral da Terra – CPT detectou 363 vítimas em conflitos envolvendo essas substâncias, pessoas que morreram ou tiveram sua vida ameaçada devido ao contato com elas. São situações que abarcam intoxicação de trabalhadores e moradores do campo, assim como lideranças rurais perseguidas por denunciar o problema. Assim, do total de vítimas no período, 71% foram em conflitos pela terra, 21% em conflitos trabalhistas e 8% em conflitos pela água. Segundo alerta, há subnotificação dos conflitos trabalhistas relacionados ao uso de agrotóxicos, já que pelos dados do sistema de saúde para o mesmo período destacado houve o registro de 9.098 casos de intoxicação[(50)].

De acordo com Rosana Bochner, mesmo os casos registrados pelo sistema de saúde são considerados abaixo da realidade:

> Apesar do consumo intensivo de agrotóxicos, e do Brasil contar com diferentes sistemas nacionais de informação de saúde, os registros oficiais sobre intoxicações são limitados para os casos agudos e quase inexistentes para as intoxicações crônicas.
>
> Os agrotóxicos não figuram como o principal agente tóxico em termos de número de casos, contudo é indiscutivelmente o que apresenta a maior letalidade com os maiores números de óbito[(51)].

---

(46) De acordo com o art. 186 da Constituição: "A função social é cumprida quando a propriedade rural atende, simultaneamente, segundo critérios e graus de exigência estabelecidos em lei, aos seguintes requisitos: I – aproveitamento racional e adequado; II – utilização adequada dos recursos naturais disponíveis e preservação do meio ambiente; III – observância das disposições que regulam as relações de trabalho; IV – exploração que favoreça o bem-estar dos proprietários e dos trabalhadores."

(47) Gabriela Neves Delgado aponta que o trabalho prestado "em condições precárias está excluído do postulado jurídico do direito ao trabalho, vez que não se enquadraria como direito fundamental ao trabalho digno e, sim, como artifício de crua mercantilização da força de trabalho humana." DELGADO, Gabriela Neves. *Direito fundamental ao trabalho digno*. 2. ed. São Paulo: LTr, 2015. p. 29.

(48) Sobre o tema, confira-se: CONFORTI, Luciana Paula. *Interpretações do conceito de trabalho análogo a de escravo:* a luta pelo direito ao trabalho digno e pelo direito fundamental de não ser escravizado no Brasil. Tese de Doutorado. Brasília: UnB, 2019, 396 p. Disponível em: <https://repositorio.unb.br/handle/10482/35463>. Acesso em: 25 nov. 2019.

(49) BOMBARDI, Larissa Mies. *Geografia do uso de agrotóxicos no Brasil e conexões com a União Europeia*. São Paulo: FFLCH-USP, 2017. p. 33. Disponível em: <https://www.larissabombardi.blog.br/atlas2017>. Acesso em: 8 dez. 2019.

(50) ARANHA, Ana. Agrotóxicos: o medo que cala. In: *Conflitos no campo no Brasil 2018*. Goiânia: CPT Nacional, 2019. p. 155.

(51) BOCHNER, Rosana. *Óbito ocupacional por exposição a agrotóxicos utilizado como evento sentinela*: quando pouco significa muito. Revista do Instituto de Comunicação e Informação Científica e Tecnológica em Saúde, da Fundação Oswaldo Cruz (ICICT/Fiocruz), Rio de Janeiro/RJ, 2015. Disponível em: <https://visaemdebate.incqs.fiocruz.br/index.php/visaemdebate/article/download/364/240/>. Acesso em: 24 nov. 2019.

Como ressalta a Organização Mundial da Saúde (OMS), todos os anos 20 mil mortes são registradas devido ao consumo de agrotóxicos. A exposição aos referidos produtos "pode causar uma série de doenças, dependendo do produto que foi utilizado, do tempo de exposição e quantidade de produto absorvido pelo organismo". Registra-se a maior incidência entre "agricultores e trabalhadores das indústrias de agrotóxicos", devido à exposição direta e prolongada aos produtos, porém, toda a população sofre múltiplos riscos, geralmente pouco explorados e divulgados, sobretudo pelo "consumo de alimentos e água contaminados"[(52)].

Os efeitos devastadores dos agrotóxicos sobre a saúde foram retratados no livro "Envenenados: uma bomba química nos extermina em silêncio", do jornalista argentino Patricio Eleisegui. O protagonista da obra foi Fabián Amaranto Tomasi, símbolo de luta contra o uso de agrotóxicos no seu país. O trabalhador resistiu por mais de uma década a doença neurológica que causa o mau funcionamento dos nervos periféricos, pelo uso de pesticidas e faleceu, em setembro de 2018, aos 53 anos. O argentino trabalhou para empresa de pulverização aérea e além de ter que preparar e abastecer o avião com o produto, sinalizava o melhor trajeto para que a aeronave fizesse a "fumigação de plantações de arroz e soja com agrotóxicos", inclusive à base de glifosato, ficando completamente molhado pelo produto, sem qualquer proteção. Quando os sintomas da doença apareceram, após exames específicos, foram identificados vários agrotóxicos no organismo da vítima, o que o levou a sofrer, ainda, com "problemas digestivos, dores nas articulações, mobilidade limitada e perda de massa muscular excessiva"[(53)].

Fabián também protagonizou, junto com outras vítimas do glifosato, ensaio fotográfico e documentário denominados "O custo humano dos agrotóxicos", do fotógrafo argentino Pablo Ernesto Piovano. Para a realização da obra, o autor percorreu, por dois anos, a zona rural da Argentina, retratando o drama de milhares de doentes e deformados, crianças e adultos, inclusive em estado terminal, nas províncias de Missiones, Córdoba, Entre Rios e Chaco. As doenças, geralmente cânceres e outros distúrbios fatais, afetam não só os trabalhadores, mas a população em geral, devido à pulverização das plantações com o produto, extremamente tóxico. As imagens são estarrecedoras.

Há muito se discute sobre os riscos e efeitos do uso indiscriminado de produtos químicos nas lavouras brasileiras. O documentário "O Veneno Está na Mesa" traz reflexões preocupantes sobre a produção agrícola no Brasil, com a aplicação massiva de agrotóxicos, inclusive com o uso de produtos altamente nocivos e já banidos em outros países, sem as devidas restrições, cuidados na aplicação e com efeitos alarmantes sobre a saúde de trabalhadores e de consumidores, chamando a atenção para a necessidade de se repensar o uso de defensivos agrícolas e de se implementar cultura orgânica ou agroecologia[(54)].

A Campanha publicitária "Agro: a indústria riqueza do Brasil", com o *slogan* o "Agro é Pop, Agro é *Tech*, Agro é Tudo"[(55)], difunde imagem positiva do agronegócio brasileiro, como exemplo de rentabilidade, tecnologia, da criação de empregos e da produção segura de alimentos. Apesar do exposto, não se pode deixar de se considerar, em algumas situações, os graves impactos gerados pelo setor, como a devastação do meio ambiente (desmatamento, queimadas e grilagem de terras)[(56)] e as dívidas dos grandes latifundiários junto à União, débitos que se fossem considerados para o recolhimento aos cofres públicos, poderiam beneficiar as populações atingidas[(57)].

Assim, imprescindível que a produção agrícola brasileira seja analisada não só sob o aspecto do crescimento econômico, como também, da proteção à saúde, do meio ambiente, do direito ao trabalho digno e do consumo seguro da água e dos alimentos.

4. LIBERAÇÃO DO USO DE AGROTÓXICOS NO BRASIL E VIOLAÇÕES À SAÚDE, AO MEIO AMBIENTE DE TRABALHO E AO DIREITO FUNDAMENTAL AO TRABALHO DIGNO

O principal dado utilizado sobre uso de agrotóxicos é o da Organização das Nações Unidas para Alimentação e Agricultura (FAO), com base em pesquisa realiza-

(52) Disponível em: <https://www.inca.gov.br/exposicao-no-trabalho-e-no-ambiente/agrotoxicos>. Acesso em: 21 nov. 2019.

(53) Disponível em: <https://reporterbrasil.org.br/2019/11/mesmo-intoxicado-ate-a-alma-campones-argentino-lutou-ate-a-morte-contra-os--agrotoxicos/>. Acesso em: 22 nov. 2019.

(54) Documentário: *O Veneno Está na Mesa*. Direção: Silvio Tendler, 2011. Disponível em: <https://www.youtube.com/watch?v=8RVAgD44AGg>. Acesso em: 21 nov. 2019.

(55) Disponível em: <https://g1.globo.com/economia/agronegocios/agro-a-industria-riqueza-do-brasil/>. Acesso em: 25 nov. 2019.

(56) Disponível em: <https://reporterbrasil.org.br/rotadogado/>. Acesso em: 25 nov. 2019.

(57) Dados da Procuradoria-Geral da Fazenda Nacional mostram que 4.013 pessoas físicas e jurídicas detentoras de terra devem R$ 906 bilhões ao país. Além disso, em 2018, houve incentivo fiscal ao setor, por meio da Medida Provisória n. 733, representando descontos de 60 a 95% em tributos. Disponível em: <https://www.brasildefato.com.br/2016/12/14/proprietarios-de-terra-devem-quase-rdollar-1-trilhao-a-uniao/>. Acesso em: 25 nov. 2019.

da por *Phillips McDougall*(58). A pesquisa traz três metodologias distintas para a identificação: no primeiro *ranking*, mostra que o Brasil foi o país que mais gastou com agrotóxicos no mundo em 2013, atingindo o montante de US$ 10 bilhões, seguido dos Estados Unidos, China, Japão e França(59); o segundo *ranking* divide os gastos com produtos químicos pelas áreas cultivadas, ficando o Brasil em sétimo lugar, com o gasto de US$ 137 por hectare plantado, atrás do Japão, Coreia do Sul, Alemanha, França, Itália e Reino Unido. Já o terceiro *ranking*, traz quanto cada país gasta com pesticidas considerando o tamanho da produção agrícola, figurando o Brasil em 13º lugar (US$ 9 por tonelada produzida), que traz como líderes Japão e Coreia do Sul(60).

O anúncio sobre a liberação de diversos agrotóxicos intensificou o debate sobre o uso desses produtos no Brasil. Segundo noticiado na imprensa, entre o dia 1º de janeiro e 27 de novembro de 2019, o governo federal aprovou a utilização de 439 novos agrotóxicos, superando o recorde de 2018, quando foram liberados 422 produtos em 12 meses(61). Até o mês de julho de 2019, 290 produtos tinham sido liberados, sendo que desses produtos, 41% são considerados de extrema ou alta toxicidade e 32% banidos na União Europeia"(62).

Uma das maiores preocupações em torno do tema veio com a publicação de Portaria da Anvisa, em agosto de 2019: "após a reclassificação de toxicidade aprovada pela Agência Nacional de Vigilância Sanitária (Anvisa), 93 produtos formulados à base de glifosato tiveram a classificação de toxicidade reduzida"(63).

Segundo a Anvisa, a reclassificação toxicológica no Brasil "ocorreu em razão de novo marco regulatório do setor, que atualizou e tornou mais claros os critérios de avaliação e de classificação toxicológica de agrotóxicos no país".

Para Luiz Cláudio Meirelles, pesquisador da Fiocruz na área de agrotóxicos e que atuou como coordenador do setor na Anvisa, não havia a necessidade desse novo marco regulatório, já que "a mudança na classificação representa um retrocesso e um risco à proteção ao trabalhador". Ainda destacou que as advertências em vermelho nos rótulos dos produtos serviam para alertar sobre os danos "por irritação ocular, dérmica e inalatória", os quais não deixarão de ocorrer. Ao todo, dos "702 agrotóxicos que tinham a classificação de 'extremamente tóxicos', só 43 permaneceram nessa categoria". Antes, "produtos que causavam úlceras, corrosão na pele e opacidade na córnea eram classificados como extremamente tóxicos". Agora, nessa categoria, "apenas estão os produtos que causam morte quando ingeridos, inalados ou em contato com a pele"(64), havendo preocupação com o aumento dos casos de intoxicação pelo contato com tais substâncias(65).

Em nível mundial, o uso do glifosato vem sendo altamente condenado. Apesar de a Agência de Proteção Ambiental dos Estados Unidos ter declarado que, "quando utilizado de acordo com o seu rótulo atual", o glifosato não é cancerígeno, propondo formas de controle para o uso do produto, há divergências no que respeita à citada interpretação. Em 2015, a Agência Internacional de Pesquisa do Câncer, integrante da Organização Mundial da Saúde (OMS), afirmou a provável natureza cancerígena da substância e, no mesmo sentido, pesquisadores da Universidade de Washington concluíram que a exposição ao *Roundup* eleva em 41% o risco de câncer(66).

(58) Sobre pesquisas e dados divulgados por *Phillips McDougal*, confira-se: <https://agribusinessintelligence.informa.com/products-and-services/data-and-analysis/phillips-mcdougall> Acesso em: 21 nov. 2019.

(59) Disponível em: <https://apublica.org/2019/06/afinal-o-brasil-e-o-maior-consumidor-de-agrotoxico-do-mundo/>. Acesso em: 21 nov. 2019.

(60) Disponível em: <https://apublica.org/2019/06/afinal-o-brasil-e-o-maior-consumidor-de-agrotoxico-do-mundo/>. Acesso em: 21 nov. 2019.

(61) Disponível em: <https://noticias.uol.com.br/meio-ambiente/ultimas-noticias/redacao/2019/11/28/com-novas-aprovacoes-liberacao-de-agrotoxicos-ja-e-o-maior-da-historia.htm>. Acesso em: 7 dez. 2019.

(62) Disponível em: <https://www.nationalgeographicbrasil.com/meio-ambiente/2019/07/liberacao-recorde-reacende-debate-sobre-uso-de-agrotoxicos-no-brasil-entenda>. Acesso em: 21 nov. 2019.

(63) Disponível em: <https://reporterbrasil.org.br/2019/10/agrotoxico-ligado-a-casos-de-cancer-deixa-de-ser-considerado-extremamente-toxico-pela-anvisa/>. Acesso em: 22 nov. 2019.

(64) Disponível em: <https://www1.folha.uol.com.br/ambiente/2019/08/regra-nova-faz-agrotoxicos-extremamente-toxicos-irem-de-702-a-43.shtml>. Acesso em: 22 nov. 2019.

(65) Ainda de acordo com a Anvisa: "No total, 1.942 produtos foram avaliados pela Agência, sendo que 1.924 foram reclassificados. De acordo com a reclassificação, 43 produtos foram enquadrados na categoria de produtos extremamente tóxicos, 79 na de altamente tóxicos, 136 na categoria de moderadamente tóxicos, 599 na de pouco tóxicos e outros 899 foram classificados como produtos improváveis de causar dano agudo. Outros 168 produtos, ainda, foram categorizados como 'não classificados'. Disponível em: <http://portal.anvisa.gov.br/noticias/-/asset_publisher/FXrpx9qY7FbU/content/publicada-reclassificacao-toxicologica-de-agrotoxicos-/219201?p_p_auth=DepDKOBJ&inheritRedirect=false>. Acesso em: 22 nov. 2019.

(66) Disponível em: <https://www1.folha.uol.com.br/mercado/2019/07/juiza-reduz-em-95-indenizacao-a-casal-em-processo-sobre-glifosato.shtml>. Acesso em: 22 nov. 2019.

Diante de tal quadro, milhares de processos aguardam o julgamento nos Estados Unidos, com alegações de danos à saúde causados pela substância química. Pelo menos três condenações já foram confirmadas, com o reconhecimento de que o *Roundup*, à base de glifosato, causou câncer aos autores das ações, deferindo-se indenizações médias, no valor de US$ 80 milhões[(67)].

No Brasil, em 2018, a liminar deferida pela 7ª Vara do Distrito Federal, proibindo a concessão de novos registros de produtos à base de glifosato, em processo ajuizado pelo Ministério Público Federal, foi revogada pelo Tribunal Regional Federal da 1ª Região, após recurso da Advocacia Geral da União, sob os fundamentos de "grave risco de lesão à ordem econômica" e de "impacto de bilhões de reais para a balança comercial"[(68)].

Caso emblemático no país resultou em acordo histórico na Justiça do Trabalho, em 2013, na ação civil pública ajuizada pelo Ministério Público do Trabalho, pelos danos causados aos trabalhadores na cidade de Paulínia – SP, pela Shell-Basf, na produção de pesticidas. Houve a constatação da contaminação do solo, da água e vários trabalhadores e moradores da região apresentaram sérios problemas de saúde, como cânceres, problemas endócrinos, circulatórios, hipertensivos, entre outros. Além disso, no curso do processo, mais de 60 pessoas faleceram[(69)].

Em 2017, foram registrados "4.003 casos de intoxicação aguda por agrotóxicos pelo Ministério da Saúde e "de 2015 a 2017 foram confirmados 1.141 casos de intoxicação crônica", porém, como foi exposto, os referidos dados não refletem a realidade, considerando que "32% dos municípios considerados prioritários não apresentaram casos de intoxicação por pesticidas entre 2007 e 2015". Segundo estimativas da Organização Mundial de Saúde, "para cada caso de intoxicação aguda por agrotóxicos notificado, outros 50 não foram registrados"[(70)].

Nesse contexto, revela-se extremamente importante o acompanhamento, pela população, da alteração legislativa em trâmite no Congresso Nacional, que objetiva flexibilizar, ainda mais, as regras relativas ao uso de agrotóxicos, com o "pacote do veneno". Da mesma forma, imprescindível o apoio de toda a sociedade à implementação da Política Nacional de Redução de Agrotóxicos, igualmente em discussão no Parlamento.

5. RISCOS DA FLEXIBILIZAÇÃO DO MARCO REGULATÓRIO PELO "PACOTE DO VENENO" E A NECESSÁRIA POLÍTICA NACIONAL DE REDUÇÃO DE AGROTÓXICOS

Como aponta Leonardo Boff, "a sustentabilidade de uma sociedade se mede por sua capacidade de incluir a todos e garantir-lhes os meios de uma vida suficiente e decente". O autor critica o modo de produção baseado no "mais alto nível possível de acumulação", por comportar "a dominação da natureza e a exploração de todos os seus bens e serviços", apontando "o uso intensivo de agrotóxicos e pesticidas" como o que mais agride a natureza, pois os produtos "devastam os micro-organismos", que "abitam os solos garantindo fertilidade da Terra"[(71)].

De acordo com relatório pulicado pela Oxfam, "Terrenos da desigualdade: terra, agricultura e desigualdade no Brasil rural":

> A desigualdade extrema tem múltiplas origens e traz sérias consequências negativas para a garantia de direitos e o desenvolvimento sustentável. Entre suas causas estruturais está a concentração da terra, um fator de preocupação na América Latina e, em especial, no Brasil. A concentração da terra está ligada ao êxodo rural, à captura de recursos naturais e bens comuns, à degradação do meio ambiente e à formação de uma poderosa elite associada a um modelo agrícola baseado no latifúndio de monocultivo, voltado à produção de *commodities* para exportação e não para a produção de alimentos[(72)].

---

(67) Disponível em: <https://g1.globo.com/economia/noticia/2018/10/23/justica-dos-eua-confirma-condenacao-a-monsanto.ghtml>; Disponível em: <https://g1.globo.com/ciencia-e-saude/noticia/2019/03/20/glifosato-decisao-da-justica-americana-associa-agrotoxico-liberado-no-brasil-a-cancer.ghtml>; Disponível em: <https://www1.folha.uol.com.br/mercado/2019/07/juiza-reduz-em-95-indenizacao-a-casal-em-processo-sobre-glifosato.shtml>. Acesso em: 22 nov. 2019.

(68) Disponível em: <https://g1.globo.com/economia/agronegocios/noticia/2018/08/23/justica-cassa-liminar-que-proibia-uso-de-glifosato-no-brasil-diz-ministro.ghtml>. Acesso em: 22 nov. 2019.

(69) Só de indenização por danos morais coletivos foi fixado o montante de R$ 200 milhões e ficou garantido o atendimento médico vitalício a mais de 1000 pessoas habilitadas no processo, entre outras obrigações de pagar. Disponível em: <https://pndt.jusbrasil.com.br/noticias/100493300/caso-mpt-x-shell-basf-acordo-historico-encerra-maior-acao-da-justica-do-trabalho>. Acesso em 9 dez. 2019.

(70) Disponível em: <https://www.nationalgeographicbrasil.com/meio-ambiente/2019/07/liberacao-recorde-reacende-debate-sobre-uso-de-agrotoxicos-no-brasil-entenda>. Acesso em: 25 nov. 2019.

(71) BOFF, Leonardo. *Sustentabilidade*: o que é – o que não é. 5. ed. Vozes: Petrópolis-RJ, 2016. p. 20, 22.

(72) A Oxfam Brasil é uma entidade privada que integra uma rede global composta de 20 membros que atuam em cerca de 90 países, por meio de campanhas, programas e ajuda humanitária. Disponível em: <https://oxfam.org.br/publicacao/terrenos-da-desigualdade-terra-agricultura-e-desigualdade-no-brasil-rural/>. Acesso em: 25 nov. 2019.

Segundo pesquisadores do Cepea Centro de Estudos Avançados em Economia Aplicada, "as exportações brasileiras de produtos agropecuários atingiram novo recorde, em volume e valor, em 2018[(73)]".

Assim, o agronegócio concentra terras e riquezas no Brasil e possui grande influência no Congresso Nacional, por meio da chamada "bancada ruralista"[(74)] e da Frente Parlamentar Agropecuária – FPA, que conta com 285 parlamentares a ela vinculados, sendo 38 senadores e 247 deputados[(75)].

A Lei n. 7.802, de 11 de julho de 1989[(76)], em vigor no Brasil, dispõe sobre todas as atividades ligadas a agrotóxicos, como a produção, pesquisa, fiscalização, comercialização, destino final dos resíduos, entre outras.

Atualmente existem dois projetos de lei em tramitação na Câmara dos Deputados que envolvem o tema: o PL n. 6.299/2002 e o PL n. 6.670/2016. As duas proposições legislativas foram aprovadas nas comissões especiais e estão prontas para a votação no Plenário.

O Projeto de Lei 6.299/2002[(77)], conhecido como "pacote do veneno" é de autoria do senador Blairo Maggi (SPART/MT)[(78)]. A referida proposição altera os artigos 3º e 9º, da Lei n. 7.802, de 11 de julho de 1989 e tem recebido diversas críticas[(79)], inclusive de parlamentares[(80)].

Os integrantes da "Campanha Permanente contra os Agrotóxicos e a favor da Vida", divulgaram manifesto para informar à população sobre os retrocessos contidos no PL n. 6.299/2002, como: a autorização de "registro de agrotóxicos sabidamente cancerígenos e que causam danos no material genético, problemas reprodutivos e relacionados a hormônios e má-formações fetais"; entre outros fatores apontados[(81)].

Em nota pública, a Fundação Oswaldo Cruz – Fiocruz, também se posicionou contrária ao projeto de lei, alertando para todos os riscos que envolvem a desregulamentação[(82)].

Já o Projeto de Lei n. 6.670/2016, de autoria da Comissão de Legislação Participativa, propõe a instituição de "Política Nacional de Redução de Agrotóxicos – PNARA". A proposta tem sido vista como "antídoto contra o Pacote do Veneno e representa a esperança de uma agricultura sustentável e justa, que garanta a saúde e a segurança alimentar da população"[(83)].

---

(73) O Cepea integra a Esalq – Escola Superior de Agricultura Luiz Queiroz, ligada à USP – Universidade de São Paulo. Disponível em: <https://www.cepea.esalq.usp.br/br/releases/export-cepea-agronegocio-registra-mais-um-recorde-de-vendas-externas-em-2018.aspx>. Acesso em: 24 nov. 2019.

(74) Empresas ligadas ao agronegócio financiaram campanhas de deputados e senadores, com doações no valor de R$ 145 milhões. Disponível em: <https://cimi.org.br/2018/10/na-onu-estado-brasileiro-ignora-violacoes-de-direitos-humanos-pelo-agronegocio-financiador-pesado-de-campanhas-eleitorais/>. Acesso em: 24 nov. 2019.

(75) Disponível em: <https://fpagropecuaria.org.br/integrantes/todos-os-integrantes/>. Acesso em: 24 nov. 2019.

(76) Disponível em: <http://www.planalto.gov.br/ccivil_03/LEIS/L7802.htm>. Acesso em: 8 dez. 2019.

(77) A proposta teve parecer favorável do Relator, deputado Luiz Nishimori (PR-PR). Disponível em: <https://www.camara.leg.br/proposicoesWeb/fichadetramitacao?idProposicao=46249>. Acesso em: 25 nov. 2019.

(78) Blairo Maggi, conhecido como "rei de soja", já foi considerado um dos maiores devastadores da Amazônia, pelo *Greenpeace*. Disponível em: <https://noticias.uol.com.br/ultnot/2005/06/20/ult1928u1185.jhtm>. Acesso em: 26 nov. 2019.

(79) Entidades como: Organização das Nações Unidas (ONU), Instituto Brasileiro do Meio Ambiente e dos Recursos Naturais Renováveis (Ibama), Instituto Nacional do Câncer (INCA) e Agência Nacional de Vigilância Sanitária (Anvisa) emitiram manifestações, tornando públicas suas preocupações com o Projeto de Lei. Mais de 320 organizações que trabalham com temas relacionados também assinaram manifesto contestando o "Pacote do Veneno", que já tem mais de 1,5 milhão de adesões. Disponível em: <https://www.greenpeace.org/brasil/press/agrotoxicos-politica-nacional-de-reducao-pnara-x-pacote-do-veneno-em-pauta/>. Acesso em: 25 nov. 2019.

(80) A liberação do uso do glifosato também sido motivo de preocupação no parlamento brasileiro. Disponível em: <https://www.camara.leg.br/noticias/557064-deputado-afirma-que-agrotoxico-liberado-pela-anvisa-pode-causar-cancer/>. Acesso em: 22 nov. 2019.

(81) Disponível em: <https://contraosagrotoxicos.org/manifesto-contra-o-pacote-do-veneno/>. Acesso em: 25 nov. 2019.

(82) Segundo a nota: "[...] o projeto visa alterar em profundidade o Marco Legal sobre o tema (Lei 7.802/1989), negligenciando a promoção da saúde e a proteção da vida, e configurando uma desregulamentação que irá fragilizar o registro e reavaliação desses produtos no Brasil. A proposta significa um retrocesso que põe em risco a população, em especial grupos populacionais vulnerabilizados como mulheres grávidas, crianças e os trabalhadores envolvidos em atividades produtivas que dependem da produção ou uso desses biocidas. A instituição vem produzindo pesquisas que evidenciam os impactos negativos dos agrotóxicos para a saúde, o ambiente e a sociedade. A Fiocruz ressalta que o cenário de enormes vulnerabilidades sociais e institucionais existentes na maioria dos territórios onde há uso de agrotóxicos, que interferem diretamente na ocorrência dos casos de intoxicação, constitui uma situação verdadeiramente preocupante, e que pode ter repercussões graves e irreversíveis para gerações atuais e futuras". Disponível em: <https://cee.fiocruz.br/?q=Fiocruz-divulga-nota-contra-flexibilizacao-de-lei-sobre-agrotoxicos>. Acesso em: 25 nov. 2019.

(83) Disponível em: <https://www.greenpeace.org/brasil/press/agrotoxicos-politica-nacional-de-reducao-pnara-x-pacote-do-veneno-em-pauta/>. Acesso em: 25 nov. 2019.

Como aponta o relatório do Ministério da Saúde sobre o uso de agrotóxicos, entre as substâncias mais comercializados no país, "o glifosato foi o que teve maior destaque, correspondendo a 31,45% do total.[(84)]"

Assim, não há dúvidas de que a abertura para o uso ainda mais intensivo de agrotóxicos na produção agrícola brasileira causará danos irreparáveis, como a degradação do solo, a contaminação da água, a destruição da biodiversidade, além de danos à saúde, não só de trabalhadores, como da população, sendo imprescindível a aprovação da Política Nacional de Redução de Agrotóxicos.

Pelo exposto, impõe-se verdadeira articulação dos poderes constituídos e de toda a sociedade, a fim de que os já comprovados efeitos danosos das substâncias químicas utilizadas nas plantações, não se alastrem pelo território brasileiro, causando danos ao meio ambiente do trabalho, ao direito fundamental ao trabalho digno, à saúde e à vida de todos os brasileiros.

6. CONCLUSÃO

A Agenda 2030 da ONU para o Desenvolvimento Sustentável traça ações para a comunidade internacional, aliando, de forma equilibrada, as três dimensões do desenvolvimento sustentável: econômica, social e ambiental.

A Declaração da ONU sobre o Desenvolvimento do Ambiente Humano (Declaração de Estolcomo, 1972) possui importância destacada, não só visando à preservação do meio ambiente ecológico, como também, à melhoria do ambiente de trabalho. O referido documento proclama que os dois aspectos do meio ambiente, o natural e o artificial, são essenciais ao bem-estar do homem, para que ele goze de todos os direitos humanos fundamentais, inclusive o direito à vida, destacando a proteção e melhora do meio ambiente como questão central no desenvolvimento econômico. A proteção à saúde do trabalhador está relacionada com a necessidade de observância do meio ambiente ecologicamente equilibrado, e, nesse contexto, o meio ambiente do trabalho, como manifestação do ambiente humano.

No paradigma do Estado Democrático de Direito, o valor do trabalho e a afirmação da dignidade humana ganham especial relevância, principalmente com a Constituição de 1988. No campo do trabalho, as lutas por dignidade são travadas em face da imposição de políticas econômicas e de processos produtivos desenvolvidos sem respeito aos direitos e liberdades fundamentais, com o aviltamento da condição humana, sua máxima exploração e degradação. Diante de tal quadro, protege-se tanto o direito ao trabalho, quanto a dignidade no mercado de trabalho.

A Constituição de 1988 destacou a função social da propriedade, condicionando o direito do proprietário. Assim, além da produtividade, deve-se observar na exploração do bem ou no desenvolvimento da atividade econômica, o bem-estar dos trabalhadores e o respeito às leis ambientais e trabalhistas.

A "Reforma Trabalhista" brasileira e a "Lei de Liberdade Econômica" violam a Constituição e normas internacionais, inclusive as Convenções ns. 148 e 155 da OIT, ratificadas pelo Brasil. Sendo assim, incumbe à Justiça do Trabalho o controle de constitucionalidade e de convencionalidade da legislação violadora dos direitos humanos e fundamentais, especialmente das normas relacionadas com a saúde, integridade e vida dos trabalhadores.

A redução dos riscos inerentes ao trabalho é direito constitucional dos trabalhadores. O trabalho é essencial à natureza humana e deve ser garantido como elemento de concretização social e dignidade. O direito ao trabalho, em condições dignas, está consolidado em diversos instrumentos internacionais e nos textos constitucionais contemporâneos, como um dos principais elementos para a plena fruição dos direitos humanos, em todas as suas dimensões (direitos civis, políticos, sociais, econômicos e culturais), que são complementares.

Assim, a ampliação do uso de agrotóxicos no Brasil, que já é considerado líder nesse consumo em nível

---

(84) Ainda de acordo com o documento: "Para o setor Saúde, há preocupação diante dessa tendência crescente de comercialização e, consequentemente, das intoxicações ocasionadas pela exposição a estes produtos – além dos gastos públicos, [...], que são gerados e custeados por toda a população com a recuperação de áreas contaminadas, tratamento de intoxicações agudas e crônicas, casos de morte e invalidez, entre diversos outros desfechos. Nesse sentido, urge a necessidade de conciliação do desenvolvimento econômico com a promoção do desenvolvimento social e da sustentabilidade ambiental, especialmente no tocante ao modelo de desenvolvimento agrícola adotado no País. Regiões vêm sofrendo com a expansão da produção patronal, que está causando rápida e intensa mudança no uso da terra, produzindo impactos ambientais antes inexistentes, como erosão hídrica e eólica, perda de habitats, alteração dos povoamentos e das populações faunísticas, diminuição da vazão dos rios que drenam a região, assoreamento, redução da variabilidade genética e da biodiversidade. [...]." *Relatório Nacional de Vigilância em Saúde de Populações Expostas a Agrotóxicos*. Brasil: Ministério da Saúde, Secretaria de Vigilância em Saúde, Departamento de Vigilância em Saúde Ambiental e Saúde do Trabalhador, 2018. p. 13. Disponível em: <http://bvsms.saude.gov.br/bvs/publicacoes/relatorio_nacional_vigilancia_populacoes_expostas_agrotoxicos.pdf>. Acesso em: 8 dez. 2019.

mundial, traz diversas violações de direitos fundamentais e humanos. Nesse sentido, deve-se combater o "pacote do veneno" e apoiar a implementação de política que reduza o uso de agrotóxicos nas plantações brasileiras, em nome da saúde, bem-estar, do meio ambiente equilibrado, do direito ao trabalho digno e da preservação da vida de todos.

REFERÊNCIAS

ARANHA, Ana. Agrotóxicos: o medo que cala. In: *Conflitos no campo no Brasil 2018*. Goiânia: CPT Nacional, 2019.

BOCHNER, Rosana. *Óbito ocupacional por exposição a agrotóxicos utilizado como evento sentinela*: quando pouco significa muito. Revista do Instituto de Comunicação e Informação Científica e Tecnológica em Saúde, da Fundação Oswaldo Cruz (ICICT/Fiocruz), Rio de Janeiro RJ, 2015. Disponível em: <https://visaemdebate.incqs.fiocruz.br/index.php/visaemdebate/article/download/364/240/>. Acesso em: 24 nov. 2019.

BOFF, Leonardo. *Sustentabilidade*: o que é – o que não é. 5. ed. Vozes: Petrópolis-RJ, 2016.

BOMBARDI, Larissa Mies. *Geografia do uso de agrotóxicos no Brasil e conexões com a União Europeia*. São Paulo: FFLCH-USP, 2017. Disponível em: <https://www.larissabombardi.blog.br/atlas2017>. Acesso em: 8 dez.2019.

CONFORTI, Luciana Paula. *Interpretações do conceito de trabalho análogo a de escravo*: a luta pelo direito ao trabalho digno e pelo direito fundamental de não ser escravizado no Brasil. Tese de Doutorado. Brasília: UnB, 2019, 396 p. Disponível em: <https://repositorio.unb.br/handle/10482/35463>. Acesso em: 25 nov. 2019.

DELGADO, Gabriela Neves. *Direito fundamental ao trabalho digno*. 2. ed. São Paulo: LTr, 2015.

______; RIBEIRO, Ana Carolina Paranhos de Campos. Os direitos sociotrabalhistas como dimensão dos direitos humanos. In: *Trabalho, Constituição e Cidadania: a dimensão dos direitos sociais trabalhistas*. DELGADO, Gabriela Neves; PEREIRA, Ricardo José Macêdo de Brito (Coords.). São Paulo: LTr, 2014.

DELGADO, Mauricio Godinho; DELGADO, Gabriela Neves. *A Reforma Trabalhista no Brasil*: com os comentários à Lei n. 13.467/2017. São Paulo: LTr, 2018.

DOCUMENTÁRIO: *Nuvens de Veneno*. Direção Beto Novaes, 2013. Disponível: <https://portal.fiocruz.br/video/nuvens-de-veneno-audiodescricao>. Acesso em: 24 nov. 2019.

DOCUMENTÁRIO: *O Veneno Está na Mesa*. Direção: Silvio Tendler, 2011. Disponível em: <https://www.youtube.com/watch?v=8RVAgD44AGg>. Acesso em: 21 nov. 2019.

DOWBOR, Ladislau. *A era do capital improdutivo*: a nova arquitetura do poder, sob dominação financeira, sequestro da democracia e destruição do planeta. São Paulo: Autonomia Literária, 2017.

FRAZÃO, Ana. *MP da Liberdade Econômica*: temos razões para comemorar ou para nos preocupar? Disponível em: <https://www.jota.info/paywall?redirect_to=//www.jota.info/opiniao-e-analise/colunas/constituicao-empresa-e-mercado/mp-da-liberdade-economica-temos-razoes-para-comemorar-ou-para-nos-preocupar-14082019>. Acesso em: 1º nov. 2019.

FELICIANO, Guilherme Guimarães; CONFORTI, Luciana Paula; PORTO, Noemia Aparecida Garcia. *A reforma trabalhista e suas "modernidades"*: O Brasil na 106ª Conferência Internacional do Trabalho e as violações às normas do trabalho. Disponível em: <https://www.anamatra.org.br/artigos/25537-a-reforma-trabalhista-e-suas-modernidades>. Acesso em: 29 set. 2019.

GRAU, Eros Roberto. *A ordem econômica na Constituição de 1988*. 13. ed. São Paulo: Malheiros, 2008.

NOTA TÉCNICA DA ANAMATRA, sobre os 18 meses de vigência da "Reforma Trabalhista". Disponível em: <https://www.anamatra.org.br/images/DOCUMENTOS/20180926.notatecnicaOIT.pdf>. Acesso em: 26 nov. 2019.

PADILHA, Norma Sueli. *Fundamentos Constitucionais do Direito Ambiental Brasileiro*. Rio de Janeiro: Elsevier, 2010.

PEREIRA, Luciano Meneghetti; COSTA, Ilton Garcia. O controle de convencionalidade e a dignidade humana na Justiça do Trabalho: uma análise da aplicação das Convenções ns. 148 e 155 da OIT e a questão da (im)possibilidade de cumulação dos adicionais de periculosidade e insalubridade. In: *Dignidade da pessoa humana e controle judicial de convencionalidade*. RIBEIRO, Daniela Menengoti; SIQUEIRA, Bruno Luiz Weiler; FLORES, Simone Fogliato (Orgs.). Rio de Janeiro: Lumen Juris, 2018.

PIOVESAN, Flávia. *Direitos Humanos e o Direito Constitucional Internacional*. 12. ed. São Paulo: Saraiva, 2011.

______; GOTTI, Alessandra Passos; MARTINS, Janaina Senne. A proteção internacional dos direitos econômicos, sociais e culturais. In: PIOVESAN, Flávia. *Temas de Direitos Humanos*. 3. ed. São Paulo: Saraiva, 2009.

Relatório Nacional de Vigilância em Saúde de Populações Expostas a Agrotóxicos. Brasil: Ministério da Saúde, Secretaria de Vigilância em Saúde, Departamento de Vigilância em Saúde Ambiental e Saúde do Trabalhador, 2018. Disponível em: <http://bvsms.saude.gov.br/bvs/publicacoes/relatorio_nacional_vigilancia_populacoes_expostas_agrotoxicos.pdf>. Acesso em: 8 dez. 2019.

Relatório "Terrenos da desigualdade: terra, agricultura e desigualdade no Brasil rural". Disponível em: <https://oxfam.org.br/publicacao/terrenos-da-desigualdade-terra-agricultura-e-desigualdade-no-brasil-rural/>. Acesso em: 25 nov. 2019.

REIS, Daniela Muradas. *O princípio da vedação do retrocesso no Direito do Trabalho*. São Paulo: LTr, 2010.

SARLET, Ingo Wolfgang. *Dignidade (da pessoa) humana e direitos fundamentais na Constituição Federal de 1988*. 10. ed. Porto Alegre: Livraria do Advogado, 2015.

Série de reportagens *Viúvas do Veneno*. Diário do Nordeste (17, 19 e 20 de abril de 2013). Disponível em: <https://diariodonordeste.verdesmares.com.br/editorias/regiao/silencio-e-dor-se-multiplicam-nos-campos-brasileiros-1.269133>. Acesso em: 24 nov. 2019.

SILVA, José Afonso da. *Direito ambiental constitucional*. 7. ed. São Paulo: Malheiros, 2009.

SILVA, José Antonio Ribeiro de Oliveira. *A saúde do trabalhador como um direito humano*: conteúdo essencial da dignidade humana. São Paulo: LTr, 2008.

SILVA JÚNIOR, José Maria da. *Aspectos jurídicos da disposição irregular de resíduos sólidos e impactos à saúde*. Disponível em: <www.jus.uol.com.br/revista/texto/19735>. Acesso em: 24 nov. 2019.

SUPIOT, Alain. *O Espírito de Filadélfia*: a justiça social diante do mercado total. Trad. Tânia do Valle Tschiedel. Porto Alegre: Sulina, 2014.

SÜSSEKIND, Arnaldo. Direito internacional do trabalho. 3. ed. São Paulo: LTr.

PARTE IV

Interfaces de Acesso à Justiça e de Regulação Judicial

CAPÍTULO 24

Dimensões do Direito Fundamental ao Trabalho Digno: Acesso à Justiça sob uma Perspectiva Substancial

José Roberto Freire Pimenta[(1)]

Raquel Betty de Castro Pimenta[(2)]

Resumo: O presente estudo pretende, em uma primeira parte, destacar a perspectiva substancial do direito fundamental ao acesso à justiça, enfatizando sua relação com a efetivação do trabalho digno. Para tanto, destaca o suporte constitucional dado ao acesso à justiça e analisa as ondas renovatórias do processo contemporâneo. Em um segundo momento, realiza o exame das alterações promovidas pela Lei n. 13.467/2017, a denominada "Lei da Reforma Trabalhista", em pontos fulcrais do processo do trabalho, que representam verdadeiro retrocesso no exercício do direito fundamental ao acesso à justiça. Pretende-se, assim, contribuir para a atual discussão, com as necessárias profundidade e amplitude, de uma matéria que diz respeito à própria razão de ser e aos limites do papel constitucional e legal da Justiça do Trabalho brasileira, em cumprimento a seu dever de tornar efetivo o direito fundamental ao trabalho digno.

Palavras-chave: Direito fundamental ao trabalho digno. Acesso à justiça. Reforma trabalhista.

Abstract: The present study intends, in the first part, to highlight the substantial perspective of the fundamental right to access to justice, emphasizing its relationship with the accomplishment of decent work. To this end, it highlights the constitutional support given to access to justice and analyzes the renewal waves of the contemporary process. In a second moment, it examines the changes promoted by Law n. 13467/2017, the so-called "Labor Reform Law", at key points in the labor process, which represent a real setback in the exercise of the fundamental right to access to justice. Thus, it is intended to contribute to the current discussion, with the necessary depth and breadth, of a matter that concerns the very reason and the limits of the constitutional and legal role of the Brazilian Labor Court, in compliance with its duty to make the fundamental right to decent work effective.

Keywords: Fundamental right to decent work. Access to justice. Labor reform.

(1) Professor Titular do Centro Universitário do Distrito Federal (UDF) e de seu Mestrado em Direito das Relações Sociais e Trabalhistas. Ministro do Tribunal Superior do Trabalho (TST). Doutor em Direito Constitucional pela Universidade Federal de Minas Gerais (UFMG). Ex-Professor do Mestrado e Doutorado da Faculdade de Direito da Pontifícia Universidade Católica de Minas Gerais (PUC Minas). Integrante do Conselho Consultivo da Escola Nacional de Formação e Aperfeiçoamento dos Magistrados do Trabalho (ENAMAT). Ministro Conselheiro do Conselho Superior da Justiça do Trabalho (CSJT), a partir de agosto de 2019.

(2) Doutora pela Università degli Studi di Roma Tor Vergata (Itália) em cotutela internacional com a Universidade Federal de Minas Gerais (UFMGI). Mestre em Direito do Trabalho pela Pontifícia Universidade Católica de Minas Gerais (PUC Minas). Especialista em Direito do Trabalho Ítalo-Brasileiro pela Universidade Federal de Minas Gerais e pela Università di Roma Tor Vergata. Servidora do Tribunal Regional do Trabalho da 3ª Região. Professora Substituta da Faculdade de Direito da Universidade Federal de Minas Gerais e Professora de Cursos de Pós-Graduação *lato sensu*. Pesquisadora integrante do Grupo de Pesquisa Trabalho, Constituição e Cidadania (UnB/CNPq).

"(...) Na primeira noite eles se aproximam
e roubam uma flor
do nosso jardim.
E não dizemos nada.
Na segunda noite, já não se escondem;
pisam as flores,
matam nosso cão,
e não dizemos nada.
Até que um dia,
o mais frágil deles
entra sozinho em nossa casa,
rouba-nos a luz, e,
conhecendo nosso medo,
arranca-nos a voz da garganta.
E já não podemos dizer nada. (...)"

(Eduardo Alves da Costa. *No caminho com Maiakóvski:* poesia reunida)(3)

1. INTRODUÇÃO

A compreensão do trabalho digno como direito fundamental da pessoa humana parte da constatação de que o "*valor da dignidade deve ser o sustentáculo de qualquer trabalho humano*", na lição de Gabriela Neves Delgado(4). A noção, extraída da conjugação de uma série de princípios consagrados na nossa ordem constitucional, merece ser, cada vez mais, propagada, difundida e decodificada, em suas mais variadas dimensões.

Do ponto de vista processual, sob a perspectiva instrumentalista(5), o acesso à justiça desponta como uma das dimensões do direito fundamental ao trabalho digno, já que a efetividade da tutela jurisdicional é critério decisivo para se determinar se, em determinado país, os direitos materiais de estatura constitucional ou infraconstitucional não passam de promessas vãs ou se, ao contrário, são realidade.

O presente estudo pretende, em uma primeira parte, destacar a perspectiva substancial do direito fundamental ao acesso à justiça, enfatizando sua relação com a efetivação do trabalho digno. Para tanto, destaca o suporte constitucional dado ao acesso à justiça e analisa as ondas renovatórias do processo contemporâneo.

Em um segundo momento, examina algumas relevantes alterações promovidas na Consolidação das Leis do Trabalho (CLT) pela Lei n. 13.467/2017, a denominada "Lei da Reforma Trabalhista", em pontos fulcrais do processo do trabalho, que representam verdadeiro retrocesso, na perspectiva da concretização e do exercício do direito fundamental ao acesso à justiça.

Pretende-se, assim, contribuir para a discussão, com as necessárias profundidade e amplitude, de uma matéria tão relevante e atual, por dizer respeito à própria razão de ser e aos limites do papel constitucional e legal e da própria atuação da Justiça do Trabalho brasileira, em cumprimento a seu dever de tornar efetivo o direito fundamental ao trabalho digno.

2. O ACESSO À JUSTIÇA COMO EFETIVAÇÃO DO DIREITO FUNDAMENTAL AO TRABALHO DIGNO

O acesso à justiça pode ser conceituado ou explicado a partir do princípio da inafastabilidade da jurisdição(6), como garantia fundamental dos direitos materiais, e, ainda, como acesso ao direito em si, sob uma perspectiva substancial.

---

(3) COSTA, Eduardo Alves da. *No caminho com Maiakóvski:* poesia reunida. São Paulo: Geração Editorial, 2003. p. 47.

(4) DELGADO, Gabriela Neves. *Direito fundamental ao trabalho digno.* São Paulo: LTr, 2006. p. 207.

(5) Para a teoria instrumentalista do processo, este é um instrumento de efetivação do direito material, uma técnica utilizada para se alcançar escopos sociais, jurídicos e políticos, não podendo ser considerado como fim em si mesmo. Para maiores aprofundamentos no tema, cf: DINAMARCO, Cândido Rangel. *A instrumentalidade do processo.* 15. ed. São Paulo: Malheiros, 2013; BEDAQUE, José Roberto dos Santos. *Efetividade do Processo e Técnica Processual.* 3. ed. São Paulo: Saraiva, 2010.

(6) Positivado em nosso texto constitucional, no inciso XXXV do art. 5º: "a lei não excluirá da apreciação do Poder Judiciário lesão ou ameaça a direito" (BRASIL. [Constituição (1988)]. *Constituição da República Federativa do Brasil de 1988.* Brasília, DF: Presidência da República, [2019]. Disponível em: <http://www.planalto.gov.br/ccivil_03/constituicao/constituicao.htm>. Acesso em: 20 nov. 2019).

Adriana Goulart de Sena Orsini, enfatizando o alcance mais amplo que deve ser dado à garantia constitucional do acesso à justiça, explica:

> Uma das garantias fundamentais dos cidadãos é o princípio da inafastabilidade do Poder Judiciário, insculpido no art. 5º, XXXV, da CF/1988, segundo o qual todos têm direito de ver apreciada pelo Poder Judiciário lesão ou ameaça de lesão a direito seu. Entretanto, ele não pode mais ser entendido pelo simples acesso ao processo e a uma sentença de mérito transitada em julgado. E, assim, se diz porque o simples acesso não significa efetividade, e a sentença nem sempre significará resolução do conflito com pacificação, escopo magno do processo. O princípio da inafastabilidade do controle jurisdicional deve ser entendido, à luz dos valores e princípios do nosso tempo, como inspirador da regra de que todos têm o direito a uma tutela efetiva e eficaz[7].

A inafastabilidade do Poder Judiciário, entendida como o direito à jurisdição, ou seja, a efetiva garantia de levar à apreciação jurisdicional a defesa de seus interesses, pode ser equiparada ao "direito aos direitos", pois sem ela não há como se assegurar o usufruto dos demais. Com propriedade, Carmem Lúcia Antunes Rocha ensina:

> O direito à jurisdição é a primeira das garantias constitucionais dos direitos fundamentais, como anteriormente frisado. Jurisdição é direito-garantia sem o qual nenhum dos direitos, reconhecidos e declarados ou constituídos pela Lei Magna ou outro documento legal, tem exercício assegurado e lesão ou ameaça desfeita eficazmente. Primeiramente, o direito à jurisdição é a garantia fundamental das liberdades constitucionais. Sem o controle jurisdicional, todos os agravos às liberdades permanecem no limbo político e jurídico das impunidades. Todas as manifestações da liberdade, todas as formas de seu exercício asseguradas de nada valem sem o respectivo controle jurisdicional. A liberdade sem a garantia do pleno exercício do direito à jurisdição é falaciosa, não beneficia o indivíduo, pois não passa de ilusão de direito, o que sempre gera o acomodamento estéril e a desesperança na resistência justa e necessária. Não é por acaso que os regimes políticos antidemocráticos iniciam suas artes e manhas políticas pela subtração ou pelo tolhimento do direito à jurisdição. É que sem este direito plenamente assegurado e exercitável o espaço para as estripulias dos ditadores é mais vasto e o descontrole de seus comportamentos confere-lhes a segurança de que eles se vêem necessitados de continuar no poder. O direito à jurisdição, ao garantir todos os direitos, especialmente aqueles considerados fundamentais, confere segurança jurídica mais eficaz ao indivíduo e ao cidadão, gerando, paralelamente, a permanente preocupação dos eventuais titulares dos cargos públicos com a sociedade e com os limites legais a que se encontram sujeitos.[8]

E completa ela, de forma precisa e incisiva:

> Mas o acesso aos órgãos prestadores da jurisdição por parte do cidadão depende de um desempenho prévio do Estado, que se desdobra em dois comportamentos complementares: de um lado, impõe-se a facilitação do exercício do direito à jurisdição pela sua declaração normativa expressa (evidentemente, nos países que adotem o modelo jurídico-normativo formal escrito) e, de outro, deve-se dar a saber ao povo deste como de todos os direitos fundamentais que lhes são assegurados.
>
> Estes comportamentos públicos são pressupostos imprescindíveis a serem cumpridos para que o direito à jurisdição não seja uma mentira legal ou uma possibilidade oficial, somente exercida por aqueles que dispõem de condições econômicas bastantes para saber de seus direitos e poder pagar o preço de seu exercício. Sendo direito e fundamental, a jurisdição não pode ser privilégio de uns e miragem oficial de muitos.[9]

Quando se trata do direito fundamental ao trabalho digno, não basta sua mera enunciação ou seu reconhecimento como princípio jurídico norteador da ordem jurídica trabalhista. Imprescindível tornar possível sua

---

(7) SENA, Adriana Goulart de. Resolução de conflitos e acesso à justiça: efetividade material e judicial. In: SENA, Adriana Goulart de; DELGADO, Gabriela Neves; NUNES, Raquel Portugal (coord.). *Dignidade humana e inclusão social*: caminhos para a efetividade do direito do trabalho no Brasil. São Paulo: LTr, 2010. p. 146.

(8) ROCHA, Cármen Lúcia Antunes. O direito constitucional à jurisdição. In: TEIXEIRA, Sálvio Figueiredo (coord.). *As garantias do cidadão na justiça*. São Paulo: Saraiva, 1993. p. 42-43.

(9) *Ibdem*, p. 34.

tutela, pela via jurisdicional, *de forma efetiva*. A este respeito, são importantes as lições de Gabriela Neves Delgado:

> O direito ao trabalho digno, como elementos de concretização das liberdades básicas dos homens, deve gozar de aplicabilidade imediata, já que alçado à condição de direito fundamental. Exatamente por identificar-se como um direito fundamental do homem que sua proteção deve ser incisiva, haja vista que o espaço de atuação do legislador infraconstitucional torna-se restrito, seja pelos limites apresentados na promulgação de emendas constitucionais, seja pela obrigação de otimizar os direitos sociais[10].

Como já afirmado em diversos trabalhos anteriores[11], hoje, os verdadeiros problemas do Direito do Trabalho no Brasil são a *falta de efetividade da tutela jurisdicional trabalhista* e uma verdadeira *cultura do inadimplemento das obrigações trabalhistas*, que produzem o efeito de tornar extremamente vantajoso, do ponto de vista econômico, para grande número de empregadores, descumprir, de forma deliberada, as mais elementares obrigações trabalhistas.

A concretização do direito fundamental ao trabalho digno é diretamente impactada pela crise de efetividade da tutela jurisdicional trabalhista. Em outras palavras, a inefetividade da tutela jurisdicional, e os obstáculos impostos ao acesso à justiça causam desastrosos efeitos práticos e concretos nas relações do trabalho em nosso país e na efetividade das normas constitucionais, acarretando genuína e continuada afronta aos direitos humanos.

Inegável, portanto, que, para tornar cada vez mais real e concreto o direito fundamental ao trabalho digno, faz-se imperioso assegurar meios para sua tutela efetiva e eficaz, sob pena de, em última instância, ofender os valores democráticos e éticos da sociedade, como relembra Gabriela Neves Delgado:

> Se existe um direito fundamental, deve também existir um dever fundamental de proteção. Quando o direito utiliza-se da regulamentação jurídica significa, antes de tudo, que ele servirá como suporte de valor para proteger o homem em seus direitos.
>
> Por isso a declaração e a efetivação dos direitos fundamentais devem ser compreendidas como o ponto de chegada do momento ético de um Estado Democrático de Direito. (destaques originais)[12]

Por isso, na linha do que já foi ressaltado em trabalho anterior:

> Pode-se assim concluir, desde logo, que a própria existência do direito material, entendida não como mera previsão abstrata de situações da vida, mas como proteção real e concreta dos interesses tutelados, depende da efetividade do direito processual e da atividade jurisdicional para proporcionar a satisfação específica dele[13].

No plano constitucional, os direitos sociais constitucionalmente consagrados (ou prometidos?), os chamados direitos constitucionais de segunda geração, não são praticados em boa parte das relações de trabalho subordinado, na esfera decisiva da realidade empírica, criando verdadeiros "vazios de tutela" e genuínas afrontas aos direitos humanos (ou caracterizando, em outras palavras, o que já foi denunciado como uma indesejável situação de *hipocrisia constitucional*, em que avanços sociais e direitos fundamentais são apenas enunciados na Norma Fundamental, como forma de

(10) DELGADO, Gabriela Neves. *Direito fundamental ao trabalho digno*. São Paulo: LTr, 2006. p. 71.

(11) PIMENTA, José Roberto Freire. A força dos precedentes judiciais, o novo sistema recursal trabalhista e a função constitucional do Tribunal Superior do Trabalho. In: DELGADO, Gabriela Neves; PIMENTA, José Roberto Freire; MELLO FILHO, Luiz Philippe Vieira de; LOPES, Othon de Azevedo (coord.). *Direito constitucional do trabalho:* princípios e jurisdição constitucional do TST. São Paulo: LTr, 2015. p. 225-262; PIMENTA, José Roberto Freire. Tutelas de urgência no processo do trabalho: o potencial transformador das relações trabalhistas das reformas do CPC brasileiro. In: PIMENTA, José Roberto Freire; RENAULT, Luiz Otávio Linhares; VIANA, Márcio Túlio; DELGADO, Mauricio Godinho; BORJA, Cristina Pessoa Pereira (org.). *Direito do trabalho:* evolução, crise, perspectivas. São Paulo: LTr, 2004. p. 336-399; PIMENTA, José Roberto Freire. A tutela metaindividual dos direitos trabalhistas: uma exigência constitucional. In: PIMENTA, José Roberto Freire; BARROS, Juliana Augusta Medeiros de; FERNANDES, Nadia Soraggi (coords.). *Tutela metaindividual trabalhista:* a defesa coletiva dos direitos dos trabalhadores em juízo. São Paulo: LTr, 2009. p. 9-50; PIMENTA, José Roberto Freire. A conciliação na esfera trabalhista – função, riscos e limites. In: PIMENTA, Adriana Campos de Souza Freire; LOCKMANN, Ana Paula Pellegrina (coord.). *Conciliação judicial individual e coletiva e formas extrajudiciais de solução dos conflitos trabalhistas*. São Paulo: LTr, 2014. p. 22-73.

(12) DELGADO, Gabriela Neves. *Direito fundamental ao trabalho digno*. São Paulo: LTr, 2006. p. 208.

(13) PIMENTA, José Roberto Freire. A força dos precedentes judiciais, o novo sistema recursal trabalhista e a função constitucional do Tribunal Superior do Trabalho. In: DELGADO, Gabriela Neves; PIMENTA, José Roberto Freire; MELLO FILHO, Luiz Philippe Vieira de; LOPES, Othon de Azevedo (coord.). *Direito constitucional do trabalho*: princípios e jurisdição constitucional do TST. São Paulo: LTr, 2015. p. 231.

aplacar as legítimas expectativas de importantes e mobilizados segmentos sociais menos favorecidos, mas jamais concretizados na prática social com as necessárias plenitude e efetividade).

No plano trabalhista propriamente dito, as verdadeiras relações laborais (ou seja, aquelas que, no plano da realidade, são praticadas pelos empregadores ou empregados, com ou sem a formalização desse vínculo) são muito diferentes, para pior (ou seja, em patamares muito inferiores ao mínimo previsto no plano normativo do *dever-ser*, qualitativa e quantitativamente), criando um verdadeiro incentivo, para os empregadores e demais tomadores de serviços, à *síndrome do descumprimento das obrigações*.

Do ponto de vista processual, portanto, mostra-se imprescindível combater a inefetividade da tutela jurisdicional mediante a predisposição e o constante aperfeiçoamento de mecanismos de tutela metaindividual, o incentivo à tutela específica e inibitória, o investimento no próprio aparato e na infraestrutura do Poder Judiciário e na formação inicial e continuada dos magistrados e servidores, bem como pelo desenvolvimento de estratégias e de normas de direito material e processual direcionadas para incentivar, no plano das relações laborais, o cumprimento espontâneo da legislação de tutela ao trabalho. Para tanto, mostra-se evidente que a facilitação do acesso à jurisdição trabalhista e a criação de mecanismos processuais que garantissem maior celeridade e efetividade ao processo e à execução seriam os caminhos mais adequados a serem perseguidos.

Nessa perspectiva, há muito os obstáculos para um acesso à justiça eficaz vêm sendo objeto de estudo pelos processualistas, em todo o mundo, para enfrentar o assoberbamento do Poder Judiciário e a consequente baixa de efetividade da tutela jurisdicional, por diversas vias. É o que se busca relembrar a seguir, ainda que rapidamente.

3. AS ONDAS RENOVATÓRIAS DO PROCESSO CONTEMPORÂNEO

Mauro Cappelletti e Bryant Garth, em sua obra clássica intitulada Acesso à Justiça, publicada pela primeira vez em 1978[14], e resultado da ampla pesquisa de âmbito mundial denominada "Projeto Florença", identificaram, desde aquela época, os maiores obstáculos ao acesso à justiça. A partir desses obstáculos identificados em sua pesquisa, descreveram as ondas renovatórias do processo contemporâneo, em prol da superação desses obstáculos e do aumento da efetividade da tutela jurisdicional em todo o mundo.

A primeira das preocupações relativas ao acesso à justiça apontada no relatório final elaborado por Cappelletti e Garth diz respeito à questão econômica, que, além de impedir um pleno acesso à justiça, gera grandes distorções na atuação processual.

Assim, a primeira onda corresponderia à superação das barreiras econômicas para a garantia de acesso pleno, igualitário e efetivo à tutela jurisdicional constitucionalmente prometida e assegurada, independente do poder econômico da parte. Para tanto, foram criadas regras relativas à gratuidade de justiça para os hipossuficientes, corrigindo distorções econômicas verificadas na possibilidade de busca da tutela jurisdicional.

A segunda onda descrita na pesquisa diz respeito ao combate aos obstáculos organizacionais do acesso à justiça, mediante a criação de novos e eficientes instrumentos e canais processuais diferenciados para permitir a tutela efetiva dos interesses e direitos difusos e coletivos em juízo. É o que se denomina de tutela metaindividual.

A terceira onda, por sua vez, se caracteriza por uma abordagem mais ampla e holística em prol do acesso à justiça, por meio da instituição de novas técnicas processuais mais adequadas a assegurar um acesso à justiça substancial, com ênfase na efetividade da tutela jurisdicional, vista, agora, como direito-garantia fundamental. Ainda, também se dá destaque à formação de operadores do Direito (magistrados, integrantes do Ministério Público e advogados), capazes de atuar nesses novos canais processuais e de operar, em sua plenitude, esses novos instrumentos e técnicas processuais.

Sobre a última onda, Adriana Goulart de Sena Orsini acentua:

> Na perspectiva do cidadão, é exercício de cidadania, pois é direito de falar, de ser ouvido e de acesso a um serviço público. Para a sociedade, "acesso à Justiça" é o direito a uma tutela jurisdicional efetiva e eficaz, a uma tutela justa, em tempo razoável e com resultados reais e efetivos[15].

(14) CAPPELLETTI, Mauro; GARTH, Bryant. *Acesso à Justiça*. Tradução de Ellen Gracie Northfleet. Porto Alegre: Sérgio Antônio Fabris, 1988.

(15) SENA, Adriana Goulart de. Resolução de conflitos e acesso à justiça: efetividade material e judicial. In: SENA, Adriana Goulart de; DELGADO, Gabriela Neves; NUNES, Raquel Portugal (coord.). *Dignidade humana e inclusão social:* caminhos para a efetividade do direito do trabalho no Brasil. São Paulo: LTr, 2010. p. 157.

Paradoxalmente, se nas duas últimas décadas parecíamos estar voltados a implementar, em nosso país, as conquistas e os avanços da terceira onda renovatória (por meio da generalização da técnica das tutelas de urgência e de evidência, com a antecipação da tutela de mérito nos casos constitucionalmente necessários, o uso intenso da tutela coletiva ou metaindividual para combater as lesões em massa praticadas deliberadamente pelos denominados litigantes habituais, o emprego cada vez maior da tutela preventiva e inibitória e da condenação ao pagamento de indenização por dano moral coletivo para tornar desvantajosa essa prática), agora temos que voltar a discutir a primeira onda, relativa a assegurar, efetivamente, a justiça gratuita para os hipossuficientes.

Com efeito, diversas das recentes alterações promovidas na legislação processual trabalhista pela Lei n. 13.467/2017 criaram novas, irrazoáveis e desproporcionais barreiras econômicas à garantia constitucional de acesso pleno e igualitário à tutela jurisdicional, representando inegável retrocesso social e ofensa a princípios e valores constitucionalmente prometidos e assegurados.

4. O RETROCESSO NO ACESSO À JUSTIÇA PROMOVIDO PELA LEI N. 13.467/2017 (REFORMA TRABALHISTA)

A reforma trabalhista implementada pela Lei n. 13.467, de 13 de julho de 2017, promoveu, em tempo recorde, uma série de alterações na legislação trabalhista, modificando mais de duzentos dispositivos da Consolidação das Leis do Trabalho (CLT), além de alterar dispositivos nas Leis ns. 6.019/1974, 8.036/1990 e 8.212/1991, "a fim de adequar a legislação às novas relações de trabalho", como descrito em sua ementa(16).

Tais alterações tiveram os declarados propósitos de modernizar a legislação do trabalho, promover a inclusão de amplos setores da população ativa, antes excluídos da proteção das normas laborais, e diminuir o número, considerado excessivo, de demandas trabalhistas, por meio do combate à denominada "litigância irresponsável". A profundidade das modificações nas regras e nos princípios juslaborais foi enorme, exigindo de todos os operadores do Direito do Trabalho um grande esforço para bem compreendê-las, interpretá-las e aplicá-las, de maneira coerente e sistemática, em conformidade com a Constituição, com as normas internacionais de direitos humanos e da Organização Internacional do Trabalho ratificadas pelo Brasil e com o conjunto do ordenamento jurídico infraconstitucional em vigor.

No plano processual, é possível afirmar que, infelizmente, a Reforma Trabalhista teve dois objetivos estratégicos fundamentais: por um lado, intimidar os reclamantes-autores das ações trabalhistas, comprometendo clara e gravemente o seu acesso à justiça, para diminuir artificialmente o número, crescente e muito elevado, de reclamações trabalhistas (cuja verdadeira e preponderante razão, ao contrário do equivocado diagnóstico dos seus autores e defensores, é o descumprimento, em grau muito mais elevado do que ocorre em outros países socialmente mais avançados e com uma tutela jurisdicional mais rápida e efetiva, da legislação trabalhista como um todo, a começar de suas normas constitucionais e legais mais simples e elementares(17)); por outro, atingir substancialmente a independência judicial e o próprio princípio constitucional da separação de Poderes, mediante a limitação dos poderes decisórios dos magistrados do trabalho de todos os graus de jurisdição, seja no julgamento dos casos concretos submetidos a seu julgamento, seja na uniformização, nacional e regional, da jurisprudência e na produção dos precedentes(18).

O modelo decorrente destas premissas acarretou um impacto inegável na efetividade da tutela jurisdicional trabalhista, mormente se considerarmos que a criação de mais obstáculos ao ajuizamento de reclamações trabalhistas terá o efeito de aumentar os "vazios de tutela", e não de promover uma real solução

(16) BRASIL. *Lei n. 13.467, de 13 de julho de 2017*. Altera a Consolidação das Leis do Trabalho (CLT), aprovada pelo Decreto-Lei n. 5.452, de 1º de maio de 1943, e as Leis ns. 6.019, de 3 de janeiro de 1974, 8.036, de 11 de maio de 1990, e 8.212, de 24 de julho de 1991, a fim de adequar a legislação às novas relações de trabalho. Brasília, DF: Presidência da República, [2019]. Disponível em: <http://www.planalto.gov.br/ccivil_03/_Ato2015-2018/2017/Lei/L13467.htm#art1>. Acesso em: 20 nov. 2019.

(17) A simples consulta das estatísticas do Conselho Nacional de Justiça (CNJ) e da própria Justiça do Trabalho mostra, sem sombra de dúvidas, que a imensa maioria das condenações proferidas nas milhares de ações trabalhistas anualmente ajuizadas em nosso país (em números crescentes até 2017, ano da promulgação da denominada Reforma Trabalhista) versa sobre verbas rescisórias, horas extras, adicionais de insalubridade e de periculosidade e intervalos inter e intrajornadas, além do reconhecimento, em Juízo, de relações de emprego não formalizadas – ou seja, os direitos trabalhistas mais básicos e menos controvertidos, em uma sociedade que se pretenda minimamente civilizada.

(18) Acerca desse segundo objetivo de limitação à atuação do Poder Judiciário trabalhista, cf: PIMENTA, José Roberto Freire. A reforma trabalhista da Lei n. 13.467/2017 e as limitações, pelo novo art. 702, I, *f*, e seus §§ 3º e 4º, da CLT, à uniformização de jurisprudência e à edição ou revisão de precedentes pelos tribunais trabalhistas. In: *Revista do Tribunal Superior do Trabalho*, São Paulo, v. 84, n. 3, jul./set. 2018. p. 19-58.

dos conflitos trabalhistas e de coibir a continuação da violação dos direitos trabalhistas constitucional e legalmente assegurados, que lamentavelmente continuam a ser massiva e estrategicamente praticada, no plano da realidade fática.

Valdete Souto Severo afirma, com propriedade, que:

> A partir de problemas reais, como o número expressivo de demandas, a alta carga de trabalho dos juízes e a lógica de cobrança de metas instituídas pelo CNJ no âmbito do Poder Judiciário, a 'reforma' propõe várias regras cujo escopo, muito claro, é o de eliminar processos sem eliminar conflitos sociais[19].

Gabriela Neves Delgado e Mauricio Godinho Delgado, após relembrarem as características instrumentais do Direito Processual do Trabalho, denunciam na Lei da Reforma Trabalhista "uma estrutura concertada e brandida no sentido de comprometer o patamar civilizatório processual" vigente até então, destacando:

> As preocupações e objetivos centrais da Lei de Reforma Trabalhista, entretanto, são de natureza sumamente diversa, centrando-se na ideia de restringir, ao máximo, o acesso à jurisdição pela pessoa humana trabalhadora, além de instigar a transmutação do processo judicial laboral em tortuoso calcário de riscos e apenações a essa pessoa humana.
>
> Com isso, o citado diploma normativo também busca eliminar ou restringir significativamente o caráter instrumental do Direito Processual do Trabalho[20].

E, ao sistematizar os aspectos mais importantes implementados pela Lei n. 13.467/2017 no campo processual, os autores apontam a grave restrição ao princípio constitucional do amplo acesso à justiça, elencando como principais pontos:

> De um lado, a descaracterização do instituto jurídico da justiça gratuita, que ostenta, conforme se conhece, manifesto assento constitucional (art. 5º, LXXIV, CF). O instituto, pela nova lei, é remodelado de maneira muito mais desfavorável ao ser humano economicamente hipossuficiente do que ocorre seja no Direito Processual Civil, seja nas relações regidas pelo Código de Direito do Consumidor.
>
> [...]
>
> De outro lado, a instauração do sistema de sucumbência recíproca nas causas trabalhistas, relativamente aos honorários advocatícios (novo § 3º do art. 791-A da CLT) sistema novo que abre um adicional campo de incerteza e elevado risco econômico para o autor de qualquer ação trabalhista.
>
> Nesta mesma linha, a criação, pela nova lei, de um grupo de regras censórias dentro do Processo do Trabalho (Seção IV-A do Capítulo II do Título X da CLT, composta pelos arts. 793-A até 793-D). Este novo grupo de regras significativamente censórias transforma o processo judicial trabalhista, para os litigantes menos abastados, em um cenário de elevado risco, que lança mensagem negativa quanto ao caminho constitucional do amplo acesso à justiça.
>
> Se não bastassem tais limitações, há um conjunto de mecanismos novos de eliminação de créditos trabalhistas antes de seu potencial exame pelo Poder Judiciário. Estes novos mecanismos buscam afastar a pessoa humana da Justiça do Trabalho, conferindo quitação ampla e irrestrita a parcelas oriundas de seu vínculo empregatício ou vínculo juridicamente equiparado (trabalhadores avulsos, por exemplo), tudo isso anteriormente a que possam se tornar litígios levados ao exame do sistema judicial trabalhista".[21]

Com enfoque nesse aspecto específico de descaracterização do instituto da gratuidade de justiça, merecem ser aqui analisadas as alterações promovidas nos critérios de concessão do benefício, e a inserção, na legislação processual trabalhista, de previsões que impõem aos beneficiários da justiça gratuita o pagamento de despesas processuais, como verbas honorárias ou hipóteses de pagamento de custas processuais, em claro desvirtuamento da lógica Instituidora do mesmo benefício.

---

(19) SEVERO, Valdete Souto. O esvaziamento da gratuidade como elemento de vedação de acesso à justiça. In: MAIOR, Jorge Luiz Souto; SEVERO, Valdete Souto. *Resistência:* aportes teóricos contra o retrocesso trabalhista. 1. ed. São Paulo: Expressão popular, 2017. p. 501.

(20) DELGADO, Mauricio Godinho; DELGADO, Gabriela Neves. *A reforma trabalhista no Brasil*: com os comentários à Lei n. 13.467/2017. São Paulo: LTr, 2017. p. 289.

(21) *Idem, ibdem*, p. 289-290.

A partir da entrada em vigor da Lei n. 13.467/2017, a literalidade da nova redação dada ao § 3º do art. 790 da CLT institui, para a concessão do direito à justiça gratuita, um critério objetivo – salário igual ou inferior a 40% do limite máximo dos benefícios do Regime Geral de Previdência Social[(22)] – e outro indeterminado, mas que aparentemente passará a exigir comprovação de insuficiência de recursos, conforme § 4º do mesmo art. 790[(23)]. Tal exigência não ocorre no processo civil para pessoas naturais, já que de acordo com o § 3º do art. 99 do Código de Processo Civil: "Presume-se verdadeira a alegação de insuficiência deduzida exclusivamente por pessoa natural".

A diferença para pior, do ponto de vista dos trabalhadores hipossuficientes, nos critérios de concessão da gratuidade de justiça agora previstos na legislação processual trabalhista, reformada em relação ao regramento contido na legislação processual civil, importa em frontal ofensa ao princípio da isonomia, configurando claramente o propósito e o efeito discriminatório da reforma em relação ao trabalhador, autor tradicional das reclamações trabalhistas. Nesse sentido, são contundentes mas acertadas as palavras de Valdete Souto Severo:

> A gratuidade de justiça constitui elemento de cidadania, que inclusive justifica a existência da Justiça do Trabalho. Trata-se de permitir o acesso à justiça a quem não tem condições financeiras para isso. Tornar a gratuidade de justiça menos garantista na Justiça do Trabalho, em relação às outras searas do direito, é tornar o trabalhador um cidadão de segunda classe[(24)].

E, ainda:

> A Justiça do Trabalho é o ambiente em que as normas fundamentais de proteção ao trabalho encontram espaço para serem exigidas, para serem respeitadas. Suprimir esse espaço, é disso que se trata e é essa a consequência mediata desse esvaziamento da gratuidade, é retirar dos trabalhadores a possibilidade de exercício de sua cidadania, de exigência do respeito às normas constitucionais[(25)].

Outra importante inovação inserida na CLT pela reforma trabalhista diz respeito ao pagamento de honorários periciais (art. 790-B) e advocatícios (art. 791-A, § 4º) a cargo de litigantes beneficiários da justiça gratuita.

Para além da grande inovação trazida pela Lei n. 13.467/2017, qual seja, a instituição dos honorários advocatícios sucumbenciais no processo do trabalho (o que antes era regulado pela Lei n. 5.584/70 e se limitava às hipóteses em que o trabalhador era assistido por seu sindicato profissional, ou em outras situações elencadas na Súmula n. 219 do TST[(26)]), foram incluídas regras

(22) Atualmente, o limite máximo dos benefícios do Regime Geral de Previdência Social corresponde a R$ 5.839,45 (cinco mil, oitocentos e trinta e nove reais e quarenta e cinco centavos), conforme Portaria n. 9, de 15 de janeiro de 2019, do Ministério da Economia (BRASIL. Portaria n. 9, de 15 de janeiro de 2019, do Ministério da Economia. Dispõe sobre o reajuste dos benefícios pagos pelo Instituto Nacional do Seguro Social – INSS e dos demais valores constantes do Regulamento da Previdência Social – RPS. Disponível em: <http://www.in.gov.br/materia/-/asset_publisher/Kujrw0TZC2Mb/content/id/59253484/do1-2019-01-16-portaria-n-9-de-15-de-janeiro-de-2019-59253472>. Acesso em: 20 nov. 2019). O valor estipulado no § 3º do art. 790 da CLT, com a redação dada pela Lei n. 13.467/2019, portanto, corresponde a R$ 2.335,78 (dois mil, trezentos e trinta e cinco reais e setenta e oito centavos).

(23) É bem verdade que já há uma tendência, na jurisprudência das instâncias ordinárias, de mitigar a rigidez da interpretação literal deste dispositivo com relação aos trabalhadores pessoas físicas, aplicando-se-lhes, mesmo após a entrada em vigor da Lei n. 13.467/2017, os mesmos critérios exigidos pela legislação processual civil, em conformidade com o entendimento consolidado na Súmula n. 463 do TST, que impõe a necessidade de comprovação da hipossuficiência econômica apenas para as pessoas jurídicas: "Súmula n. 463 do TST: ASSISTÊNCIA JUDICIÁRIA GRATUITA. COMPROVAÇÃO (conversão da Orientação Jurisprudencial n. 304 da SBDI-1, com alterações decorrentes do CPC de 2015) – Res. N. 219/2017, DEJT divulgado em 28, 29 e 30.06.2017 – republicada – DEJT divulgado em 12, 13 e 14.07.2017. I – A partir de 26.06.2017, para a concessão da assistência judiciária gratuita à pessoa natural, basta a declaração de hipossuficiência econômica firmada pela parte ou por seu advogado, desde que munido de procuração com poderes específicos para esse fim (art. 105 do CPC de 2015); II – No caso de pessoa jurídica, não basta a mera declaração: é necessária a demonstração cabal de impossibilidade de a parte arcar com as despesas do processo" (BRASIL. *Tribunal Superior do Trabalho*. Livro de Súmulas, Orientações Jurisprudenciais (Tribunal Pleno / Órgão Especial, SBDI-I, SBDI-I Transitória, SBDI-II e SDC), Precedentes Normativos. Disponível em: <http://www.tst.jus.br/documents/10157/63003/Livro-Internet.pdf>. Acesso em: 20 nov. 2019).

(24) SEVERO, Valdete Souto. O esvaziamento da gratuidade como elemento de vedação de acesso à justiça. In: MAIOR, Jorge Luiz Souto; SEVERO, Valdete Souto. *Resistência: aportes teóricos contra o retrocesso trabalhista*. 1. ed. São Paulo: Expressão popular, 2017. p. 504.

(25) *Ibdem*, p. 508.

(26) Súmula n. 219 do TST: HONORÁRIOS ADVOCATÍCIOS. CABIMENTO (alterada a redação do item I e acrescidos os itens IV a VI em decorrência do CPC de 2015) – Res. n. 204/2016, DEJT divulgado em 17, 18 e 21.03.2016. I – Na Justiça do Trabalho, a condenação ao pagamento de honorários advocatícios não decorre pura e simplesmente da sucumbência, devendo a parte, concomitantemente: a) estar assistida por sindicato da categoria profissional; b) comprovar a percepção de salário inferior ao dobro do salário mínimo ou encontrar-se em situação econômica

específicas prevendo a possibilidade de dedução das verbas honorárias (periciais e advocatícias) dos créditos obtidos na ação trabalhista.

Eis o teor dos mencionados dispositivos:

> Art. 790-B. A responsabilidade pelo pagamento dos honorários periciais é da parte sucumbente na pretensão objeto da perícia, ainda que beneficiária da justiça gratuita.
>
> (...)
>
> § 4º Somente no caso em que o beneficiário da justiça gratuita não tenha obtido em juízo créditos capazes de suportar a despesa referida no *caput*, ainda que em outro processo, a União responderá pelo encargo. (Incluído pela Lei n. 13.467, de 2017)
>
> Art. 791-A.
>
> (...)
>
> § 4º Vencido o beneficiário da justiça gratuita, desde que não tenha obtido em juízo, ainda que em outro processo, créditos capazes de suportar a despesa, as obrigações decorrentes de sua sucumbência ficarão sob condição suspensiva de exigibilidade e somente poderão ser executadas se, nos dois anos subsequentes ao trânsito em julgado da decisão que as certificou, o credor demonstrar que deixou de existir a situação de insuficiência de recursos que justificou a concessão de gratuidade, extinguindo-se, passado esse prazo, tais obrigações do beneficiário. (Incluído pela Lei n. 13.467, de 2017)[27]

A flagrante inconstitucionalidade desses dispositivos tem sido evidenciada por muitos, merecendo destaque as ponderações de Estêvão Mallet e Flávio da Costa Higa:

> O problema do dispositivo em questão reside no fato de ele determinar que as obrigações decorrentes da sucumbência são exigíveis, ainda que o vencido seja beneficiário da justiça gratuita, desde que ele tenha obtido em juízo, ainda que em outro processo, créditos capazes de suportar a despesa. O desafio – quiçá intransponível – é dar uma leitura constitucionalmente conforme a essa regra, diante da garantia de que "o Estado prestará assistência jurídica integral e gratuita aos que comprovarem insuficiência de recursos" (CF, art. 5º, LXXIV). O artigo não colabora em absolutamente nada nesse mister: i) ele não possibilita ao juiz revogar o benefício da justiça gratuita; ii) não cria uma espécie de presunção – elidível, por prova em contrário – de que a obtenção de créditos, ainda que em outro processo, confere ao beneficiário condições de pagar as despesas de processos; iii) também não permite aquilatar que a declaração de pobreza, por ser relativa ao estado da pessoa, é ontologicamente mutante e, com o recebimento de crédito em outro processo, tem o condão de alterar a condição econômica – o que já seria extremamente discutível – e possibilitar o pagamento dos honorários de sucumbência, sem prejuízo do sustento próprio e dos familiares.
>
> Deveras, o dispositivo em questão não faz nada disso. O que ele faz é criar a esdrúxula figura da "justiça gratuita paga". Por isso, ele foi questionado pelo Procurador Geral da República, na Ação Direta de Inconstitucionalidade n. 5.766, ajuizada em 28.08.2017, ainda não decidida pela Suprema Corte.
>
> A própria leitura do dispositivo impõe o trancamento de interpretações constitucionalmente legítimas. Não é possível, por exemplo, entender que o dispositivo está a dizer o mesmo que dizia o art. 12 da Lei n. 1.060, de 5 de fevereiro de 1950, segundo o qual "a parte beneficiada pela isenção do pagamento das custas ficará obrigada a pagá-las, desde que possa fazê-lo, sem prejuízo do sustento próprio ou da família, se dentro de cinco anos, a contar da sentença final (...)". Se assim o fosse, não se divisaria incompatibilidade com o texto consti-

---

que não lhe permita demandar sem prejuízo do próprio sustento ou da respectiva família. (art. 14, § 1º, da Lei n. 5.584/1970). (ex-OJ n. 305 da SBDI-I). II – É cabível a condenação ao pagamento de honorários advocatícios em ação rescisória no processo trabalhista. III – São devidos os honorários advocatícios nas causas em que o ente sindical figure como substituto processual e nas lides que não derivem da relação de emprego. IV – Na ação rescisória e nas lides que não derivem de relação de emprego, a responsabilidade pelo pagamento dos honorários advocatícios da sucumbência submete-se à disciplina do Código de Processo Civil (arts. 85, 86, 87 e 90). V – Em caso de assistência judiciária sindical ou de substituição processual sindical, excetuados os processos em que a Fazenda Pública for parte, os honorários advocatícios são devidos entre o mínimo de dez e o máximo de vinte por cento sobre o valor da condenação, do proveito econômico obtido ou, não sendo possível mensurá-lo, sobre o valor atualizado da causa (CPC de 2015, art. 85, § 2º). VI – Nas causas em que a Fazenda Pública for parte, aplicar-se-ão os percentuais específicos de honorários advocatícios contemplados no Código de Processo Civil. (BRASIL. Tribunal Superior do Trabalho. Livro de Súmulas, Orientações Jurisprudenciais (Tribunal Pleno / Órgão Especial, SBDI-I, SBDI-I Transitória, SBDI-II e SDC), Precedentes Normativos. Disponível em: <http://www.tst.jus.br/documents/10157/63003/Livro-Internet.pdf>. Acesso em: 20 nov. 2019).

(27) BRASIL. *Decreto-Lei n. 5.452, de 1º de maio de 1943*. Aprova a Consolidação das Leis do Trabalho. Brasília, DF: Presidência da República, [2019]. Disponível em: <http://www.planalto.gov.br/ccivil_03/decreto-lei/del5452.htm>. Acesso em: 20 nov. 2019.

tucional, como já entendeu a Suprema Corte, porque haveria mera condição suspensiva de exigibilidade, qual seria a obliteração, no prazo legal, dos pressupostos aquisitivos dos benefícios da justiça gratuita. Isso – e somente isso – é o que faz a legislação processual civil com os beneficiários da justiça gratuita. Mas o § 4º veda de modo hermético tal exegese, na medida em que ele é resoluto ao dispor que a exigibilidade das verbas de sucumbência só fica suspensa se o vencido não receber créditos. Portanto, se ele receber créditos, por menores que sejam, por mais pobre que seja ele e por mais que não reúna condição nenhuma de suportar as despesas do processo sem comprometer a sua subsistência e a dos que dele dependerem, deverá pagar os honorários de sucumbência, conquanto o texto constitucional prometa-lhe assistência jurídica integral e gratuita.

Não bastasse a ofensa direta ao art. 5º, LXXIV, da CF, o § 4º do art. 791-A também molesta a isonomia (CF, art. 5º, *caput*), pois, malgrado os sistemas processuais possuam características e peculiaridades diferentes, nada justifica o tratamento mais rigoroso dispensado ao sucumbente na esfera trabalhista. Além disso, o dispositivo perturba a concepção de "acesso à justiça" (CF, art. 5º, XXXV), pois, por mais difícil que seja definir a expressão, é certo que ela deve contemplar um sistema acessível a todos e que produza resultados individual e socialmente justos, como afirmam Cappelletti e Garth.[28]

Ao responsabilizar os beneficiários da gratuidade judiciária por despesas decorrentes do processo, a Lei n. 13.467/2017 criou obstáculos que inviabilizam a obtenção de tutela judicial por trabalhadores economicamente desfavorecidos, em confronto com os princípios constitucionais da isonomia, da inafastabilidade da jurisdição, do devido processo legal, da ampla defesa e da proibição do excesso (art. 5º, *caput* e incisos XXXV, LIV e LV, da CF).

Outra hipótese inserida pela reforma trabalhista na CLT de possibilidade de condenação dos beneficiários da gratuidade de justiça ao pagamento de despesas processuais, em clara subversão da lógica instituidora dos mesmos benefícios, ocorre nos casos em que o reclamante der causa ao arquivamento da reclamação trabalhista, por ausência na audiência, injustificadamente. A previsão consta na nova redação dada ao art. 844 da CLT, §§ 2º e 3º:

> Art. 844 O não-comparecimento do reclamante à audiência importa o arquivamento da reclamação, e o não-comparecimento do reclamado importa revelia, além de confissão quanto à matéria de fato.
>
> (...)
>
> § 2º Na hipótese de ausência do reclamante, este será condenado ao pagamento das custas calculadas na forma do art. 789 desta Consolidação, ainda que beneficiário da justiça gratuita, salvo se comprovar, no prazo de quinze dias, que a ausência ocorreu por motivo legalmente justificável. (Incluído pela Lei n. 13.467, de 2017)
>
> § 3º O pagamento das custas a que se refere o § 2º é condição para a propositura de nova demanda. (Incluído pela Lei n. 13.467, de 2017)[29]

Olvidou o legislador reformista que a previsão, estipulada no *caput* do art. 844 da CLT, de efeitos diferentes para a ausência do trabalhador reclamante e para o empregador reclamado à audiência tem uma razão de ser muito clara: a necessidade de reequilibrar, também no âmbito processual, a enorme disparidade de forças presente na relação de trabalho. Ressalte-se, novamente: se o direito processual do trabalho é instrumento de concretização do direito material do trabalho, sua atuação também será pautada pelo princípio da proteção, em um viés processual[30].

Adriana Goulart de Sena Orsini, ancorada nas lições de Cappelletti e Garth, destaca:

> Se está se falando em processo justo, há de lembrar também que tratar como iguais sujeitos que econômica e socialmente estão em desigualdade não é outra coisa senão uma ulterior forma de injustiça, reproduzindo a exclusão que a parte hipossuficiente vivencia na relação de direito material diuturnamente[31].

(28) MALLET, Estêvão; HIGA, Flávio da Costa. Os honorários advocatícios após a reforma trabalhista. In: *Revista do Tribunal Superior do Trabalho*, São Paulo, v. 83, n. 4, out./dez. 2017. p. 84-86.

(29) BRASIL. *Decreto-Lei n. 5.452, de 1º de maio de 1943*. Aprova a Consolidação das Leis do Trabalho. Brasília, DF: Presidência da República, [2019]. Disponível em: <http://www.planalto.gov.br/ccivil_03/decreto-lei/del5452.htm>. Acesso em: 20 nov. 2019.

(30) Sobre a incidência do princípio da proteção no processo do trabalho, cf: LIMA, Leonardo Tibo Barbosa. *Lições de direito processual do trabalho*: teoria e prática: Atualizada à luz do CPC de 2015 e da reforma trabalhista (Lei n. 13.467/2017). 5. ed. São Paulo: LTr, 2019. p. 81-87.

(31) SENA, Adriana Goulart de. Resolução de conflitos e acesso à justiça: efetividade material e judicial. In: SENA, Adriana Goulart de; DELGADO, Gabriela Neves; NUNES, Raquel Portugal (coord.). *Dignidade humana e inclusão social:* caminhos para a efetividade do direito do trabalho no Brasil. São Paulo: LTr, 2010. p. 158.

A gritante inconstitucionalidade destas previsões, inseridas nos §§ 2º e 3º do art. 844 da CLT, já foi declarada pelo Tribunal Regional do Trabalho da 3ª Região, que apreciou, por seu Plenário, Arguição de Inconstitucionalidade suscitada sobre o tema (ArgInc 0010676-71.2018.5.03.0000), fixando a seguinte tese jurídica:

> Arguição Incidental de Inconstitucionalidade. Pagamento de custas. Beneficiário de justiça gratuita. §§ 2º e 3º do art. 844 da CLT (Lei n. 13.467/2017).
>
> São inconstitucionais a expressão "ainda que beneficiário da justiça gratuita", constante do § 2º, e a íntegra do § 3º, ambos dispositivos do art. 844 da CLT, na redação dada pela Lei n. 13.467/2017, por violação direta e frontal aos princípios constitucionais da isonomia (art. 5º, *caput*, da CR), da inafastabilidade da jurisdição (art. 5º, XXXV, da CR) e da concessão de justiça gratuita àqueles que dela necessitarem (art. 5º, LXXIV, da CR). (RA 145/2018, disponibilização: DEJT/TRT3/Cad. Jud. 19, 20 e 21.09.2018)[32].

Mais especificamente, acerca da exigência imposta no § 3º do art. 844 do pagamento de custas processuais como condição para ajuizamento de nova ação, Leonardo Tibo Barbosa Lima aponta, além da inconstitucionalidade, nítida incoerência sistêmica, relembrando que, na fase recursal, foram inseridas pela própria Lei n. 13.467/2017 previsões de isenção de preparo recursal no caso de justiça gratuita: "Ora, como exigir custas do beneficiário da justiça gratuita, para poder ajuizar nova ação, mas não exigir custas e depósito recursal desse mesmo beneficiário (art. 899, § 10, da CLT)?"[33].

Por tudo isso, antes mesmo da entrada em vigor da Lei n. 13.467/2017 em 11.11.2017, o Procurador Federal da República em exercício à época, Rodrigo Janot Monteiro de Barros, ajuizou, em 28.08.2017, uma Ação Direta de Inconstitucionalidade nos pontos em que referida Lei altera ou insere disposições nos arts. 790-B, *caput* e § 4º, 791-A, § 4º, e 844, § 2º, da CLT, que recebeu o n. 5.766 DF.

Às fs. 53 e 54 da inicial da ADI n. 5.766, disse o então Procurador Geral da República Rodrigo Janot Monteiro de Barros, fazendo menção expressa aos estudos conduzidos por Cappelletti e Garth sobre as ondas renovatórias do acesso à justiça:

> Nas discussões sobre acesso efetivo à justiça, CAPPELLETTI e GARTH identificam como obstáculo histórico a essa efetividade a desigualdade econômica entre os litigantes, a ponto de se tornar vantagem estratégica das pessoas e organizações que possuam recursos para assumir os riscos econômicos da demanda, em relação aos adversários destituídos de meios. Como observam, a capacidade econômica, "em mãos de uma única das partes, pode ser uma arma poderosa", como elemento externo capaz de influenciar a efetividade do direito (Nota de rodapé n. 88: "Dizem os autores: 'Pessoas ou organizações que possuem recursos financeiros consideráveis a serem utilizados têm vantagens óbvias ao propor ou defender demandas. Em primeiro lugar, elas podem pagar para litigar. Podem, além disso, suportar as delongas do litígio. Cada uma dessas capacidades, em mãos de uma única das partes, pode ser uma arma poderosa; a ameaça de litígio torna-se tanto plausível quanto efetiva'. CAPPELLETTI & GARTH, *Acesso à justiça*, obra citada na nota 12, p. 21).
>
> Por isso exatamente, dizem os estudiosos, o primeiro movimento nos países ocidentais democráticos (citam Alemanha, Inglaterra, Estados Unidos, França, Países Baixos, Áustria e Austrália, entre outros) para ampliação do acesso à justiça, concentrou-se, a partir de 1965, em proporcionar progressivamente serviços jurídicos gratuitos para os pobres (Nota de rodapé n. 89. "CAPPELLETTI & GARTH, *Acesso à justiça*, obra citada na nota 12, p. 31-49"). Esses movimentos constituíram, segundo eles, esforços voltados a criar sociedades mais justas e igualitárias, provendo direitos substantivos aos mais fracos economicamente, inclusive os trabalhadores:
>
> > Os esforços de criar sociedades mais justas e igualitárias centrou as atenções sobre as pessoas comuns – aqueles que se encontravam tradicionalmente isolados e impotentes ao enfrentar organizações fortes e burocracias governamentais. Nossas sociedades modernas, como assinalamos, avançaram, nos últimos anos, no sentido de prover mais direitos substantivos aos relativamente fracos – em particular, aos consumidores contra os comerciantes, ao público contra os poluidores, aos locatários contra os locadores, aos empregados (e seus sindicatos) contra os emprega-

(32) BRASIL. *Tribunal Regional do Trabalho da 3ª Região*. Tribunal Pleno. Processo: ArgInc 0010676-71.2018.5.03.0000. Relator Desembargador Marco Antônio Paulinelli de Carvalho. Belo Horizonte, Data do Julgamento: 13 set. 2018. Disponível em: <https://portal.trt3.jus.br/internet/jurisprudencia/incidentes-suscitados-irdr-iac-arginc-iuj-trt-mg/downloads/arginic/Acordao_ArgInc__0010676_71.2018.pdf>. Acesso em: 20 nov. 2017.

(33) LIMA, Leonardo Tibo Barbosa. *Lições de direito processual do trabalho*: teoria e prática. Atualizada à luz do CPC de 2015 e da reforma trabalhista (Lei n. 13.467/2017). 5. ed. São Paulo: LTr, 2019. p. 264.

dores e aos cidadãos contra os governos. (Nota de rodapé n. 90. CAPPELLETTI & GARTH, *Acesso à justiça*, obra citada na nota 12, p. 91).[34]

Referida ADI n. 5.766 DF foi distribuída ao Relator Ministro Roberto Barroso, e foi incluída em pauta de julgamento da sessão do Plenário do E. STF de 09.05.2018. Na oportunidade, o julgamento foi suspenso após o voto do Relator e voto divergente do Ministro Edson Fachin, conforme consta na certidão de julgamento disponível no portal eletrônico do STF:

> Decisão: Após o voto do Ministro Roberto Barroso (Relator), julgando parcialmente procedente a ação direta de inconstitucionalidade, para assentar interpretação conforme a Constituição, consubstanciada nas seguintes teses: "1. O direito à gratuidade de justiça pode ser regulado de forma a desincentivar a litigância abusiva, inclusive por meio da cobrança de custas e de honorários a seus beneficiários. 2. A cobrança de honorários sucumbenciais do hipossuficiente poderá incidir: (i) sobre verbas não alimentares, a exemplo de indenizações por danos morais, em sua integralidade; e (ii) sobre o percentual de até 30% do valor que exceder ao teto do Regime Geral de Previdência Social, mesmo quando pertinente a verbas remuneratórias. 3. É legítima a cobrança de custas judiciais, em razão da ausência do reclamante à audiência, mediante prévia intimação pessoal para que tenha a oportunidade de justificar o não comparecimento, e após o voto do Ministro Edson Fachin, julgando integralmente procedente a ação, pediu vista antecipada dos autos o Ministro Luiz Fux. Ausentes o Ministro Dias Toffoli, neste julgamento, e o Ministro Celso de Mello, justificadamente. Presidência da Ministra Cármen Lúcia. Plenário, 10.05.2018[35].

O voto divergente do Ministro Edson Fachin foi por ele disponibilizado, por escrito, no portal eletrônico *Consultor Jurídico*[36]. Constam do voto interessantes considerações acerca das limitações ao acesso à justiça impostos pela Lei n. 13.467/2017 ao direito fundamental ao acesso à justiça, sendo relevante transcrever alguns dos fundamentos adotados pelo Ministro vogal em relação à ofensa ao princípio da isonomia:

> É preciso reconhecer, também, a relação da gratuidade da Justiça e, consequentemente, do acesso à Justiça, com a isonomia. A desigualdade social gerada pelas dificuldades de acesso isonômico à educação, mercado de trabalho, saúde, dentre outros direitos de cunho econômico, social e cultural, impõe que seja reforçado o âmbito de proteção do direito que garante outros direitos, especialmente a isonomia.
>
> A restrição, no âmbito trabalhista, das situações em que o trabalhador terá acesso aos benefícios da gratuidade da justiça, pode conter em si a aniquilação do único caminho de que dispõem esses cidadãos para verem garantidos seus direitos sociais trabalhistas.
>
> A defesa em juízo de direitos fundamentais que não foram espontaneamente cumpridos ao longo da vigência dos respectivos contratos de trabalho, em muitas situações, depende da dispensa inicial e definitiva das custas do processo e despesas daí decorrentes, sob pena de não ser viável a defesa dos interesses legítimos dos trabalhadores.
>
> E, nesse contexto, a Lei n. 13.467/2017 atualizou, no âmbito da chamada reforma trabalhista, o modelo de gratuidade da Justiça Laboral, impondo condições restritivas ao exercício desse direito por parte dos litigantes trabalhadores.
>
> Ainda que sejam consideradas adequadas, necessárias e razoáveis as restrições impostas ao âmbito de proteção dos direitos fundamentais à gratuidade e acesso à Justiça pelo legislador ordinário, duvidosa apresenta-se a sua constitucionalidade em concreto, ou seja, aquela aferida diante das diversas e possíveis situações da realidade, em que se vislumbra a consequência de esvaziamento do interesse dos trabalhadores, que na condição de hipossuficientes econômicos, não terão como demandar na Justiça Trabalhista, em virtude do receio de que suas demandas, ainda que vencedoras, retornem-lhes muito pouco do valor econômico efetivamente perseguido e, eventualmente, devido.
>
> É preciso restabelecer a integralidade do direito fundamental de acesso gratuito à Justiça Trabalhista, especialmente pelo fato de que, sem a possibilidade do seu pleno exercício por parte dos trabalhadores, é muito provável que estes cidadãos não reúnam as condições mínimas necessárias para reivindicar seus direitos perante esta Justiça Especializada.
>
> Assim sendo, impõe-se, nesse contexto, uma interpretação que garanta a máxima efetividade desse direito fundamental, sob pena de esvaziar-se, por meio de

(34) MINISTÉRIO PÚBLICO FEDERAL. *Petição inicial da ADI n. 5.766 DF.* Disponível em: <www.mpf.mp.br › pgr › documentos › ADI5766reformatrabalhista>. Acesso em: 20 nov. 2017.

(35) SUPREMO TRIBUNAL FEDERAL. *Tramitação processual da ADI n. 5.766 DF.* Disponível em: <http://portal.stf.jus.br/processos/detalhe.asp?incidente=5250582>. Acesso em: 20 nov. 2019.

(36) SUPREMO TRIBUNAL FEDERAL. ADI n. 5.766 DF. Voto vogal Ministro Edson Fachin. Disponível em: <https://www.conjur.com.br › voto-fachin-reforma-trabalhista>. Acesso em: 20 nov. 2019.

sucessivas restrições, ele próprio e todos os demais direitos por ele assegurados.[37]

Ainda não há previsão para a continuação do julgamento da ADI n. 5.766 DF pelo Plenário do Supremo Tribunal Federal, suspenso em decorrência do pedido de vista regimental formulado pelo Ministro Luiz Fux. De toda forma, a partir dos dois primeiros votos já proferidos, já é possível afirmar que a Corte Constitucional se inclina, pelo menos, para a instituição de alguns critérios limitadores da possibilidade, pura e simples, de que os beneficiários da gratuidade de justiça tenham descontos efetuados em seus créditos alimentares, como disposto na literalidade dos dispositivos discutidos na ação.

Uma vez mais, devem ser lembradas as incisivas mas acertadas considerações da professora e Ministra do Supremo Tribunal Federal Carmen Lúcia Antunes Rocha:

> Jurisdição paga é jurisdição aristocrática. A jurisdição é um direito-garantia fundamental e o pagamento de seu exercício nega o princípio democrático, que nele se deve conter, e que a isonomia lhe impõe, o que somente pela ausência de encargos como condição preliminar necessária pode permitir.
>
> Ao se reconhecer a jurisdição como direito de todos, definindo-se, sistemicamente, o princípio da isonomia como um dos pilares fundamentais da construção jurídica positivada, assume o Estado o encargo irrecusável de prestá-la sem qualquer ônus. É que o ônus pode constituir embaraço intransponível ao exercício daquele direito. Está-se a conferir o direito à jurisdição, de uma parte, e a subtrair o seu exercício, de outro. Sendo, contudo, a jurisdição o direito garantidor do exercício de outros direitos, está-se, então, estabelecendo impossibilidade verdadeira ao exercício igual de todos eles. [38]

Por tudo isso é que merecem ser retomados os questionamentos elaborados por Gabriela Neves Delgado, acerca do compromisso do Estado Democrático de Direito brasileiro com a efetividade da dignidade humana no trabalho, também pela via processual. Em suas palavras:

> A questão, portanto, é a de saber qual deve ser hoje o compromisso do Direito do Trabalho com a dignidade humana, a de saber qual deve ser a medida de sua atuação.
>
> Da mesma maneira que o homem trabalhador precisa pertencer a um grupo, ele tem de preservar sua identidade pessoal e social. O Direito do Trabalho precisa, portanto, transgredir, para possibilitar a consolidação da essência humana pelo trabalho digno, fazendo com que o ser trabalhador entenda o sentido de ser parte e de ter direitos na sociedade em que vive.
>
> Assumir que o Direito do Trabalho é ramo jurídico indispensável para a proteção do sujeito trabalhador, qualquer que seja ele, é, portanto, a concepção norteadora da obra.
>
> É nesse sentido que se destaca o papel do Estado quanto à regulamentação das questões do trabalho e de sua melhoria. Até mesmo porque a dimensão do valor da dignidade deve ultrapassar a seara individual para materializar-se também quanto ao aspecto social.
>
> A existência de um patamar mínimo de direitos trabalhistas é condição para a viabilidade do valor da dignidade no trabalho e para a afirmação social do sujeito que labora. (destaques originais)[39]

Em suma, a dignidade da pessoa humana trabalhadora não pode ser alcançada, em sua plenitude, sem que se possibilite o acesso efetivo à tutela jurisdicional, para que seus direitos fundamentais possam ser protegidos e assegurados devidamente. A instituição, pela Lei da Reforma Trabalhista de maiores obstáculos para o ajuizamento de reclamações e para a atuação em juízo dos cidadãos trabalhadores, tem o efeito perverso de agravar o descumprimento das obrigações trabalhistas e aumentar, sobremaneira, os desafios para a concretização do trabalho digno.

5. CONCLUSÃO

De tudo o que foi até aqui exposto, resta claro que o direito fundamental ao acesso à justiça é *conditio sine qua non* para a concretização do trabalho digno. Com efeito, a aplicação multidimensional do princípio da dignidade da pessoa humana também se espraia para

(37) SUPREMO TRIBUNAL FEDERAL. ADI n. 5.766 DF. Voto vogal Ministro Edson Fachin. Disponível em: <https://www.conjur.com.br › voto-fachin-reforma-trabalhista>. Acesso em: 20 nov. 2019. p. 8-9.

(38) ROCHA, Cármen Lúcia Antunes. O direito constitucional à jurisdição. In: TEIXEIRA, Sálvio Figueiredo (coord.). *As garantias do cidadão na justiça*. São Paulo: Saraiva, 1993. p. 35-36.

(39) DELGADO, Gabriela Neves. *Direito fundamental ao trabalho digno*. São Paulo: LTr, 2006. p. 240.

o campo processual, com a necessidade de se predispor meios para que as lesões ou ameaças de lesões sejam levadas à apreciação do Poder Judiciário de forma célere, eficiente e eficaz.

Entretanto, verifica-se que a Reforma Trabalhista implantada pela Lei n. 13.467/2017, nos pontos em que tratou do benefício da gratuidade de justiça, trouxe muito mais problemas, dúvidas e perplexidades do que benefícios. A maneira apressada e superficial com que a discussão a seu respeito foi travada no Congresso Nacional, permeada por injustificados preconceitos e má vontade contra a atuação da Justiça do Trabalho e de seus magistrados, e sem o contraditório, a maturação e a prudência que a relevância da matéria exigia, promulgou dispositivos que restringiram de forma exacerbada, desproporcional e irrazoável o acesso à jurisdição trabalhista. Algumas de suas possíveis inconstitucionalidades e sua clara inconveniência, em muitos e importantes aspectos, foram aqui salientadas.

Enquanto esses referidos preceitos aguardam ter reconhecida ou não sua inconstitucionalidade pelo Supremo Tribunal Federal, pela via de controle concentrado já iniciada na ADI n. 5.766 DF, a questão pode e deve ser tratada pelos Tribunais trabalhistas pela via difusa de controle de constitucionalidade, por meio da técnica de interpretação conforme a Constituição e pela aplicação supletiva e subsidiária das regras processuais civis e do Código de Defesa do Consumidor (Lei n. 8.078/90).

Torna-se imprescindível, portanto, resgatar as mesmas razões que justificaram a criação das regras de gratuidade de justiça na redação original da Consolidação das Leis do Trabalho e das normas processuais esparsas que a complementaram na espécie (especialmente a Lei n. 5.584/70) e a generosa e justificada primeira onda mundial renovatória de que trataram pioneiramente Cappelletti e Garth, na tentativa de assegurar, também no campo processual, a verdadeira e indispensável isonomia substancial entre as partes, possibilitando a superação dos primeiros e mais básicos obstáculos para o acesso à justiça de todos os jurisdicionados, prometida pela Constituição Democrática brasileira de 1988.

REFERÊNCIAS

BEDAQUE, José Roberto dos Santos. *Efetividade do Processo e Técnica Processual*. 3. ed. São Paulo: Saraiva, 2010.

BRASIL. [Constituição (1988)]. *Constituição da República Federativa do Brasil de 1988*. Brasília, DF: Presidência da República, [2019]. Disponível em: <http://www.planalto.gov.br/ccivil_03/constituicao/constituicao.htm>. Acesso em: 20 nov. 2019.

BRASIL. *Decreto-Lei n. 5.452, de 1º de maio de 1943*. Aprova a Consolidação das Leis do Trabalho. Brasília, DF: Presidência da República, [2019]. Disponível em: <http://www.planalto.gov.br/ccivil_03/decreto-lei/del5452.htm>. Acesso em: 20 nov. 2019.

BRASIL. *Lei n. 13.467, de 13 de julho de 2017*. Altera a Consolidação das Leis do Trabalho (CLT), aprovada pelo Decreto-Lei n. 5.452, de 1º de maio de 1943, e as Leis ns. 6.019, de 3 de janeiro de 1974, 8.036, de 11 de maio de 1990, e 8.212, de 24 de julho de 1991, a fim de adequar a legislação às novas relações de trabalho. Brasília, DF: Presidência da República, [2019]. Disponível em: <http://www.planalto.gov.br/ccivil_03/_Ato2015-2018/2017/Lei/L13467.htm#art1>. Acesso em: 20 nov. 2019.

BRASIL. *Portaria n. 9, de 15 de janeiro de 2019, do Ministério da Economia*. Dispõe sobre o reajuste dos benefícios pagos pelo Instituto Nacional do Seguro Social – INSS e dos demais valores constantes do Regulamento da Previdência Social – RPS. Disponível em: <http://www.in.gov.br/materia/-/asset_publisher/Kujrw0TZC2Mb/content/id/59253484/do1-2019-01-16-portaria-n-9-de-15-de-janeiro-de-2019-59253472>. Acesso em: 20 nov. 2019.

BRASIL. *Tribunal Regional do Trabalho da 3ª Região*. Tribunal Pleno. Processo: ArgInc 0010676-71.2018.5.03.0000. Rel. Des. Marco Antônio Paulinelli de Carvalho. Belo Horizonte, Data do Julgamento: 13 set. 2018. Disponível em: <https://portal.trt3.jus.br/internet/jurisprudencia/incidentes-suscitados--irdr-iac-arginc-iuj-trt-mg/downloads/arginic/Acordao_ArgInc__0010676_71.2018.pdf>. Acesso em: 20 nov. 2017.

BRASIL. *Tribunal Superior do Trabalho*. Livro de Súmulas, Orientações Jurisprudenciais (Tribunal Pleno / Órgão Especial, SBDI-I, SBDI-I Transitória, SBDI-II e SDC), Precedentes Normativos. Disponível em: <http://www.tst.jus.br/documents/10157/63003/Livro-Internet.pdf>. Acesso em: 20 nov. 2019.

CAPPELLETTI, Mauro; GARTH, Bryant. *Acesso à Justiça*. Tradução de Ellen Gracie Northfleet. Porto Alegre: Sérgio Antônio Fabris, 1988.

COSTA, Eduardo Alves da. *No caminho com Maiakóvski*: poesia reunida. São Paulo: Geração Editorial, 2003.

DELGADO, Gabriela Neves. *Direito fundamental ao trabalho digno*. 2. ed. São Paulo: LTr, 2015.

DELGADO, Mauricio Godinho; DELGADO, Gabriela Neves. *A reforma trabalhista no Brasil*: com os comentários à Lei n. 13.467/2017. São Paulo: LTr, 2017.

DELGADO, Gabriela Neves; PIMENTA, José Roberto Freire; MELLO FILHO, Luiz Philippe Vieira de; LOPES, Othon de Azevedo (coord.). *Direito constitucional do trabalho*: princípios e jurisdição constitucional do TST. São Paulo: LTr, 2015.

DINAMARCO, Cândido Rangel. *A instrumentalidade do processo*. 15. ed. São Paulo: Malheiros, 2013.

LIMA, Leonardo Tibo Barbosa. *Lições de direito processual do trabalho*: teoria e prática: Atualizada à luz do CPC de 2015 e da reforma trabalhista (Lei n. 13.467/2017). 5. ed. São Paulo: LTr, 2019.

MAIOR, Jorge Luiz Souto; SEVERO, Valdete Souto. *Resistência*: aportes teóricos contra o retrocesso trabalhista. 1. ed. São Paulo: Expressão popular, 2017.

MALLET, Estêvão; HIGA, Flávio da Costa. Os honorários advocatícios após a reforma trabalhista. In: *Revista do Tribunal Superior do Trabalho,* São Paulo, v. 83, n. 4, p. 69-94, out./dez. 2017.

MINISTÉRIO PÚBLICO FEDERAL. *Petição inicial da ADI 5.766 DF*. Disponível em: <www.mpf.mp.br › pgr › documentos › ADI5766reformatrabalhista>. Acesso em: 20 nov. 2017.

PIMENTA, José Roberto Freire. A conciliação na esfera trabalhista – função, riscos e limites. In: PIMENTA, Adriana Campos de Souza Freire; LOCKMANN, Ana Paula Pellegrina (coord.). *Conciliação judicial individual e coletiva e formas extrajudiciais de solução dos conflitos trabalhistas*. São Paulo: LTr, 2014.

PIMENTA, José Roberto Freire. A força dos precedentes judiciais, o novo sistema recursal trabalhista e a função constitucional do Tribunal Superior do Trabalho. In: DELGADO, Gabriela Neves; PIMENTA, José Roberto Freire; MELLO FILHO, Luiz Philippe Vieira de; LOPES, Othon de Azevedo (coord.). *Direito constitucional do trabalho*: princípios e jurisdição constitucional do TST. São Paulo: LTr, 2015.

PIMENTA, José Roberto Freire. A reforma trabalhista da Lei n. 13.467/2017 e as limitações, pelo novo art. 702, I, *f*, e seus §§ 3º e 4º, da CLT, à uniformização de jurisprudência e à edição ou revisão de precedentes pelos tribunais trabalhistas. In: *Revista do Tribunal Superior do Trabalho*, São Paulo, v. 84, n. 3, p. 19-58, jul./set. 2018.

PIMENTA, José Roberto Freire. A tutela metaindividual dos direitos trabalhistas: uma exigência constitucional. In: PIMENTA, José Roberto Freire; BARROS, Juliana Augusta Medeiros de; FERNANDES, Nadia Soraggi (coords.). *Tutela metaindividual trabalhista*: a defesa coletiva dos direitos dos trabalhadores em juízo. São Paulo: LTr, 2009.

PIMENTA, José Roberto Freire. Tutelas de urgência no processo do trabalho: o potencial transformador das relações trabalhistas das reformas do CPC brasileiro. In: PIMENTA, José Roberto Freire; RENAULT, Luiz Otávio Linhares; VIANA, Márcio Túlio; DELGADO, Mauricio Godinho; BORJA, Cristina Pessoa Pereira (org.). *Direito do trabalho:* evolução, crise, perspectivas. São Paulo: LTr, 2004.

ROCHA, Cármen Lúcia Antunes. O direito constitucional à jurisdição. In: TEIXEIRA, Sálvio Figueiredo (coord.). *As garantias do cidadão na justiça*. São Paulo: Saraiva, 1993.

SENA, Adriana Goulart de. Resolução de conflitos e acesso à justiça: efetividade material e judicial. In: SENA, Adriana Goulart de; DELGADO, Gabriela Neves; NUNES, Raquel Portugal (coord.). *Dignidade humana e inclusão social:* caminhos para a efetividade do direito do trabalho no Brasil. São Paulo: LTr, 2010.

SENA, Adriana Goulart de; DELGADO, Gabriela Neves; NUNES, Raquel Portugal (coord.). *Dignidade humana e inclusão social:* caminhos para a efetividade do direito do trabalho no Brasil. São Paulo: LTr, 2010.

SEVERO, Valdete Souto. O esvaziamento da gratuidade como elemento de vedação de acesso à justiça. In: MAIOR, Jorge Luiz Souto; SEVERO, Valdete Souto. *Resistência:* aportes teóricos contra o retrocesso trabalhista. 1. ed. São Paulo: Expressão popular, 2017.

SUPREMO TRIBUNAL FEDERAL. *Tramitação processual da ADI 5.766 DF*. Disponível em: <http://portal.stf.jus.br/processos/detalhe.asp?incidente=5250582>. Acesso em: 20 nov. 2019.

SUPREMO TRIBUNAL FEDERAL. *ADI 5.766 DF.* Voto vogal Ministro Edson Fachin. Disponível em: <https://www.conjur.com.br › voto-fachin-reforma-trabalhista>. Acesso em: 20 nov. 2019.

Capítulo 25

Dignidade da Pessoa Humana e Relações de Trabalho à Luz da Jurisprudência do Supremo Tribunal Federal

Ingo Wolfgang Sarlet[1]

Resumo: O presente texto versa sobre o conceito, dimensões, interpretação e aplicação do princípio da dignidade da pessoa humana no âmbito do direito do trabalho e, em especial, aos direitos fundamentais dos trabalhadores tais como consagrados na Constituição Federal Brasileira de 1988, à luz da jurisprudência do Supremo Tribunal Federal.

Palavras-chave: Dignidade da pessoa humana. Constituição Federal brasileira. Direitos Fundamentais dos Trabalhadores. Supremo Tribunal Federal.

Abstract: This paper deals with the concept, dimensions, interpretation and application of the principle of human dignity in the field of labor law and, in particular, to the fundamental rights of workers as enshrined in the Brazilian Federal Constitution of 1988, in light of the jurisprudence of the Brazilian Supreme Court.

Keywords: Dignity of the human person. Brazilian Federal Constitution. Fundamental Rights of workers. Brazilian Supreme Court.

1. INTRODUÇÃO[2]

A dignidade da pessoa humana, consagrada na condição de princípio fundamental estruturante e informador de toda a ordem jurídico-constitucional no art. 1º, III, da Constituição Federal de 1988 (doravante CF), tem assumido uma posição de cada vez maior destaque na esfera de sua invocação e aplicação pelos órgãos do Poder Judiciário, o que, aliás, se verifica em todos os níveis da Jurisdição, seja na esfera da Justiça Estadual, seja no domínio da Justiça Federal comum e especializada, especialmente, para efeitos do presente estudo, da Justiça do Trabalho. Mas, de qualquer sorte, é na prática decisória do Supremo Tribunal Federal (STF) que o sentido e alcance atribuído à dignidade da pessoa humana assume feição particularmente relevante, considerando-se o caráter vinculativo e diretivo da jurisprudência daquele que vem a ocupar, no caso brasileiro (e à moda brasileira), a condição de guardião da Constituição.

Todavia, para viabilizar a análise seletiva da jurisprudência da nossa Corte Constitucional, importa, num primeiro passo, tematizar o conceito, as dimensões e funções da dignidade no Estado Constitucional, seguindo-se o exame da jurisprudência do STF, com ênfase na relação entre dignidade da pessoa humana e dos direitos fundamentais, ilustrado por alguns exemplos, tudo com o propósito de compreender como se aplica o princípio (e regra) da dignidade da pessoa humana no Brasil, não só, mas em especial, no domínio do Direito e das relações de trabalho, onde, de há muito, se fala num direito humano e fundamental ao trabalho digno e onde a vulnerabilidade e hipossuficiência, em regra, caracterizam os que alienam a sua força de trabalho, subordinando-se, em maior ou menor medida, ao poder econômico e social.

Antes de prosseguir, contudo, importa agradecer ao honroso convite que nos foi formulado pela ilustre Profa. Dra. Gabriela Neves Delgado, acadêmica e advogada de largo prestígio e autora de obras referenciais

---

(1) Doutor e Pós-Doutor em Direito pela Universidade de Munique, Alemanha. Professor Titular da Faculdade de Direito e dos Programas de Mestrado e Doutorado em Direito e em Ciências Criminais da PUCRS. Desembargador aposentado do TJRS. Advogado.

(2) O presente texto corresponde, com importantes ajustes e atualizações, inclusive estruturais, à trabalho já publicado em outros meios.

sobre a temática aqui versada[3], no sentido de poder integrar esta coletânea que festeja os dez anos de existência do Grupo de Pesquisas Trabalho, Constituição e Cidadania, por ela criado e coordenado.

2. CONCEITO, DIMENSÕES E FUNÇÕES DA DIGNIDADE DA PESSOA NO ESTADO DEMOCRÁTICO E SOCIAL DE DIREITO

A despeito das inúmeras tentativas formuladas ao longo dos tempos, notadamente (mas não exclusivamente) no âmbito da fecunda tradição filosófica ocidental,[4] verifica-se que uma conceituação mais precisa do que efetivamente seja esta dignidade, inclusive para efeitos de definição do seu âmbito de proteção na esfera do Direito, continua a ser um desafio para todos os que se ocupam do tema. Tal dificuldade, consoante exaustiva e corretamente destacada na doutrina, decorre certamente (ao menos também) da circunstância de que se cuida de conceito de contornos vagos e imprecisos,[5] caracterizado por uma "ambiguidade e porosidade", assim como por sua natureza necessariamente polissêmica[6].

Uma das principais dificuldades, todavia, reside no fato de que no caso da dignidade da pessoa humana, diversamente do que ocorre com as normas que definem e asseguram direitos fundamentais, não se trata de demarcar aspectos mais ou menos específicos da existência humana (integridade física, intimidade, vida, propriedade etc.), mas, sim, de uma qualidade tida por muitos – por mais reservas que se deva ter em relação a tal concepção – como inerente (melhor seria atribuída e/ou reconhecida) a todo e qualquer ser humano. É precisamente nessa perspectiva que a dignidade passou a ser habitualmente definida como constituindo o valor próprio que identifica o ser humano como tal, definição esta que, todavia, acaba por não contribuir muito para uma compreensão satisfatória do que efetivamente é o âmbito de proteção da dignidade na sua condição jurídico-normativa.[7]

A despeito das dificuldades, verifica-se, contudo, que a doutrina e a jurisprudência – especialmente para o efeito da "construção" de uma noção jurídica de dignidade[8] – cuidaram, ao longo do tempo, de estabelecer alguns contornos basilares do conceito, concretizando minimamente o seu conteúdo, ainda que não se possa falar, também aqui, de uma definição genérica e abstrata consensualmente aceita[9]. Nesse contexto, costuma apontar-se corretamente para a circunstância de que a dignidade da pessoa humana não poderá ser conceituada de maneira fixista, ainda mais quando se verifica que uma definição desta natureza não harmoniza com

---

(3) V., entre outros títulos referenciais sobre o tema, DELGADO, Gabriela Neves. *Direito Fundamental ao Trabalho Digno*. 2. ed. São Paulo: RTL, 2016.; DELGADO, Gabriela Neves; DELGADO, Mauricio Godinho, *Constituição da República e Direitos Fundamentais.* Dignidade da Pessoa Humana, Justiça Social e Direito do Trabalho. 4. ed. São Paulo: LTr, 2017.

(4) A respeito deste ponto, no que diz com a literatura brasileira, v. especialmente o nosso SARLET, Ingo Wolfgang. *Dignidade da Pessoa e Direitos Fundamentais na Constituição Federal de 1988*. 10. ed. Porto Alegre: Livraria do Advogado, 2015. Dentre os autores estrangeiros, v., na literatura alemã e considerando apenas a produção monográfica, mais recentemente, TIEDEMANN, Paul. *Menschenwürde als Rechtsbegriff. Eine philosophische Klärung*, Berliner Wissenschafts-Verlag, 2007, especialmente, no que diz com a noção de dignidade no pensamento filosófico. p. 109-174. Na literatura em língua espanhola, v. entre outros, PELE, Antonio. *La dignidad humana. Sus Orígenes en el Pensamiento Clásico*, Madrid: Dikynson, 2010 (embora priorizando a concepção de dignidade dos autores do período clássico, especialmente Aristóteles, Cícero e Sêneca).

(5) Neste sentido, dentre tantos, MAUNZ, Theodor; ZIPPELIUS, Reinhold. *Deutsches Staatsrecht*. 29. ed. München: C.H. Beck, 1994. p. 179.

(6) Assim o sustenta, no Brasil, ROCHA, Cármen Lúcia Antunes. O princípio da dignidade da pessoa humana e a exclusão social. *Revista Interesse Público*, n. 4, 1999. p. 24.

(7) Cf., por exemplo, adverte SACHS, Michael. *Verfassungsrecht II – Grundrechte*, Berlin-Heidelberg-New York: Springer, 2000. p. 173.

(8) Quando aqui se fala em uma noção jurídica de dignidade, pretende-se apenas clarificar que se está simplesmente buscando retratar como a doutrina e a jurisprudência constitucional – e ainda assim de modo apenas exemplificativo – estão compreendendo, aplicando e eventualmente concretizando e desenvolvendo uma (ou várias) concepções a respeito do conteúdo e significado da dignidade da pessoa. Por outro lado, não se questiona mais seriamente que a dignidade seja também um conceito jurídico. Neste sentido, por todos e mais recentemente, KUNIG, Philip. *Art. 1 GG (Würde des Menschen, Grundrechtsbindung)*. In: MÜNCH, Ingo von (Org.). Grundgesetz Kommentar, v. I, 5. ed. München: C.H. Beck, 2000. p. 76.

(9) Neste sentido, a sugestiva lição de HÄBERLE, Peter. Die Menschenwürde als Grundlage der staatlichen Gemeinschaft. In: ISENSEE, Joseph; KIRCHHOF, Paul (Org.). *Handbuch des Staatsrechts der Bundesrepublik Deutschland*, v. I, Heidelberg: C.F. Muller, 1987. p. 853 para quem se revela indispensável a utilização de exemplos concretos para obter uma aproximação com o conceito de dignidade da pessoa humana, salientando, além disso, a importância de um preenchimento desta noção "de baixo para cima", no sentido de que a própria ordem jurídica infraconstitucional fornece importante material para a definição dos contornos do conceito. Registre-se, por oportuno, a crítica de LUHMANN, Niklas. *Grundrechte als Institution*, 2. ed. Berlin: Duncker & Humblot, 1974. p. 57, salientando que a dogmática jurídica habitualmente define a dignidade sem qualquer consideração pelas ciências que se ocupam do Homem e da Sociedade, aferrando-se a uma tradição aristotélica. Ainda que Luhmann possa ter parcial razão quanto a este aspecto, convém destacar, todavia, que sua obra foi escrita na década de 1960, quando a ciência jurídica recém estava iniciando o estudo mais sistemático da dignidade na condição de categoria jurídica.

o pluralismo e a diversidade de valores que se manifestam nas sociedades democráticas contemporâneas,[(10)] razão pela qual há que reconhecer que se trata de um conceito em permanente processo de construção e desenvolvimento,[(11)] assim como se dá com a própria noção de direitos humanos e fundamentais[(12)].

Portanto, o conteúdo da noção de dignidade da pessoa humana, na sua condição de conceito jurídico-normativo, a exemplo de tantos outros conceitos de contornos vagos e abertos, reclama uma constante concretização e delimitação pela práxis constitucional, tarefa cometida a todos os órgãos estatais, embora sempre em diálogo com os impulsos vindos da sociedade[(13)]. Também por esta razão é indispensável que se tome sempre em conta o conteúdo e significado atribuído à noção de dignidade da pessoa humana pelos órgãos jurisdicionais, com destaque para a assim chamada jurisdição constitucional e para os tribunais internacionais que velam pelo cumprimento dos tratados internacionais de direitos humanos, o que aqui será levado a efeito com base em especial no direito constitucional brasileiro e no labor decisório do STF.

Nessa perspectiva, crucial destacar que a dignidade da pessoa humana assume, também no e para o Direito, diversas dimensões, que, contudo, não são reciprocamente excludentes. Pelo contrário, é a multidimensionalidade da dignidade da pessoa humana na ordem jurídica que lhe poderá assegurar a sua peculiar força normativa e o cumprimento das suas funções na ordem jurídica.

Numa primeira aproximação, superando a noção (ainda extremamente influente no pensamento filosófico e jurídico contemporâneo) de que a dignidade constitui uma qualidade inata (natural) do ser humano, como algo inerente à própria condição humana, parece correto afirmar, já em outro sentido, que a dignidade representa um valor especial e distintivo reconhecido em cada ser humano como sendo merecedor de igual respeito, proteção e promoção. Além disso, não se deverá olvidar que a dignidade constitui atributo reconhecido a qualquer ser humano, visto que, em princípio, todos são iguais em dignidade, no sentido de serem reconhecidos como pessoas e integrantes da comunidade humana, ainda que não se portem de forma igualmente digna nas suas relações com seus semelhantes ou consigo mesmos.

Aliás, não é outro o entendimento que subjaz ao art. 1º da Declaração Universal da ONU (1948), segundo o qual "todos os seres humanos nascem livres e iguais em dignidade e direitos. Dotados de razão e consciência, devem agir uns para com os outros em espírito e fraternidade", preceito que, de certa forma, revitalizou e universalizou – após a profunda barbárie na qual mergulhou a humanidade na primeira metade deste século – a noção de que a todos os seres humanos, sem distinção, é atribuída uma dignidade.

Aqui parte-se premissa (de resto, praticamente um lugar comum) de que em função da dignidade que lhe é atribuída, cada ser humano é único e como tal titular de direitos próprios e indisponíveis. Nessa perspectiva, tal como formulado por Carlos Ayres Britto, "o princípio jurídico da dignidade da pessoa humana *decola* do pressuposto de que todo ser humano é um microcosmo. Um universo em si mesmo. Um ser absolutamente único, na medida em que, se é parte de um todo, é também um todo à parte; isto é, *se toda pessoa natural é parte de algo (o corpo social), é ao mesmo tempo um algo à parte* (grifos do autor)[(14)]." Em outras palavras, fazendo coro com Jorge Miranda, "a dignidade da pessoa humana reporta-se a todas e cada uma das pessoas e é a dignidade da pessoa individual e concreta."[(15)]

Por outro lado, tendo em conta que somente há que falar em dignidade (assim como em direitos e deveres humanos e fundamentais) num contexto marcado pela intersubjetividade, também já representa um lugar comum – embora a relevância da assertiva que a dignidade da pessoa humana implica uma obrigação geral de respeito pela pessoa, traduzida num feixe de direitos e deveres correlativos, de natureza não meramente instrumental, mas sim, relativos a um conjunto de bens indispensáveis ao "florescimento humano"[(16)],

---

(10) Cf., por todos, GOMES CANOTILHO, José Joaquim. *Direito Constitucional e Teoria da Constituição*. 7. ed. Coimbra: Almedina, 2003. p. 225-26.

(11) Tal como proposto, entre outros, por ROCHA, Cármen Lúcia Antunes. O princípio da dignidade da pessoa humana e a exclusão social, *op. cit.*, p. 24.

(12) Cf., por todos, sublinhando a relação com a dignidade humana, PIOVESAN, Flávia. Direitos Humanos e o Princípio da Dignidade Humana. In: LEITE, George Salomão (org.). *Dos Princípios Constitucionais*. Considerações em torno das normas principiológicas da Constituição. São Paulo: Malheiros, 2003. p. 180 e ss.

(13) Cf. averba ZIPPELIUS, Reinhold. *Bonner Kommentar zum Grundgesetz*, Heidelberg, 1994.

(14) Cf. AYRES BRITTO, Carlos. *O Humanismo Como Categoria Constitucional*. Belo Horizonte: Editora Fórum, 2007. p. 27.

(15) Cf. MIRANDA, Jorge. *Manual de Direito Constitucional*. v. IV, 3. ed. Coimbra: Coimbra Editora, 2000. p. 199.

(16) Cf. LOUREIRO, João. O direito à identidade genética do ser humano. *Boletim da Faculdade de Direito*, Portugal-Brasil Ano 2000. Coimbra: Coimbra Editora, 1999. p. 281.

tudo a reforçar a já afirmada – relação (íntima e em parte indissociável, mas não exclusiva!) entre dignidade da pessoa humana e os direitos humanos e fundamentais.

É Justamente nessa perspectiva que a lição de Jürgen Habermas[17] se revela particularmente relevante, ao sugerir que a dignidade da pessoa, numa acepção rigorosamente moral e jurídica, encontra-se vinculada à simetria das relações humanas, de tal sorte que a sua *intangibilidade* (o grifo é do autor) resulta justamente das relações interpessoais marcadas pela recíproca consideração e respeito, razão pela qual apenas no âmbito do espaço público da comunidade da linguagem o ser natural se torna indivíduo e pessoa dotada de racionalidade.[18]

Afirmada sua dimensão intersubjetiva e relacional, necessário destacar que a dignidade da pessoa humana possui também um sentido (dimensão) histórico-cultural, sendo – na acepção de Peter Häberle – fruto do trabalho de diversas gerações e da humanidade como um todo[19]. A dignidade da pessoa humana, ao menos para o Direito, é, portanto, muito mais do que algo dado e previamente acabado, mas sim, um construído.

Para além das dimensões já apresentadas e em diálogo com as mesmas, indispensável compreender – até mesmo pela relevância de tal aspecto para os direitos e deveres humanos e fundamentais – que a dignidade possui uma dimensão dúplice, que se manifesta por estar em causa simultaneamente a expressão da autonomia da pessoa humana (vinculada à ideia de autodeterminação no que diz com as decisões a respeito da própria existência), bem como da necessidade de sua proteção (assistência) por parte da comunidade e do Estado, especialmente mas não exclusivamente, quando fragilizada ou até mesmo – e principalmente – quando ausente a capacidade de autodeterminação.[20]

Tal concepção guarda sinergia também com a doutrina de Dworkin[21], que parte do pressuposto de que a dignidade possui "tanto uma voz ativa quanto uma voz passiva e que ambas encontram-se conectadas", de tal sorte que é no valor intrínseco (na "santidade e inviolabilidade") da vida humana (de todo e qualquer ser humano) que encontramos a explicação para o fato de que mesmo aquele que já perdeu a consciência da própria dignidade merece tê-la (sua dignidade) considerada e respeitada[22].

Também (mas não apenas) nesse contexto, assume particular relevância a constatação de que a dignidade da pessoa humana é simultaneamente limite e tarefa dos poderes estatais e da comunidade em geral (portanto, de todos e de cada um)[23], condição dúplice esta que também aponta para uma paralela e conexa dimensão (em particular no que diz com a perspectiva jurídico-constitucional) defensiva e prestacional da dignidade, ainda mais evidente quando se cuida de identificar a conexão entre a dignidade da pessoa humana e os direitos e garantias fundamentais, o que será objeto de maior atenção logo adiante, quando da identificação de alguns exemplos extraídos da jurisprudência constitucional brasileira, destacando-se aqui o mundo do Trabalho.

---

(17) Cf. HABERMAS, Jürgen. *Die Zukunft der menschlichen Natur.* Auf dem Weg zu einer liberalen Eugenik? Frankfurt am Maln: Suhrkamp, 2001. p. 62 e ss.

(18) Cf. HABERMAS, Jürgen. *Die Zukunft der menschlichen Natur.* Auf dem Weg zu einer liberalen Eugenik? *op. cit.*, p. 65.

(19) Cf. HÄBERLE, Peter. Die Menschenwürde als Grundlage der staatlichen Gemeinschaft. op. cit., p. 860, destacando-se que a despeito da referida dimensão cultural, a dignidade da pessoa mantém sempre sua condição de valor próprio, inerente a cada pessoa humana, podendo falar-se assim de uma espécie de "constante antropológica", de tal sorte que a dignidade possui apenas uma dimensão cultural relativa (no sentido de estar situada num contexto cultural), apresentando sempre também traços tendencialmente universais (Idem. p. 842-843).

(20) Cf., dentre tantos, KOPPERNOCK, Martin. *Das Grundrecht auf bioethische Selbstbestimmung.* Baden-Baden: Nomos, 1997. p. 19-20, salientando – na esteira de outros doutrinadores, que mesmo presente, em sua plenitude, a autonomia da vontade (dignidade como capacidade de autodeterminação), esta poderá ser relativizada em face da dignidade na sua dimensão assistencial (protetiva), já que, em determinadas circunstâncias, nem mesmo o livre consentimento autoriza determinados procedimentos, tal como ocorre, v.g., com a extração de todos os dentes de um paciente sem qualquer tipo de indicação médica, especialmente quando o consentimento estiver fundado na ignorância técnica. Até que ponto, nesta e em outras hipóteses até mesmo mais gravosas, é possível falar na presença de uma plena autonomia, é, de resto, aspecto que refoge ao âmbito destas considerações, mas que, nem por isso, deixa de merecer a devida atenção.

(21) Cf. DWORKIN, Ronald. *El Dominio de la Vida.* Una Discusión acerca del Aborto, la Eutanasia y la Liberdad Individual. Barcelona: Ariel, 1998. p. 306-307.

(22) Cf. DWORKIN, Ronald. *El Dominio de la Vida*, *op. cit.*, p. 306-309. Sobre a distinção (autonomia), mas mesmo assim íntima conexão entre dignidade e da vida (pois dignidade e vida, como princípios e direitos fundamentais, referem-se, em primeira linha, à pessoa humana, sendo esta o elo comum) bem como a respeito das relações entre ambos os valores, v. especialmente os desenvolvimentos de KLOEPFER, Michael. Leben und Würde des Menschen. *Festschrift 50 Jahre Bundesverfassungsgericht.* Tübingen: J. C. Mohr (Paul Siebeck), 2001, especialmente p. 78 e ss.

(23) Cf., por todos, PODLECH, Adalbert. Anmerkungen zu Art. 1 Abs. I Grundgesetz. In: WASSERMANN, Rudolf (Org.). *Kommentar zum Grundgesetz für die Bundesrepublik Deutschland* (Alternativ Kommentar). v. I, 2. ed. Neuwied: Luchterhand, 1989. p. 280-281.

3. A RELAÇÃO COMPLEXA E MULTIDIMENSIONAL DA DIGNIDADE DA PESSOA HUMANA E SUA ARTICULAÇÃO COM OS DIREITOS FUNDAMENTAIS DOS TRABALHADORES, EM ESPECIAL À LUZ DA JURISPRUDÊNCIA DO STF

3.1. Dignidade como princípio estruturante e critério de legitimação da ordem jurídico-constitucional

Ao examinar o *status* jurídico-normativo da dignidade da pessoa humana no âmbito de nosso ordenamento constitucional, verifica-se que, no Brasil, diversamente de outras ordens jurídicas onde nem sempre houve clareza quanto ao seu correto enquadramento,(24) o constituinte de 1988 preferiu não incluir a dignidade da pessoa humana no rol dos direitos e garantias fundamentais, guindando-a, consoante já frisado, à condição de princípio (e valor) fundamental (art. 1º, inciso III, da CF), muito embora a inclusão – no que diz com a terminologia adotada pela CF – no Título dos princípios fundamentais, não afasta a circunstância de que a dignidade, em diversas situações, no campo do Direito, atua como regra jurídica, em outras palavras, como fundamento de regras jurídicas, como é o caso, por exemplo, da proibição da tortura e da proibição da escravidão.

Embora entendamos que a discussão em torno da qualificação da dignidade da pessoa como princípio ou direito fundamental não deva ser superestimada, já que não se trata de conceitos necessariamente antitéticos e reciprocamente excludentes (não só, mas também, pelo fato de que as próprias normas de direitos fundamentais igualmente assumem a dúplice condição de princípios e regras(25)), comungamos do entendimento de que, além de os direitos fundamentais expressamente consagrados na Constituição encontrarem – pelo menos em grande parte – seu fundamento na dignidade da pessoa humana, também é possível reconhecer que do próprio princípio da dignidade da pessoa podem e até mesmo devem ser deduzidas posições jusfundamentais (direitos e deveres), ainda que não expressamente positivados, de tal sorte que, neste sentido, é possível aceitar que se trata de uma norma de direito fundamental, muito embora daí não decorra, pelo menos não necessariamente, a existência de um direito fundamental à dignidade.(26)

Tal aspecto, aliás, chegou a ser objeto de lúcida referência feita pelo Tribunal Constitucional Federal da Alemanha, ao considerar que a dignidade da pessoa não poderá ser negada a qualquer ser humano, muito embora seja violável a pretensão de respeito e proteção que dela (da dignidade) decorre.(27) Assim, quando se fala em um direito à dignidade, se está, em verdade, a considerar o direito ao reconhecimento, respeito, proteção e até mesmo promoção e desenvolvimento da dignidade, sem prejuízo de outros sentidos que se possa atribuir aos direitos fundamentais relativos à dignidade da pessoa.

Num primeiro momento – convém frisá-lo –, a qualificação da dignidade da pessoa humana como princípio fundamental traduz a certeza de que o art. 1º, inciso III, da CF, não contém apenas (embora também e acima de tudo) uma declaração de conteúdo ético e moral, mas que constitui norma jurídico-positiva dotada, em sua plenitude, de *status* constitucional formal e material e, como tal, inequivocamente dotado de eficácia e aplicabilidade, alcançando, portanto, a condição de valor jurídico fundamental da comunidade.(28)

Nesse contexto, na sua qualidade de princípio fundamental, a dignidade da pessoa humana constitui

---

(24) Assim ocorre, por exemplo, na Alemanha, onde, inexistindo título autônomo para os princípios fundamentais, a dignidade da pessoa humana consta no catálogo dos direitos fundamentais (art. 1º, inciso I), sendo considerada – de acordo com a doutrina majoritária e jurisprudência constitucionais – simultaneamente um direito fundamental e um princípio fundamental da ordem de valores objetiva, havendo, contudo, quem negue o caráter de direito fundamental da dignidade da pessoa humana. Sobre esta discussão, que aqui deixaremos de aprofundar, v., dentre tantos, DREIER, Horst. Anmerkungen zu Art. 1 I GG. In: DREIER, Horst (org.). *Grundgesetz Kommentar*. v. I, Tübingen: Mohr Siebeck, 1996. p. 117-119.

(25) Sobre o caráter dúplice (princípio e regra) das normas de direitos fundamentais, v. ALEXY, Robert. *Theorie der Grundrechte*, 2. ed. Frankfurt am Maln: Suhrkamp, 1994. p. 71 e ss. No Brasil, v., por último, destacando tal característica também para a dignidade da pessoa humana, v. SILVA, Virgílio Afonso da. *Direitos Fundamentais*. Conteúdo Essencial, Restrições e Eficácia. São Paulo: Malheiros, 2009. p. 183 e ss.

(26) Cf. sustenta, entre outros, MAURER, Béatrice. Notes sur le respect de la dignité humaine... ou Petite Fugue Inacheveé Autour d'un Théme Central. In: SÉRIEUX, Alain *et al. Le Droit, Le Medicine et L'être Humain*. Aix-Em-Provence: Presses Universitaires D'Aix-Marseille, 1996. p. 207.

(27) Cf., por exemplo, BverfGE 87. p. 209 e ss., referindo que mesmo o torturado e o perseguido não perdem a sua dignidade, ainda que esta tenha sido violada.

(28) Cf. BENDA, Ernst. Menschenwürde und Persönlichkeitsrecht. In: BENDA; MAIHOFER; VOGEL (Org.). *Handbuch des Verfassungsrechts der Bundesrepublik Deutschland*. v. I, 2. ed. Berlin-New York: Walter de Gruyter, 1994. p. 164, lição esta que – embora voltada ao art. 1º da Lei Fundamental da Alemanha – revela-se perfeitamente compatível com a posição outorgada pelo nosso Constituinte de 1988 ao princípio da dignidade da pessoa humana.

valor-guia não apenas dos direitos fundamentais (embora com os direitos não se confunda, em toda sua extensão), mas de toda a ordem jurídica (constitucional e infraconstitucional), razão pela qual, para muitos, se justifica plenamente sua caracterização como princípio constitucional de maior hierarquia axiológico-valorativa (*höchstes wertsetzendes Verfassungsprinzip*)[29]. Na formulação de Jorge Miranda, trata-se de um "princípio axiológico fundamental" que ao mesmo tempo opera como "limite transcendente do poder constituinte"[30].

Voltando-nos ao direito brasileiro, onde, em termos gerais, a doutrina tem aderido à noção de que a dignidade cumpre a função de valor-fonte da ordem jurídica[31], verifica-se, já na esfera do reconhecimento jurisprudencial, que também o STF tem seguido esta linha de entendimento, sublinhando, reiteradamente, que a dignidade da pessoa humana constitui "verdadeiro valor-fonte que conforma e inspira todo o ordenamento constitucional vigente em nosso País e que traduz, de modo expressivo, um dos fundamentos em que se assenta, entre nós, a ordem republicana e democrática consagrada pelo sistema de direito constitucional positivo"[32].

Não sendo o caso de aqui discorrer sobre a distinção entre princípios e regras, na condição de espécies do gênero norma jurídica, mas apenas assumindo que, considerados determinados critérios, há como aceitar – em linhas gerais como correta (a despeito de importantes dissídios envolvendo a conceituação e aplicação de cada categoria) tal classificação das normas jurídicas, o que importa para a finalidade deste breve ensaio, é que se deixe devidamente consignado, que tanto na esfera doutrinária quando jurisprudencial, o caráter jurídico-normativo da dignidade da pessoa humana e, portanto, o reconhecimento de sua plena eficácia na ordem jurídico-constitucional, está longe de encontrar um adequado equacionamento.

Com relação às críticas – já referidas – de que a opção pelo enquadramento como princípio fundamental importaria em reduzir a amplitude e magnitude da noção de dignidade da pessoa, vale lembrar o que, de resto, parece-nos que o reconhecimento da condição normativa da dignidade, assumindo feição de princípio (e até mesmo como regra) constitucional fundamental, não afasta o seu papel como valor fundamental geral para toda a ordem jurídica (e não apenas para esta), mas, pelo contrário, outorga a este valor uma maior pretensão de eficácia e efetividade.

De acordo com o magistério de Jorge Miranda, representando expressiva parcela da doutrina constitucional contemporânea, a Constituição, a despeito de seu caráter compromissário, confere uma unidade de sentido, de valor e de concordância prática ao sistema de direitos fundamentais, que, por sua vez, repousa na dignidade da pessoa humana, isto é, na concepção que faz da pessoa fundamento e fim da sociedade e do Estado.[33] Nessa mesma linha de entendimento, fazendo coro com Jorge Reis Novais, é possível afirmar que no momento em que a dignidade é guindada à condição de princípio constitucional estruturante e fundamento do Estado Democrático de Direito, é o Estado que passa a servir como instrumento para a garantia e promoção da dignidade das pessoas individual e coletivamente consideradas[34].

Mas é na sua articulação com o sistema constitucional dos direitos fundamentais que a dignidade da pessoa humana se revela mais operativa, sem prejuízo de algumas perplexidades e desafios que tal relação possa ensejar. Mesmo que se deva – nesta linha de entendimento – admitir que o princípio da dignidade da pessoa humana atua como elemento informador de todos os direitos e garantias fundamentais (ainda que nem todos os direitos fundamentais encontrem fundamento direto na dignidade da pessoa humana) também da Constituição de 1988 – também é certo que haverá de se reconhecer um espectro amplo e diversificado no que diz com a intensidade desta vinculação entre os direitos fundamentais e a dignidade da pessoa humana[35].

---

(29) Cf. STERN, Klaus, *Das Staatsrecht der Bundesrepublik Deutschland, III/1*, München: C. H. Beck, 1988. p. 23, sem que aqui se vá explorar a controvérsia em torno da relação entre o valor da vida humana e a dignidade da pessoa, já que não faltam os que sustentam a prevalência da primeira.

(30) Cf. MIRANDA, Jorge. *Manual de Direito Constitucional*. v. IV, *op. cit.*, p. 200.

(31) Cf., por todos, o nosso SARLET, Ingo Wolfgang. *Dignidade da Pessoa Humana e Direitos Fundamentais na Constituição Federal de 1988*. p. 76 e ss.

(32) Cf., em caráter meramente ilustrativo, se extrai da ementa do Acórdão proferido no HV 87.676/ES, relatado pelo Ministro Cezar Peluso, julgado em 06.05.2008.

(33) Cf. MIRANDA, Jorge. *Manual de Direito Constitucional*. v. IV, *op. cit.*, p. 197. No mesmo sentido, v. VIEIRA DE ANDRADE, José Carlos. *Os Direitos Fundamentais na Constituição Portuguesa de 1976*. Coimbra: Almedina, 1987. p. 101, referindo que os preceitos relativos aos direitos fundamentais "não se justificam isoladamente pela protecção de bens jurídicos avulsos, só ganham sentido enquanto ordem que manifesta o respeito pela unidade existencial de sentido que cada homem é para além de seus actos e atributos."

(34) Cf. REIS NOVAIS, Jorge. *Os princípios estruturantes da República Portuguesa*. Coimbra: Coimbra Editora, 2004. p. 52.

(35) Cf., por todos, VIEIRA DE ANDRADE, José Carlos. *Os Direitos Fundamentais na Constituição Portuguesa de 1976*. *op. cit.*, p. 101-2.

Tal diversidade se manifesta tanto quando que está em causa a função da dignidade como fundamento dos direitos, quanto no que diz respeito à sua função como integrando o conteúdo dos direitos (em ambos os casos, nos parece, a discussão diz respeito ao "se" e ao "em que medida"), não sendo à toa que ambas as funções (dignidade como fundamento e como conteúdo dos direitos) tenham sido tão destacadas, embora ainda tão carentes de maior aprofundamento e lapidação[(36)].

Guiados por tais diretrizes, enfrentaremos agora aspectos da relação entre dignidade da pessoa humana e os direitos fundamentais, explorando-os na perspectiva da jurisprudência do STF e naquilo que guardam íntima conexão com o direito ao trabalho e os direitos e garantias dos trabalhadores.

4. A DIGNIDADE DA PESSOA HUMANA E A ASSIM CHAMADA "ABERTURA MATERIAL" DO SISTEMA CONSTITUCIONAL DOS DIREITOS E GARANTIAS FUNDAMENTAIS DE TODAS AS DIMENSÕES E FUNÇÕES

Um dos setores onde se manifesta a transcendental importância da dignidade da pessoa humana na ordem constitucional, designadamente na sua conexão com os direitos fundamentais, diz com sua função como critério para a construção de um conceito materialmente aberto de direitos fundamentais. Em outras palavras, isto quer dizer que, para além daqueles direitos e garantias expressamente reconhecidos como tais pelo Constituinte, existem direitos fundamentais assegurados em outras partes do texto constitucional (fora do Título II), assim como integram o sistema constitucional os direitos positivados nos tratados internacionais em matéria de direitos humanos[(37)].

Além disso, ainda de acordo com a expressa dicção do art. 5º, § 2º, da CF, foi chancelada a existência de direitos (ainda que não direta e expressamente previstos no texto constitucional) decorrentes do regime e dos princípios da CF, noção que abarca – embora para tal efeito se possa (há quem o sustente) até dispensar uma cláusula expressa de abertura – a revelação de direitos fundamentais implícitos, subentendidos naqueles expressamente positivados.[(38)]

Assim, perceptível que a abertura a direitos não previstos expressamente no texto originário da CF guarda relação, embora sem que se possa falar aqui em integral superposição, com a noção de um constitucionalismo cumulativo em matéria de direitos e garantias, notadamente no que diz respeito ao fato de que aos primeiros direitos civis e políticos somaram-se os direitos socioambientais e culturais, incluindo os direitos humanos e fundamentais dos trabalhadores, tudo a desembocar, no que se pode designar – a exemplo do que sugeriu Carlos Ayres Britto de um *Estado de Direitos*[(39)].

O que se pretende demonstrar, nesse contexto, é que o princípio da dignidade da pessoa humana assume posição de destaque, servindo como diretriz material tanto para a fundamentação de direitos implícitos (no sentido de posições jusfundamentais de cunho defensivo e/ou prestacional subentendidas nos direitos e garantias fundamentais da CF), quanto e, de modo especial, para a identificação de direitos sediados em outras partes da Constituição.

Cuida-se, em verdade, de critério basilar, mas não exclusivo, já que em diversos casos outros referenciais podem ser utilizados (como, por exemplo, o direito à vida e à saúde na hipótese do meio ambiente, ou mesmo a ampla defesa e os recursos a ela inerentes, no caso da fundamentação das decisões judiciais e administrativas).

O que se pretende enfatizar, é que sempre que se puder detectar, mesmo para além de outros critérios que possam incidir na espécie, que estamos diante de uma posição jurídica diretamente embasada e relacionada (no sentido de essencial à sua proteção) à dignidade da pessoa, inequivocamente estaremos diante de uma norma de direito fundamental, sem desconsiderar a evidência de que tal tarefa não prescinde do acurado exame de cada caso; em outras palavras, sempre que a violação de um direito (seja ele expresso, seja ele implicitamente positivado) resultar em violação da dignidade da pessoa humana e de suas dimensões essenciais já apresentadas, se estará em face de um direito fundamental[(40)].

---

(36) Cf., sobre tal dupla função da dignidade, WALDRON, Jeremy. Dignity and Rank, *European Journal of Sociology*, 2007. p. 203-4.

(37) Sobre a relação entre tratados de direitos humanos e a ordem interna, v., por todos, na literatura monográfica brasileira, a paradigmática contribuição de PIOVESAN, Flávia. *Direitos Humanos e o Direito Constitucional Internacional*. 14. ed. São Paulo: Saraiva, 2013.

(38) Sobre o sentido e significado do art. 5º, § 2º, da Constituição Federal de 1988, bem como a respeito da classificação dos direitos e garantias fundamentais a partir deste preceito, v. o nosso SARLET, Ingo Wolfgang. *A Eficácia dos Direitos Fundamentais*. Uma teoria Geral dos Direitos Fundamentais na Perspectiva Constitucional. 12. ed. Porto Alegre: Livraria do Advogado, 2015. p. 78 e ss.

(39) Cf. AYRES BRITTO, Carlos. *O Humanismo Como Categoria Constitucional*. *op. cit*. p. 22-23.

(40) Cf., por todos, SARLET, Ingo Wolfgang. *A Eficácia dos Direitos Fundamentais*. 13. ed. Porto Alegre: Livraria do Advogado, 2015.

Assim, apenas a título exemplificativo, não há maior dificuldade em justificar que a proteção do meio ambiente, especialmente considerando a própria dicção utilizada pela CF na redação do art. 225, indica a condição de direito e dever fundamental. Nessa senda, o que importa, por ora, é a constatação de que a relação umbilical entre uma existência humana com dignidade e a tutela ambiental é tão evidente (basta apontar a grave condição dos refugiados climáticos, a afetação da saúde e das condições de vida das pessoas por força de danos ambientais, entre outros), que a dignidade da pessoa humana (como da vida em geral) opera como justificativa relevante, embora mesmo neste caso não exclusiva, a indicar a fundamentalidade formal e material do direito (e dever) fundamental à proteção do ambiente, consoante, aliás, reconhecido pelo STF[(41)]. Para o Direito do Trabalho (e ao Trabalho), a proteção do ambiente tem sido igualmente relevante, visto que vinculada à construção da própria noção de trabalho digno, que inclui, dentre outros elementos, condições laborais saudáveis e seguras, o que, por seu turno, atrai a aplicação às relações laborais de diversos princípios do direito ambiental.

Ainda que nos tenhamos posicionado no sentido da inexistência de um direito fundamental à dignidade (como algo que possa ser objeto de concessão pela ordem estatal ou comunitária), comungamos do entendimento – em que pesem as respeitáveis posições em sentido contrário –[(42)] de que do princípio da dignidade da pessoa humana podem ser deduzidas posições jurídico-subjetivas fundamentais que tenham por objeto a proteção da dignidade contra novas ofensas e ameaças, em princípio não alcançadas, ao menos não expressamente, pelo âmbito de proteção dos direitos fundamentais já consagrados no texto constitucional.[(43)]

Da jurisprudência do STF, extrai-se, na seara dos direitos de personalidade, onde o vínculo com a dignidade se manifesta com especial agudeza, decisão reconhecendo tanto um direito fundamental ao nome quanto ao estado de filiação, mediante o argumento de que "o direito ao nome insere-se no conceito de dignidade da pessoa humana e traduz a sua identidade, a origem de sua ancestralidade, o reconhecimento da família, razão pela qual o estado de filiação é direito indisponível"[(44)]. O mesmo se aplica a outros exemplos, como é o caso de um direito à ressocialização do apenado[(45)] e a extensão à união homoafetiva da proteção com base na união estável e de entidade familiar (art. 226, CF).

Voltando-nos agora ao ambiente das relações de trabalho, inquestionável que a noção de uma abertura material do catálogo igualmente se reveste de particular relevância, de modo especial pelo fato de que – de forma cumulativa e não excludente – a CF, a teor do disposto no art. 7º, *caput*, Note-se, ademais, que o *caput* do art. 7º da CF, ao abrir o catálogo de direitos fundamentais trabalhistas para "outros direitos" que visem à melhoria da condição social do trabalhador, não estabeleceu qualquer hierarquia ou qualidade a tais "outros direitos". É nessa perspectiva que a norma contida no art. 7º, *caput*, da CF, consagra, em sinergia com o art. 5º, §§ 2º e 3º, da CF, uma "cláusula especial de abertura material", especial porquanto aplicada especificamente às relações de trabalho.

Muito embora já bastassem tais preceitos constitucionais, o constituinte acabou, ainda que de modo indireto, reforçando tal perspectiva (a do cunho inclusivo dos direitos fundamentais dos trabalhadores) em outras passagens do texto constitucional, o que se deu já no Título II da CF, onde, juntamente (e em sinergia) com a dignidade da pessoa humana, os valores sociais do trabalho (art. 1º, IV) foram guindados à condição de princípio fundamental e fundamento do Estado Democrático de Direito. Soma-se a isso, o art. 170, CF, dispondo que a ordem econômica é fundada na valorização do trabalho humano. No art. 193, CF, já na seara da ordem social, prescreveu o constituinte que esta tem como base o primado do trabalho, ao passo que

---

(41) ADIN n. 3.540-1/DF, Rel. Min. Celso de Mello.

(42) Questionando a possibilidade da dedução direta de direitos subjetivos do princípio da dignidade da pessoa humana, encontramos, dentre outros, a lição de BRUGGER, Winfried. *Menschenwürde, Menschenrechte, Grundrechte*. Baden-Baden: Nomos, 1996. p. 19 e ss., consignando-se não ser esta a posição majoritária da doutrina e da jurisprudência alemãs, que, de modo geral, sustenta a dupla dimensão da dignidade da pessoa humana como princípio e direito fundamental.

(43) HÄBERLE, Peter. *Die Menschenwürde als Grundlage der staatlichen Gemeinschaft. op. cit., p.* 844, nos lembra, neste contexto, que o desenvolvimento pretoriano ou mesmo a nova formulação textual de direitos fundamentais específicos pode ser vista como uma atualização do postulado básico da proteção da dignidade da pessoa humana em face de novas ameaças.

(44) Cf. RE n. 248.869-1 (07.08.2003), relator Ministro Maurício Corrêa.

(45) Cf., dentre tantos, a decisão preferida no NC 94163, de 02.12.2008, relator Ministro Carlos A. Britto, onde, em apertada síntese, foi assentado que a fuga, embora interrompa o prazo de cumprimento da pena, não pode servir de fundamento para a desconsideração dos dias trabalhados pelo apenado e da respectiva remissão.

o art. 205 enuncia que a educação, direito de todos e dever do Estado e da família, visa ao pleno desenvolvimento da pessoa e sua qualificação para o trabalho.

Mas o certo é que, com base no art. 7º, *caput*, CF, é possível sustentar que, a despeito do amplo elenco de posições jurídicas ali consagradas (sem prejuízo do disposto nos arts. 8º a 11, CF), o rol em questão não é taxativo, ao contrário, é meramente exemplificativo, isso porque o *caput* do preceito expressamente abre o catálogo para agregar, materialmente no seu bojo, "outros" direitos "que visem à melhoria de sua" (leia-se: do trabalhador) "condição social".

Contudo, poucas são as referências (e menos ainda com maior desenvolvimento) na doutrina pátria sobre a abertura material do catálogo de direitos fundamentais a partir do *caput* do art. 7º da CF[(46)], razão pela qual aqui se pretende pelo menos agregar algumas notas para a discussão, especialmente no que diz respeito a possíveis posições jurídicas fundamentais dos trabalhadores com sede na legislação infraconstitucional, já que, consoante já adiantado, quanto a existência de direitos fundamentais dispersos no texto constitucional e mesmo direitos fundamentais implícitos não se verificam maiores objeções, pelo menos no concernente à possibilidade de sua existência. O mesmo, por sua vez, é possível afirmar em relação aos tratados de direitos humanos ratificados pelo Brasil, naquilo em que contemplam direitos e garantias dos trabalhadores, tal como previsto expressamente no art. 5º, § 2º, da CF.

De qualquer sorte, é preciso, também nesse contexto, recordar que, o fato de os princípios da dignidade da pessoa humana e do valor social do trabalho terem sido consagrados, no mesmo art. 1º, da CF, juntamente com a livre-iniciativa, aponta para uma pelo menos tendencial simetria entre capital e trabalho em nosso sistema constitucional[(47)], que, todavia, não pode ser compreendida às custas do reconhecimento e proteção de um direito ao trabalho digno, em sintonia com aquele que é considerado, pela doutrina trabalhista, como sendo o mais importante para as relações de trabalho, qual seja, o "princípio da proteção". Tal princípio, convém sublinhar, assim como os deveres especiais de proteção – expressa ou implicitamente enunciados pela CF e tratados internacionais de direitos humanos – a despeito de uma posição preferencial quando se trata de relações pautadas pela subordinação e assimetria, não são incompatíveis com a acima referida simetria entre capital e trabalho, pelo contrário, são garantias (instrumentos) para que tal simetria (que sempre é tendencial e não assume caráter absoluto) possa ser de fato assegurada, o que aqui, todavia, não será objeto de maior desenvolvimento.

Em virtude desse marco normativo, é possível sintetizar que o rol de direitos fundamentais formalmente previstos no art. 7º da CF consiste numa espécie de "patrimônio jurídico mínimo do trabalhador", um conjunto básico de direitos fundamentais dos trabalhadores, que, em especial (mas não exclusivamente) naquilo que diz respeito ao seu núcleo essencial e à proteção da dignidade da pessoa humana, não pode ser suprimido nem restringido, o que será objeto de atenção logo adiante.

A conexão com o princípio da dignidade da pessoa humana também se dá mediante a interface com outros direitos fundamentais, reforçando a tese da interdependência e indivisibilidade dos direitos fundamentais. Exemplo digno de nota é o que pode ser vislumbrado no art. 7º, IV, da CF, de acordo com o qual deve ser assegurado ao trabalhador salário "capaz de atender as suas necessidades vitais básicas e às de sua família com moradia, alimentação, educação, saúde, lazer, vestuário, higiene, transporte e previdência social". Isso significa que o salário percebido pelo trabalhador, aqui estabelecido um patamar mínimo, deve ser suficiente para assegurar condições mínimas de bem-estar ao trabalhador e sua família, de modo a garantir o acesso aos bens sociais descritos no dispositivo citado acima.

O vínculo com o direito-garantia ao mínimo existencial (e, portanto, com a dignidade da pessoa humana) resulta, portanto, evidente, assim como não se pode desprezar o quanto a garantia da possibilidade de trabalhar, e com isso assegurar seu próprio sustento e dos seus dependentes, constitui dimensão relevante para um direito ao livre desenvolvimento da personalidade e da própria noção de autonomia, do ser humano construtor de seu próprio destino. Assim, na esteira do

(46) A respeito dessa temática vale conferir SARLET, Ingo Wolfgang. *A Eficácia dos Direitos Fundamentais*. Uma teoria Geral dos Direitos Fundamentais na Perspectiva Constitucional. 12. ed. Porto Alegre: Livraria do Advogado, 2015. p. 90-91; GOLDSCHMIDT, Rodrigo. *Flexibilização dos direitos trabalhistas:* ações afirmativas da dignidade da pessoa humana como forma de resistência. São Paulo: LTr, 2009. p. 195 e ss; VECCHI, Ipojucan Demétrius. *Noções de direito do trabalho*: um enfoque constitucional. 2. ed. Passo Fundo: UPF, 2007. p. 105; WANDELLI, Leonardo Vieira. *O Direito humano e fundamental ao trabalho:* fundamentação e exigibilidade. São Paulo: LTr, 2014. p. 223 e ss.

(47) Cf. SARLET, Ingo Wolfgang. Os Direitos dos Trabalhadores como Direitos Fundamentais na Constituição Federal brasileira de 1988. In: SARLET, Ingo Wolfgang; MELLO FILHO, Luiz Philippe Vieira de; FRAZÃO, Ana de Oliveira (coord.). *Diálogos entre o Direito do Trabalho e o Direito Constitucional*. Estudos em Homenagem a Rosa Maria Weber. São Paulo: Saraiva, 2014. p. 20 e ss.

magistério de Gabriela Neves Delgado e Mauricio Godinho Delgado, o direito ao trabalho é sempre – e assim deve ser compreendido e aplicado – um direito a um trabalho digno[48].

Aliás, o direito humano e fundamental ao trabalho digno, reconhecido e protegido tanto no e pelo sistema internacional (universal e regional) de direitos humanos, quanto pela CF, resulta da combinação (cumulativa, complexa e multidimensional), sempre fundado e iluminado pelo princípio da dignidade da pessoa humana, do direito social básico e geral ao trabalho (art. 6º, CF) que, por sua vez, é decomposto em um conjunto de direitos e garantias específicos – expressa e implicitamente consagrados –, veiculados por princípios e regras, que, no caso do direito constitucional positivo brasileiro, foram previstos nos arts. 7º, 8º e 9º, CF, mas também abrangem direitos previstos em outras partes do texto constitucional (como é o caso do direito de greve dos servidores públicos) e, como já adiantado, em tratados internacionais de direitos humanos, gerais e especiais[49].

5. A DIGNIDADE DA PESSOA HUMANA E A DÚPLICE FUNÇÃO NEGATIVA E POSITIVA DOS DIREITOS FUNDAMENTAIS

A dignidade da pessoa humana, na sua relação com os direitos e garantias fundamentais, acaba operando, ainda que de modo diversificado, tanto como fundamento (embora não de todos os direitos fundamentais) quanto como conteúdo (igualmente não de todos os direitos e não com a mesma intensidade) dos direitos fundamentais. Por outro lado, doutrina e jurisprudência majoritária (mas não uníssona, em especial no direito estrangeiro), também no que diz com a evolução jurídico-constitucional brasileira, reconhecem, consoante já averbado, que a dignidade da pessoa humana cumpre uma dupla função, atuando tanto como limite para a intervenção do Estado e de terceiros (inclusive, em determinados casos e observados certos pressupostos, para efeito da proteção da pessoa contra si mesma), quanto como tarefa, no sentido de gerar um dever jurídico de atuação em prol da proteção da dignidade contra o Estado e contra terceiros, mas em especial no concernente à promoção ativa da dignidade, notadamente criando condições que possibilitem o pleno exercício e fruição da dignidade, ainda mais naquilo em que o indivíduo necessita do concurso do Estado e /ou da comunidade para a realização e proteção de suas necessidades existenciais (e não apenas físicas) básicas.

No que diz com a sua função como limite negativo, como bem apontam Karl-Heinz Ladeur e Ino Augsberg, é possível reconhecer na dignidade da pessoa humana uma espécie de "Sinal de Pare", no sentido de uma barreira absoluta e intransponível (um limite) inclusive para os atores estatais, protegendo a individualidade e autonomia da pessoa contra qualquer tipo de interferência do Estado e da sociedade, de tal sorte a assegurar o papel do ser humano como sujeito de direitos[50]. Nessa perspectiva, a dignidade da pessoa humana assume a condição de direito de defesa, que tem por objeto a proibição de intervenção na esfera da liberdade pessoal de cada indivíduo e a salvaguarda da integridade física e psíquica de cada pessoa contra toda e qualquer ação estatal e particular.

Já como fundamento de direitos subjetivos a prestações, a dignidade da pessoa humana guarda tanto uma relação de proximidade com a noção do mínimo existencial e dos direitos sociais considerados, em sentido mais restrito, como direitos a prestações materiais (ou fáticas), quanto com a noção de direitos a prestações em sentido amplo, que, na visão de Robert Alexy, abrangem também prestações de natureza não tipicamente social[51]. Conveniente sublinhar, em caráter complementar, que da dupla função de proteção (e promoção) e de defesa segue também o dever de implantar medidas de precaução procedimentais e organizacionais, no sentido de evitar uma lesão da dignidade e dos direitos fundamentais, ou, quando isto não ocorrer, com o intuito de fazer cessar ou mesmo minimizar os efeitos das violações, inclusive assegurando a reparação do dano[52].

---

(48) DELGADO, Gabriela Neves; DELGADO, Mauricio Godinho. O princípio da dignidade da pessoa humana e o direito do trabalho. In: SARLET, Ingo Wolfgang; MELLO FILHO, Luiz Philippe Vieira de; FRAZÃO, Ana de Oliveira (coord.). *Diálogos entre o Direito do Trabalho e o Direito Constitucional.* Estudos em Homenagem a Rosa Maria Weber. São Paulo: Saraiva, 2014. p. 207.

(49) Nesse sentido, v. em especial WANDELLI, Leonardo Vieira. *O Direito humano e fundamental ao trabalho:* fundamentação e exigibilidade. São Paulo: RTl, 2012.

(50) Cf. LADEUR, Karl-Heinz; AUGSBERG, Ino. *Die Funktion der Menschenwürde im Verfassungstaat*, Tübingen: Mohr-Siebeck, 2008. p. 10-12.

(51) Sobre a classificação dos direitos fundamentais em direitos de defesa e direitos a prestações, v., para além de ALEXY, Robert. *Theorie der Grundrechte, op. cit.*, 1994. p. 171 e ss. e p. 395 e ss. (aqui abordando os direitos a prestações em sentido amplo e estrito).

(52) Cf., por todos, RIXEN, Stephan. Die Würde und Integrität des Menschen. In: HESELHAUS, Sebastian; NOWAK, Carsten (Ed.). *Handbuch der Europäischen Grundrechte*, München/Wien/Bern: C. H. Beck, Linde, Stampfli & Cie AG, 2006. p. 355.

Por outro lado, imprescindível destacar que, também no que diz respeito ao seu conteúdo em dignidade da pessoa humana e mesmo quando em causa uma manifestação autônoma da dignidade da pessoa humana, todos os direitos fundamentais tal qual a dignidade da pessoa apresentam uma dupla face defensiva e prestacional, de modo que, já por tal razão se pode assumir como correta uma dogmática jurídico-constitucional unitária (um regime jurídico unificado) dos direitos fundamentais[(53)].

A partir da perspectiva ora traçada e sem que se tenha a pretensão de inventariar, na sua integralidade, a diversificada e cada vez mais numerosa jurisprudência do STF invocando a dignidade da pessoa humana na sua relação com direitos fundamentais de caráter negativo e positivo, seguem alguns exemplos que oferecem um panorama suficientemente atualizado e abrangente.

Num primeiro grupo de decisões, poderiam ser enquadrados julgados que, embora sem exame deste aspecto, aplicam a dignidade da pessoa humana como regra impeditiva de determinadas condutas, com amplo destaque para a vedação (expressamente consagrada pela CF no art. 5º, inciso III) da tortura e de qualquer tratamento desumano ou degradante, que corresponde justamente à noção subjacente à fórmula-objeto acima referida e que define o que se pode considerar de conteúdo nuclear do âmbito de proteção da dignidade da pessoa humana, aqui operando como direito de defesa (negativo).

Dentre os casos que merecem destaque, considerando a produção jurisprudencial posterior ao advento da atual CF, colaciona-se julgado relatado pelo Ministro Celso de Mello, no qual estava em causa a prática de tortura contra criança e adolescente por parte de policiais, e onde restou consignada a absoluta vedação da tortura na ordem jurídico-constitucional brasileira, de acordo com orientação uníssona adotada pelo STF[(54)], em sintonia, portanto, com a noção de que a dignidade da pessoa humana opera como limite jurídico intransponível, visto que faticamente violável. Da ementa da decisão colacionada, extrai-se a afirmação de que a tortura constitui "prática inaceitável de ofensa à dignidade da pessoa", além de se tratar de "negação arbitrária dos direitos humanos, pois reflete – enquanto prática ilegítima, imoral e abusiva – um inaceitável ensaio de atuação estatal tendente a asfixiar e, até mesmo, a suprimir a dignidade, a autonomia e a liberdade com que o indivíduo foi dotado, de maneira indisponível, pelo ordenamento positivo". Dessa afirmação é possível extrair a conclusão de que – pelo menos no que diz com a posição veiculada nas decisões examinadas e ressalvado o exame de eventuais contradições para o STF – a dignidade da pessoa humana não está sujeita a qualquer tipo de restrição e renúncia, o que remete ao tormentoso tema a respeito do caráter absoluto da dignidade da pessoa humana – ao menos na perspectiva da proteção jurídica – e que aqui optamos por não desenvolver em virtude dos limites da presente abordagem[(55)].

Assim, o que importa, nesse contexto, é destacar a circunstância de que a proibição de trabalho escravo, de tratamento discriminatório arbitrário, bem como de todo e qualquer tratamento desumano e degradante e mesmo de grave humilhação e constrangimento (como é o caso, *v.g.*, de revistas íntimas vexatórias, assédio moral e sexual) são vedadas, inclusive mediante algumas regras expressamente positivadas no texto da CF, também na esfera dos direitos fundamentais dos trabalhadores, porquanto violadoras de dimensões nucleares da dignidade da pessoa humana, aqui no sentido Kantiano da proibição de reificação e instrumentalização do ser humano.

No que diz respeito com a vinculação dos direitos dos trabalhadores ao assim chamado mínimo existencial (no caso, o conjunto das condições que asseguram a cada um uma vida com dignidade,[(56)] ou seja, com um mínimo de qualidade, no sentido de uma vida saudável) também se manifesta a dimensão negativa – impeditiva de ações – da dignidade da pessoa humana, o que se pode constatar quando se trata de examinar decisões do STF relativas à proibição de confisco (atos

(53) Cf. a posição já adotada no nosso SARLET, Ingo Wolfgang. *A Eficácia dos Direitos Fundamentais*. *op. cit.*, desde a primeira edição (1998). Em Portugal, v., mais recentemente, adotando um regime jurídico único, REIS NOVAIS, Jorge. *Direitos Sociais. Teoria Jurídica dos Direitos Sociais enquanto Direitos Fundamentais*. Coimbra: Coimbra Editora, 2010.

(54) Cf. HC n. 70.389-SP, relator Ministro Celso de Mello, publicado no DJ em 23.06.1994.

(55) A respeito da discussão sobre a possibilidade de restringir a dignidade da pessoa humana, na sua condição de princípio e norma que assegura direitos fundamentais, v., por todos, o nosso SARLET, Ingo Wolfgang. *Dignidade da Pessoa Humana e Direitos Fundamentais na Constituição Federal de 1988, op. cit.*, p. 135 e ss.

(56) No mesmo sentido, afirmando que "a dignidade da pessoa exige condições de vida capazes de assegurar liberdade e bem-estar", de modo especial no que diz com a garantia de um direito a uma existência condigna, v. também MIRANDA, Jorge. *Manual de Direito Constitucional*, v. IV, *op. cit., p.* 211.

com efeito confiscatório)[57] e que chancelam a vedação da tributação do mínimo existencial ou que mesmo decisões que proíbem (ou determinam o restabelecimento) a interrupção ou supressão de determinadas prestações de caráter existencial. No tocante aos direitos dos trabalhadores, calha mencionar, dentre outros, os limites à penhora do salário e/ou a proibição da supressão de outras prestações, como é o caso dos adicionais de insalubridade e periculosidade, férias, horas extras, e mesmo do décimo terceiro salário e do FGTS, em especial quando os respectivos recursos se revelam indispensáveis à satisfação de necessidades existenciais básicas, como saúde, alimentação, moradia e educação.

Considerada a diversidade e abrangência das prestações sociais estatais vinculadas ao princípio da dignidade da pessoa humana, há como afirmar que o STF tem privilegiado uma exegese extensiva, indo além da noção reducionista de um mínimo vital (ou daquilo que também se designa de um mínimo existencial fisiológico), sufragando a concepção de um mínimo existencial destinado a assegurar o pleno desenvolvimento da personalidade, de modo a agregar também o que se convencionou denominar – com base na doutrina e jurisprudência constitucional alemã – de um mínimo existencial sociocultural, que, à evidência, diz respeito também ao direito a um trabalho digno e os direitos e garantias principais conexos.

6. A DIGNIDADE DA PESSOA HUMANA COMO PARÂMETRO INTERPRETATIVO PARA A PROTEÇÃO DOS DIREITOS FUNDAMENTAIS DOS TRABALHADORES

A dignidade da pessoa humana seguidamente é invocada como constituindo – de modo geral em combinação com determinado(s) direito(s) fundamental(is) tanto fundamento (critério material) a justificar a legitimidade constitucional da imposição de limites ao exercício de direitos fundamentais. De outra parte, há situações nas quais é o conteúdo em dignidade da pessoa humana dos direitos fundamentais que opera como limite aos limites dos direitos fundamentais, de modo a obstaculizar determinadas medidas que, embora sirvam à proteção ou promoção de outros direitos fundamentais (com maior ou menor relação com a dignidade da pessoa humana)[58].

Muito embora não se possa identificar, no âmbito da – também neste campo nem sempre uniforme e clara – jurisprudência do STF, a consolidação de uma doutrina a respeito do tema, percebe-se que a dignidade da pessoa humana guarda relação tanto com a noção do conteúdo essencial dos direitos fundamentais (embora sobre a qualidade da relação em si pouco se possa aferir do exame das decisões) quanto com a aplicação do princípio da proporcionalidade, tudo no contexto mais amplo da problemática dos limites e restrições dos direitos fundamentais, com destaque para as hipóteses de conflitos (colisões) entre direitos fundamentais, ponto que aqui, contudo, não será desenvolvido.

Outra hipótese de crescente relevância no que diz com a utilização da dignidade da pessoa humana como critério para interpretação do ordenamento jurídico envolve tanto a identificação de um conteúdo em dignidade de outros direitos fundamentais, quanto a interpretação "conforme a dignidade" de institutos jurídicos que implicam restrição de direitos, de tal sorte que, em alguns casos, o próprio âmbito de proteção de direitos e garantias fundamentais acaba por ser delimitado de modo mais extensivo, e, portanto, de modo a assegurar um nível mais acentuado de proteção dos direitos. Embora o exposto se refira a todos os direitos fundamentais, é no ambiente do trabalho que iremos, na sequência, colacionar alguns exemplos.

Um primeiro julgado envolve precisamente a utilização do princípio da dignidade da pessoa humana como critério material para a interpretação de outro(s) direito(s) fundamental(ais) e (ou) mesmo, como se dá no exemplo ora invocado de normativa infraconstitucional.

No julgamento da ADI n. 5.938/DF, rel. Min. Alexandre de Moraes, em 29.05.2019, foi confirmada medida cautelar deferida pelo relator, tendo sido dada parcial procedência à ação, declarando-se a inconstitucionalidade da expressão "quando apresentar atestado de saúde, emitido por médico de confiança da mulher, que recomende o afastamento", contida nos incisos II e III do art. 394-A da Consolidação das Leis do Trabalho (CLT), nos termos da redação introduzida pela Lei n. 13.467/2017, que veiculou a assim chamada "Reforma Trabalhista", permitindo que as mulheres gestantes continuassem a realizar suas atividades em condições insalubres em grau mínimo ou médio, bem como – o que é ainda mais grave – que durante o período de lactação as mulheres

(57) v., a título exemplificativo, RE 397744, Rel. min. Joaquim Barbosa, fundamentando a proibição constitucional do confisco em matéria tributária, dentre outros, no exercício do direito a uma existência digna, através de atividade profissional que satisfaça necessidades vitais, como saúde, educação e habitação (julgado em 15.10.2009).

(58) Sobre o tópico, v. em especial SARLET, Ingo Wolfgang. *Dignidade da Pessoa Humana e Direitos Fundamentais na Constituição Federal de 1988, op. cit.*, p. 149 e ss.

seguissem no exercício de suas atividades mesmo no caso de insalubridade em grau máximo, para além de instituir à gestante ou à lactante o ônus de apresentar atestado de saúde emitido por médico de sua confiança, certificando a necessidade do afastamento, tudo de modo a expor as mulheres em tais circunstâncias a atividades insalubres, e, portanto, submetendo-as a riscos à sua saúde pessoal e do nascituro.

Ainda de acordo com o voto do relator, a proteção da gestante e da maternidade constituem exigências da dignidade da pessoa humana e do direito fundamental social à proteção da maternidade (art. 6º, CF), assim como guarda conexão com outros direitos sociais dos trabalhadores que têm por escopo tal proteção; em causa está precisamente a proteção da saúde da mulher e a efetivação de integral proteção ao recém-nascido, possibilitando sua convivência com a mãe, nos primeiros meses de vida, de maneira harmônica e segura, sem os perigos de um ambiente insalubre, tratando-se de direito de dupla titularidade, ou seja, da mulher (gestante e mãe) e da criança[59].

Para o relator, a proteção à maternidade e a integral proteção à criança são direitos irrenunciáveis e não podem ser afastados pelo desconhecimento, pela impossibilidade decorrente da distância de centros médicos ou pela própria negligência da gestante ou lactante em apresentar atestado médico, pena de prejudicá-la e de prejudicar também o recém-nascido, além do que outras razões poderiam levar a mulher a não apresentar o documento, como, por exemplo, o medo de vir a ser demitida posteriormente ou a pressão para não entregar o atestado.

Dentre os votos dos demais julgadores, destaquem-se aqui o pronunciamento do Ministro Roberto Barroso, para quem a exigência viola o princípio da precaução, que vale também para o ambiente do trabalho e que, em caso de risco ou incerteza, exige seja favorecida a posição mais conservadora e protetiva, bem como a posição esgrimida pela Ministra Rosa Weber, por sua vez, argumentou (no que foi acompanhada pelo Ministro Celso de Mello) que a alteração implica inegável retrocesso social, vez que revoga anterior norma proibitória desse trabalho da gestante e da lactante, ademais de desconsiderar (e violar) o direito fundamental à saúde da mãe trabalhadora, transferindo ao próprio titular do direito a responsabilidade pela conveniência de atestado indicando a necessidade de afastamento do trabalho.

Outra decisão emblemática a ser colacionada foi prolatada no RE 778.990/PE – RG, relatada pelo Ministro Roberto Barroso, cujo mérito foi julgado em 10.03.2016, quando se reconheceu a equiparação do prazo da licença-adotante ao prazo da licença-gestante (licença-maternidade), prevista no art. 7º, XVIII, CF. No caso, o STF fundamentou a referida equiparação lançando mão de uma interpretação sistemática da CF, norteada pelo princípio da dignidade da pessoa humana, do direito de igualdade entre filhos biológicos e adotados e do princípio da prioridade e do interesse superior das crianças e adolescentes. De acordo com a ementa do Acórdão, que aqui se reproduz em parte, as crianças adotadas constituem grupo vulnerável e fragilizado, porquanto demandam esforço adicional da família para sua adaptação, para a criação de laços de afeto e para a superação de traumas, razão pela qual resulta vedado lhes conferir proteção inferior àquela dispensada aos filhos biológicos, que se encontram em condição menos gravosa. Quanto mais velha a criança e quanto maior o tempo de internação compulsória em instituições, maior tende a ser a dificuldade de adaptação à família adotiva. Além disso, maior também a dificuldade de viabilizar sua adoção, já que predomina no imaginário das famílias adotantes o desejo de reproduzir a paternidade biológica e adotar bebês.

Já no Inquérito 3.412-AI, Relator Min. Marco Aurélio e Relatora p/ Acórdão Min. Rosa Weber, julgado em 29.03.2012, estava em causa a configuração da figura típica descrita no art. 149 do Código Penal, designadamente, do crime de redução à condição análoga a de escravo, delito que diz respeito a uma das mais graves violações do núcleo essencial do princípio da dignidade da pessoa humana, qual seja, da regra proibitiva de trabalho escravo. De acordo com a ementa do Acórdão, que aqui se transcreve:

> Para configuração do crime do art. 149 do Código Penal, não é necessário que se prove a coação física da liberdade de ir e vir ou mesmo o cerceamento da liberdade de locomoção, bastando a submissão da vítima "a trabalhos forçados ou a jornada exaustiva" ou "a condições degradantes de trabalho", condutas alternativas previstas no tipo penal. A "escravidão moderna" é mais sutil do que a do século XIX e o cerceamento da liberdade pode decorrer de diversos constrangimentos econômicos e não necessariamente físicos. Priva-se alguém de sua liberdade e de sua dignidade tratando-o como coisa e não como pessoa humana, o que pode ser feito não só mediante coação,

(59) Aqui caberia indagar e discutir se também o nascituro (no caso das trabalhadoras gestantes) é titular de direito próprio, mas isso desborda do foco do presente texto.

mas também pela violação intensa e persistente de seus direitos básicos, inclusive do direito ao trabalho digno. A violação do direito ao trabalho digno impacta a capacidade da vítima de realizar escolhas segundo a sua livre determinação. Isso também significa "reduzir alguém a condição análoga à de escravo". Não é qualquer violação dos direitos trabalhistas que configura trabalho escravo. Se a violação aos direitos do trabalho é intensa e persistente, se atinge níveis gritantes e se os trabalhadores são submetidos a trabalhos forçados, jornadas exaustivas ou a condições degradantes de trabalho, é possível, em tese, o enquadramento no crime do art. 149 do Código Penal, pois os trabalhadores estão recebendo o tratamento análogo ao de escravos, sendo privados de sua liberdade e de sua dignidade. Denúncia recebida pela presença dos requisitos legais.

7. CONCLUSÃO

Os exemplos colacionados, que representam apenas uma pequena amostra do universo de julgados nos quais o STF cada vez mais invoca o princípio (e regra) da dignidade da pessoa humana como fundamento principal ou secundário para a solução de controvérsias que lhe são direcionadas, demonstram uma tendência no sentido de consagrar, também no direito brasileiro, a noção de que na dúvida deverá o intérprete optar pela alternativa mais compatível com as exigências da dignidade da pessoa humana (*in dubio pro dignitate*). Todavia, no concernente a quais são exatamente tais exigências, também no Brasil ainda se está longe de um entendimento consistente e estável, o que também (mas não só) se dá em virtude da conhecida dificuldade de delimitar o conteúdo em dignidade dos direitos e garantias fundamentais ou mesmo identificar – a depender do caso – seu eventual conteúdo autônomo, o que também ocorre na seara dos direitos dos trabalhadores.

Nesse contexto, quanto mais se recorre à dignidade da pessoa humana como argumento no processo judicial, tanto mais se faz necessária cautela no seu manejo, pois se a dignidade e os direitos humanos e fundamentais apontam – como bem o observou Gomes Canotilho – para a afirmação da ideia de uma comunidade constitucional republicana e inclusiva, necessariamente pautada por um multiculturalismo mundividencial avesso a qualquer tipo de "fixismo"[(60)], também se prestam uma perigosa manipulação retórica e mesmo fundamentalista, caso transformados em instrumentos de pautas de valores e interesses pessoais e sectários, resultando naquilo que já foi designado de uma "tirania da dignidade"[(61)].

No concernente ao ambiente do Direito do Trabalho, igualmente se verifica um acionamento do princípio da dignidade da pessoa humana como parâmetro de interpretação e aplicação tanto do direito humano e fundamental ao trabalho e dos diversos direitos, liberdades e garantias dos trabalhadores, sejam eles expressa ou implicitamente positivados, mas também como critério material para uma interpretação conforme a CF da legislação trabalhista em geral. Em especial é de se sublinhar o fato de que também para o STF – ao menos em boa parte de seus julgados envolvendo as relações de trabalho – o direito ao trabalho e os direitos dos trabalhadores, quando em causa o núcleo essencial do princípio da dignidade da pessoa humana, não podem ser colocados na balança da ponderação, em homenagem ao postulado do *in dubio pro dignitate*.

À vista do exposto, o que se espera, ao fim e ao cabo, é que o STF, mas também os demais Juízes e Tribunais e os poderes Legislativo e Executivo, sigam tendo na dignidade da pessoa humana o seu esteio e seu desiderato, priorizando, de tal sorte, sua força normativa e promovendo a sua eficácia jurídica e social, mas resistindo à tentação de um uso panfletário e mesmo voluntarioso desse valor, princípio e regra que opera (ou assim o deveria) como o alfa e o ômega de um autêntico Estado Democrático e Social de Direito. Oxalá possam os integrantes do Grupo de Estudos ora homenageado, sob a liderança da incansável Professora Doutora Gabriela Neves Delgado, seguir na sua luminosa jornada em prol da permanente afirmação da dignidade da pessoa humana, seja no Direito do Trabalho, seja em outras searas da ordem jurídica.

REFERÊNCIAS

ALEXY, Robert. *Theorie der Grundrechte*. 2. ed. Frankfurt am Main: Suhrkamp, 1994.

AYRES BRITTO, Carlos. *O Humanismo Como Categoria Constitucional*. Belo Horizonte: Fórum, 2007.

BENDA, Ernst. Menschenwürde und Persönlichkeitsrecht. In: BENDA; MAIHOFER; VOGEL (Org.). *Handbuch des Verfassungsrechts der Bundesrepublik Deutschland*, v. I, 2. ed. Berlin-New York: Walter de Gruyter, 1994.

(60) GOMES CANOTILHO, José Joaquim. *Direito Constitucional e Teoria da Constituição*. *op. cit.* p. 225-26, desenvolvendo a ideia da dignidade da pessoa humana como núcleo essencial da República.

(61) Cf., por todos, NEUMANN, Ulfried. Die Tyrannei der Würde. *ARSP*, v. 84, 1988. p. 153 e ss.

BRUGGER, Winfried. *Menschenwürde, Menschenrechte, Grundrechte*. Baden-Baden: Nomos, 1996.

DELGADO, Gabriela Neves. *Direito Fundamental ao Trabalho Digno*. 2. ed. São Paulo: LTr, 2016.

DELGADO, Gabriela Neves; DELGADO, Mauricio Godinho. *Constituição da República e Direitos Fundamentais*. Dignidade da Pessoa Humana, Justiça Social e Direito do Trabalho. 4. ed. São Paulo: LTr, 2017.

DELGADO, Gabriela Neves; DELGADO, Mauricio Godinho. O princípio da dignidade da pessoa humana e o direito do trabalho. In: SARLET, Ingo Wolfgang; MELLO FILHO, Luiz Philippe Vieira de; FRAZÃO, Ana de Oliveira (Coord.). *Diálogos entre o Direito do Trabalho e o Direito Constitucional*. Estudos em Homenagem a Rosa Maria Weber. São Paulo: Saraiva, 2014.

DREIER, Horst. Anmerkungen zu Art. 1 I GG. In: DREIER, Horst (Org.). *Grundgesetz Kommentar*, v. I, Tübingen: Mohr Siebeck, 1996.

DWORKIN, Ronald. *El Dominio de la Vida*. Una Discusión acerca del Aborto, la Eutanasia y la Liberdad Individual. Barcelona: Ariel, 1998.

GOLDSCHMIDT, Rodrigo. *Flexibilização dos direitos trabalhistas:* ações afirmativas da dignidade da pessoa humana como forma de resistência. São Paulo: LTr, 2009.

GOMES CANOTILHO, José Joaquim. *Direito Constitucional e Teoria da Constituição*. 7. ed. Coimbra: Almedina, 2003.

HÄBERLE, Peter. Die Menschenwürde als Grundlage der staatlichen Gemeinschaft. In: ISENSEE, Joseph; KIRCHHOF, Paul (Org.). *Handbuch des Staatsrechts der Bundesrepublik Deutschland*, v. I, Heidelberg: C.F. Muller, 1987.

HABERMAS, Jürgen. *Die Zukunft der menschlichen Natur*. Auf dem Weg zu einer liberalen Eugenik? Frankfurt am Main: Suhrkamp, 2001.

KLOEPFER, Michael. Leben und Würde des Menschen. *Festschrift 50 Jahre Bundesverfassungsgericht*. Tübingen: J. C. Mohr (Paul Siebeck), 2001.

KOPPERNOCK, Martin. *Das Grundrecht auf bioethische Selbstbestimmung*. Baden-Baden: Nomos, 1997.

KUNIG, Philip. *Art. 1 GG (Würde des Menschen, Grundrechtsbindung)*. In: MÜNCH, Ingo von (Org.). Grundgesetz Kommentar, v. I, 5. ed. München: C.H. Beck, 2000.

LADEUR, Karl-Heinz; AUGSBERG, Ino. *Die Funktion der Menschenwürde im Verfassungstaat*. Tübingen: Mohr-Siebeck, 2008.

LOUREIRO, João. O direito à identidade genética do ser humano. *Boletim da Faculdade de Direito*, Portugal-Brasil Ano 2000. Coimbra: Coimbra Editora, 1999.

LUHMANN, Niklas. *Grundrechte als Institution*. 2. ed. Berlin: Duncker & Humblot, 1974.

MAUNZ, Theodor; ZIPPELIUS, Reinhold. *Deutsches Staatsrecht*. 29. ed. München: C.H. Beck, 1994.

MAURER, Béatrice. Notes sur le respect de la dignité humaine... ou Petite Fugue Inacheveé Autour d'un Théme Central. In: SÉRIEUX, Alain *et al*. *Le Droit, Le Medicine et L'être Humain*. Aix-Em-Provence: Presses Universitaires D'Aix-Marseille, 1996.

MIRANDA, Jorge. *Manual de Direito Constitucional*, v. IV. 3. ed. Coimbra: Coimbra Editora, 2000.

NEUMANN, Ulfried. Die Tyrannei der Würde. *ARSP*, v. 84, 1988.

PELE, Antonio. *La dignidad humana*. Sus Orígenes en el Pensamiento Clásico. Madrid: Dikynson, 2010.

PIOVESAN, Flávia. *Direitos Humanos e o Direito Constitucional Internacional*. 14. ed. São Paulo: Saraiva, 2013.

PIOVESAN, Flávia. Direitos Humanos e o Princípio da Dignidade Humana. In: LEITE, George Salomão (Org.). *Dos Princípios Constitucionais*. Considerações em torno das normas principiológicas da Constituição. São Paulo: Malheiros, 2003.

PODLECH, Adalbert. Anmerkungen zu Art. 1 Abs. I Grundgesetz. In: WASSERMANN, Rudolf (Org.). *Kommentar zum Grundgesetz für die Bundesrepublik Deutschland* (Alternativ Kommentar), v. I, 2. ed. Neuwied: Luchterhand, 1989.

REIS NOVAIS, Jorge. *Direitos Sociais*. Teoria Jurídica dos Direitos Sociais enquanto Direitos Fundamentais. Coimbra: Coimbra Editora, 2010.

REIS NOVAIS, Jorge. *Os princípios estruturantes da República Portuguesa*. Coimbra: Coimbra Editora, 2004.

RIXEN, Stephan. Die Würde und Integrität des Menschen. In: HESELHAUS, Sebastian; NOWAK, Carsten (Ed.). *Handbuch der Europäischen Grundrechte*. München/Wien/Bern: C. H. Beck, Linde, Stampfli & Cie AG, 2006.

ROCHA, Cármen Lúcia Antunes. O princípio da dignidade da pessoa humana e a exclusão social. *Revista Interesse Público*, n. 04, 1999.

SACHS, Michael. *Verfassungsrecht II – Grundrechte*. Berlin-Heidelberg-New York: Springer, 2000.

SARLET, Ingo Wolfgang. Os Direitos dos Trabalhadores como Direitos Fundamentais na Constituição Federal brasileira de 1988. In: SARLET, Ingo Wolfgang; MELLO FILHO, Luiz Philippe Vieira de; FRAZÃO, Ana de Oliveira (Coord.). *Diálogos entre o Direito do Trabalho e o Direito Constitucional. Estudos em Homenagem a Rosa Maria Weber*. São Paulo: Saraiva, 2014.

SARLET, Ingo Wolfgang. *A Eficácia dos Direitos Fundamentais*. Uma teoria Geral dos Direitos Fundamentais na Perspectiva Constitucional. 12. ed. Porto Alegre: Livraria do Advogado, 2015.

SARLET, Ingo Wolfgang. *Dignidade da Pessoa e Direitos Fundamentais na Constituição Federal de 1988*. 10. ed. Porto Alegre: Livraria do Advogado, 2015.

SILVA, Virgílio Afonso da. *Direitos Fundamentais*. Conteúdo Essencial, Restrições e Eficácia. São Paulo: Malheiros, 2009.

STERN, Klaus. *Das Staatsrecht der Bundesrepublik Deutschland*, III/1. München: C. H. Beck, 1988.

TIEDEMANN, Paul. *Menschenwürde als Rechtsbegriff.* Eine philosophische Klärung. Berliner Wissenschafts-Verlag, 2007.

VECCHI, Ipojucan Demétrius. *Noções de direito do trabalho*: um enfoque constitucional. 2. ed. Passo Fundo: UPF, 2007.

VIEIRA DE ANDRADE, José Carlos. *Os Direitos Fundamentais na Constituição Portuguesa de 1976*. Coimbra: Almedina, 1987.

WALDRON, Jeremy. Dignity and Rank, *European Journal of Sociology*, 2007.

WANDELLI, Leonardo Vieira. *O Direito humano e fundamental ao trabalho*: fundamentação e exigibilidade. São Paulo: LTr, 2014.

ZIPPELIUS, Reinhold. *Bonner Kommentar zum Grundgesetz*, Heidelberg, 1994.